영어 훈민정음

국내·최초 한글표기 ㅍ한익ㅅ 영어발음사전
(English Phonics Dictionary_Written in Old Korean)

저자_ 짱구하부지 **김 충현**
English Phonics Coordinator & Trainer-2010~현재
· 미국.캐나다 유학 및 거주-30년
· 서울과학기술대학교 광물학 강사-3년
· Gemological Institute of America-2년수료
· 서강대학교 경제학사-1979

🖋 **영어를 배우고 익히는 순서** 는;
첫째, 영어 알아듣기
둘째, 영어 말하기
셋째, 영어 읽기
정도(正道)이며 왕도(王道)입니다.

그러나
틀린 영어 발음으로
아무리 영어 듣기, 말하기, 읽기 한들
무슨 소용 있겠어요?

그래서
영어 훈민정음을 만들었습니다.

해외 영어 어학연수?
이젠 필요 없을 거예요!

영어 훈민정음 vs Merriam-Webster 영어사전 ㅍ한잌ㅅ 발음 비교표

본 "**영어 훈민정음, 한글표기 ㅍ한잌ㅅ 영어발음사전**"에서 필자가 주장하듯이 기존의 영어 사전에 표기된 IPA국제 발음기호 또는 **표기음절**(writ-en syll-ab-le)을 보고 따라서 발음하는 것보다 필자가 세계 영어음운학계 최초로 창안하고, 개념하고, 명명한 **발음음절**(so-und syll-ab-le)로 나눈 것을 보면서 발음하는 것이 훨씬 더 현대영원어민의 **ㅍ한**잌ㅅ 발음에 가까우며 보다 쉽고 부드러운 발음임을 인식할 수 있을 놀라운 증빙 자료를 2021년 1월에 발견하였기에 이 사실을 본 개정판 서두에 게재합니다.

필자가 2021년부터 이메일로 구독하는 **Merriam-Webster** 영어사전, "WORD OF THE DAY" 캩억얼이(**cat-eg-or-y**)에서 받은 영단어 **categorical / kat-uh-GOR-ih-kul /과 optimization / ahp-tuh-muh-ZAY-shun /**을 받아 보고 깜짝 놀라지 않을 수 없었습니다.

그 이유는, 영어사전에서 **Oxford**와 함께 쌍벽을 이루는 **Merriam-Webster**의 "WORD OF THE DAY" 영어사전에는;

첫째, 필자의 **발음음절**(so-und syll-ab-le)에서와 마찬가지로 영원어민에게도 발음이 어려운 애매한 IPA 국제발음기호는 더 이상 사용하지 않고 있었으며,

둘째, 필자가 10여년 전에 **세계 영어음운학계 최초**로 창안, 개념하고 명명한 **발음음절**, so-und syll-ab-le과 똑같이 **Merriam-Webster** 영어사전에서도 발음 표기 방법으로 hyphen을 사용하여 표기하기 시작하고 있는 놀라운 사실을 발견하게 되었습니다.

그래서 **catagorical**과 **optimization**, 두 단어의 비교를 통하여

영어 훈민정음 발음사전과 **Merriam-Webster 영어사전**에 표기된 발음에 대하여 독자 여러분께서 어느 발음이 현대영원어민 ㅍ한 읶ㅅ와 연음발음에 가까운 발음인지 쉽게 구분, 비교할 수 있도록 비교표를 만들어 봤습니다.

영어 훈민정음 vs Merriam-Webster ㅍ한읶ㅅ 발음 비교표		
표기법 및 효과	영어 훈민정음	Merriam-Webster 영어사전
영단어	catagorical	optimization
표기음절	cat·e·gor·i·cal	op·ti·mi·za·tion
발음표기	cat-a-**gor**-ic-al opt-im-i-**z**(h)**a**-tion	kat-uh-GOR-ih-kul ahp-tuh-muh-ZAY-shun
문제점	영단어와 **같은** spell 사용 (**spell** 혼동 가능성 **없음**)	영단어와 **다른** spell 사용 (**spell** 혼동 가능성 **많음**)
IPA 발음기호	공히 **사용 않음**	
음절 구분	공히 **hyphen 사용**	
한글표기발음	[캩-어-**골**-읶-얼] [앞ㅌ-험-어-**ㅈ헤이**-션]	[캩-어-**골**-이-컬] [앞-터-머-**제이**-션]
가독성, 가시성	매우 높음	낮음
액ㅅ엔트 발음	**빨강고딕체**이므로 발음 **쉬움**	대문자이므로 **보통**
ㅍ한읶ㅅ 발음	잘됨 (**읶-얼**, 앞ㅌ-헌-어)	**안됨** (**이-컬**, 앞-터-머; 비기후음 **안됨**)
연음발음	쉬움 (읶-얼, 앞ㅌ-험-어)	어려움 (**이-컬**, 앞-터-머; 반 박자 **느려짐**)
릳엄 (rhythm)	있음	조금
ㅍ한읶ㅅ 위한 비기후음 구현	[**읶**-얼]에서 종성 'ㅋ'은 비기후음 'ㄲ'로 ㅍ한읶ㅅ **됨**.	[**이**-컬]에서 초성 'ㅋ'은 기후음 'ㅋ'로 ㅍ한읶ㅅ **안됨**.
결 론	ESL영어 초·중급자 배려 있는 영원어민 ㅍ한읶ㅅ & 연음발음임	ESL영어 초·중급자 배려 **없고** ㅍ한읶ㅅ & 연음발음 **아님**

세계 최고 권위의 **Merriam-Webster** 영영 사전이 필자의 "**영어 훈민정음**"의 2010년 창작 저작권, 2014년 특허등록과 유사한 발음 표기 방식을 사용하기 시작한 것입니다.

　　이러한 사실은 위 비교표에서 볼 수 있듯이 "**영어 훈민정음**"의 3,789 기본영단어에 대한 한글 표기 방법과 7,500 영예시단문장에 사용한 **발음음절**, **so**-und **syll**-ab-le이 세계 최고 권위의 **Merriam-Webster** 영영 사전의 발음 표기법과 비교할 때, 영어 음운학적인 측면에서 예견성, 당위성, 우수성, 가독성을 갖춘 **학습자 위주의 배려가 우월한 발음사전임을 증명**하는 사실이라고 생각합니다.

　　다른 한편으로는 "**영어 훈민정음**"에서 사용하는 한글 표기 발음과 **발음음절**, **so**-und **syll**-ab-le이 세계 영어음운학의 발음 표기 방법에 있어서 실용적이며 미래지향적으로 진화하는 과정의 한 가지 현상임을 증명하는 사실이 될 것으로 필자는 추론합니다.

　　이를 달리 표현하면, "**영어 훈민정음, 한글표기 ㅍ한읽ㅅ 영어발음사전**"에 수록된 3,789 기본영단어의 한글표기 발음과 7,500 영예시단문장의 단어를 **발음음절**, **so**-und **syll**-ab-le로 나눈 발음은 현재 영원어민 뿐 아니라, 미래에 영원어민에 의해서 진화될 것으로 예측되는 발음까지도 쉽고, 빠르게 배울 수 있는 우수한 발음방법임을 세계 영어사전의 표준을 결정하는 **Merriam-Webster** 사전이 증명해주는 것에 다름 아니라고 생각합니다.

여행자에게 올바른 길을 가리켜주는 Inukshuk by Ellen Kim

바람과 물보라

바람
나의 영혼 되어
쓰리고 멍든 마음
스쳐만 준다면

물보라
나의 육신 되어
아프고 쓰린 몸
어루어만 준다면

그늘진 곳일지라도
나는
푸른 이끼 되어

초록 희망이 되고자
나는
바람과 물보라 되어

몸과 영혼
어루어 주리라

-짱구하부지 김 충현-
2017년 8월 17일 제주에서

"국내·세계 최초 영어 ㅍ한읶ㅅ 한글표기 발음사전을 펴내며"

"**영어 훈민정음, 국내최초 한글표기 ㅍ한읶ㅅ 영어발음사전**"을 선택해 주심을 깊이 감사드립니다. 아울러 축하드립니다. 영어 성공의 문으로 들어오심을…

보이지 않아서 애매모호하기만 했던 현대 영원어민이 발음하는 **ㅍ한읶ㅅ**를 **국내·세계최초로** 한국인이면 누구나 쉽고, 빠르고, 자신 있게 발음할 수 있고, 인식하고, 형상화 할 수 있는 **한글로 표기** 했습니다.

기존의 십 수 세기 전, 고어 영어 발음에 의한 syll-ab-le (필자는 표기음절, writ-en syll-ab-le 이라 명명함)로 나뉘어진 영단어를 현대영원어민이 발음하는 **ㅍ한읶ㅅ**로 음절을 세계 영어음성음운학계에서 최초로 필자가 개념하고 명명한 **발음음절**, so-und syll-ab-le로 나누었으므로 애매모호한 IPA 국제발음기호를 찾지 않고도 쉽게 현대영원어민의 ㅍ한읶ㅅ 가깝게 발음할 수 있게 되었습니다.

이제 **한글을 아는 한국인이면 누구나 현대영원어민이 발음하는 ㅍ한읶ㅅ를 발음할 수 있게 될 것**이며, **ㅍ한**읶ㅅ를 발음할 수 있게 되면, 현대영원어민이 발음하는 **ㅍ한읶ㅅ를 알아들을 수 있게 될 것**이고, **ㅍ한**읶ㅅ를 알아들을 수 있게 되면, **영어를 말할 수 있게 될 것**입니다.

저는 영어 정규 교육 과정을 수료한 영어학자가 아니며 나이도 70에 들어섰음을 먼저 양해 구합니다.

앞으로 주어지는 삶은 미약하나마 힘 닿는 데까지 "**한국인 70%, 영어 알아듣기와 말하기**!" 캠페인에 정성을 담으려 합니다.

필자는 55년이나 영어를 사용했고, 더구나 약 30년 동안 미국과 **캔얻어**(**Can**-ad-a)에서 생활했습니다. 10년 전 제 나이 60 즈음에 지난 삶을 돌이켜 보면서, 당시 제 영어실력도 돌아보게 되었습니다. 한마디로 50년 반세기 동안 영어를 사용하면서 생활했음에도 부족함과 부끄러움을 느꼈습니다.

그 원인을 알고자 현재 사용하며 배우는 **영어**, 날마다 사용하는 **한국어**, 약 100여 년이나 지난 지금까지도 한국어와 영향을 주고 받는 **일본어**, 특히 일제 강점기 36년을 포함하여 110년 이상 영어를 일본어로 배운 선생님으로부터 가르침을 받아온 **일본어 mora식 영어 발음, 발성**에 관하여 공부했습니다.

미국 유학생활과 **캔얻어**(**Can**-ad-a)에서 30년간 사용한 생활 영어를 바탕으로 10년 간 영어를 다시 공부했더니 50년간 영어를 배우고 공부하면서도 **배우지 못했던 사실**들을 발견하게 되었습니다.

영원어민조차도 자신의 영어발음이 제가 세계 영어음운학계 최초로 명명한 음운학 개념인 **발음음절**, so-und syll-ab-le로 끊어서 발음한다는 사실을 몰랐다며 놀랍니다. 저자도 2021년 1월에야 객관적 검증을 받고 놀랐으며 한편으로는 **제 주장과 논리가 황당무계한 탁상공론이 아니었음**에 크게 안도할 수 있었습니다.
[참조; 표지 뒷면의 "영어 훈민정음 vs Merriam-Webster ㅍ한읽ㅅ 발음 비교표"]

한국인과 일본인에게 영어가 어려운 것은 한국어, 일본어 발음이 영어발음과는 달라도 너무 다르다는 점이지만, 그 보다는 <u>한국어, 일본어 발음, 발성에 익숙하도록 특화되고 진화된 한국인과 일본인의 발음과 발성에 사용되는 22개 근육과 구조를 무시하고 교육되었으며</u> **올바른 영어발음법, ㅍ한읽ㅅ를 알지도, 가르치지도, 배우지도 못한 것이 원인**임을 알게 되었습니다.

50년 영어를 사용하고 있음에도 영어 회화에 부족한 **원인을 알고 나니**, 나름 한국인, 일본인이 현재보다 영어를 훨씬 쉽고, 빠르고, 효과적으로 배울 수 있는 **해결방안**을 찾았으며 본 **영어 훈민정음, 한글표기 ㅍ한읶ㅅ 영어발음사전**에 수록하였습니다.

본문에서 보다 구체적으로 체험하시겠지만, **한국인, 일본인만의 독특한 발음, 발성에 사용되는 22개 근육과 구조**를 공부하다 보니 **발음음절**, **so**-und **syll**-ab-le 개념을 <u>세계 영어음운학계 최초</u>로 창안하고, 착상하게 되었습니다.

Syll-ab-le 자체가 sound 뜻을 내포하지만 현재 쓰고 있는 영어의 **writ**-en **syll**-ab-le은 발음과 문자를 근거로 아주 오랜 영어의 고어 때부터 나뉘어진 것임에도 **발음이 크게 바뀐 지금까지 변함없이, 또 의미도 없이 사용되고 있는 폐단이 있습니다**. 그 동안 영어발음의 엄청난 변화가 반영되지 않고 쓰여진 **writ**-en **syll**-ab-le과 실제의 현대영원어민발음인 **so**-und **syll**-ab-le의 괴리로 인하여 영어발음 교육에 어려움을 초래하고 있습니다.

따라서 필자는 **세계 영어음성음운학계 최초로** 현재 표기되는 **syll**-ab-le을 현재 발음되는 영어 **ㅍ한읶ㅅ**에 따른 **syll**-ab-le로 재정립되어야 할 필요성에 따라서 기존에 사용되어 온 것은 **표기음절**, 즉 **writ**-en **syll**-ab-le이라 명하고, 이에 대비되는 개념으로서 현대 영원어민의 **ㅍ한**읶ㅅ와 연음발음대로 나눈 것을 **발음음절**, **so**-und **syll**-ab-le이라고 분류하고, 그 개념을 명명했습니다.

예를 들어, 영단어 written syllable을 살펴보면,

▶ 기존 Written Syllable 과 영어훈민정음의 Sound Syllable 발음 비교

	음절 표시 차이	한글표기 발음 차이	현대 ㅍ한읶ㅅ
기존영어사전 표기음절	writ·ten syl·la·ble	[ㄹ맅·튼 씰·러·블]	안됨
영어훈민정음 발음음절	writt-en syll-ab-le	[ㄹ맅-은 씰-업-얼]	됨, 액ㅅ엔ㅌ도 됨

* [발음기호] 안의 모든 음절은 발음되어야 함.

이 둘의 발음을 비교해 보면 큰 차이를 실감합니다. 특히 한글로 표기된 [ㄹ릳·튼 씰·러·블]과 [ㄹ릳-은 씰-업-얼]을 비교해서 발음해보면 **발음음절**(**so**-und **syll**-ab-le)로 나누어 발음하는 것이 **표기음절**(**writ**-en **syll**-ab-le) 발음보다 **훨씬 현대영원어민의 ㅍ한익ㅅ에 가까우며 보다 쉽고 부드러운 발음임을 인식할 수 있을 뿐만 아니라 액ㅅ엔ㅌ도 쉽고, 자신있게 발음할 수 있음을 알게 될 것**입니다.

이는 그 동안 **엄청난 발음의 변화**가 반영되지 않고 쓰여진 **표기음절**(written syllable)과 실제의 현대영원어민발음의 **발음음절**(sound syllable)의 괴리로 인하여 발생하는 영어발음교육에 어려움을 해소할 수 있는 방안으로서 **영어 듣기와 말하기 교육의 기본인 첫걸음이 될 것**으로 생각합니다.

[참조; 앞표지 뒷면의 "영어 훈민정음 vs Merriam-Webster ㅍ한익ㅅ 발음 비교표"]

본 **"영어 훈민정음, 한글표기 ㅍ한익ㅅ 영어발음사전"**은 미국, 영국, 한국 문교부가 선정한 3,000개 기본 영단어를 취합하여 총 3,789개 기본 영단어를 **세계최초**로 현대영원어민의 ㅍ한익ㅅ와 연음발음을 근거로 한 **발음음절**(**so**-und **syll**-ab-le)로 나누어 한국인이면 누구나 쉽게 발음할 수 있도록 한글로 표기하였습니다.

이는 한국어 발음과 발성에 특화된 발성발음 기관과 22개 발성근육과 장기기억 하는 뇌를 고려하여 **쉽고, 빠르게 현대영원어민 ㅍ한익스와 연음발음까지 발음할 수 있도록 집필**한 것입니다.

보이지 않아서 애매모호했던 현대영원어민이 발음하는 **ㅍ한익ㅅ**를 한글을 아는 한국인이면 누구나 쉽고, 빠르고, 자신 있게 발음할 수 있고, 인식하고, 형상화 할 수 있도록 **ㅍ한익ㅅ를 한글**

로 표기한 것과 세계 영어음운학계 최초로 제안하는 **발음음절(so-und syll-ab-le)** 개념은 영어교육, 특히 영어 듣기, 말하기, 읽기를 위한 발음교육에 획기적으로 유용하게 사용될 수 있을 것으로 생각합니다.

 본 사전 출간을 위하여 4년 동안 한국에 체류하면서 약 3년간 송파구 여성문화센터 실벗뜨락, 강남구 압구정노인복지센터에서 **씬**이얼 (**sen**-i-or)들에게, 그리고 강남구 청담동 평생학습관에서는 중년층에게 국내에 없었던 획기적 방법으로 **슥**으린(**sc**-reen) 영어를 함께 공부하며 실용성을 검증할 수 있었습니다.

 열심으로 함께 공부하신 분들의 진솔한 소회는 "**영어 훈민정음, 한글표기 ㅍ한잌ㅅ 영어발음사전**"이 대한민국과 일본의 기존영어교육 **패**얼얻아임(**par**-ad-igm) 전환에 기여할 수 있겠다는 보람과 확신을 주셨습니다.

 우리는 영어 좀 해보겠다는 일념으로 10년 이상 영어공부 했고, 영어회화학원에도 다녔습니다. 그러나 아무도 알지 못하고, 그래서 가르쳐 줄 수도 없었고, 배울 수도 없었던 그리고 배워보지도 못한 한국어, 일본어 발성, 발음에 특화된 한국인, 일본인의 발성 근육과 뇌의 특성을 고려해서, 특화하고, 맞춤화 된 현대영원어민 연음 발음 Phon-ics 핵심원리, 법칙, 방법을 본 책자에 담을 수 있게 되었을 때, 그리고 출간을 결정했을 때 전율을 느꼈습니다.

 그러나 영어나 한국어 전공하지 않은 제가 약 10년 간 혼자서 새로이 영어를 공부하여 펴내는 본 "**영어 훈민정음, 한글표기 ㅍ한잌ㅅ 영어발음사전**"에는 보이지 않는 애매모호한 소리를 보이는 글자로 표기하다 보니 오류, 일관성, 표현 등에 무리도 있을 것입니다. 또 문장의 어순은 한국어 어순이 아니라 영어식의 어색한 어순의

표현도 있을 것입니다. 더구나 보다 효과적인 의미를 전달하기 위하여 철자, 띄어쓰기 등과 예시문장에서는 문법상의 어긋남도 있습니다. 그럼에도 미완인 본 사전을 출간함은 아래와 같은 이유이며, 나름 큰 용기가 필요했습니다. 독자 여러분의 너그러운 양해 구합니다.

첫째, 영단어의 현대영원어민 **ㅍ한**읶ㅅ와 연음발음을 **세계최초**로 하잎헌(hyph-(h)en)을 사용하여 **발음음절**(so-und syll-ab-le)로 나누어서 한글로 표기한 "**영어 훈민정음, 한글표기 ㅍ한읶ㅅ 영어 발음사전**"의 출간은 7년이 지나는 당시를 보내면 결함 없는 완전한 사전이 언제 가능할 수 있을지 기약할 수 없기 때문이었고

둘째, 현대영원어민 **ㅍ한**읶ㅅ 발음, 특히 연음발음은 말하는 사람과 듣는 사람의 심리상태, 시간, 환경 등 많은 변수에 따라 달라지므로 엄밀한 의미의 정답은 없다는 것입니다. 정답 없는 영어연음발음을 가시화할 수 있는 문자로 표기함에 있어서 완벽함을 구현하는 것은 불가능에 가까운 일이기 때문이며
  (영국영어는 개천 하나 건너도 발음이 다르다. -Bill Bryson-)

셋째, 오류가 많으며 불완전하고 미완의 사전이지만, 실용성을 고려하여 혼자서도 소리내서 반복, 연습, 훈련할 수 있는 현대영원어민 ㅍ한읶ㅅ와 연음발음을 **세계최초로 발음음절**(so-und syll-ab-le)로 뽀갠 한글표기 **ㅍ한**읶ㅅ 영어발음사전이므로 사소한 오류나 틀린 점에 연연하지 않으면 소실대탐(小失大貪) 할 수 있을 것으로 생각했기 때문입니다.
  [참조; 앞표지 뒷면의 "영어 훈민정음 vs Merriam-Webster ㅍ한읶ㅅ 발음 비교표"]

영어를…
공부하려 마시고,
정답이 없는 영어발음을 완전하게 하려 마시고,
이제껏 보지도 못했을 빨강색 고딕체 부분 **액**ㅅ엔ㅌ만
올바르게, 크고, 높게, **"빵!"**, 소리내면
그 뒷소리는 좀 작아도, 좀 얼버무려도, 좀 틀려도 무방할 것입니다.
3~5 개월 후, 자신의 영예시문장 전체 발음이 점점 **린**엄익얼
(**rhyth**-m-ic-al)해짐을 느끼게 될 것입니다.

하루 3~10회, 5~15분씩 자투리 시간에 소리내서 반복, 연습, 훈련하면 3~5 개월 후부터는 이제껏 들리지 않던 현대영원어민 **ㅍ한익ㅅ**와 연음발음이 귀에 잡히기 시작할 것입니다.

영어 때문에 어려움 겪고, 넘어지고, 포기하는 많은 한국인, 일본인에게 도움될 수 있기를 바랍니다.

한국과 일본 영어교육은 자전거 **핸**ㄷ얼(**hand**-le-bar)과 **펱**얼(**ped**-al) 없는 자전거타기 가르치고, 배우려는 것과 다름없는 무모함이라고 할 수 있습니다.

이제 혼자서 한 10여년의 길고 힘들었던 영어공부가 보람되어 현대영원어민의 ㅍ한익ㅅ와 연음발음의 발음과 발성의 특성을 분석해서 **세계최초**로 한국어와 일본어 발음과 발성에 특화된 한국인과 일본인의 발음과 발성 근육과 뇌 구조 특성에 맞춰서 쉽고, 자신 있고, 당당하게 현대영원어민의 ㅍ한익ㅅ와 연음발음을 소리내서 반복, 연습, 훈련할 수 있도록 **3,789 개 기본 영단어**를 옛한글로 표기하여 한글을 알면 누구나 영어를 균형 잡고, 목표설정하고, 방향을 잡을 수 있는 자전거 **핸**ㄷ얼(**hand**-le bar)을 만들었습니다.

7,500 개 짧은 영예시문장은 필자의 **발음음절**(**so**-und **syll**-ab-le) 개념으로 나누어 속도를 내도 넘어지지 않고, 목표에 다다를 수 있는 자전거 **펠얼**(**ped**-al)을 만들었습니다. 이제는 넘어지지도, 좌절하지도, 포기하지도 말고, 영어 듣기와 말하기에 성공하셔서 YouTube, TED.com과 MOOC를 벗으로 미래 행복을 보장받으시기 바랍니다.

본 사전은 특히 다음 분들에게 도움되기를 바라는 마음으로 집필했습니다.

1. **청각, 시각, 신체 장애인;**
   독학으로도 일반인보다 빠르게 익힐 수 있습니다. 영어를 통하여 다양한 세계 접하셔서 **자신에게 주어진 세상보다는 자신에게 맞는 세상을 선택하실 수 있기 바랍니다**. 시각 장애인에겐 도움이 필요하겠습니다.

2. **영어선생님;**
   자신감과 당당함으로 학생들에게 현대영원어민 ㅍ한읷ㅅ와 연음발음을 가르쳐 주시기 바랍니다.

3. **한인교포, 유학생;**
   자신감과 당당함으로 주류사회에 동화하시고, 특히 이공계열 유학생은 구두 강의과목도 신청하실 수 있기 바랍니다.

4. **외교 공무원;**
   된장발음을 **벝얼**(**butt**-er)발음으로 바꾸어서 더욱 국위 선양하실 수 있기를 바랍니다.

5. **대한민국 군경;**
   군경 복무 기간에 영어 듣기와 말하기 완성하셔서 인생 변곡점과 생애에 가장 보람된 국방의무 기간이 되길 바랍니다.

가족, 친지, 친구, 영어선생님, 책 제작에 함께 하신 여러분 그리고 우리의 조국에 깊은 감사드립니다.

특별히 본 "**영어 훈민정음, 한글표기 ㅍ한잌ㅅ 영어발음사전**"의 pdf전자발음사전과 실제발음사전을 성원하시고 펀딩하셔서 "**한국인 70%, 영어 알아듣고 말하기!**" 캠페인을 시작하도록 제 마음에 큰 감동과 씨앗을 심어 주신 Wadiz 써포터님 여러분과 본 책자의 출간에 물심양면의 도움 주신 Wadiz 크라우드펀딩 플랫폼㈜ 임직원 여러분께 마음 깊이 감사 드립니다.

2021년 2월 1일 여러분의 영어 성공을 소원하는 정성으로
개정판을 준비하며

English Phonics Coordinator & Trainer
짱구하부지 **김 충현**

> **Tip**

<자가발음교정 및 장기기억보조 카드>

한국어 발음과 발성에 특화된 한국인의 발음과 발성 근육과 뇌 구조 특성상 영어 훈민정음의 **ㅍ한**ㅣㅆ와 영어예시문장을 소리내서 연습하는 것이 처음엔 조금 어색하고, 어렵습니다.

아주 어려운 것이 아니라 이렇게 조금 어려운 것을 연습, 훈련하는 것이 쉽게 본인도 모르는 사이에 무아지경인 **몰입**(沒入, flow, immersed)에 진입하게 되는 것이고, **메타-인지**(meta-cognition)학습을 하는 것이며, 궁극에는 **장기기억**(long-term memory)하는 최선의 방법으로 최근 뇌과학에서 증명되고 있습니다.

본 사전의 독자에게는 필자가 뇌과학을 근거로 개발, 제작하여 특허등록한 "**자신의 발음을 듣고 스스로 교정할 수 있으며 동시에 장기기억을 보조하는 카드**"를 독자 여러분의 영어 성공을 기원하고 독자 여러분과 함께 "한국인 70%, 영어 알아듣기와 말하기!" 캠페인 성공을 위하여 무상으로 드립니다. 유용하게 사용되기를 바라겠습니다.

영어를 잘 못하더라도 자신의 발음이 현대영원어민 **ㅍ한**ㅣㅆ에 가까운지, 아닌지 정도는 알 수 있기 때문에 자신의 발음을 현대영원어민 발음에 가깝도록 스스로 듣고, 교정할 수 있으며, 크게 소리 낼 수 없는 환경에서도 발성 근육은 크게 움직이면서 아주 작게 소근대도 크게 소리내는 것과 동일한 효과를 보며, 영단어와 영예시문장의 해마(Hippocampus)를 통한 장기기억에 대단히 유용할 것입니다.

장기기억에 대단히 효과적인 것은 뇌과학에서 입증된 사실입니다.

▶ **음원의 필요성**

외국어 관련 서적에는 대부분 CD형태로 또는 **슴**앝ㅌㅍ호은(**sm**-art pho-ne), 컴**퓨**읕얼(com-**put**-er)에 **다**운(을)오은(**down**-l-oad) 받을 수 있는 음원이 제공됩니다. 음원이 있으면 없는 것보다 좋겠습니다. 크게 위로가 되기도 하니까요.

그러나 그렇게 많은 음원을 가지고 있고, 또 많은 시간과 노력을 들여서 공들여 듣고, 보고도 영원어민 영어를 알아듣지 못하는 원인을 생각해 보셨나요?

그 원인은 지극히 간단합니다.
내가 발음할 수 없는 영어는 "쌀라 쌀라"로 들리는 소음일 뿐이기 때문입니다.

우리 국어의 하나인 순수제주방언을 잘 알아 듣나요? 처음 들으면 소음이죠. 알아듣지 못하니까. 알아듣지 못하는 원인은 내가 발음할 수 없기 때문입니다.

제주도에 관광 가니 안내원이 몇 개 제주방언 단어를 따라서 소리 내라고 합니다. 몇 번 따라서 소리내서 올바른 발음의 제주방언을 연습하니 그제야 소리내서 연습 훈련한 단어는 귀에 들어옵니다.

그러기에 배우려는 영어의 올바른 ㅍ한잌ㅅ와 연음발음을 발음할 수 없다면 영어 듣기, 영어 말하기, 영어 읽기 연습, 훈련은 모래 위에 쌓는 헛된 노력일 수 있는 것입니다.

지금까지 우리는 언어의 가장 기초가 되는 엄마의 올바른 발음 즉, 현대영원어민의 ㅍ한잌ㅅ와 연음발음을 소리내서 반복, 연습, 훈련 없이 모래 위에 성을 쌓은 것이죠.

지금 우리에게 필요한 것은 영어(제주방언)를 아주 오랜 세월동안 수도 없이 해온 귀로 듣는 음원이나 눈으로 보는 영화, 드람어, 영원어민 뉴스가 아닙니다.

 말배우는 아기가 엄마의 올바른 발음을 음절 한 개, 단어 한 개씩을 소리 내서 따라하듯이 현대영원어민의 올바른 ㅍ한익ㅅ와 연음발음을 내가 내 입으로 22개 발성 근육에 기억, 저장시키며, 내 귀를 통해서 학습의 장기 기억을 관장하는 해마(hippocampus)를 통하여 뇌에 장기기억될 수 있도록 크게 소리내서 반복, 연습, 훈련하는 것이 필요한 것입니다.

 그러나 아무리 음원을 반복해서 들어 보아도 음원은 보이지 않는 애매모호한 소리일 뿐만 아니라 우리 귀에 익숙한 한국어 발음도 아닌 애매모호하고 익숙하지 않은 외국어 발음이기에 입으로 크게 소리내는 반복, 연습, 훈련하는데 큰 어려움과 한계가 있습니다.

 아기가 "엄마" 소리를 배우기 위해서 엄마를 비롯한 가족으로부터 듣는 "엄마" 소리는 3,000번 이상이라고 합니다.
 물론 언어, 인지 능력이 완성된 성인은 훨씬 빨리 배우겠지만, 그렇다 하더라도 지대한 노력과 시간을 통하여 습득할 수 있을 것입니다.
 그러므로 우리가 영어를 못한 것은 음원이 없었기 때문이라고 하기보다는 영어를 익히는데 소요되는 올바른 발음을 익힐 수 있는 올바른 자료의 부재와 지대한 노력과 시간을 감당할 수 없었기 때문이라고 생각합니다.

 이러한 이유로 저는 보이지 않아서 애매모호한 현대영어원어민의 ㅍ한익ㅅ와 연음발음을 한글을 읽을 수 있는 한국인은 누구나 쉽고, 빠르고, 효과적으로 소리내서 반복, 연습, 훈련할 수 있도록 한글로 표기한 영어 훈민정음, **"영어 훈민정음, 한글표기 ㅍ한익ㅅ 발음사전"**을 출간하게 된 것입니다.

 본 사전을 필자가 뇌과학을 근거로 연구, 개발하여 특허등록한 <ㅍ한익ㅅ 발음을 스스로 교정할 수 있으며 장기기억 보조 카드>를 입과 귀를 연결해서 사용하여 소리내서 3~5개월 반복, 연습, 훈련하면 영어 발성에 특화하여 사용되는 22개 발성 근육과 뇌에 보다 쉽고, 빠르고, 효과적으로 장기 기억 시킬 수 있게 되고, 필요에 따라서 장기 기억된 ㅍ한읶ㅅ와 연음발음을 끄집어 내어 듣고, 발음할 수 있게 될 것입니다.

 따라서 영원어민 말 중에 연습한 단어는 귀에 잡히는 감격을 경험하게 되는 것입니다. 그 후에는 각종의 음원을 보다 쉽고, 빠르게 알아들을 수 있게 될 것입니다. **시작해 보시기 바랍니다.**

Tip

　영화, 드라마 등은 청각 신경보다는 시각 신경의 사용을 크게 요하는 것이므로 <u>영어 말하기 보다 영어 듣기를 먼저 익혀야 하는 초,중급 영어 학습자에게는 효과를 크게 기대하기 어렵습니다</u>.

　왜냐면, 영화나 드라마에서는 극적인 효과를 만들기 위하여 배우 한사람의 대사가 길지 않습니다. 또 <u>초·중급 영어 학습자에게는 한 사람의 목소리에 익숙해지는데 약간의 시간이 필요한데</u>, 익숙해질 만하면 다른 배우의 목소리로 바뀌고, 또 그 목소리에 익숙해질 만 하면 또 다른 배우 또는 장면이 바뀌는 등 따라가기 바쁘게 됩니다.

　따라서 초,중급 영어 학습자는 <u>장면의 바뀜이 거의 없고, 강의 내용 등을 시청자에게 확실하게 전달하려는 목적을 가졌기에 비교적 정확한 표준영어 발음을 구사하는 1인 또는 2인의 강연이나 monologue나 dialogue 정도의 영상물이 보다 쉽고, 효과적이라고 할 수 있습니다</u>.

　이러한 류의 영상물로는 자신의 관심 분야, 취미, 전공, 업무 등과 관련된 YouTube, **www.ted.com**, MOOC 강의 등을 통하여 강연자의 입과 얼굴 근육 움직임도 관찰하면서 **shad**-ow-ing 까지 한다면 1석3조의 효과를 누릴 수 있을 것으로 생각합니다.

"국내·세계 최초의 현대영원어민 ㅍ한읶ㅅ와
연음발음 한글표기의 영어 음운학적 근거와 방법"

목 차

Part I. 영어 배우기란?

1. 왜 영어를 배워야합니까? · 22
2. 영어 배우기 = 자전거 배우기 = 습관과 감 · · · · · · · · · · · · 22
3. 10년간 영어를 배웠어도 영어를 못하는 이유? · · · · · · · · · 23
4. 3,789 기본영단어 선정기준과 발음음절 · · · · · · · · · · · · · · 31
5. 7,500 영어예시단문장과 발음음절 · · · · · · · · · · · · · · · · · · 33
6. 영어 ㅍ한읶ㅅ 발성 근육 훈련법_Tongue Twister · · · · · · 37

Part II. 한국인, 일본인의 영어 실패 원인과 해결방안

1. 한국인 영어울렁증 극복할 해결방안 · · · · · · · · · · · · · · · · · 41
2. 영어와 한국어의 특성과 차이점 · 43
3. 영어의 syllable(음절)과 한국어 음절의 왜곡 · · · · · · · · · · 44
4. Schwa [ə, l̩, m̩, n̩] 현상은 무엇인가? · · · · · · · · · · · · · · · 47
5. 한국어 자음초성화와 영어의 자음종성화 추세 · · · · · · · · · 48
6. 일본어 mora식 발음은 무엇인가? · · · · · · · · · · · · · · · · · · 49

Part III. 한국인, 일본인이 틀리게 배운 발음

1. 이중모음 ㅍ한익ㅅ 발음법 (ar er ir or ur yr dr tr re) · · · · · · · · · 50
2. 이중자음 ㅍ한익ㅅ 발음법 (pl sc sch sk sl sm sn sp sq st xt) · · · · · · 54
3. 자음분절 ㅍ한익ㅅ 발음법 (b c d g j k l m n p q s t x z) · · · · · · · · · 55
4. 반모음 W ㅍ한익ㅅ 발음법 · 57
5. 기후자음 ㅍ한익ㅅ 발음법 (aspirated consonants; k^h, p^h, t^h 등) · · · · 58
6. 초성으로 쓰여진 공명음(L,M,N) 발음법과 필자가 창안한 유도음 · · · · 64
7. 결합발음과 발음의 예 (dr~, tr~, ~teur, ~dure, ~sure, ~ture 등) · · · · 66
8. 필자가 창안한 유도음과 복모음 ([을], [음], [은], [으], [이], [ᅢ], [ᅣ]) · · 68
9. 강세의 9 법칙 (필자가 찾은 것 포함) · · · · · · · · · · · · · · · · · · · 70
10. 액ㅅ엔ㅌ 지휘법- 필자가 창안한 액ㅅ엔ㅌ 장기기억법 · · · · · · · · · 74

Part IV. "영어 훈민정음, 한글표기 ㅍ한익ㅅ 영어발음사전"

1. "영어 훈민정음, 한글표기 ㅍ한익ㅅ 영어발음사전"을 연인으로 · · · · · 75
2. TED.com 에서 흥미, 취미, 전공, 업무 분야 무료강의 시청 · · · · · · · 77
3. MOOC에서 관심분야 강의 수강 및 학위 취득 · · · · · · · · · · · · · · 78
4. YouTube & SNS와 미디어 · 78
5. 마치는 글 No sweat, no gain! –Talmud- · · · · · · · · · · · · · · · · · 79

Fin-all-y, your **Eng**-l-ish bike is w-e-ll e-**q**-**uipp**-ing with the **hand**-le for **bal**-ance and dir-**ec**-tion and the **ped**-al for **sp**-eed!

Wishing you ALL THE BEST LUCK!!!

영어배우기란?

1 왜 영어를 배워야합니까?

English is the must-have weapon to participate the globalization.
However, we cannot appreciate English unless we can pronounce it as Native does.
When you do not understand English, it is not only an appreciation but a noise.

-Choong-Hyun Kim-

2 영어 배우기 = 자전거 배우기 = 습관과 감으로 탑니다.

 영어 배우기는 자전거타기 배우기로 비유할 수 있습니다. 자전거 타기를 배우는데 이론이나 공부는 거의 필요하지 않습니다. 자전거 타기(**영어회화**)를 배우는데 필요한 건 자전거와 안전장구(**올바른 발음법**) 뿐입니다. 그리고 넘어져도 계속 타는 것, 반복, 연습, 훈련 입니다. 열 번 안 넘어지고도 잘 탈 수 있습니다.

지름길은 없습니다. 영어도 마찬가지입니다.
No sweat, no gain! No pain, no gain!
No reward without toil. –Talmud-

올바른 방법으로 꾸준히 소리내서
반복, 연습, 훈련하는 것이 정도(正道)입니다.
Fluent English can be achieved only through
PROPER ORAL PRACTICE!

3 **10년간 영어를 배웠어도 영어를 못하고, 포기하는 이유?**

아기는 한 살 되기 전에 엄마의 정확한 발음, [엄마,마암-아, mam-a]를 3,000번 이상 듣고 난 후 발음하기 시작한다고 합니다. 이것이 태아가 4개월 지나면서 청각 신경이 형성되면서부터 약 5년에 걸쳐 모국어 기초를 배우는 과정입니다. 우리는 엄마에게서 정성지극한 특별개인교습을 약 5년간 받고 나서야 모국어를 배운 것입니다. 이 때 중요한 건 **엄마의 정확한 발음**입니다.

사투리 들으면 사투리를, 틀린 발음을 배우면 틀린 줄 모르고 틀린 발음을 할 수 밖에 없습니다. 처음 언어를 배우는 사람은 발음이 틀리는지 맞는지 판단할 수 없으므로 틀리게 가르치고, 배워도 틀린 것인 줄 모르고 틀린 그대로 백지 상태인 두뇌에 새겨 둡니다.

He who knows nothing, doubts nothing!

3살 버릇 80까지 가듯이, 한 번 익힌 **틀린 발음**은 고치기 어렵습니다.
What is learned in the cradle is carried to the tomb.

예를 들면, **mam**-a 를 [마마]로 발음하는 것은 옛날부터 지금까지 틀리게 발음하고 있는 한국어, 일본어 mora식 발음이며, 현대영원어민 **ㅍ한**익ㅅ는 [**마암**-아]입니다.

우리가 10여 년 영어를 배우는 동안에 영어듣기(English listening)를 위해서 노력했음에도 <u>영원어민 영어를 알아듣지 못하는 이유</u>는 내가 현대영원어민 ㅍ한익ㅅ와 연음발음에 가깝게 발음하지 못하기 때문에 들을 수가 없는 것입니다.

(SBS 그것이 알고싶다_영어, 우리는 왜 못하는가? 이 남용씨, 서울대학교 언어학과의 영원어민과 한국인 milk 발음 분석비교 참조. https://www.youtube.com/watch?v=IL_7-gp2nWc)

즉, 내가 발음할 수 없는 영어는 영어가 아니라 알아듣지 못하는 "쌀라 쌀라"하는 소음에 지나지 않기 때문입니다. 그 예로 우리 국어임에도 우리가 알아듣지 못하는 순수 제주방언을 들 수 있습니다.

우리 선배들께서는 일제 강점기에 틀린 영어발음을 일본인 영어선생에게서 배웠고, 그 선배들께서 영어선생님이 되어 틀리게 배운 영어발음을 또 후배들에게 틀리게 가르치는 악순환이 지금까지 이어지고 있는 것입니다. 이 같은 악순환이 우리가 영어 못하는 가장 큰 이유라고 할 수 있습니다.

> 아는 것이 없으면 의심도, 질문도 못한다.
> He who knows nothing, has no doubts.

(SBS 그것이 알고싶다_영어, 우리는 왜 못하는가? 고려대학교 영문학과 이 용재 교수님의 예 참조. https://www.youtube.com/watch?v=IL_7-gp2nWc)

이러한 이유 때문에 저는 보이지 않아서 애매모호한 현대영어원어민의 ㅍ한읶ㅅ와 연음발음을 한글을 읽을 수 있는 한국인은 누구나 쉽고, 빠르고, 효과적으로 소리내서 반복, 연습, 훈련할 수 있도록 한글로 표기한 영어 훈민정음, 한글표기 ㅍ한읶ㅅ 발음사전을 출간하게 된 것입니다.

■ 영어를 배우면서 넘어지고, 좌절하고, 포기하는 이유;

영어를 배우는데 있어서,

1) 가장 근본인 올바른 발음을 배울 수 없었고, 올바르지 못한 한국어식 영어발음조차도 소리내서 반복, 연습, 훈련하지 못했습니다. 올바른 발음을 할 수 없는 상태에서 영어회화를 하려는 것은 핸ㄷ얼(hand-le-bar)과 펠얼(ped-al)없는 자전거를 타는 것과 같습니다. 그러므로 넘어지고, 좌절하고, 포기할 수밖에 없습니다.

2) 눈으로 열심히 단어, 문장독해를 보기만 했고, 입으로 큰소리 내서 발음함으로써 자신의 발음이라도 들어보는 반복, 연습, 훈련은 거의 못했습니다. 자전거 타보진 않고, 눈으로 구경만 했기에 **자전거를 탈 줄은 모르는 것**입니다.

3) 영어 뉴스, 영화, 강의를 열심히 귀로 들었지만, 입으로 큰소리 내서 반복, 연습, 훈련은 거의 못했습니다. 자전거 타보진 않고, 타는 방법과 강의를 듣고, 보기만 했기에 **자전거를 탈 줄은 모르는 것**입니다.

4) 새해가 되면 신년계획 중 하나는 영어회화 완성입니다. 영어회화 학원에 등록해 보지만 바쁜 사회생활 속에 오가는데 1~2시간 등, 본의 아니게 출석은 못하고 등록한 것으로나마 위안을 삼습니다. 그러나 **영어는 완성되진 않습니다**. 오히려 자신을 탓하게 되는 불행한 일이 반복해서 생기게 됩니다. 자신과의 약속도 못 지킨다는 자학이 생길 수도 있습니다.

5) 그럴 바엔 차라리 영어를 배우지 않고, 자신을 비하하거나 자학할 동기를 만들지 않는 것이 **자신의 행복을 위해서 더 현명한 선택**일 수도 있을 것이라고 생각합니다.

이제 우리에게는 엄마처럼 지극한 정성과 인내로 옆에서 정확한 발음을 가르쳐 줄 선생님도, 5년여 가르침을 받을 시간도, 그 대가를 지불하기도 어렵습니다.

따라서 영어는 스스로 배워야 하는데, **스스로 배울 때 꼭 필요한 것**이 바로 소리내서 반복, 연습, 훈련, 습득의 **필수 기본이 되는 영어 ㅍ한읶ㅅ와 연음발음의 올바른 발음법**일 것입니다. 이것이 영어 듣기와 말하기를 습득할 수 있는 정도(正道)요 왕도(王道)라고 할 수 있습니다.

올바른 현대영원어민 ㅍ한익ㅅ와 연음발음법이 영어의 핸ㄷ얼 (hand-le-bar)이며 펠(ped-al)입니다. 자전거 핸ㄷ얼이 없으면 넘어지듯이, 현대영원어민 ㅍ한익ㅅ와 연음발음을 할 수 없다면 영원어민의 영어를 알아듣는데 오랜 시간과 지대한 노력이 소모되므로 대개는 넘어지고, 좌절하고, 포기하게 되는 것입니다.

■ **본 사전의 출생 이유와 필요성**

아래 예에서 본 사전의 출생 이유와 필요성을 살펴봅니다.

ba•nana
[bəˈnanə]
X [버내나]
♪번앤어

n. 바나나나무(열매), 바나나색(향, 모양), 백인숭배동양인

· Ban-**an**-a has ver-y good nut-**ri**-tion for **hea**-l-th.
· She **sl**-ipped on a ban-**an**-a **sk**-in in her re-**he**-ars-al.

en•er•gy
[ˈɛnɚdʒi]
X [에너쥐]
♪엔얼지이

n. 활(동)력, 정력, 활기, 능력, 행동력, 지도력, 세력

· Coa-l is an eff-(**h**)i-cient **so**-ur-ce of **en**-er-gy for **pl**-ants.
· She ad-m-**ire**d him for his **en**-er-gy and can-**do att**-it-ude.

일제강점기 이후 지금까지 배워온 영단어 banana와 energy의 발음은 각각 [버내나], [에너쥐]로 배워 왔는데, 이것은 영원어민 발음이 아닌 일본어 mora식 발음으로서 틀린 발음입니다.

이렇게 발음하면 영원어민은 알아듣지 못하기 쉽습니다. 더구나 우리는 영원어민이 발음하지 않는 틀린 발음을 배웠으니 영원어민이 말하는 영단어 ban-**an**-a와 **en**-erg-y를 알아듣기 어렵게 됩니다. 이렇게 쉬운 단어를 내가 말해도 영원어민이 알아듣지 못하므로 우리는 자괴감이 들고 영어를 포기하게 되고, 외국인을 피하게 되는 것입니다.

즉, **핸**ㄷ얼(**hand**-le-bar)과 **펟**얼(**ped**-al)없는 자전거를 타려고 했으니 넘어지고, 포기하고, 좌절하는 것은 당연합니다.

💬 자전거타기를 올바르게 익히려면;

첫째로, 자전거를 제대로 타려면 균형을 안정되게 잡고, 목표하는 방향으로 향할 수 있는 올바른 **핸**ㄷ얼이 필요합니다.

그것이 바로 **3,789 개 영단어의 현대영원어민 ㅍ한익ㅅ 발음**을 우리 옛한글로 나누어 표기한 ♪번**앤**어 와 ♪**엔**얼지이 입니다.

이렇게 옛한글로 나누어 표기한 **3,789 개 기본영단어**, 즉 **핸**ㄷ얼을 발음하기에 애매모호하고 자신 없는 IPA 국제발음기호와 달리 한글을 아는 한국인은 누구나 쉽고, 자신 있게, 현대영원어민 **ㅍ한익ㅅ**와 연음발음을 익힐 수 있도록 한글로 표기하여 컴**퓨**읕얼 그**랲**힠(comp-**ut**-er **graph**-ic)으로 제작, 수록했습니다. 이를 소리내서 반복, 연습, 훈련하면, 영원어민의 영단어 발음이 귀에 잡히기 시작하며, 영원어민은 우리의 발음을 알아듣게 될 것입니다.

둘째로, 자전거를 넘어지지 않고 잘, 빠르게 타려면 속도를 낼 수 있는 **펟**얼이 필요합니다.

그것이 영단어 장기기억 연상법을 위하여 외우는 것이 아니라 익히기 쉽도록 각 단어당 영원어민이 일상생활에서 가장 자주 사용하는 **짧은 영예시문장 2개씩 만들어 약 7,500개**를 수록했으며, 짧은 문장에 들어있는 단어의 일부는 쉽게 **ㅍ**한익ㅅ할 수 있도록 **하잎헌**(**hyph**-en)으로 나뉘어져 있습니다.

이는 필자가 **세계** 영어음운학계 **최초**로 한국어와 일본어에 특화된 한국인과 일본인의 독특한 발음, 발성구조를 고려하여 쉽고, 빠르게 ㅍ한잌ㅅ와 연음발음에 가깝게 발음할 수 있도록 맞춤형으로 현대영원어민 ㅍ한잌ㅅ와 연음발음을 **발음음절**(so-und syll-ab-le) 개념으로 나눈 것입니다. 이들 영예시문장의 빨간색 액ㅅ엔트 부분만 큰소리로 강조하여 소리내서 연습하면 문장 속에 영원어민이 발음하는 릳엄(rhyth-m)이 생기기 시작할 것입니다.

"영어 훈민정음, 한글표기 ㅍ한잌ㅅ 영어발음사전"의 위 두 가지 핵심요소를 익히면 영원어민 일상생활영어의 80% 이상을 알아듣게 되고, 나머지 20%는 문맥상 눈치로 또는 뜻을 물어서, 찾아서 알 수 있게 되는 것입니다.

이것이 언어를, 특히 영어를 익히는 순리(順理)이며 정도(正道)입니다.
이러한 이유로 영어 듣기, 말하기, 읽기 연습과 훈련에 본 사전이 필요한 것이며, 탄생, 존재하는 이유라고 할 수 있습니다.
[참조; 앞표지 뒷면의 "영어 훈민정음 vs Merriam-Webster ㅍ한잌ㅅ 발음 비교표"]

📧 그간 배운 어휘, 영문법, 독해력은?

지난 10년 간 배운 영문법 실력은 영원어민 전체 평균보다 훨씬 좋을 것으로 생각합니다. 독해력과 어휘력에 있어서도 크게 뒤지진 않을 것으로 생각합니다. 그 동안 공부하고 배운 어휘력에 더하여 필요에 따라 조금씩 늘린다면 부족하지 않을 것으로 생각합니다. 우리가 한국어를 자유롭게 사용하는 것은, 영어문법보다 국어문법을 많이 공부해서 국어를 더 잘하는 겁니까? **아닙니다**.

우리는 국어 문법보다 영어 문법을 훨씬 더 많이 알고 있습니다. 그러나 영어를 국어보다 훨씬 못하는 모순을 경험하고 있습니다. 이를 다른 말로 표현하면 영어의 문법은 알면 좋은 것이지만 영어 듣기와 말하기 실력 향상을 위해서 크게 연연할 것은 아니라는 의미로

해석할 수 있을 것입니다.

📚 우리는 영어사전보다 국어사전은 훨씬 적게 찾아 보고도 또는 거의 보지 않고도 영어사전을 수 없이 찾아 본 영단어보다 훨씬 많은 국어단어를 익혔으며 한국어를 더 자유롭게 사용합니다. 국어단어를 찾지 않고도 편안히 국어를 읽고, 소통하는데 큰 어려움이 없습니다. 그 이유는 우리 국어로 소통하는 능력과 그것을 바탕으로 <u>문맥을 읽고 추론, 추측, 이해할 수 있는 기본기</u>를 갖추고 있기 때문입니다.

핀란드 영어교육에선 처음부터 단어를 가르치지 않습니다. <u>앨ㅍ헙엩</u>(<u>al</u>-phab-et) 조차도 가르치지 않습니다. 더구나 영문법은 어림도 없습니다.

다만 핀란드어와 다른 영어 발음을 <u>가르친다기 보다는 올바르게 알려주고</u>, 영화나 <u>ㄷㅈ람어</u>(<u>dram</u>-a)를 보고, 듣게 하여 재미와 흥미를 유발하고, 단어 뜻을 몰라도 앞 뒤 문맥으로 뜻과 <u>슽</u>오리(<u>st</u>-ory)를 추론, 추측, 이해할 수 있는 능력, 즉 <u>영어의 기본기</u>를 키워 주기 때문입니다.
(SBS 그것이 알고싶다_영어, 우리는 왜 못하는가? 출연한 윤 현수군의 예 참조. https://www.youtube.com/watch?v=IL_7-gp2nWc)

이것이 "<u>No one left behind.</u>"라는 영어교육의 <u>마앝오으</u>(<u>mott</u>-o) 로 국민 80%가 영어 듣기와 말하기가 가능해진 <u>성공직 핀란드식 영포자 없는 영어교육방법</u>입니다.

영어도 우리가 국어를 배우듯이 먼저 기본기인 소통하는 듣기 능력을 갖추고 난 다음에, 그 기본기를 바탕으로 <u>문맥을 읽고 추론, 추측, 이해할 수 있는 능력을 키우는 교육</u>을 했더라면 대한민국의 영어는 영포자를 양산하는 불행이 없었을 지도 모르고, 영어를 공용어로 사용하는 홍콩, 싱가폴, 타이완보다 훨씬 발전했을 것이고 따라서 국가 경제도 지금보다 더 좋아졌을 것으로 생각합니다.

그 동안 영어의 올바른 방향을 잡아줄 자전거 **핸**ㄷ얼과 시간과 노력을 줄여주고 효율 높아야 할 **펟**얼도 제 역할을 다하기에 부족했습니다. 이것이 우리가 오랜 시간과 노력을 기울여 영어를 공부했어도 **영어에 넘어지고, 실망하고, 좌절하게 되는 이유**라고 볼 수 있습니다.
(SBS 그것이 알고싶다_영어, 우리는 왜 못하는가? 고려대학교 영문학과 이 용재 교수님의 예 참조. https://www.youtube.com/watch?v=IL_7-gp2nWc)

그러나 우리에겐 10년이나 배워 둔 어휘력, 문법, 독해력 등, 영어 기초가 있습니다. 그러므로 영어를 최대한 올바르게 빨리 배우고 학습 효율을 높여 줄 자전거 **핸**ㄷ얼(**hand**-le-bar)과 자전거 **펟**얼(**ped**-al), **올바른 현대영원어민 ㅍ한익ㅅ와 연음발음을 소리 내서 반복, 연습, 훈련한다면 영원어민의 영어를 알아 듣고, 말할 수 있게 될 것**입니다.

영어의 올바른 방향을 잡아줄 자전거 **핸**ㄷ얼과 영어를 최대한 빨리 배우고 효율을 높여 줄 자전거 **펟**얼이 될 "**영어 훈민정음, 한글표기 ㅍ한익ㅅ 영어발음사전**"을 통하여 크든 작든 그동안 영어에 맺힌 설움과 한을 푸는데 도움되기를 바랍니다.
[참조; 앞표지 뒷면의 "영어 훈민정음 vs Merriam-Webster ㅍ한익ㅅ 발음 비교표"]
(SBS 그것이 알고싶다_영어, 우리는 왜 못하는가? 서울대학교 언어학과의 영원어민과 한국인 milk 발음 분석비교. https://www.youtube.com/watch?v=IL_7-gp2nWc)

| 4 | **3,789 영단어 선정기준, 발음표시 및 영단어 뽀개보기**

영원어민 조차도 자신이 영어를 이렇게 **발음음절**(**so**-und **syll**-ab-le)로 나누어서 발음하는지 몰랐다는 거 아닙니까!
[참조; 앞표지 뒷면의 "영어 훈민정음 vs Merriam-Webster ㅍ한읶ㅅ 발음 비교표"]

■ **3,789 영단어 선정기준**

미국 문교부 선정 3,000 기본단어 + 영국 문교부 선정 3,000 기본단어 + 한국 문교부 선정 2,988 수능 영단어를 취합하여 약 3,500개 영단어를 선정했습니다. 여기에 필자가 최근에 자주 사용하는 영단어 약 300 단어를 추가하여 <u>총 3,789 단어를 기본영단어로 선정, 수록</u>했습니다.

■ **미국, 영국 문교부에서 기본 영단어로 각각 3,000개를 선정한 이유:**

세상에 널려진 영단어는 약 250,000개라고 합니다. 그 중 약 170,000개가 Oxford사전에 실려 있습니다. 일상생활에서 사용하는 영단어의 Big Data를 분석했습니다. <u>기본영단어 3,000개가 일상회화 80%를 차지한다는</u> 분석 결과에 따라 일상생활에 필요한 기본영단어로 선정했다고 합니다. 일상생활에 필요한 나머지 20%는 대략 문맥, 감 또는 눈치로 알아차릴 수 있다는 것입니다.

> **3,000** voc**a**bularies c**o**ver **80%** of ev**e**ryday convers**a**tion.
> -US Dep**a**rtment of Education-

■ 특허등록된 옛한글 발음표시 방법

　3,789개 기본영단어 발음을 보다 더 현대영원어민 **ㅍ한**읷ㅅ와 연음 발음에 가깝게 발음할 수 있도록 세계최초로 특허등록하여 옛한글을 사용하여 검정색 바탕 위에 강세와 고저가 있는 음악처럼,

· **제1 강세**: **빨강색**의 가장 큰, **고딕체** 폰트로,
· **제2 강세**: **파랑색**의 두 번째 큰, **고딕체** 폰트로,
· **유 도 음**: **초록색**의 가장 작은 **고딕체** 폰트로
· **평　　음**: 작은 흰색 폰트로

　음악처럼 발음하는 현대영원어민처럼 **릳엄읶얼**(rhythmical)하게 발음할 수 있도록 3,789개 영단어의 현대영원어민 **ㅍ한**읷ㅅ와 연음 발음을 가독성을 높이기 위하여 computer graphic으로 검은 바탕 위에 나랏말싸미, 옛한글로 완성한 것입니다.

■ 관련 특허등록 사항

1) 특허등록 (제10-1470751호) "외국어 발음이 표시된 매체" 2014년
2) 특허등록 (제10-1486156호) "사용자 음성 집음기" 2015년
3) 특허등록 (제10-1447729호) "소리수집장치" 2015년

5. 7,500 영예시단문장 (most common English sentences)

영단어의 장기기억 연상법을 위하여 **각 단어당 영예시문장 2개씩 만들어 7,500 단문장을 수록함**.

■ 예시문장 phonics 뽀개보기

현대영원어민이 일상에서 가장 많이 사용하는 예시문장을 현대영원어민 **ㅍ한**익ㅅ와 연음발음에 가깝게 발음할 수 있도록 세계최초로 영단어를 어원 등에 근거한 **표기음절**(writ-en syll-ab-le)이 아니라, 현대영원어민 ㅍ한익ㅅ와 연음발음을 한국인, 일본인 만의 독특한 발음,발성구조에 맞추어 **발음음절**(so-und syll-ab-le) 기준으로 나누었습니다.

이는 과거와 현재 영어음운학자(Eng-l-ish L-ing-u-ist) 어느 누구도 시도하지 않은 것으로써 현대영원어민 ㅍ한익ㅅ와 연음발음을 분석하여 한국어, 일본어의 발음과 발성구조에 특화된 한국인, 일본인이 현대영원어민 ㅍ한익ㅅ와 연음발음을 보다 쉽고 빠르게 발음할 수 있도록 분절한 것입니다. 나아가 미래 현대영원어민 ㅍ한익ㅅ와 연음발음이 진화하는 추세와 우리의 영어발음도 함께 진화할 수 있을 것으로 생각합니다.

[참조; 앞표지 뒷면의 "영어 훈민정음 vs Merriam-Webster ㅍ한익ㅅ 발음 비교표"]

■ 영어 훈민정음의 영단어 구성 요소

① **chan·nel**　　③ ♪채앤얼　　④ X [채ᄂ얼] Schwa [l̩]=[얼], ⑥ mora 발음/ ⑦ tʃ,l phonics
② [tʃænl]　　⑧ n.vt. 수로,접근수단,활동분야,경로,도관,전달,쏟다,수로파다
　　　　　　⑨ They hav(e) a rel-i-ab-le chann-el of inf-(h)orm-a-tion.
　　　　　　⑩ She st-arted chann-el-ing her ang-er to-w-ards her hu-sb-and.

①: **영어사전**에 표기음절(**writt**en **syll**able)로 표기된 영단어.

②: 국제발음기호에 따른 발음. **빨강 ə, l̩, m̩, n̩** 는 약하고, 부드러운 발음과 **액**ㅅ**엔ㅌ** 없는 음절임을 뜻하는 **Schwa** [ə, l̩, m̩, n̩]를 뜻함. **강세(acc**ent or **str**ess)를 뜻하는 것이 **아님**을 주의.

③: 발음하기 어려운 국제발음기호(②)로 표시된 현대영원어민 **ㅍ한** 익ㅅ와 연음발음을 한글을 아는 한국인 누구나 쉽게 발음할 수 있도록 옛한글로 나눈 발음.

④: 우리가 배운 발음과 영한사전에 표기된 한글발음이 현대영원어민 **ㅍ한**익ㅅ와 연음발음과 얼마나 차이 있는지를 표시함.
　O ;　　**acceptable**
　X ;　　**not good enough** (틀린 발음 등)
　XXX ;　**not acceptable** (많이 틀린 발음, 틀린 **액**ㅅ엔ㅌ 등)

⑤: 우리가 배운 발음과 영한사전에 표기된 한글발음.

⑥: 우리가 배운 발음과 영한사전에 표기된 한글발음이 틀렸다면 그 틀린 이유 설명. 공간 부족으로 **Schwa** [ə, l̩, m̩, n̩]을 함께 표기함.

⑦: ③의 옛한글로 표기한 발음을 하면 무엇이 **phon**-ics 되는지 표기.

⑧: 품사와 단어의 뜻. 동사의 경우 "~하다" 등의 어미는 생략.

⑨ & ⑩: 해당 단어를 포함한 most common short English sentences. 짧아서 입에 익히기 쉽고, 3~5회 빨강 **액**ㅅ엔ㅌ만 올바르게, 크고, 높게, "**빵!**", 소리내면 꼬였던 혀가 풀려 **butt**-er처럼 부드러워지고 내 발음에도 **릳엄** (**rhyth**-m)이 생기는 것을 경험하게 됨. 일반적으로 가장 많이 쓰이고 응용하기 매우 쉬운 문장입니다.

■ 반복, 연습, 훈련 방법 소리내서

· 3,789 개 기본영단어를 옛한글로 표시한 발음;

1. 모든 단어의 옛한글 **발음음절**(**so**-und **syll**-ab-le)은 한 음절씩 띄어서 3~5번씩 발음함.

2. 3~5회를 발음하는 동안, 속도를 점차 빨리하여 발음하면 점차 꼬였던 혀가 풀려 **butt**-er처럼 부드럽게 발음됨.
   [참조; 6장 Tongue Twister]

3. 마지막엔 모든 음절을 바르게 발음하되, 액ㅅ엔ㅌ를 크고, 높게, 소리내서 한 번에 전체를 발음함.

4. 모든 음소는 꼭 발음되어야 하는데, 특히 받침(말성)의 경우, 잔음이 남도록 발음해야 함.
   예 액ㅅ엔ㅌ, ㅍ한읷ㅅ;
   [액ㅅ엔ㅌ], [ㅍ한읷ㅅ]로 완전한 음절로 발음하면 다음 단어와 연음이 안되는 경우가 있으므로 모음 [ㅡ]를 뺀 [ㅌ], [ㅅ]로 잔음이 남도록 발음하면 다음 단어와 연음이 쉽게 됨. 강세만 제대로 세게 해준다면 [액ㅅ엔], [ㅍ한읷]만 발음해도 앞뒤의 문맥으로 상대에게 의미가 전달될 수도 있음. 이러한 이유로 영어 발음에서는 액ㅅ엔ㅌ가 가장 중요하다고 하는 것임.

5. **초록색 유도음** 등은 적어도 입모양을 만들어 잔음이 남을 정도로 발음함.

6. 예시문장 선체에서는 몰드체 액ㅅ엔ㅌ를 크게, 높여서 발음함.

7. 이제 저절로 예시문장에 조금씩 릳엄(**rhyth**-m)이 붙게됨.

· 7,500 개 영예시단문장;

1. 1회 5~10분 씩 쉬는 시간에, 매일 5~10회, 3~5개월만 연습하면, 연습한 단어, 예시문장은 영어 뉴스, 강연, 영화, ㄷㅈ람어(**dram**-a) 시청시 귀에 잡히기 시작한다고 저와 공부하신 여러 **sen**-i-or께서 말하십니다.

2. 현대영원어민 ㅍ한익ㅅ와 연음발음이 쉽고, 빠르게 입과 22개 발성 근육에 습관으로 기억될 것입니다.

3. 영어발음에서 가장 중요한 액ㅅ엔트(ac-cent, st-ress)는 영어의 외래어를 제외한 많은 영단어를 ㅍ한익ㅅ대로 발음하면 대부분이 억지로 외울 필요도, 실수할 염려도 거의 없이, 저절로, 자연스럽게 떨어집니다.

4. 3~5회 빨강 액ㅅ엔트만 올바르게, 크고, 높게, "빵!", 소리내면 꼬였던 혀가 풀려 butt-er처럼 부드러워지고 내 발음에도 릳엄(rhyth-m)이 생기는 것을 경험하게 됩니다.

5. 예시문장을 막힘없이 현대영원어민 ㅍ한익ㅅ와 연음발음에 가깝게 소리내면 장기기억 연상법을 사용함으로써 회화시 쉽게 사용할 수 있을 것입니다.

6. 영단어 사전을 찾지 않고도 영어를 소통하는데 어려움이 없게 됩니다. 영어로 소통하는 능력과 그것을 바탕으로 문맥을 추측, 이해할 수 있는 기본기가 갖추어졌기 때문입니다. 특히 한국인의 빠른 상황파악 능력과 영민함으로...

7. 이 때부터 영어는 지겨운 공부가 아니라 재밌는 영화, ㄷㅈ람어(dram-a), 흥미 있는 강연을 시청하는 즐거움과 행복이 되기 시작할 것입니다. 인생의 변곡점이 슬며시 찾아 들어 오는 것이죠.

· 연습, 훈련 시 참고 사항

현대영원어민 ㅍ한익ㅅ와 연음발음을 연습해보면 처음엔 발음하기 어렵고, 심지어는 발음하려면 혀가 꼬이므로 "나는 영어발음에 소질이 없는 것인가?" 의심하기도 합니다. 그러나 실망하실 필요 없습니다. "영어 훈민정음, 한글표기 ㅍ한익ㅅ 영어발음사전"이 탄생하고 존재하는 이유입니다.

44개 영어발음 기호를 살펴보면, 우리가 발음해 온 한글 발음에는 없는 것이 대부분 입니다. 더구나 현대영원어민 ㅍ한익ㅅ와 연음발음은 문자나 기호로 표음(表音)하는 것조차 거의 불가능합니다. 그러나 현대영원어민의 연음발음을 나누어(뽀개)보면 일정한 발음 형식이 있지만 완전한 완성된 발음은 없다는 점을 알게 됩니다. 그러니 완벽한 발음을 구사하려고 연연하지 마시기를 간곡히 바랍니다.
[참조; 앞표지 뒷면의 "영어 훈민정음 vs Merriam-Webster ㅍ한익ㅅ 발음 비교표"]

각 언어에는 각 언어의 발음과 발성에 사용되는 22개 각 근육의 발달 정도가 다릅니다. 한국어와 영어도 크게 다르다고 할 수 있습니다. 그러나 다행인 것은 언어 발음에 소용되는 근육은 일반 운동에 사용되는 큰 근육들과 달리 비교적 작은 근육이란 사실입니다. 운동에 쓰는 큰 근육은 발달시키는데 오랜 시간과 노력으로 연습, 훈련해야만 하는데 비해서, 영어 발음과 발성에 쓰이는 22개 근육은 작은 근육들이므로 자주 사용해주면 짧은 시간에 영어를 발음하는데 거의 불편이 없을 정도로 빠르게 발달하게 됩니다.

그러나 중요한 것은 비교적 현대영원어민 ㅍ한익ㅅ와 연음발음에 가까운 올바른 발음으로 가급적 크게 액ㅅ엔트를 "빵" 소리내서 반복, 연습, 훈련하시는 것입니다.

영예시문장을 3~5회 발음하는 동안 속도를 점차 빠르게 발음하면 꼬였던 혀가 풀려 **butt**-er처럼 부드럽게 되는 것을 경험하게 됩니다. 이런 과정을 거치면 영어 듣기와 말하기에 급속한 진전을 기대할 수 있습니다.

6 영어 ㅍ한익ㅅ 발성 근육 훈련법_Tongue Twister

영어에서 KO승 하려면 작은 jab을 많이 성공시키면 되는 거예요.
그러면 영어의 큰 성공을 맛볼 수 있게 될 거예요.
영어 성공에서 작은 jab없는 큰 한방의 결정타는 존재하지 않는 거죠.

영어에서 성공하려면 올바른 ㅍ한익ㅅ를 발음할 수 있어야 하는 거죠.
틀린 발음 말고 바른 ㅍ한익ㅅ 발음을 하려면?

영어 훈민정음의 한글로 표기된 ㅍ한익ㅅ를 소리내서 연습, 훈련 하면 될 거예요.

그런데 영어 ㅍ한익ㅅ 발음에 사용되는 발성 근육은 한국어를 할 때 사용되는 발성 근육과 많이 다르다는 사실은 알고 계시잖아요. 다행인 것은 ㅍ한익ㅅ 발음에 사용되는 발성 근육은 큰 근육이 아니라 작은 근육들이기 때문에 큰 근육을 키우는 것보다는 훨씬 쉽고, 덜 오래 걸리거든요.

그러면 영어 ㅍ한익ㅅ 발음에 사용되는 발성 근육을 어떻게 연습, 훈련시켜야 할까요?

영어 ㅍ한익ㅅ 발음에 사용되는 발성 근육의 연습과 훈련을 통하여 올바른 ㅍ한익ㅅ를 보다 빨리 효과적으로 연습, 훈련할 수 있는 방법 한가지 드릴 게요.

Tongue Twister예요.

아주 간단하고 쉬운 거예요. 싱겁다고 할지도 모르지 만요…..
ㅍ한익ㅅ를 발음해 보면 때로는 혀가 꼬이지요? tongue이 twist 되는 거죠?

실은 이것이 장기 기억을 위한 효과적 학습법이라고 뇌과학에서 말하는 메타-인지(Meta-cognition) 학습법이며 몰입(flow)의 경지에 가까운 학습법이기도 한 거 예요.
Twist된 Tongue을 Tongue Twister로 풀어주는 거예요.
그리고 나의 영어 근육과 뇌에 장기 기억 시켜주는 것이죠.
이열치열이라고나 할 수 있을까요?

> **Tip**
> 메타-인지(Meta-cognition), 몰입(Flow, Immersion) 학습법을 한마디로 표현하자면 약간 난이도가 있으면서, 약간 집중해야만 알 수 있고 또 익힐 수 있는 것(Comprehensible Input)은 학습 효과가 크며, 장기 기억된다는 것이예요.

📚 Tongue Twister 연습 요령:

1. 가급적 정확하고 올바른 발음으로
2. 가급적 빠르게

She sells seashells on the sea-shore.
The shells she sells are seashells, I'm sure.
For if she sells seashells on the sea-shore.
Then I'm sure she sells sea-shore shells.

Greek grapes, bunch of grapes,
I scream you scream, boy screaming,
I scream you scream we all scream for ice cream.

Kitten in the kitchen, kitten on hand,
Kitty caught the kitten in the kitchen.

Eleven owls licked eleven little liquorice lollipops.

Whether the weather, Girl in sunglasses, Zebras zig,
a laughing zebra, Zebras zig and zebras zag.

If two witches were watching two watches,
which witch would watch which watch?

The big bug bit the little beetle,
but the little beetle bit the big bug back.

Red lorry, yellow lorry, a red lorry,
red lorry, yellow lorry.

https://www.mondly.com/blog/2019/08/23/71-best-tongue-twisters-to-perfect-your-english-pronunciation/

📚 Tongue Twister 연습 효과:

위 링크의 특히 3번을 가지고 다니면서 자투리 시간에 시시 때때로 연습하면;
1. 올바른 **ㅍ한**잌ㅅ를 보다 빨리 효과적으로 연습, 훈련할 수 있을 뿐 만 아니라
2. 한국어도 보다 정확하게 발음할 수 있을 터 이구요.
3. 나아가서는 PT발표, 강의, 강연 전에 연습하면 자신의 발성이 크게 달라지고 있음을 인식하게 될 거예요.
4. **PT발표, 강의, 강연에서 생기는 자신감까지는 덤드림이예요.**

위 링크의 특히 1, 2번을 아이들이나 조카들은 나보다 훨씬 더 잘 할 텐데요.
게임을 통해서 어른을 이기는 자신감을 심어 주면 어떨까 몰라요? 좋아할 거예요. 어른이 질 수 밖에 없으니까 어른을 이겨 먹을 테니까요.

https://www.youtube.com/watch?v=NDIFtdOKPIA

아이들은 들려주기만 해도 어른보다 더 잘 따라 할 거예요.
아이들이나 조카들의 미래의 영어 성공에도 제법 기여할 수 있을 거예요.
ㅍ한잌ㅅ를 발음할 수 있는 발성근육을 키워 두는 것이니까요.
이제 꼬이는 혀를 덜 꼬이게 할 수 있게 되겠죠?
이제 ㅍ한잌ㅅ는 보다 쉽게 발음되고, 조금씩 butter처럼 미끄럽고, smooth해 지겠죠?

Tip

3~5개월 후부터 된장발음이 **butt**-er발음으로 바뀌면서...
1. **phon**-ics 저절로 됩니다.
2. **acc**-ent, **st**-ress 거의 외우지 않아도 됩니다.
3. l-**ist**-en-ing 됩니다.
4. 영원어민과 소통됩니다.
5. 꿈과 희망이 실현될 가능성이 높아집니다.

 **한국인이 영어를 잘못 알고 있는 것과 해결방안**

1 한국인 영어울렁증 극복할 방안

1) 우리 선조들이 쓴 옛한글, 나랏말싸미의 "랏" 옆엔 방점이 1 개, "말" 옆엔 방점이 2 개 찍혀 있습니다. 표준국어대사전에 방점 1개는 거성(去聲, 영어의 강세?, **st**-ress **acc**-ent), 방점 2개는 상성(上聲, 영어의 고저?, int-on-**a**-tion)이라고 합니다. 우리 옛한글은 영어처럼 <u>**릳**엄잌얼(**rhyth**-m-ic-al)한 언어였던 것임을 뜻하는 것입니다. (방점은 영어 훈민정음의 앞표지 참조)

<u>유럽인이 영어를 쉽게 배우는 이유는 그들의 모국어에도 **릳**엄(**rhyth**-m)이 있어서 그 **릳**엄에 익숙하기 때문입니다. 항간에 사투리를 하면 영어에 불리하다는 설이 널리 알려져 있지만, 필자는 우리 사투리에도 **릳**엄이 있으므로 사투리 쓰는 분은 말영어를 더 잘할 수 있을 것으로 생각합니다.

2) 우리에겐 영어를 쉽게 익힐 수 있는 DNA가 내재하고 있지 않나 생각합니다.
영국 탐험가 Landor의 "Corea or Chosen: The Land of The Morning Calm"(1895년 발간)에는 "p와 f 발음도 구분 못하던 **19살 조선 청년이 2개월 후엔 급발전을 이뤘다**."는 찬사가 있습니다.
그는 한국 오기 전에 일본에서 생활하며 일본인의 영어학습능력을 관찰했을 것이므로 그의 찬사는 일본인의 영어학습능력을 비교한 상대적 찬사일 것으로 생각합니다.

그의 찬사는 아래의 사유를 감안하면 당연할 수도 있겠습니다.

1. 영어발음에 있어서 가장 중요한 요소인 강세(**st**-ress **acc**-ent)가 옛한국어에도 있었음.

2. 당시 사용한 옛한글에도 강세, 고저(int-o-n-a-tion)와 같은 사성(四聲)의 음악적 요소가 있는 것으로 미루어 영어와 비슷한 릳엄익얼(rhyth-m-ic-al)한 언어였음.
3. 당시 영어를 배울 수 있는 집안의 자제라면 한문을 숙지했을 테니 영어가 한문과 어순이 비슷한 점으로 인하여 해석하기도 쉬웠을 것임.

3) 이에 더하여 예로, 일제 강점기부터 배우고 가르쳐 온 일본어 mora식 영어발음법으로 cit-i-zen을 [씯어ㅈ헌]이 아니라 [씨티즌]으로 발음하면 [씨]보다 강한 소리 [티]에 액ㅅ엔ㅌ를 주기 쉬우므로 [씨]에 액ㅅ엔ㅌ가 있음을 외워야만 했습니다. 그러나 현대영원어민은 [씯어ㅈ헌]으로 발음하므로 저절로 [씯]에 액ㅅ엔ㅌ가 떨어집니다. 이와 같이 영어 발음 ㅍ한익ㅅ는 뒤에 있는 음절의 초성 자음을 앞음절의 받침으로 치환함으로써 발음이 쉽고, 부드러운 종성(終聲)의 자음화(子音化) 또는 초성(初聲)의 모음화(母音化)로 진화하고 있다는 사실을 밝혀 둡니다.

우리의 구한말 옛한글 단어에도 영어처럼 초성모음화된 단어가 많았습니다. 예를 들면, 구한말 백범 김 구 선생님께선 부인 묘비에 현재 쓰고 있는 "무덤" 대신에 "최 준례 묻엄"이라고 썼으며, 도산 안창호 선생님께선 아내에게 쓴 편지에 현재 쓰고 있는 "아내" 대신에 "사랑하는 안해, 혜련에게"로 썼습니다. 안해는 아내보다, 묻엄은 무덤보다 발음하기 쉽고, 부드럽습니다. 그 이유는 모음이 자음보다 발음이 쉽고, 부드러운데 묻엄과 안해에서는 각각 모음 [ㅇ], 반모음인 [ㅎ]이 둘째 음절의 첫소리인 초성이기 때문입니다.

이 같은 영어의 종성자음화 또는 초성모음화가 "영어 훈민정음, 한글표기 ㅍ한익ㅅ 영어발음사전"의 발음법이며 틀리게 배운 일본어 mora식 영어발음법을 세계 최초로 초성모음화로 나누었으며 이를 필자는 **발음음절**, **so**-und **syll**-ab-le이라고 개념하고 명명했습니다. 이를 소리내서 반복, 연습, 훈련하면 영어울렁증을 극복할 수 있는 해결방안이 될 수 있을 것입니다.

2 영어와 한국어의 특성과 차이점

사투리하면 영어못한다는 것은 영어가 사투리처럼 린엄익얼한 언어라는 영어음운학을 모르는 소치라고 할 수 밖에 없겠습니다.

"감사합니다."를 예로 들어 보면;

표준말;   [감·사·합·니·다]
영원어민;   [ㄱ아~암사 하~암닏아]
경상도사투리; [가~암사 하~암닏에이]

과연 우리 표준어와 경상도 사투리 중 어느 말이 영원어민 발음에 가까울까요?

경상도 사투리가 표준어보다 더 **린**엄익얼해서 **린**엄익얼한 영원어민의 [ㄱ아~암사 하~악닏아]에 가깝습니다. 이처럼 경상도 사투리에는 **린**엄익얼한 영어 발음을 구사할 수 있는 중요한 기본기를 태생적으로 갖추고 있는 것입니다.

■ 영어의 언어적 특성 : Rhythm Stress Timed Language

음악의 3요소인 강세(**st**-ress **ac**-cent), 고저(int-on-**a**-tion)와 박자 (timed dur-**a**-tion) 개념이 있는 린**엄**(**rhyth**-m)을 가진 언어임.

영어 발음의 핵심은 액ㅅ엔트(**st**-ress), 릳엄(**rhyth**-m), 연음 (**l-ink**-ing), 축소음(縮小音, cont-**rac**-tion) 등인데, 우리 **표준말에는** 위의 네 가지 요소가 거의 없지만, 사투리에는 있기 때문에 필자는 사투리 사용자가 영어를 더 잘할 수 있을 것으로 생각하는 것입니다.

■ **한국어의 언어적 특성**: Syllable Timed Language

각 음절에 거의 동등한 강세(**st**-ress)와 박자(timed dur-**a**-tion) 개념을 가진 언어. 한 음절씩 또박또박 동일한 강세와 박자 간격으로 발음해야 표준어 발음인 언어.

그러나 우리 선조가 사용한 나랏말싸미에는 현재의 사투리에 있듯이 음절의 강세, 고저와 근사한 의미를 표시하는 방점이 있었습니다.

필자는 일제강점기 이후 우리 말 특성이 **Syll**-ab-le Timed **L-ang**-u-age (음절간 같은 길이의 박자로 또박또박 소리내는 언어)로 바뀌지 않았을까 생각합니다.

3 **영어의 syllable(음절)과 한국어 음절의 왜곡.!!!!!**

영어 하시는 많은 분들께서는 <u>영어의 syllable(음절)과 한국어의 음절은 글자는 동일하지만 그 내용은 전혀 다른 개념이라는 사실을 모르기 때문</u>에 한국인, 일본인은 **액**ㅅ엔트(**ac**-cent or **st**-ress)를 틀리게 가르치고, 배우고, 발음할 수밖에 없었습니다.

예를 들면, **Christ•mas**는 영어에선 2음절 단어이지만, 영한 사전의 한글발음에서는 <u>[크**뤼**쓰머쓰]로 틀리게 **액**ㅅ엔트가 표기된 5음절을 가진 단어가 됩니다.</u>

그리고 <u>영어의 강세 정의에 의하면 영어의 **st**-ress는 음절의 맨 앞에 오는 것</u>입니다.

Part II. 한국인이 영어를 잘못 알고
있는 것과 해결방안

그런데, 한국과 일본의 영어 교육에선 음절 구성의 핵심(nuc-l-e-us)이 되는 모음위에 st-ress를 줘서 [뤼]에 있는 것으로 틀린 액ㅅ엔ㅌ 위치를 가르치고 있는 것입니다.

예를 들면, XXX[크뤼쓰머쓰]는 X가 3개인 등급이므로 대단히 틀린 액ㅅ엔ㅌ와 발음을 뜻하며, 현대영원어민 액ㅅ엔ㅌ 위치는 액ㅅ엔ㅌ를 정의한 바대로 음절 Christ의 맨 앞인 [크]에 액ㅅ엔ㅌ가 오는 것이므로 OOO[크리슴어ㅅ]가 올바른 발음인 것입니다.

이처럼 음절에 대한 영어와 한국어의 개념 차이를 틀리게 인식하고 있는 까닭에 한국의 한 유명 영한사전에서 영어 훈민정음 영어발음사전에 수록된 **3,789 개 기본영단어**를 찾아보니 이렇게 틀린 **액**센ㅌ로 표시된 한글 발음이 **20% 넘는 800 개 이상**이나 되었습니다. 즉, 5개 기본영단어 중에 1개는 틀린 액ㅅ엔ㅌ로 배웠고 발음했다는 가슴 아프고, 슬픈 현실입니다.

영어발음에서 가장 중요한 액ㅅ엔ㅌ에 있어서
영단어, 그것도 기본영단어 다섯개를 배우면 그 중 한 개 이상 틀린 액ㅅ엔ㅌ를 배워왔으니...
어떻게 영원어민과 영어로 대화를 할 수 있었겠습니까!

이렇게 영어의 발음에서 가장 중요한 액ㅅ엔ㅌ를 틀리게 배우고, 그렇게 틀리게 배운 액ㅅ엔ㅌ로 영원어민에게 말하면 영원어민이 알아듣지 못하는 것은 지극히 당연하겠습니다. 그런데 틀린 발음을 배우면 영원어민의 말을 알아 듣지도 못하는, 즉 영어 (을)잇은잉 (l-ist-en-ing)이 안되고, 영어를 포기하게 되는 원인이 되는 것입니다.

■ **음절에 대한 왜곡 때문에 발생할 수 밖에 없는 틀린 ac-cent위치:**

우리가 지금까지 틀리게 배운대로 액ㅅ엔ㅌ 위치는 모음 위에만 오는 것이 아닙니다. 액ㅅ엔ㅌ 위치는 한국어, 일본어 음절의 모음 위에 오는 것이 아니라, 영어 syll-ab-le (음절)의 앞부분에 오는 것이며, 영단어 표기 음절의 앞부분은 모음인 경우도 있지만 자음인 경우도 많습니다.

그러나 액ㅅ엔ㅌ 위치는 모음 위에만 오는 것이 아니라 자음 위에도 온다는 액ㅅ엔ㅌ의 정의를 모르고, 모음 위에만 온다고 틀리게 가르쳐 왔고, 우리는 틀린 액ㅅ엔ㅌ를 배워 온 것입니다. 영어 발음에서 가장 중요한 액ㅅ엔ㅌ를 틀리게 가르치고 배운다는 사실은 영어를 틀리게 가르치고 배우는 것과 다름 없으며, 차라리 배우지 않는 것 만큼도 못한 영어 포기자라는 불행을 초래하기도 하는 것입니다.
(Part III. 2. 중자음 발음법 참조)

영원어민에게 틀린 액센ㅌ로 발음하면 영원어민은

1. 한 개 단어를 두 개 단어로 알아 듣거나,
2. 엉뚱한 단어로 알아 듣거나,
3. 무슨 뜻인지 몰라서 "What?" 하면서 계속 물어옵니다.

말한 나는 당혹하게 되고, 자괴감까지 느끼게 됩니다. 결국 영어를 포기하게 되는 겁니다.

이로써 우리는 올바른 액ㅅ엔ㅌ를 수록한 ㅍ한익ㅅ와 연음발음을 소리내서 반복, 연습, 훈련하는 것이 영어의 첫걸음이며 정도라는 것을 알 수 있습니다.
[참조; 앞표지 뒷면의 "영어 훈민정음 vs Merriam-Webster ㅍ한익ㅅ 발음 비교표"]

4 Schwa [ə, l̩, m̩, n̩] 현상은 무엇인가?

영어에선 발성에 쓰이는 <u>엔</u>어ㄹ지(en-er-gy) 최소화법칙이 적용되고, 진화되고 있는 중입니다.

■ **Schwa [ə, l̩, m̩, n̩]로 <u>근래에 진화한 예</u>** (발음기호에 **빨강**으로 표시함)

여러 모음, [a] [i] [u] 등을 Schwa [ə]로 바꾸어 소리내는 것은 자연스런 영어 ㅍ<u>한</u>익ㅅ의 진화입니다. 즉, 발성에 소요되는 <u>엔</u>얼지(**en**-er-gy)를 최소화하기 위한 것입니다.

왜냐면 자음보다는 모음 발성에 소요되는 <u>엔</u>얼지가 적기 때문에, 그리고 모음 중에서도 Schwa [ə]는 다른 어떤 모음보다도 발성에 동원되는 기관이 가장 적습니다. 따라서 발성에 소요되는 <u>엔</u>얼지가 적게 들어가며, 가장 쉽고, 부드럽고, **butt**-er처럼 미끈하게 소리낼 수 있는 모음이 되는 것입니다.

[e] >	[ə]	**conc**-**e**nt-rate	**gen**-**et**-ics	int-**ell**-**ect**-ual
[i] >	[ə]	Am-**er**-ic-an	**chem**-**i**-st-ry	**hab**-**it**
[l̩] >	[əl]	**bund**-le	ex-**amp**-le	**sing**-le
[m̩] >	[əm]	**anth**-em	mom-**ent**-um	**rhyth**-m
[n̩] >	[ən]	**l**-**ess**-on	**pass**-**eng**-er	**reas**-on
[o] >	[ə]	**cond**-uct	**inn**-o-cence	**proj**-**ect**
[u] >	[ə]	**acc**-u-rate	**doc**-**um**-ent	**min**-ute

> **Tip**
>
> 필자가 공부한 바에 의하면 위의 예에서 알 수 있듯이 <u>Schwa [ə, l̩, m̩, n̩]가 들어있는 음절엔 액ㅅ엔ㅌ가 오지 않습니다</u>. Accent Rule #8 참조 바랍니다.

5 한국어 초성자음화 추세와 반대로 가는 영어발음 종성자음화 추세

이 때문에 영어는 우리에게서 점점 더 멀어져 가지만 가능하면 한국어 자음을 종성(받침)으로 치환하여 발음하면 영어의 <u>종성자음화</u>처럼 발음됩니다. 즉, 현대영원어민 <u>ㅍ한읷ㅅ와 연음발음</u>에 가깝게 발음할 수 있게 됩니다. 그 방법이 바로 본 책자, "**영어 훈민정음, 한글표기 ㅍ한읷ㅅ 영어발음사전**"에 담겨 있습니다. 현대영원어민 <u>ㅍ한읷ㅅ와 연음발음</u>을 한국어의 초성자음화와 대비되는 영어발음의 초성모음화 현상을 고려한 <u>현대영원어민 ㅍ한읷ㅅ와 연음발음을 소리내서 반복, 연습, 훈련하기 위한 시스템입니다.</u>

■ **한국어의 초성자음화 현상:**

예 **안해 >>> 아내**
구한말 [안해]에서 [ㅎ]은 앞 음절의 [ㄴ]으로 바뀌어서 현재 국어 아내의 [내]가 되고

묻엄 >>> 무덤
구한말 [묻엄]에서 [ㅇ]은 앞 음절의 [ㄷ]으로 바뀌어서 현재 국어 무덤의 [덤]이됨으로써 모음이 초성인 두 음절, [해]와 [엄]은 자음이 초성인 [내]와 [덤]으로 자음화 되어서 발음이 어려워지고 덜 부드러워 짐.

영어의 종성자음화 현상

예

written syllable	sound syllable	영어 훈민정음	배운발음	틀린 내용
A·mer·i·ca	Am-**er**-ic-a	O [엄엘윽어]	X [어**메**리카]	mora식 발음
but·ter	**butt**-er	O [벝얼]	X [**버**터]	mora식 발음
bat·ter·y	**batt**-er-y	O [밷얼이]	X [**배**터리]	mora식 발음
cit·y	**cit**-y	O [싵이]	X [**씨**티]	mora식 발음
cit·i·zen	**cit**-i-zen	O [싵어ㅈ헌]	X [**씨**티즌]	mora식 발음

위의 예에서 **sound syllable**과 **영어훈민정음** 그리고 **배운발음**이 서로 어떤 상관 관계에 있는지 비교 발음해보시기 바랍니다. 비교해 보시면 영어를 어떻게 발음해야 할지 아시게 됩니다.

6 일본어 mora식 발음은 무엇인가?

한국어 종성초성화 현상과 비슷한 현상임. 일본어 mora식 발음만 하지 않아도 많은 영단어 **ac**-cent는 외우지 않아도 저절로 자연스럽게 발음됩니다.

일본어 mora식 발음의 대표적 예로는, **McDonald**를 "**매구도나루도**", **truck**을 "**도라꾸**"라고 발음하는 것입니다. 그런데 일본어 mora식 발음으로 틀린 **액**ㅅ엔ㅌ와 틀린 발음을 하게 되면, 영원어민은
1. 엉뚱한 단어로 알아 듣거나,
2. 무슨 뜻인지 몰라서 "What?" 하면서 계속 물어옵니다.
3. 당혹하게 되고, 자괴감까지 느끼게 됩니다.
4. 영어는 멀어지고, 포기하게 됩니다.

틀린 ac-cent 위치를 초래하는 일본어 mora발음의 예단어
한국, 일본에선 3,789 영단어 중 800 개 이상의 틀린 **액**ㅅ엔ㅌ 배우는 중.

예				
written syllable	sound syllable	영어 훈민정음	배운발음	틀린 내용
scan	**sc**-an	O [**스**앤]	XXX [스캔]	mora발음, 틀린**액**센ㅌ
school	**sch**-ool	O [**스**우울]	XXX [스쿠얼]	mora발음, 틀린**액**센ㅌ
sta·di·um	**st**-ad-i-um	O [**스**에이이엄]	XXX [스테이디엄]	mora발음, 틀린**액**센ㅌ

위의 예에서 **sound syllable**과 **영어훈민정음** 그리고 **배운발음**이 서로 어떤 상관 관계에 있는지 비교 발음해보시기 바랍니다. 비교해 보시면 영어를 어떻게 발음해야 할지 아시게 됩니다.

[참조; 앞표지 뒷면의 "영어 훈민정음 vs Merriam-Webster ㅍ한일ㅅ 발음 비교표"]

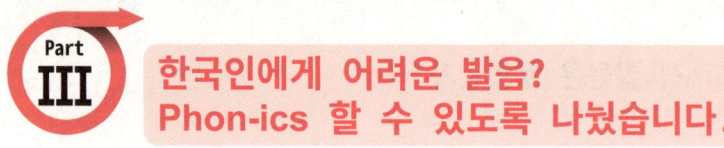
한국인에게 어려운 발음?
Phon-ics 할 수 있도록 나눴습니다.

1 **모음과 결합된 r 발음법 (ar er ir or ur yr re)**

현대영원어민 π한일ㅅ와 연음발음의 핵심 요소이므로 자주 전체를 소리 내서 발음할 것.

💬 **[r] 발음방법**

반모음(semi-vowel) r은 [ㄹㄹ], 즉 "ㄹ"이 중복되면 [l]보다 [r] 발음에 가깝습니다.

　1. 위,아래 이 사이를 1cm 띄우고,
　2. 혀끝이 입 안의 어느 곳에도 닿지 않은 상태에서
　3. 혀끝을 위로 약간 말아 올리고(저절로 올라감) 입안 빈 공간에 두고
　4. 조금 길게, 호랑이가 "으르~~~릉"하듯이 발음하면 됩니다.
　　(이런 류의 발성법은 배워도 실제로 발음되기는 어렵습니다. 시간과 노력 낭비에 더해서 영포자의 길로 가는 원인이 될 수도 있습니다. 재미없으니까요. 비슷하게 발음할 수 있으면 충분합니다!)

[r]: 호랑이의 [으르릉]에서의 [ㄹ릉]으로,
[l]: **유도음** [**(을)**]을 사용하여 발음하면 원음에 가까운 발음이 됩니다. [l] 참조.

　[아리랑 아라리요]의 리,랑,라에서의 "ㄹㄹ" 소리. [**와르르**] 무너지는 소리에서 [르르]나 [**아라리요**]에서의 [라리]는 거의 저절로 쉽게 혀끝을 입공간의 중간에 두고 발음하게 됩니다.
　즉 [르], [라], [리]는 혀끝이 입천정에 닿았다가 발음하면서 입 내부 중간으로 오는 것과 달리 처음부터 혀가 천정에 닿지 않고 발음하면 phonics [r]에 가깝게 [ㄹㄹ]를 입안에서 굴릴 수 있게 됩

니다. 혀끝을 입공간의 중간에 두고 "**도레미**" 중에서 [ㄹ레]를 발음해보면 이미 혀를 중간에 두고 [ㄹ레]를 발음하고 있음을 느낄 수 있습니다.

💬 모음과 결합된 [r] 발음법 (ar er ir or ur yr re)

쌍 "ㄹ"로 [r] 발음하거나 **초록** "ㄹ" 받침으로 발음하면 **phon**-ics에 가깝게 발음되며, 이것이 영원어민 영어는 혀를 굴린다고 표현하는 **butt**-er 발음입니다.

한 단어, 예를 들어 [카어ㄹ]만 발음하면 좀 어색하지만 [카어ㄹ] 뒤에 오는 단어를 연음해보면 제법 연음발음으로서 손색이 없을 겁니다.

예 car driver

이러한 이유로 감히 본 사전, "**영어 훈민정음, 한글표기 ㅍ한읽ㅅ 영어발음사전**"에는 "올바른 액ㅅ엔ㅌ를 수록한 ㅍ한읽ㅅ와 연음발음을 수록했습니다." 라고 기술하는 것입니다.

[참조; 앞표지 뒷면의 "영어 훈민정음 vs Merriam-Webster ㅍ한읽ㅅ 발음 비교표"]

ar	car	[카어ㄹ]	♪카얼
er	Am-er-ic-an	[엄에어ㄹ얼언]	♪엄에얼얼언
ir	dir-ect-or	[드어ㄹ엘ㅌ어ㄹ]	♪드어렉들
or	err-or	[에어ㄹ어ㄹ]	♪에럴
ur	cour-se	[ㅋ오어ㄹㅅ]	♪ㅋ오얼ㅅ
re	ca-re	[케어ㄹ]	♪케얼

💬 'ㄹ'을 2번 중복해서 발음하면 'l'아닌 'r'발음이 됨.

일부 영어하시는 분들은 한국인이 하기 어려운 영어발음 중 하나가 "r" 발음이고, "l" 발음은 잘한다고 합니다. 제가 공부한 바로는 이에 동의하기 어렵습니다. 오히려 그 반대입니다. **한글 발음 중에 영어의 [l] 발음은 없다는 사실을 간과하고 있기 때문**이라고 생각합니다.
[공명음(sonorant), l, m, n, r, ŋ, w, j 발음은 한글엔 없는 발음입니다.]

그러나 [r]발음에 비슷한 발음은 한국어에 대단히 많습니다.
도레미, 아리랑, 개나리, 미나리, 보따리 등이 영어의 [r]발음이라고 할 수 있습니다.
위의 "도레미"에서 [레]를 발음해보면 [r]발음은 이미 해오고 있었음을 알 수 있습니다.

"**아리랑**"을 영자로 쓰면 **arirang**으로 쓰지, **alilang**으로 쓰지 않습니다. **alilang**은 [**아리랑**]으로 소리 되지 않고, [**알일앙**]으로 소리되기 때문임을 우리가 이미 알고 있었거나 아니면 우리가 소리내는 [**아리랑**]을 듣고 **arirang** 이라고 영원어민이 처음으로 쓴 것이 아닐까 추측합니다.

이는 대부분 영어하시는 분들은 "l"발음을 음절의 첫소리가 아닌 받침소리로 사용하고 있으면서도, **[l] 발음이 음절의 초성(첫소리)이 아닌 종성(받침소리)이라는 사실을 음운학의 이론적으로 인식하지 못하고 있기 때문**인 것으로 저는 추측합니다.

한국인 대부분이 발음하는 링컨, **Linc**-oln은 Rincoln발음에 가깝기에 누구나 아는 "링컨" 대통령을 우리가 영원어민에게 말해도 영원어민은 잘 알아듣지 못합니다. 이것은 제가 미국에 공부하러 갔을 초기에 황당하게 경험한 사실입니다.

> **Part III.** 한국인에게 어려운 발음?
> Phon-ics 할 수 있도록 나눴습니다.

Tip

애매모호하고 어렵게 생각하는 [æ, 애] 와 [e, 에]의 간단한
영원어민 phon-ics 발음법

[æ, 애]는 입을 **크게** 벌리고 목청에서 소리 냅니다.

[e, 에]는 입술을 내밀며 **조금만** 벌리고 입술 앞부분에서 소리 냅니다.

2 중자음 발음법 (pl sc sch sk sl sm sn sp sq st xt)

현대영원어민 **ㅍ한잌ㅅ**와 연음발음의 핵심 요소이므로 자주 전체를 소리내서 발음할 것.

이중자음으로 시작하는 영단어의 경우에도 **영어 액ㅅ엔ㅌ의 올바른 정의와 개념을 틀리게 왜곡**하여 뒤에 오는 **모음 위에 액ㅅ엔ㅌ를 두는 오류를 범하고** 있습니다. 이중자음으로 시작하는 대부분의 단어에서도 틀린 **액ㅅ엔ㅌ**를 배우고 있는 안타깝고, 슬프기까지 한 현실입니다.

	sound syllable	영어 훈민정음	액ㅅ엔ㅌ틀리게 배운발음	틀린 내용
[pl]	**pl**-ease	O [플이즈]	XXX [플리즈]	[ㄹㄹ]발음, 틀린액센ㅌ
[sc]	**sc**-out	O [슼아웉]	XXX [스카웉]	mora발음, 틀린액센ㅌ
[sch]	**sch**-ool	O [슼우울]	XXX [스쿠울]	mora발음, 틀린액센ㅌ
[sk]	**sk**-ate	O [슼에잍]	XXX [스케잍]	mora발음, 틀린액센ㅌ
[sl]	**sl**-ip	O [슬잎]	XXX [슬립]	mora발음, 틀린액센ㅌ
[sm]	**sm**-all	O [슴오올]	XXX [스모올]	mora발음, 틀린액센ㅌ
[sn]	**sn**-ow	O [슨오으]	XXX [스노우]	mora발음, 틀린액센ㅌ
[sp]	**sp**-ace	O [습에이ㅅ]	XXX [스페이스]	mora발음, 틀린액센ㅌ
[sq]	**sq**-uare	O [슼(으)웨어ㄹ]	XXX [스퀘어ㄹ]	mora발음, 틀린액센ㅌ
[st]	**st**-and	O [슽앤ㄷ]	XXX [스탠ㄷ]	mora발음, 틀린액센ㅌ
[xt]	**ext**-en-sion	O [잌슽엔션]	XXX [익쓰텐션]	mora발음, 틀린액센ㅌ

위의 예에서 **sound syllable**과 **영어훈민정음** 그리고 **액ㅅ엔ㅌ 틀리게 배운발음**이 서로 어떤 상관 관계에 있는지 비교 발음해보시기 바랍니다. 비교해 보시면 영어를 어떻게 발음해야 할지 아시게 됩니다.

3 자음분절 발음법 (b c d g j k l m n p q s t x z)

(표기가 복잡해져서 혼동될 것을 우려하여 본서에선 편의상 분절음으로 표기하지 않는 경우가 많음.)

[b] : 병서음소로서의 [ㅂㅇ, ㅂㅎ], [ㅃㅇ, ㅃㅎ]

[c] : 병서음소로서의 [ㅅㅇ, ㅅㅎ], [ㅆㅇ, ㅆㅎ], [ㅋㅇ, ㅋㅎ]

[d] : 병서음소로서의 [ㄷㅇ, ㄷㅎ], [ㄸㅇ, ㄸㅎ]

[g] : 병서음소로서의 [ㄱㅇ, ㄱㅎ], [ㅈㅇ, ㅈㅎ]

[j] : 병서음소로서의 [ㅈㅇ, ㅈㅎ], 반모음[j] 발음시 유도음[이] 사용

[k] : 병서음소로서의 [ㅋㅇ, ㅋㅎ], [ㄲㅇ, ㄲㅎ] **기후자음 참조**

[l] : 항상 받침(종성)소리, [ㄹ]이기에 단어의 첫음절, 첫소리일 경우 **항상 유도음[을]을 사용해야 함**.

[m] : 약한 받침(종성)소리, [ㅁ]이기에 단어의 첫소리일 경우 **유도음[음] 사용 가능**

[n] : 약한 받침(종성)소리, [ㄴ]이기에 단어의 첫소리일 경우 **유도음[은] 사용 가능**

[p] : 병서음소로서의 [ㅍㅇ, ㅍㅎ], [ㅃㅇ, ㅃㅎ] **기후자음 참조**

[q] : 거의 모든 경우에 독립음절처럼 **항상[크]를 먼저 발음해야 함**.

[s] : 병서음소로서의 [ㅅㅇ], [ㅆㅇ]

[t] : 병서음소로서의 [ㅌㅇ, ㅌㅎ] 또는 [ㄸㅇ, ㄸㅎ] **기후자음 참조**

[x] : 병서음소로서의 [ㅅㅇ, ㅅㅎ] 또는 [ㅈㅇ, ㅈㅎ]

[z] : "우지직" 소리의 병서음소로서의 [ㅈㅇ] 또는 [ㅈㅎ]

> **예**
>
> [액센트] 와 [파닉스]라고 발음하는 대신 [액ㅅ엔트] 와 [ㅍ한익ㅅ]로 발음하는 특장점은;
>
> 1. 현대영원어민 ㅍ한익ㅅ와 연음발음에 가깝게 발음되며
> 2. 틀린 강세로 발음할 가능성이 적으며,
> 3. 쉽고, 부드럽게 발음되고,
> 4. 완전 음절인 [트] 와 [스] 대신에 불완전 음절인 [ㅌ] 와 [ㅅ]를 잔음(殘音)으로 발음하면 뒤에 오는 영단어와의 연음발음이 어색하지 않고 쉬워지며 부드러운 발성이 가능해 질 것입니다.
>
> 이러한 예의 근거는 필자가 한국어 발음에 특화된 한국인의 발성, 발음 근육과 특성을 고려하여 현대영원어민의 ㅍ한익ㅅ를 가장 가깝게 발음할 수 있도록 연구 개발한 이론적 근거에 의한 것입니다.
> [참조; 앞표지 뒷면의 "영어 훈민정음 vs Merriam-Webster ㅍ한익ㅅ 발음 비교표"]

l-em-on	♪을엠언	[l]이 첫소리일 경우 항상 유도음[을]을 사용함.
m-us-ic	♪뮤우ㅈ힉	유도음 [음] 사용 가능. [음유우ㅈ힉] 발음 비교.
n-urse	♪너ㄹㅅ	유도음 [은] 사용 가능. [은어ㄹㅅ] 발음 비교.
q-ueen	♪크위인	항상[크]로 발음 시작
q-ues-tion	♪크웨ㅅ쳔	항상[크]로 발음 시작

4 반모음(semi-vowel) W 발음법

W: "으우드득, 으와드득" 소리 참조. 항상 [w] 앞에 **유도음**[으] 사용. 입을 크게 벌리고 소리내야 [w] 영원어민 **ㅍ한**익ㅅ 발음이 됨.

예

w-at-er   ♪으와앝얼   w-i-ld   ♪으와이열ㄷ
w-i-ne   ♪으와인   w-o-m-an ♪으워음언

Tip

어렵고, 애매하게 생각하는 **w-alk** 와 **w-ork** 의 간단한
영원어민 **phon**-ics 법

w-alk는 입을 **크게** 벌리고[으]와 I[I,을]을 목젖 근처에서 소리냅니다.
w-ork는 [으]와 or [ɚ,어ㄹ]을 발음하기 위해서 입술을 내밀며 조금만 벌리고 입의 앞부분에서 소리 냅니다.

5 기후자음 발음법 (aspirated consonants; kʰ, pʰ, tʰ 등)

현대영원어민 ㅍ한잌ㅅ와 연음발음의 핵심 요소이므로 자주 전체를 소리 내서 발음할 것.

기후자음 발음법을 통하여 한 개 영단어 안에서 초성으로 쓰는 자음과 이중자음을 제외한 대부분의 자음을 종성(받침)으로 발음하면 영원어민 연음발음 phon-ics에 가깝게 발음할 수 있게 된다는 사실을 알 수 있습니다.

> **Written syllable**, ex·pe·ri·ence 가 아니라,
> **Sound syllable**, exp-er-ien-ce 로 발음하는 이유

p가 단어 또는 음절의 처음(초성)에 오면 **asp**-ir-ated (기후음(氣喉音) [pʰ, ㅍ]로 발음하지만, p가 단어 또는 음절의 중간에 오면 발음의 순화, 편리함, 연음을 위해서 자연스럽게 un-**asp**-ir-ated (비기후음(非氣喉音) phon-ics 되기 때문입니다.

그런데 단어 중간에 있는 자음을 음절의 초성으로 발음하려면 <u>**잠깐 숨을 멈추는 현상**</u>이 생겨 발음이 연음 되지 못하고, 잠시 끊어지게 됨으로 한 단어 발음이 두 단어로 발음되어 청자에게 혼돈을 줄 수 있습니다.

> 예 ▶ The first 'p' in "pap-er" is aspirated, but the second is unaspirated. pap-er에서 처음 [pʰ]는 기후음(대기음)이지만 두 번째 [p]는 비기후음 [ㅃ]에 가까운 발음이 되는 것입니다.

이것을 만약 지금까지 배워 온대로 **pa-per**로 발음하면 **Pay per**라는 두 단어로 들리는 혼동을 야기할 수 있게 되는 원인이 됩니다. 이것이 올바른 발음의 필요성과 중요성을 입증하는 좋은 예입니다.

이렇게 <u>필요하고, 중요한 올바른 발음법과 반복, 연습, 훈련 방법</u>이

"**영어 훈민정음, 한글표기 ㅍ한잌ㅅ 영어발음사전**"에 담겨 있습니다. 소리 내서 3~5개월 반복, 연습, 훈련하면 연습, 훈련한 영단어는 귀에 잡히기 시작한다고 감히 장담하는 이유입니다.

> **Written syllable**, **ex·ten·sion** 이 아니라,
> **Sound syllable**, **ext-en-sion** 으로 발음하는 이유

t가 음절의 처음에 오면 [tʰ, ㅌㅎ]로 발음하지만, t가 음절의 종성 (받침)에 오면 [t, ㅌ] 발음의 강하고, 억센 소리를 자연스럽게 [t, ㄸ] 가까운 소리로 발음하게 되어 [t, ㅌ]를 보다 부드럽고, 쉬운 **phon**-ics 발음으로 소리 낼 수 있기 때문입니다.

[참조; 앞표지 뒷면의 "영어 훈민정음 vs Merriam-Webster ㅍ한잌ㅅ 발음 비교표"]

---

a-sp-ir-ated [kʰ];

cake, crit-ic-al 에서 앞의 [kʰ, ㅋㅎ]와 뒤의 [k, ㄲ]는 다른 소리입니다.

앞의 [kʰ]는 [ㅋ] 소리인 기후음(氣喉音), 뒤의 [k]는 [ㄲ]에 가까운 소리로서 비기후음(非氣喉音)입니다.

cake를 cake [케잌 and/or 케웈]로 발음하면 두 개 [ㅋ] 발음이 각각 다른 **phon**-ics 원어민발음이 저절로 되지만, 여지껏 틀리게 배워온 발음 방식대로 cake [케이크]로 발음하면;

첫째, 두 개 [k] 발음이 동일한 기후음(氣喉音), [ㅋㅎ]로만 소리 나고 [ㄲ]에 가까운 비기후음(非氣喉音) 소리는 나지 않게 됩니다.

둘째, [케이크]를 발음해 보면 [케] 보다는 [크]에 강세를 줄 가능성도 있습니다.

즉, **Phon**-ics 발음이 되질 않는 것입니다. 이처럼 틀리게 발음하면 듣는 영원어민은 다른 단어를 말하는 것으로 혼동하기 쉽습니다.

a-sp-ir-ated [pʰ];

💬 **app-le**을 [애플]이 아니고, [앺얼 and/or 애뻐얼]로
happ-y를 [해피]가 아니고, [햎이 and/or 해뻐이]로 발음해야
하는 이유

■ Written Syllable로 나눈 단어;

pa·per, pu·pil, pup·py, pur·ple, pur·pose 에서 앞의 [pʰ] 와 뒤의 [pʰ] 는 같은 소리인 기후음(氣喉音) 입니다. 이와 같이 두 음절 모두 기후음(氣喉音)으로 발음하면 영원어민은 두 개의 다른 단어를 발음하는 것으로 misunderstanding을 야기할 소지가 있을 수 있습니다.

■ Sound Syllable로 나눈 단어;

pap-er, pup-il, pupp-y, purp-le, purp-ose 에서 앞의 [pʰ] 와 뒤의 [p] 는 다른 소리입니다. 앞의 [pʰ]는 [ㅍㅎ] 소리인 기후음(氣喉音), 뒤의 [p]는 [ㅃ]에 가까운 소리로서 비기후음(非氣喉音)이 발음되므로 쉽게 영원어민의 ㅍ한익ㅅ 발음이 가능해짐.

paper를 sound syllable, pap-er [페잎-어ㄹ]로 나누어서 발음하면
  두 개 [p] 발음이 각각 다른 현대영원어민 ㅍ한익ㅅ와 연음발음이 저절로 되지만,

  지금까지 틀리게 배워온 발음 방식대로
paper를 written syllable, pa·per [페이-퍼ㄹ]로 나누어서 발음하면
  두 개 [pʰ] 발음이 동일한 [ㅍㅎ]의 기후음(氣喉音)으로만 소리나고 [ㅃ]에 가까운 소리로서 비기후음(非氣喉音) 소리는 나지 않게 됩니다.
  즉, 영원어민의 **Phon**-ics로 발음되질 않는 것입니다.

따라서 우리가 틀리게 배운 발음으로 ㅍ한읷ㅅ가 아니며, written syllable로 나뉜 pa·per [페이-퍼ㄹ]로 발음하면, 영원어민은 Pay per ~~~로 알아듣는 misunderstanding을 야기할 수 있게 되는 겁니다.

영어 학습자들이 쉽고 빠르게 현대영원어민의 ㅍ한읷ㅅ와 연음발음을 익힘으로써 이러한 misunderstanding을 피할 수 있도록 하기 위하여 필자는 세계 영어음운학계 최초로 기존의 영어 고어에서나 쓸모가 있었을 syllable을 written syllable, 표기음절이라 명명하였으며, 그에 대비되는 개념으로 현대영원어민의 ㅍ한읷ㅅ와 연음발음, 즉 sound syllable, 발음음절을 창안하여 명명하였습니다.

필자가 세계 영어음운학계 최초로 개념하고 명명한 **발음음절**, sound syllable은 현대영원어민의 ㅍ한읷ㅅ와 연음발음을 뜻하는 것이며, 발음음절, sound syllable로 영단어를 나누어서 발음하면 현대영원어민의 ㅍ한읷ㅅ와 연음발음을 할 수 있게 되는 것입니다.

"**영어 훈민정음, 한글표기 ㅍ한읷ㅅ 영어발음사전**"에 수록된 3,789개 기본영단어의 한글표기 ㅍ한읷ㅅ 영어발음은 한글을 아는 모든 한국인이 영원어민 ㅍ한읷ㅅ를 쉽고, 빠르게 발음하고 익힐 수 있도록 한국인을 위하여 **발음음절**, sound syllable을 근거로 나뉘어신 것이며, 이를 소리내서 발음하면 현대영원어민의 ㅍ한읷ㅅ와 연음발음을 할 수 있게 되는 것입니다.

또한, "**영어 훈민정음, 한글표기 ㅍ한읷ㅅ 영어발음사전**"에 수록된 7,500개 기본영단어예시단문장은 그 단문장을 구성하는 주요 영단어들을 **발음음절**, sound syllable을 근거로 나뉘어 편집, 수록 했으므로 누구나 쉽고 빠르게 영원어민이 일상생활에서 가장 많이 자주 사용하는 영어단문장을 현대영원어민처럼 ㅍ한읷ㅅ와 연음발음을 할 수 있도록 구성된 것입니다.

이러한 이유로 **"영어 훈민정음, 한글표기 ㅍ한잌ㅅ 영어발음사전"**을 3~5개월 소리내서, 연습, 훈련하면 영어 성공의 길로 들어서게 되는 것이라고 감히 장담할 수 있는 것입니다.
[참조; 앞표지 뒷면의 "영어 훈민정음 vs Merriam-Webster ㅍ한잌ㅅ 발음 비교표"]

이와 같은 **필자의 장담을 뒷받침하는 근거를 2021년 1월 발견**하게 되어서 이를 머리말의 Merriam-Webster 영어사전 부분에 설명하였습니다.

a-sp-ir-ated [tʰ];

　sound syllable로 나눈 ta-ste, te-st-am-ent 에서 앞의 [tʰ]와 뒤의 [t]는 다른 소리입니다.
　앞의 [tʰ]는 [ㅌㅎ] 소리인 기후음(氣喉音), 뒤의 [t]는 [ㄸ]에 가까운 소리로서 비기후음(非氣喉音). **taste** 를 sound syllable, **ta**-ste [**테**이슡]으로 발음하면 두 개 [t] 발음이 각각 다른 [ㅌㅎ]와 [ㄸ]로 발음되어 **phon**-ics 영원어민 발음이 저절로 되지만 이제껏 배운대로 written syllable, taste [**테**이스트]로 발음하면 두 개 [t] 발음이 동일한 [ㅌㅎ]의 기후음(氣喉音)으로만 소리나고 [ㄸ]에 가까운 소리로서 비기후음(非氣喉音) 소리는 나지 않습니다. 즉, 영원어민 **Phon**-ics발음이 되지 않을 수도 있는 것입니다.

a-sp-ir-ated [fʰ];

　필자는 [f]가 단어의 첫 음이 아니고 중간에 있는 경우, **phon**-ics 발음하기 위하여 음절의 초성으로 발음하지 않고, 받침(종성)인 병서 [ㅍㅎ]로 발음하며, **세계최초**로 필자는 **뽀개보기**®식 영단어표기에서는 f 뒤에 **(h)를 첨가**하여 발음시 [ㅎ]소리를 작게 내어 쉽지 않은 순음 [f] 발음을 쉽고, 가깝게 발음되도록 제안하는 것입니다.

　예　def-(h)i-cienc-y　def-(h)in-i-tion

a-sp-ir-ated [vʰ];

필자는 [v]가 단어의 첫 음이 아니고 중간에 있는 경우에 **phon**-ics발음하기 위하여 음절의 초성으로 발음하지 않고, 받침(종성)인 병서 [ㅂㅎ]로 발음하며, **세계최초**로 필자는 **뽀개보기**®식 영단어표기에서는 **v 뒤에 (h)를 첨가**하여 발음시 [ㅎ]소리를 작게 내어 쉽지 않은 순음 [v] 발음을 쉽고, 가깝게 발음되도록 제안하는 것입니다.

예▶ el-**ev**-(h)en sev-(h)en

a-sp-ir-ated [zʰ];

필자는 [z]가 단어의 첫 음이 아니고 중간에 있는 경우에 **phon**-ics 발음하기 위하여 음절의 초성으로 발음하지 않고, 받침(종성)인 병서 [ㅈㅎ]로 발음하며, **세계최초**로 필자는 **뽀개보기**®식 영단어표기에서는 **z 뒤에 (h)를 첨가**하여 발음시 [ㅎ]소리를 작게 내어 쉽지 않은 순음 [z] 발음을 쉽고, 가깝게 발음되도록 제안하는 것입니다.

예▶ **col**-on-iz(h)e hor-**i**-z(h)on

6 초성(initial phoneme)으로 쓰는 L, M, N 발음법, 필자가 창안한 유도음 사용

현대영원어민 **ㅍ한읷ㅅ**와 연음발음의 핵심 요소이므로 자주 전체를 소리내서 발음할 것.

공명음(sonorant), **l, m, n, r, ŋ, w, j** 발음은 한글발음엔 없는 자음입니다. 영원어민 **ㅍ한**읷ㅅ 발음을 가깝게 소리내기 위하여 **유도음**이 필요하므로 필자가 최초로 창안, 제작하였습니다.
r = "ㄹ"(r 이 모음 [a,e,i,o,u] 뒤에 위치하여 받침소리를 가질 경우),
ŋ = "응", w = "으", j = "이"를 사용[ㅕ].

L, M, N은 단어의 첫 자일지라도 **초성이 아닌 종성(받침)으로 간주해서 각각의 해당 유도음을 사용해서 발음합니다.**
즉, L, M, N은 단어의 처음에 오는 초성일지라도 마치 종성(받침소리)인 것처럼 발음하기 위해서 유도음 (을), (음), (은)을 각각 사용합니다.
특히 L은 항상 받침소리로 만들어 발음해야 합니다.
(8. 필자 창안 유도음과 모음 참조.)

L(을): 항상 받침(종성) [ㄹ]이기에 단어의 초성일 경우 유도음 [을] 사용할 것
be-ll [베을]   l-ight [(을)아잍]   l-ong [(을)오옹]
mi-l-k [미을ㅋ] 또는 [(음)이을ㅋ]

M(음): 약한 받침(종성) [ㅁ]이기에 단어의 초성일 경우 유도음 [음] 사용 가능
mi-l-k [(음)이을ㅋ]   hu-m-an [휴음언]
mo-m-ent [(음)오음언ㅌ]   Ro-m-an [ㄹ로음언]

N(은): 약한 받침(종성) [ㄴ]이기에 단어의 초성일 경우 유도음
[은] 사용 가능
co-ne [ㅋ오은]   do-n-ut [ㄷ오은엍]
n-ow [은아으]   o-n-l-y [오은을이]

> **Tip**
>
> **~ly 로 끝나는 모든 영단어의 ㅍㅅ 발음법**
>
> **~ly 로 붙이지 않고 ~l-y 로 띄워 발음하는 이유**
>
> 현대영원어민 ㅍㅅ와 연음발음의 핵심 요소이므로 자주 전체를 소리내서 발음할 것
>
>
> · abs-ol-**ute**-ly [앺얼**우**트리] > 중복 "ㄹ"은 [l]발음이 아니라 [r]발음되므로 **틀림**.
> · abs-ol-**ute**-l-y [앺얼**울**을이] > [l]발음되어 **현대영원어민 ㅍㅅ와 연음발음됨**.

7 결합발음과 예 (dr~, tr~, ~teur, ~dure, ~sure, ~ture 등)

현대영원어민 ㅍ한잌ㅅ와 연음발음의 핵심 요소이므로 자주 전체를 소리내서 발음할 것

[dr~]	[dr, ㄷㅈ]	**dr**ive	[ㄷㅈ라입ㅎ]
[~tr~]	[tr, ㅌㅊ]	**tr**ue, ex**tr**a	[ㅌㅊ르루으, 엑슅ㅊ러 or 엑슅ㅊ러]
[~du~]	[dʒʊ]	**ed**-uc-ate	[엘ㅈ억에잍]
[~teur]	[tʃʊər,-tʃər,-tər]	am-a-**teur**	[앰얼쳐ㄹ]
[~dure]	[dʒər]	pro**c**-e-**dure**	[프럳**ㅆ**잎ㅈ어ㄹ]
[~sure]	[ʒər, zh'ər]	**tr**ea-sure	[ㅌㅊ레ㅈ어ㄹ]
[~ture]	[tʃər]	**fu**-ture	[ㅍ휴욷ㅊ어ㄹ]

[t]는 [ure]과 합쳐 [t] 아닌 결합발음 [tʃər, 철]됨.

[~geous]	[dʒəs]	**gor**-geous	[ㄱ오어ㄹㅈ어ㅅ]
[~tu~]	[tjuː]	**cul**-ture	[컬ㅊ어ㄹ]
[~tual~]	[tʃuəl]	**ac**-tual	[액ㅊ어으월]
[~nior]	[njɚ]	**jun**-i-or	[ㅈ우운이여ㄹ]
[~cial~]	[ʃəl]	**sp**-e-cial	[슾에셜]
[~tial~]	[ʃəl]	pot-**en**-tial	[펕엔셜]

[t]는 [ial]와 합쳐 [t]아닌 결합발음 [ʃəl, 셜] 발음됨.

[~cian]	[ʃən]	mus-i-cian	[음유ㅈ이션]
[~sian]	[ʃən, ʒən]	A-sian	[에이ㅈ언, 에이션]
[~ciate]	[ʃi͵eɪt]	ap-pre-ciate	[엎으리이시에잍]
[~tiate]	[ʃi͵eɪt]	diff-(h)er-en-tiate	[딮ㅎ어ㄹ렌시에잍]
[~ti~]	[ʃi]	dem-en-tia	[덤엔셔]
[~tian]	[ʃən]	Ven-e-tian	[ㅂ헌이이션]
[~cien~]	[ʃən]	cons-cience	[ㅋ어언(ㅋ아안)션ㅅ]
[~cient]	[ʃənt]	an-cient	[에인션ㅌ]
[~tien~]	[ʃən]	pa-tient	[페이션ㅌ]

[t]는 [ien]와 합쳐 [t]가 아닌 결합발음 [ʃnt, 션ㅌ]발음됨.

[shion]	[ʃən]	fa-shion	[ㅍ해션]
[cion]	[ʃən]	co-er-cion	[ㅋ오으어ㄹ션]
[gion]	[dʒən]	rel-i-gion	[ㄹ릴이ㅈ언]
[nion]	[njən]	comp-an-ion	[컴ㅍ앤연]
[sion]	[ʃən, ʒən]	comp-res-sion	[ㄱ엄ㅍㄹ렛연]
[~tion~]	[ʃən]	ra-tion-al	[ㄹ레션얼]
[~cious~]	[ʃəs]	cons-cious	[카안(커언)셔ㅅ]
[~gious~]	[dʒəs]	rel-i-gious	[ㄹ릴이ㅈ어ㅅ]
[~tious~]	[ʃəs]	amb-i-tious	[엠비셔ㅅ]
[~site]	[zɪt, sɪt]	opp-o-site	[아앞어ㅈ힡]

8 필자가 창안하고 제작한 유도음과 복모음

공명음(sonorant), **l, m, n, r, ŋ, w, j** 발음은 한국어 발음엔 없는 공명 발음입니다. **영원어민 ㅍ한익ㅅ 발음을 가깝게 소리내기 위하여 유도음이 필요하므로 필자가 최초로 창안하고, 제작했습니다.**

유도음: **초록색** 작은 고딕체로 표기함. 입모양만 만들 듯이 아주 작게 발음합니다.
L, M, N은 단어의 첫 자로 쓰였어도 받침소리로 만들어 발음합니다. 그 받침소리를 만들어 발음하기 위하여 유도음 (을), (음), (은)을 각각 사용합니다.
특히 L은 항상 받침소리로 만들어 발음합니다.

---

l : **유도음 [을] 사용. 항상** 받침(종성) [ㄹ]이기에 단어의 초성일 경우에 **유도음 [을] 사용**.
m : **유도음 [음] 사용 가능**. 약한 받침(종성) [ㅁ]이기에 단어의 초성일 경우에 **유도음 [음] 사용 가능**.
n : **유도음 [은] 사용 가능**. 약한 받침(종성) [ㄴ]이기에 단어의 초성일 경우에 **유도음 [은] 사용 가능**.
w : **유도음 [으] 사용 가능**. W가 단어의 초성일 경우에 항상 **유도음 [으] 사용 가능**.
y : **유도음 [이] 사용 가능**. Yes!, Yesterday 등 단어 발음을 강조할 때 **유도음 [이] 사용 가능**.
r : **유도음 [ㄹ] 사용 가능**; 반모음(semi-vowel) [r] 소리일 때 **유도음 받침 [ㄹ] 사용 가능**;
  ar,er,ir,or,ur,re에서 r이 받침 소리일 때

> Part III. 한국인에게 어려운 발음?
> Phon-ics 할 수 있도록 나눴습니다.

[주의]

유도음, [을] 다음에 [ㄹ]발음이 오면 [ㄹ]발음이 중복되어 [r]발음됨. [ㄹ]발음이 받침이 되고, 그 다음 음절의 초성으로 다시 중복 사용, 발음하는 것은 한글 단어에는 흔히 표기되고, 사용되는 발음이지만 **영어발음에는 거의 존재하지 않는 발음**을 하는 것이고, 그 중복되는 [ㄹ]발음은 영어발음의 [r]과 더 가까운 발음이 되므로 유도음 [을]을 사용하는 의미가 없어질 뿐 만 아니라 틀린 발음이 됩니다.

예

i) **l-em**-on; 유도음 [을]을 사용하는 lemon은 [을렘언]이 아니라 [을엠언]으로 발음해야 합니다.
[을렘언]으로 [ㄹ]을 두 번 발음하거나 우리 국어의 "외래어한글표기법"대로 [레몬]으로 발음하면 [l] 발음이 아닌 [r] 가깝게 발음 됩니다.

ii) **tal**-ent; [l]이 첫음절이 아닌 경우의 tal-ent 에서의 [l] 발음은 [탤언ㅌ]로 발음해야 합니다. 우리가 흔히 표기하고 발음하듯이 [탤런트]로 [ㄹ]을 두 번 발음하면 [l] 발음과 [r] 발음이 있는 모호한 단어, Tel rant?로 발음됩니다.

■ 복모음:

  i) 발음기호 [ʌ, ɑ]는 필자가 창안하고 개발한 복모음,
  [†] 사용하여 [아(어)]를 간략화
  ac•com•mo•date [əˈkɑːməˌdeɪt] ♪억**어**엄**언**에읻

  ii) 발음기호 [ˈjʌ, jɑ]는 필자가 창안하고 개발한 복모음,
  [‡] 사용하여 [(이)야(여)] 를 간략화
  young   [ˈjʌŋ]   ♪양

9 강세(stress or accent)의 9 법칙

필자의 공부산물은 Rule # 6. 일부와 Rule # 8.입니다.

외우면 좋지만, 영어 훈민정음의 영단어를 소리내서, 반복, 연습, 훈련을 통해서 나의 발성 근육과 뇌에 저장시키고 습관화 하는 것도 효과적인 방법일 것으로 생각합니다.

Nine General Rules of Stress Accent in English

Rule # 1. With most nouns and adjectives with 2 syllables, <u>the stress is on the first syllable.</u>
(名前 動後; 동일한 단어가 명사 기능일 때는 앞에 **액**ㅅ엔ㅌ 오고, 동사일 땐 뒤에 옴.)

ex)

awk-w-ard	**cau**-tious	**cl**-ev-er	**en**-gine
ex-port	**happ**-y	**in**-crease	**jea**-l-ous
pl-eas-ant	**rec**-ord	**sl**-en-der	**tab**-le

Rule # 2. With most verbs with 2 syllables, <u>the stress is on the last syllable.</u> (名前 動後)

ex)

ad-m-**it**	an-n-**ounce**	arr-**ange**	beg-**in**
dec-**ide**	exp-**ort**	imp-**ress**	in-**crease**
off-(h)**end**	pre-**sent**	rec-**ord**	

Rule # 3. The words ending in suffixes like; -ion -cian -ual -ial -ient

-ious -ior -ic -ity are usually stressed on the second l-ast syllable.
(The st-ress comes on the syllable bef-(h)ore the suffix.)

ex)

e-duc-**a**-tion   perm-**is**-sion   ma-**gi**-cian   res-**i**-dual
ec-on-**om**-ic   st-rat-**eg**-ic   me-**chan**-ic   ac-ad-**em**-ic
el-**ec**-tric   po-**et**-ic   pho-to-**graph**-(h)ic   suff-(**h**)i-cient

예외) **te**-le-vi-sion o-n-l-y a very few exc-**ep**-tions to this rule.

Rule # 4. The words ending in suffixes like; -cy -ty -phy -gy -and -al are usually stressed on the third l-ast syllable.

ex)

dem-**ocr**-a-cy   dep-end-ab-**il**-i-ty   ge-**ol**-o-gy
e-lec-**tric**-i-ty   phot-**og**-ra-phy

Rule # 5. The words ending in suffixes like; -ee and -oo are usually stressed on the l-ast syllable.

ex)

em-ploy-**ee**   gua-rant-**ee(or)**   degr-**ee**
shamp-**oo**   tatt-**oo**   tab-**oo**
예외)   com-**mit**-tee   **coff**-(h)ee

Rule # 6. Most words including below have stresses in front of

71

them or on them like;
(**-ic-** 를 제외한 **-id-**, **-if-**, **-it-** 는 필자의 공부산물).

ex)

-ic-	**chem**-ic-al	**crit**-ic-ism	**del**-ic-ate	di-**agn**-**o**-st-ic
	eth-ic-al	gen-**et**-ics	**ind**-ic-ates	l-o-**gi**-st-ics
	med-ic-all-y	po-**et**-ic	pol-**it**-ic-al	rec-**ept**-ic-le
	예외) **Cath**-ol-ic			

ex)

-id- **cand**-id-ate   **Pres**-id-ent   **rap**-id

ex)

-if- **cl**-ar-if-(*h*)y   **grat**-if-(*h*)y

ex)

-it-	ab-**il**-it-y	**cap**-it-al	dep-**os**-it	el-ec-**tric**-it-y
	fac-**il**-it-ate	**grat**-it-ude	hu-m-**an**-it-y	**im**-it-ate
	joc-ul-**ar**-it-y	**l-im**-it	maj-**or**-it-y	nec-**ess**-it-y
	q-ual-it-y	re-**al**-it-y	sec-**ur**-it-y	**terr**-it-or-y
	u-n-iv-**ers**-it-y	**vis**-it		
	예외) **def**-(*h*)in-ite	**fav**-or-ite	**fav**-(*h*)or-it-ism	
	gen-it-**al**-ia	**req**-u-is-ites	**sat**-ell-ite	

Rule # 7. The compound **words** (words with two parts) (名前 動後)

For compound **nouns**, the stress is on the first part.
ex)
black-bird   **green**-house   **whi**te-house   **ove**r-flow (名前 動後)

For compound **adjectives**, the stress is on the second part.
ex) bad-**temp**-ered   old-**fash**-ioned

For compound **verbs**, the stress is on the second part.

ex) under-**st**-and   over-**fl**-ow (名前 動後)

Rule # 8. The syllable including **Schwa** [ə, l , m, n] must not have stress on it according to my study. It helps distinguish the words are nouns or verbs, etc. (필자의 공부산물)

부드럽고 빠른 연음발음을 위해 진화된 **Schwa** [ə, l, m, n]을 포함하는 음절에 **액**ㅅ엔ㅌ가 없는 것은 당연합니다. 그러기에 간과되기도 합니다.

그러나 이를 이해하고, 반복, 연습, 훈련하면 저절로 **릳**엄잌얼해지는 **butt**-er 발음의 지름길이며 아래 예단어에서 알 수 있듯이 강세에 따라 화자의 단어가 명사인지, 동사인지 구분할 수 있는 능력이 생깁니다.

또, **액**ㅅ엔ㅌ를 어디에 둘지도 알게 됩니다.

이런 사실의 연관성이 지적된 바는 그다지 알려지지 않은 사실인 것으로 알고 있습니다. 이런 사실의 연관성은 영어를 ESL로 배우는 학생에겐 영어를 빨리 익힐 수 있는 중요한 핵심 요소 중 하나입니다.

이것이 고딕체 부분 **액**ㅅ엔ㅌ만 정확하게, 크고, 높게, "**빵!**", 소리 내시라는 이유이기도 합니다.

ex) **con**•duct n. [ˈkɑːnˌdʌkt] (名前 動後; 명사에선 앞에 **액**ㅅ엔ㅌ)
con•**duct** v. [kənˈdʌkt]

proj•ect n. [ˈprɑːˌdʒɛkt]
proj•**ect** v. [prəˈdʒɛkt] (名前 動後; 동사에선 뒤에 **액**ㅅ엔ㅌ)

Rule # 9.   CAUTION!
When in doubt. DO NOT STRESS!

10 액ㅅ엔ㅌ 지휘법_필자가 개발한 액ㅅ엔ㅌ 장기기억법

재밌는 액ㅅ엔ㅌ 지휘법_강세 쉽게 익히는

강세 위치	손가락 지휘	손가락 움직임	예단어
1st 음절	↘	아래로	**def**-(h)in-ite-l-y **tel**-eph-one
2nd 음절	↗ ↘	위로 아래로	ann-**ounc**-er prop-**os**-al
3rd 음절	→ ↗ ↘	옆으로 위로 아래로	el-ec-**tric**-it-y und-er-**st**-and
4th 음절	→ → ↗ ↘	옆으로 옆으로 위로 아래로	pron-un-ci-**a**-tion opt-im-i-**z**(h)**a**-tion

▶ **강세 쉽게 외우는 손가락 지휘방법의 이점**
  1. 동작이 크므로 율동적으로 재밌고, 기억하기 쉬움.
  2. 동작이 크므로 근육적으로 기억 효과 큼.
  3. 음악 지휘처럼 음율적으로 습관화됨.

"영어 훈민정음, 한글표기 ㅍ한익ㅅ 영어발음사전" 활용과 효과 있도록 나눴습니다.

1 "영어 훈민정음, 한글표기 ㅍ한익ㅅ 영어발음사전"을 연인으로

▶ **발음발성방법:**

영어를 외우려, 공부하려 마시고, 정답이 없는 영어발음을 완전하게 하려 마시고, 처음엔 한 단어 내의 각 음절을 별개로 또박또박 3~5회 반복 발음한 다음에 단어내의 전체 음절을 한 번에 모아서 조금씩 빠르게 발음하면 현대영원어민 ㅍ한익ㅅ와 연음발음을 하고 있다는 사실을 자각할 수 있을 것입니다.

이 때 가장 중요한 것은 빨강색 고딕체 부분 **액**ㅅ엔ㅌ를 정확하게, 크고, 높게, 자신 있게 "**빵!**", 소리내는 것이고, 그 뒤에 오는 소리는 조금 작아도, 얼버무려도 영원어민 청자에게 전달될 것입니다.

▶ **7,500개 영어예시문장:**

3~5회 소리 내서 연습하면 **꼬였던 혀**가 **butt-er**처럼 부드러워 지기 시작함을 실감하고, **내 발음**에 현대영원어민 ㅍ**한**익ㅅ와 연음발음처럼 문장속에 **릳**엄(**rhyth**-em)이 생기기 시작함을 느끼고, 경험하실 것입니다.

> **Tip**
>
> **메타-인지(meta-cognition)학습법**
>
> 영어 훈민정음의 ㅍ한익ㅅ와 영어예시문장을 소리 내서 연습하는 것이 처음엔 조금 어렵습니다. 아주 어려운 것이 아니라 이렇게 조금 어려운 것을 연습, 훈련하는 것이 쉽게 무아지경인 몰입(沒入, flow, immersed)에 진입하게 되는 것이고, 메타-인지(meta-cognition)학습을 하는 것이며, 궁극에는 장기기억(long-term memory)하는 최선의 방법으로 최근 뇌과학에서 증명되고 있습니다.

Bonus

본 사전의 독자님들에게는 필자가 뇌과학을 근거로 개발, 제작하여 **특허등록한** "**자신의 발음을 듣고 스스로 교정할 수 있으며 동시에 장기기억을 보조하는 카드**"를 독자 여러분의 영어 성공을 기원하고 독자 여러분과 함께 "**한국인 70%, 영어 알아듣기와 말하기!**" 캠페인을 진행하기 위하여 무상으로 동봉하여 드립니다.

영어를 잘 못할지라도 자신의 발음이 영원어민 **ㅍ한**잌ㅅ에 가까운지, 아닌지는 알기 때문에 자신의 발음을 영원어민 발음에 가깝도록 **스스로 듣고, 교정할 수 있으며**, 크게 소리 낼 수 없는 환경에서도 발성 근육은 크게 움직이면서 아주 작게 소근대도 **크게 소리내는 것과 동일한 효과를 보며, 영단어와 영예시문장의 장기기억**에 유용합니다.
장기기억에 대단히 효과적인 것은 뇌과학에서 입증된 사실입니다.

▶ **발음발성연습 횟수:**
하루 3~10회, 5~15분씩 자투리 시간에 소리내서 반복, 연습, 훈련하면 3개월 후부터 이제껏 들리지 않던 현대영원어민 **ㅍ한**잌ㅅ와 연음발음이 귀에 잡히기 시작합니다.

▶ **기대효과:**
위처럼 연습한 이후 **3~5개월 정도 지나면**, 영어 뉴스, 강연, ㄷㅈ라머, 영화 등을 통하여 스스로 현대영원어민 **ㅍ한**잌ㅅ와 연음발음을 듣는 능력이 생깁니다.
이 때부터 영어는 공부가 아니라 재미가 되기 시작할 것입니다.

> Part IV. "영어 훈민정음, 한글표기 ㅍ한밀ㅅ 영어발음사전" 활용과 효과 있도록 나눴습니다.

2 흥미 또는 취미 분야 무료강의 시청

YouTube & www.ted.com
(다양한 분야 세계적 권위자 무료강의. **강력추천**.)

i) 고급 표준 영어 강의 많음.
ii) 편당 15 분 내외로 끝까지 마치기에 부담 없고, 지루하지 않음.
iii) 본인 좋아하는 분야는 감으로도 무슨 말인지 파악 가능, 흥미 유발.
iv) ted.com의 경우에는 화면 하단의 **tran**-sc-ript를 열면 강의 내용을 문자로 모두 볼 수 있는데, 다시 듣고 싶은 문장을 **cl**-ick 하면 강사의 <u>동일한 한 문장을 무한 반복하여 들을 수 있습니다</u>. 이 기능은 영어 듣기와 shadowing에 대단히 효과적인 방법입니다.
v) YouTube와 ted.com에서 화면 하단의 "**cc**"를 click하면 강의 내용을 문자 caption으로 언어를 선택하여 볼 수 있으며, "**Setting**"(설정 톱니)를 click하면 **Playback Speed**(영상 속도 조정)를 75%, 100%(normal), 125% 등으로 **나에게 맞는 속도로 시청할 수 있습니다**.

이젠 영어권에서 살았더라면, 어학연수를 했더라면 영어를 잘할 수 있었을 텐데… 라고 할 수 없을 것 같습니다.

3 MOOC; Massive Open Online Courses
관심분야 유료 및 무료강의 수강

학생들이 MOOC 강의를 열심히 듣는다면 **미래 행복은 보장**될 겁니다.

www.coursera.org (무,유료 미국명문대 교수강의 MOOC 중 하나)
www.udacity.com (무,유료 미국명문대 교수강의 MOOC 중 하나)
www.edx.org (무,유료 유럽 근거의 세계명문대 교수강의 MOOC 중 하나)

4 기타

인터넷에서 영화, 드라마의 sc-ript 구해서 읽고, 소리내서 보면서 동일 문장 반복, 연습, 훈련. 동영상 **속도 조절 app** 사용하여 **0.75배 속도로 시청**하면 초,중급 학습자에게는 더 좋을 것입니다. 영원어민 뉴스는 가급적이면 같은 방송국, 같은 시간대, 같은 언**아**운**스어ㄹ**(ann-**ounc**-er), 특히 일반적으로 남성보다 발음이 정확하고 뚜렷한 여성 목소리에 익숙해지는 것이 매번 다른 영원어민 목소리로 듣는 것보다 좋을 것입니다.

Tip

www.youglish.com

ㅍ한잌ㅅ연습, 훈련하기 좋은 web site로서 검색 항에 원하는 영단어나 영어문구를 넣으면 해당 영단어나 영어문구를 포함하는 동영상과 문장이 아래에 생성되며, 되돌리기 기호를 click하면 무한으로 반복 시청 가능함. All US UK AUS button을 click하면 해당국의 영상 선택이 가능함.

www.getyarn.io

ㅍ한잌ㅅ 연습, 훈련하기 좋은 web site로서 검색 항에 원하는 영단어나 영어문구를 넣으면 해당 영단어나 영어문구를 포함하는 동영상을 3번 자동 반복해 줌.

www.ldoceonline.com/

단어를 검색하면 해당 단어와 해당 단어를 포함하는 예시문장의 ㅍ한잌ㅅ와 연음발음을 듣고 소리내서 연습, 훈련 가능함.

5 마치는 글

영어 듣기와 말하기 습득은 자전거 타기와 다름 없습니다.
영어에도 지름길은 없습니다. 다만, **올바른 발음을 반복해서 연습, 훈련할 수 있는 도구**가 있다면 보다 쉽고, 빠르게 효과적으로 익힐 수 있습니다.

필자는 본 "**영어 훈민정음**"에서 감히 국내최초 또는 세계최초라는 문구를 중복해서 기술하고 있습니다.

초판에서는 국내최초 또는 세계최초라는 문구의 당위성을 객관적으로 증명할 방법이 없었으므로 단지 독자의 판단에 의지할 수밖에 없었습니다.

그러나 본 "**영어 훈민정음**"의 개정판에서는 감히 국내최초 또는 세계최초라는 문구에 대한 당위성 뿐만 아니라 본 "**영어 훈민정음**"의 예견성, 예지성, 우수성과 학습자를 위한 가독, 가시성 등의 면에서도 감히 국내최초 또는 세계최초라는 문구를 사용할 수 있음을 머리말의 **Merriam-Webster** 관련 자료에서 객관적으로 입증할 수 있었습니다.

"**영어 훈민정음, 한글표기 ㅍ한잌ㅅ 영어발음사전**"에 수록된
3,789 기본영단어의 한글표기 발음과 **7,500 영예시단문장의 단어를 발음음절, so-und syll-ab-le로 나눈 발음**은 현재 영원어민 뿐 아니라, 미래 영원어민의 진화된 발음까지도 쉽고, 빠르게 배울 수 있는 우수한 발음방법임을 **Merriam-Webster** 영어사전이 증명해주는 것으로 생각합니다.

이제 독자 여러분은 "영어 훈민정음"에 대한 확신과 믿음으로 영어 성공을 향한 올바른 **핸**ㄷ얼과 **펟**얼이 구비된 완전한 자전거를 타셨습니다.

이제 우리는 올바른 현대영원어민의 ㅍ한읶ㅅ와 연음발음을 배울 수 있고, 가르칠 수 있게 된 것입니다.
[참조; 앞표지 뒷면의 "영어 훈민정음 vs Merriam-Webster ㅍ한읶ㅅ 발음 비교표"]

"영어 훈민정음, 한글표기 ㅍ한읶ㅅ 영어발음사전"을 통하여 독자 여러분의 영어 성공을 기원하겠습니다.
　아울러 독자 여러분의 영어 성공으로 "한국인 70%, 영어 알아듣기와 말하기!" 캠페인 성공을 위하여 저는 English Phonics Coordinator & Trainer로서 앞으로 주어지는 삶에 정성을 담아서 힘 닿는 데까지 돕겠습니다.

No sweat, no **ga**-in! No **pa**-in, no **ga**-in!
N-o re-**w-ard** with-**out to**-i-l! -Talmud-

Wishing you ALL THE BEST L-UCK!

a(n) or A(n)
[ei,ə, ən,ˈæn]

♪어,에이,언,앤 ○ [어,에이,언,앤]   253 단어 32쪽

n. in-**def**-(h)in-ite **art**-ic-le, 영어알파벳 첫째글자, an은a의 변형
A is the **fir**-st **l-ett**-er of the **mod**-ern **Eng**-l-ish **alph**-(h)ab-et.
An is **us**-ed bef-**(h)ore** a **vo**-w-el sound, an **app**-le, an **ic**-ic-le.

aban·don
[əˈbændən]

♪업앤던 ✗ [어**밴**던]   mora발음/ b phonics

vt. 버리다⇔keep,떠나다,l-eav(e),**yie**-l-d,버리다,**des**-ert,단념,giv(e) up
The **off**-(h)i-cer ref-**(h)use**d to ab-**and**-on his **po**-st.
He ab-**and**-oned his **sm**-ok-ing **hab**-it since his w-ife's **preg**-n-an-cy.

abil·i·ty
[əˈbɪləti]

 ✗ [어**빌**러티]   mora발음/ b,l,t phonics

n. 능력⇔dis-ab-**il**-it-y,in-ab-**il**-it-y,역량,cap-ab-**il**-it-y,재능,**tal**-ent
He has the ab-**il**-it-y to **sol**-ve the **prob**-l-em.
He perf-**(h)orm**ed his job be-**yond** his ab-**il**-it-y.

a·ble
[ˈeɪbəl]

♪에입얼 ✗ [에이벌]   mora발음/ b phonics

aj. 능력(재능,재력)있는⇔un-**ab**-le,유능한,수완있는,**cap**-ab-le
He is **ab**-le in **sp**-eech and an **ab**-le **sen**-at-or.
That girl is **ab**-le to **sp**-eak **Eng**-l-ish. He's **ab**-le to pay.

a·bout
[əˈbaʊt]

♪업아을 ✗ [어**바**울]   mora발음/ b phonics

prep. ~에대한,~에관한,of,on,부근에,주위에,ar-**ound**
The **mov**-(h)ie is ab-**out** to **st**-art.
It is **some**-w-he-re ab-**out** my house.

above
[əˈbʌv]

♪업앟 ✗ [어**바**브]   mora발음/ b,v phonics

prep. ~보다위에⇔bel-**ow**,~이상인,~보다높게,ov-(h)er,mo-re than
Hea-l-th is ab-**ov**(e) **w-ea**-l-th. Be sin-**c-ere** ab-**ov**(e) all.
The top of the **bui**-l-d-ing is 200 **met**-ers ab-**ov**(e) the sea **l-ev**-(h)el.

a·broad
[əˈbrɑːd]

♪업러얻  ✗ [어브라아드]   mora발음/ b,r phonics

av. 널리(퍼져),**w-id**(e)-l-y,해외에(로,에서),사방에
An ep-id-**em**-ic **chol**-er-a w-as ab-**road** in **L-a**-os.
She's **nev**-(h)er been ab-**road** but **fl**-u-ent in **Eng**-l-ish.

ab·sence
[ˈæbsəns]

 ○ [앱선스]   b phonics

n. 부재,결석⇔**pres**-ence,없음,결여,부족,방심(상태)
The board **meet**-ing **he**-l-d out **dur**-ing her **abs**-ence in **Par**-is.
Tell my boss the **reas**-on for my l-ong **abs**-ence from **off**-(h)ice.

ab·so·lute
[ǽbsəˌluːt]
♪ 앱썰우울   X [앱썰루우트]   중복"ㄹ"="r"발음/ b,l phonics
aj. 완전한,**perf**-(h)ect,무조건의⇔con-**di**-tion-al,절대적인⇔**rel**-at-ive,순수,**pu**-re
He shows **ab**-sol-ute trust in his w-ife.
N-o one can pred-**ic**-t the **fu**-ture with **ab**-sol-ute **cert**-ain-ty.

ab·sorb
[əbˈsɔɚb]
♪ 업소업   O [업소어브]   ɚ,b phonics
vt. 흡수,완화,빨아(받아)들이다,l-earn,열중시키다
She is good at abs-**orb**-ing **Eng**-l-ish.
Fine dust can be abs-**orb**-ed and acc-**um**-ul-at-ed in l-ung.

ab·stract
[ǽbˌstrækt]
♪ 앱슬랙트   X [앱스트랙트]   mora발음/ b,tr,r phonics
aj.n.vt. 추상적,id-**e**-al⇔**con**-crete,이론적,요약,**ess**-ence
Truth, **ju**-st-ice and **brav**-(h)ery are **ab**-st-ract n-ouns.
My dev-**(h)ice ab**-st-racts fresh **w-at**-er and **sa**-l-t from **sea**-w-at-er.

a·buse
[əˈbjuːs]
♪ 업유우ㅅ   X [어뷰우쓰]   mora발음/ b phonics
n. 악용,남용,오용,mis-**use**,독설,학대,폭행,**brut**-al-i-ze,강간
They should be **pun**-ish-ed for **the**-ir ab-**use** of **par**-ents.
Some **chi**-l-d-ca-re **w-ork**-ers w-ere suited for **chi**-l-d ab-**use**.

a·buse
[əˈbjuːz]
♪ 업유우ㅈㅎ   X [어뷰우즈]   mora발음/ b phonics
vt. 악용,남용,오용,mis-**use**,독설,학대,폭행,**brut**-al-i-ze,강간
The **pres**-id-ent ab-**use**d his auth-**or**-it-y.
She ab-**use**d the **conf**-(h)id-ence of her **hu**-sb-and.

ac·a·dem·ic
[ækəˈdɛmɪk]
♪ 엑언엠익   X [애커데믹]   mora발음/ k,m phonics
aj.n. 교육기관의,대학의(생,교수),sch-ol-**ast**-ic,학문의,**sch**-ol-ar
St-ud-ents' ac-ad-**em**-ic **av**-(h)er-age has been imp-**rove**d.
They ref-**(h)er**red the ac-ad-**em**-ic curr-**ic**-ul-um for re-gi-**st**-ra-tion.

a·cad·e·my
[əˈkædəmi]
♪ 억앧엄이   X [어캐더미]   mora발음/ k,m phonics
n. 학원,**sem**-in-ar-y,중,고등,대학교,**sch**-ool,학회,학술원
Ac-**ad**-em-y prov-**(h)ide**s tra-in-ing in **sp**-e-cial **subj**-ects or **sk**-i-lls.
The u-n-iv-**(h)ers**-it-y is an ac-**ad**-em-y of the **fi**-ne arts and **m-us**-ic.

ac·cent
[ǽkˌsɛnt]
♪ 액ㅅ엔ㅌ   O [액센트]
n.vt. 액센트,**st**-ress,강세,acc-**ent**-u-ate,말투,강조,**emph**-(h)as-ize
In "**acc**-ent", the **sec**-ond-ar-y **acc**-ent is on the **sec**-ond **syll**-ab-le.
Eng-l-ish has 3 **el**-em-ents of **mus**-ic; **acc**-ent, int-on-a-tion and dur-**a**-tion.

ac·cept·able
[əkˈsɛptəbəl]

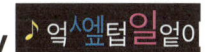 ✗ [억쎕터브얼]   mora발음/ k,b phonics

aj. 받아들일만한, **tol**-er-ab-le⇔**un**-acc-**ept**-ab-le, 맘에드는, sat-isf-(h)**act**-or-y
The-re w-as **one** dress shop that l-ooked acc-**ept**-ab-le.
It w-as an acc-**ept**-ab-le risk, **al**-though n-ot an saf(e) **off**-(h)er.

ac·cept·abil·i·ty
[əkˌsɛptəˈbɪləti]

 ✗ [액셉터빌러티] 중복"ㄹ"="r"발음/ k,p,l,t,y phonics

n. 수락, 용인, 수용할수있음, 만족스러움
It w-as on the in-**creas**-ing **so**-cial acc-ept-ab-**il**-it-y of div-(**h**)**or**-ce.
Both **part**-ies w-ere **sat**-isf-(h)i-ed with the acc-ept-ab-**il**-it-y of a **meet**-ing.

ac·cess
[ˈækˌsɛs]

♪액쎄ㅅ   ○ [액쎄쓰]

n.vt. 접근(방법), 권리, 면회, 기회, 컴퓨터입출력, 입수, 접근
Kate gained **ac**-cess to the **Prin**ce W-**ill**-i-am.
They hav(e) **ac**-cess to the **Fed**-er-al **bui**-l-ding.

ac·ci·dent
[ˈæksədənt]

 ✗ [액써던트]   mora발음/ k,d phonics

n. 사고, 재난, 어쩌다가, **acc**-id-ent-all-y⇔on **purp**-ose, 우발사건
Acc-id-ents w-**i**-ll **happ**-en by **acc**-id-ent.
The car **acc**-id-ents **happ**-en-ed all of a **sudd**-en by **acc**-id-ent.

ac·com·mo·date
[əˈkɑːməˌdeɪt]

 ✗ [어카암어데이트] mora발음/ k,m,d phonics

vt. 친절, 숙박제공, 적응, ad-**apt**, 화해시키다, **rec**-onc-ile, 공급, 수용
The **jud**-ge acc-**omm**-od-ated **q**-uarr-els bet-**ween** the att-**orn**-eys.
This hot-**e**-l acc-**omm**-od-ated my **frien**d with a n-**i**-ght's l-**odg**-ing.

ac·com·pa·ny
[əˈkʌmpəni]

 ✗ [어캄퍼니]   mora발음/ m,n phonics

vt. 동행, 수행, **chap**-er-one, 수반, 동반, **conv**-oy, e-sc-ort
The **Eng**-l-ish **phon**-ics **tra**-in-ing acc-**om**-pan-ied with some **pa**-in.
Acc-**om**-pan-y her to the door! 문까지 안내하라! (쫓아낼때도 씀.)
L-**ight**-n-ing acc-**omp**-an-ies **thund**-er.

ac·com·plish
[əˈkʌmplɪʃ]

 ✗ [어캄플리쉬] 중복"ㄹ"="r"발음/ ʌ,m,p,l phonics

vt. 해내다, 이룩, 수행, 성취, 완성, 어떤인물(결과)로다듬어내다
Have you acc-**om**-pl-ished your task?
E**x-act**-l-y what he thought he w-ould acc-**om**-pl-ish is un-**cl**-ear.

ac·cord
[əˈkɔɚd]

 ✗ [어코어드]   mora발음/ k,ɚ phonics

v.n. 일치, 조화, **harm**-on-y, 주다, 허락, grant, be-**st**-ow, 합의, ag-**ree** with
He w-as acc-**ord**ed **due mon**-ey.
He acc-**ord**ed her ex-**cep**-tion-al opp-ort-**un**-it-ies.

ac·cord·ing
[əˈkoɚdɪŋ]
♪ 억**오**얻잉 X [어**코**어딩] mora발음/ k,ɚ phonics
aj.av. 일치한,따르는,의한,dep-**end**-ing
L-iv(e) acc-**ord**-ing to your **inc**-ome.
Acc-**ord**-ing to what he said, it w-i-ll **ra**-in tom-**orr**-ow.

ac·count
[əˈkaʊnt]
♪ 억**아**은트 X [어**카**운트] mora발음/ k phonics
n. 서술,해명,e**x-cu**-se,원인,**reas**-on,**bas**-is,**cau**-se,중요성,평가,구좌
Tak(e) much acc-**ount** of **Ell**-en's op-**in**-ion.
Giv(e) me an acc-**ount** of (for) your be-**hav**-(h)ior.

ac·count·able
[əˈkaʊntəbəl]
♪ 억**아**은텁얼 X [어**카**운터블] mora발음/ k,b,l phonics
aj. 책임있는,re-**sp**-ons-ib-le⇔irre-**sp**-ons-ib-le,설명가능한,**ex**-plic-ab-le
He is acc-**ount**-ab-le to me for the **acc**-id-ent.
His boss **he**-l-d him acc-**ount**-ab-le for **l-ow**-er **sa**-les.

ac·cu·mu·late
[əˈkjuːmjəˌleɪt]
♪ 억**유**움열**에**읕 X [어**큐**우멀레이트]중복"ㄹ"="r"발음/ k,m,l phonics
v. 쌓다,**bui**-l-d up,축적,mount⇔**l-ess**-en,늘다,e**xp**-and,in-**crease**
Aff-(h)**ec**-tion w-i-ll acc-**um**-ul-ate **w-hi**-le you are ap-**art**.
Debt w-i-ll be acc-**um**-ul-at-ed **w-hi**-le I am un-em-**pl**-oy-ed.

ac·cu·rate
[ˈækjərət]
♪ **액**여럳 X [**애**켜럳] mora발음/ k,r phonics
aj. 올바른,corr-**ect**,정밀,prec-**ise**,정확,e**x-act**⇔in-**acc**-ur-ate
His **n-ov**-(h)el is **acc**-ur-ate hi-**st**-or-ic-al-l-y.
The **aud**-it-or w-as **acc**-ur-ate in(at) his cal-cul-**a**-tion.

ac·cuse
[əˈkjuːz]
♪ 억**유**우ㅈㅎ X [어**큐**우즈] mora발음/ k,z phonics
vt. 고발,**char**-ge,비난,**crit**-ic-ize,책망,**bl**-ame
She acc-**u**-sed him of her **fa**-il-ure.
The **w-om**-an acc-**u**-sed her **friend** of **st**-ea-l-ing her **l-ov**-(h)er.

ac·cus·tom
[əˈkʌstəm]
♪ 억**어**슾엄 X [어**카**스텀] mora발음/ k,ʌ,t phonics
vt. 길들게,ac-**q**-ua-int,습관들이다,hab-**it**-u-ate⇔av-**(h)oid**,shun
She acc-**u**-st-omed her-**se**-l-f to her n-ew **cl**-ass.
They acc-**u**-st-omed them-**se**-l-ves to **co**-l-d **w-eath**-er.

ache
[eɪk]
♪ **에**읶 X [**에**이크] mora발음/ k phonics
vi.n. 아프다,갈망,그리워,l-ong for,통증,**pa**-in
She **ach**ed for the **st**-arv-(h)ing **chi**-l-dren.
He w-as **ach**-ing from his **ank**-le **sp**-l-int.

a·chieve
[əˈtʃiːv]
♪ 얼치이잎 X [어취이브] mora발음/ tʃ,v phonics
v. 달성,성취,acc-**om**-pl-ish,얻다,획득,att-**ain**,성과올리다
Eng-l-ish can be a-**chiev**(e)d **o-n**-l-y through **prop**-er **or**-al **pract**-ice.
She a-**chiev**ed a **grad**-u-al im-**prove** in **Eng**-l-ish **l-i-s**(te)n-ing with Yethanglish.

ac·id
[ˈæsəd]
♪ 앳얻 X [애써드] mora발음/ s,d phonics
n.aj. 산(성의),신것,sour,신랄함⇔**am**-i-ab-le,**pl**-eas-ing
The **crit**-ic mad(e) **ac**-id **comm**-ents on her perf-(**h**)**orm**-ance.
W-e had **ra**-re-l-y **ac**-id **sn**-ow in 2014 bec-**au**-se of the **u**-l-tra **fi**-ne dust.

ac·knowl·edge
[əkˈnɑːlɪdʒ]
♪ 억은 아얼어지 X [억나알리지] n,l,dʒ phonics
vt. 인정,동의,시인,고백,답,감사
He ack-**n-owl**-edged the **fa**-il-ure as his **neg**-l-ig-ence.
A sm-**all** ack-**n-ow**-l-edgm-ent of your **kin**-dn-ess.

ac·quire
[əˈkwajɚ]
♪ 억와이얼 XXX [어크와이어ㄹ] 틀린액센트/ k,w,ɚ phonics
vt. 취득⇔l-ose,입수,습득,ad-**opt**,포착,얻다,obt-**ain**,익히다
She ac-**q**-uired **a** good rep-ut-**a**-tion in des-**ign**.
She **st**-ud-ys **Eng**-l-ish as **l-ang**-u-age is ac-**q**-uired by **chi**-l-dren.

a·cross
[əˈkrɑːs]
♪ 억러어ㅅ XXX [어크라아쓰] 틀린액센트/ k,r phonics
prep.av. 반대쪽으로,건너서,가로질러서,십자형으로교차
W-e are **ju**-st ac-**ross** from the **sch**-ool.
The **coa**-ch **w-at**-ched his team with his arms ac-**ross**.

act
[ˈækt]
♪ 액ㅌ X [액트] k phonics
n.v. 행위,연기,현행,헌징,연에,프로
Her **cry**-ing w-as all an act.
He acted ag-**ain**st his **fam**-il-y's **int**-er-ests.

ac·tion
[ˈækʃən]
♪ 액션 O [액션]
n. 활동,act-**iv**-(h)it-y,실행,perf-(**h**)**orm**-ance,연기,(생리)작용,기능

Ac-tions **sp**-eak **l-oud**-er than w-ords.
W-i-ll they tak(e) **st**-rong **ac**-tion ag-**ain**st corr-**up**-tion?

ac·tive
[ˈæktɪv]
 X [액티브] mora발음/ k,v phonics
aj. 활발한,적극적인,**pos**-it-iv(e)⇔**pass**-iv(e),en-erg-**et**-ic,**vig**-or-ous,진행중인
At **sev**-(h)ent-y, he's n-o **l-ong**-er **ver**-y **act**-iv(e).
W-e should **pl**-ay an **act**-iv(e) **ro**-le in the comm-**un**-it-y.

ac·tiv·i·ty
[æk'tɪvəti]

♪ 액팁얼이   X [액티버티]   mora발음/ k,v,t phonics

n. 활동,**ex**-er-ci-se,**ex-er**-tion,기민함,행동
Chi-l-dren l-ov(e) to **pl**-ay **out**door act-**iv**-(h)it-y.
She w-as in **fu**-ll act-**iv**-(h)it-y **ti**-ll her ret-**ire**-m-ent.

ac·tor
[æktɚ]

♪ 엘털엘츠러ㅅ   O [액터r]   ɚ phonics

n. 남자배우,행위자,**do**-er,im-**per**-son-at-or,관계자
What mad(e) you l-ook up a **fi**-l-m **act**-or?
He said, Succ-**ess** doesn't **ju**-st mean **be**-ing an **act**-or.

ac·tress
[æktrəs]

♪ 엘털엘츠러ㅅ   X [액트러쓰]   틀린발음/ k,tr,r phonics

n. 여자배우,행위자,**do**-er,im-**per**-son-at-or,관계자
Act-ress **Meg**-an Fox Gives Birth!
Act-ress **Down**-ey rec-**eive**d a **st**-ar on the W-alk of Fame.

ac·tu·al
[æktʃəwəl]

♪ 액쳐ㅇ월   X [액춰월]   틀린발음/ k,tʃ,w phonics

aj. 현실의,**re**-al⇔id-**e**-al,당면한,현행의,사실상의,**fac**-tual
You can **sp**-eak as you **ac**-tuall-y **fee**-l.
The **ac**-tual e**xp**-enses w-ere **l-ow**-er than the **est**-im-ate.

ac·tu·al·ly
[æktʃəwəli]

♪ 액쳐ㅇ월이   X [액춰월리]   중복 "ㄹ"="r"발음/ k,tʃ,w,y phonics

av. 현실로,실제로,현재의,지금의
He **ac**-tuall-y w-on the **go**-l-d **med**-al!
Ev-(h)er-y-one can **sp**-eak as he or she **ac**-tuall-y **fee**-l.

adapt
[ə'dæpt]

♪ 얼앺ㅌ   X [어댑트]   mora발음/ d,p phonics

v. 적응시키다(to),적합하게(for),개작,번안,적응,순응
It w-as ad-**apt**ed from a song by **Er**-ic **Cl**-ap-ton. 노래각색
She **al**-w-ays ad-**apt**ed **eas**-il-y to n-ew **at**-mosph-(h)ere.

add
[æd]

♪ 앺   X [애드]   mora발음/ d phonics

vt. ~을더,합계,부언,덧셈
I added her name on the l-ist. This **w-i**-ll add to our joy.
The **tot**-als didn't add up.   총계가 안맞다

ad·di·tion
[ə'dɪʃən]

♪ 얼이션   X [어디션]   mora발음/ d phonics

n. 부가,첨가,증가,inc-**rease**,덧셈,부가물,증축부분
W-e hav(e) an add-**i**-tion to our **fam**-il-y.
She w-as a **w-el**-come add-**i**-tion to **an**-y group.

ad·di·tion·al(ly)
[əˈdɪʃənl]

 X [어**디**션얼]   [**l**]=[**얼**], **mora**발음/ **d,l** phonics

aj. 부가(첨가,추가)된,**ex**-tra,**val**-ue added tax(VAT,부가세)
Kor-**e**-an **gov**-(h)ernm-ent sent add-**i**-tion-al vol-unt-**eer**s to the **reg**-ion.
L-arg-er **ord**-ers w-**i**-ll re-**q**-u-ire add-**i**-tion-al w-ork, but it is w-orth.

ad·dress
[əˈdrɛs]

♪어**즈레**ㅅ XXX [어쥬**뤠**쓰]   틀린액센트/ **dr,r** phonics

vt. 말걸다,연설,위탁,열심히,몰두,신청,발언,부르다,주소쓰다
I add-**ress**ed my att-**en**-tion to the **fin**-al corr-**ec**-tion at hand.
Ob-**am**-a add-**ress**ed the **St**-at(e) of the **U**-n-ion at the **Cong**-ress.

ad·dress
[ˈædrɛs]

♪**애즈레**ㅅ X [애쥬**뤠**쓰]   **dr,r** phonics

n. 인사말,연설,수완,주소,말솜씨,응대,구애,골프공치기전자세
N-ew Kor-**e**-an road name **add**-ress **st**-arted on Jan. 1, 2014.
draft out an ~. an ~ of **w-el**-come. n-o fixed ~.

ad·e·quate
[ˈædɪkwət]

 X [애**디**쿼트]   **mora**발음/ **d,w** phonics

aj. 알맞은,충분한,이유있는,상당한,상응하는
The **doct**-or di-**sc**-ov-(h)er-ed an **ad**-eq-uate **rem**-ed-y for the dis-**ea**-se.
Mi-ll-i-ons of **peo**p-le l-ack **ad**-eq-uate **hea**-l-th **ca**-re, he w-**i**-ll fix it.

ad·ja·cent(-ly)
[əˈdʒeɪsn̩t]

♪어**제**이썬ㅌ X [어제이슨트]   [**n**]=[**언**], **mora**발음/ **dʒ,s,n** phonics

aj. 부근의,**ne**-ar-**by**,근방의,이웃의,인접한
A-sian Game **ho**-st **cit**-y, Incheon is ad-**jac**-ent to Seoul.
Fort Lee, N-ew **Jers**-ey is ad-**jac**-ent to N-ew **Yor**-k Man-**hatt**-an.

ad·just
[əˈdʒʌst]

 X [어자스트]   **mora**발음/ **dʒ,ʌ,st** phonics

vt. 맞추다,적합시키다,fit,순응,ad-**apt**,단정히,조정,정산
She ad**j**-**u**-sted her **sp**-end-ing to **inc**-ome.
Mo-st of the **an**-im-als and **pl**-ants ad**j**-**u**-st w-**e**-ll to **the**-ir env-(h)**ir**-onm-ent.

ad·min·is·tra·tion
[ədˌmɪnəˈstreɪʃən]

XXX [어드미너스트레이션]   틀린액센트/ **d,n,tr,r** phonics

n. 관리,경영,**man**-agem-ent,통치,행정기관,정부,집행,사법
King Sejong gav(e) good ad-min-i-st-**ra**-tion.
I found Kor-**e**-an **chan**ged **und**-er Jap-an-**ese** ad-min-i-st-**ra**-tion.

ad·min·is·tra·tive(ly)
[ədˈmɪnəˌstreɪtɪv]

 X [어드미니스트레이티브]   **mora**발음/ **m,n,tr,v** phonics

aj. 관리,경영,행정상의,**ex**-**ec**-ut-ive, l-aw 행정법
He has an ad-**min**-i-st-rat-ive job at a **ho**-sp-it-al.
The task **for**ce w-**i**-ll hav(e) an ad-**min**-i-st-rat-ive **st**-aff of **sev**-(h)en.

ad·mire(r)
[ədˈmajɚ]
♪언**마**이열　　✘ [어드마여]　　　mora발음/ **d,ɚ** phonics
v. 존경,re-**sp**-ect⇔cond-**emn**,탄복,칭찬,좋아,l-ik(e)⇔ab-**hor**
He forg-**ot** to ad-m-**i**-re her kid.
He ad-m-**i**-res **w-om**-en for **the**-ir mat-**ern**-it-y.

ad·mis·sion
[ədˈmɪʃən]
♪언**밋**션　　✘ [어드미션]　　　mora발음/ **d** phonics
n. 입장(료),**ent**-rance,입회,입학허가(금),adm-**itt**-ance,시인
She w-as granted ad-m-**i**-ssion to **Harv**-(h)ard.
The **vict**-im's **fam**-il-y w-anted an ad-m-**i**-ssion of **gui**-l-t from the **crim**-in-al.

ad·mit
[ədˈmɪt]
♪언**밑**　　✘ [어드미트]　　　mora발음/ **d,t** phonics
v. 허락,perm-**it**,입장자격(권리)주다,허용,all-**ow**,시인⇔den-**y**,양보,통,인도
A crack in the pip(e) adm-**itt**-ed some **l-eak**-age.
I hat(e) to adm-**it** it, but she's **ri**-ght.

a·dopt
[əˈdɑ:pt]
♪언**아앞**ㅌ　　✘ [어다압ㅌ]　　　mora발음/ **d,p** phonics
vt. 채택,tak(e) up,차용,양자삼다,수용,em**b-race**⇔ab-**and**-on
He w-as ad-**opt**-ed **int**-o an Am-**er**-ic-an **fam**-il-y.
L-itt-le **st**-ud-ents ad-**opt Eng**-l-ish as a prof-(h)e-ssion.

a·dult
[əˈdʌlt, ˈædʌlt]
♪언**얼**ㅌ, **앤얼**ㅌ　　✘ [어**덜**ㅌ]　　　mora발음/ **d,ʌ** phonics
aj.n. 성숙한,ad-ol-**esc**-ent,어른,성인(의),성인용의,성체
Chi-l-dren **und**-er 13 **mu**-st be acc-**om**-pan-ied by an **ad**-ult.
That **mov**-(h)ie is **suit**-ab-le **o-n**-l-y for ad-ults.

ad·vance(-ment)
[ədˈvæns]
♪언ᵇ**핸**ㅅ　　✘ [어드밴스]　　　mora발음/ **d,v** phonics
v.n.aj. 전진,proc-**eed**,개선,승진,prom-**ote**,인상,**ra**-ise,선불
She adv-**(h)an**-ced **rap**-id-l-y in **Eng**-l-ish **l-i**-s(te)n-ing with this book.
Dep-**os**-it one month rent in adv-**(h)an**-ce to bind the **cont**-ract.

ad·van·tage
[ədˈvæntɪdʒ]
♪언ᵇ**핸**티지　　✘ [어드밴티지]　　　mora발음/ **d,v,dʒ** phonics
n.vt. 이점,**ben**-ef-(h)it,우위,우월⇔dis-ad-**vant**-age,이익,편의
He has an ad-**vant**-age **ov**-(h)er you bec-**au**-se of his **w-ea**-l-th.
W-e w-i-ll tak(e) **fu**-ll ad-**vant**-age of the sci-ent-**if**-(h)ic break-**throu**-gh.

ad•ven•ture
[ədˈvɛntʃɚ]
♪언ᵇ**핸**ᶜ얼　　✘ [어드벤춰]　　　mora발음/ **d,v,tʃ** phonics
n.v. 사건,이변,모험,**ex**-pl-oit,위험에빠뜨리다,end-**ang**-er
~ an op-**in**-ion 감히의견을말, He is **fu**-ll of ad-**ven**-ture.
She ad-**ven**-tured her **sav**-(h)ings in a **risk**-y **sch**-eme.

ad·ver·tize
[ˈædvɚˌtaɪz]
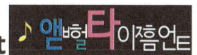 X [애드버타이즈]   mora발음/ d,v,ɚ phonics
v. 공시,n-ot-if-(h)y,광고,선전,prom-**ote**,통지
The **comp**-an-y w-as **adv**-(h)ert-is-ing for a job **op**-en-ing.
The res-**ult** w-as turned out to be e**x-act**-l-y as **adv**-(h)ert-ised.

ad·ver·tise·ment
[ædvɚˈtaɪzmənt]
 X [애드버ㄹ타이즈먼트]   mora발음/ v,ɚ,z,m phonics
n. 공시,n-ot-if-(h)ic-**a**-tion,**po**-st-ing,광고,선전,prom-**o**-tion
She **rec**-ent-l-y **pl**-aced an ad-vert-**i**-sem-ent for a job.
They put an **ads** for the **Sp**-ring **fa**-shions in **Vog**-ue.

ad·vice
[ədˈvaɪs]
 X [어드바이스]   mora발음/ d,v phonics
n. 충고,조언,**co**-uns-el,권고,sug-**ges**-tion,진찰,감정
He needed ad-**vi**-ce from an **exp**-ert.
N-ob-od-y took her ad-**vi**-ce **ser**-i-ous-l-y.

ad·vise
[ədˈvaɪz]
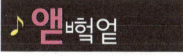 X [어드바이즈]   mora발음/ d,v,z phonics
v. 충고,권,통지,알리다,조언받다,상의
I ad-**vi**-sed him ag-**ainst se**-ll-ing his car.
W-e w-ere ad-**vi**-sed of the e**xp**-i-r-y of the **l-ea**se.

ad·vo·cate
[ˈædvəkət]
 X [앳버컷]   mora발음/ d,v,k,t phonics
n. 지지자,주창자,주장자,대변자,중재자,변호사
He is a **st**-rong **adv**-(h)oc-ate of YetHanglish.
He **pl**-ayed **dev**-(h)il's **adv**-(h)oc-ate in his l-aw firm. 논쟁훈수꾼

ad·vo·cate
[ˈædvəˌkeɪt]
 X [앳버케잇]   mora발음/ d,v,k,t phonics
vt. 변호,지지,옹호,주장,추천
She **adv**-(h)oc-ated **eq**-ual **ri**-ghts for race.
She **adv**-(h)oc-ates for ab-**used chi**-l-dren.

af·fair
[əˈfeɚ]
 X [어페어ㄹ]   mora발음/ f,ɚ phonics
n. 일,사건,행사,ev-(**h**)ent,업무,정세,개인적문제,정사
priv-(h)ate,**pub**-l-ic,dom-**e**-st-ic,**for**-eign,**curr**-ent ~
It's n-one of your aff-(**h**)a-irs(**bu**-sin-ess).

af·fect
[ˈæfekt]
X [애펙트]   mora발음/ f phonics
n. (심리적)감정,느낌,감동
The **weath**-er had an **aff**-(h)ect on **ev**-er-y-one's mood.
So-l-di-ers had been **ca**-ref-(h)ully **chos**-en for **bl**-and **aff**-(h)ect.

af·fect
[əˈfɛkt]

♪어헥트 X [어펙트]   mora발음/ f phonics

vt. 영향,**inf**-(h)l-u-ence,작용,mov(e),체다다,pret-**end**
How w-i-ll it aff-**(h)ect** her?
She w-as aff-**(h)ect**ed by l-eu**k-em**-ia.

af·fec·tion
[əˈfɛkʃən]

♪어헥션 X [어펙션]   mora발음/ f phonics

n. 애정,감정,작용,성향,병
Aff-**(h)ec**-tion **bl**-inds **reas**-on.   사랑은 색안경
He **ga**-ined her aff-**(h)ec**-tions at l-ast.

af·ford
[əˈfoɚd]

♪어호언 X [어포어ㄹ드]   mora발음/ f, ɚ phonics

vt. 살(할)수(,여유가,시간이)있다,산출,**yie**-l-d,가져오다,주다
The sun aff-**(h)ord**s **l-i**-ght and heat.
I can't aff-**(h)ord** to w-ast(e) **an**-y **penn**-y.

a·fraid
[əˈfreɪd]

♪어흐레인 XXX [어으퀘이드]   틀린액센트/ f,r phonics

aj. 두려워,**fe**-arf-(h)ul,싫어하여,ab-**hor**,rel-**uct**-ant,불안,**anx**-ious
I'm af-**(h)raid** she w-on't show up tom-**orr**-ow.
Kor-**e**-ans af-**(h)raid** of add-**ress**-ing Am-**er**-ic-ans, 'cause of **Eng**-l-ish.

af·ter
[ˈæftɚ]

♪애프털 X [애f으터ㄹ]   mora발음/ f, ɚ phonics

prep.av.aj. 뒤에,be-**hind**,후에,past,불구하고,in **sp**-ite of
They are **st**-i-ll **friend**s **aft**-er all **the**-ir **fi**-ghts.
Aft-er you, **pl**-ease. The pol-**i**-ce are **aft**-er him.

af·ter·noon
[ˌæftɚˈnuːn]

♪애털누운 X [애f으터ㄹ누운]   mora발음/ f, ɚ phonics

n.aj.오후,후반,후후의
in the l-ate aft-er-**n-oon**, l-ate in the aft-er-**n-oon**
on **Frid**-ay aft-er-**n-oon**, on an **Ap**-ril aft-er-**n-oon**

af·ter·ward(s)
[ˈæftɚwɚd,-z]

 X [애f으터ㄹ워ㄹ드]   mora발음/ f, ɚ,w phonics

av. 뒤에,나중에,이후,그후,**sub**-se-**q**-uent-l-y,the-re-**aft**-er
Aft-er-w-ard, she got a prom-**o**-tion.
The o-l-d **coup**-le l-iv(e)d **happ**-il-y l-ong **aft**-er-w-ard.

a·gain
[əˈgɛn]

♪억엔 X [어겐]   mora발음/ g phonics

av. once **mo**-re,다시,**an**-y-mo-re,새로,an-**ew**,게다가,bes-**id**(e)s
W-e'll **ju**-st do the same thing all **ov**-(h)er ag-**ain**.
Try ag-**ain**. Once ag-**ain**. Then ag-**ain** why did you do it?

a·gainst
[əˈgɛnst]

 ♪억**엔**슽   X [어**젠**스트]   mora발음/ g phonics

prep.av. 에반대로,대비하여⇔for,~ one's ad-**vi**-ce,충고무시
He did n-ot say a w-ord ag-**ain**st(for) her.   불리한(유리한) 말은
He didn't inf-**(h)orm** ag-**ain**st his **frie**nd for **brib**-er-y.

age
[eɪdʒ]

 ♪**에**이지   X [에이**쥐**]   dʒ phonics

n.v. 나이,수명,고령⇔youth,시대,**ep**-och,늙다,익히다
This w-**i**-l-d **gin**seng has aged **ov**-(h)er **20** ye-ars.
She bec-**ame** inv-**(h)ol**-ved with a man **t-wi**ce her age.

a·gen·cy
[ˈeɪdʒənsi]

 ♪**에**이전시   O [에이**줜씨**]   dʒ phonics

n. 대리점,소개소,중개,힘,작용,정부기관, **sa**-les ~ 판매 대리점
W-e are **eng**-aged by the **ag**-en-cy of my boss.   상관의 주선으로.
Sec-**ure** the **ag**-en-cy of the firm ab-**ov**(e) all.   대리권을 확보하라

a·gent
[ˈeɪdʒənt]

 ♪**에**이전트   O [에이**줜트**]   dʒ phonics

n. 대리인(점),중개인,공무원,스파이,매체, a **trav**-(h)el **ag**-ent 여행업(자).
a **for**-w-ard-ing **ag**-ent 운송업. an **re**-al e-**st**-at(e) **ag**-ent 부동산 중개업(자).
He is the **so**-le **ag**-ent in Kor-**e**-a for an Am-**er**-ic-an firm. 한국총대리인.

ag·gre·gate
[ˈægrɪgeɪt]

♪**액**리**게**일   X [애그리게이트]   mora발음/ g,r,t phonics

v. 모으다,bring tog-**eth**-er,하나되다,모이다,합계~이되다
Some **port**-als **agg**-reg-ates inf-(h)orm-**a**-tion from **the**-ir w-eb **vis**-it-ors.
His **sa**-les **cl**-erk **agg**-reg-ated a **short**fall in the books. 장부에 결손

ag·gre·gate(ly)
[ˈægrɪgət]

♪**액**릭엍   X [애그리거트]   mora발음/ g,r,t phonics

aj.n. 집합(한),coll-**ect**-ive,총계(의),**tot**-al,종합(한),comb-**ine**d,집단
Sa-les for 2015 am-**ount**ed in the **agg**-reg-ate to $100 **mil**.
The team with the **high**-est **agg**-reg-ate **sc**-ore wins the game.

a·go
[əˈgoʊ]

 ♪억**오**으   X [어**고**우]   mora발음/

av. ~전에
I met her a few **min**-utes ag-**o**.
10 **ye**-ars ag-**o**, he got a **mor**(t)g-age l-oan from a bank.

a·gree
[əˈgriː]

♪어**그**리이   XXX [어그**뤼**이]   mora발음/ g,r phonics

v. 찬성,동감,일치,합의,승낙,적합,맞다,따르다
I ag-**ree** with them on the **matt**-er.
His acc-**ount** does n-ot ag-**ree** with the facts.

a·gree·ment
[əˈgriːmənt]

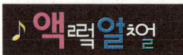 XXX [어그뤼먼트]   틀린액센트/ g,r,m phonics

n. 동의,합의,승낙⇔dis-**ag-reem**-ent,일치,화합,협정,계약
by **mut**-ual ~ 쌍방합의하에, reach an ~ 의견이 일치되다.
The-re w-as w-id(e) a**g-reem**-ent on this **iss**-ue.

ag·ri·cul·ture
[ˈægrəˌkʌltʃə]

 X [애그리칼춰]   mora발음/ g,r,ʌ,tʃ,ə phonics

n. 농업,**farm**-ing,농법,농예,농산,축산,농학,ag-**ron**-om-y
The U.S. is **st**-rong in both **ind**-u-st-ry and **ag**-ric-ul-ture.
They **cl**-ear-ed the l-and to conv-(**h**)**ert** it for **ag**-ric-ul-ture.

a·head
[əˈhɛd]

 O [어헤드]

av. 앞쪽에(으로),장차,앞서서,유리한입장에,진보하여
He is a-**head** of me in **Eng**-l-ish.
The **brid**-ge w-as **fin**-ish-ed three months a-**head** of **sch**-ed-ule.

aid
[eɪd]

 O [에이드]   d phonics

vt.n. 돕다,**he**-l-p,원조,ass-**ist**,촉진,조성,prom-**ote**,조력(자)
Call the pol-**i**-ce for aid.   **fir**-st(**med**-ic-al) aid 응급, 의료 조치
I can't und-er-**st**-and what all of her **cry**-ing is in aid of. 왜 큰소리치는지

aim
[eɪm]

 O [에임]

vi.n. 조준,겨냥,얻으려고,노력하다.목표,목적,의도
She aimed at the **targ**-et with a **bo**-w.
She a-**chieve**d her aim to be a top of the **w-or**ld in **arch**-er-y.

air
[eə]

 O [에어ㄹ]   ə phonics

n.v. 공기,하늘,**sk**-y,미풍,외견,태도,공기쐬다,퍼뜨리다
I l-ik(e)to **di**-ne out-**doors** in the **op**-en **a**-ir.
The-re w-as an **a**-ir of su-**sp**-i-cion ab-**out** him.

air·craft
[eəˌkræft]

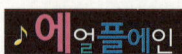 X [에어ㄹ크래f으트]   mora발음 ə,r,f phonics

n. 항공기,비행선,글라이더,헬리콥터
An **a**-ir-craft is a ma-**chine** that is **trav**-(h)el-ing through the **a**-ir.
The **Boe**-ing is the **bigg**-est man-uf-(**h**)**ac**-tur-er of **a**-ir-crafts.

air·plane
[eəˌpleɪn]

X [에어ㄹ플레인]   중복"ㄹ"="r"발음 ə,p,l phonics

n.vi. 항공기,비행선,글라이더,헬리콥터,비행기로가다
KAL **op**-er-ates **a**-**ir**-pl-anes.
One Am-**er**-ic-an **a**-**ir**-pl-ane w-as ex**p**-**l**-oded by **te**-rro-rist's bomb.

air·port
[ˈeəˌpoət]

♪ 에_얼포_얼   ○ [에어포어트]   mora발음/ ɚ,p phonics

n. 공항, **Air**-port fac-**il**-it-ies are as **bel**-ow; a **check**-in **count**-er,
a **bagg**-age **cl**-aim ar-**ea**, an **in**-com-ing **fl**-ight, an **out**bound **fl**-ight,
a cont-**ro**-l **tow**-er, a **run**w-ay, a **tax**-i-w-ay, a **tax**-i **l-i**ght , etc.

a·larm
[əˈlɑɚm]

♪ 얼아_엄   ○ [얼아엄]   ɚ phonics

n.vt. 놀람,불안,app-re-**hen**-sion,공포,**fe**-ar,**fri**-ght,경고,**w-arn**-ing
Don't al-**arm** your-**se**-**l**-f. 허둥대다
I w-i-ll set the al-**arm** to go off.   울리게

al·be·it
[ɑlˈbiːjət]

♪ 알**비**이옅   X [알비이여트]   mora발음/ t phonics

conj. ~이긴하지만,**al**-though, ~일지라도,**ev**-(h)en though
Her book w-as **pub**-l-ish-ed, al-**be**-it in an **ed**-it-ed form.
He app-**ear**-ed on the **op**-er-a, **al**-be-it **short**-l-y.

al·co·hol
[ˈælkəˌhɑːl]

♪ 앨커하알   ○ [앨커하알]

n. 알코올(성음료),주정,soju,**be**-er,**w**-**i**-ne,or **whisk**-ey
ab-sol-ute **al**-co-hol   100도 알콜.
Some cough **syr**-ups cont-**ain al**-co-hol.

a·lert
[əˈlɚt]

♪ 얼**럴**   X [얼러트]   중복"ㄹ"="r"발음/ l,ɚ,t phonics

aj.n.vt. 방심않는,기민한,경계태세,경보,대기태세,경고
She w-as al-**ert** to seize a pos-**i**-tion in the **pl**-ay.   배역을 노렸다
Pol-**i**-ce w-ere on the al-**ert** for a **crim**-in-al.

a·like(-ness)
[əˈlaɪk]

♪ 얼아_익   X [얼라이크]   중복"ㄹ"="r"발음/ l,k phonics

av.aj. 한결같이,in **comm**-on,동등하게(한),**eq**-uall-y,비슷한,**sim**-il-ar
young and **o**-l-d ~, treat all **cl**-**i**-ents ~   사별없이, **sha**re and **sha**re ~균등하게
They are as al-**ik**(e) as twins.

a·live
[əˈlaɪv]

♪ 얼아_입   X [얼라이브]   중복"ㄹ"="r"발음/ l,v phonics

aj. 살아서,현존하는,**l-iv**-(h)ing,활동적인,**l-ive**-l-y,**act**-iv(e),민감한
He is the **w-alk**-ing **hi**-st-or-y al-**iv**(e) of the **Sen**-ate.
Come back al-**iv**(e)! He didn't (k)n-ow the **mic**-roph-(h)one w-as al-**iv**(e).

all
[ɑːl]

♪ 아알   ○ [오얼]

aj. 전체의,모든,최대한의,~에가득찬,전혀, **all** the w-ay
all (the) **n-i**ght, all his l-if(e), all (the) **ye**-ar (round), all **ov**-(h)er the **w-or**ld
He w-as n-ot **happ**-y for all his **w-ea**-l-th.   불구하고

al·low
[əˈlaʊ]
♪ 얼아ㅇ   X [얼라우]   중복"ㄹ"="r"발음/ l phonics
vt. 허락,지급,인정,참작,할인,말,생각,동의,고려,참작
She all-**ow**ed him to be a **gen**-ius.
My **comp**-an-y all-**ow**s $100 per day for **trav**-(h)el e**xp**-enses.

al·low·ance
[əˈl-awəns]
♪ 얼아ㅇ원ㅅ   X [얼라우원스]   중복"ㄹ"="r"발음/ l,w phonics
n. 허락,배급,수당,할인,허용액,지급,인가,허용치,**tol**-er-ance
kid's all-**ow**-ance 용돈, an all-**ow**-ance for dep-re-**ci**-**a**-tion 감가상각준비금
He mad(e) all-**ow**-ance(s) for his l-ack of (k)**n**-**ow**-l-ed-ge.

al·most
[ɑːlˌmoʊst]
♪ 아알모ㅇ슬   X [아알모우스트]   mora발음/ t phonics
av. 거의,하마터면,대부분,거의 ~에가까운
She w-as **al**-mo-st **fa**-inted with the n-ews.
It's **al**-mo-st time to go to **sch**-ool. an **al**-mo-st **arr**-og-ance 거만한태도

a·lone
[əˈloʊn]
♪ 얼오은   X [얼로운]   중복"ㄹ"="r"발음/ l phonics
aj. 홀로,외로이,**sol**-it-ar-y, **l**-**one**-some, **l**-**one**-l-y,독보적인
The prof-**(h)ess**-or **st**-ands al-**one** in **hum**-or-ous **sp**-eech.
W-e are n-ot al-**one** in **fight**-ing ag-**ain**st **brib**(e) and corr-**up**-tion.

a·long
[əˈlɑːŋ]
♪ 얼아앙   X [얼라앙]   중복"ㄹ"="r"발음/ l phonics
prep.av. ~을끼고, ~을따라, ~사이에, ~의도중에,함께
Traff-(h)ic w-as jammed all al-**ong** the **st**-reet.
Tak(e) your um-**brell**-a al-**ong**.

a·long·side
[əˈlɑːŋˌsaɪd]
♪ 얼아앙싸인   X [얼라앙싸이드]   중복"ㄹ"="r"발음/ l,d phonics
av.prep. 옆에,곁에,bes-**id**(e),뱃전에
My dog, **Cod**-y ran al-**ong**-sid(e) **Al**-ice all the w-ay.
W-e w-**a**ited for a **tax**-i to come al-**ong**-sid(e) for **ask**-ing dir-**ec**-tion.

a·loud
[əˈlaʊd]
♪ 얼아을   X [얼라우드]   중복"ㄹ"="r"발음/ l,d phonics
av. 소리내어,소리높이,**l**-**oud**-l-y,뚜렷이
Pl-ease read the **verd**-ict al-**oud**.
"You **id**-iot!" he said al-**oud**."

al·pha·bet
[ˈælfəˌbɛt]
♪ 앨ㅍ헙엩   X [앨퍼벳]   mora발음/ ph,b,t phonics
n. 알파벳,ABC,문자체계,자음모음,초보,기초
the **al**-phab-et of l-aw 법률입문. the Int'l Phon-**et**-ic **Al**-phab-et 국제음성기호
The **Ro**-m-an **al**-phab-et beg-**in**s with "A" and ends with "Z".

al·ready
[ɑːlˈrɛdi]

♪ 아얼**레**디   ✗ [아얼**뤠**디]   중복"ㄹ"="r"발음/ l,r phonics

av. 지금까지,이미,이전에,벌써⇔yet,이렇게빨리
I hav(e) al-**read**-y done it. Are you through your w-ork al-**read**-y?
I've been **the**-re al-**read**-y. They al-**read**-y kn-ew the fact.

al·right
[ɑːlˈraɪt]

♪ 아얼**라**잍   ○ [아**알롸**잇]   r phonics

av. 만족스런,sat-isf-(h)act-or-y,찬성하는,ag-**ree**-ab-le,안전한,saf(e),건강한,w-e-ll
You'll **he**-ar ab-**out** this, al-**right**?
What-ev-(h)er she dec-**ides** is al-**right** with me.

al·so
[ɑːlˌsoʊ]

♪ 아얼**쏘**으   ○ [아얼쏘우]

av.conj. 더욱이,또한,too,역시,bes-**id**(e)s,마찬가지로,**l-ik**(e)-wise
He came also. N-ot **o**-n-l-y it is **co**-l-d, but also it's **ra**-in-ing.
She also **pl**-ays the vi-ol-**in**. The **mov**-(h)ie w-as sad, and also **bor**-ing.

al·ter
[ɑːltɚ]

♪ 아얼**털**   ○ [아얼터ㄹ]   ɚ phonics

vt. 바꾸다,고치다,거세,쇠약해지다,늙다
alt-er a dress 옷 수선. **alt**-er the **cour**-se of **hi**-st-or-y 역사흐름을 바꾸다.
The **hand**-ym-an **alt**-ered the **st**-or-age **int**-o a **bath**-room.

al·ter·na·tive
[ɑlˈtɚnətɪv]

♪ 알**턴**얼이**늡**늡   ✗ [알터ㄹ**너티브**]   mora발음/ ɚ,n.t,v phonics

n.aj. 양자택일,대안,대신하는,선택적인
The alt-**ern**-at-ive to win is l-oose. The alt-**ern**-at-ive is l-iv(e) or death.
W-e hav(e) n-o alt-**ern**-at-ive but to suc-**eed**.

al·though
[ɑlˈðoʊ]

♪ 알**ㄷ호**으   ○ [알**또**우]   ð phonics

conj. 비록 ~일지라도,**ev**-(h)en if, ~이지만,though,**ev**-(h)en though
Al-**though** she w-as **i**-ll, she w-orked **hard**.
Al-**though** he w-as a man of **bu**-sin-ess, yet **st**-raight and dir-**ect**.

al·to·geth·er
[ɑːltəˈgɛðɚ]

♪ 아얼**턱엥**얼   ✗ [아얼터**게떠**ㄹ]   mora발음/ ð, ɚ phonics

av.n. 전적으로,**who**-ll-y,아주,완전히,전체,전체적효과,나체
They had an alt-og-**eth**-er(com-**pl**-ete-l-y and **fu**-ll-y) n-ew id-**e**-a.
The-re w-ere **o**-n-l-y two **pers**-ons att-**end**ed alt-og-**eth**-er.

al·ways
[ɑːlˌweɪz]

♪ 아**알**으**웨**이ㅈㅎ   ○ [아얼웨이즈]   w,z phonics

av. 항상,예전부터,여하튼,**al**-mo-st ~, **l-ik**(e) (as)~
You can **al**-w-ays **q**-uit if you're un-**happ**-y with us.
They are **al**-w-ays com-**pl**-ain-ing. U r **al**-w-ays on my mind.

a.m., AM, 英am
[eɪɛm]

♪ 에이엠 ○ [에이엠]

abbr. 오전,아침⇔p.m.,라틴어 ante mer-**id**-iem=bef-**(h)ore** n-oon
am-pl-it-ude(파장진폭, **fre**-q-uen-cy파장진동수) mod-ul-**a**-tion =AM (FM) 라디오
Artium Magister=**Ma**-st-er of Arts. He l-eft **ho**-me **ear**-l-y this **a.m.**

am
[æm, əm]

♪ 앰,엄 ○ [앰]

v. **pres**-ent 1st **sing**-ul-ar of be, be의1인칭·단수·현재형
I w-ould l-ik(e) to **be** the w-ind ben-**eath** your wings.
I **am** good at **sk**-i-ing, **sk**-at-ing and **swimm**-ing.

am·a·teur
[æmətʃə,-tjʊə]

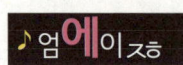 X [애머츄어r] mora발음/ m,t,tʃ,ɚ phonics

n.aj.비전문가(의)⇔prof-**(h)es**-sion-al,미숙자,직업이아닌
I have an **am**-a-teur **int**-er-est in **po**-et-r-y.
She loves **gard**-en-ing but she's just an **am**-a-teur.

a·maze(·ment)
[əˈmeɪz]

♪ 엄에이즈ㅎ X [어메이즈] mora발음/ m,z phonics

vt. 놀라게,놀라다,sur-**prise**
I am am-**aze**d bec-**au**-se she l-ov(e)s me.
I w-as am-**aze**d to find that they l-earned **Eng**-l-ish so **fa**-st.

am·big·u·ous
[æmˈbɪgjəwəs]

♪ 앰빅여으워ㅅ X [앰비규어쓰] mora발음/ m,g,w phonics

aj. 모호한,분명치않은,e-**q**-uiv-(h)oc-al,흐리멍덩한,ob-**sc**-ure
He **cl**-a-rif-(h)ied an am-**big**-uous **st**-at(e)m-ent **giv**-(h)en **l-a**st w-eek.
He l-ooked at us with an am-**big**-uous **sm**-i-le.

am·bi·tion
[æmˈbɪʃən]

♪ 앰비션 ○ [앰비션]

n.vt. 포부,야망의목표,활력,~을갈망,열망
Her amb-**i**-tion is the **pre**-sid-en-cy.
She att-**ain**ed her amb-**i**-tion for fame as an ent-ert-**ain**-er.

am·bi·tious
[æmˈbɪʃəs]

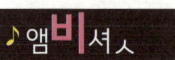 ○ [앰비셔쓰]

aj. 야심적인,의욕적인,갈망하는,대규모의
Bo-ys, be amb-**i**-tious! He's a **ver**-y amb-**i**-tious l-ad.
They mad(e) a **ver**-y amb-**i**-tious **pl**-an for **the**-ir **mark**-et-ing.

a·mend
[əˈmɛnd]

 X [어멘드] mora발음/ m phonics

vt. n. 수정,개정,개선,수리하다,좋아,고쳐지다,im-**prove**
He gav(e) her a **pres**-ent to make am-**end**s for his **rude**-n-ess.
The Con-st-it-**u**-tion w-as am-**end**ed to all-**ow** w-**om**-en to vot(e).

A·mer·i·can
[əˈmɛrɪkən]

 X [어메리컨]   mora발음/ m,ɚ phonics

aj.n. 미국(인)(의),아메리카(대륙)(의),아메리카원주민
The Am-**er**-ic-ans are a cour-**a**-geous **peop**-le.
Am-**er**-ic-an **Eng**-l-ish is a bit **diff**-(h)er-ent from **Eng**-l-and one.

a·mong(st)
[əˈmʌŋ, əˈmʌŋst]

 X [어망, 어망스트]   mora발음/ m,ʌ phonics

prep. 사이에(서),am-**id**,둘러싸여,하나로,상호간에.
Cut the cak(e) am-**ong** tw-**e**-lve **chi**-l-dren.
She l-ik(e)s Yethanglish am-**ong oth**-ers for **Eng**-l-ish pron-un-ci-**a**-tion.

a·mount
[əˈmaʊnt]

 X [어마운트]   mora발음/ m phonics

n.v. 양,**q**-uant-it-y,금액,합계,**tot**-al,결과,요지,**sub**-st-ance,의의,되다,같다
W-e hav(e) to (k)n-ow the **re**-al am-**ount** of his **st**-at(e)-ment. 진의
The **inc**-ome didn't am-**ount** to our **go**-al.

a·muse
[əˈmjuːz]

 X [어뮤우즈]   mora발음/ m,z phonics

vt. 즐겁게,위안다,즐기다,기분전환시키다
The girl w-as am-**us**-ing her-**se**-l-f with a doll.
That kind of songs am-**use**d her. W-e w-ere am-**use**d by the **m-us**-ic.

a·nal·o·gy
[əˈnælədʒi]

 X [어낼러쥐]   중복"ㄹ"="r"발음/ n,l,dʒ phonics

n. 유사(성),sim-il-**ar**-it-y,일치,공통점,유추,비교론
I see n-o an-**al**-o-gy bet-**ween the**-ir sit-u-**a**-tions.
He mad(e) an an-**al**-o-gy bet-**ween dram**-a and **mov**-(h)ie.

a·nal·y·sis
[əˈnæləsɪs]

 X [어낼러씨쓰]   중복"ㄹ"="r"발음/ n,l phonics

n 분석,분해⇔**syn**-thes-is,검토,분석결과,해석
It's up to the **q**-ual-it-y of the sci-ent-**if**-(h)ic an-**al**-ys-is of the big **dat**-a.
She sub-**mit**ted an an-**al**-ys-is of the **chem**-ic-al phen-**om**-en-on.

an·a·lyze
[ˈænəlaɪz]

 X [애널라이즈]   중복"ㄹ"="r"발음/ n,l,z phonics

vt. 분석,분해⇔**syn**-thes-ize,조사,검토,해석
Bl-ood **samp**-le w-as tak(e)n to be **an**-al-y-zed by the l-ab.
W-at-er can be **an**-al-y-zed **int**-o **ox**-y-gen and **hyd**-ro-gen.

an·cient(ly)
[ˈeɪnʃənt]

O [에인션트]

adj.n. 고대의,옛날의,**ant**-iq-ue,구식의,**o**-ld-**fa**-shioned,고대인,고전작가
~ civ-(h)il-i-**za**-tion, ~ **rel**-ics, in ~ times, ~ rel-**i**-gions
She **st**-ud-ied both **an**-cient and **mod**-ern **fa**-shion.

and
[ænd]
♪ 엔ㄷ　　　O [앤드]
conj. ~과, ~이나, ~및
He ran and **l-is**(t)-ened to **mus**-ic.
She w-orks day and **n-**ight to supp-**ort** her **fam**-il-y.

an·ger
[æŋgɚ]
♪ 앵걸　　　X [앵거]　　　틀린발음/ ɚ phonics
n.vt. 화,분노,rage,격노,**fur**-y,아픔,쑤심,**pa**-in,화나게,염증생기다
in ~, in a **mo**-m-ent of ~, in a fit of ~발끈하여, be **fi**-lled with ~ at
I w-as bes-**id**(e) my-**se**-l-f with **ang**-er. 화나서 제정신이 아니었다.

an·gle
[æŋgəl]
♪ 앵걸　　　X [앵그얼]　　　틀린발음/ g phonics
n.vt. 각,모퉁이,관점,**st**-and-**po**-int,국면,왜곡,**sl**-ant,의도,낚다,교활하게취
a(n) right (**st**-raight, ac-**ute**⇔obt-use) **ang**-le 직각(평각,예각⇔둔각)
The rep-**ort**-er **ang**-led the n-ews with en-**thu**-si-asm.

an·gry
[æŋgri]
♪ 앵그리　　　O [앵그뤼]　　　r phonics
aj. 화난,무서운,격렬한,곪은,in-**fl**-amed ,욱신거리는
I **fe**-l-t **ang**-ry ab-**out** my **fa**-il-ure.
She w-as **ang**-ry at what her boss said.

an·i·mal
[ǽnəməl]
♪ 앤엄얼　　　X [애너머얼]　　　mora발음/ n,m,l phonics
n.aj. 짐승,포유동물,**mamm**-al,동물성,an-im-**al**-it-y,비인간,**mon**-st-er
the **high**-er (dom-**e**-st-ic, pet, **w-i**-l-d, am-**phib**-ious) **an**-im-als
a carn-**iv**-(h)or-ous(⇔an herb-**iv**-(h)or-ous,a **co**-l-d-**bl**-ooded) **an**-im-al

an·ni·ver·sa·ry
[æ̀nəˈvɚsəri]
♪ 앤엄얼써리　　　X [애너버써뤼]　　　mora발음/ n,v,ɚ,r phonics
n.aj. 기념일,기일,기념제,해마다,예년의,**ann**-u-al
The **coup**-le **cel**-eb-rated 1st ann-iv-**(h)ers**-ar-y of **the**-ir rel-**a**-tion-ships.
W-e **cel**-eb-rated our 30th **w-edd**-ing ann-iv-**(h)ers**-ar-y.

an·kle
[ǽŋkəl]
♪ 앵컬　　　O [앵크얼]
n.vi. 발목(관절),복사뼈,걷다,w-alk,발목을잘사용
The **ank**-le boots **cov**-(h)ers **o-n**-l-y the foot and **ank**-le.
I hurt, **twi**sted, **sp**-rained, broke my **ank**-le.

an·nounce(able)
[əˈnaʊns]
♪ 언아은ㅅ　　　X [어나운쓰]　　　mora발음/ n phonics
v. 발표,공고,포고,pro-**cl**-aim,고지,암시,아나운서
She ann-**ou-n**-ced her-**se**-l-f to him as his **moth**-er.
Ms. **Cl**-int-on **w-i**-ll ann-**ou-n**-ce for **pre**-sid-ency.

an·noy(ance)
[əˈnɔɪ]

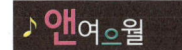 X [어**노**이]   mora발음/ n phonics

v. 괴롭히다,mol-**est**,귀찮게,**both**-er,성가시게,손해입히다,싫다,밉다
I **fe**-l-t ann-**oy**ed at his disc-ont-**ent**.
Pard-on us for ann-**oy**-ing you with this **acc**-id-ent.

an·nu·al
[ˈænjəwəl]

 X [애뉴어얼]   mora발음/ n,w phonics

aj.n. 해마다의,**ye**-ar-l-y,1년생의,연감,주기
an **ann**-u-al **inc**-ome, **ann**-u-al **exp**-end-it-ure(**rev**-(h)en-ue) 세출(세입)
The **ann**-u-al **meet**-ing in May w-as **canc**-elled.

an·oth·er
[əˈnʌðɚ]

 X [어**나떠**ㄹ]   mora발음/ n, ʌ, ð, ɚ phonics

aj.pron. 또한사람의,제2의,별개의,필적하는,다른것
in an-**oth**-er **mo**-m-ent 순식간에,in an-**oth**-er two w-eeks 또2주지나.
One man's meat is an-**oth**-er man's **pois**-on.

an·swer
[ˈænsɚ]

 O [앤써ㄹ]   ɚ phonics

n.v. 대답,re-**sp**-onse,rep-l-y,정답,보복,해결(책),항변,해명,보상,일치,책임
He **ans**-(w)ered for his w-ife. It **ans**-(w)ers to a de-**sc**-rip-tion.
This inv-**(h)en**-tion w-i-ll be a good **ans**-(w)er to cons-**um**-er's needs.

ant
[ænt]

 O [앤트]

n. 개미 a **col**-on-y of ants
The ass-**em**-bl-ers w-orked l-ik(e) **an**ts.
He has **an**ts in his pants. 좀 쑤신다, 안달하다

an·tic·i·pate
[ænˈtɪsəˌpeɪt]

 X [앤**티써페**잇]   mora발음/ p phonics

v. 예상,예측,**exp**-ect,대응,만족시,앞서다,미리쓰다,예측,착수
She **al**-w-ays ant-**ic**-ip-ates her kid's needs.
I ant-**ic**-ip-ated that he w-ould come, but he didn't.

anx·i·ety
[æŋˈzaɪəti]

 X [앵**자**이어**티**]   mora발음/ z,t phonics

n. 고민,불안,걱정,갈망,열망
He **cau**-sed her keen an**x**-i-et-y on **the**-ir w-**edd**-ing.
His son is a **con**-st-ant an**x**-i-et-y to him.

anx·ious
[ˈæŋkʃəs]

 O [앵크셔쓰]

aj. 고민,불안해,걱정,갈망,열망하는
She w-as **ver**-y **anx**-ious ab-**out** her son's **saf**(e)-ty.
They w-ere **anx**-ious to (k)n-ow the e**x**-am res-**ult**.

any
[ɛni]

♪ 엔이　　　✗ [에니]　　　mora발음/ n,y phonics

aj.pron.av. 무슨,어떤,누군가,약간,어느것도,아무도,조금도,모든
an-y am-**ount** 어떤액수라도, **an**-y time 언제든지,in **an**-y case 어떤경우에도
I w-i-ll n-ot eat **an**-y **mo**-re. I had **hard**-l-y **an**-y **sl**-eep l-ast **n-i**ght.

any·body
[ɛniˌbʌdi]

♪ 엔이ㅂ이　　　✗ [에니바디]　　　mora발음/ n,ʌ,y phonics

pron.n. 아무도,누군가,**an**-y-one,누구든지,보통사람⇔**some**-bod-y
An **acc**-id-ent l-ik(e) that could **happ**-en to **an**-y-bod-y.
They w-on't l-et **ju**-st **an**-y-bod-y in but **memb**-ers **o**-n-l-y.

any·one
[ɛniˌwʌn]

♪ 엔이ㅇ완　　　✗ [에니원]　　　mora발음/ n,w,ʌ phonics

pron.n. 아무도,누군가,**an**-yb-od-y,보통사람⇔**some**one
2NE1 rep-res-**ents** "to **an**-y-one".
Has **an**-y-one heard of her **rec**-ent-l-y?

any·thing
[ɛniˌθɪŋ]

♪ 엔이씽　　　✗ [에니씽]　　　mora발음/ n,θ phonics

pron.n.av. 아무것도,무엇인가,뭐든지,어떤것,조금도⇔**some**thing
Is she **an**-y-thing l-ik(e) her **sib**-l-ings?　　형제와 닮은 점
I w-i-ll do **an**-y-thing but bunge **jump**-ing in the **vall**-y. ~만은 않겠다.

any·way
[ɛniˌweɪ]

♪ 엔이ㅇ웨이　　　✗ [에니웨이]　　　mora발음/ n,w phonics

av. 하여튼,어쨌든,**an**-y-how,아무렇게나,**car**-el-ess-l-y
The road got **w-or**se, but they kept **go**-ing **an**-y-w-ay.
Don't do your **proj**-ect **ju**-st **an**-y-w-ay. 날림으로

any·where
[ɛniˌweɚ]

♪ 엔이ㅇ웨얼　　　✗ [에니웨어ㄹ]　　　mora발음/ n,w,ɚ phonics

av. 어딘가,아무데도,어디든지,대략,제쳐놓고,as-**id**(e)
W-e could n-ot go **an**-y-w-he-re bec-**au**-se of torn-**ad**-o.
Call a **num**b-er **an**-y-w-he-re bet-**ween** 10 and 20.

a·part
[əˈpɑɚt]

♪ 옆아ㅇ얼　　　✗ [어파어ㄹ트]　　　mora발음/ p,ɚ phonics

av. 떨어져,따로이,사이를두고,개별적으로
The-ir **chi**-l-dren w-ere born two **ye**-ars ap-**art**.
Kidd-ing ap-**art**, tell me your op-**in**-ion ab-**out** the girl. 농담 관두고

a·part·ment
[əˈpɑɚtmənt]

♪ 옆아ㅇ얼틈언트　　　✗ [어파어ㄹ트먼트]　　　mora발음/ p,ɚ,m,n phonics

n. 공동주택,아파트/
W-e l-iv(e)d in an ap-**artm**-ent for **ye**-ars bef-**(h)ore buy**-ing a house.
The **sp**-a-cious **two**-room ap-**artm**-ent w-as **l-ea**sed out.

a·pol·o·gize
[əˈpɑːlədʒaɪz]

♪ 엎**아**얼**어ㅈ**이ㅈㅎ   ✗ [어**파**알러좌이즈] 중복"ㄹ"="r"발음/ **p,l,dʒ,z** phonics

vi. 사과,해명,변호

He ap-**ol**-o-gized to the **teach**-er for his l-ack of att-**en**-tion.
She ap-**ol**-o-gized to her **chi**-l-dren for **l-os**-ing her **temp**-er.

a·pol·o·gy
[əˈpɑːlədʒi]

♪ 엎**아알**얼ㅈ이   ✗ [어**파**알러쥐]   중복"ㄹ"="r"발음/ **p,l,dʒ** phonics

n. 사과,변호,def-**(h)en**se,변명,ex-**cu**-se,임시변통,**make**shift

She ref-**(h)u**sed to acc-**ept** his ap-**ol**-og-y.
He mad(e) a **pub**-l-ic ap-**ol**-og-y for his con-trov-**(h)er**-sial rem-**ark**s.

ap·par·ent
[əˈperənt]

♪ 엎**에**런ㅌ   ✗ [어**페**뤈트]   mora발음/ **p,r** phonics

av. 명백한,**ev**-(h)id-ent⇔ob-**sc**-ure,확실히보이는,**obv**-(h)ious

It w-as app-**ar**-ent that he w-as n-ot an **ord**-in-ar-y **chi**-l-d.
He w-as the app-**ar**-ent **l-os**-er am-**ong** the inv-**(h)est**-ors.

ap·par·ent·ly
[əˈperəntli]

♪ 엎**에**런틀이   ✗ [어**페**뤈틀리]   중복"ㄹ"="r"발음/ **p,r,l,y** phonics

av. 명백히,분명히,외관상으로

Ap-**par**-en-t-l-y the girls w-ere n-ot am-**use**d by the **at**-mosph-**(h)ere**.
Ap-**par**-en-t-l-y he bec-**ame** so w-eak that he could n-ot **trav**-(h)el.

ap·peal
[əˈpiːl]

   ✗ [어**피**이얼]   mora발음/ **p** phonics

n.v. 간청,애원,탄원,en-**treat**-y,호소,매력,항소,상고

The id-**e**-a **q**-uick-l-y **ga**-ined **the**-ir app-**ea**-l
I'll app-**ea**-l to her **fath**-er to **marr**-y her.

ap·pear
[əˈpɪɚ]

♪ 엎**이**얼   ✗ [어**피**어ㄹ]   mora발음/ **p,ɚ** phonics

vi. 나타나다,생기다,em-**er**-ge,창조,발명되다

She app-**ear**s **promp**-t-l-y at w-ork 8 am **ev**-(h)er-yd-ay.
The sun app-**ear**s on the hor-**i**-z(h)on **ev**-(h)er-y **morn**-ing.

ap·pear·ance
[əˈpɪrəns]

♪ 엎**이**런ㅅ   ✗ [어**피**어뤈쓰]   mora발음/ **p,r** phonics

n. 나타남,출연,출석,출정,출판,발표,외관,상황,유령

L-ad-y **Gag**-a's app-**ear**-ance has been **st**-unn-ing.
The **gen**-er-al app-**ear**-ance of this book is **q**-uite un-**iq**-ue.

ap·pend
[əˈpɛnd]

♪ 엎**엔**ㄷ   ✗ [어**펜**드]   mora발음/ **p** phonics

vt. 첨가,첨부,추가하다,aff-**(h)ix**,app-**end**-ix,내걸다

They app-**end**ed page **numb**-ers and n-otes to a book.
He app-**end**ed his **sig**-n-a-ture to a **cont**-ract. 서명

ap·plaud
[əˈplɑːd]

♪엎을**아**얻   ✗✗✗ [어**플라**아드]   틀린액센트/ p,l,d phonics

v. 박수갈채,칭찬

The **jud**-ges **st**-ood and ap-**pl**-auded her perf-(h)**orm**-ance. 기립박수
Peop-le ap-**pl**-auded the **w-elf**-(h)are to the **l-ow**-er **inc**-ome **peop**-le.

ap·ple
[æpəl]

♪**앺**얼   ✗ [**애프**얼]   mora발음/ p phonics

n. 사과(나무),사과비슷한과일(crab **app**-le 능금)
a red-**cheek**ed(green,sour) **app**-le 부분빨강(덜익은,신)사과
My **daught**-ers are the **app**-les of my eye. 눈에 넣어도 아프지않을 딸

ap·pli·ca·tion
[æpləˈkeɪʃən]

♪**앺**을억**에**이션   ✗ [애플리케이션]   mora발음/ p,l,k phonics

n.적용,응용,적용성,타당성,**rel**-ev-(h)ance,근면,전념
She mad(e) an **oi**-l-y app-l-ic-**a**-tion for her dry **sk**-in.
My app-l-ic-**a**-tion for ad-m-**i**-ssion w-as rej-**ect**ed(acc-**ept**ed).

ap·ply
[əˈplaɪ]

♪엎을**아**이   ✗✗✗ [어**플라**이]   틀린액센트/ p,l phonics

v. 적용,실시,이용,활용

She ap**p**-**l**-ied her-**se**-l-f to **l-earn**-ing Yethanglish Pron-un-ci-**a**-tion.
He ap**p**-**l**-ied a threat to get what he **w-a**nted.

ap·point
[əˈpɔɪnt]

♪엎**오**인트   ✗ [어**포**인트/]   mora발음/ p phonics

vt. 임명,지명,채용,지정,시간,장소,약속정

The board **memb**-ers ap**p**-**o**-inted the **comp**-an-y's n-ew CEO.
He mad(e) an ap**p**-**o**-intm-ent with his **dent**-ist.

ap·pre·ci·ate
[əˈpriːʃiˌeɪt]

♪엎**으**리이쉬**에**잍   ✗✗✗ [어**프뤼**이쉬에잇]   틀린액센트/ p,r phonics

vt. 진가를평가(이해,인정),작품감상,음미,충분히인식,식별

Mo-st of the **peop**-le don't ap-**pre**-ciate free **a**-ir and **w-a**t-er.
He **re**-all-y ap-**pre**-ciated the inf-(h)orm-**a**-tion you gav(e) him.

ap·proach
[əˈproʊtʃ]

♪엎**으**로을치   ✗✗✗ [어**프로**우춰]   틀린액센트/ p,r, tʃ phonics

vt. 접근,비슷,필적,연구,착수,가깝다,다가오다

He app-**roach**ed a girl at the **part**-y l-ast **n-i**ght.
The **fa**-il-ure rates app-**roach** 15 perc-**ent** rem-**ark**-ab-l-y.

ap·pro·pri·ate
[əˈproʊprijət,-eɪt]

♪엎**으**로윰으리여엎   ✗✗✗ [어**프로**우프뤼에잇]   틀린액센트/ p,r phonics

aj.vt. 적합한,타당한,물건·돈등을특정목적에충당,사용,책정

Na-tion-al Ass-**emb**-l-y ap-**pro**-pri-ated **mon**-ey for the **bud**-get.
So-l-ar **therm**-al de-**sal**-in-**a**-tion is an ap-**pro**-pri-ate tech-n-**ol**-o-gy.

ap·prov·al [əˈpruːvəl] 🎵 엎으루우얼 XXX [어프루우벌]   틀린액센트/ p,r,v phonics
n. 승인, cons-**ent**, 시인, 찬성, 찬동, **fav**-(h)or, 정식인가(허가, 재가, 면허)
The **gov**-(h)ernm-ent has so far with-**he**-l-d app-**rov**-(h)al of the prop-**os**-al.
Ob-**am**-a-**ca**-re doesn't get app-**rov**-(h)al from the **Cong**-ress yet.

ap·prove [əˈpruːv] 🎵 엎으루웁 XXX [어프루우브]   틀린액센트/ p,r,v phonics
vt. 생각, 판단, 시인, 찬성, 허가, 승인, 입증, att-**e**-st, 확인, 증명
Her **par**-ent ap-**prove**d of Kate **marr**-y-ing Bob.
Your boss **mu**-st ap-**prove** the **pl**-an bef-(h)ore it can be purs-**ue**d.

ap·prox·i·mate [əˈprɑːksəmət] 🎵 엎으라익썸얻 XXX [어프롸악써밋]   틀린액센트/ p,r,m phonics
aj. 가까운, 대강의, 대체로, 정확한, 위치가까운, 흡사한, 유사한
Could you tell me how l-ong it w-i-ll **fl**-y ap-**prox**-im-ate-l-y?
His **st**-at(e)m-ent w-as ap-**prox**-im-ate to the truth.

ap·prox·i·mate [əˈprɑːksəmeit] 🎵 엎으라익썸에읻 XXX [어프롸악써메잇]   틀린액센트/ p,r,m phonics
vt. 근접, ~에가깝다, ~을어림잡다, ~을흉내내다
It **hard**-l-y ap-**prox**-im-ates the **col**-ors of **na**-ture.
Her **ann**-u-al **inc**-ome ap-**prox**-im-ates to $100,000.

A·pril [ˈeɪprəl] 🎵 에잎럴 X [에이프뤼얼]   mora발음/ p,r phonics
n. 4월, 약자: Apr., 여자이름, **Ap**-ril **Foo**-ls' Day 만우절
Ap-ril 1st is **cel**-eb-rated by **pl**-ay-ing **pract**-ic-al jokes.
The-re is a **read**-ing w-eek off from **sch**-ool in **ev**-(h)er-y **Ap**-ril.

apt [æpt] 🎵 앺트 O [앱트]   p phonics
aj. ~하기쉬운, 영리한, 이해빠른, 재능있는, 능숙한
Her **writ**-ing is **mo**-re apt than **an**-y **oth**-ers. 문체가 빼어나다.
MIT is **ver**-y apt at **pick**-ing up dis-**rupt**-iv(e) tech-**n**-ol-o-gies.

ar·bi·trary [ˈɑɚbəˌtreri] 🎵 아얼버츠레리 O [아어ㄹ비츄뤠뤼]   ɚ,tr,r phonics
aj. 임의數의, 자유재량에의한, 독재적인, 변덕스러운, 근거없는
He mad(e) an **arb**-it-rar-y dec-**i**-sion to **cl**-ose his shop.
An **arb**-it-rar-y **numb**-er, has been ass-**ign**ed to S.S. Choo.

arch [ɑɚtʃ] 🎵 아얼치 O [아어ㄹ취]   ɚ,tʃ phonics
n.v. 아치(모양, 만들다), 곡진것, 곡형으로만들다
The-re w-as a **pa**-ir of **ar**-ch to her **eye**brows.
The **rainbo**-w **ar**-ches the **bl**-ue **sk**-y.

ar·ea
[erijə]

♪ 에리여   O [에어뤼어]   r phonics

n. 지역,구역,지방,범위,분야,면적,건평
Go-l-d min-ers came to this ar-ea from the ea-st.
You can cl-aim your l-ugg-age at the Bagg-age Cl-aim Ar-ea.

ar·gue
[ɑɚgju]

♪ 아얼규   O [아어ㄹ규]   ɚ phonics

v. 논의,논쟁,언쟁,주장,단념시키다
Kids arg-ued ag-ainst go-ing ho-me aft-er the part-y.
The sen-at-or arg-ued in fav-(h)or of l-ow-er inc-ome peop-le.

ar·gu·ment
[ɑɚgjəmənt]

♪ 아얼겸언ㅌ   X [아어ㄹ규먼트]   mora발음/ ɚ,m phonics

n. 논의,논쟁,언쟁,di-sp-ute,주장
The-re w-as an arg-um-ent ab-out mon-ey bet-ween us.
Her arg-um-ent did n-ot conv-(h)ince her opp-on-ents.

a·rise
[əraɪz]

♪ 어롸이즈ㅎ   O [어롸이즈]   r,z phonics

vi. 생겨,일어나다,발생,기인,상승,소생,반란
You should be read-y when the opp-ort-un-it-y ar-ises.
A su-sp-i-cion ar-ose in both of the-ir mi-nds.

arm
[ɑɚm]

♪ 아엄   O [아어ㄹ엄]   ɚ,m phonics

n. 팔(걸이,armrest),앞다리,안경다리,강어귀,전투부대,힘
They ar-med the so-l-di-ers for batt-le.
Her par-ents w-e-l-comed her with the-ir op-en ar-ms.

ar·my
[ɑɚmi]

♪ 아엄이   X [아어ㄹ미]   mora발음/ ɚ,m,y phonics

n. 육군,군대,집단,단체,다수,대군
He jo-ined the Ar-m-y aft-er he grad-u-ated from sch-ool.
The corp w-as foun-ded by a ded-ic-ated Ar-m-y of vol-unt-eers.

a·round
[əraʊnd]

♪ 어롸은ㄷ   O [어롸운드]   r phonics

av. 뺑둘러,사방에,주위에,회전하여,의식을회복하여
Pl-ease pass the ex-am pap-ers all ar-ound.
Seoul is an ex-cit-ing cit-y, l-et me show you ar-ound.

ar·range
[əreɪndʒ]

♪ 어뤠인지   O [어뤠인쥐]   r,dʒ phonics

vt. 배열,정돈,결정,해결,조정,sett-le,조처,편곡,각색
W-e arr-anged for them to l-iv(e) ne-ar sch-ool.
Pl-ease arr-ange a meet-ing with your cl-i-ents.

ar·range·ment
[əˈreɪndʒmənt]
♪ 어레인쥐언트   O [어ㄹ풰인쥐먼트]   r,dʒ,m phonics
n. 배열,정돈,결정,해결,조정,**sett**-le,준비,편곡,각색
She mad(e) an arr-**ang**-em-ent for **her trip** to Seoul.
Pl-ease **chan**-ge the **seat**-ing arr-**ang**-em-ents for the **part**-y.

ar·rest
[əˈrɛst]
♪ 어레슷   O [어ㄹ풰스트]   r,t phonics
vt.n. 체포,검거,주의끌다,att-**ract**,진행을막다,방해
She arr-**est**ed her-**se**-l-f **dat**-ing him.
You are **und**-er arr-**est** for **murd**-er **char**-ges.

ar·rive
[əˈraɪv]
♪ 어라이ㅂ   O [어ㄹ롸이브]   r,v phonics
vi. 도착⇔dep-**art**,나타나다,태어나다,도달,때가오다
Her **fl**-ight is due to arr-**iv**(e) at 10:00 AM.
The **bab**-y girl arr-**iv**(e)d **ear**-l-y this **morn**-ing.

ar·ro·gance
[ˈærəgəns]
♪ 애얼억언ㅅ   X [애뤄건쓰]   mora발음/ r,g phonics
n. 거만,오만,건방짐,무례
He showed the **arr**-og-ance **to**-w-ard the **peop**-le.
The **arr**-og-ance of those in **po**-wer is **q**-uite bl-**at**-ant.

ar·ro·gant
[ˈærəgənt]
♪ 애얼억언트   X [애뤄건트]   mora발음/ r,g phonics
adj. 거만한,오만한,건방진,터무니없는,당치않은,무례한
He showed an **arr**-og-ant cont-**empt** for the weak.
She is yet **arr**-og-ant-l-y proud of her **fi**-er-ce **husb**-and.

ar·row
[ˈeroʊ]
♪ 에로으   O [에로우]   r phonics
n.v. 화살,화살비슷한것,화살표,화살처럼날다,달리다
They shot **arr**-ows at the **en**-em-y.
Hawks are **arr**-ow-ing through the **a**-ir.

art
[ɑɚt]
♪ 아얼트   O [아어ㄹ트]   ɚ phonics
n. 예술,미술,기술,요령,기교,인문과학,arts,인위,책략
They **pract**-iced the art of **mak**-ing **mon**-ey.
The mus-**e**-um has a l-**ar**-ge coll-**ec**-tion of **mod**-ern art.

ar·ti·cle
[ɑɚtɪkəl]
♪ 아얼익얼   X [아어ㄹ티크얼]   mora발음/ ɚ,k phonics
n.v. 기사,논문,물건,조항,쓰다,말,열거,고발,도제로삼다
Chee-se is an **art**-ic-le of **da**-ir-y **prod**-ucts.
I **ju**-st read an **art**-ic-le on a dis-**rupt**-iv(e) tech-n-**ol**-o-gy.

ar·ti·fi·cial
[ɑɚ·təˈfɪʃl]

♪ 아엍어히셜   ✗ [아어ㄹ터피셔얼]   [l]=[얼], mora발음/ ɚ,t,f,l phonics

av.n. 인조의⇔nat-ur-al,모조의,꾸민,강요된,인위적인
Our food cont-**ains** n-o art-if-(h)i-cial **fl**-av-(h)ors.
She mad(e) art-if-(h)i-cial **sm**-i-les and **te**-ars at a time.

art·ist
[ɑɚ·tɪst]

♪ 아얼이슽   ✗ [아어ㄹ티스트]   mora발음/ ɚ,t phonics

n. 예술가,화가,조각가,음악가,연주가,명인,책략가,사기꾼
She is a **cel**-eb-rated **art**-ist in **mus**-ic-al.
He w-as a w-e-ll-(k)**n-o**-wn **art**-ist in **pol**-it-ics.

as
[æz]

♪ 애ㅈㅎ   O [애즈]   z phonics

av.conj. ~와마찬가지로,와같이,~대로,~인채로
She is as **w-i**-se as (she is) **sm**-art.
As she grew **o-l**-d-er, she bec-**ame** mo-re **talk**-at-iv(e).

ash
[æʃ]

♪ 애쉬   O [애쉬]

n. 재,화산회,회색,창백함,유골,잔해,유적,흔적
Her face **w-e**-nt as **pa**-l(e) as ashes.
All hopes w-ere turned to **du**-st and ashes.

a·shamed
[əˈʃeɪmd]

♪ 어쉐임ㄷ   O [어쉐임드]

aj. 부끄러운⇔proud,수줍어하는,죄책감있는,**gui**-l-t-y
You are a-**shame**d to be seen with him!
I am a-**shame**d of be-**hav**-(h)ing so **rud**(e)-l-y.

a•side
[əˈsaɪd]

♪ 엇아읻   ✗ [어싸이드]   mora발음/ s,d phonics

av. 곁에,조금떨어져,벗어나,옆을향하여,따로,별도로
I **st**-epped as-**id**(e) and l-et him pass.
She sav(e)d **mon**-ey as-**id**(e) for em-**erg**-enc-y.

ask
[æsk]

♪ 애슥   ✗ [애스크]   mora발음/ k phonics

vt. 묻다,질문,부탁 May I ask a **fav**-(h)or of you?
I hav(e) a **q**-ues-tion to ask **priv**-(h)ate-l-y (in **pers**-on).
She w-as asked a few **q**-ues-tions by her **teach**-er.

a·sleep
[əˈsliːp]

♪ 엇을이잎   ✗✗✗ [어슬리프]   틀린액센트/ s,l,p phonics

av.aj. 잠들어⇔a-**w-ake**,죽어서,손발이저려,무감각으로
He **fe**-ll a-**sl**-eep **pea**-cef-(h)ull-y.
He **fe**-ll bef-(h)ore the **fin**-ish **l-i**-ne for his l-egs a-**sl**-eep.

as·pect
[ˈæˌspɛkt]

♪애슆엑ㅌ   X [애스펙트]   mora발음/ p phonics

n. 외관,app-**ear**-ance,모양,표정,생김새,외견,태도,국면,측면,방향
The house has a w-**est**-ern **a**-sp-ect (ex**p**-o-su-re).
She has the **a**-sp-ect of girl used to **pl**-ay-ing with dolls.

as·sem·ble
[əˈsɛmbəl]

♪엇**엠**블   X [어쎔브얼]   mora발음/ s,m phonics

v. 모으다,정리,조립,만들다,모이다,회합
A crowd ass-**emb**-led in the **conc**-ert **ha**-ll.
She ass-**emb**-led her **o**-l-d **phot**-os **int**-o **alb**-ums.

as·sem·bly
[əˈsɛmbli]

♪엇**엠**블이   X [어쎔블리]   중복"ㄹ"="r"발음/ s,m,l,y phonics

n. 집회,국회,모임,모인사람,모인물건,조립부품(작업)
The **Gen**-er-al Ass-**emb**-l-y is the **ma**-in aff-(**h**)**a**-ir in U.N.
St-ud-ents **he**-l-d an un-**l-awf**-(h)ul ass-**emb**-l-y in the l-ounge.

as·set
[ˈæˌsɛt]

♪앳엩   O [애쎗]

n.pl. 유동자산,재산,자산,자산항목,유산
Ass-ets is the **ma**-in **cat**-eg-or-y in acc-**ount**-ing.
Priv-(h)ate beach house **ass**-ets inc-**l**-udes rip-**ar**-ian **ri**-ghts.

as·sign
[əˈsaɪn]

   O [어싸인]   mora발음/ s phonics

v. 할당,배정,부여,양도,선임,정하다,~탓으로돌리다
A n-ew **proj**-ect w-as ass-**ign**ed to his team.
He ass-**ign**ed his l-ate to the **subw**-ay del-**ay**.

as·sist
[əˈsɪst]

♪엇**이**슽   X [어씨스트]   mora발음/ s,t phonics

v.n. 돕다,도와주다,원조,도움되다,돕다,유용,참가
The **pres**-id-ent w-as ass-**ist**ed by his **cab**-in-et.
The sun cream ass-**ist**s in the prev-(**h**)**en**-tion of **sk**-in **canc**-er.

as·sis·tance
[əˈsɪstəns]

   X [어씨스턴쓰]   mora발음/ s,t phonics

n. 원조,aid,도움,지원,보조
I w-ould be ap-**pre**-ci-ated your ass-**i**-st-ance.
My com-**put**-er needs a **techn**-ic-al ass-**i**-st-ance.

as·sis·tant
[əˈsɪstənt]

   X [어씨스턴트]   mora발음/ s,t phonics

n. 보조자,협력자,조수,보조물,점원,판매원
She is an ass-**i**-st-ant to the **Pres**-id-ent of the U.S.
The C.E.O. has a **ver**-y **tal**-ented **pers**-on-al ass-**i**-st-ant.

107

as·so·ci·ate
[əˈsoʊʃiˌeɪt]

 X [어쏘우쉬에잇]   mora발음/ t phonics

v.n.aj. 연결생각,연상,제휴,교제,결합,친구,동료하다
I ass-o-ciate my **daught**-er with my w-ife.
She ass-o-ciates her-**se**-l-f with some **fam**-ous **peop**-le.

as·sume
[əˈsuːm]

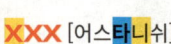 X [어슈움]   mora발음/ s phonics

vt. 여긴다,가정,책임지다,인수,가장,꾸미다,횡령,취
The **q**-ueen ass-**ume**d the throne when she w-as young.
She ass-**ume**d from his e**xp**-res-sion that he l-ov(e)d her.

as·sure
[əˈʃʊɚ]

 [어슈어ㄹ]   mora발음/ s,ɚ phonics

vt. 보증,guar-ant-**ee**,확신,conv-(h)ince,보험들다,in-**su**-re
I can't as-**su**-re you that you **w-i**-ll be **happ**-y .
The **comp**-an-y as-**su**-red me of its **q**-ual-it-y with a guar-ant-**ee**.

as·ton·ish
[əˈstɑːnɪʃ]

 XXX [어스타니쉬]   틀린액센트/ t,n phonics

vt. 깜짝놀래다,sur-**prise**,경탄
I am a-**st**-on-ished to see you **he**-re by **acc**-id-ent.
Psy w-as a-**st**-on-ished by the n-ew **rec**-ord of Youtube hit.

at
[æt, ət]

 X [앳]   틀린발음/

prep. ~에있는, ~에서, ~부터
Our **pl**-ane **st**-opped at **Par**-is for a **trans**-it.
at **fir**-st , at the beg-**inn**-ing, at **pres**-ent, at a time

as·tro·naut
[ˈæstrənɑːt]

 X [애스츄뤄나아트]   mora발음/ tr,r,n,t phonics

n. 우주비행사,**co**-sm-on-aut
Bull-ock **pl**-ayed as a **fem**-a-le a-**st**-ron-aut in the **fi**-l-m.
"**Grav**-(h)it-y" **foc**-used on the **ex**-pl-oits of an a-**st**-ron-aut.

ath·lete
[ˈæθliːt]

 X [애슬리이트]   중복"ㄹ"="r"발음/ θ,l,t phonics

n. 운동선수,건강한사람
Lee Sanghwa is a **trea**-sure **ath**-l-ete of the w-orld.
Kim Yuna is the **mo**-st art-**i**-st-ic **ath**-l-ete of the w-orld.

at·mo·sphere
[ˈætməsfɪɚ]

♪앹머슾히얼 X [앳머스피어ㄹ]   mora발음/ t,ph,ɚ phonics

n. 대기,공기,가스형태피막,분위기,기압
The food w-as n-ot good but the caf-(h)é has **at**-mosph-(h)ere.
Exp-erts are ob-**serv**-(h)ing the **chan**-ges in the **at**-mosph-(h)ere.

at·tach
[əˈtætʃ]
 ♪얼**앹**치   X [어**태**취]   mora발음/ tʃ phonics

vt. ~을붙이다,첨가하다,참가시키다,소속시키다,중시
He is att-**a**-ched to his **fam**-il-y ab-sol-**ute**-l-y.
He att-**a**-ched a rés-um-**é** to the **em**-ai-l for you.

at·tack
[əˈtæk]
♪얼**액**   X [어**택**]   mora발음/ t phonics

v.n. 공격⇔def-(h)end,비난,착수,침범,습격
The **en**-em-y att-**ack**ed **dur**-ing the **n**-**i**ght.
The **crit**-ics att-**ack**ed on her perf-(h)**orm**-ance.

at·tempt
[əˈtɛmpt]
♪얼**엠**프트   X [어**템**프트]   mora발음/ t phonics

vt.n. 시도,공략,습격
She att-**empt**ed to reach him but couldn't.
Do n-ot say "**N-o**." un-**l-ess** you att-**empt** it.   "해봤어?"-정 주영 회장님-

at·tend
[əˈtɛnd]
♪얼**엔**ㄷ   X [어**텐**드]   mora발음/ t phonics

v. 출석,따르다,acc-**om**-pan-y,시중들다,간호,수행,주의
His **sp**-eech w-as att-**end**ed by **wi**-l-d app-**l**-ause.
Tsun-**am**-i **u**-su-all-y att-**end**s up-**on** earth-**q**-uake.

at·ten·tion
[əˈtɛnʃən]
 ♪얼**엔**션   X [어**텐**션]   mora발음/ t phonics

n. 주의력,주목,배려,친절,호의,배려,차려!
Chor-eo-graph-(h)er, **Gill**-ian **L-y**nne had an Att-**en**-tionDHD.
Dr. enc-**our**-aged to att-**en**-tion and supp-**ort** L-**y**nne for **danc**-ing.

at·ti·tude
[ˈætəˌtuːd]
 ♪**앹**얼**우웅**   X [애**티**튜우드]   mora발음/ t,d phonics

n. 태도,마음가짐,자세,몸가짐
She shows a good and kind **att**-it-ude.
He has **pos**-it-iv(e) **att**-it-ude ab-**out** the **acc**-id-ent.

at·tract
[əˈtrækt]
 ♪얼**트**츠**랙**트  XXX [어**츄랙**트]   틀린액센트/ tr phonics

v. 끌다⇔rep-**el**,매혹,얻다,초래,매력있다.
This scent **w**-**i**-ll at-**tract cert**-ain **an**-im-als.   will=must
She is an **act**-ress to at-**tract in**-st-ant at-**en**-tions.

at·trac·tive
[əˈtræktɪv]
♪얼**트**츠**랙**팁ㅎ XXX [어**츄랙**티브]   틀린액센트/ tr,v phonics

aj. 흥미있는,매력있는,마음끄는
An att-**ract**-iv(e) **l-ad**-y asked him if he is free.
He got a **ver**-y att-**ract**-iv(e) prom-**o**-tion **off**-(h)er.

at·trib·ute
[əˈtrɪbjuːt]   XXX [어츄뤼뷰우트]   틀린액센트/ tr phonics

vt.n. ~때문이라고(~에속한다고)생각,특질,특성,속성,상징물
L-ov(e) is an at-**trib**-ute of God.
His **st**-rok(e) w-as at-**trib**-uted to his **heart** att-**ack**.

au·di·ence
[ɑːdijəns]   X [아아디언쓰]   mora발음/ d phonics

n. 청중,관중,독자,시청자,지지자,청취,청문(기회)
Psy had huge **aud**-i-ence **w-orld**-w-id(e).
The comm-**itt**-ee gav(e) him an **aud**-i-ence. 그를 청문했다.

Au·gust
[ɑːgəst]   X [아아거스트/]   mora발음/ g,t phonics

n. 8월, aj. [ɔːgʌst] 장엄한,당당한,존엄한,신분높은
The **fam**-il-y **cl**-aims an aug-**ust l-ine**-age.
Par-is w-as used to be **vac**-ant for vac-**a**-tion in **Aug**-ust.

aunt
[ɑːnt]   O [아안트]

n. 고모,이모,백모,숙모,아주머니
I hav(e) **two** aunts and **one unc**-le.
Aunt is the **si**-st-er of one's **fath**-er or **moth**-er.

au·thor
[ɑːθɚ]   O [아아써ㄹ]   θ,ɚ phonics

n.vt. 작가,필자,작품,저서,창조자,~을저술(창시)
J.K. **Row**-l-ing is the succ-**essf**-(h)ul **auth**-or.
The **auth**-or of the **art**-ic-le didn't check the facts.

au·thor·i·ty
[əˈθorəti]   X 어쏘뤄티]   mora발음/ θ,r,t,y phonics

n. 권력,권위,허가,승인,당국,정부,근거,권위자,확신
L-oc-al auth-**or**-it-ies are inv-**(h)est**-ig-at-ing the **acc**-id-ent.
The boss is n-ot **pop**-ul-ar but has **ab**-sol-ute auth-**or**-it-y.

au·to·mate
[ɑːtəˌmeɪt]   X [아아터메잇]   mora발음/ t,m phonics

v. 자동화,오토메이션화
As it **aut**-om-ated, prod-uct-**iv**-(h)it-y in-**creas**ed.
They inv-**(h)est**ed **mon**-ey to **aut**-om-ate the **fact**-or-y.

au·to·mat·ic
[ɑːtəˈmætɪk]   X [아아터매틱]   mora발음/ t,m,k phonics

aj.n. 자동의,무의식적인,반사적인,습관적인,자동기계(소총)
He gav(e) an aut-om-**at**-ic rep-**l**-y with-**out think**-ing.
Fl-ight crews hav(e) aut-om-**at**-ic **sm**-i-le for **pass**-eng-ers.

au·to·mo·bile
[ɑ:təmoʊ'bi:l]

 X [아아**토머비**일]   mora발음/ t,m phonics

n.aj.vi. 자동차(의),자동차타다,운전
He drives a **fanc**-y **aut**-om-ob-ile, Ferr-**ar**-i 458.
You can buy an **aut**-om-ob-ile **on**-l-ine at **E**-bay.

au·tumn
[ɑ:təm]

 X [아아**텀**]   t phonics

n. 가을,초로기,쇠퇴기
W-e **w-e**nt for a **pic**-n-ic in the l-ast **aut**-umn.
He is **gett**-ing w-eak in the **aut**-umn of his l-if(e).

avail·able
[ə'veɪləbəl]

 X [어**베**일러브얼]   중복"ㄹ"="r"발음/ v,l,b phonics

aj. 사용할수있는,쓸모있는,유력한
All av-(h)ail-ab-le res-**our**-ces w-ere cons-**ume**d.
I am av-(h)ail-ab-le for the **conf**-(h)er-ence call.

av·e·nue
[ævənu:]

 X [애버**뉴**우]   mora발음/ v,n phonics

n. 큰길,보통남북으로난대로,수단,방법
They **op**-ened the **av**-(h)en-ue of peace talk.
W-e drov(e) down the 5th **Av**-(h)en-ue in Man-**hatt**-an.

av·er·age
[ævrɪdʒ]

 X [애버**뤼**지]   mora발음/ v,r,dʒ phonics

n.v. 평균(치),일반수준,평균지수,균등분배,평균화되다
His grade **av**-(h)er-age is 3.8 out of 4.0.
On **av**-(h)er-age, **w-om**-en's l-if(e) **sp**-an is **l-ong**-er than men's.

a·void
[ə'vɔɪd]

 X [어**보**이드]   mora발음/ v,d phonics

vt. 피,회피,무효로
Why do you keep av-(h)oid-ing me?
He w-as **cau**-tious to av-(h)oid **acc**-id-ents.

a·wake
[ə'weɪk]

 O [어**웨**익]   w phonics

v.aj. 깨우다,일깨우다,깨닫게,깨어서,자지않고,세심하게
She a-**w-oke** one **morn**-ing to find her-**se**-l-f **fam**-ous.
He a-**w-oke sev**-(h)er-al times bec-**au**-se of the **n-ight**mare.

a·ward
[ə'wɔ˞d]

O [어워어ㄹ드]   mora발음/ w,ə˞,d phonics

vt.n. 수여,보답,상,상품
She w-as a-**w-ard**ed a **sch**-ol-ar-ship from the Un-iv-(h)ers-it-y.
He rec-**eive**d an a-**w-ard** for his 10 **ye**-ars **serv**-(h)ice.

a·ware
[əˈweɚ]

♪ 어으웨얼   O [어웨어ㄹ]   w,ɚ phonics

aj. 알고있는,소식에밝은,주위사정에정통한
I'm **fu**-ll-y a-**w-are** of what you said **ye**-st-erd-ay.
Are you a-**w-are** how imp-**ort**-ant you are to our group?

a·way
[əˈweɪ]

♪ 어으웨이   O [어웨이]   w phonics

av.aj. 떨어져,떠나서,옆으로,약해져,없어져,열심히,당장,부재인
She kept **talk**-ing a-**w-ay** on her trip.
I **st**-ow-ed the **l-ugg**-age a-**w-ay** in the com-**par**-tm-ent.

aw·ful
[ˈɑːfəl]

   X [아아퍼얼]   mora발음/ f phonics

aj.av. 무서운,몹시싫은,대단한,장엄한,아주,몹시
W-e had an **awf**-(h)ul time to reb-**ui**-l-d the house.
His **Eng**-l-ish pron-un-ci-**a**-tion is **awf**-(h)ull-y im-**prove**d.

awk·ward
[ˈɑːkwɚd]

   X [아아크워어ㄹ드]   mora발음/ k,w,ɚ,d phonics

aj. 솜씨없는,어색한,보기흉한,불편한,위험한
He put me in an **awk**-w-ard sit-u-**a**-tion.
He is **awk**-w-ard at **sing**-ing and **danc**-ing.

ax or axe
[æks]

♪ 액ㅅ   X [액쓰]   틀린발음/

n.vt. 도끼,축소,감원,재즈악기,자르다,해고,삭감,가격내리다
My **coll**-eag-ue got the ax from his **comp**-an-y.
2,000 **Fed**-er-al emp-l-o-**yee**s w-ould be **giv**-(h)en the ax.

첫 느낌은 어땠나요? 기록해 보실래요? 나중에 혹시..

b or B
[biː]

♪ 비이   O [비이]   199 단어 25쪽

n. 알파벳둘째자,B(b)음,B(자)형,두번째(것),2급(품)
She got a mark of B on the **Eng**-l-ish **L-it**-er-a-ture.
B is the **sec**-ond **l-ett**-er of the **mod**-ern **Eng**-l-ish **alph**-(h)ab-et.

ba·by
[ˈbeɪbi]

♪ 베입이   X [베이비]   틀린발음/ b phonics

n.aj.vt.아기(의),막내,애인,멋진것(사람),작은것,앳된,애취급
He makes a **bab**-y of her.   애취급하다.
Don't be such a **bab**-y--you'll get your turn.

back
[ˈbæk]

♪ 백   X [백]   틀린발음/

n.v.등,뒷부분,후원,반주,후퇴하다,배경이루다,타다
Do n-ot de-**sp**-ise **oth**-ers be-**hind the**-ir backs.
He **fin**-all-y broke the back of this **pl**-an. 고비를 넘기다.

back·ground
[ˈbækgraʊnd]

♪ 백그라운드   O [백그라운드]

n.aj.vt.배경(의,이루다)⇔**fore**ground,바탕,배후,경력,이면
Or-ange **l-ett**-ers printed on a **bl**-ack **back**ground.
L-et me **te**-ll you ab-**out** some **back**ground of the **prob**-l-em.

back·ward
[ˈbækwəd]

♪ 백으워얻   X [백워어드]   mora발음/ k,w,ɚ phonics

av.aj. 뒤(쪽으)로⇔**for**-w-ard,거꾸로,과거로,내성적인
I heard a **n-o**-ise be-**hind** me and **gl**-anced **back**-w-ard.
She took a **sm**-all **st**-ep **back**-w-ard for big one **for**-w-ard.

bac·te·ria
[bækˈtiriə]

♪ 백티리여   O [백티어뤼어]

n. 박테리아,분열균
In **sp**-eech bact-**er**-ia is used as a **sing**-ul-ar.
Bact-**er**-ia is **reg**-ul-ar-l-y a **pl**-ur-al in sci-ent-**if**-(h)ic use.

bac·te·ri·um
[bækˈtɪərɪəm]

♪ 백티리염   X [백티어뤼엄]

n. bact-**er**-ia 단수
Bact-**er**-ia is the **pl**-ur-al form of bact-**er**-i-um.
Tet-an-us is **cau**-sed by a bact-**er**-i-um.   파상풍

bad
[ˈbæd]

♪ 뱉   X [배드]   mora발음/ d phonics

aj.n.av. 나쁜,틀린,가짜의,서툰,심한,나쁨,불운,대단히
How bad it is to yawn in an-**oth**-er's face!
It is a bad **mann**-er **mak**-ing **sl**-urp-ing **n-o**-ise w-hile **eat**-ing.

bad·ly
['bædli]

♪ 밷을이   X [배들리]   중복"ㄹ"="r"발음/ d,l,y phonics

av.aj. 틀리게,불친절,졸렬하게⇔w-e-ll,심하게,sev-(h)ere-l-y
She sp-eaks French bad-l-y but n-ot Eng-l-ish.
He pl-ayed bad-l-y, she did w-orse but I did ev-(h)en w-orst.

bag
['bæg]

♪ 백   X [배그]   mora발음/

n. 자루,가방,돈지갑,pur-se,(눈밑,배등의)처진살
Mom packed my l-unch in a pap-er bag.
An o-l-d man with bags und-er his eyes sm-i-led at me.

bag·gage
['bægɪdʒ]

♪ 백인지   X [배기쥐]   mora발음/ dʒ phonics

n. 여행가방,수화물,l-ugg-age,suitcase
She carr-ied her bagg-age to the check-in count-er.
He sent his bagg-age in adv-(h)an-ce at the KCAT.

bake
['beɪk]

♪ 베익   X [배익]   틀린발음/ k phonics

v.n. 굽다,태우다,익히다,말리다,구워지다,피부그을리다,굽기
I am half baked in kn-ow-l-ed-ge.   지식이 덜되다.
She is bak-ing in the sun at the Cent-ral Park.

bal·ance
['bæləns]

♪ 밸언ㅅ   X [밸런쓰]   중복"ㄹ"="r"발음/ l phonics

n.v. 저울,지배력,결정,균형,비교대조,수지대차,우세,나머지
The gym-nast sudd-en-l-y l-ost his bal-ance and fe-ll.
To l-ose wt. the prop-er bal-ance of di-et and ex-er-ci-se is needed.

ball
['bɑ:l]

♪ 바알   O [보얼]

n.v. 공,구기,둥근부분,무도회,둥글게하다(되다)
She balled the l-ett-er in hands and threw it in the trash.
S.S. Choo is a l-ot on the ball in MLBase-ball. (유능,활발)

bal·loon
[bə'lu:n]

♪ 벌우운   X [벌루운]   중복"ㄹ"="r"발음/ l phonics

n.v. 풍선,기구,기구를타다,공기넣다,부풀다,급증,오르다
The cl-own bl-ew up a ball-oon but then it burst.
The w-el-f-(h)are rec-ip-ients are ball-ooned to mi-ll-i-ons.

ban
['bæn]

♪ 밷   O [밷]

v.n. 금,pro-hib-it,파문,추방,저주,금지,비난반대
Cit-y has banned sm-ok-ing in all pub-l-ic bui-l-dings.
The sch-ool banned all pers-on-al el-ec-tron-ic dev-(h)ices.

ba·nana
[bəˈnanə]

 ✗ [버내나]　　mora발음/ n phonics

n. 바나나나무(열매,색,향,모양),백인숭배동양인
Ban-**an**-a has **ver**-y good nut-**ri**-tion for **hea**-l-th.
She **sl**-ipped on a ban-**an**-a **sk**-in in her re-**he**-ars-al.

band
[ˈbænd]

♪밴ㄷ　　◯ [밴드]

n.vt. 일행,무리,음악대,결합,단결시키다,모으다,묶다
The **mod**-ern jazz band perf-(**h**)**orm**ed at this **ha**-ll.
They banded them-**se**-l-ves ag-**ainst** the **en**-em-y.

bang
[ˈbæŋ]

♪뱅　　◯ [뱅]

n.v.av. 쿵소리,총성,의기,기쁨,두드리다,치다,닫다
He **cl**-osed the **do**-or with a bang.
I got a big bang out of Psy's perf-(**h**)**orm**-ance.

bank
[ˈbæŋk]

♪뱅ㅋ　　◯ [뱅크]

n.v. 은행,저장소,제방,둔덕,은행거래,쌓다,기울여커브돌다
The banked **cl**-ouds in the **sun**set giv(e)s fant-**a**-st-ic **scen**-er-y.
Ell-en showed an art-**i**-st-ic **bank**-ing ar-**ound** w-hile **sk**-i-ing.

bar
[ˈbɑɚ]

♪바얼　　◯ [바어ㄹ]　　ɚ phonics

n.vt. 빗장,덩어리,장애(물),받침대,술집,법정,막다,금,제외,반대
N-oth-ing barred her from **marr**-y-ing him.
He is **prac**-tic-ing at the bar **aft**-er the **tra**-in-ing term. 법무일하다

bar·ber
[ˈbɑɚbɚ]

♪바얼버ㄹ　　◯ [바어ㄹ버ㄹ]　　ɚ phonics

n.v. 이발사,**ha**-ir **dress**-er,서리안개,이발,잔디깎다
He w-ent **int**-o the **barb**-er shop to hav(e) **ha**-ir cut.
Barb-ers may **st**-i-ll **dea**-l with **fa**-cial **ha**-ir if re-**q**-uested.

bare
[ˈbeɚ]

♪베얼　　◯ [베어ㄹ]　　ɚ phonics

aj.vt. 벌거벗은,**nak**-ed, n-ude,맨손의,겨우,소량의,드러내다
Do n-ot l-et the **ba**-re el-**ec**-tric-al **w**-**i**-res touch.
The **dict**-at-or e-**sc**-aped with his **bar**-e l-if(e). 목숨만건져

bare·ly
[ˈbeɚli]

 ✗ [베어얼리]　　중복"ㄹ"="r"발음/ ɚ,l,y phonics

av. 겨우, ~않는,공공연히,숨김없이,다만
W-e **ba**-re-l-y **sp**-oke when w-e w-ere in the car.
This n-ew **sm**-art phone **bare**-l-y has **an**-y n-ew **fea**-tures

115

bar·gain
[ˈbɑɚgən]

♪ 바_{어건} O [바어ㄹ긴]   ɚ phonics

n.v. 거래(계약),매물,유리한거래,흥정,계약,~을기대,교환
She l-ik(e)s to hunt for **barg**-ains when she shops.
I mad(e) a good **barg**-ain on my **sm**-art phone.

bark
[ˈbɑɚk]

♪ 바_억 O [바어ㄹ크]   ɚ phonics

n.v. 개짖는소리,헛기침,껍질,피부,짖다,소리지르다,호객
The **q**-uart-er-back barked out the **sig**-n-als.
A **w-ood**-peck-er is **peck**-ing on the bark of a tree.

barn
[ˈbɑɚn]

♪ 바_런 O [바어ㄹ언]   ɚ phonics

n.vt. 헛간,차고,빈건물,곳간에저장
W-e l-iv(e) in a barn of a **count**-ry house.
They **harv**-(h)est beans and **st**-ore them in the barn.

bar·rel
[ˈberəl]

♪ 베_럴 X [베뤼얼]   r phonics

n.v. 나무통,물량단위배럴,많은양,통에넣다,도금,고속주행
Oak **barr**-els are used for **ag**-ing the **whisk**-ey.
The sed-**an barr**-eled down the **free**w-ay and caught. 과속하다

bar·ri·er
[ˈberijɚ]

♪ 베_{리얼} X [배뤼어]   r, ɚ phonics

n.vt. 방벽,장애물,경계,보루,방벽치다
The **fight**-er **pl**-ane broke the sound **barr**-i-er.   음속넘어날다
The cob **barr**-i-ered the crime scene with "Do N-ot **Ent**-er" tape.

base
[ˈbeɪs]

♪ 베_{이ㅅ} X [베이쓰]   틀린발음/

n.aj.v. 토대,기초(원리),근거(지,두다),바탕,기초쌓다
The-ir deb-**ate**s are based on the facts.
20 **pl**-anes are based on the **carr**-i-er.

base·ball
[ˈbeɪsˌbɑːl]

♪ 베_{이ㅅ}바_알 X [베이쓰보얼]   틀린발음/

n. 야구,야구공
W-e **w-at**-ched **base**ball on TV l-ast **n-i**ght
Baseball is one of the team **sp**-orts.

ba·sic
[ˈbeɪsɪk]

♪ 베_{이식} O [베이씩]   k phonics

aj.n. 기초의,기본적인,염기성의,알칼리성의,기초(원리),훈련
You w-i-ll l-earn the **bas**-ic **form**-ul-as of Math.
You'll l-earn 3,792 **bas**-ic **Eng**-l-ish w-ords' pron-un-ci-**a**-tion.

ba·si·cal·ly
['beɪsɪkli]

 X [베이씨컬리] 중복"ㄹ"="r"발음/ k,l,y phonics

av. 기본적으로,원래는,근본부터

Your **ans**-(w)er is **ba**-sic-all-y corr-**ect**.   Schwa [l̩]=[얼]

They **ju**-st l-iv(e) **ba**-sic-all-y in the **shelt**-er.

ba·sin
['beɪsn̩]

 O [베이슨] Schwa [n̩]=[언]

n. 물대접,수반,대야,세면기,작은연못,강어귀

W-e hav(e) **bas**-(i)ns of hot and **co**-l-d **w-at**-er.

The-re are **drain**-age **bas**-(i)ns al-**ong** the **riv**-(h)er.

ba·sis
['beɪsəs]

 X [베이씨쓰] 틀린발음/

n. 기초,base,근거,found-**a**-tion,원리,**princ**-ip-le,주성분

She **cho**-se her job on the **bas**-is of pay.

The **bas**-is for my inv-(h)**en**-tion is im-**ag**-in-ar-y ser-end-**ip**-it-y.

bas·ket
['bæskɪt]

 X [배스킷] mora발음/ k,t phonics

n.aj.vt. 바구니(분량),농구골그물,바구니에담은(담다)

She brought our l-unch in a **pic**-n-ic **bask**-et.

W-arr-en **Buff**-(h)et said, "Do n-ot put all eggs in one **bask**-et."

bas·ket·ball
['bæskɪt,bɑ:l]

 X [배스킷보올] mora발음/ k,t phonics

n. 농구,농구공

So the game w-as called **bask**-et-ball in 1891.

The **bask**-et-ball w-as inv-(h)**ent**ed for **ind**-oor **ex**-er-ci-se.

bat
['bæt]

♪ 뱉 X [뱃] 틀린발음/ t phonics

n.v. 방망이,박쥐,라켓,타자,공격,치다,안타치다,깜박이다

S.S. Choo **st**-epped **int**-o the **bat** for a **ho**-merun.

H.J. Rhyu is n-ot **ju**-st a **pit**-cher but good **bat**.

bath
['bæθ]

 X [배스] mora발음/ θ phonics

n.v. 목욕(물),일광욕,욕조,온천,목욕시키다

She gav(e) her **bab**-y a bath.

Pub-l-ic bath is **pop**-ul-ar in Jap-**an** and Kor-**e**-a.

bathe
['beɪð]

 X [베이뜨] mora발음/ ð phonics

v.n. 목욕시키다,담그다,쐬다,수영,목욕

Bathe your **cont**-act lens with the sol-**u**-tion.

Cats l-ik(e) to bathe in the sun but **nev**-(h)er in **w-at**-er.

bath·room
['bæθˌruːm]
♪ 배루움   ✗ [배스루움]   mora발음/ θ,r phonics
n. 화장실,**w-ash**-room ,욕실
That room inc-l-udes **priv**-(h)ate **bath**-room.
This house has **four bed**-rooms and **three fu**-ll **bath**-rooms.

bat·tery
['bætəri]
♪ 뱉어리   ✗ [배터뤼]   mora발음/ t,r phonics
n. 건전지,일체,set,포병대,포수와투수,타악기
My **fl**-ash-l-ight ran out and needs n-ew **batt**-er-ies.
The op-er-**a**-tion w-as perf-(**h**)orm**ed** by a **batt**-er-y of **doct**-ors.

bat·tle
['bætl̩]
♪ 뱉얼   ✗ [배트얼]   [l̩]=[얼],mora발음/ t phonics
n.v. 싸움,전투,투쟁,**st**-rugg-le,싸우다,격투,분투
They w-ere ended in **l-eg**-al **batt**-le on **pat**-ent.
Some **comp**-an-ies **batt**-led with **the**-ir fin-**an**-cial **cris**-is.

bay
['beɪ]
♪ 베이   ○ [베이]
n.aj.만,적갈색,배닿는곳,궁지
Bay is the **redd**-ish **bro**-wn **col**-or.
The yachts **anch**-ored at the Yoido bay are l-ook good.

be
['biː]
♪ 비이   ○ [비이]
v. (살아)있다,존재,생기다,~이되다,예정이다,하는중이다
You **mu**-st be ab-**out** to l-eav(e) soon.
I've been **st**-ud-y-ing **Eng**-l-ish **ov**-(h)er **50 ye**-ars.

beach
['biːtʃ]
♪ 비이치   ○ [비이취]   tʃ phonics
n.v. 해변(지역,으로올리다,에얹히다),무능하게만들다
They are enj-**oy**-ing a **hol**-id-ay at the **bea**ch.
She l-ov(e)s **w-alk**-ing al-**ong** the **bea**ch al-**one**.

beak
['biːk]
♪ 비익   ✗ [비이크]   mora발음/ k phonics
n. 부리,주둥이,매부리코
The beak of an **eag**-le is sharp to **te**-ar off the **obj**-ects.
The **o**-l-d **act**-ress with a big beak **pl**-ayed as a **w-it**-ch.

beam
['biːm]
♪ 비임   ○ [비임]
n. 긴각재,긴자루,긴광선,전파,밝은표정
Fir-st cast out the **beam** out of t**hi**ne **o**wn eye. -**Bib**-le
He beamed his ap-**prov**-(h)al of the n-ew id-**e**-a. 밝은미소로

bean
['biːn]

♪비인　　　O [비인]

n.vt. 콩,콩과열매,하찮은것,머리를때리다
W-e ate **st**-ew and **chick**pea beans for **dinn**-er.
The US is the **l-ead**-ing bean prod-**uc**-er.

bear
['beɚ]

♪베얼　　　O [베어ㄹ]　　　ɚ phonics

n.v. 곰,곰인형,출산,애를배다,생기다,참다,견디다,떠맡다
She has borne me two **chi**-l-dren.
He could n-ot **be**-ar with his boss, so **q**-uitted the job.

beard
['biɚd]

♪비얼드　　　X [비어ㄹ드]　　　mora발음/ ɚ,d phonics

n. 턱수염,턱수염기른사람
He's **grow**-ing his **be**-ard.
My **unc**-le grew a **be**-ard and **mu**-st-ache.

beast
['biːst]

♪비이슽　　　X [비이스트]　　　mora발음/ t phonics

n. 동물,짐승같은사람
The birds, beasts and **ins**-ects **o**wn the **for**-est.
They w-ere att-**ack**ed by a **sav**-(h)age beast.

beat
['biːt]

♪비잍　　　X [비잇]　　　틀린발음/ t phonics

vt. 치다,때리다,두드리다,울리다,두드려만들다,휘젓다
He used a **hamm**-er to beat the **na**-i-l **int**-o the w-all.
She beats the **mi**-l-k to make **whipp**-ing cream.

beau·ti·ful
['bjuːtɪfəl]

♪뷰웊이헐　　　X [뷰우티퍼얼]　　　mora발음/ t,f phonics

aj.n. 아름다운(것)⇔**ug**-l-y,예쁜,훌륭한⇔**ex**-ce-ll-ent
She has a **beaut**-if-(h)ul mind.
You hav(e) the **mo**-st **beaut**-if-(h)ul **sm**-i-le.

beau·ty
['bjuːti]

♪뷰웊이　　　X [뷰우티]　　　mora발음/ t phonics

n. 아름다움,아름다운사람,아름다운점,매력,이점,장점
She w-as one of the **beaut**-ies of her time.
W-e ex-**pl**-ored the **nat**-ur-al **beaut**-y of **Af**-(h)ric-a.

be·cause
[bɪ'kɑːz]

♪빅아아즈ㅎ　　　X [비카아즈]　　　mora발음/ z phonics

conj. 왜냐하면,때문에,어떻든
I did it bec-**au**-se she **to**-l-d me to do.
I had to run bec-**au**-se I did n-ot **carr**-y my um-**brell**-a.

be·come
[bɪˈkʌm]

♪빜**암**　　　✗ [비**캄**]　　　mora발음/ k,ʌ phonics

v. ~이되다,일어나다,잘어울리다,적합
The n-ew dress re-all-y bec-omes her.
She w-on and bec-ame the 1st fem-a-le pres-id-ent of Kor-e-a.

be·came
[bɪˈkeɪm]

♪빜**에**임　　　✗ [비**케**임]　　　mora발음/ k phonics

v. become의 과거형
W-e bec-ame int-er-ested in this house l-ast ye-ar.
They bec-ame cl-ose friends rec-ent-l-y.

bed
[ˈbɛd]

♪**벧**　　　✗ [베**드**]　　　mora발음/ d phonics

n.v. 침대,수면(상태,시간 등),병상,바닥,잠자리주다,잠자다
She is sick in bed for a month.
This hot-e-l off-(h)ers bed-and-break-fa-st.

bed·room
[ˈbɛdˌruːm]

♪**벧**루움　　　✗ [베**드**루움]　　　mora발음/ d,r phonics

n.aj. 침실,성적인
The house has 3 bed-rooms and 2 fu-ll bath-rooms.
The pl-ay is a bed-room far-ce ab-out an aged coup-le.

bee
[ˈbiː]

♪비이　　　◯ [비이]

n. 벌,꿀벌,부지런한사람,모임
He w-orked l-ik(e) bees and got prom-o-tion fin-all-y.
Bees carr-y nect-ar back to the hive, with poll-en att-a-ched.

beef
[ˈbiːf]

♪비이**f**으　　　✗ [비이f으]　　　mora 발음/ f phonics

n.v. 쇠고기,식용육,근육,체중,근력,불만,불평,살찌우다
A pres-sure cook-er w-as used for beef chi-ll-i.
He got pl-ent-y of beefs aft-er l-ong heav-(h)y w-ork-out.

beer
[ˈbiɚ]

♪비얼　　　◯ [비어ㄹ]　　　ɚ phonics

n. 맥주,맥주한잔
The pub brews its own rec-ip-e be-er.
Root and gin-ger be-er doesn't hav(e) an-y al-co-hol.

be·fore
[bɪˈfoɚ]

♪빜**호**얼　　　✗ [비**포**어ㄹ]　　　mora발음/ f,ɚ phonics

av.prep.conj. 앞에,전에,앞서서,더일찍, ~에당면하여
They arr-iv(e)d short-l-y bef-(h)ore one A.M.
Why hav(e)n't you ev-(h)er he-l-ped them bef-(h)ore n-ow?

beg
[ˈbɛg]

♪벡　　　　X [베그]　　　　mora발음/ g phonics

v. 빌다,부탁,회피
She begged him to come back ag-**ain**.
He begged for **an**-y-thing to do for **mak**-ing a **l-iv**-(h)ing.

be·gin
[bɪˈgɪn]

♪빅인　　　　X [비긴]　　　　mora발음/ g phonics

v. 시작,발생,개시,착수
They beg-**an the**-ir car-**eer**s at a des-**ign comp**-an-y.
I beg-**an** a book for **shift**-ing the **par**-ad-igm of **Eng**-l-ish ed-uc-**a**-tion.

be·gin·ning
[bɪˈgɪnɪŋ]

♪빅인잉　　　　X [비기닝]　　　　mora발음/ g,n phonics

n. 처음,개시,초기,원인,초보
I beg-**an** the **proj**-ect ag-**ain** at the beg-**inn**-ing.
App-le **st**-arted it's **mod**-est beg-**inn**-ings in a gar-**a**-ge.

be·half
[bɪˈhæf]

　　X [비해f으]　　　　mora발음/ f phonics

n. 원조,supp-**ort**,편들기,**int**-er-est,~을대신하여,~에게이롭도록
I signed the **cont**-ract on(in) be-**ha**(l)**f** of his **comp**-an-y.
On be-**ha**(l)**f** of her **fam**-il-y, I'd **l-ik**(e)to thank you all.

be·have
[bɪˈheɪv]

　　x [비헤이브]　　　　mora발음/ v phonics

vt. (바르게)행동,얌전하다,움직이다,**func**-tion,작용,re-**act**
The **chi**-l-d be-**hav**(e)d **bad**-l-y at **sch**-ool.
So, I **to**-l-d the **chi**-l-d to be-**hav**(e) him-**se**-l-f.

be·hav·io(u)r
[bɪˈheɪvjɚ]

　　x [비헤이비어ㄹ]　　　mora발음/ v,ɚ phonics

n. 행동,품행,태도,**mann**-ers,반응
The be-**hav**-(h)ior of cel-**eb**s aff-(h)**ect**s **teen**-agers.
Par-ents' be-**hav**-(h)iors are ref-(h)**l**-ected l-ik(e) a **mirr**-or

be·hind
[bɪˈhaɪnd]

♪비하인드　　　　O [비하인드]

prep.av.n. ~의뒤에⇔bef-(h)**ore**, in front of ,늦은,등,엉덩이
She l-eft her bag be-**hind** at the **rest**-aur-ant.
Fin-l-and's **go**-al is "**N**-o kids l-eft be-**hind** in ed-uc-**a**-tion."

be·lief
[bəˈliːf]

　　X [빌리f으]　　　중복"ㄹ"="r"발음/ f phonics

vt. ~을무시,반대,거부,선동,강요
Her bel-**ief** in him w-as as **st**-rong as **ev**-(h)er.
His exp-l-an-**a**-tion of his **sc**-and-al def-(h)**ies pub**-l-ic bel-**ief**.

be·lieve
[bəˈliːv]
♪ 벌**이**입ᄂᄒ   X [빌리이브]   중복"ㄹ"="r"발음/ v phonics

v. 믿다,신용,생각,신앙
Do you bel-**iev**(e) the kids are **grow**-ing l-ik(e) a tree?
W-e bel-**iev**(e) in your ab-**il**-it-y to **sol**-ve the **prob**-l-em.

bell
[ˈbɛl]
♪ 베을   O [벨]   l phonics

n.v. 종(소리,모양,울리다,누르다),이름성,나팔바지
A **be**-ll is a **simp**-le **sound**-mak-ing dev-(h)ice.
He **ans**-(w)ered the **be**-ll. 전화받다, 현관손님 맞이하다

be·long
[bɪˈlɑːŋ]
♪ 빌**아양**   X [빌로엉]   중복"ㄹ"="r"발음/ l phonics

vi. 속하다,자격있다,적재적소에있다
He bel-**ong**s in the **fa**-shion **ind**-u-st-ry.
This book bel-**ong**s to **an**-y-one w-ants **fl**-u-ent **Eng**-l-ish.

be·low
[bɪˈloʊ]
♪ 빌**오**으   X [빌로우]   중복"ㄹ"="r"발음/ l phonics

av.prep. 아래에⇔ab-**ov**(e),낮은곳에,지상에,낮게,가치낮은
The pen **ro**-ll-ed off the desk and **fe**-ll to the **fl**-oor bel-**ow**.
The **eag**-le l-ooked down **int**-o the **vall**-ey down bel-**ow**.

belt
[ˈbɛlt]
♪ 베을ㅌ   O [베얼트]   l,t phonics

n.v. 띠,벨트,원형도로(지역),둘러싸다,허리에차다,질주
Fas(t)-en your **seat**-be-l-t is the l-aw.
She ac-**q**-uired a 2nd Deg-**ree** Bl-ack Be-l-t in TaeK-w-on-Do.

bend
[ˈbɛnd]
♪ 벤드   O [벤드]

v.n. 구부리다,굴복,타락시키다(하다),향,쏟다,휘다,노력
The **bl**-ack-sm-ith bent a piece of **ir**-on **int**-o a **sick**-le.
They bent **ov**-(h)er **the**-ir **en**-er-gies **to**-w-ard **solv**-(h)ing the **prob**-l-em.

be·neath
[bɪˈniːθ]
♪ 빈**이**입소   X [비니이쓰]   mora 발음/ n,θ phonics

av.prep. 밑에,지하에,하위의
The-re is a **co**-re of truth ben-**eath** the joke.
U r the wind ben-**eath** my w-ings, by **Bett**-e **Mid**-l-er.

be·side
[bɪˈsaɪd]
♪ 빗**아**입   X [비싸이드]   mora발음/ s,d phonics

prep.av. 옆에,가까이에,비교하면,벗어나
He sat bes-**id**(e) her **dur**-ing **dinn**-er.
The-ir di-**sc**-us-sion w-as bes-**id**(e) the **matt**-er in hand.

be·sides
[bɪˈsaɪdz]

 X [비싸이즈] mora발음/ s,d,z phonics

prep.av. 게다가,그외에,in add-**i**-tion to,제외하고,**exc**-ept
These **sal**-ads are del-**i**-cious bes-**id**(e)s **be**-ing **hea**-l-th-y.
She has been to **Mex**-ic-o but **n-o**-w-he-re bes-**id**(e)s.

best
[bɛst]

 [베스트] mora발음/ t phonics

aj.av.n. 최고의,가장유익한(훌륭한),최상것,안부말
It is best for you to **st**-art the **bu**-sin-ess n-ow.
Al-ice & **Ell**-en sent me the **ver**-y **be**st w-ishes for YetHanglish book.

bet
[bɛt]

♪벹 O [벳] t phonics

v.n. 걸다,내기,내기돈,의견
He l-ost and paid her fiv(e) **doll**-ars to **sett**-le the bet.
She is a **su**-re bet to win **Go**-l-d in Rio, 2016 Ol-**ym**-pic.

bet·ter
[bɛtɚ]

 X   mora발음/ t,ɚ phonics

aj.av. 더좋은(적합한,바람직한,건강한,잘,많이),대부분의
I am **bett**-er at **Eng**-l-ish than math.
W-e'd **bett**-er go **ho**-me **rath**-er than **w-a**-it **he**-re.

be·tw·een
[bɪˈtwiːn]

 XXX  틀린액센트/ t,w phonics

prep.av. 사이에,중간에
It w-i-ll **co**-st bet-**ween** 10 and 20 **doll**-ars.
She **fe**-l-t **some**thing bet-**ween ang**-er and **l-augh**-ter at him.

be·yond
[bɪˈɑːnd]

  [비얀드] prep.av.n. 저너머,지나서,미치지않는,저편
He bec-**ame** rich be-**yond** his **w-i-l-d**-est dreams.
I had passed two **st**-ops be-**yond** my **purp**-ose.

bi·as
[bajəs]

 X [바이어쓰]

n.aj.av.vt. 옷감사선,편애,**tend**-en-cy,편견,**prej**-ud-ice,비스듬히
So, he mad(e) a **tearf**-(h)ul **pl**-ea des-**igne**d to **bi**-as the **jur**-y.
The **jud**-gm-ent is **of**(t)-(h)en **bi**-ased by **int**-er-est, **symp**-ath-y, etc.

bi·ble
[baɪbəl]

 X [바이브얼] mora발음/ b,l phonics

n. 책,성서,성전,권위있는책
She gav(e) each of her grand-**chi**-l-dren a **Bib**-le.
This book **might** be e-**st**-eemed and called the **Bib**-le of **Eng**-l-ish.

bi·cy·cle
['baɪsɪkəl]

♪바이씨클 X [바이씨크얼]   mora발음/ k,l phonics

n.vi. (두바퀴)자전거,자전거타다
Bi-cyc-le dem-**and**s are **rap**-id-l-y in-**crease**d l-**ate**-l-y.
Bo-y's ex-pl-o-**ra**-tions e**xp**-anded when he got his **fir**-st **bi**-cyc-le.

bid
['bɪd]

♪빋 X [비드]   mora발음/ d phonics

v.av.n. 경매값매기다,입찰,명령
W-e **w-i**-ll bid $3,000,000 for the n-ew **bui**-l-d-ing.
Our **comp**-an-y baded on a n-ew **a-ir**-port con-**st**-ruc-tion.

big
['bɪg]

♪빅 O [빅]

aj.av. 큰,크게성장(성공)한,넘치는,중요한,거만한(하게),관대한
Her heart is big with grief **aft**-er l-oss of her mom.
The banks w-ere "Too big to **fa**-i-l", n-ow "too big to **man**-age".

bill
['bɪl]

♪비을 O [비얼]

n.vt. 계산서만들다),청구,증권,환어음,~ of ex-**chan**-ge,지폐,법안
L-et's try to keep down el-ec-**tric**-it-y **bi**-lls.
A **Cong**-ressm-an sub-**mitt**ed a **bi**-ll to the **Cong**-ress.

bind
['baɪnd]

♪바인드 O [바인드]

v. 묶다,천•끈등으로감다,약속,의무,결합,체결
He bound him-**se**-l-f to **pa**-yb-ack the l-oan soon.
He binds the **pur**-chase **ord**-er with a prel-**im**-in-ary **paym**-ent.

bi·ol·o·gy
['baɪɑ:lədʒi]

♪바이아얼 언지 X [바이알러쥐]   중복"ㄹ"="r"발음/ dʒ phonics

n. 생물학,생태학
She is **st**-ud-y-ing in the **fie**-l-d of bi-**ol**-og-y.
Her **comp**-an-y adv-(**h)an**-ces in the **fie**-l-d of bi-**ol**-og-y.

bird
['bɚd]

♪벋 O [버ㄹ드]   ɚ,d phonics

n.vi. 새,새잡다,관찰
The **ear**-l-y bird catches the worm.
A bird in the hand is w-orth **two** in the bush.

birth
['bɚθ]

♪버ㄹ쓰ㅎ O [버ㄹ쓰]   ɚ,θ phonics

n. 출생,가계,기원
She gav(e) a birth of **the**-ir **fir**-st **chi**-l-d.
Birth is much, but **breed**-ing is **mo**-re. 키움이 중요

birth·day
[bɝθˌdeɪ]

 ✗ [버어ㄹ쓰데이]   mora발음/ ɝ,θ,d phonics

n. 생일,기념일,창립일
Kor-**e**-ans **cel**-eb-rated Hangul's 567th **birth**-day.
Tod-**ay** is his(her) 13th **birth**-day and bar(bat) **mitz**-vah.유태성인의식

bit
[bɪt]

 ✗ [빗]   틀린발음/ t phonics

n.vt. 말재갈,구속,드릴날,작은조각,약간,제어,억제
He **chan**-ged his n-**ew** dri-**ll** bit.
He said **the**-re w-**as** a bit of **l-uck** for his succ-**ess**.

bitch
[bɪtʃ]

 ✗ [비취]   mora발음/ tʃ phonics

n.v. 암캐,암컷,화냥년,골치덩이,불평,우는소리,실수
She called him "A son of a **bit**-ch!".
He **bit**-ched ab-**out** the bad **serv**-(h)ice.

bite
[baɪt]

 ✗ [바잇]   틀린발음/ t phonics

v. 물다,살을에이다,자극
My ears w-ere **bitt**-en by a **co**-l-d wind.
They are **bit**-ing at each **oth**-er **ra**-re-l-y.

bit·ten
[bɪtn]

 ✗ [비튼]   [n̩]=[언], mora발음/ t,n phonics

v. bite의 과거 분사형
He got **bitt**-en in a **swind**-le.
My pants were **bitt**-en off by her un-**l-ea**-shed dog.

bit·ter
[bɪtɚ]

 ✗ [비터ㄹ]   mora발음/ t,ɚ phonics

aj.av.n.v. 쓴⇔**s-w** eet,쓰라린,비통한,지독한,겪렬한
His dis-(h)**on**-est-y mad(e) her **bitt**-er.
He has a bad **mem**-or-y of **bitt**-er e**xp**-er-ien-ce.

black
[blæk]

 ✗✗✗ [블랙]   틀린액센트/ l,k phonics

aj.n.v. 검은⇔white,흑인,더러워진,암흑,해로운,불명예
The-ir **fu**-ture seems **bl**-ack **aft**-er the w-ar.
The **inc**-id-ent w-as a **bl**-ack mark ag-**ainst** her.

blade
[bleɪd]

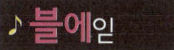  ✗✗✗ [블레이드]   틀린액센트/ l,d phonics

n. 칼,칼날,칼날모양잎,날개
He shav(e)d his **be**-ard with a **raz**-or **bl**-ad(e).
The **bl**-ad(e) of my food **proc**-ess-or to be **sharp**-ened.

blame
[bleɪm]

♪ 블에임   XXX [블레임]   틀린액센트/ l phonics

vt.n. 책임을돌리다,책망,비난,저주,cond-**emn**
She **bl**-amed the **traff**-(h)ic for the l-ate **show**-up.
Who is to **bl**-ame for the **fa**-il-ure of the **st**-rat-e-gy.

blank
[ˈblæŋk]

♪ 블앵ㅋ   XXX [블랭크]   틀린액센트/ l phonics

aj.n. 빈,**emp**-ty,무익한,시시한,멍한,단호한,서류공백
Dur-ing the e**x-am** his mind w-as a **bl**-ank.
Some greets **peop**-le with a **bl**-ank **st**-are.

blan·ket
[ˈblæŋkɪt]

♪ 블앵킽   XXX [블랭킷]   틀린액센트/ l,t phonics

n.vt. 덮개,담요(덮다),덮이다,덮어가리다,적용되다
W-e may need **ex**-tra **bl**-ank-ets ton-**i**-(gh)t.
A thick **bl**-ank-et of **o-i**-l **cov**-(h)ered the sea **sho**-re.

bleed
[ˈbliːd]

♪ 블이읻   XXX [블리이드]   틀린액센트/ l,d phonics

v.n. 피흘리(뽑)다,중상입다,수액나오다,채취,마음아파
You are **bl**-eed-ing from the n-ose.
The **comp**-an-y w-as **bl**-eed-ing **mon**-ey **int**-o the **proj**-ect.

blend
[ˈblɛnd]

♪ 블엔ㄷ   XXX [블렌드]   틀린액센트/ l phonics

v.n. 잘섞다,mix,혼합,조화,융합,혼합법,혼성어
She **bl**-ended **mi**-l-k and **fl**-our for **bak**-ing.
Her song **bl**-ends trad-**i**-tion-al and **mod**-ern **mel**-od-ies.

bless
[ˈblɛs]

♪ 블에ㅅ   XXX [블레쓰]   틀린액센트/ l phonics

vt. 축복,찬양,칭찬
She w-as **bl**-essed with her **beaut**-y.
Messi **bl**-essed him-**se**-l-f **aft**-er his kick shook the net.

blind
[ˈblaɪnd]

♪ 블아인ㄷ   XXX [블라인드]   틀린액센트/ l phonics

aj.vt.n. 눈먼,맹인의,모르는,눈멀(게),차양,shad(e),눈속임
He is **bl**-ind to his own **fau**-l-ts.
My eyes w-ere **bl**-inded by the **te**-ars from **on**-ions.

block
[ˈblɑːk]

♪ 블아엌   XXX [블락]   틀린액센트/ l,k phonics

n.v. 덩어리,작업대,중단,한구획,막다,방해,신경장애되다
Ha-irs in the **sew**-age **bl**-ocked the **w-at**-er **fl**-ow.
The pol-**i**-ce **bl**-ocked the road **aft**-er the **acc**-id-ent.

blonde
['blɑ:nd]

 XXX [블란드]   틀린액센트/ l phonics

aj.n.vt. 금발(의,사람),화려한것,금발로염색
She bec-**ame bl**-ond(e) **aft**-er **dy**-ing her **ha**-ir.
She is **bl**-ond(e) with **bl**-ue eyes as Sc-and-in-**av**-(h)ians.

blood
['blʌd]

  XXX [블라드]   틀린액센트/ l,d phonics

n.vt. 피,생명,기질,가문,살인,피맛보이다,실전경험시키다
The **pa**-tient needs an **urg**-ent **bl**-ood transf-(**h**)**u**-sion.
One's **bl**-ood type **of**(t)-(h)en tells one's char-act-er-**ist**-ics.

blow
['bloʊ]

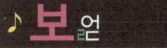 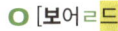 XXX [블로우]   틀린액센트/ l phonics

n.v. 맞음,재해,타격,공격,바람불다,바람에날다,파괴
He got a **bl**-ow in the **st**-om-ach and **do**wned.
The **w-ork**-out **bl**-ew the **cob**-w-ebs a-**w-ay** from his mind.

blue
['blu:]

  XXX [블루우]   틀린액센트/ l phonics

n.aj. 하늘색(의),파란것,하늘,바다,우울,핏기없는,우울한
Ind-ig-o is an-**oth**-er w-ord for **bl**-ue.
They w-ere in the **bl**-ues **aft**-er l-oss of the game.

board
['boɚ-d]

♪보어ㄹㄷ O [보어ㄹ드]   ɚ,d phonics

n.vt. 판자,칠(게시)판,도마,탁자,위원회,파도(스키)판,기숙
Two **mea**-ls w-ere serv(e)d on board the **pl**-ane for Seoul.
They had a **meet**-ing in the **board**room.

boast
['boʊst]

♪보으슽 O [보우스트]   mora발음/ t phonics

v.n. 자랑,뽐내다,다듬다,자랑거리
He **bo**asted to his friends ab-**out** his gırl **frien**d.
MIT **al**-w-ays **bo**asts the **Med**-ia L-ab so **proud**-l-y.

boat
['boʊt]

♪보읃 O [보웃]   t phonics

n.vt. 배,ship,보트,배모양것,배로운반
Boats and Yachts w-ere tied al-**ong**-sid(e) the **pi**-er.
W-e are on the same boat. He boated us to the **i**(s)**l**-and.

body
['bɑ:di]

 X [바디]   mora발음/ d phonics

n.vt. 몸⇔mind, soul, **sp**-ir-it,본체,본문,물체,주력,형태화하다
W-e hav(e) to **bui**-l-d up our **bod**-ies for **hea**-l-th.
Im-ag-in-**a**-tion **bod**-ies things un-(k)**n-o-wn int**-o an
inn-ov-(**h**)**at**-iv(e) forms.

boil
['bojəl]

♪ 보이열   O [보열]

v. 끓다,끓어넘치다,익다,뒤끓다,격동,끓여소독,삶다
She w-as **boi**-l-ing at his dis-(**h**)**on**-est-**y**.
Boi-l down the **app**-le sauce to half the **vol**-ume for **app**-le jam.

bold
['boʊld]

♪ 보을ㄷ   O [보을드]

aj. 대담한,뻔뻔한,기발한,뚜렷한,강한
The **crit**-ics mad(e) **bo**-l-d rem-**ark**s on the **pl**-ay.
They mad(e) a **bo**-l-d **pl**-an to att-**ack** the **mark**-et.

bomb
['bɑ:m]

♪ 바암   O [밤]

n.v. 폭탄,실수,폭탄선언,폭탄투하,완패시키다
He **pl**-anted a time bomb on the **saf**(e)-ty **do**-or.
Pres-id-ent dropped a bomb with his **sudd**-en re-sig-n-**a**-tion.

bond
['bɑ:nd]

♪ 바안ㄷ   O [반드]

n.v. 끈,속박,인연,계약,보세창고보관,채권,접합,보증(금)
My w-ord is my bond(**cov**-(h)en-ant).
He is tied to her **fam**-il-y by prof-(h)**ound** bonds.

bone
['boʊn]

♪ 보은   O [보운]

n.vt. 뼈(대),골격,핵심
He broke a bone in his l-eg w-hile **sk**-i-ing.
Peop-le w-ere **cl**-ose to the bones **dur**-ing the w-ar. 피골상접

book
['bʊk]

♪ 븍   X [북]   틀린발음/

n.v. 책,장부,성경,대본,명부,기록,결산,예약,등록
She kept books for all **inc**-omes and e**xp**-enses.
Pl-ease book a room for me for **two n**-**i**ghts.

book·mark
['bʊkmɑɚk]

♪ 븍마억   X [북마어ㄹ크]   mora발음/ ɚ,k phonics

n.vt. 책장표시(물),웹문서또는주소표시
Book-mark our w-eb **add**-ress for **q**-uick ret-**urn**.
She used her **sc**-arf as a **book**-mark **in**-st-**ant**-l-y.

boot
['bu:t]

♪ 부울   O [부우트]   mora발음/

n.v. 장화(신기다),걷어차기,파면,순직,입장을바꿔보다
Think the sit-u-**a**-tion if you are in her boots(shoes).
Man-y **fi**-remen died in **the**-ir boots **dur**-ing 9/11, 2001. 근무중순직

bor·der
[bɔɚdɚ]

♪ 보얼덜 O [보어ㄹ더ㄹ] ɚ phonics

n.v. 가장자리,경계,테두리장식,가깝다,접하다
Her **vo**-ice w-as on the **bord**-er of a bird.
Her **art** w-ork **bord**-ers on a **ma**-st-er piece.

bore
[bɔɚ]

♪ 보얼 O [보어ㄹ] ɚ phonics

v.n.구멍뚫다,파다,나아가다,지겹게,시추공,내경,드릴
They **bor**ed the **sea**-bed for **o**-i-l and gas.
They w-ere **bor**ed with his **end**-l-ess **sp**-eech.

bor·ing
[bɔrɪŋ]

♪ 보링 O [보오륑] r phonics

n.aj. 구멍뚫기,부스러기,지루한,싫증나는
I found the **mov**-(h)ie **tot**-all-y **bor**-ing.
Math-em-**at**-ics is a **bor**-ing **subj**-ect but **nec**-ess-ar-y one.

born
[bɔɚn]

♪ 보얼언 O [보어ㄹ언] ɚ phonics

aj. 태어난,태생의,천성의
I use a com-**put**-er; I w-asn't born **ye**-st-erd-ay.
I w-as **bor**-n and **ra**-i-sed in Seoul on N-ov-(h)**emb**-er 11, 1911.

bor·row
[bɑroʊ]

 O [바로우] r phonics

v. 빌리다,차용⇔l-end
My **comp**-an-y **borr**-owed her good id-**e**-a.
He **borr**-owed $1 mil for the **mor**(t)**g**-age from the bank.

boss
[bɑ:s]

♪ 바아ㅅ O [바아쓰]

n.v.aj. 두목,거물,융기,돌출장식,**st**-ud,지배,최고인,**ex**-ce ll ent
I got a **re**-al boss **head**set from the Boss.
So She is **of**(t)-(h)en **boss**-ing him ar-**ound**.

both
[boʊθ]

♪ 보으ㅆㅎ O [보우쓰] θ phonics

aj.pron.conj. 양쪽(의)
Both **Ell**-en and **Al**-ice enj-**oy**ed the **conc**-ert.
Both **part**-ies' rep-res-**ent**-at-ives hav(e) arr-**iv**(e)d in time.

both·er
[bɑ:ðɚ]

 X [바떠ㄹ] mora발음/ ð phonics

v. 괴롭히다,조르다,신경쓰다,괴로워
The back **prob**-l-em **both**-ers her **con**-st-ant-l-y.
St-op **both**-er-ing and **bull**-y-ing your **frie**nd.

bot·tle
['bɑːtl̩]

♪ 바앝을   X [바트얼]   [l̩]=[얼], mora발음/ t,l phonics

n.v. 병,한병분량,우유병,음주,병에담다,감추다,봉쇄
The **bab**-y **fe**-ll a-**sl**-eep **aft**-er drank his **bott**-le.
He **ra**-ised on the **bott**-le, n-ot breast **feed**-ing.

bot·tom
['bɑːtəm]

♪ 바앝엄   X [바아텀]   mora발음/ t phonics

n.v.aj. 바닥,선저,원인,밑을대다,규명,입각,바닥에닿다
Sa-les of **I-ine**-phones hav(e) **bott**-omed out.
L-et's get to the **bott**-om of the **prob**-l-em.

bounce
['baʊns]

♪ 바은ㅅ   O [바운쓰]

v.n.av. 튀다,뛰어걷다,수표부도나다,파면,공갈치다,탄력,활기
She **bou**-n-ced up from her **cha**-ir **joyf**-(h)ull-y.
The **comp**-an-y's cheq(ue) w-as **bou**-n-ced bec-**au**-se of NSF.

bound
['baʊnd]

♪ 바은ㄷ   O [바운드]

aj.v.n 묶인,구속된,의무있는,튀다,도약,jump,바운드,구역
He is bound to the Kor-**e**-an **Arm**-y.
She is bound up in White **Sn**-ow **mov**-(h)ie.

bound·ary
['baʊndri]

♪ 바은ㄷ러리   O [바운더뤼]   dr,r phonics

n. 경계(선)
You need to set **bound**-(a)r-ies with your **chi**-l-dren.
Those two trees mark the **bound**-(a)r-y of his e-**st**-at(e).

bow
['baʊ,'boʊ]

♪ 바ㅇ, 보ㅇ   O [바우, 보우]

v.n. 고개를숙이다,인사,굴복,굽다,경례,악기활
They **bo**-w-ed to **the**-ir **teach**-ers.
Al-ice **st**-rok(e) her vi-ol-**in** with the **bo**-w **tech**-n-ic-all-y.

bowl
['boʊl]

♪ 보을   O [보을]

n.vt. 사발,분량,접시,연회,원형경기장,굴리다,핀을쓰러뜨리다
He w-as **bo**-wled down by a **ca**-rel-ess **dem**-on-st-rat-or.
The **Sup**-er **Bo**-wl is the **ann**-u-al **champ**-ion-ship game.

box
['bɑːks]

♪ 바앜ㅅ   O [박쓰]

n.v. 상자(에넣다),특별석,움막,에워싸다,en-**cl**-ose,때리다,싸우다
She gav(e) him **a box** on the ear.   따귀때리다
The **le**-gi-sl-a-ture w-as boxed in by its **ear**-l-ier dec-**i**-sions.

boy
['bɔɪ]

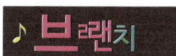 ○ [보이]

n. 소년,신출나기,학생,아들,동료
She gav(e) birth to a **bab**-y **bo**-y this **morn**-ing.
He's **ju**-st a **bo**-y when **dea**-l-ing with **w-om**-en.

A
B
C

brace
['breɪs]

 ✕✕✕ [브뤠이쓰]   틀린액센트/

n.v. 죔쇠,**cl**-asp,걸쇠,보강재,치열교정기,각오,강화,용기내다
She **w-o**re a brace to re-al-**ign** her ir-**reg**-ul-ar teeth.
He braced him-**se**-l-f for the **fu**-ture un-**cert**-aint-y.

brain
['breɪn]

 ✕✕✕ [브뤠인]   틀린액센트/

n.vt. 두뇌,지능,int-**ell**-ig-ence,기획자,중추부,머리때리다
She has **bra**-ins and good l-ooks.
I racked my **bra**-in(s) **try**-ing to rec-**all** her name.

branch
['bræntʃ]

 ✕✕✕ [브뢘취]   틀린액센트/

n.v. 가지,지부(류),분과,가지뻗다,갈라지다,가르다,확장
Birds are **sing**-ing from the branches of a tree.
Sci-ence branches out **int**-o **var**-ious **subj**-ects.

brand
['brænd]

 ✕✕✕ [브뢘드]   틀린액센트/

n.vt. 품종,상표,오명,낙인,낙인찍다,씌우다,인상남기다
France prod-**uce**s the best brand of **w-i**ne.
Her att-**ire** branded her as a **hipp**-y in the **pic**-ture.

brass
['bræs]

 ✕✕✕ [브뢔쓰]   틀린액센트/

n.aj.v. 놋쇠(빛깔,제품),금관악기,헌금,명시,뻔뻔함,**res**-on-ant
Brass is a **yell**-ow-ish **all**-oy of 67% **copp**-er and 33% zinc.
She w-orked as one of the **med**-ic-al brass at the **ho**-sp-it-al.

brave
['breɪv]

 ✕✕✕ [브뤠이브]   틀린액센트/ r,v phonics

aj.n.vt. 용감한,cour-**age**-ous⇔**co**-w-ard-l-y,용사,**w-arr**-ior,맞서다
N-one but the brav(e) des-**erve**s the **hon**-or.
She had to brav(e) his **ang**-er and conf-(h)**ess**.

bread
['brɛd]

 ✕✕✕ [브뤠드]   틀린액센트/ r,d phonics

n.vt. 빵(주다),양식,food,l-**ive**-l-i-hood,성찬식빵,빵가루묻히다
Giv(e) us tod-**ay** our **da**-il-y bread.   -**Math**-ew 6:11
She breaded the fish fi-ll-**et**s bef-(h)**ore fry**-ing.

break
['breɪk]
♪ 브레익   XXX [브뤠익]   틀린액센트/ r,k phonics
v.n. 부수다,(습관)중단,분할,파산,어기다,돌파,**sol**-ve
Break $10 **bi**-ll **int**-o **co**-ins, **pl**-ease.
Cit-y broke a few bik(e) **trai**-l al-**ong** the **riv**-(h)ers.

break·fast
['brɛkfəst]
♪ 브렠ㅍ허슽   XXX [브랙퍼스트]   틀린액센트/ r,f,t phonics
n.v. 아침식사,아침먹다,아침을주다
W-e **break**-fa-sted **ce**-re-al with **mi**-l-k.
W-e had a **joyf**-(h)ul **break**-fa-st **und**-er the **pat**-io.

breast
['brɛst]
♪ 브레슽  XXX [브뤠스트]   틀린액센트/ r,t phonics
n.vt. 젖,가슴(속,으로받다,내밀다),무릅쓰다,나란히가다
She gav(e) the **brea**-st to her **bab**-y.
"Griefs of mine own l-ie **heav**-(h)y in my **brea**-st".   -**Rom**-eo-

breath
['brɛθ]
♪ 브레쓰   XXX [브뤠쓰]   틀린액센트/ r,θ phonics
n. 호흡,생명력,휴지
Tak(e) a deep breath and rel-**ax**!
She took my breath a-**w-ay**.

breathe
['bri:ð]
♪ 브리읋  XXX [브뤼이뜨]   틀린액센트/ r,ð phonics
v. 숨쉬다,휴식,산들바람불다,풍기다,암시,표현
Breath-ing is the **proc**-ess of **tak**-ing **a**-ir in and out.
He's an **art**-ist **breath**-ing l-if(e) **int**-o a **port**-rait.

breed
['bri:d]
♪ 브리읻  XXX [브뤼이드]   틀린액센트/ r,d phonics
v. 새끼낳다,교육,사육,일으키다,번식,씨받다,임신
Your **chi**-l-dren are w-e-ll bred with good **mann**-ers.
Kor-**e**-a, breeds great **l-ad**-y **gol**-f-(h)ers in LPGA since Se-ri Pak's bare feet **vict**-or-y.   박 세리 맨발 투혼

bribe
['braɪb]
♪ 브라입  XXX [브롸이브]   틀린액센트/ r,v phonics
n.v. 뇌물,미끼,뇌물주다,매수
Chi-l-dren w-**at**-ch **par**-ents' **brib**-ing with **the**-ir **teach**-ers.
The pol-**i**-cem-an w-as **brib**(e)d n-ot to un-**cov**-(h)er the crime.

brick
['brɪk]
♪ 브맄   XXX [브뤽]   틀린액센트/ r,k phonics
n.vt. 벽돌(로싸다,의,색의),덩어리,선량한사람,막다
You w-i-ll see a **bri**ck house at the **cor**-n-er.
They **bri**cked up the **brok**-en **w-ind**-ows in a **ghett**-o.

bride
['braɪd]

 XXX [브롸이드] 틀린액센트/ r,d phonics

n. 신부⇔**bride**-gr-oom, a **bride** of Christ,수녀
A **brid**e is a **w-om**-an ab-**out** to be **marr**-ied.
"**Fath**-er of the **Bri**de" is an Am-**er**-ic-an **com**-ed-y **fi**-l-m.

bridge
['brɪdʒ]

 XXX [브뤼쥐] 틀린액센트/ r,dʒ phonics

n.vt. 다리(같은것,놓다),연결,의치,중개역할,카드놀이
"**Brid**-ge **Ov**-(h)er **Troub**-led **W-at**-er" is a **po**-em.
They neeed a **brid**-ge to comm-**un**-ic-ate each **oth**-er.

brief
['bri:f]

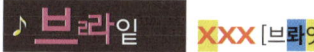 XXX [브뤼이프으] 틀린액센트/ r,f phonics

aj.n.vt. 잠시의,간결한,무뚝한,개요(서),영장,속옷,변호의뢰
He is brief and to the **po**-int of **sp**-eech.
The prof-(**h**)**ess**-or w-as brief with me this **morn**-ing. 잠깐마주하다

bright
['braɪt]

  [브롸잇] 틀린액센트/ r,t phonics

aj.n. 빛나는,밝은,선명한,영리한,생기있는⇔dull,유망한
She is one of the **bri**-ght **st**-ars of **st**-age and **sc**-reen.
His **bri**-ght id-**e**-a transf-(**h**)**orm**ed to a dis-**rupt**-iv(e) **it**-em.

bril·liant
['brɪljənt]

  XXX [브륄리언트/] 틀린액센트/ r phonics

aj.n. 반짝이는⇔**spl**-end-id,멋진,지적인,int-**ell**-ig-ent,훌륭한,보석
The **sol**-o-ist gav(e) a **bri**-ll-i-ant perf-(**h**)**orm**-ance.
She sugg-**est**ed a **bri**-ll-i-ant sol-**u**-tion to the **prob**-l-em.

bring
['brɪŋ]

 XXX [브륑] 틀린액센트/ r phonics

vt. 가져오다,오게,생각나게,이르게,극복하게
What brings you **he**-re?
The **doct**-or brought him through his **l-iv**-(h)er **canc**-er. 극복하도록

Brit·ish
['brɪtɪʃ]

  XXX [브뤼티쉬] 틀린액센트/ r,t phonics

aj.n. 영연방의,영국인(영어)의,영국문화의
Socc-er is one of **Brit**-ish **cul**-tures.
Brit-ish is a bit **diff**-(h)er-ent from Am-**er**-ic-an **Eng**-l-ish.

broad
['brɑ:d]

XXX [브롸아드] 틀린액센트/ r,d phonics

aj.av.n. 폭넓은(부분)⇔**narr**-ow,환한,관대한,충분히
She has a **bro**ad views reg-**ard**-ing tech-n-**ol**-o-gy.
He's a **doct**-or with a **bro**ad (k)**n-ow**-l-ed-ge of **med**-i-cine.

broad·cast
[ˈbrɑːdˌkæst]

🎵 브롸앋캐슽   XXX [브롸아드캐스트]   틀린액센트/ r,d,t phonics

v.n.aj.av. 방송,흩뿌리다,선전,살포,방송의,퍼뜨린
The n-ews **prog**-ram beg-**in**s **broad**-cast-ing at **8** P.M.
The **ag**-en-cy **broad**-casts an app-**ea**-l for **med**-ic-al aid.

broth·er
[ˈbrʌðɚ]

🎵 브롸덣얼   XXX [브롸떠]   틀린액센트/ r,ð phonics

n.vt. 형제,동포,수사,동료,친구,유사한것,형제삼다
"He Ain't **Heav**-(h)y, He's My **Broth**-er." -The **Holl**-ies-
'He's na heavy. He's mi brither.' (in **O**-l-d **Eng**-l-ish)
W-e supp-**ort** our **broth**-ers and **si**-st-ers **fight**-ing **ov**-(h)er-**sea**s.

brow
[ˈbraʊ]

🎵 브롸으   XXX [브롸우]   틀린액센트/ r phonics

n. 눈썹,이마,표정,산기슭,눈두덩
They **tumb**-led down at the brow of a **hi**-ll.
She **pu**-lled out some **ha**-irs from her brows.

brown
[ˈbraʊn]

🎵 브롸은   XXX [브롸운]   틀린액센트/ r phonics

n.aj.v. 갈색(것,이되다),그을린,우울한,그을다,데치다
She **bro**-wned her **sk**-in **dur**-ing her vac-**a**-tion.
Bro-wn-ies are **gett**-ing **bro**-wn in the **ov**-(h)en.

brush
[ˈbrʌʃ]

🎵 브롸쉬   XXX [브롸쉬]   틀린액센트/ r phonics

n.v. 브러시,작은충돌,솔질,스피드경주,털다,이닦다,거부
She **bru**shed him off at the **part**-y.
His **fing**-ers **bru**shed her **te**-ars a-**w**-**ay**.

bub·ble
[ˈbʌbəl]

🎵 밥얼   X [바브얼]   mora발음/ ʌ phonics

n. 거품,환상,투기,거품일다,끓다,흐르다,끓어넘치다
They saw **a**-ir **bubb**-les **ris**-ing in the **w**-**at**-er.
The **Dot**-com **bubb**-le **fin**-all-y burst **aft**-er Mar. 10, 2000.

buck·et
[ˈbʌkit]

🎵 벅잍   X [바킷]   mora발음/ ʌ,k,t phonics

n.v. 물통,두레박,한통,물통으로물푸다,버킷사용
He mad(e) **buck**-ets of **mon**-ey in the bull **st**-ock **mark**-et.
The **Buck**-et L-ist is the l-ast things to do bef-(h)**ore** death.

bud·get
[ˈbʌdʒət]

🎵 받젙   X [바쥐잇]   mora발음/ ʌ,dʒ phonics

n.v. 예산(안),운영비,예산세우다,예산할당
The **fi**-l-m has a 5 **mi**-ll-i-on **doll**-ar **bud**-get.
The team is **ex**-ec-ut-ing a $3 mil **bud**-get **proj**-ect.

build
['bɪld]
♪ 비을ㄷ   ○ [비얼드]   l phonics
v. 건설,부설,건립,found,이룩,e-**st**-ab-l-ish,강화,만들다
He **mu**-st **bui**-l-d up his **bu**-sin-ess for **fu**-ture M&A.
You'll **bui**-l-d **friend**-ships that **w-i**-ll l-ast a **l-if**(e)-time.

built
['bɪlt]
♪ 비을ㅌ   ○ [비얼트]   l phonics
v.adj.n.build의 과거•과거 분사형,구조가~한,좋은몸매
We **w-i**-ll have a new **air**-port **bui**-l-t.   must 의미
She's a **danc**-er who is **re**-all-y **bui**-l-t.

build·ing
['bɪldɪŋ]
♪ 비을딩   ○ [비얼딩]   l phonics
n. 건조물,건물,건축(업),건조
Her **off**-(h)i-ce is in that **hi**-rised **mod**-ern **bui**-l-d-ing.
The **bui**-l-d-ing w-as **bui**-l-t for the **Mod**-ern Art Ex-hib-**i**-tion.

bulk
['bʌlk]
♪ 벌ㅋ   X [버얼크]   ʌ phonics
n.vi. 큰체적,대부분,부피,짐,많아지다,부피있다
The bulk **st**-ore **se**-lls goods in bulk.
W-ork-out **he**-l-ped the **hea**-l-th bulk up.

bul·let
['bʊlət]
♪ 블엍   X [불릿]   중복"ㄹ"="r"발음/ t phonics
n.vi. 총알,총알모양,빠르게움직이다
KTX **tra**-ins ran **fa**-st l-ik(e) a **bull**-et.
Kenn-ed-y could n-ot av-(h)**oid** the **sn**-ip-er's **bull**-et and died.

bump
['bʌmp]
♪ 범ㅍ   ○ [밤프]
v.n. 부딪치다,쫓아내다,해고,서절,부결,충돌,충격,대박상
He bumped **int**-o an **o**-l-d friend on a **st**-reet.
He got **min**-or bumps and **brui**-ses from the **fight**.

bunch
['bʌntʃ]
♪ 반치   ○ [반취]   tʃ phonics
n.v. 묶음,**bund**-le,무리,혹,다발(무리)되다,주름잡히다
He **off**-(h)ered a bunch of roses to her.
Gar-l-ics hung in bunches from the **kit**-chen **raft**-ers.

bun·dle
['bʌndl]
♪ 반덜   X [반드얼]   Schwa [l̩]=[얼],mora 발음/ ʌ,l phonics
n.v.다발,보따리,소포,**pack**-age,포장,몰아내다,짐꾸리다,떠나다
He **bund**-led out of the **board**room **promp**-t-l-y.
She **bund**-led **kind**-er **gard**-en kids up in **sn**-ow suits.

bur·den
['bɚdn̩]
♪ 벌ㄹ언 O [버ㄹ든] Schwa [n̩]=[언] ɚ,n phonics
n.vt. 짐,부담,적재량,간접비,요지,후렴,짐지우다,부담안기다
Sen-iors **fee**-l they are a **burd**-en to **the**-ir **fam**-il-ies.
The **burd**-en of **w-edd**-ing e**xp**-ense rests on her **par**-ent.

buri·al
['berijəl]
♪ 베리열 X [베뤼어얼] 틀린발음/ r phonics
n. 묘소,grave,tomb,장례(식)
W-e att-**end**ed our **fath**-er's **bur**-i-al.
She w-anted to giv(e) him a **prop**-er **bur**-i-al.

burn
['bɚn]
♪ 벌ㄹ언 O [버ㄹ언] ɚ phonics
v.n. 타다,화내다,햇볕에타다,소각,불타다,구워만들다
The toast burned to a **cri**-sp **bl**-ack.
His **crit**-i-ci-sm mad(e) her ears burnt with **ang**-er.

burst
['bɚst]
♪ 벌ㄹ슽 X [버ㄹ스트] mora 발음/ ɚ,t phonics
v. 폭발,터지다,별안간나타나다,터질듯,갑자기~하다
The **a-ir**-pl-ane bursted **int**-o pieces.
The **aud**-i-ence bursted out **l-augh**-(h)ing out l-oud (LOL).

bury
['beri]
♪ 베리 X [베뤼] r phonics
vt. 매장,잊다,묵살,몰두하다,존재가희미해지다
She **bur**-ied her face in her hands.
I **bur**-ied my-**se**-l-ves in **ed**-it-ing this Yethanglish book.

bus
[ˈbʌs]
♪ 바ㅅ X [바쓰] ʌ phonics
n.v. 버스,합승마차,손수레,컴퓨터버스,버스타(태워주)다
He reg-**ret**ted that he **miss**-ed the bus at w-ork.
In the **count**-ry the **st**-ud-ents buses to **sch**-ool.

bush
['bʊʃ]
♪ 브쉬 O [부쉬]
n.vt.aj. 관목(숲),수풀지대,미개간지,마찰방지부시,기진맥진
A **fi**-re broke out in a dried bush.
A bush is **w-ork**-ing as a **pl**-ain **bear**-ing in the ma-**chine**.

busi·ness
['bɪznəs]
♪ 비쥰어ㅅ O [비즈니쓰] mora 발음/ z,n phonics
n. 장사,직업,기업,거래,본업
He **bought** his **unc**-le's **bu**-sin-ess.
W-e hav(e) to find out n-ew **bu**-sin-ess **mod**-el.

busy
['bɪzi]
♪비ᅎᅵ   O [비지]   z phonics
aj.vt. 바쁜,번화한,사용중인,복잡한,바쁘다
The l-ine is **bu**-sy so I **w-i**-ll call **l-at**-er.
He **bu**-sied him-**se**-l-f prep-**ar**-ing the **mid**-term e**x-am**.

but
[bʌt]
♪밭   X [밧]   ʌ,t phonics
conj. 그러나,(~이)아니고,~을제외하고,~하지않고는
She is rich, but n-ot **happ**-y and **l-one**-l-y.
You can't get it **an**-y-w-he-re but **he**-re.

but·ter
['bʌtɚ]
♪밭ᅥᆯ   X [바터]   mora 발음/ ʌ,t,ɚ phonics
n.vt. 버터,버터비슷한것,달콤한말,버터바르다(칠),아첨
You're **al**-w-ays **butt**-er-ing up your team.
French food couldn't be **fam**-ous with-**out butt**-er, they say.

but·ton
['bʌtn̩]
♪밭ᅥᆫ   X [밧은]   Schwa [n̩]=[언] ʌ,t,n phonics
n.v. 단추,싹,봉오리,지력,단추채우다,단추달다
He un**d-id** the top **butt**-on of his **shir**-t.
She **butt**-oned up her **rain**-coat with a camp-**aign butt**-on.

buy(er)
['baɪ,'baɪɚ]
♪바ᅵ,ᅥᆯ   O [바이,바이어]   ɚ phonics
v.n. 사다,획득,대접,bel-**iev**(e),brib(e),acc-**ept**,속죄,횡재
"Can't buy me l-ov(e)." Sung by the **Beat**-les.
He bought the pos-**i**-tion at the **co**-st of his l-if(e).

by
['baɪ]
♪바ᅵ   O [바이]
prep. 곁에서,경유로,~에의하여,·동안에,·까지
The **parc**-el del-**iv**-(h)ered by **a-ir**-freight.
"**St**-and by Me" perf-(**h)orm**ed by Ben E. King.

bye
['baɪ]
♪바ᅵ   O [바이]
n.aj.interj. 부전승,덧붙인것,안녕,**fa**-rew-e-ll,작별인사
She got a bye **int**-o the **sec**-ond round of the **tourn**-am-ent.
"God be with you!" **short**-ened to Good-**bye** and bye-**bye**.

혀는 좀 풀렸나요?

c or C
[siː]
♪ 씨이   O [씨이]   375 단어 47쪽
n. 영알파벳셋째자,C(c)음,C(자)형의것,세번째(것),3급(품)
He got a mark of C on a term **pap**-er.
C is the third **l-ett**-er of the **mod**-ern **Eng**-l-ish **alph**-(h)ab-et.

cab·i·net
[kæbɪnɪt]
♪ 캡인잍   X [캐비닛]   mora 발음/ b,n,t phonics
n.aj. 장,캐비닛,cons-**o**-le,작은방,내각(의),비밀의
She is a **memb**-er of the **Pres**-id-ent's **cab**-in-et.
Pres-id-ent re-**shuff**-(h)led some **cab**-in-et **min**-i-st-ers.

cage
[keɪdʒ]
♪ 케이지   O [케이쥐]   dʒ phonics
n.vt. 새장(모양),수용소,**pris**-on,골조,우리에넣다
He **pl**-aced a prot-**ect**-ive cage ins-**id**(e) the tent.
The dogs at the **shelt**-er l-ooked sad in **the**-ir cages.

cake
[keɪk]
♪ 케익   O [케익]   k phonics
n.v. 케이크,얇은빵,덩어리,배당,굳히다,들러붙다
You **cann**-ot hav(e) your cak(e) and eat it too.   양자택일
Inv-(h)**est**-ors dem-**and**ed a l-**arg**-er **sl**-ice of the cak(e).

cal·cu·late
[kælkjəˌleɪt]
♪ 캘켤에잍   X [캐얼큐레잇]   mora 발음/ l,t phonics
v. 계산,판단,평가,적합,적응,생각,고려,기대,의지
The **coa**-ch **cal**-cul-ated the team's **chan**-ces of **winn**-ing.
W-e **cal**-cul-ated to det-**erm**-ine how much **pa**-int needed.

cal·cu·la·tion
[kælkjəˈleɪʃən]
♪ 캘켤에이션   X [캐얼큐레이션]   mora 발음/ l phonics
n. 계산,**est**-im-ate,심사숙고,계책
Acc-**ord**-ing to **aud**-it-ors' cal-cul-**a**-tions, it w-i-ll **bank**-rupt.
The com-**put**-er does **mi**-ll-i-ons of cal-cul-**a**-tions a **sec**-ond.

cal·en·dar
[kæləndɚ]
♪ 캘언덜   X [캘린더]   중복"ㄹ"="r"발음/ l,ɚ phonics
n. 역법,일정표,일정에써넣다,기록
The ac-ad-**em**-ic **cal**-end-ar runs from Sept-**emb**-er to May.
The-re are the Greg-**or**-ian and l-**un**-ar **cal**-end-ars in Kor-**e**-a.

call
[kɑːl]
♪ 카알   O [코얼]
v.n. 부르다,깨우다,초대,소집,전화,명령,선언
The Am-**er**-ic-an amb-**ass**-ad-or w-as called **ho**-me.   소환명령
The **pl**-an w-as called to the **board**room on **Mond**-ay.

calm [ˈkɑːm]
♪ 카암   ○ [카암]
aj.n.v. 고요한,**st**-i-ll,**q**-u-iet,침착(한),무풍,평온해지다
He couldn't calm down for hours **aft**-er the **arg**-um-ent.
Aft-er **vi**-ol-ent prot-**est**s, the **Prem**-ier app-**ea**-l-ed for calm.

cam·era [ˈkæmrə]
♪ 캠러   × [캐머뤄]   mora 발음/ m,r phonics
n. 카메라,판사의사실(私室),in **priv**-(h)ate
Two **coun**-tries mad(e) a **sec**-ret **dea**-l in **cam**-er-a.
The **act**-ress is a **tot**-all-y **diff**-(h)er-ent **pers**-on off **cam**-er-a.

camp [ˈkæmp]
♪ 캠ㅍ   × [캠프]
n.vi. 야영(지,설비),군대생활,캠프일행,그룹,진영,천막치다
The **Cong**-ress is div-(**h)ide**d **int**-o two camps.
W-e camped in the ap-**artm**-ent unt-**i-l** the **furn**-it-ure arr-**iv**(e)d.

cam·paign [kæmˈpeɪn]
♪ 캠페인   ○ [캠페인]
n. 군사행동,조직적활동,캠페인,종군하다,선거운동
She w-ent camp-**aign**-ing for **w-om**-en's **ri**-ghts.
They **bui**-l-t an **adv**-(h)ert-is-ing camp-**aign** for n-ew **prod**-uct.

can [ˈkæn]
♪ 캔   ○ [캔]
aux.v. 할수있다,권리(자격)있다,가능,~의경향있다,해주다
Such things can and do **happ**-en **aft**-er **or**-al **pract**-ic-ing.
She can **sp**-eak **Eng**-l-ish **fl**-u-ent-l-y **aft**-er **pract**-ic-ing.

ca·nal [kəˈnæl]
   × [커내얼]   mora 발음/ n,l phonics
n.vt. 운하(개설,파다),육지로쑥들이간만,도관
The **Pan**-am-a Can-**al op**-ened a **short**cut.
Root can-**a-l prob**-l-em is a **painf**-(h)ul ache.

can·cel [ˈkænsəl]
♪ 캔슈얼   × [캔쓰얼]   mora 발음/
v.n. 취소,철회,**off**set,del-**ete**,말소,파기,de-**st**-roy,삭제
Tod-**ay**'s dec-**l**-ine **canc**-eled out **yest**-erd-ay's **ga**-in.
His **subs**-e-q-uent **succ**-ess **canc**-eled his **ear**-l-ier **bl**-und-ers.

can·cer [ˈkænsɚ]
♪ 캔설   × [캔써]   틀린발음/ ɚ phonics
n. 암,암종,병폐,해악,게별자리,the Crab
The gangs w-ere **canc**-ers in **the**-ir soc-**i**-et-y.
Adv-(**h)an**-ced **canc**-ers are **mo**-re **diff**-(h)ic-ult to treat.

can·di·date
[kændədeɪt]

♪ 캔덛에읻   X [캔더데읻]   mora 발음/ d,t phonics

n. 입후보자,지망(지원)자,학위취득희망학생
Cand-id-ates can ap**p**-**l**-y in **pers**-on or send a rés-um-**é**.
H. Cl-int-on is the Dem-o-**crat**-ic **cand**-id-ate for **Pres**-id-ency.

can·dy
[kændi]

♪ 캔디   O [캔디]

n.v. 사탕과자,설탕으로절이다(싸다),달게,즐겁게
The cough **syr**-up **ta**-st(e)s l-ik(e) **cand**-y.
Bro-wn Eyed Girls sang **Cand**-y Man @ SBS Ingigayo.

cap
[kæp]

♪ 캪   X [캡]

n.v. 모자,마개,뚜껑,peak,**cov**-(h)er,완성,com-**pl**-ete,surp-**ass**
He took the cap off the **be**-er **bott**-le.
They capped the **ho**-le of the **emp**-ty o-i-l-w-e-ll.

ca·pa·ble
[keɪpəbəl]

♪ 케잎업얼   X [케이퍼브얼]   mora 발음/ p,b,l phonics

aj. 수완있는,유능한,능력,재능,자격있는
He does seem to be **cap**-ab-le of **l-earn**-ing.
She is a **cap**-ab-le and eff-(**h)i**-cient rep-**ort**-er of n-ews.

ca·pac·i·ty
[kəpæsəti]

♪ 컾앳얼이   X [커패써티]   mora 발음/ p,t phonics

n.aj. 수용력,정원,용적,능력,재능,가능성,적성,최대한의
He has a great cap-**ac**-it-y for **Eng**-l-ish.
Our **fact**-or-y's **out**put w-as n-ot at cap-**ac**-it-y.

cape
[keɪp]

♪ 케잎   X [케입]

n.vt.aj. 곶,목의짧은망토,투우사붉은천(펄럭이다),희망봉의
W-e **vis**-ited Cap(e) Cod **ne**-ar **Bo**-st-on for **seaf**-(h)ood.
His cap(e) w-as **w-e**-ll man-**euv**-(h)ered in a **bull**-fight.

cap·i·tal
[kæpətl]

♪ 캪얼얼   X [캐퍼트얼]   [l]=[얼],mora 발음/ p,t,l phonics

n.aj. 수도,자본(금),대문자,chief,**prin**-cip-al,사형처할
N-ew **Yor**-k is the fin-**an**-cial **cap**-it-al of the w-orld.
W-e got a l-oan ap-**prov**-(h)al for **w-ork**-ing **cap**-it-al.

cap·tain
[kæptən]

♪ 캪언   O [캡틴]   p phonics

n.vt. 우두머리,육군대위,해군대령,선장,감독,지서장,지휘
He **capt**-ained the **na**-tion-al **socc**-er team.
The **capt**-ain has turned on the "**fas**(t)-en seat **be**-l-t" sign.

cap·ture
[kǽptʃɚ]

♪ 캪춰얼 O [캡춰] p,tʃ,ɚ phonics

vt.n. 붙잡다,포획,획득,**cat**ch,사진에담다,마음을사로잡다
The **cit**-y was **cap**-tured by **en**-em-y forces.
He **cap**-tured her charm on his **n-ov**-(h)el and **canv**-(h)as.

car
[kɑɚ]

♪ 카얼 O [카아] ɚ phonics

n. 자동차,aut-om-**ob**-ile,철도차량(분화물),사람타는칸
She bought a n-ew car with-**out mor**(t)**g**-age.
The **terr**-or-ist **pl**-anted a bomb in the car and e**x-pl**-oded.

card
[kɑɚd]

♪ 카얼듸 O [카어ㄹ드] ɚ phonics

n.vt.aj. 카드(패,를달다),결정적수단,명함,적어넣다
This **w-i**-ll be the **be**st card for his pr**om**-**o**-tion.
The **comp**-an-y threw up **the**-ir cards on the **proj**-ect.

care
[keɚ]

♪ 케얼 O [케어] ɚ phonics

n.v. 근심,**worr**-y,anx-**i**-et-y,conc-**ern**,간호,prot-**ec**-tion,보관
He is **st**-i-ll **ig**-n-or-ant of the **ca**-res of l-if(e).
My **fir**-st **ca**-re is to comm-**un**-ic-ate **Eng**-l-ish hard.

ca·reer
[kəríɚ]

♪ 커리얼 O [커뤼어] r,ɚ phonics

n.v. 생애,출세,succ-**ess**,진행,**cour**-se,전속력,질주,dash
Al-ice hopes to purs-**ue** a car-**eer** in **med**-i-cine.
Dur-ing his car-**eer** in **tea**-ch-ing he w-on a-**w-ard**s.

care·ful
[kéɚfəl]

♪ 케얼프헐 X [케어퍼얼] mora 발음/ ɚ,f phonics

aj. 조심스러운⇔**ca**-re-l-ess,신중한,애쓰는,면밀한
Be **ca**-ref-(h)ul when **cross**-ing the busy **st**-reet.
Pol-**i**-ce mad(e) a **ca**-ref-(h)ul ex-am-in-**a**-tion of the scene.

care·less
[kéɚləs]

♪ 케얼어ㅅ X [케어얼리쓰] 중복"ㄹ"="r"발음/ ɚ phonics

aj. 경솔한⇔**ca**-ref-(h)ul,부주의한,소홀한
It w-as a **ca**-re-l-ess mi-**st**-ak(e).
She w-as **ca**-re-l-ess with **too**-ls and ma-**chine**s.

car·pet
[kɑɚpət]

♪ 카얼펕 O [카어ㄹ핏] ɚ,t phonics

n.vt. 양탄자,넓은평면
The ground w-as **cov**-(h)ered by a **carp**-et of l-eav(e)s.
Sn-ow **carp**-eted the **sid**(e)**w**-alks **dur**-ing the **n-i**ght.

car·riage
[ˈkerɪdʒ]   ♪케린지   O [캐뤼쥐]   r,dʒ phonics
n. 탈것,객차,포차,태도,받침대,경영,통과
She took the **bab**-y to the park in the **carr**-i-age.
The **carr**-i-age of a **nuc**-l-ear **pl**-ant w-as mal-**func**-tioned.

car·rot
[ˈkerət]   ♪케럩   O [캐륃]   r,t phonics
n. 당근,상,미끼,붉은머리,**carr**-ot and **st**-ick,상과벌,회유와협박
She chopped some **carr**-ots for the soup.
Carr-ots w-ere on the neg-o-ti-**a**-tion **tab**-le. 회유

car·ry
[ˈkeri]   ♪케리   O [캐뤼]   r phonics
vt. 운반,운송,tran-**sp**-ort,전,방송,전염시키다,목표에이르게
She **carr**-ied the twin in her arms and on her back.
Her l-ov(e) for **mus**-ic **carr**-ied her to The **Jui**-ll-iard **Sch**-ool.

cart
[kɑɻt]   ♪카읕   O [카어ㄹ트]   ɚ,t phonics
n.v. 짐차,손수레,짐(마)차로나르다,끌다
Her cart **pi**-led up with **groc**-er-ies.
The-re are free carts at the **bagg**-age **cl**-aim **ar**-ea.

car·ton
[ˈkɑɻtn]   ♪카읕은   O [카어ㄹ튼]   Schwa [n]=[언] ɚ,t ,n phonics
n. 판지(상자),과녁중심,bull's eye,a **cart**-on of ~,~한상자(12)
Mom got a **cart**-on of ice cream out of the **freez**-er.
Thir-st-y mad(e) him drink a **cart**-on of **or**-ange **jui**-ce.

case
[keɪs]   ♪케이ㅅ   O [케이쓰]
n.vt. 사례,**in**-st-ance,사정,**prob**-l-em,cond-**i**-tion,sit-u-**a**-tion
Bring an um-**brell**-a with you, **ju**-st in case.
911 is the **numb**-er to call in case of em-**erg**-enc-y in **Can**-ad-a & U.S.

cash
[kæʃ]   ♪캐쉬   O [캐쉬]
n.aj.vt. 현금(의,으로결제되는),환전,이길패를잡다
The **st**-ore w-ouldn't cash the check.
W-e w-i-ll pay you cash, giv(e) us some **di**-sc-ount.

cast
[kæst]   ♪캐슽   O [캐스트]   mora 발음/ t phonics
v. 던지다,throw,넣다,시선주다,빛내다,배역주다,주조
All eyes w-ere cast up-**on** the **sp**-eak-er.
The **sp**-ot-l-ight cast a l-ong **shad**-ow of the **act**-ress

cas·tle
[ˈkæsəl]

♪캣얼   O [캐쓰얼]

n.v. 성,대저택,안전한장소,둘러싸다
I w-i-ll **w-at**-ch the "**Ca**-s(t)-le" **on**-l-ine at ABC.com.
Mi-ll-i-on-a-ires **bui**-l-t **ca**-s(t)-les to show off **the**-ir **w-ea**-l-th.

cat
[kæt]

♪캩   O [캩]

n.v. 고양이,고양이과동물,고양이같은사람
Ca-re **ki**-lls the **n-i**-ne l-iv(e)s cat too. 지극정성이면 감천
CAT **sc**-an is **pop**-ul-ar for di-agn-**o**-st-ic **im**-ag-ing dev-(**h**)ice.

cat·a·log(ue)
[ˈkætəˌlɑːg]

♪캐얼어억   X [캐털러어그]   mora 발음/ t,l,g phonics

n.v. 도서목록,카타로그,l-ist,**reg**-i-st-er,일람표(만들다),게재
The **chor**-us **pl**-ayed songs from **the**-ir **cat**-al-og of hits.
This **bl**-ouse **cat**-al-og(ue)s for $20 on **Sp**-ring **fa**-shion.

catch
[ˈkætʃ]

♪캩치   X [캐취]   tʃ phonics

v. 잡다,**cap**-ture,seize,dec-**eiv**(e),타다⇔miss,발견,자제,걸리다
Sen-iors are **eas**-y to catch **co**-l-d so need **fl**-u shot.
The poor houses are **vul**-ner-ab-le to catch **fi**-re in **w-int**-er.

cat·e·go·ry
[ˈkætəˌgori]

♪캩어고리   X [캐터고뤼]   mora 발음/ t,g,r phonics

n. 생물학분류,종류,부류,카테고리,범주
Tax-payers fall **int**-o one of **sev**-(h)er-al **inc**-ome **cat**-eg-or-ies.
Does the un-**mann**-ed **dro**-ne bel-**ong** to UFO **cat**-eg-or-y? N-o.

cat·tle
[ˈkætl̩]

♪캩얼   X [캐트얼]   Schwa [l̩]=[얼], mora 발음/ t,l phonics

n. 복수취급,소,가축,짐승같은것들
Catt-le are the **l-ar**-ge dom-**e**-st-ic-ated **ung**-ul-ates.
They banned on all imp-**orts** of l-iv(e) **catt**-le ab-**road**.

cause
[kɑːz]

♪카아즈흐   O [카아즈]   z phonics

n.vt. 원인,근거,동기,소송이유,주제,논점,원인되다
Her **sym**(p)t-oms had n-o app-**ar**-ent **cau**-ses, **Doct**-or said.
He has n-o **cau**-se to hav(e) a **pers**-on-al **grud**-ge ag-**ainst** you.

cau·tion
[kɑːʃən]

♪카아션   O [카아션]

n.v. 주의(주다),경계,신중함,경고,충고
The roads are **sl**-ipp-ery: drive with e**xt**-reme **cau**-tion.
The pol-**i**-cem-an **cau**-tioned him ab-**out sp**-eed-ing.

143

cave
[keɪv]
♪ 케이ㅂ X [케이브] mora 발음/ v phonics
n.v. (동)굴(파다),지하저장실,항복,함몰(시키다),약화되다
Caves are formed by **var**-ious ge-ol-**og**-ic **proc**-esses.
The roofs and w-alls caved in **dur**-ing the **earth**-q-uake.

cease
[siːs]
♪ 씨이ㅅ O [씨이쓰]
v. 중지,그만두다,끝나다,멎다,그만두다
She cried for hours with-**out cea**-s-ing.
W-e w-orked with-**out cea**-se to **fin**-ish the **proj**-ect on time.

ceil·ing
[siːlɪŋ]
♪ 씨이을잉 X [씨일링] 중복"ㄹ"="r"발음/ l phonics
n.aj. 천장(판),둥근천장,(배의)내장(판),고도,운고,
W-age and price **cei**-l-ings are the **maj**-or conc-**ern**.
Cei-l-ing prices on rent prot-**ect man**-y l-**ess**-**ee**s.

ce·leb
[səlɛb]
♪ 썰엡 X [쎌레브] 중복"ㄹ"="r"발음/ v phonics
n. cel-**eb**-rit-y 약어 또는 **sl**-ang,유명(저명)인사,명성
Some cel-**eb**s wore **ank**-le braces.
That **rest**-aur-ant much **fav**-(h)ored by Kor-**e**-an cel-**eb**s.

cel·e·brate
[sɛləˌbreɪt]
♪ 쎌업ㄹ레잍 X [쎌러브뤠잇] 중복"ㄹ"="r"발음/ b,r,t phonics
v. 축하,기념,공표,거행,축배들다,흥청대다
Peop-le **gath**-ered to cel-eb-rate **Chri**-s(t)m-as.
The **fam**-il-y cel-eb-rates **the**-ir **birth**-days by **din**-ing out.

cel·e·bra·tion
[sɛləˈbreɪʃən]
♪ 쎌업ㄹ레이션 X [쎌러브뤠이션] 중복"ㄹ"="r"발음/ b,r phonics
n. 축하(행사,의식의거행),찬양
It w-as l-ik(e) a cel-eb-**ra**-tion of Mand-**el**-a's l-if(e).
The-re w-as a cel-eb-**ra**-tion for **w-edd**-ing in our house.

ce·leb·ri·ty
[səˈlɛbrəti]
♪ 썰엡ㄹ맅이 X [쎌레브뤼티] 중복"ㄹ"="r"발음/ b,r,t,y phonics
n. 유명(저명)인사,명성,약어;ce·leb
The-re w-ere **man**-y cel-**eb**-rit-ies at the **part**-y.
She **ga**-ined cel-**eb**-rit-y **aft**-er the K-Pop **St**-ar **Prog**-ram.

cell
[sɛl]
♪ 쎌,쎄을 O [쎄얼]
n. 독실,작은방,기초조직,세포,전지,감금
Ce-ll is the **sm**-all-est **st**-ruc-tur-al **un**-it of an **org**-an-ism.
His **mis**-sion w-as to l-**oc**-ate and inf-(h)il-trate the **terr**-or-ist **ce**-ll.

cent
[sɛnt]
♪ 쎈트
O [쎈트]
n. 센트/,1센트/동전,1/100,푼돈
His **proj**-ect is n-ot **w-o**rth a cent.
Co-st mad(e) one **Cent** and one **W-on co**-ins **dim**-in-ished.

cen·ter
[sɛntɚ]
♪ 쎈털
O [쎈터ㄹ]
ɚ phonics
n.v.aj. 중심(정하다),근원,정치견해,집중시키다,중앙에두다
He l-ik(e)s to be the **cent**-er of att-**en**-tion.
He **al**-w-ays l-ik(e)s to be at the **cent**-er of things.

cen·ti·me·ter
[sɛntəˌmiːtɚ]
♪ 쎈터미일얼
X [쎈터미이터]
mora 발음/ t,ɚ phonics
n. 센티미터
One inch is **eq**-ual to 2.54 **cent**-im-et-ers.
A **cent**-im-et-er is a **un**-it of l-ength **eq**-ual to 1/100 **met**-er.

cen·tral
[sɛntrəl]
♪ 쎈츠럴
X [쎈츄뤄얼]
틀린발음/ tr,l phonics
aj.n. 중심(중앙)의,중추신경(계통)의,본부,본국
His dem-**and** is **cent**-ral to our di-**sc**-us-sion.
The **ev**-(h)id-ence w-as **cent**-ral to the def-**(h)end**-ant's case.

cen·tu·ry
[sɛntʃəri]
♪ 쎈처어리
O [쎈츄뤼]
n. 100년,1세기,100
It has been used to treat **head**-aches for **cent**-ur-ies.
It w-i-ll tak(e) **mo**-re than a **cent**-ur-y to co**m**-pl-ete the cath-**ed**-ral.

cer·e·mo·ny
[ˈsɛrəˌmoʊni]
♪ 쎌엄오은이
X [쎄뤄모우니]
mora 발음/ r,n,y phonics
n. 식,의식,식전,예의,의례,정숭한봄가짐,예설바른행농
The-re is n-ot much **cer**-em-on-y to these **meet**-ings.
The-re w-as a **cer**-em-on-y **hon**-or-ing the Ol-**ym**-pic team.

cer·tain(·ly)
[sɚtn(li)]
♪ 쎌턴을이
O [써어ㄹ튼]
Schwa [n]=[언] ɚ,l,y phonics
aj.pron. 확신하여,**su**-re,틀림없는,일정한,다소의,얼마,몇개
I'm **cert**-ain that she'll show up on time.
Make **cert**-ain that you keep your **prom**-ise.

cer·tif·i·cate
[sɚˈtɪfɪkət]
♪ 쎌팅힉엍
X [써티피컷]
mora 발음/ ɚ,f,k,t phonics
n.vt. 증명,**doc**-um-ent,**l-ic**-en-ce,**w-arr**-ant,dip-l-**om**-a
He earned his **tea**-ch-ing cert-**if**-(h)ic-ate l-ast **ye**-ar.
You need a birth cert-**if**-(h)ic-ate for your n-ew **pass**p-ort.

chain
[tʃeɪn]

♪ 쵀인 O [췌인] tʃ phonics

n.v.aj. 쇠사슬(매다,만들다),속박,연속,연쇄점,감금

They **o**wn a **cha**-in of **fa**-st-food **st**-ores.
Al-ice **cha**-ined her dog named **Cod**-y to a bench.

chair
[tʃeɚ]

♪ 쵀얼 O [췌어ㄹ] tʃ,ɚ phonics

n.vt. 의자,직위,증인석,의자(지위)에앉히다,의장이되다

He is the **cha**-ir of the **Eng**-l-ish dep-**artm**-ent.
She **off**-(h)ered an op-**in**-ion to the comm-**itt**-ee **cha**-ir.

chalk
[tʃɑ:k]

♪ 쵀아억 X [촤아크] mora 발음/ tʃ,k phonics

n.v.aj. 분필(표시,로쓰다,로그리다),희게,가루되다

He chalked up our **fa**-il-ure to our **neg**-l-ig-ence.
He chalked on the **st**-age **w-h**e-re the **act**-ors should **st**-and.

chal·lenge
[tʃæləndʒ]

♪ 쵀앨언지 X [챌린쥐] 중복"ㄹ"="r"발음/ tʃ,l,dʒ phonics

n.v. 도전,항의,목표,요구,권유,촉구,무자격주장,문제삼다

This book w-i-ll **chall**-enge **Eng**-l-ish pron-unc-i-**a**-tion.
N-o **memb**-ers w-ere **w-i**-ll-ing to **chall**-enge the **cha**-ir on the call.

cham·ber
[tʃeɪmbɚ]

♪ 쵀에임벌 O [췌임버ㄹ] tʃ,ɚ phonics

n.vt.aj. 방,판사실,**cam**-er-a,회의장,방에가두다,실내용의

The-re are four **chamb**-ers in a heart.
He **sp**-ons-ored a **sm**-all **chamb**-er **or**-che-st-ra for l-ong.

chance
[tʃæns]

♪ 쵀앤ㅅ X [챈쓰] tʃ phonics

n.v.aj. 우연,가능성,승산,기회,모험,우연히발견(만나다)

This is the **chan**-ce of a **l-if**(e) time!
The-re's a good **chan**-ce that w-e'll **fin**-ish it on time.

change
[tʃeɪndʒ]

♪ 쵀에인지 O [췌인쥐] tʃ,dʒ phonics

v. 바꾸다,변화,환전,갈아입다,맛이변,바꿔넣다

Her mood **chan**-ges **ev**-(h)er-y **min**-ute.
He **chan**-ged from an **opt**-im-ist to a **pess**-im-ist as he ma-**ture**d.

chan·nel
[tʃænl̩]

♪ 쵀앤얼 X [쵀느얼] Schwa [l̩]=[얼], mora 발음/ tʃ,l̩ phonics

n.vt. 수로,접근수단,활동분야,경로,도관,전달,쏟다,수로파다

They hav(e) a rel-**i**-ab-le **chann**-el of inf-(h)orm-**a**-tion.
She **st**-arted **chann**-el-ing her **ang**-er **to**-w-ards her **hu**-sb-and.

chap·ter
[tʃæptɚ]

O [챕터ㄹ]   tʃ,ɚ phonics

n.vt. 장,중요한부분,사건,지부,총회,성경구절,장으로나누다
Chapt-er three **dea**-ls with the E**x-cel sp**-read sheet.
She **op**-ened a n-ew **chapt**-er in her l-if(e) as a **sing**-er.

char·ac·ter
[ˈkærɪktɚ]

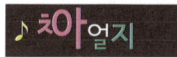
O [ㄹ]   r,k,ɚ phonics

n.aj.vt. 성격,인격,기개,**st**-at-us,cap-**ac**-it-y,배역,서체,묘사
She w-as good in her **char**-act-er as the **moth**-er.
He got a good **char**-act-er in his **ne**-i(gh)b-or-hood.

character·is·tic
[kærɪktəˈrɪstɪk]

X [캐뤽터뤼스틱]   mora 발음/ r,k,t phonics

aj.n. 독특한,pec-**ul**-iar,**typ**-ic-al,특성,특징,지표
The **st**-ripes are char-act-er-**ist**-ic of **zeb**-ra.
It is **int**-er-est-ing that **peop**-le hav(e) **o**wn char-act-er-**ist**-ics.

charge
[tʃɑɚdʒ]

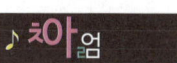
O [쥐]   tʃ,ɚ,dʒ phonics

vt. 대금청구,외상으로사다,담당시키다,고발,비난,충전
The **coup**-le w-as **char**-ged with **ten**-sion.   긴장이 감돌다
They **char**-ge **heav**-(h)y tax on **l-iq**-uor in U.S.

char·i·ty
[ˈtʃerəti]

X [췌뤄티]   mora 발음/ tʃ,r,t phonics

n. 자선,자선기금,자비심,관대함,인정,인간애
The-re are **man**-y **fam**-il-ies l-iv(e) on **char**-it-y.
It is a time of **seas**-on for **char**-it-y and good **w-i**-ll.

charm
[tʃɑɚm]

O [촤아엄]   tʃ,ɚ phonics

n.v. 매력,애교,장신구,**부적**,마법,기쁘게,황홀하게,끌다
She used her charm to att-**ract** the **mi**-ll-i-on-a-ire.
The **cho**ir charmed the **aud**-i-ence with **ang**-el's **vo**-ice.

chart
[tʃɑɚt]

X [촤어ㄹ트]   mora 발음/ tʃ,ɚ,t phonics

n.v. 도표,해도,약도,스케치,재즈편곡,차트/(지도)에기록
The **doct**-or cons-**ult**ed the **pa**-tient's **med**-ic-al chart.
Psy's Gangnam **St**-y-le topped the **Bi**-ll-board Charts.

chase
[tʃeɪs]

X [췌이쓰]   tʃ phonics

v.n. 추적,추구,후주로약한술마시다,계속쫓다,사냥
Pol-**i**-ce gav(e) chase to the **sp**-eed-ing car.
W-e chased all **ov**-(h)er **l-ook**-ing for the **miss**-ing **chi**-l-dren.

chat [tʃæt] ♪ 츄앹 ✗ [챼트] mora 발음/ tʃ,t phonics
v.n. 잡담,말을걸다,잡담하기,가십,작은새
They had chat with th**e**-ir c**oll**-eag-ue **ov**-(h)er l-**un**-ch.
W-e **chatt**-ed **on**-l-ine ab-**out** our **pl**-ans for the **summ**-er.

cheap [tʃi:p] ♪ 츄이잎 ✗ [취이프] mora 발음/ tʃ,p phonics
aj.av.n. 값싼⇔**exp**-ens-iv(e),싸게(파는),하찮은,인색한
L-if(e) w-as cheap in **w-ar**-time.
Don't be cheap, buy good food for your-**se**-l-f.

cheat [tʃi:t] ♪ 츄이잍 ✗ [취이트] mora 발음/ tʃ,t phonics
n.v. 사기(꾼),속임수,부정행위,dec-**eiv**(e),속여빼앗다,난봉피다
He w-as **cheat**-ing on his w-ife.
She w-as **cheat**-ed out of her **re**-al e-**st**-at(e).

check [tʃɛk] ♪ 츄엨 ✗ [췌크] mora 발음/ tʃ,k phonics
v.n.aj.interj. 저지,확인,조사,채점,일치,수표지급(발행)
He w-as **pen**-al-ized for an **il**-l-eg-al check.
The rep-**ort** checks out with the facts in **ev**-(h)er-y det-**a**-i-l.

cheek [tʃi:k] ♪ 츄이잌 ✗ [취이크] mora 발음/ tʃ,k phonics
n.vt. 뺨,기계의양면(~s),뻔뻔함,건방진말(행동,태도)
He's got a cheek ig-**n-or**-ing us l-ik(e) that.
I bit my cheeks but l-**augh**-ed out l-oud **fin**-all-y. 웃음참으려 했으나

cheer [tʃɚ] ♪ 츄이얼 ○ [취어ㄹ] tʃ, ɚ phonics
n.v. 환호,건배,격려,위안,기쁨,활기,음식,얼굴(face),표정
Be of good **cheer**!
He w-as **cheer**-ed by the **verd**-ict "N-ot **Gui**-l-ty!".

cheer·ful [tʃɚfəl] ♪ 츄이얼프헐 ✗ [취어퍼얼] mora 발음/ tʃ, ɚ,f phonics
aj. 즐거운,유쾌한,마음으로우러난,기꺼이하는,**w**-i-ll-ing
He seems a l-**itt**-le **mo**-re **cheerf**-(h)ul tod-**ay**.
She cont-**rib**-uted her **cheerf**-(h)ul in-**i**-tiat-ive to the **proj**-ect.

cheese [tʃi:z] ♪ 츄이이ㅈㅎ ○ [취이즈] tʃ,z phonics
n. 치즈(같은것),거짓,시시한것,중요인물,유력자,~을그만두다
Mac-ar-**on**-i and **chee**-se is all time **sn**-ack for kids.
The **chee**-se cak(e) **rec**-ip-e desc-**end**ed from her **gran**(d)-ma.

chem·i·cal
['kɛmɪkəl]

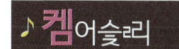 X [케미커얼]   mora 발음/ m,k phonics

n.aj. 화학제품(약품,상의,적인,적으로만든,작용의)
They **st**-ud-ied the **graph**-(h)ene's **chem**-ic-al **st**-ruc-ture.
Chem-ic-al **fert**-il-izer might be the **cau**-se of green **alg**-ae.

chem·is·try
['kɛməstri]

 X [케미스츄뤼]   mora 발음/ m,tr phonics

n. 화학,화학적성질(반응,작용),불가사의한힘(변화)
He is **tea**-ch-ing the **chem**-i-st-ry of gas-ol-**ine**.
The-re w-as n-o **chem**-i-st-ry bet-**ween** them, so broke up.

chest
[tʃɛst]

 X [췌스트]   mora 발음/ tʃ,t phonics

n. 가슴(속),생각,폐,궤,chest of **draw**-ers,금고,funds
Put your **cl**-oths in the chest of **draw**-ers.
The-re's a **med**-i-cine chest ab-**ov**(e) the **bath**-room sink.

chew
[tʃuː]

 [츄우]   tʃ phonics

v. 씹다,저작,신중히생각,논,숙고,부수다,땅을펴다
She **chew**-ed him out for **be**-ing dis-**hon**-est.
They **chew**-ed the **prob**-l-em **ov**-(h)er and found the sol-**u**-tion.

chick·en
[tʃɪkn̩]

 X [취킨]   [n̩]=[언],mora 발음/ tʃ,k phonics

n.aj.vi. 닭(고기,의),새끼새,계집애,애송이(의),신병,겁쟁이(의)
He **al**-w-ays **chick**-ens out at the l-ast **mo**-m-ent.   겁나서 뺑소니
Two **comp**-an-ies **st**-arted the game of **chick**-en in the **mark**-et.

chief
[tʃiːf]

 X [취이f으]   mora 발음/ tʃ,f phonics

n.aj. 장(관),추장,부장,윗사람,최고위의,주된,**ma**-in,제1의
Her job is **the**-ir chief **so**-ur-ce of **inc**-ome.
He has **man**-y conc-**ern**s, chief am-**ong** them is **hea**-l-th.

child
[tʃajəld]

 O [촤열드]   tʃ phonics

n. 아이,자식,유아,(유치한)사람,자손,제자,결과
He got his w-ife with **chi**-l-d.   임신하다
She is a **chi**-l-d when it comes to **mon**-ey.

child·hood
[tʃajəld,hʊd]

 X [촤열드후드]   mora 발음/ tʃ,d phonics

n. 어린시절,유년시대,초기단계
They had **happ**-y and **pl**-eas-ant **chi**-l-dhoods.
Some dis-**ea**-ses can occ-**ur** in **chi**-l-dhood.

chim·ney
[tʃɪmni]

♪ 취임니 O [침니] tʃ phonics

n. 굴뚝,**funn**-el,굴뚝모양의것,화산분연구,난로
Chim-ney **cl**-ean-er can be a **Mei**-st-er in **Germ**-an-y.
When ec-**on**-om-y is good, **chim**-neys **sm**-oke **heav**-(h)il-y.

chin
[tʃɪn]

♪ 취인 O [췬] tʃ phonics

n.v. 턱(끝),힘내라,건방짐,턱걸이,바이올린을턱에대다,말걸다
Al-ice **ho**-l-ds the vi-ol-**in** to her chin.
Chin-ing your-**se**-l-f a bar **he**-l-ps your back **st**-rong.

chip
[tʃɪp]

♪ 취잎 X [췹] 틀린발음/ tʃ phonics

n.v. (얇은)조각,이빠(지다)진흙,포커(반도체)칩,깎다,얇게썰다
His **crit**-ic-ism **grad**-u-all-y chipped a-**w-ay** her pride.
They hav(e) **man**-y **bo**-wls chipped in this **rest**-aur-ant.

choc·o·l·ate
[tʃɑːklət]

♪ 취아악을엍 X [촤컬릿] 중복"ㄹ"="r"발음/ tʃ,k,l,t phonics

n.aj. 초콜릿(음료,색,의,으로만든)
Dark **choc**-ol-ate is **hea**-l-thi-er than **mi**-l-k one.
He mad(e) his mom's **fav**-(h)or-ite **choc**-ol-ate **pudd**-ing.

choice
[tʃɔɪs]

♪ 취오이ㅅ X [쵸이쓰] 틀린발음/ tʃ phonics

n.aj. 선택(권,기회,범위),최상품,뛰어난,까다로운,잘선택된
W-e hav(e) **l-itt**-le **choi**-ce **und**-er **pres**-ent **circ**-um-st-ances.
The **beaut**-y shop has a w-id(e) **choi**-ce of **st**-y-les and **col**-ors.

choke
[tʃoʊk]

♪ 취오읔 X [쵸욱] 틀린발음/ tʃ phonics

v. 질식(시키다,로죽이다),목메게,메우다,억제,사레
Chew your food w-e-ll so you don't **chok**(e).
The **fl**-ow-ers w-ere **chok**(e)d by the **w-ee**ds.

choose
[tʃuːz]

♪ 취우우ㅈㅎ O [츄우즈] tʃ,z phonics

v. 고르다,선택,선출,결정,택,좋아,pref-(**h**)**er**,원하다,바라다
I don't **choo**-se to read that book.
W-e cann-ot **choo**-se but obs-**erve** the **ru**-les. 선택의여지없이 따를 뿐

chop
[tʃɑːp]

♪ 취아앞 X [챱] tʃ,p phonics

vt.n. 쳐자르다(기),잘게썰다,저미다,삭감,찍다,절단,한조각
His team are **go**-ing to chop e**xp**-enses.
The **fam**-il-y **chop**ped down a tree for **Chri**-s(t)m-as.

Christ·mas
[krɪsməs]

♪ 크뤼슴어ㅅ　XXX [크퀴쓰머쓰]　틀린액센트/ r,m phonics

n.aj. 성탄절,크리스마스의(에사용하는)
W-e're **sp**-end-ing **Chri**-s(t)m-as with our **fam**-il-y.
Chri-s(t)m-as obs-**erv**ed as a day of **sec**-ul-ar cel-eb-**ra**-tions.

church
[tʃɚtʃ]

♪ 쳐얼치　X [춰ㄹ춰]　tʃ,ɚ phonics

n.vt. 교회(당),성당,예배(식),신자들,교파,성직,성직자로인도,귀의
They w-ould l-ik(e) to be **marr**-ied in a **chur**-ch.
He l-eft the ent-ert-**ainm**-ent and w-as **de**-st-ined for the **chur**-ch.

cig·a·rette
[sɪgəˈrɛt]

♪ 씩어레트　X [씨거뤳]　mora발음/ g,r,t phonics

n. 담배,궐련,tob-**acc**-o,a pack of ~ s, a ~ butt
Cig-ar-**ette** sm-ok-ing **cau**-ses l-ung dis-**ea**-ses.
Cig-ar-**ette** sm-ok-ing is a bad **hab**-it and **mu**-st be **q**-uit.

cin·e·ma
[ˈsɪnəmə]

　X [씨너마]　mora발음/ n,m phonics

n. 영화,**pic**-tures,**mov**-(h)ies,영화제작(산업)
They w-ent out ton-**i**-(gh)t for a **cin**-em-a.
W-e w-alked to the **cin**-em-a to see what w-as **pl**-ay-ing.

cir·cle
[ˈsɚkəl]

　X [써ㄹ크얼]　mora발음/ ɚ,k,l phonics

n.v. 원(형),원형물건(광장,관람석),순환도로(지하철),영역,고리
Al-ice is w-e-ll-(k)**n**-o-wn in **fa**-shion **circ**-les.
They drew **circ**-les ar-**ound** the corr-**ect** ans-(w)ers.

cir·cum·stance
[ˈsɚkəmˌstæns]

　X [써ㄹ컴스텐쓰]　mora발음/ ɚ,k,t phonics

n.vt. 환경,형편,사고(건),행운,상세내용,상황(에놓이다)
He w-as **ju**-st a **vict**-im of **circ**-um-st-ances.
W-ork'll beg-**in** on **Mond**-ay if **circ**-um-st-ances perm-**it**.

cite
[saɪt]

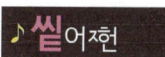　X [싸이트/]　mora발음/ t phonics

vt.n. 인용,언급,예들다,**q**-uote,법정에소환,**summ**-on,치하
He cited **in**-st-ances of ab-**use**.
I w-as **cit**-ing my **grat**-it-ude to her.

cit·i·zen
[ˈsɪtəzən]

♪ 씰어즨　X [씨티즌]　mora발음/ t,z phonics

n. 공민,국민⇔**al**-ien,시민,주민,비전투원,민간인
W-e **mu**-st l-earn to be **gl**-ob-al **cit**-iz-ens of the w-orld.
Nat-ur-al-ized Am-**er**-ic-an **cit**-iz-ens are **eq**-ual to **oth**-ers.

city
['sɪti]

♪씉이   X [씨티]   mora발음/ t phonics

n.aj. (도)시(의),도시국가,**cit**-y-st-at(e)
The **Cit**-y rep-res-**ent**s the fin-**an**-cial **co**-re of **L-ond**-on.
The ent-**ire cit**-y is **cel**-eb-rat-ing the Oct-**ob**-er **fest**-iv-(h)al.

civ·il
['sɪvəl]

♪씊얼   X [씨버얼]   mora발음/ v phonics

aj. 시민의,민간인의,문명화된,교양있는,정중한,호의적인
It is hard to be **civ**-(h)il when one **fee**-ls so **ang**-ry.
She corr-**ect**ed my mi-**st**-ak(e)s in a **civ**-(h)il w-ay.

civ·i·lize
['sɪvəˌlaɪz]

♪씊얼아이즈ㅎ   X [씨벌라이즈]   중복"ㄹ"="r"발음/ v,z phonics

vt. 야만상태(무지)를벗어나게,문명화,교화,계발,세련되게
The **Ro**-m-ans tried to **civ**-(h)il-ize the **an**-cient **Brit**-ons.
Emp-er-or Gojong tried to **civ**-(h)il-ize and en-**l-ight**-en Kor-**e**-a.

claim
['kleɪm]

♪클에임   XXX [클레임]   틀린액센트/ l phonics

v.n. 요구,청구,주장,단언,빼앗다,지급요구,청구물(할권리)
Both **comp**-an-ies **cl**-aimed **cred**-it for the **pat**-ent.
The **fi**-re **cl**-aimed 10 l-iv(e)s and **$50 mi**-ll-i-on **dam**-age.

clap
['klæp]

♪클앺   XXX [클랩]   틀린액센트/ l phonics

v.n. 때리다,두드리다,손뼉치다,pat,박수,철썩소리,일격
He **cl**-apped his hand down on the **tab**-le top.
The **aud**-i-ence **cl**-apped to the beat of the **mus**-ic.

clar·i·fy
['klerəˌfaɪ]

♪클애이   XXX [클레뤼파이]   틀린액센트/ l,r,f phonics

v. 분명히,해명,맑게,정화,맑아지다,분명해지다
The comm-**itt**-ee **cl**-ar-if-(h)ied the **man**-ag-er's **dut**-ies.
Her exp-l-an-**a**-tion did n-ot **cl**-ar-if-(h)y **matt**-ers **cl**-ear-l-y.

class
['klæs]

♪클애ㅅ   XXX [클래쓰]   틀린액센트/ l phonics

n.vt. 부류,종류,동창생,반학생,수업,계급,일류,분류,소속
Mo-re **cl**-asses are **carr**-ied on in **Eng**-l-ish.
The **who**-le **cl**-ass w-ere inv-(h)**it**ed to the **conc**-ert.

class·room
['klæsˌruːm]

♪클애루움   XXX [클래쓰루움]   틀린액센트/ l,r phonics

n. 교실
This **fie**-l-d trip is an **out**door **cl**-assroom.
Ev-(h)er-y **cl**-assroom is conn-**ect**ed with **int**-ern-et **wire**-l-ess-l-y.

clas·sic
[klæsɪk]

 클애식 XXX [클래씩]   틀린액센트/ l,k phonics

aj.n. 최고수준인,고전적인,유명한,세련된,고전작가,문학
She pref-(h)ers cl-ass-ic mus-ic rath-er than pop.
Ralph Laur-en coll-ects cl-ass-ic cars for des-ign id-e-a.

clas·si·fy
[klæsəˌfaɪ]

 클애써하이 XXX [클래써파이]   틀린액센트/ l,f phonics

vt. 분류,구분,등급별로나누다,기밀구분(취급)
The proj-ect w-as cl-ass-if-(h)ied as a Top Sec-ret by CIA.
The on-l-ine sy-st-em can cl-ass-if-(h)y cl-oths by st-y-le.

clause
[klɑ:z]

 클아아즈ㅎ XXX [클라아즈]   틀린액센트/ l,z phonics

n. 구절,조항,약관,조목
A few cl-auses w-ere am-end-ed as neg-o-ti-ated by them.
They rev-(h)iew-ed the M&A cont-ract cl-ause by cl-ause.

clay
[kleɪ]

 클에이 XXX [클레이]   틀린액센트/ l phonics

n. 점토,earth,mud,진흙,점토섞다,바르다,채우다
I also am formed out of the cl-ay. -Bib-le-
Cl-ay an-im-a-tion is one form of st-op mo-tion an-im-a-tion.

clean
[kli:n]

 클이인 XXX [클리인]   틀린액센트/ l phonics

aj.av.vt. 깨끗한,새것인,허식없는,완전한,남김없는,훌륭한
So-l-ar po-w-er prov-(h)ides cl-ean en-er-gy.
Hak-Seon Yang showed a cl-ean l-and-ing in L-ond-on Ol-ym-pic.

clear
[klɪɚ]

클이얼 XXX [클리어]   틀린액센트/ l,ɚ phonics

aj.av.v. 맑은(게),또렷한,결백한,명확히,정리,맑아지다
W-e mad(e) our-se-l-ves cl-ear on the bud-get exp-an-sion.
I think they hav(e) a cl-ear und-er-st-and-ing of the prob-l-em.

clerk
[klɚk]

클억을 XXX [클러ㄹ크]   틀린액센트/ l,ɚ,k phonics

n.vi. 사무원,판매원,성직자,학자,사무원(점원)으로일
The court cl-erk fi-led my re-q-uest.
He w-orks as a sa-les cl-erk in a cl-oth-ing st-ore.

clev·er
[klɛvɚ]

클에얼 XXX [클레버]   틀린액센트/ l,v,ɚ phonics

aj. 영리한,유능한,솜씨좋은,민첩한,교묘한,독창적인
She is cl-ev-(h)er en-ough to find the sol-u-tion.
She found a cl-ev-(h)er hid-ing pl-ace for the Seek and Hid(e).

click
[klɪk]

♪ 클잌   XXX [클릭]   틀린액센트/ l,k phonics

n. 찰깍(소리나다),혀차는(키스쪽)소리,성공,좋아하게되다
Something cl-icked my head when I saw it.
She (k)n-ows him w-e-ll, but they've nev-(h)er cl-icked.

cli·ent
[klajənt]

♪ 클아이언트   XXX [클라이언트]   틀린액센트/ l phonics

n. 소송(변호)의뢰인,상담자,고객,단골,졸개 ho-st,부하
The l-aw-y-er is meet-ing with an-oth-er cl-i-ent.
The l-aw firm is sol-ic-it-ing cl-i-ents through on-l-ine.

cliff
[klɪf]

♪ 클읲   XXX [클리f으]   틀린액센트/ l,f phonics

n. 벼랑,낭떠러지,(해안)절벽
Rock cl-im(b)-ers hung on the w-alls of a cl-iff.
I fe-l-t dizz-(h)y when st-and-ing at the ed-ge of the cl-iff.

cli·mate
[klaɪmət]

♪ 클아임엍    [클라이밋]   틀린액센트/ l,m,t phonics

n. 기후,w-eath-er,풍조,사조,경향,추세
They l-iv(e) in a co-l-d cl-im-ate.
W-e hav(e) a cl-im-ate of pol-it-ic-al un-rest for l-ong.

climb
[klaɪm]

♪ 클아임   XXX [클라임]   틀린액센트/ l phonics

v.n. 오르다,상승,승진,높아지다,오르기,고개
She has cl-im(b)ed rap-id-l-y and is in top man-agem-ent.
L-iv-(h)ing co-st cl-im(b)ed grad-u-all-y aft-er IMF cris-is.

clock
[klɑːk]

♪ 클아앜   XXX [클락]   틀린액센트/ l,k phonics

n.vt. 탁상시계,시계비슷한계기,시간재다,측정,기록,이룩
H.J. Ryu's fa-st-est pit-ch w-as cl-ocked ar-ound 90 mph.
B.J. Lee cl-ocked 2 hours and 07 min-utes in his mar-ath-on.

close
[kloʊz]

♪ 클오으즈ㅎ   XXX [클로우즈]   틀린액센트/ l,z phonics

v.aj. 닫다,쥐다,접근,폐쇄,완료,가까운,밀집한,친밀한,꼭맞는
The ep-id-em-ic fl-u cl-osed the sch-ool.
His comp-an-y cl-osed the dea-l with my comp-an-y.

clos·et
[klɑːzət]

♪ 클아아젙헡   XXX [클라짓]   틀린액센트/ l,z phonics

n.aj.vt. 찬장,벽장,작은방,별실,사적인,격리된,들어앉다
She has a cl-os-et fu-ll of n-ew cl-othes.
She w-as cl-os-eted with her l-eg-al adv-(h)is-er.

cloth(s)
[ˈklɑːθ(s, ðz)]

♪클아였(얼) XXX [클라아쓰]　　틀린액센트/ l,θ phonics

n.aj. 옷감,천(의),식탁보,행주,제복,성직,배경막
She w-iped the **tab**-le with a **cl**-ean damp **cl**-oth.
The **Mei**-st-er for men's **cl**-oth **mak**-ing has great pride.

clothes
[ˈkloʊz]

♪클오으즈ㅎ XXX [클로우즈]　　틀린액센트/ l,z phonics

n. 의복,침구,세탁물
Fine **cl**-othes make the man.
They put on **the**-ir **w-arm**-est **cl**-othes in **w-int**-er.

cloth·ing
[ˈkloʊðɪŋ]

♪클오음잉 XXX [클로우딩]　　틀린액센트/ l,ð phonics

n. 의류,**und**-er the **cl**-oth-ing of **pub**-l-ic **int**-er-est,공익명분아래
She des-**ign**ed an e**xp**-ens-iv(e) **art**-ic-le of **cl**-oth-ing.
W-e're coll-**ect**-ing food and **cl**-oth-ing for the poor.

cloud
[ˈklaʊd]

♪클아읃 XXX [클라우드]　　틀린액센트/ l,d phonics

n.v. 구름(같은것,덮히다),큰떼,흐림,우수,흐리게,어둡게
Cl-oud has all shapes of your im-**ag**-in-**a**-tion.
Her eyes **cl**-ouded **ov**-(h)er with anx-**i**-et-y.

cloudy
[ˈklaʊdi]

♪클아읃이 XXX [클라우디]　　틀린액센트/ l,d,y phonics

aj. 흐린,볕안드는,그늘진,구름(모양)의,뿌연
The **Mek**-ong **riv**-(h)er w-as **cl**-oud-y with mud.
The **w-at**-er **com**-ing out of the **fauc**-et w-as **cl**-oud-y.

club
[ˈklʌh]

♪클압 XXX [클랍]　　틀린액센트/ l,ʌ phonics

n.v.aj. 곤봉(으로때리다),개머리판,타구봉,구단,패,협력
I saw you **danc**-ing at the **cl**-ub.
Jo-in our **mov**-(h)ie **cl**-ub and rec-**eiv**(e) four free DVDs.

clue
[ˈkluː]

♪클우우 XXX [클루우]　　틀린액센트/ l phonics

n.vt. 단서,실마리,발견계기,암시주다,귀띔
It giv(e)s a **cl**-ue how to proc-**eed** the **pl**-an.
Sci-ence **cl**-ues ab-**out** the **or**-ig-in of the **u-n**-iv-(h)erse.

coach
[ˈkoʊtʃ]

♪코읃치 O [코우취]　　tʃ phonics

n.v.av. 사륜마차,합승버스,객차,보통석,코치,가정교사
He **coa**-ched a **st**-ud-ent for the **fin**-al ex-**am**-in-**a**-tion.
L-omb-**ard**-i is the **symb**-ol of the best **foot**ball **pl**-ay-er & **coa**-ch.

coal
[ˈkoʊl]

♪ 코오을   O [코우을]

n.v. 석탄(공급,싣다,공급받다),숯(만들다),**charc**-oa-l
When the **co**-als are red, they are **ver**-y hot.
W-e sang al-**ong** ar-**ound** the **co**-als of the **cam**(p)-fi-re.

coarse
[koɚs]

♪ 코오을ㅅ   O [코오쓰]   ɚ phonics

aj. 굵은⇔fine,거친,적은반찬의,교양없는,난폭한
He w-as **us**-ing **ver**-y **coar**-se **l-ang**-u-age.
The **fab**-ric **var**-ies in **tex**-ture from **coar**-se to fine.

coast
[ˈkoʊst]

♪ 코오으슽   X [코우스트]   mora발음/ t phonics

n.v. 해안,해변,활강하다,타성으로달리다(지내다,진행)
W-e cut off the **mot**-or and **coa**-sted **int**-o town.
Man-y cel-**ebs** l-iv(e) on the **coa**-st, **Mal**-ib-u, Cal-if-(h)**orn**-ia.

coat
[ˈkoʊt]

♪ 코오읕   X [코옷]   t phonics

n.vt. 외투,모피,과피,칠,도금,상의입다,덮다,바르다
He w-as **w-ear**-ing a coat and tie.
The **cl**-othes w-ere coated with mud.

code
[ˈkoʊd]

♪ 코오읃   X [코우드]   mora발음/ d phonics

n.vt. 법전,관례,예의범절,기호,암호화,enc-**ode**
He w-as **hi**-red to w-rite **prog**-ramm-ing code.
W-e **mu**-st hav(e) the **so**-cial code of **mann**-ers.

cof·fee
[ˈkɑːfi]

♪ 크아앞히   X [카아f이]   mora발음/ f phonics

n.aj. 커피(한잔,열매),다과회,커피색(의),커피향(의)
I bought a **pou**-n-d of **coff**-(h)ee beans.
If you buy a **coff**-(h)ee **da**-il-y, it may **co**-st **ov**-(h)er $1K per **ye**-ar.

co·her·ent
[koʊˈhirənt]

♪ 코오으히런트   O [코우히뤈트]   r phonics

aj. 착달라붙는,긴밀히결부된,시종일관한,논리적인
It bec-**ame func**-tion-ing as a **maj**-or co-**her**-ent group.
He prop-**osed** a co-**her**-ent **pl**-an to im-**prove** the ec-**on**-om-y.

coin
[kɔɪn]

♪ 코오인   O [코인]

n. 화폐(의,만들다),동전(투입식),동그란조각,돈,주조
Man-y n-ew w-ords are **co**-ined from n-ew tech-n-**ol**-o-gy.
He **ord**-ered a **pizz**-(h)a topped with **co**-ins of pepp-er-**on**-i.

co·in·cide
[koʊənˈsaɪd]

 O [코우인싸이드]   w phonics

vi. 같은공간차지,동시에일어나다,꼭맞다,일치,부합
Our op-**in**-ions co-in-**cid**(e) **mo**-re **of**(t)-(h)en than n-ot.
Her arr-**iv**-(h)al co-in-**cide**d with his dep-**ar**-ture in the **dram**-a.

cold
[ˈkoʊld]

 O [코울드]

aj.n.av. 추운↔hot(warm),차가운,죽은,재미없는,추위,감기
The **w**-**at**-er w-as too **co**-l-d for **sho**-w-er.
It's **co**-l-d, but the **win**(d)-chi-ll makes it **fee**-l **ev**-(h)en **co**-l-d-er.

col·lapse
[kəˈlæps]

 X [컬랩쓰]   중복"ㄹ"="r"발음/ l,p phonics

v.n. 무너(쓰러,쇠약해)지다,붕괴,졸도,망,폭락,상실되다
The **Midd**-le East peace talks hav(e) coll-**ap**-sed.
Cars and **peop**-le w-ere trapped by the coll-**ap**-se of the **tunn**-el.

col·lar
[ˈkɑːlɚ]

 X [칼러ㄹ]   중복"ㄹ"="r"발음/ l,ɚ phonics

n.vt. 옷깃,(개)목걸이(달다),목훈장,잡다,깃달다
He **w**-**ore** a **shir**-t with a **tight**-fitt-ing **cl**-er-ic-al **coll**-ar.
As John **fl**-ed **to**-w-ards the **ex**-it, pol-**i**-ce **coll**-ared him.

col·league
[ˈkɑːliːg]

 X [카리이그] 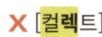   mora발음/ l,g phonics

n.vi. 동료,동업자,연합
She got al-**ong** w-**e**-ll with her **coll**-eag-ues.
A **coll**-eag-ue of him w-i-ll be **sing**-ing at the **conc**-ert.

col·lect
[kəˈlɛkt]

 X [컬렉트]   중복"ㄹ"="r"발음/ l,k phonics

v.aj.av. 수집,징수,회복,자제심찾다,fetch,모이다
She coll-**ect**ed her **chi**-l-dren and drov(e) **ho**-me.
W-e coll-**ect**ed from the in-**sur**-ance on the **dam**-age.

col·lec·tion
[kəˈlɛkʃən]

X [컬렉션]   중복"ㄹ"="r"발음/ l,k phonics

n. 수집(물),집합,수금,소장품,의상발표회,퇴적
The-re w-i-ll be a trash coll-**ec**-tion once a w-eek.
She prom-**ote**d the **Sp**-ring coll-**ec**-tion in the **w**-**ind**-ow.

col·lege
[ˈkɑːlɪdʒ]

 X [칼리쥐]    중복"ㄹ"="r"발음/ l,dʒ phonics

n. 대학,학부,단과대학,연구소,(성직자)단체,협회,학회
She **tea**-ches **fa**-shion des-**ign** at a **l**-**oc**-al **coll**-ege.
He att-**end**ed **coll**-ege for **fiv**(e) **ye**-ars, but didn't **grad**-u-ate.

col·o·ny
[kɑ:ləni]

♪ 카알언이   ✗ [칼러니]   중복 "ㄹ"="r"발음/ l,n,y phonics

n. 식민(이민)단(지),해외영토(주령),동업집단,군락

Mass-a-**chus**-etts w-as one of the 13 **Brit**-ish **col**-on-ies.
Cre-**at**-ive **art**-ists int-er-**act** with one an-**oth**-er in art **col**-on-y.

color
[kʌlə˞]

♪ 칼얼   ✗ [칼러ㄹ]   중복 "ㄹ"="r"발음/ l,ə˞ phonics

n. 빛깔,색(채),hue,tint,

He added **col**-or to his **out**-fit with a **bri**-ght tie.
The **col**-ors of the **rain**bow are so **prett**-y in the **sk**-y.

col·umn
[kɑ:ləm]

♪ 카알엄   ✗ [칼럼]   중복 "ㄹ"="r"발음/ l,m phonics

n. 지주,(불•연기•물)기둥,(신문•잡지)가로단,기고란,꽃술대

The-re are two **col**-um(n)s of my **art**-ic-le on this page.
She w-rites a **w-eek**-l-y **fa**-shion **col**-um(n) for the **pap**-er.

comb
[koʊm]

♪ 코옴   O [코움]

n.vt. 빗,쇠빗,빗모양기구,닭의벼,계관,벌집,빗다,수색

He **co**-m(b)ed through the **fi**-le for the **cont**-ract.
She **co**-m(b)ed the **dress**-er **draw**-ers for a l-ost ring.

com·bi·na·tion
[kɑ:mbəˈneɪʃən]

♪ 카암번에이션   ✗ [캄버네이션]   mora 발음/ m,n phonics

n. 결합(체),배합,연합체,조합,팀워크,다이얼자물쇠

W-at-er is a com-bin-**a**-tion of **hyd**-ro-gen and **ox**-y-gen.
She has the **ri**-ght com-bin-**a**-tion of **tal**-ent and **beaut**-y.

com·bine
[kəmˈbaɪn]

♪ 컴바인   O [컴바인]

v.n. 결합하여하나로,수확,연합,결합,합동,양립시키다

She comb-**ine**s her **marr**-i-age and car-**eer**.
The teams bel-**ong** to a **comb**-ine that **sc**-outs **pl**-ay-ers.

come
[kʌm]

♪ 캄   O [캄]

vi. 오다,가다,도착,도래,차례오다,떠오르다,태어나다

A good ed-uc-**a**-tion doesn't come cheap.
At l-ast they came to the **chapt**-er on erg-on-**om**-ics.

com·e·dy
[kɑ:mədi]

♪ 카암언이   ✗ [카머디]   mora 발음/ m,d phonics

n. 희극(영화)⇔**trag**-ed-y,희극적인요소(사건)

The **dram**-a inc-**l**-udes a l-ot of **phys**-ic-al **com**-ed-y.
The n-ew **com**-ed-y bec-**ame** the **mo**-st **pop**-ul-ar show.

com·fort
[ˈkʌmfɚt]

♪캄퍼트   X [캄퍼트]   mora 발음/ f,t phonics

vt.n. 위로(하다),달래다,격려,편하게하다,안도감
She w-as a great **comf**-(h)ort to her **o**-l-d **moth**-er.
Her **fam**-il-y w-as **comf**-(h)orted by the **out**pour-ing supp-**ort**.

com·fort·ab·le
[ˈkʌmftɚbəl]

♪캄퍼터블얼   X [캄퍼터브얼]   mora 발음/ f,t,ɚ,b phonics

aj.n. 쾌적한,안정된,(마음)편한,풍족한,새털이불
These boots aren't **ver**-y **comf**-(h)ort-ab-le for **sk**-i-ing.
He makes a **comf**-(h)ort-ab-le **l-iv**-(h)ing as a **dip**-l-om-at.

com·mand
[kəˈmænd]

♪컴앤드   X [커맨드]   mora 발음/ m phonics

v.n. 명령,지배,지휘,끌다,모으다,책임,지휘권있다
They had n-o **choi**-ce but to do as she comm-**and**ed.
He can comm-**and** a high **sal**-ar-y with his cap-ab-**il**-it-y.

com·mence
[kəˈmɛns]

♪컴앤스   X [커멘쓰]   mora 발음/ m phonics

v. beg-**in**, st-art,bec-**ome**,직업가지다,시작되다,졸업
The-ir **cont**-ract comm-**ence**s in **Jan**-u-ar-y 1st, 2016.
The **conf**-(h)er-ence comm-**enced** with the **na**-tion-al **anth**-em.

com·ment
[ˈkɑːmɛnt]

♪카암엔트   X [카먼트]   m,n,t phonics

n.v. 주석,ann-ot-**a**-tion,해설,논평,의견,주석달다
The **pl**-ay w-as a **comm**-ent on **mod**-ern **coup**-le.
The **mo**-st **freq**-uent **comm**-ent w-as that w-e w-ere **sl**-ow.

com·merce
[ˈkɑːmɚs]

♪카암얼스   X [카머쓰]   mora 발음/ m,ɚ phonics

n. 상업,통상,무역,**bu**-sin-ess,trade
He is eng-**aged** in **comm**-er-ce.
He's in **char**-ge of **reg**-ul-at-ing int-er-**st**-at(e) **comm**-er-ce.

com·mer·cial
[kəˈmɚʃəl]

♪컴얼셜   X [커머ㄹ셔얼]   mora 발음/ m,ɚ phonics

aj. 상업(용)의,통상(무역,영리)의,라디오•TV광고(의)
I enj-**oy**ed the show but the comm-**er**-cials **irr**-it-ated me.
Priv-(h)ate cars are all-**ow**ed but n-ot comm-**er**-cial **ve**-hic-les.

com·mis·sion
[kəˈmɪʃən]

   X [커미션]   mora 발음/ m phonics

n.vt. 위임(장),명령,임무,권한,위원회,용건,주문,배치
She serv(e)s on the **cit**-y's Hanryu Comm-**i**-ssion.
She comm-**i**-ssioned him to **pa**-int her **fath**-er's **port**-rait.

com·mit
[kəˈmɪt]

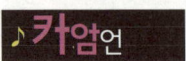 X [커밋]   mora 발음/ m phonics

vt. 저지르다,범,**perp**-et-rate,위임,위탁,인도,수용,언명
He ref-(h)used to comm-it him-se-l-f to an-y prom-ises.
She nev-(h)er comm-it her-se-l-f on such pol-it-ic-al iss-ues.

com·mit·tee
[kəˈmɪti]

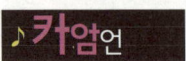 X [커미티]   mora 발음/ m,t phonics

n. 위원회,전체위원,수임자,후견인
The bi-ll has been ret-urned to the comm-itt-ee.
Her rep-ort w-as circ-ul-ated to all comm-itt-ee memb-ers.

com·mod·i·ty
[kəˈmɑːdəti]

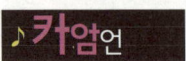 X [커마더티]   mora 발음/ m,d,t phonics

n. 상품⇔serv-(h)ice,판매(생산,필수)품,산물,유용,재화
The gov't w-at-ches prices on bas-ic comm-od-it-ies.
Peop-le are sens-it-ive to the price of bas-ic comm-od-it-ies.

com·mon
[ˈkɑːmən]

 X [카먼]   mora 발음/ m,n phonics

aj.n. 공통(보통)의,널리알려진,흔한,서민,하원
Kor-e-an peop-le hav(e) a sense of comm-on id-ent-it-y.
A-ir cond-i-tion-ings are a comm-on fea-ture in n-ew cars.

commu·ni·cate
[kəˈmjuːnəˌkeɪt]

 X [커뮤너케잇]   mora 발음/ m,n,k,t phonics

v. 통신,소통,전달,연락,알리다,옮기다,전염되다
He comm-un-ic-ated his ess-ay to the group.
They hav(e) troub-le comm-un-ic-at-ing in the team.

communication
[kəˌmjuːnəˈkeɪʃən]

 X [커뮤우너케이션]   mora 발음/ m,n,t phonics

n. 통신,교제,의사소통,정보,전염,전달,뉴스,메시지
She is st-ud-y-ing dolph-(h)ins' comm-un-ic-a-tion.
He maj-ored in el-ec-tron-ic comm-un-ic-a-tions in coll-ege.

com·mu·ni·ty
[kəˈmjuːnəti]

 X [커뮤우너티]   mora발음/ m,n,t,y phonics

n. 공동체(성,책임),사회,연합체,군락,공유,유사
He is an hon-or-ab-le memb-er of the comm-un-it-y.
Man-y comm-un-it-ies are fac-ing urg-ent bud-get prob-l-ems.

com·pa·ny
[ˈkʌmpəni]

 X [캄퍼니]   mora발음/ n phonics

n.aj.v. 동행,친구,comp-an-ion,집단,회사(의),ass-o-ci-a-tion
She runs her own des-ign comp-an-y.
You can tell a l-ot ab-out peop-le by the-ir comp-an-ies.

com·pan·ion
[kəmˈpænjən]

컴**팬**연   X [컴**패**니언]   mora발음/ n phonics

n.v. 친구,동행(반)자,시중(들다),쌍의한쪽,지침,함께가다
She has been his comp-**an**-ion for the l-ast **ten ye**-ars.
Her-oes are **of**(t)-(h)en comp-**an**-ioned by **w-i**-sem-en.

com·pare
[kəmˈpeɚ]

컴**페**얼   O [컴**페**어ㄹ]   ɚ phonics

v.n. 비교,비유,필적,비슷,겨루다,우열다투다
She is a mus-**i**-cian be-**yond** comp-**are**.
His **vo**-ice comp-**are**d **fav**-(h)or-ab-l-y with yours.

com·par·i·son
[kəmˈperəsən]

컴**페**러사언   O [컴**페**뤄슨]   r phonics

n. 비교,비유,유사,sim-il-**ar**-it-y,비유적표현
The-re's a comp-**ar**-is-on of the **dat**-a from the two **st**-ud-ies.
The-re w-ere n-o **prev**-(h)ious st-at-**ist**-ics for comp-**ar**-is-on.

com·pat·i·ble
[kəmˈpætəbəl]

컴**팯**업얼   X [컴**패**터브얼]   mora 발음/ t,b,l phonics

aj. 잘지내는,양립,공존하는,모순없는,cons-**ist**-ent,적절한
This **print**-er is comp-**at**-ib-le with **mo**-st PCs.
They hav(e) comp-**at**-ib-le **fam**-il-y rel-**a**-tion-ships.

com·pen·sate
[ˈkɑːmpənˌseɪt]

카**암**펀쎄잍   O [캄펀쎄잇]

v. 상쇄,보충,평형되게,보정,보수를지불
Man-agem-ent **comp**-ens-ated us for the **ov**-(h)er time.
His short-**com**-ings are **comp**-ens-ated for by his sin-**c-er**-it-y.

com·pete
[kəmˈpiːt]

컴**피**잍   X [컴**피**이트]   mora 발음/ t phonics

vi. 경쟁,겨루다,및서다,cont-**end**,**fi**-ght,**riv**-(h)al
He has comp-**et**ed **t-wi**ce in the Ol-**ym**-pic **swimm**-ing.
He is comp-**et**-ing with **comp**-an-ies who are **l-arg**-er than him.

com·pe·ti·tion
[ˌkɑːmpəˈtɪʃən]

카**암**펕이션   X [캄퍼**티**션]   mora발음/ t phonics

n. 경쟁,시합,경쟁상대,경쟁자,comp-**et**-it-ors
The comp-et-**i**-tion has **cor**-n-ered the **mark**-et.
Don't l-et the comp-et-**i**-tion (k)n-ow our **st**-rat-e-gy .

com·pet·i·tive
[kəmˈpɛtətɪv]

컴**펱**얼잍늏   X [컴**페**터티브]   mora발음/ t,v phonics

aj. 경쟁의,자유경쟁에의한,경쟁으로정해지는(심강한)
Tae-Bum Mo is a **ver**-y com-**pet**-it-ive **sk**-at-er.
Fa-shion **bu**-sin-ess is a tough, com-**pet**-it-ive w-orld.

com·pile
[kəmˈpajəl]

♪ 컴**파**이열   O [컴**파**열]

vt. 책엮다,편집,축적,열거,모으다
I've been com**p**-**i**-l-ing a **Eng**-l-ish pron-un-ci-**a**-tion **dic**-tion-ar-y for **7** yrs.
The res-**ear**-ch took **sev**-(h)en **ye**-ars to com**p**-**i**-le for this book.

com·plain
[kəmˈpleɪn]

♪ 컴**플에**인   XXX [컴**플레**인]   틀린액센트/ l phonics

v. 호소,고소,불평,불만
He's com-**pl**-ain-ing of **diff**-(h)ic-ult-y in **breath**-ing.
He has l-ots of w-ork to do but he **nev**-(h)er com-**pl**-ains.

com·plaint
[kəmˈpleɪnt]

♪ 컴**플에**인트   XXX [컴**플레**인트]   틀린액센트/ l phonics

n. 불평,불만,항의,고통원인,병,원고소장,고소(장)
The l-ack of fin-**an**-cial supp-**ort** is **the**-ir com-**pl**-aint.
They **fi**-led a com-**pl**-aint that the boss **vi**-ol-ated l-aw.

com·ple·ment
[ˈkɑːmpləmənt]

♪ 카**암**플엄언트   X [캄**플**러먼트]   중복"ㄹ"="r"발음/ m phonics

n.vt. 보충(물,어),**count**-er-part,여각,완전하게,com-**pl**-ete
A good **w-i**ne is a **comp**-l-em-ent to a good **mea**-l.
Mus-ic band is a good **comp**-l-em-ent to a **part**-y.

com·plete
[kəmˈpliːt]

♪ 컴**플이**일   XXX [컴**플리**이트]   틀린액센트/ l,t phonics

aj.vt. 완전한⇔def-(**h)ect**-ive,**who**-le,ent-**ire** par-tial,완성(된)
She has com-**pl**-eted her des-**ign proj**-ect.
He tries to **sp**-eak **Eng**-l-ish in com-**pl**-ete **sent**-en-ces. Oh! N~~~o!

com·ple·tion
[kəmˈpliːʃən]

♪ 컴**플이**이션   XXX [컴**플리**이션]   틀린액센트/ l phonics

n. 완성,완료,성취,달성,실현,미식축구성공한패스
The **proj**-ect is **ne**-ar com-**pl**-e-tion.
She rec-**eived** her deg-**ree** up-**on** com-**pl**-e-tion of res-**ear**-ch.

com·plex
[ˈkɑmplɛks]

♪ 캄**플**엑,캄**플**엑ㅅ   XXX [캄**플**렉쓰]   틀린액센트/ l phonics

aj.n.vt. 복합의,**comp**-ound,복잡한⇔**simp**-le,대형몰,열등감
She's got a **comp**-l-ex ab-**out sp**-id-ers.
The-re are l-ots of **mod**-ern ap-**artm**-ent **comp**-l-ex in Kor-**e**-a.

com·pli·cate
[ˈkɑːmpləkeɪt]

♪ 카**암**플억에입   X [캄**플**러케잇]   틀린액센트/ l phonics

v.aj. 복잡하게(한,해지다),곤란하게,악화시키다,뒤얽힌
Her id-**e**-als are **comp**-l-ic-ated with **se**-l-fish **int**-er-est.
His **i-ll**-ness w-i-ll **comp**-l-ic-ate his **fam**-i-ly **ser**-i-ous-l-y.

com·pli·cat·ed
[ˈkɑ:mpləˌkeɪtəd]

 X [캄플러케이티드]   틀린액센트/ l phonics

aj. 복잡한,**com**-pl-ex,까다로운,귀찮은,설명(이해)어려운
The **pl**-ant has a **comp**-l-ic-ated des-**ign**.
The sit-u-**a**-tion in **Syr**-ia is **ver**-y **comp**-l-ic-ated.

com·po·nent
[kəmˈpoʊnənt]

 X [컴포우넌트]   mora 발음/ n phonics

aj.n. 구성하는,성분,(기계등의)구성요소,분력
The **st**-ore **se**-lls **sp**-are com-**put**-er comp-**o**-n-ents.
Ov-(h)er 40% of the comp-**o**-n-ents of a car are el-ec-**tron**-ics.

com·pose
[kəmˈpoʊz]

 O [컴포우즈]

v. 만들다,구성,조립,정리,구도,창작,작곡
He comp-**os**ed a pi-**an**-o son-**at**-a for his **lov**-(h)er.
Man-y **eth**-n-ic groups comp-**os**es Un-**it**-ed **St**-at(e)s.

com·po·si·tion
[ˌkɑ:mpəˈzɪʃən]

 O [캄퍼지션]   z phonics

n. 조립(품),합성(품),구성,구조,모조품,창작,작곡,타협
Kor-**e**-a **exp**-er-**ien**-ces the **chang**-ing comp-o-**si**-tion of the pop-ul-**a**-tion.
The **teach**-er rem-**ind**ed us to hand in our comp-o-**si**-tions.

com·pound
[ˈkɑ:mˌpaʊnd]

 O [캄파운드]

aj.n.vt. 합성,복합의(물),지역,수용소,혼합,조립,복리지불
The **int**-er-est is **comp**-ounded at **reg**-ul-ar **int**-erv-(h)als.
He **comp**-ounded his **prob**-l-em by l-ate call for **he**-l-p.

com·pre·hen·sive
[ˌkɑ:mprɪˈhɛnsɪv]

 X [캄프뤼헨씨브]   mora 발음/ v phonics

aj.n. 광범한,포괄적인,in-**cl**-us-ive,종합담보의,종합시험
The map is a comp-re-**hens**-ive guide to the **reg**-ion.
Comp-re-**hens**-ive und-er-**st**-and-ing is the **bas**-is of peace.

com·prise
[kəmˈpraɪz]

XXX [컴프롸이즈]   틀린액센트/ r phonics

vt. ~로이루어지다,~을포함,in**c**-**l**-ude,구성
Eng-l-ish com**p**-**ris**es **st**-ress, int-o-**n**-**a**-tion and dur-**a**-tion.
But **Syll**-ab-le Timed **Kor**-**e**-an com**p**-**ris**es n-one of them.

com·pute
[kəmˈpju:t]

O [컴퓨우트]

v.n. 계산,**cal**-cul-ate,산출,컴퓨터를사용,계산,산출
Her **reas**-ons for **broke**-up with him **ju**-st don't com-**pute**.
The **bank**-er com-**put**ed the **int**-er-est on the l-oan to **exp**-l-ain.

163

com·put·er
[kəm'pju:tɚ]

♪ 컴퓨읕얼   X [컴퓨우터]   mora 발음/ t, ɚ phonics

n. 컴퓨터, 계산기(자)
Com-**put**-er **l-ang**-u-ages and codes are **Eng**-l-ish.
This is why our com-**put**-er kids **mu**-st (k)n-ow **Eng**-l-ish.

con·ceive
[kən'si:v]

♪ 컨씨입   O [컨씨이브]   mora 발음/ v phonics

v. 마음에 품다, 생각(해내다), 상상, im-**ag**-ine, 표현, 임신
He conc-**eive**d a **pl**-an to in-**crease sa**-les.
I conc-**eive**d an id-**e**-a how to im-**prove Eng**-l-ish for Kor-**e**-ans.

con·cen·trate
['kɑ:nsən,treɪt]

♪ 카안선츠레잎   O [칸썬츄뤠잇]   tr phonics

v.n. 모으다, 집중(집결)시키다, 전념, 농축(음료, 물), 응축물
All that **think**-ing makes it hard to **conc**-ent-rate.
Ov-(h)er 70% of w-orld pop-ul-**a**-tion **conc**-ent-rates **ne**-ar **w-at**-er.

concentra·tion
[kɑ:nsən'treɪʃən]

♪ 카안선즈레이션   XXX [칸썬츄뤠이션]   틀린액센트/ tr phonics

n. 집중, 집합물, 집단, 전념, 집결(지), 농축, 농도
His **talk**-ing kept **break**-ing my conc-ent-**ra**-tion.
The-re w-as a conc-ent-**ra**-tion on **eth**-ics within the **ag**-en-cy.

con·cept
['kɑ:n,sɛpt]

♪ 카안셒ㅌ   O [칸쎕트]

n. 개념, 관념, 구상, 직관적 대상
She is **fam**-il-i-ar with **bas**-ic **conc**-epts of Phil-**os**-oph-(h)y.
He beg-**an search**-ing for a n-ew **rest**-aur-ant **conc**-ept.

con·cern
[kən'sɚn]

♪ 컨서언   O [컨써언]   ɚ phonics

vt.n. 관심(사), ~에 중요, 걱정, 문제삼다, (이해)관계, 사건, 사업
The-ir **moth**-er's **i-ll**-ness conc-**ern**s them **ser**-i-ous-l-y.
This res-**ear**-ch conc-**ern**s the poll-**u**-tion **l-ev**-(h)els in Seoul.

con·cert
['kɑ:nsɚt]

♪ 카안설ㅌ   O [칸써ㄹ트]   ɚ phonics

n.aj.v. 음악(연주)회, 조화, **harm**-on-y, 협력, 협정, ag-**reem**-ent
She has been to **pl**-ent-y of l-iv(e) rock **conc**-erts.
The **or**-che-st-ra gav(e) the **conc**-ert at Sejong **Cent**-er.

con·clude
[kən'klu:d]

♪ 컨클우욷   XXX [컨클루우드]   틀린액센트/ l phonics

v. 종결, 완결, 결론내리다, 맺다, 체결, 결정, 종료
The **jud**-ge con-**cl**-uded to giv(e) the thief an-**oth**-er **chan**-ce.
The **jur**-y con-**cl**-uded that the def-(h)**end**-ant w-as **inn**-o-cent.

con·clu·sion
[kənˈkluːʒən]

♪컨**클**우우ᵂᵂ ✗✗✗ [컨클**루**우쥔]   틀린액센트/ l phonics

n. 결말,end⇔beg-**inn**-ing,체결,타결,판정,결론,추론
In con-**cl**-u-sion, I w-ould l-ik(e) to sugg-**est** a toast.
In con-**cl**-u-sion, w-**alk**-ing is an eff-(**h)i**-cient form of **ex**-er-ci-se.

con·crete
[ˈkaːnˌkriːt]

♪카안크리잍 O [칸크뤼이**트**]   r,t phonics

aj.n. 실재하는⇔**ab**-st-ract,콘크리트의,굳어진,**sol**-id,구체관념
Pol-**i**-ce had n-o **con**-crete **ev**-(h)i-dence to conv-(**h)ict** him.
They hope the **meet**-ing w-i-ll prod-**uce con**-crete res-**ult**s.

con·cur·rent
[kənˈkɚrənt]

♪컨**컬**러런ㅌ O [컨커ㄹ뤈트]   r phonics

aj.n. 동시발생(의),공존하는,겸직의,일치한,동일점공유하는
He's **curr**-ent-l-y w-**ork**-ing two con-**curr**-ent jobs.
The **pa**-tient w-as warned con-**curr**-ent use of two med-ic-**a**-tions.

con·di·tion
[kənˈdɪʃən]

♪컨**디**션 O [컨디션]

n.v. 형편,상황,건강상태,지위,조절,준비,조건붙이다
His w-eak cond-**i**-tion makes him **mo**-re **l-ik**(e)-l-y to get sick.
Mand-**el**-a w-as n-ot in a cond-**i**-tion to w-alk al-**one** for l-ong time.

con·duct
[ˈkaːnˌdʌkt]

♪카안**닥**ㅌ O [컨닥트]   ʌ phonics

n. 처신,be-**hav**-(h)ior,행위,태도,안내,처리,경영,관리,행동
Peop-le **jud**-ge you by your **cond**-uct.
The kid's **cond**-uct in **sch**-ool w-as **terr**-ib-le.

con·duct
[kənˈdʌkt]

♪컨**닥**ㅌ O [컨닥트]   ʌ phonics

v. 서신,행동,be-**hav**(e),지도,운영,진도,지휘,guide
Some **met**-als cond-**uct** heat **fa**-st-er than **oth**-ers.
She cond-**uct**ed her-**se**-l-f with **conf**-(h)id-ence on the **st**-age.

cone
[ˈkoʊn]

♪**코**운 O [코운]

n.v. 원뿔(모양,만들다),솔방울(생기다),원추체,원뿔모양화산
He coll-**ect**ed pine n-uts from pine **co**-nes.
I **ord**-ered a **sc**-oop of **ice**-cream on a **sw**-eet **co**-ne.

con·fer
[kənˈfɚ]

♪컨ᵖ**헐** O [컨f어]   f,ɚ phonics

v. 주다,수여,비교,상의,의논,협의,cons-**ult**
The **st**-aff conf-(**h)er**red with boss ab-**out** the time-**tab**-le.
He conf-(**h)er**red with board **memb**-ers in his **off**-(h)i-ce.

con·fer·ence
[kɑ:nfərəns]

♪ 카안ㅍ허런ㅅ   O [칸f어뭔쓰]   f,r phonics

n. 회의,총회,conv-(h)en-tion,협의회,회담,경기맹,수여
The org-an-i-za-tion he-l-d its ann-u-al conf-(h)er-ence.
She sp-ent an hour in conf-(h)er-ence with her st-affs.

con·fess
[kənˈfɛs]

♪ 컨ㅍ페ㅅ   O [컨f에쓰]   f phonics

v. 고백,고해⇔conc-ea-l,자인,인증,ack-n-owl-edge⇔den-y
He conf-(h)essed his sins to the priest.
She conf-(h)essed her mis-chiefs aft-er be-ing q-ues-tioned.

con·fi·dence
[kɑ:nfidəns]

♪ 카안ㅍ힐언ㅅ   X [칸f이던쓰]   mora 발음/ f,d phonics

n. 신뢰⇔mis-trust,확신,as-sur-ance,대담성,정확성,비밀
I am tell-ing you this in st-rict conf-(h)id-ence.
A true friend does n-ot bet-ray conf-(h)id-ences.

con·fi·dent
[kɑ:nfidənt]

♪ 카안ㅍ힐언ㅌ   X [칸f이던트]   mora 발음/ f,d phonics

aj.n. 믿는,su-re⇔mod-est,대담한,절친,conf-(h)id-ant
He w-as conf-(h)id-ent ab-out his ab-il-it-y to do the job.
He has bec-ome conf-(h)id-ent in Eng-l-ish l-i-s(te)n-ing.

con·fi·den·tial
[kɑ:nfəˈdɛnʃəl]

♪ 카안ㅍ헌엔셜   X [칸f이덴셔얼]   mora 발음/ f,d phonics

aj. 은밀한,비밀의,sec-ret,허물없는,신용있는,믿을만한
She bec-ame conf-(h)id-en-tial with him aft-er the part-y.
She acc-u-sed them of l-eak-ing conf-(h)id-en-tial info.

con·fine
[kənˈfaɪn]

♪ 컨ㅍ하인   O [컨f아인]   f phonics

vt.n. 국한,제한,감금,경계,한계,범위,국경,감금
She conf-(h)ined her act-iv-(h)it-ies to the sm-all biz.
Pl-ease conf-(h)ine your rem-arks to the iss-ues at hand.

con·firm
[kənˈfɚm]

♪ 컨ㅍ험   O [컨f어ㄹ엄]   f,ɚ phonics

vt. 입증,확증,확인,승인,비준,격려
Call and conf-(h)irm your dent-ist's app-o-intm-ent.
The te-sts conf-(h)irmed the doct-ors' di-ag-n-os-is of canc-er.

con·flict (n)
[ˈkɑ:nflɪkt]

♪ 카안ㅍ흘익ㅌ   X [칸f을릭트]   중복"ㄹ"="r"발음/ f,l phonics

n. 투쟁,싸움,논쟁,불일치,부조화,fight,batt-le,w-ar
Try not to keep an-y conf-(h)l-ict with your ex-part-n-er.
The NIS Cou-n-cil has met to prev-(h)ent any conf-(h)l-ict.

con·flict (v)
[kənˈflɪkt]

♪컨**플**익ㅌ   XXX [컨f을릭ㅌ]   중복"ㄹ"="r"발음/ **f,l** phonics

vi. 충돌,대립,상반,모순되다,다투다,싸우다

She **he**-l-d firm op-**in**-ions which conf-(**h**)**l**-icted with ours.
His dat(e) with her conf-(**h**)**l**-icts with his **moth**-er's **B**-day **dinn**-er.

con·form
[kənˈfoɚm]

♪컨**f포**홈   O [컨**f오**어ㄹ엄]   **f,ɚ** phonics

v. 따르다,순응(시키다),일치(시키다),동일,같게

The l-ist conf-(**h**)**orm**s with the **cont**-ents of the box.
St-ud-ents **fee**-l **pres**-sure to conf-(**h**)**orm** to **sch**-ool codes.

con·fuse
[kənˈfjuːz]

♪컨**퓨**우즈ㅎ   O [컨**f유**우즈]   **f,z** phonics

vt. 당황하게,혼동,conf-(**h**)**ound**,혼란,dis-**ord**-er,per-**pl**-ex

I **al**-w-ays conf-(**h**)**use** the twins.
He conf-(**h**)**use**d his talk with ir-**rel**-ev-(h)ant det-**ai**-ls.

con·fu·sion
[kənˈfjuːʒən]

♪컨**퓨**우전   O [컨**f유**우줜]   **f,ʒ** phonics

n. 혼잡(상태),dis-**ord**-er,당황,per-**pl**-ex-it-y,정신(의식)장애

I l-eft my **off**-(**h**)**i**-ce in a **st**-at(e) of conf-(**h**)**u**-sion.
The **diff**-(**h**)ic-ult **prob**-l-ems l-eft me in **tot**-al conf-(**h**)**u**-sion.

con·grat·u·late
[kənˈɡrætʃəˌleɪt]

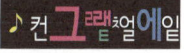 XXX [컨그뤠춀레잇]   틀린액센트/ **r,tʃ,l,t** phonics

vt. 축하,축사,기뻐

I'd l-ik(e)to con**g**-**rat**-ul-ate him on his **succ**-**ess**.
She con**g**-**rat**-ul-ated her-**se**-l-f on her **narr**-ow-e-**sc**-ap(e).

con·gress
[ˈkɑːŋɡrəs]

♪**카**앙그러ㅅ   O [캉그뤼ㅆ]   **r** phonics

n.vi. 의회,국회,회합,친교,교섭,모이다

She has been el-**ect**ed to **Cong**-ress.
It's far from **cert**-ain that the **Cong**-ress w-i-ll ap-**prove** it.

con·junc·tion
[kənˈdʒʌŋkʃən]

♪컨**정**ㅋ션   X [컨쩡크션]   mora발음/ **dʒ,ʌ** phonics

n. 결합,공동,연대,관련,동시발생,접속사

Comm-on conj-**unc**-tions are "and," "but," and "al-**though**."
The conj-**unc**-tion **cre**-ates a **mass**-ive **inf**-(**h**)**l**-ux of cars.

con·nect
[kəˈnɛkt]

♪컨**엑**ㅌ   X [커**넥**ㅌ]   mora발음/ **n** phonics

v. 연결,접속(되다),관계(관련)시키다,연상시키다,성공

Can you conn-**ect** the **w**-**i**-re to the **pl**-ug?
It's the **maj**-or **high**-w-ay conn-**ect**-ing the two towns.

con·nec·tion
[kəˈnɛkʃən]

♪ 컨엑션   ✗ [커넥션]   mora 발음/ n phonics

n. 이음,결합,접속,연결부,단체,고객,문맥,친척,통신
Sm-ok-ing is in conn-**ec**-tion with the l-ung **canc**-er.
They are my **int**-im-ate conn-**ec**-tions as 1st **cous**-ins.

con·quer
[ˈkɑːŋkɚ]

♪ 카앙쿠얼   ✗ [캉커]   틀린발음/ ɑː,ɚ phonics

v. 획득,정복,차지,극복,타파,이기다,장애를극복
She **conq**-uered the man she l-ov(e)d.
Sci-ent-ists bel-**iev**(e) the dis-**ea**-se can be **conq**-uered.

con·science
[ˈkɑːnʃəns]

♪ 카안션ㅅ   ✗ [칸션쓰]   틀린발음/ ɑː,s phonics

n. 양심,판단력,도덕심,자제력,분별
L-et your **cons**-cience be your guide.
She has a **cons**-cience ab-**out** her unk-**ind ac**-tion to her mom.

con·scious
[ˈkɑːnʃəs]

♪ 카안셔ㅅ   ✗ [칸셔쓰]   틀린발음/ ɑː,s phonics

aj. 의식있는,고의의 un-**cons**-cious,sub-**cons**-cious,자의식강한
The **pa**-tient rem-**ain**ed **fu**-ll-y **cons**-cious **aft**-er the **l-oc**-al an-es-**thet**-ic.
Make a **cons**-cious **eff**-(h)ort to im-**prove** your **Eng**-l-ish
eff-(h)**ect**-ive-l-y and eff-(h)**i**-cient-l-y.

con·sent
[kənˈsɛnt]

♪ 컨셴트   ⭘ [컨센트]

vi.n. 동의,승낙,허가,응하다,따르다,일치
Moth-er did n-ot cons-**ent** to hav(e) my ear **pi**-er-ced.
He can't hav(e) a **med**-ic-al op-er-**a**-tion with-**out** your cons-**ent**.

con·se·quence
[ˈkɑːnsəkwɛns]

♪ 카안석으웬ㅅ   ✗ [칸씨크웬쓰]   mora 발음/ ɑː,q,s phonics

n. 결과,res-**ult**,결론,귀결,결말,중요성,중대함,imp-**ort**-ance,자존
A **min**-or **err**-or can **cau**-se **ser**-ious **cons**-eq-uences.
In **cons**-eq-uence of her **se**-l-f-**con**-scious-n-ess, she w-as **fi**-red.

con·se·quent
[ˈkɑːnsəkwənt]

♪ 카안석으원트   ✗ [칸씨크웬트]   mora 발음/ ɑː,q,t phonics

aj.n. ~의결과로일어나는,필연적인,당연한(결과)
O-i-l **sp**-i-ll showed the **cons**-e-q-uent **dam**-age to **wi**-l-d-l-if(e).
Fall-ing **sa**-les and a **cons**-e-q-uent $1.1 bil. l-oss forced **SO**-N-Y
to l-ay off 5,000.

con·ser·vative
[kənˈsɚːvətɪv]

♪ 컨썰ㅂ헡이ㅂ   ✗ [컨써r버티브]   mora 발음/ ɚ,v phonics

aj.n. 보수적인(사람),온건한,수수한,보수당의,보존성의,방부제
She's **mo**-re cons-**erv**-(h)at-iv(e) n-ow **aft**-er her **marr**-i-age.
W-e don't use **an**-y cons-**erv**-(h)at-iv(e)s or pres-**erv**-(h)at-ives in food.

con·serve
[kənˈsɜrv, ˈkɒnsɜrv]

♪ 컨써ㄹㅂㅎ   O [컨써ㄹ브]   ɚ,v phonics

vt.n. 보존(보호),설탕절임보존,잼(만들다),에너지양유지
W-e need to cons-**erv**(e) our **nat**-ur-al res-**our**-ces.
Don't be ex-**hau**-sted - you need to cons-**erv**(e) your **st**-rength.

con·sid·er
[kənˈsɪdɚ]

♪ 컨씯얼   X [컨씨더]   mora 발음/ d,ɚ phonics

v. 숙고,고찰,검토,참작,배려,궁리,여기다,관심기울이다
She ref-(h)**use**d to cons-**id**-er my job **off**-(h)er.
W-e mad(e) a **fin**-al dec-**i**-sion **aft**-er all things cons-**id**-ered.

con·sid·er·a·ble
[kənˈsɪdɚrəbəl]

♪ 컨씯얼럽얼   X [컨씨더뤄브얼]   mora 발음/ d,ɚ,r,b phonics

aj.n. 상당한,적지않은,주목할만한,중요한,많은정도(양,수)
She w-as in cons-**id**-er-ab-le **pa**-in.
W-e rec-**eiv**ed a cons-**id**-er-ab-le **numb**-er of supp-**ort**s.

considera·tion
[kənˌsɪdəˈreɪʃən]

♪ 컨씯어러이션   X [컨씨더뤠이션]   mora 발음/ d,r phonics

n. 고려(사항,이유),(숙고한)생각,의견,이해,배려,참작
W-e w-i-ll giv(e) your prop-**os**-al cons-id-er-**a**-tion.
Saf(e)-ty is the **ab**-sol-ute cons-id-er-**a**-tion in **carr**-y-ing jobs.

con·sist
[kənˈsɪst]

♪ 컨씨슫   X [컨씨스트]   mora 발음/ t phonics

vi. 이루어지다,구성되다,존재,있다,일치,조화,양립,공존
N-ew **Yor**-k **cit**-y cons-**ist**s of **fiv**(e) **bor**-oughs.
Hea-l-th cons-**ist**s with **temp**-er-ance **on**-l-y.

con·sis·tent
[kənˈsɪstənt]

♪ 컨씨슨언ㅌ   X [컨씨스턴트]   mora 발음/ t phonics

aj. 일치하는,조화되는,모순(변함)없는,일관된,절조있는
She is n-ot cons-**ist**-ent with her-**se**-l-f on **marr**-i-age.
He is a cons-**ist**-ent supp-**ort**-er of the **sch**-ol-ar-ship fund.

con·so·nant
[ˈkɑːnsənənt]

♪ 카안선언ㅌ   X [칸써넌트]   mora발음/ n phonics

n.aj. 자음⇔**vow**-el,일치(한),조화하는,어울림음,공명음
The-ir w-ork is **cons**-on-ant with **the**-ir w-ay of **think**-ing.
His be-**hav**-(h)ior w-as **cons**-on-ant with his rel-**i**-gious bel-**ief**s.

con·stant
[ˈkɑːnstənt]

♪ 카안슨언ㅌ   X [칸스턴트]   mora발음/ n phonics

aj.n. 일정한,불변의,계속되는,되풀이되는,상수,**var**-i-ab-le
She **suff**-(h)ers from **con**-st-ant **head**-aches.
She has **st**-rugg-led to ma-int-**ain** a **con**-st-ant **w-e**-ight.

con·sti·tute
[kɑːnstəˌtuːt]

♪ 카안ㅅ얻우웉   X [칸스터튜우트]   mora발음/ t phonics

v. 구성,조성,임명,제정,설립,야기
My **fam**-il-y could **con**-st-it-ute a **bask**-et-ball team.
She w-as **con**-st-it-uted cha-ir-**w-om**-an for the comm-**itt**-ee.

con·sti·tu·tion
[kɑːnstəˈtuːʃən]

♪ 카안ㅅ얻우우션   X [칸스터튜우션]   mora발음/ t phonics

n. 구성,설립,제정,e-**st**-ab-l-ishm-ent,헌법,정관
Memb-ers hav(e) drafted a n-ew **con**-st-it-u-tion.
The or-**ig**-in-al **Con**-st-it-u-tion is on di-**sp**-l-ay at the mus-**e**-um.

con·strain
[kənˈstreɪn]

♪ 컨ㅅ레인   XXX [컨스트뤠인]   틀린액센트/ tr phonics

vt. 강요,억지웃음,구속,감금,억제,억압
He w-as con-**st**-rained to ag-**ree** the **pl**-an.
He w-as con-**st**-rained by **cons**-cience and **to**-l-d the truth.

con·struct
[kənˈstrʌkt]

♪ 컨ㅅ럭ㅌ   XXX [컨스트뢐트]   틀린액센트/ tr,ʌ phonics

vt.n. 건설,가설,건조,구성(개념),작도,건축물,구조물
They **pl**-an to con-**st**-ruct a pool be-**hind** the house.
The **auth**-or con-**st**-ructs all the **st**-or-ies ab-**out** l-ov(e) theme.

con·struc·tion
[kənˈstrʌkʃən]

♪ 컨ㅅ럭션   XXX [컨스트뢐션]   틀린액센트/ tr,ʌ phonics

n. 건설⇔de-**st**-ruc-tion,구조(물),건축(물,법,업),설명,구문
The n-ew **w-ebs**-ite is **st**-i-ll **und**-er con-**st**-ruc-tion.
She put a good con-**st**-ruc-tion on his be-**hav**-(h)ior.

con·sult
[kənˈsʌlt]

♪ 컨살ㅌ   X [컨써얼트]   mora 발음/ ʌ phonics

v. 조언,의견을청,상의,참고,조사,고문직맡다
She mad(e) the dec-**i**-sion with-**out** cons-**ult**-ing.
He w-i-ll cons-**ult** a l-**aw**-y-er ab-**out** a **bu**-sin-ess **matt**-er.

con·sume
[kənˈsuːm]

♪ 컨수움   O [컨쑤움]

vt. 소비,낭비,소멸,파괴,열중하게,소멸,다먹다
The LED bulbs cons-**ume** l-ess el-ec-**tric**-it-y.
I-ll-ness cons-**ume**d both of his **sp**-i-rit and **st**-rength.

con·sum·er
[kənˈsuːmɚ]

♪ 컨수움얼   X [컨쑤우머ㄹ]   mora 발음/ m phonics

n. 소비자⇔prod-**uc**-er,다른생물을먹고사는생물체
Price is a **maj**-or **fact**-or for cons-**um**-ers' dec-**i**-sion **mak**-ing.
Cons-**um**-ers are n-ot **comf**-(h)ort-ab-le **pur**-chas-ing **on**-l-ine.

con·tact
['kɑːnˌtækt]

♪ 카안택ㅌ   O [칸택ㅌ]

n.v. 접촉(감),교제,렌즈,교신,보균용의자,접촉피부염,연락
He app-l-ied for a job the-re bec-au-se he has a cont-act.
The-ir cont-acts hav(e) seen mo-re of(t)-(h)en rec-ent-l-y.

con·tain
[kənˈteɪn]

♪ 컨테인   O [컨테인]

vt. 포함,수용할수있다,둘러싸다,끼고있다
This book cont-ains Eng-l-ish w-ords' l-ink-ing pron-un-ci-a-tion.
She w-as so ang-ry that she could hard-l-y cont-ain her-se-l-f.

con·tain·er
[kənˈteɪnɚ]

♪ 컨테이널   X [컨테이너]   mora발음/ n,ɚ phonics

n. 용기,컨테이너
The in-st-ant coff-(h)ee comes in a tin cont-ain-er.
The ol-iv(e) oi-l is supp-l-ied in a cl-ear cont-ain-er.

con·tem·po·rary
[kənˈtɛmpəreri]

♪ 컨템퍼레리   O [컨템풔뤼]   r phonics

aj.n. 동시대(사람,의),현대의,당대의,mod-ern,동년배
The mus-e-um dev-(h)oted to cont-emp-or-ar-y arts.
The show rep-res-ent-ed cont-emp-or-ar-y trends in des-ign.

con·tent
['kɑːnˌtɛnt]

♪ 카안텐ㅌ   O [컨텐ㅌ]

n.aj.vt. 내용(물),취지,용량,함유량,만족하는,기꺼이,만족
I'd be cont-ent with a w-arm mea-l and a pl-ace to sl-eep.
He cont-ented him-se-l-f with w-at-ch-ing games at ho-me.

con·test
['kɑːnˌtɛst]

♪ 카안테슽   O [칸테스ㅌ]

n.v. 경기,comp-et-i-tion,투쟁,st-rugg-le,논쟁,di-sp-ute
He cont-ested with oth-er bidd-ers for the pa-int-ing.
She pl-ans to cont-est a seat in Na-tion-al Ass-emb-l-y.

con·text
['kɑːnˌtɛkst]

♪ 카안텍슽   X [칸텍스ㅌ]   mora 발음/

n. 문장의전후관계,문맥,배경,상황.
It is n-ot fa-ir to q-uote out of cont-ext.
W-e need to cons-id-er these ev-(h)ents in cont-ext.

con·ti·nent
['kɑːntənənt]

♪ 카안턴언ㅌ   X [칸터넌ㅌ]   n phonics

n.aj. (유럽)대륙,본토,main-l-and,자제의,금욕의,정숙한
Mo-st chi-l-dren are cont-in-ent by age three.
They are go-ing to the cont-in-ent for hol-id-ays.

con·tin·ue
[kənˈtɪnju]

♪ 컨**틴**유　　X [컨티**뉴**우]　　mora 발음/ n phonics

v. 계속되다,이어지다,뻗어있다,계속~이다,체재,재직
The **conc**-ert cont-**in**-ued **aft**-er a short break.
She cont-**in**-ued to vol-unt-**eer** at the **shelt**-er **ti**-ll she died.

con·tin·u·ous
[kənˈtɪnjuwəs]

♪ 컨**틴**유ㅇ워ㅅ　　X [컨티**뉴**어쓰]　　mora 발음/ n,w phonics

aj.n. 연속적인(의),끊임없는,마디없는,진행형의,진행상태
Tri-**ath**-l-on is cont-**in**-u-ous with three games.
It prov-(**h**)**id**(e)s **po**-w-er up to four hours of cont-**in**-u-ous use.

con·tract
[ˈkɑːnˌtrækt]

♪ 카**안**츠**렉**트　　O [칸츄랙트]　　tr phonics

n.v.계약(서,일),약혼,긴장,찡그리다,축소,초래,계약맺다
Meat cont-**ract**s as it is done on a **gri**-ll.
The **cont**-ract re-**q**-u-ired him to **fin**-ish the **proj**-ect by 2013.

con·tra·dict
[ˌkɑːntrəˈdɪkt]

♪ 카**안**츠러**딕**트　　X [칸츄뤄**딕**트]　　mora 발음/ tr,d phonics

v. 단호히부인,반박,반대진술,이의제기,모순되다
Her **broth**-er doesn't l-ik(e) **be**-ing cont-rad-**ict**ed.
His w-ay of l-if(e) cont-rad-**ict**s his **princ**-ip-les.

con·trary
[ˈkɑːnˌtreri]

♪ 카**안**츠**레**리리　　O [칸츄**뤠**뤼]　　tr,r phonics

aj.n. 반대의(인),**opp**-o-site,un-**fav**-(h)or-ab-le,대립물
Our boat took a **cour**-se cont-**rar**-y to **the**-irs.
Cont-rar-y to exp-ect-**a**-tions, w-e **w-on** the race.

con·trast
[kənˈtræst]

♪ 컨**트**츠래슽　　XXX [컨츄**뢔**스트]　　틀린액센트/ tr phonics

v.n. 대비,대조(되게),현저한차이,대조적인것(사람)
His **ac**-tions cont-**rast**ed with his **prom**-ise.
His **bl**-ack suits and the white tie cont-**rast**ed **sharp**-l-y.

con·trast
[ˈkɑːnˌtræst]

♪ 카**안**츠래슽　　O [칸츄**뢔**스트]　　tr phonics

n. 대조,대비,현저한차이,대조적인것(사람)
The **cont**-rast bet-**ween** the des-**ign**s is di-**st**-inct-ive.
His **bl**-ack suits and the white tie showed a sharp **cont**-rast.

con·trib·ute
[kənˈtrɪbjuːt]

♪ 컨**트**츠**립**유웉　　XXX [컨츄**뤼**뷰우트]　　틀린액센트/ tr,b,t phonics

v. 기부,제공,기고,기여,공헌,주다,바치다
He did n-ot cont-**rib**-ute to the **proj**-ect.
She cont-**rib**-uted **man**-y **po**-ems to the **text**-book.

con·tri·bu·tion
[kɑ:ntrəˈbju:ʃən]

♪카안츠렙유우션 X [컨츄뤄뷰우션]   mora 발음/ tr,b phonics

n. 기부(금),출자,공헌,조력,기고,조세(금),부과금
He mad(e) **reg**-ul-ar cont-rib-**u**-tions to the **Ti**mes.
They thanked him for his cont-rib-**u**-tion of **pa**-int-ings.

con·trol
[kənˈtroʊl]

♪컨트즈로을 XXX [컨츄로우을]   틀린액센트/ tr phonics

vt.n. 지배,단속,감독(관),관리(자),**reg**-ul-ate/제어(수단)
The **l**-ight **sy**-st-em are cont-**ro**-ll-ed by a com-**put**-er.
The pol-**i**-ce could n-ot cont-**ro**-l the crowd **thor**-ough-l-y.

con·tro·ver·sy
[ˈkɑ:ntrəˌvɚ·si]

♪카안츠럽얼시 X [칸츄뤄버씨]   mora 발음/ v phonics

n. 논쟁,논의,di-**sp**-ute,말다툼,싸움
The **mov**-(h)ie is a **subj**-ect of **cont**-rov-(h)ers-y.
A **cont**-rov-(h)ers-y ar-**ose** ov-(h)er the n-ew boss's dec-**i**-sion.

con·vene
[kənˈvi:n]

♪컨비인 O [컨비인]   v phonics

v. (의회•위원회등)모이다,소집,소환
They conv-(**h**)**ene**d at the aud-it-**or**-ium for a **sem**-in-ar.
This **cl**-ass ab-**out mus**-ic-al conv-(**h**)**ene**s **ev**-(h)er-y **oth**-er day.

con·ve·nience
[kənˈvi:njəns]

♪컨비인연ㅅ X [컨비이년쓰]   v,n phonics

n. 편리함,이익,편리한때,편리한물건
E-sc-al-at-ors w-ere av-(**h**)**ail**-ab-le for conv-(**h**)**en**-ience.
Come to my **off**-(h)i-ce at your **ear**-l-i-est conv-(**h**)**en**-ience.

con·ve·nient
[kənˈvi:njənt]

♪컨비인연ㅌ X [컨비이년트]   v,n phonics

aj. 편리한,사용쉬운,알맞은,형편좋은,기까워서편한,가기쉬운
The cont-**ro**-ls are in a conv-(**h**)**en**-ient **sp**-ot.
When is your conv-(**h**)**en**-ient time for a **meet**-ing?

con·ven·tion
[kənˈvɛnʃən]

♪컨벤션 O [컨벤션]   v phonics

n. 대회,집회,협의회,결정,협정,ag-**reem**-ent,관습,관행,관례
As a **matt**-er of conv-(**h**)**en**-tion, the **l**-**ad**-y **sp**-eaks **fir**-st.
They go to the **ann**-u-al conv-(**h**)**en**-tion **ev**-(h)er-y **summ**-er.

con·ver·sa·tion
[kɑ:nvɚˈseɪʃən]

♪카안벌쎄이션 O [칸버ㄹ쎄이션]   v,ɚ phonics

n. 회화,대화,대담,좌담,talk,교제,사귐,친교,간통
Do you rem-**emb**-er our conv-(h)ers-**a**-tion on **marr**-i-age?
The l-aw on **Crim**-in-al Conv-(h)ers-**a**-tion bec-**ame n**-**ull** and **vo**-id.

con·verse
[kənˈvɜːs]

♪ 컨ᵇ헐ㅅ   O [컨버ㅆ]   v,ɚ phonics

vi.n.aj. 담화,대화,의견나누다,정반대(의,것),역(의)
They conv-(h)erse d q-ui-et-l-y in the cor-n-er of the ha-ll.
W-e w-ere conv-(h)ers-ing in Kor-e-an, our l-ang-u-age.

con·vert
[kənˈvɜːt]

♪ 컨ᵇ헐ㅌ   O [컨버ㄹ트]   v,ɚ phonics

v.n. 변형,변질,개종(자),전향(자),개조,환산,교체,반대로,횡령
She sudd-en-l-y conv-(h)ert ed to Ca-thol-i-cism.
L-ow temp-er-at-ure conv-(h)ert w-at-er int-o ice.

con·vince
[kənˈvɪns]

♪ 컨ᵇ힌ㅅ   O [컨빈ㅆ]   v phonics

vt. 확신시키다,납득시키다,깨닫게
She conv-(h)ince d me that the st-or-y w-as true.
He conv-(h)ince d the pol-i-ce of his inn-oc-ence.

cook
[ˈkʊk]

♪ 큭   O [쿡]

n.v. 요리(사),가열,속이다,못쓰게되다,익다,더위로지치다
She cooked dinn-er for her fam-il-y.
He w-as cooked by the fin-an-cial sch-eme.

cook·ie
[ˈkʊki]

♪ 큭이   X [쿠키]   mora 발음/ k phonics

n. 과자,쿠키,애인,놈,사람위안의내용물,choc-ol-ate ~
You are my sm-art cook-ie.
She baked cook-ies in the ov-(h)en.

cool
[kuːl]

♪ 쿠우을   O [쿠얼]

aj.n.v.시원한⇔w-arm,찬,식은,냉정한,침착한,ca(l)m,멋있는,식다
That w-i-ll n-ot cool off her aff-(h)ec-tion for you.
He rem-ain ed ca(l)m, cool, and coll-ect ed bef-(h)ore the game.

co·op·er·ate
[koʊˈɑːpəreɪt]

♪ 코으아앞어레잎   X [코우아퍼뤠잇]   mora 발음/ p,r,t phonics

vi. 협력,협동,경제협력,결과를낳다
It w-i-ll n-ot be eas-y if they don't co-op-er-ate.
Man-y na-tions co-op-er-ated in the rel-ief eff-(h)orts.

co·op·er·a·tion
[koʊˌɑːpəˈreɪʃən]

♪ 코으아앞어레이션   XXX [코우아퍼레이션]   틀린액센트/ p,r phonics

n. 협력,협조,원조,협동(조합,작용)
W-e are ask-ing for your fu-ll coop-er-a-tion.
The pol-i-ce asked for the coop-er-a-tion in hunt for the kill-er.

co·or·di·nate
[koʊˈɔːdɪneɪt]

 ✗ [코우오오더네잍] mora 발음/ d,b,t phonics

v. 대등,배열,조정,조화이루다
She'll be co-**ord**-in-at-ing the rel-**ief eff**-(h)ort.
The rel-**ief eff**-(h)orts **mu**-st co-**ord**-in-ate to be succ-**essf**-(h)ul.

co·or·di·nate
[koʊˈɔːdɪnət]

 ✗ [코우오오더넛] mora 발음/ d,b,t phonics

aj.n. 동등한(사람),동격의⇔sub-**ord**-in-ate,좌표,색(옷)의조화
Her bag and shoes are **w**-**e**-ll co-**ord**-in-ate in **col**-or.
Peop-le are **eq**-ual and co-**ord**-in-ate in a court of l-aw.

cope
[koʊp]

 ○ [코웁] p phonics

vi.n. 대항,대처,맞서다,고위성직자의긴망토
She coped **w**-**e**-ll with the un-**st**-ab-le sit-u-**a**-tion.
She w-as **cop**-ing **w**-**e**-ll **aft**-er her **husb**-and died.

cop·per
[kɑːpɚ]

 ✗ [카퍼] mora 발음/ p,ɚ phonics

n.vt.aj. 구리(빛의),동전,잔돈,구리제품(빛,씌우다),체포
These **cook**-ing **w**-**a**-res are mad(e) of **copp**-er.
Int-**er**-ior **w**-**at**-er pip(e)s **mu**-st be done with **copp**-er one.

copy
[kɑːpi]

 ✗ [카피] mora 발음/ p phonics

n.vt. 사(등,초)본,모방,**man**-u-sc-ript,광고문,복제(품),복사
She tries to keep a **cop**-y of **ev**-(h)er-y-thing in her own **fi**-les.
She part-**ic**-ip-ated in **cop**-y-ing **cl**-ass-if-(h)ied **doc**-um-ents.

core
[koɚ]

 ○ [코어ㄹ] k phonics

n.vt. 속,심,씅묘부분,핵심,중심부,속을빼네디,중심에서자르다
The **char**-it-y l-ies at the **co**-re of Am-**er**-ic-an soc-**i**-et-y.
The-re's a sol-**u**-tion if you (k)n-ow the **co**-re of a **prob**-l-em.

cork
[koɚk]

○ [코어ㄹ크] ɚ,k phonics

n.vt.aj. 콜크(마개)의,낚시찌,마개를⇔un-**cork**,억제,저지
She tried to **cork up** her em-**o**-tion.
He un-**cork**ed the cork of a **w**-ine **bott**-le.

corn
[koɚn]

 ○ [코어ㄹ언] k,ɚ phonics

n.vt. 옥수수,곡물(심다),grain,티눈,알갱이,소금에절여보존
He has a **cor**-n on his **l**-**itt**-le toe.
She **ord**-ered a **cor**-ned beef **sand**-wich for **l**-**un**ch.

cor·ner
[ˈkoɚnɚ]
 X [코어ㄹ너]   mora 발음/ k,ɚ,n phonics
n.aj.v.구석,모서리,**mar**-gin,궁지,모남,독점,궁지에넣다,급커브
A **po**-st marks the **cor**-n-er of the **prop**-ert-y.
They sat at a **tab**-le in a **cor**-n-er of the **rest**-aur-ant.

cor·po·rate
[ˈkoɚpərət]
 O [코어ㄹ퍼럿]   k,ɚ,t phonics
aj. 법인(조직)의,합체한,지역적인
They hav(e) to re-**st**-ruc-ture the **corp**-or-ate to surv-**(h)ive**.
She is one of the **mo**-st **po**-w-erf-(h)ul **w-om**-en in **corp**-or-ate.

cor·po·ra·tion
[ˌkoɚpəˈreɪʃən]
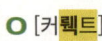 X [코어ㄹ퍼뤠이션]   k,ɚ,r phonics
n. 법인,자치체,시정기관,단체,조합,주식회사
She w-orks as a cons-**ult**-ant for a **l-ar**-ge corp-or-**a**-tion.
He's the **cha**-ir-man of a huge mult-i-**na**-tion-al corp-or-**a**-tion.

cor·rect
[kəˈrɛkt]
 O [커뤡트]   r phonics
vt.aj. 정정,**rect**-if-(h)y,adj-**ust**,꾸중,억제,right,**acc**-ur-ate,
They are **find**-ing w-ays to corr-**ect** this **diff**-(h)ic-ult-y.
He l-ik(e)d she corr-**ect**ed his **Eng**-l-ish pron-un-ci-**a**-tion.

cor·re·spond
[ˌkorəˈspɑːnd]
 XXX [코뤄스판드]   틀린액센트/ k,r,p phonics
vi. 일치,조화,상당,해당,편지왕래,통신
"**Nav**-(h)el" corr-e-**sp**-onds to "baeggop" in Kor-**e**-an.
The prime **min**-i-st-er corr-e-**sp**-onds to the **pres**-id-ent.

cost
[kɑːst]
 O [코스트]
n.vt. 값,대가,원가(계산),**sac**-rif-(h)ice,비용,경비,희생시키다
The-ir **cru**-el **cond**-uct w-i-ll **co**-st them **dear**-l-y.
W-e need **bett**-er **co**-st cont-**ro**-l for com-**pet**-it-ive price.

cos·tume
[ˈkɒstum; v.kɒˈstum]
X [카스튜-움]   mora 발음/ t phonics
n.vt. 복장,옷차림,의상,옷입히다,의상마련하다,dress
It was a Hall-o-**ween co**-st-ume **part**-y.
They wore cer-em-**on**-ial **co**-st-ume at the **Cer**-em-on-y.

cot·tage
[ˈkɑːtɪdʒ]
 X [카티쥐]   mora 발음/ t,dʒ phonics
n. 작은집,소주택,작은별장,별채의작은건물
W-e **w-i**-ll rent a **cott**-age for this **summ**-er.
He **o**wns a **cott**-age ne-ar l-ake **Mi**-chig-an.

cot·ton
[ˈkɑːtn̩]

♪ 카앝은   X [카튼]   Schwa [n]=[언], mora 발음/ t,n phonics

n.vi. 목(면)화,무명(실),면직물,탈지면,잘어울리다,이해
They l-ik(e) to w-ear cott-on in the summ-er.
She'll soon cott-on on to your sug-ges-tion.

cough
[ˈkɑːf]

♪ 카아ㅍㅎ   O [카아ㅍ으]   f phonics

v.n. (헛)기침(소리,병),토해내다,기침하며말,자백
He coughed and sn-eezed dur-ing all-er-gy seas-on.
The o-l-d eng-ine coughed, sp-utt-ered and then st-opped.

could
[ˈkʊd]

♪ 큰   O [쿠드]   d phonics

av. can의 과거형
Could you come ov-er he-re?
If we could he-l-p, we would.

coun·cil
[ˈkaʊnsəl]

♪ 카은설   X [카운쓰얼]   s phonics

n. 협의(심의)회,평의(원)회,회의,협의,자문위원회,의회
The cit-y cou-n-cil banned on sm-ok-ing in rest-aur-ants.
This st-orm al-erts the may-or's tran-sp-ort-a-tion cou-n-cil.

count
[ˈkaʊnt]

♪ 카은ㅌ   O [카운트]

vt. 세다,en-um-er-ate,셈(에넣다),계산,cal-cul-ate,생각
They w-i-ll n-o l-ong-er count us am-ong the-ir all-ies.
Surv-(h)iv-(h)ing in the st-orm w-as counted as a mir-ac-le.

coun·try
[ˈkʌntri]

♪ 칸츠러   O [칸츄뤼]   tr phonics

n. 땅,지방,reg-ion,국토,na-tion,조국,시골,교외
He pref-(h)erred the count-ry to the cit-y.
They are ap-art in diff-(h)er-ent coun-tries.

coun·try·side
[ˈkʌntriˌsaɪd]

♪ 칸츠러싸읻   O [칸츄뤼싸이드]   tr,d phonics

n. 지방,시골(주민),농촌지방
They drov(e) through the pl-ain count-ry-sid(e).
I've al-w-ays l-ov(e)d the Kor-e-an count-ry-sid(e).

coun·ty
[ˈkaʊnti]

♪ 카은티   O [카운티]

n. 군,미st-at(e)보다작은행정단위,주민,군민
L-os Ang-el-es cit-y is in L-os Ang-el-es Count-y.
She's l-iv-(h)ing in Sil-ic-on Vall-ey, Sant-a Cl-ar-a Count-y, CA.

cou·ple
[ˈkʌpəl]

♪ 캎얼   ✗ [카프얼]   mora 발음/ ʌ,p phonics

n.vt. 2개 한벌(쌍,남녀,부부),**pa**-ir,연결,결합,연상,결혼시키다
"R u a **coup**-le?" "N-o, **ju**-st friends."
The **eng**-ine is **coup**-led to an aut-om-**at**-ic **ge**-ar-box.

cour·age
[ˈkɜrɪdʒ]

♪ 컬릳지   ○ [커어ㄹ뤼지]   ɚ,r,dʒ phonics

n. 용기,**brav**-(h)er-y,용감함,용맹⇔**cow**-ard-ice
It tak(e)s **cour**-age to **st**-and up for **the**-ir **ri**-ghts.
He has the **cour**-age to supp-**ort** un-**pop**-ul-ar **cour**-ses.

course
[koɚs]

♪ 코얼ㅅ   ○ [코어ㄹ쓰]   k,ɚ phonics

n.v.주행로,(골프,식사)코스,경과,연속,**ser**-ies,죽달리다,뒤쫓다
The **driv**-(h)er brought the race car back on **cour**-se.
The **treatm**-ent w-i-ll **sl**-ow the **cour**-se of the dis-**ea**-se.

court
[koɚt]

♪ 코얼ㅌ   ○ [코어ㄹ트]   k,ɚ phonics

n.vt. 법원,재판,궁정,알현,경기장,안마당,저택,구애(혼),유혹
Court is adj-**ourn**ed for the day.
The div-(h)or-ce case w-i-ll be **sett**-led out of court.

cous·in
[ˈkʌzən]

♪ 카전   ○ [카즌]   z phonics

n. 사촌,**fir**-st **cous**-in,육촌,**sec**-ond **cous**-in,친한사람,닮은것
Hurr-ic-anes and typh-(h)**oon**s are **cous**-ins.
The grass-**hopp**-er is a **cous**-in of the **crick**-et.

cov·er
[ˈkʌvɚ]

♪ 캅얼   ✗ [카버]   mora발음/ v,ɚ phonics

v.n. 덮다,포함,담당,취재,엄호사격,보험들다,덮개,보호
He tried to **cov**-(h)er up her mi-**st**-ak(e)s.
She has a face **cov**-(h)ered with **cute freck**-les.

cow
[kaʊ]

♪ 카으   ○ [카우]

n.vt. 암소,젖소,암컷,위협,으르다,int-**im**-id-ate
Farm-ers **mi**-l-k **the**-ir cows **t**-**wic**e a day.
A mom's sharp **gl**-are cowed the **chi**-l-d **int**-o **be**-ing **q**-u-iet.

cow·ard
[ˈkaʊɚd]

♪ 카으월   ○ [카우어드]   w,ɚ phonics

n.aj. 겁쟁이,비겁자(한),겁많은,**tim**-id,소심한,용기없는
He's n-ot a **cow**-ard who had **des**-erted his troops.
I am such a **cow**-ard **hat**-ing to go to the pol-**i**-ce **st**-a-tion.

crack
['kræk]

♪ 크렉 XXX [크퉥]   틀린액센트/

v.n. 탕소리내다,깨지다,부러지다,금가다,변성,녹초,발사
She cracked her leg in a **sk**-i-ing **acc**-id-ent.
The pol-**i**-ce cracked down the drug cart-**el** in the **cit**-y.

craft
['kræft]

♪ 크랲프응트 XXX [크퉥f으트]   틀린액센트/ r,f phonics

n.vt. 기술,기능,교활함,수공예,동업조합,작은배,정교히만들다
They mad(e) a craft to get ac-**ross** the **riv**-(h)er.
All trad-**i**-tion-al crafts are di-**sp**-l-ayed at the mus-**e**-um.

crash
['kræʃ]

♪ 크래쉬 XXX [크퉥쉬]   틀린액센트/ r phonics

v.n. 박살(큰소리)내다,충돌,추락,불시착,실패,도산,새치기
The dishes **cra**-shed to the ground.
N-o **pass**-eng-ers w-ere **ki**-lled in the **a-ir**-pl-ane crash.

cra·zy
['kreɪzi]

♪ 크레이젼 XXX [크퉤이지]   틀린액센트/ r,z phonics

aj. 미친듯한,ins-**ane**,무분별한,**sens**-e-l-ess,열중한,괴상한
The-re are l-ots of **craz**-y **driv**-(h)ers on the **st**-reets.
You w-ould be **craz**-y n-ot to acc-**ept** his job **off**-(h)er!

cream
['kri:m]

♪ 크리임 XXX [크퀴임]   틀린액센트/ r phonics

n.vi.aj.유지(액),정수,크림(색,의,되다),거품내다,최고부분
W-ould you l-ik(e) some cream in your **coff**-(h)ee?
The **doct**-or pre-**sc**-ribed a n-ew cream for the rash.

cre·ate
[kriˈeɪt]

♪ 크리에잍 O [크뤼에잇]   r,t phonics

v. 창조,창작,고안,임명,app-**o**-int,상실,원인되다
Pres-id-ent has ann-**ou**-n-ced a **pl**-an to cre-**ate** n-ew jobs.
She cre-**ate**d a good im-**pres**-sion up-**on** job **int**-erv-(h)iew.

crea·ture
['kri:tʃɚ]

♪ 크리잍쳐얼 XXX [크뤼이춰]   r, tʃ, ɚ phonics

n. 피창조물,생물,동물,가축,소,말,사람,부하,노예,산물,소산
She's a **crea**-ture of **ra**-re **beaut**-y.
A **so**-cial **crea**-ture by **na**-ture, she likes **peop**-le.

cred·it
['krɛdɪt]

♪ 크렏잍 XXX [크퉷딧]   틀린액센트/ r,d,t phonics

n.vt. 신용,**hon**-or,이수학점,예금,대변,명예
You can't **cred**-it **an**-y-thing she says.
He's **fin**-all-y **gett**-ing the **cred**-it he des-**erve**s.

creep
[ˈkri:p]

♪ 크리잎 XXX [크뤼이프] 틀린액센트/ r,p phonics

vi.n. 기어(다가)가다,crawl,서행,살금걷다,굽실거리다
They can't **st**-and the w-ay he creeps to **the**-ir boss.
The price of gas-ol-**ine** has crept back up to $4 a **gall**-on.

crime
[kraɪm]

♪ 크롸임 XXX [크롸임] 틀린액센트/ r phonics

n.vt. (범)죄,나쁜짓,죄악,부끄러운일,shame,군법처벌
It's a crime that **peop**-le don't **w-ork**-out.
She w-as **pun**-ish-ed for a crime that she didn't comm-**it**.

crim·i·nal
[ˈkrɪmənl̩]

♪ 크리멈언얼 XXX [크뤼머느얼] 틀린액센트/ r,m,n,l phonics

aj.n.av. 범죄의,형사상(의)⇔**civ**-(h)il,부당한,범인,죄인 Schwa [l̩]=[얼]
The group **cann**-ot be **bl**-amed for the **crim**-in-al **ac**-tions.
This **proj**-ect is a **crim**-in-al **w-a**-st(e) of time and **res**-our-ces.

cri·sis
[ˈkraɪsəs]

♪ 크라잇어ㅅ XXX [크롸이씨쓰] 틀린액센트/ r phonics

n. 위기,중대국면,결정적단계,극중최고조,고비
He w-as **dea**-l-ing with a **fam**-il-y **cris**-is at that time.
St-rik(e)s **w-ors**-ened the **comp**-an-y's prod-uct-**iv**-(h)it-y **cris**-is.

crisp
[krɪsp]

♪ 크리슾 XXX [크뤼스프] 틀린액센트/ r,p phonics

aj.v.n.바삭(것),상쾌한,주름진,잔물결이는(일다),곱슬(한)
She beg-**an** her **sp**-eech in a **cl**-ear, **cri**-sp **vo**-ice.
His w-ife prov-(h)id(e)s a **cri**-sp **shir**-t ev-(h)er-y **morn**-ing.

cri·te·ri·on
[kraɪˈtirijən]

♪ 크라이티리연 O [크롸이티뤼연] r phonics

n. 판단기준,판단규범,평가표준,평가척도
The **pl**-ant came too **cl**-ose to **vi**-ol-at-ing **saf**(e)-ty crit-**er**-ia.
Crit-**er**-ion is the **sing**-ul-ar form and crit-**er**-ia is the **pl**-ur-al.

cri·te·ria
[kraɪˈtirijə]

♪ 크라이티리여 O [크롸이티뤼여] r phonics

n. crit-**er**-ion의 복수형
What w-ere the crit-**er**-ia to **pick**-up the **winn**-er?
What are your crit-**er**-ia for **memb**-ers in this group?

crit·ic
[ˈkrɪtɪk]

♪ 크리틱 XXX [크뤼틱] 틀린액센트/ r,t,k phonics

n. 비평가,평론가,감정가
The Post **crit**-ics had **pra**-ised her perf-(h)**orm**-ance.
Her **crit**-ics said that she is un-**suit**-ab-le for the job.

crit·i·cal
[ˈkrɪtɪkəl]

♪ 크`릿`있얼 XXX [크**뤼**티커얼]   틀린액센트/ r,t,k phonics

aj. 비판의(적인),잔소리심한,위기의,결정적인,임계의
He has a **tal**-ent for **crit**-ic-al **think**-ing.
W-e should l-ook at the **chan**-ges with a **crit**-ic-al eye.

crit·i·cism
[ˈkrɪtəˌsɪzəm]

♪ 크`릿`엇이쳠 XXX [크**뤼**티씨즘]   틀린액센트/ r,t,z phonics

n. 비평,평론,비평문,비판,비난
He said one **min**-or **crit**-ic-ism ab-**out** her des-**ign**.
She asked me for some con-**st**-ruct-ive **crit**-ic-ism.

crit·i·cize
[ˈkrɪtəˌsaɪz]

♪ 크`릿`엇아이즈ㅎ XXX [크**뤼**티싸이즈]   틀린액센트/ r,t,z phonics

v. 비평,평론,비난,비방,비판,흠을찾다
Her boss **crit**-ic-ized her for **sl**-ow w-ork **hab**-its.
My **moth**-er had **ra**-re-l-y **crit**-ic-ized **an**-y of her **chi**-l-dren.

crop
[krɑːp]

♪ 크라앞 XXX [크**뢉**]   틀린액센트/ r phonics

n.v. 농작(수확)물,작황(좋다),깎기,단발(까까)머리
The-ir **ma**-in crops are **cor**-n and pot-**at**-o.
She **crop**ped her **ha**-ir and dyed it **bl**-ond(e).

cross
[krɑːs]

♪ 크라아ㅅ XXX [크**롸**아쓰]   틀린액센트/ r phonics

n.v.aj. 십자(가,로,쓰다),교차(점,한),혼혈,교차한,반대의
She w-ore a **neck**-l-ace with a **go**-l-d cross.
The-re are **man**-y **brid**-ges **cross**-ing the Han **riv**-(h)er.

crowd
[kraʊd]

♪ 크라은 XXX [크**롸**우드]   틀린액센트/ r,d phonics

n.vi. 군중,인파,관객,**aud**-i-ence,모여들다,붐비다,채우다
Boxes **crowd**ed the **fl**-oor of his **dorm**-it-ory.
A group of rep-**ort**-ers **crowd**ed **to**-w-ard the **cand**-id-ate.

crown
[kraʊn]

♪ 크라은 XXX [크**롸**운]   틀린액센트/ r phonics

n.vt. (왕)관,국왕,꼭대기(에얹다),왕위앉히다,이빨씌우다
Mol-ars w-ere **crown**ed for dec-**ay**.
The **bak**-er **crown**ed the pie with **chee**-se cream.

cru·cial
[ˈkruːʃəl]

♪ 크루우셜 XXX [크**루**우셔얼]   틀린액센트/ r phonics

aj. 결정적인,dec-**is**-ive,중대한,sev-**(h)ere**,힘든,십자절개(술)의
At the **cru**-ci-al **mo**-m-ent, his heart **fai**-l-ed.
He took the **cru**-ci-al **st**-ep of **ask**-ing her to **marr**-y him.

cru·el
[ˈkruːl]

♪ 크루을   XXX [크루우어얼]   틀린액센트/

aj.av. 잔인한,in-**hu**-m-an,엄한,sev-(**h**)**ere**,못쓰게만들다,**sp**-oi-l
She w-as n-ot **cru**-el to her dog.
It's **cru**-el of him to make you do such a thing.

crush
[krʌʃ]

♪ 크러쉬   XXX [크러쉬]   틀린액센트/ r,ʌ phonics

v.n. 박살내다,진(억)압,e**xt**-ing-uish,opp-**ress**,쑤셔넣다,쇄도
Grap(e)s w-ere **cru**-shed for **w**-**i**ne.
The **bi**-cyc-le w-as **cru**-shed **und**-er the bus's **ti**-re.

cry
[kraɪ]

♪ 크라이   XXX [크라이]   틀린액센트/ r phonics

v.n. 울다,(큰소리로)외치다,짖다,pro-**cl**-aim,고함,통곡,애원
The pol-**i**-ce cried out to a su-**sp**-ect to freeze.
She cried with joy **aft**-er **giv**-(**h**)ing birth to a **bab**-y girl.

cul·ti·vate
[ˈkʌltəˌveɪt]

♪ 칼터에잍   X [컬터베잍]   mora 발음/ v,t phonics

vt. 경작,재배,양식,몰두,기르다,친교를구하다
She has **ca**-ref-(**h**)ull-y **cult**-iv-(**h**)ated her **im**-age.
Some **fie**-l-ds are **cult**-iv-(**h**)ated **w**-**hi**-le **oth**-ers l-ay **fall**-ow.

cul·tur·al
[ˈkʌltʃərəl]

♪ 칼쳐러럴   O [컬춰뤄얼]   ʌ,tʃ,r phonics

aj. 교양의,문화적인,재배의,배양의,인공의,man-**mad**(e)
Seoul is the **cult**-ur-al **cent**-er of Kor-**e**-a.
Her exp-l-an-**a**-tion did n-ot **cl**-ar-if-(**h**)y **matt**-ers **cl**-ear-l-y.

cul·ture
[ˈkʌltʃɚ]

♪ 칼쳐얼   O [컬춰ㄹ]   ʌ,tʃ,ɚ phonics

n.vt. 문화,(미생물,조직)배양,경작,품종개량,양식,수양
Tiss-ues **cul**-tured to e**x**-**am** the **cau**-se of a dis-**ea**-se.
And-y **W**-**ar**-hol's art shows the **inf**-(**h**)l-uence of pop **cul**-ture.

cup
[kʌp]

♪ 캎   X [캅]   p phonics

n.vt. 찻잔,우승컵,자기몫,술,손바닥으로받다,컵모양으로
Cup your hands be-**hind** the ears for **l**-**i**-s(te)n-ing.
She cupped **han**(**d**)**f**-(**h**)ul of **sp**-ring **w**-**at**-er from the pond.

cup·board
[ˈkʌbɚd]

♪ 캎언   X [카버드]   mora 발음/ b,ʌ,ɚ,d phonics

n. 부엌찬장,붙박이장,벽장,반침
All dishes go in the **cu**(**p**)**b**-oard ab-**ov**(**e**) the **count**-er.
Mom's **kit**-chen **cu**(**p**)**b**-oard w-as **st**-ocked with tins of food.

cure
[ˈkjuɚ]

♪ 큐얼 ○ [큐어ㄹ] ə phonics

n.vt. 치료(법),회복,해결법,**rem**-ed-y,저장(법),습관고치다
She w-as **cu**-red of her **heav**-(h)y **drink**-ing **hab**-it.
L-ung **canc**-er is a **prob**-l-em that has n-o **eas**-y **cu**-re.

cu·ri·ous
[ˈkjuɚrijəs]

♪ 큐얼리여ㅅ X [큐뤼어쓰] 틀린발음/ ɚ,r phonics

aj. 호기심있는⇔in-**diff**-(h)er-ent,하고싶은,기발한,외설적인
He is **cur**-i-ous to (k)n-ow **mo**-re ab-**out** her **mus**-ic.
Her **mus**-ic is a **cur**-i-ous **bl**-end of **ja**zz and her own **st**-y-le.

curl
[ˈkɚl]

♪ 컬 ○ [커ㄹ얼] 틀린발음/ ɚ phonics

v. 머리곱슬하게,꼬다,컬(되다),나선으로감기다
She curled her **ha**-ir for the **mus**-ic **conc**-ert.
A **gi**-ant **sn**-ake curled up the **bod**-y l-ik(e) a **sp**-ring.

cur·ren·cy
[ˈkɚrənsi]

♪ 컬런시 ○ [커ㄹ뤈씨] ɚ,r phonics

n. 화폐,통화,(화폐의)통용(성),circ-ul-**a**-tion
Sa-l-t and furs w-ere once traded as **curr**-enc-y.
N-ew **pl**-ast-ic **curr**-enc-y has been int-rod-**u**-ced in **Can**-ad-a.

cur·rent
[ˈkɚrənt]

♪ 컬런트 ○ [커ㄹ뤈트] ɚ,r phonics

aj. 현재의,최신의,유행하는,통례의,**cu**-st-om-ar-y
What is your **curr**-ent job?
They keep **curr**-ent with the **l-at**-est inf-(h)orm-**a**-tion.

cur·ric·u·lum
[kəˈrɪkjələm]

♪ 커릭열엄 X [커뤼큘럼] 중복"ㄹ"="r"발음/ k,r,l phonics

n. 커리큘럼,교과과정,이수과정,전반적학교활동,일반교육
His **coll**-ege has an eng-in-**eer**-ing curr-**ic**-ul-um.
They are **chang**-ing the curr-**ic**-ul-um **ev**-(h)er-y sem-**est**-er.

curse
[ˈkɚs]

♪ 커ㄹㅅ ○ [커ㄹ쓰] k,ɚ phonics

n.v. 저주⇔**bl**-ess-ing,파문,주문(외기),벌,재앙,악담,괴롭히다
Her fame turned out to be a **cur**-se, n-ot a **bl**-ess-ing.
Her car-**eer** turned out to be a **cur**-se un-**fort**-un-ate-l-y.

cur·tain
[ˈkɚtn]

♪ 커ㄹ튼 ○ [커ㄹ튼] Schwa [n]=[언] k,ɚ phonics

n.vt. 커튼,(장막),격리벽,결말,끝,커튼달다,치다,장식,감추다
Cur-t-ains make shad(e)s in the room.
They had neg-o-ti-**a**-tions be-**hind** the **cur**-t-ain.

curve
[kɚ·v]
♪ 커ㄹ브흥   O [커브]   k,ɚ,v phonics
n.vt. 휜것,곡선(운동),곡선자(도표),휘(게하)다,커브던지다
He threw **man**-y **perf**-(h)ect curves on the game.
Fl-ex-ib-le di-**sp**-l-ay mad(e) **mob**-i-le phone curved.

cush·ion
[ˈkʊʃən]
♪ 크션   O [쿠션]
n.vt. 방석,등받침,안락,ease,비참,상심,쇼크완화
The-re is a **cu**-shion **und**-er the rug to red-**uce** the **n**-o-ise.
He didn't hav(e) a fin-**an**-cial **cu**-shion when he l-ost job.

cus·tom
[kʌstəm]
♪ 카슴엄   X [카스텀]   mora발음/ ʌ,t phonics
n.aj. 습관(적행위),풍습,conv-(h)en-tion,맞춘,주문품(의)
It is a **cu**-st-om to get up **ear**-l-y in the **morn**-ing.
It is the **cu**-st-om for the bride to **w**-e-ar a **white** dress.

cus·tom·er
[kʌstəmɚ]
♪ 카슴엄얼   X [카스터머]   mora발음/ ʌ,t,m,ɚ phonics
n. 손님,고객,**cl**-i-ent,거래처,**pat**-ron
Our **mott**-o is "Our **cu**-st-om-er is **al**-w-ays **r**ight.".
Is she a **prett**-y cool **cu**-st-om-er or tough one?

cut
[kʌt]
♪ 캍   O [캇]   ʌ,t phonics
v.aj.n. 자르다,깎다,mow,prune,hurt,살을에다,뼈에스미다
Cut it out!   Cut the pie **int**-o fiv(e) pieces as shares.
Sm-all boats w-i-ll cut through the Han **riv**-(h)er soon.

cute
[kjuːt]
♪ 큐욹   X [큐우트]   mora발음/ t phonics
aj. 귀여운,사랑스런,깜찍한,눈치빠른,빈틈없는,점잔빼는
You think you're **prett**-y **cute**, **don't** you!
Good cute **q**-uotes w-i-ll **he**-l-p your l-if(e) **fl**-u-ent.

cy·cle
[saɪkəl]
♪ 싸아익얼   X [싸이크얼]   mora발음/ k phonics
n.vi. 주기,반복,한바퀴(시기),회전,교류사이클,자전거
The **may**-or rode his **cyc**-le to the **cit**-y **ha**-ll **ev**-(h)er-yd-ay.
The **sp**-in **cyc**-le on a **w**-ash-er **ext**-racts exc-**ess** w-at-er.

기억할만한 단어나 문장이 있었나요?

d or D
[diː]

 O [디이]   210 단어 27쪽

n. 알파벳넷째자,D(d)음,D(자)형의것,네번째(것),4급(품)
He's **pl**-ay-ing D(ef-(h)en)ce) in the **mat**-ch.
D is the **fo**-ur-th **l-ett**-er of the **mod**-ern **Eng**-l-ish.

dad
[dæd]

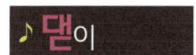 X [대드]   mora발음/

n. 아빠,**dadd**-y
My dad cooked **mo**-st of the **dinn**-er.
His mom and dad both said he can't l-eav(e).

dad·dy
[dædi]

 X [대디]   mora발음/ d,y phonics

n. (유아어)아빠
Mand-**el**-a is the **dadd**-y of all **bl**-ack South **Af**-(h)ric-an.
Cook's Tours was cons-**id**-ered the **dadd**-y of **trav**-(h)el tours.

dai·ly
[deɪli]

 X [데일리]   중복"ㄹ"="r"발음/ y phonics

aj.n.av. 매일(의),일상적인,일간신문,파출부,**ev**-(h)er-yd-ay
The **n-ews**-pap-er app-**ears da**-il-y.
I added **ex**-er-ci-se to my **da**-il-y rout-**ine**.

dam
[dæm]

  O [댐]

n.vt. 댐(만들다),둑,막아놓은물,댐으로막다,억제,가로막다
Ice **fl**-oes w-ere **damm**-ing the Han **riv**-(h)er.
Hi-gh un-em-**pl**-oym-ent dams back inf-(h)l-**a**-tion.

dam·age
[dæmɪdʒ]

 X [대미쥐]   mora발음/ m,dʒ phonics

n. 손해,harm,손해배상(금),비용,손해입히다
Sm-ok-ing can **ser**-i-ous-l-y **dam**-age your l-ung.
This **sc**-and-al w-i-ll **dam**-age the **act**-or's rep-ut-**a**-tion.

damn
[dæm]

♪댐 O [댐]

v.n. 혹평,저주,악담,깎아내리다,파멸시키다,**ca**-re
Mo-st **crit**-ics damned that **mus**-ic-al.
She damned them for **the**-ir st-up-**id**-it-y.

damp
[dæmp]

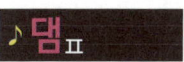 O [댐프]

aj.n.vt. 습도(있는),**moi**-st-ure,가라앉은,안개,**vap**-or,실망,젖다
The **parc**-el w-as l-eft **out**sid(e) in the damp.
This book w-i-ll be **dam**-aged in damp cond-**i**-tion.

185

dance
[dæns]
♪ 댄ㅅ   O [댄쓰]

v.n. 춤추다,흔들리다,헐떡이다,춤,무용,무도회,**ba**-ll
May I hav(e) the l-ast dance with you?
His **unc**-le w-as **danc**-ing the **bab**-y on his (k)n-ee(l-ap).

dan·ger
[ˈdeɪndʒɚ]
♪ 데인절   O [데인줘]   dʒ phonics

n. 위험(직면,상태),risk,**per**-il,위협,위험물,암초
Dang-er past, God forg-**ott**-en.
They w-ere un-a-**w-are** of the **dang**-er l-aid a-**head**.

dan·ger·ous
[ˈdeɪndʒərəs]
♪ 데인저러ㅅ   O [데인줘뤄쓰]   mora 발음/ dʒ,r phonics

aj. 위험한,위해한,무서운,중병의,위독한
The **st**-orms may acc-**om**-pan-y **dang**-er-ous **fl**-ood-ing.
He got **int**-o a car **acc**-id-ent at a **dang**-er-ous int-er-**sec**-tion.

dare
[deɚ]
♪ 데얼   O [데어]   ɚ phonics

v. 감히(과감히,뻔뻔히)~하다,위험에맞서다,대담하게
How **da**-re you **sp**-eak to me l-ik(e) that?
She **da**-red him to swim ac-**ross** the **riv**-(h)er.

dark
[dɑɚk]
♪ 다얼   O [다어ㄹ크]   ɚ phonics

aj.n. 어두운 **cl**-ear,**l-i**ght,진한,**gl**-oom-y,**ev**-(h)il,**wick**-ed
It w-i-ll be dark en-**ough** to see the **st**-ars.
This **the**-at-er is dark ton-**i**-(gh)t.   공연없음

da·ta
[ˈdeɪtə]
♪ 데이터   X [데이터]   mora 발음/ t phonics

n.vt. **dat**-um복수형,자료,facts,inf-(h)orm-**a**-tion,정보수집
Tho-se **dat**-a w-ere suff-(h)i-cient for our **purp**-ose.
The surv-(h)ey w-as based on **dat**-a from 1,000 **int**-erv-(h)iews.

da·ta·base
[ˈdeɪtəˌbeɪs]
♪ 데이터베이ㅅ   X [데이터베이쓰]   mora 발음/ t,b phonics

n. 컴퓨터데이터베이스
A **dat**-ab-ase can be **ac**-cessed by com-**put**-ers.
Cu-st-om-ers' inf-(h)orm-**a**-tion are kept in a **dat**-ab-ase.

date
[deɪt]
♪ 데잍   O [데잇]   t phonics

n.v. 날짜(정하다,적다),time,**per**-iod,dur-**a**-tion,app-**o**-intm-ent
He dat(e)d a **coup**-le of girls **dur**-ing **coll**-ege.
Don't forg-**et** to sign and dat(e) the ag-**reem**-ent.

daugh·ter
[dɑ:tɚ]

 X [다터]   mora 발음/ t,ɚ phonics

n. 딸⇔son,여자손,ad-**opt**ed **daught**-er,**st**-ep-**daught**-er
She is his **daught**-er-in-l-aw.
They hav(e) **a daught**-er and **two** sons.

day
[deɪ]

 O [데이]

n. 낮⇔n-ight,날,행사일,축(제)일,좋은시절
W-e're **op**-en **sev**-(h)en days a w-eek.
Paym-ent is due on the l-ast day of **ev**-(h)er-y month.

dead
[dɛd]

 X [데드]   mora 발음/

aj. 죽은(듯한)⇔al-**iv**(e),**l-iv**-(h)ing,감각잃은,활기없는,꺼진
My l-eft leg **fee**-ls dead.   numb, a-**sl**-eep
They **w-at**-ched Dead **Po**-ets Soc-**i**-et-y **mov**-(h)ie **on**-l-ine.

deaf
[dɛf]

 O [데f으]   f phonics

aj. 청각장애의,들리지않는,귀머거리의,무관심한,개의치않는
He's com-**pl**-ete-l-y deaf in his **l-ef**t ear.
Gran(d)-ma's **go**-ing a **l-itt**-le deaf so we hav(e) to **sp**-eak up.

deal
[di:l]

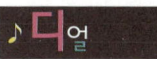 O [디이을]   l phonics

v.n. 다루다,처리,대처,거래,분배,나누다,계약,협약,취급
This is a great **dea**-l **cheap**-er than comp-**et**-it-or's.
The **fa**-il-ure of the **proj**-ect **dea**-lt us a sev-(h)ere **bl**-ow.

dear
[diɚ]

 O [디어ㄹ]   ɚ phonics

aj.n.av. 귀여운,소중한,간질한,사랑하는사람,애정으로,극진히
N-ew **Yor**-k is a **de**-ar **cit**-y to l-iv(e) in.
Her **dear**-est des-**ire** is for her kids' **happ**-in-ess.

death
[dɛθ]

  O [데쓰]   θ phonics

n. 죽음⇔l-if(e),사형,죽은상태,파멸,종언,살인,**murd**-er,사인
The-re had been a death in his **fam**-il-y.
He had been at death's door when he w-as sick.

de·bate
[dɪˈbeɪt]

X [디베잇]   mora발음/ b,t phonics

n.v. 논의,토론,토의,숙고,di-**sc**-uss,토론회
The **cand**-id-ates deb-**at**ed bef-(h)ore the el-**ec**-tion.
She deb-**at**es with her-**se**-l-f **w-heth**-er to go out with him or n-ot.

debt
[dɛt]
♪뎉   O [뎃]
n. 빚,차입금,부채,은혜,신세,죄,덕택,빚진상태
He w-as in debt but is n-ow **turn**-ing a **sav**-(h)ing.
They are in debt to the bank for **al**-mo-st a **bi**-ll-i-on w-on.

de·cade
[dɛˈkeɪd]
♪덱에인   X [데케이드]   mora발음/ k,d phonics
n. 10년간,10명,10개,10권
The Ir-**aq** w-ar l-asted **ne**-ar-l-y a **dec**-ad(e).
The **a-ir**-port w-as **bui**-l-t a **dec**-ad(e) ag-**o**.

de·cay
[dɪˈkeɪ]
♪딕에이   X [디케이]   mora발음/ k phonics
v.n. 썩다,부패,상,쇠퇴,쇠약,타락,시들다
The **sm**-e-ll of dec-**ay**-ing **rubb**-ish is di-**sg**-ust-ing.
Tooth dec-**ay** formed a **cav**-(h)it-y, so treated by the **dent**-ist.

de·ceive
[dɪˈsiːv]
♪딧이입   X [디씨이브]   mora발음/ v phonics
v.n. 속이다,사기,현혹시키다,거짓말,남을속이다,사기꾼
Rem-**emb**-er that app-**ear**-ances can dec-**eiv**(e).
She w-as dec-**eiv**(e)d by his **inn**-o-cent app-**ear**-ance.

De·cem·ber
[dɪˈsɛmbɚ]
♪딧엠벌   O [디쎔버ㄹ]   ɚ phonics
n. 12월, Dec.
His **birth**-day is in **ear**-l-y Dec-**emb**-er.
W-**e**(d)**n**es-day, Dec. 25 is the **Chri**-s(t)m-as Day 2013.

de·cide
[dɪˈsaɪd]
♪딧아인   X [디싸이드]   mora발음/ d phonics
v. 해결,판결,결심,결정
She dec-**ide**d that **break**-fa-st w-ould be at **sev**-(h)en o'**cl**-ock.
She dec-**ide**d that her son should bec-**ome** a **l-aw**-yer.

de·ci·sion
[dɪˈsɪʒən]
♪딧이전   X [디씨줜]   mora발음/ ʒ phonics
n. 해결,판결,결심,결정,판정승
He ann-**ou**-n-ced his dec-**i**-sion to go to l-aw **sch**-ool.
She w-as forced to make a dec-**i**-sion to **marr**-y him.

de·clare
[dɪˈklɛɚ]
♪딕을에얼   XXX [디클레어]   틀린액센트/ k,l,ɚ phonics
v. 선언,공표,포고,단언,신고,의견표명
She **op**-en-l-y dec-**l**-ared her l-ov(e) for him.
He **fa**-i-l-ed to dec-**l**-are all of his **earn**-ings on his tax ret-**urn**.

de·cline
[dɪˈklaɪn]

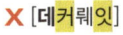 XXX [디클라인]   틀린액센트/ k,l phonics

v. 거절,기울다,경사지다,내리막이되다,해기울다
The **gov**-(h)ernm-ent dec-l-ined **comm**-ent on the **sc**-and-al.
She **chan**-ged her mind and de**c**-l-ined the **comp**-an-y's **off**-(h)er.

dec·o·rate
[dɛkəˌreɪt]

 X [데커뤠잇]   mora발음/ k,r phonics

vt. 장식, ~의장식이되다,꾸미다,훈장수여
He w-as **dec**-or-ated for **brav**-(h)er-y in the w-ar.
She **dec**-or-ated her ap-**artm**-ent in bright tone.

dec·o·ra·tion
[dɛkəˈreɪʃən]

 X [데커뤠이션]   mora발음/ k,r phonics

n. 꾸밈,장식(물),훈장
She is a **sp**-e-cial-ist on **st**-age des-**ign** and dec-or-**a**-tion.
A **mil**-it-ar-y dec-or-**a**-tion is an a-**w-ard**, **u**-su-all-y a **med**-al.

dec·o·ra·tive
[dɛkrətɪv]

  X [데커뤄티브]   mora발음/ k,r phonics

aj. 장식(용)의,장식적인,장식본위의
She added some **dec**-or-at-ive det-**ai**-ls to the **ha**-ll.
A **dec**-or-at-ive **mirr**-or **chan**-ged the **at**-mosph-(h)ere of the **ha**-ll.

de·crease
[dɪˈkriːs]

 XXX [디크뤼쓰]   틀린액센트/ r phonics

v. 감소⇔in-**crease**,줄이다,감소시키다,**dim**-in-ish,red-**uce**
Sa-les dec-**reas**ed by ten perc-**ent** l-ast **ye**-ar.
The-se **chan**-ges dec-**reas**ed our e**xp**-enses.

de·crease
[ˈdiːˌkriːs]

 O [디이크뤼쓰]   r phonics

n. 감퇴,감소,감소량
Surv-(h)ey rep-**ort**ed a **rec**-ent dec-**rease** in crime.
Due to the **acc**-id-ent, some dec-**rease** in **sa**-les e**xp**-ected.

de·duce
[dɪˈduːs]

  X [디두우쓰]   mora발음/ d phonics

vt. 추정,추론,연역⇔ind-**uce**,기원(유래)을더듬다,밝히다
It w-as ded-**uce**d from the **phys**-ics that it w-ould **fl**-y.
From the height of the sun he ded-**uce**s it's ab-**out** el-**ev**-(h)en.

deed
[diːd]

  X [디이드]   mora발음/ d phonics

n.vt. 행위,act,실행,위업,사실,re-**al**-it-y,증서,증서로양도
Her mom's **dee**ds ag-**ree** with her w-ords.
Gran(d)pa l-eft them the **deed** to the **prop**-ert-y.

deep
[di:p]
♪디잎   X [디이프]   mora발음/ p phonics
aj.n.av. 깊은⇔**sha**-ll-ow,난해한,저음의,강렬하게,늦도록
Doct-or asked him to breathe in **deep**-l-y.
The **comp**-an-y has **dee**p debt to **pa**-yb-ack.

deer
[diɚ]
♪디얼   O [디어ㄹ]   ɚ phonics
n. 사슴,a herd of **dee**r
Deer **hunt**-ing is a **hunt**-ing game for **de**er.
Fl-y-ing **re**-in-deers **he**-l-d to **pu**-ll the **sl**-eigh of **Sant**-a **Cl**-aus.

de·feat
[dɪ́fi:t]
♪딮히잎   X [디**피**이트]   mora발음/ f,t phonics
vt.n. 타파,이기다,좌절시키다,꺾다,정복,패배,좌절,실패
Sci-ent-ists are **w**-ork-ing to def-**(h)ea**t the dis-**ea**-se.
Her su-**sp**-i-cious **na**-ture def-**(h)ea**ted her of **mak**-ing friends.

de·fend
[dɪ́fend]
♪딮헨ㄷ   X [디**펜**드]   mora발음/ f phonics
v. 막다,방어⇔att-**ack**,옹호,주장,지지,방어,변호
She def-**(h)end**ed her **cl**-i-ent's be-**hav**-(h)ior.
The **Gov**-(h)ernm-ent **mu**-st def-**(h)end** its own **peop**-le.

de·fend·ant
[dɪ́fendənt]
♪딮헨던ㅌ   X [디**펜**던트]   mora발음/ f phonics
n.aj. 피고(인)⇔**pl**-aint-iff,방어자,변호자,피고측의,변호하는
The **jur**-y bel-**iev**(e)d that the def-**(h)end**-ant w-as **gui**-l-ty.
Char-ges ag-**ainst** the def-**(h)end**-ant w-ere dism-**iss**ed.

de·fense
[dɪ́fɛns]
♪딮헨ㅅ   X [디**펜**쓰]   mora발음/ f phonics
n. 방어(물,시설,수단),수비,방위⇔off-**(h)ense**, att-**ack**,요새
They say, "The **be**-st def-**(h)ense** is the **be**-st off-**(h)ense**."
W-e need to im-**prove** our def-**(h)ense**s as the **cris**-is is **ra**-ised.

de·fine
[dɪ́faɪn]
♪딮하인   O [디**파**인]   mora발음/ f phonics
vt. 정의,한정,윤곽을보이다,명시
The book aims to def-**(h)ine** acc-**ept**-ab-le **Eng**-l-ish sound.
Succ-**ess** should be def-**(h)ine**d in terms of **happ**-in-ess.

def·i·nite
[dɛ́fənɪt]
♪뎊헌잍   X [데**퍼**닛]   mora 발음/ f,n,t phonics
aj. 한정된⇔in-**def**-(h)in-ite,확정된,fixed,ex-**act**,**acc**-ur-ate
W-e'll need a **def**-(h)in-ite **ans**-(w)er by **Tue**-sd-ay.
She seems to be **prett**-y **def**-(h)in-ite ab-**out** l-**eav**-(h)ing him.

def·i·ni·tion
[dɛfəˈnɪʃən]

♪뎊헌**이**션   X [데퍼니션]   mora 발음/ f,n phonics

n. 정의(함),명확함,(빛,재생음,재생화의)선명도
What is the **l-eg**-al def-(h)in-**i**-tion of a **st**-art-up?
This **OL**-ED TV has **ex**-cell-ent def-(h)in-**i**-tion and **col**-or.

de·gree
[dɪˈgriː]

♪디그**리이**   XXX [디그뤼이]   틀린액센트/ g,r phonics

n. 단계,위계,신분,등급,정도,범위,각도,학위
The-re are 360 deg-**ree**s in a **circ**-le.
They **mod**-ern-ized **the**-ir fac-**il**-it-ies to a **l-ar**-ger deg-**ree**.

de·lay
[dɪˈleɪ]

♪딜**에**이   X [딜레이]   중복"ㄹ"="r"발음/ l phonics

v.n. 연기,post-**pone**,진행방해,꾸물거리다,더디다,지연
Fl-ight del-**ay**s are e**xp**-ected **dur**-ing the **Chri**-s(t)m-as.
Aft-er months of del-**ay**, con-**st**-ruc-tion **fin**-ish-ed **fin**-all-y.

de·lib·er·ate
[dɪˈlɪbərət]

♪딜**입**어렅   X [딜리버럿]   중복"ㄹ"="r"발음/ l,b,r,t phonics

aj. 의도적인,int-**en**-tion-al,심사숙고한,침착한
She is del-**ib**-er-ate in her **sp**-eech.
He has done del-**ib**-er-ate mis-**chief** on her **pa**-int-ing.

de·lib·er·ate
[dɪˈlɪbəˌreɪt]

♪딜**입**어**레**잍   X [딜리버뤠잇]   중복"ㄹ"="r"발음/ l,b,r,t phonics

vi. 숙고,신중히고려,협의,심의
They w-i-ll del-**ib**-er-ate the **q**-ues-tion for **prop**-er **ans**-(w)er.
He del-**ib**-er-ated on what to do with the **L-OTT**-O prize **mon**-ey.

del·i·cate
[ˈdɛlɪkət]

♪**델**읶엍   X [델리컷]   중복"ㄹ"="r"발음/ l,k,t phonics

aj.n. 섬세한,**sens**-it-ive,약한,**frag**-ile,w-eak,세련된,맛있는
The **bab**-y girl has **ver**-y **del**-ic-ate **sk**-in.
Her **bl**-ouse has a **del**-ic-ate **fl**-or-al **patt**-ern.

de·li·cious
[dɪˈlɪʃəs]

♪딜**이**이셔ㅅ   X [딜리셔쓰]   중복"ㄹ"="r"발음/ l phonics

aj.n. 맛있는,향긋한,기분좋은,즐거운,미국산사과종
I had the **mo**-st del-**i**-cious **bo**-wl of Doenjang **st**-ew.
Katz **Del**-i **carr**-ies del-**i**-cious del-ic-at-**ess**-en in Man-**hatt**-an.

de·light
[dɪˈlaɪt]

♪딜**아**잍   X [딜라잇]   중복"ㄹ"="r"발음/ l,t phonics

n.v. 기쁨,즐거움,기쁘게,기뻐,즐겁게,즐거워,유쾌하게
Ell-en tak(e)s a great del-**ight** in her pi-**an**-o **l-ess**-on.
W-e **w-at**-ched the **Cirq**-ue Du Sol-**ei**-l **circ**-us with del-**ight**.

de·liv·er
[dɪ'lɪvɚ]
♪ 딜**잏**얼   X [딜리버]   중복"ㄹ"="r"발음/ l,v,ɚ phonics
v. 배달,내주다,언도,구출,말,이행,시짓다,아이낳다
The **pitch**-er del-**iv**-(h)ered three **st**-raight **st**-rik(e)s.
She del-**iv**-(h)ered of a **bab**-y **bo**-y 2 w-eeks prem-a-**ture**-l-y.

de·liv·ery
[dɪ'lɪvəri]
♪ 딜**잏**어리   X [딜리버뤼]   중복"ㄹ"="r"발음/ l,v,ɚ phonics
n. 배달(물),화물인도,해방,구출,강연,진술,발성법,출산
The del-**iv**-(h)ery is **sch**-ed-uled for this aft-er-**n-oon**.
He needs to w-ork on his del-**iv**-(h)ery bef-**(h)ore sp**-eech.

de·mand
[dɪ'mænd]
♪ 딤**앤**ㄷ   X [디맨드]   mora 발음/ m phonics
v.n. 요구(물),신청,소환,필요로,need,절박한필요,수요(량)
They w-ould **st**-rik(e) unt-**i-l the**-ir dem-**and**s w-ere met.
They in-**creas**ed prod-**uc**-tion cap-**ac**-it-y to meet dem-**and**.

de·men·tia
[dɪ'mɛnʃə; -ʃɪə]
♪ 딤**엔**셔   X [디멘셔]   mora 발음/ m phonics
n. (뇌병·뇌상해)치매,**sen**-i-le 노인성치매,**Alz**-heim-er's dis-**ea**se
His **grand**-pa **suff**-(h)ers from dem-**en**-tia.
Dem-**en**-tia is a **ser**-i-ous **ment**-al **i-ll**-ness or dis-**ord**-er.

de·moc·ra·cy
[dɪ'mɑ:krəsi]
♪ 딤**어악**러시   X [디마크뤄씨]   mora 발음/ m,k,r phonics
n. 민주(주의),정치,당,국가,사회,정신,평등(대우),민중
Is **the**-re dem-**oc**-rac-y with**in** the **comp**-an-y or n-ot?
Nep-**al** has **chos**-en dem-**oc**-rac-y **ov**-(h)er **mon**-arch-y.

dem·on·strate
[dɛmənˌstreɪt]
♪ 뎀**언슬**레잍   X [데먼스츄뤠잇]   mora 발음/ m,tr,t phonics
v. 증명,명백히,명시,설명,의사표시,데모,확실하게보이다
The eng-in-**eer dem**-on-st-rated how the ma-**chine** w-orked.
They **dem**-on-st-rated a **w-i-ll**-ing-ness to neg-**o**-tiate ag-**ain**.

de·note
[dɪ'noʊt]
♪ 딘**오**읕   X [디노우트]   mora 발음/ n phonics
vt. 표시,기호,상징,명칭(이다),나타내다,뜻,지시
Her death den-**ote**d the end of her **er**-a.
His **sym**(p)t-oms **mi**-ght den-**ote** a **bra**-in **tum**-or.

den·tist
[dɛntəst]
♪ 덴티슽   O [덴티스트]   t phonics
n. 치과의사,**dent**-al **surg**-eon
She saw him at the **dent**-ist **yest**-erd-ay.
He w-ent to the **dent**-ist for **reg**-ul-ar **check**-up and **sc**-al-ing.

de·ny
[dɪˈnaɪ]

♪딘**아**이   ✗ [디**나**이]   mora발음/ n phonics

vt. 부정 ⇔ aff-(h)irm,부인,취소,헌신,찬성하지않다
Yes, I l-ov(e) her. I don't den-**y** it.
Mom den-**ied** her-**se**-l-f for her **chi**-l-dren.

de·part·ment
[dɪˈpɑɚtmənt]

♪딮**아**얼틈언ㅌ   ✗ [디**파**어ㄹ트먼트]   mora발음/ p,ɚ,m phonics

n. 조직단위,~국,~부,~과,~학부,매장,코너,부문,분야
He **jo**-ined the **St**-at(e)'s pol-**i**-ce dep-**artm**-ent.
His pet-**i**-tion has been **for**-w-arded to our dep-**artm**-ent.

de·pend
[dɪˈpɛnd]

♪딮**엔**ㄷ   ✗ [디**펜**드]   mora발음/ p phonics

vi. 믿다,신뢰,신용,종속,결정되다,달려있다,매달리다
She dep-**end**s on **writ**-ing for **l-iv**-(h)ing.
Price dep-**end**s on sup**p-l**-y and dem-**and**.

de·pen·dent
[dɪˈpɛndənt]

♪딮**엔**던ㅌ   ✗ [디**펜**던트]   mora발음/ p phonics

aj.n. 의지하는,~에의해결정되는,종속한(물),부양가족,부하
Succ-**ess** is dep-**end**-ent on your **eff**-(h)orts.
The chand-el-**ier** w-as dep-**end**-ent from the **cei**-l-ing.

de·pos·it
[dɪˈpɑːzət]

   ✗ [디**파**아젓]   mora발음/ p,z,t phonics

v.n. 쌓이다,예금,맡기다,지불,기탁,담보,보증금,착수금
Pl-ease dep-**os**-it your things in your room, n-ot **he**-re.
Gue-sts are ad-**vi**-sed to dep-**os**-it **val**-u-ab-les in the **saf**(e).

de·press
[dɪˈprɛs]

♪디**프**레ㅆ   ✗✗✗ [디**프뤠**쓰]   틀린액센트/ p,r phonics

vt. 우울하게,슬프게,약히게,끌어내리다,아래로밀다
He is **some**what **pro**-ne to dep-**re**-ssion.
These **chan**-ges could dep-**ress** our **mark**-et **sha**-re.

depth
[dɛpθ]

♪**뎊**ㅆㅇ   ✗ [**뎁**쓰]   p,θ phonics

n. 깊이,복잡성,중대함,낮은음,높은지식,심해,한창
My **NEM**os w-i-ll l-iv(e) in a fish **bas**-(i)n, depth of 1.5 feet.
The depth of her **fee**-l-ing prev-(**h**)**ent**ed her from **sp**-eak-ing.

dep·u·ty
[ˈdɛpjəti]

   ✗ [**데퓨**티]   mora발음/ p,t,y phonics

n.aj. 대리(인,역,자,관),부관,차관,대리의,부(副)의
A **dep**-ut-y **sup**-erv-(h)is-or w-as sent to **he**-l-p out.
The **pres**-id-ent sent a **dep**-ut-y to the **part**-y on his be-**ha**(l)f.

de·rive
[dɪ́raɪv]
♪디롸입   X [디롸이브]   mora발음/ v phonics
vt. 얻다,이끌어내다,유래(근원)를찾다,유래,추론,유도,파생
She de-**rive**s her **char**-act-er from her **moth**-er.
Man-y **Eng**-l-ish w-ords de-**rive**d from **Germ**-an.

de·scend
[dɪ́snd]
♪딧엔드   XXX [디쎈드]   mora발음/
v. 내려(전해)오다(가다)⇔asc-**end**,감소,유전
The **min**-ers desc-**end**ed **int**-o the **ho**-le.
W-e are all desc-**end**ed from Dangoon, our 1st **anc**-est-or.

de·scribe
[dɪ́skraɪb]
♪디슬롸입   XXX [디스크롸이브]   틀린액센트/
vt. 서술,기술,표현,묘사,평,말,도형으로설명,도형그리다
She de-**sc**-rib(e)d her dream house in **perf**-(h)ect det-**ai**-l.
The **man**-u-al de-**sc**-rib(e)s how to **op**-er-ate the **pl**-ant.

de·scrip·tion
[dɪ́skrɪpʃən]
♪디슬립션   XXX [디스크립션]   틀린액센트/ p phonics
n. 서술,기술,설명,묘사,설명서,명세서,종류,등급,작도
I **env**-(h)y him for a **gi**ft of de-**sc**-rip-tion.
A di-**sa**-st-er **ar**-ea, it w-as an **acc**-ur-ate de-**sc**-rip-tion.

des·ert
[dɛ́zɚt]
♪데절트   O [데저트]   z,ɚ phonics
n.aj. 사막(에사는),불모지(의),w-ast(e),**w**-**i**-l-dern-ess,쓸쓸한
The town w-as a **cult**-ur-al **des**-ert.
2006 **sat**-ell-ite **im**-ages showed the **des**-ert w-as in ret-**reat**.

de·sert
[dɪ́zɚt]
♪디절트   O [디저트]   z,ɚ phonics
v.n. 버리다,비우다,유기,포기,도망,탈영,ab-**and**-on,공적,장점
Her **husb**-and des-**ert**ed her and **chi**-l-dren.
All who once l-ov(e)d her hav(e) des-**ert**ed her.

de·serve
[dɪ́zɚv]
♪디절브   O [디저르브]   z,ɚ,v phonics
v. 받을만,가치가있다
He des-**erve**s the 500 **met**-er Ol-**ym**-pic **Go**-l-d **Med**-al.
S.S. Choo **re**-all-y des-**erve**s w-e-ll 7-ye-ar, $130 **mil**. **cont**-ract.

de·sign
[dɪ́zaɪn]
♪디자인   O [디자인]   z phonics
v.n. 설계,입안,도안(을그리다),디자이너로일,기획,복안
He had des-**ign**s on his **fam**-il-y's **l-if**(e)-ins-**ur**-ance.
The book is des-**ign**ed as an ABC for **Eng**-l-ish **l-i**-s(te)n-ing.

de·sire
[dɪˈzajɚ]

♪디자이열   O [디자이어]   z,ɚ phonics

v.n. 바라다,희망,원,욕망,소망,소원,요구,re-**q**-uest,성욕
He des-**ir**ed to be adm-**it**ted to the u-n-iv-(**h**)ers-it-y.
Her l-ast des-**ire** w-as to be **bur**-ied in her **nat**-ive l-and.

desk
[ˈdɛsk]

♪데슼   X [데스크]   mora발음/

n.aj. 책상(의),성서대,보면대,편집부,접수처,내근의
A l-**ar**-ge **pa**-int-ing w-as hung be-**hind** his **de**sk.
They w-ent to the rec-**ep**-tion **de**sk to **che**ck **in the**-ir room.

de·spair
[dɪˈspeɚ]

 XXX [디스페어]   틀린액센트/ p phonics

n.vi. 절망(의원인),실망,감당할수없는것(사람),체념
His **par**-ents hav(e) come to de-**sp**-a-ir of him. 아들에 대한 체념
Things l-ook bad n-ow, but don't de-**sp**-a-ir.

des·per·ate
[ˈdɛsprət]

♪데슈렅   X [데스퍼륏]   mora발음/ r phonics

aj. 필사적인,몹시갖고(하고)싶어하는,절망적인,지독한
She mad(e) a **de**-sp-er-ate bid to sav(e) the **job**.
W-e could **he**-ar **the**-ir **de**-sp-er-ate **cries** for **he**-l-p.

de·spite
[dɪˈspaɪt]

 XXX [디스파잇]   틀린액센트/ p phonics

prep.n. 임에도불구하고,모욕,무례,원한,증오,**hat**-red
They w-ent for a **cl**-im-(b)-ing de-**sp**-ite the bad **w-eath**-er.
She didn't get the job de-**sp**-ite all her **q**-ual-if-(h)ic-**a**-tions.

de·stroy
[dɪˈstrɔɪ]

 XXX [디스츄로이]   틀린액센트/ r phonics

t. 파괴,파멸시키다⇔con-**st**-ruct,멸망(무효)시키다,**ki**-ll
His hopes w-ere de-**st**-royed com-**pl**-ete-l-y.
Sup-er Typh-(**h**)oon Haiyan de-**st**-royed Ta-cl-ob-an **cit**-y.

de·struc·tion
[dɪˈstrʌkʃən]

♪디슈럭션 XXX [디스츄룩션]   틀린액센트/ r phonics

n. 파괴⇔con-**st**-ruc-tion,박멸,파기,멸망,파멸원인
Man's greed is the **reas**-on for de-**st**-ruc-tion of all.
W-ar in **Midd**-le East res-**ult**ed in death and de-**st**-ruc-tion.

de·tail
[dɪˈteɪl]

 XXX [디테일]   mora발음/

n.vt. 세부,항목,상세(함,기술),임명,선택,자세히말(열거),파견
They ad-m-**i**-red the det-**ai**-l of the **art**-ist's w-ork.
He des-**ign**ed ev-(h)er-y det-**ai**-l of **the**-ir dream house.

de·tect
[dɪˈtɛkt]
♪딭엑트   X [디텍트]   mora발음/
vt. 찾아내다,발견,정체를(본질을)간파,탐지
He could **det**-ect a **cert**-ain del-**ight** in her voice.
L-iv-(h)er **canc**-er is **diff**-(h)ic-ult to det-**ect** in its **ear**-l-y **st**-ages.

de·ter·mine
[dɪˈtɚmən]
♪딭엄언   X [디터ㄹ먼]   mora발음/ ɚ,m phonics
v. 결정,규정,결심(하게),해결,종결시키다,종료되다
She is det-**erm**-ined to suc-**ceed**.
The dem-**and** and supp-**l-y** for a **prod**-uct det-**erm**-ines its price.

de·vel·op
[dɪˈvɛləp]
♪딭엘엎   X [디벨럽]   mora발음/ v,l phonics
v. 발달,발전,개발,전개,생각(시키다),공격개시,나타나다
His **n-ov**-(h)el w-as **l-at**-er dev-**(h)el**-oped **int**-o a **mov**-(h)ie.
This book is des-**ign**ed to dev-**(h)el**-op your **l-i**-s(te)n-ing **sk**-i-lls.

develop·ment
[dɪˈvɛləpmənt]
♪딭엘엎먼트   X [디벨럽먼트]   mora발음/ v,l,p,m phonics
n. 발달,발전,개발,성장,진화,설명,정세,사실,사태
It is **st**-i-ll in the **ear**-l-y **st**-ages of dev-**(h)el**-op-ment.
The-re are n-ew **hous**-ing dev-**(h)el**-op-ments in the **cit**-y.

de·vi·ate
[ˈdiːvi͡eɪt]
♪디ᵇ이에잍   X [디이비에잍]   mora발음/ v phonics
v.aj.n. 빗나가다,벗어나(게하)다,상식벗어난(사람,것),성도착(자)
She **nev**-(h)er **dev**-(h)i-ated from her **chos**-en **princ**-ip-les.
His car **dev**-(h)i-ated from its **l-a**ne to the **oth**-er **sudd**-en-l-y.

de·vice
[dɪˈvaɪs]
♪딭아이ㅅ   X [디바이쓰]   mora발음/ v phonics
n. 고안물,기계장치,궁리,계획,계략,도안,의장,표어,의지,소망
The **st**-ore **se**-lls **mob**-i-le dev-**(h)ice**s **o-n**-l-y.
His **ac**-tions are **obv**-(h)i-ous-l-y a dev-**(h)ice** to buy time. 시간벌기

dev·il
[ˈdɛvl̩]
♪덮얼   X [데브얼]   Schwa [l]=[얼], mora발음/ v phonics
n.vt. 악마(령),Sat-an,극악한,심술궂은,잔인한(사람),수완가
He is a mean **dev**-(h)il, so be **ca**-ref-(h)ul.
I **env**-(h)y the **l-uck**-y dev-(h)il who **marr**-ies you.

de·vote
[dɪˈvoʊt]
♪딭오읕   X [디보우트]   mora발음/ v phonics
vt. 바치다,헌납,희사,전념,일신을바치다
He dev-(**h**)**ote**d him-**se**-l-f to his sick w-ife.
So-l-di-ers dev-(**h**)**ot**(e) them-**se**-l-ves to **Eng**-l-ish.

di·a·mond
[daɪmənd]

   X [다이어먼드]   mora발음/ m phonics

n.aj.vt. 다이아몬드(의,패),4월탄생석,마름모꼴(의),야구장(의)
The **diam**-ond w-as surr-**ound**ed by a ring of **tin**-y **diam**-onds.
She **pl**-ayed the **q**-ueen of **diam**-onds at the **pok**-er game.

di·a·ry
[daJəri]

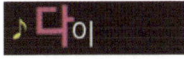   O [다이어뤼]   r phonics

n. 일기,일지,일기장,수첩일기,탁상일기
She has **st**-arted a **draw**-ing **di**-ar-y since she w-as six.
He rec-**ord**ed his app-**o**-intm-ent on his **mob**-i-le phone **di**-ar-y.

dic·tio·nary
[dɪkʃə‚neri]

   X [딕셔너뤼]   mora 발음/ r phonics

n. 사전,사서,옥편,단어책
I found an **Eng**-l-ish Kor-**e**-an **dic**-tion-ar-y in NY **L-ib**-rar-y.
N-o **dic**-tion-ar-ies tell how to pron-**oun**-ce **Eng**-l-ish in Kor-**e**-an yet.

die
[daɪ]

    O [다이]

v.n. 죽다,**with**-er,소멸,**per**-ish,**l-ang**-uish,dis-app-**ear**,금형,주사위
The w-ords died on his tong(ue).
The **a-ir**-pl-ane's **eng**-ine died in the **midd**-le of **n-o**-w-he-re.

di·et
[daJət]

   O [다이엇]

n.v. 음식(주다),식품,식이(요법),특별식,일본국회,음식제한
The **pa**-tient w-as **di**-eted with **o-n**-l-y sem-i-**fl**-uid **mea**-l.
W-at-ch your **di**-et - you need **mo**-re **fru**-it and **veg**-et-ab-les.

dif·fer
[dɪfɚ]

   X [디f어ㄹ]   mora발음/ f phonics

vi. 디르디,생각(의견)이디르디
W-e **diff**-(h)er **mark**-ed-l-y in the w-ay of **hand**-l-ing our **mark**-et.
The two **sci**-ent-ists **diff**-(h)er in **the**-ir app-**roach** to **disc**-ip-l-ine.

dif·fer·ence
[dɪfrəns]

X [디f어뤈쓰]   mora발음/ f,r phonics

n. 차이(점)⇔sim-il-**ar**-it-y,변화,영향,특징,차액,언쟁,불화
Your **st**-or-y makes all the **diff**-(h)er-ence.
The-re's n-o **diff**-(h)er-ence bet-**ween** two cars e**xc**-ept the price.

dif·fer·ent
[dɪfrənt]

X [디f어뤈트]   mora발음/ f,r phonics

aj. 다른,별개의,여러가지의,**var**-ious,색다른,특이한
They w-ere n-o **diff**-(h)er-ent than **u**-su-al.
They need to try an ent-**ire**-l-y **diff**-(h)er-ent app-**roach**.

differen·ti·ate ♪딒어렌쉬에잎 ✗ [디f어뤤쉬에잇] mora발음/ f,r phonics
[dɪfəˈrɛnʃiˌeɪt]
v. 구별,분간,(미)분(화시키다),차이생기다,성격변화
The cap-**ac**-it-y of **mem**-or-y diff-(h)er-**en**-tiates the price of SSD.
She can't diff-(h)er-**en**-tiate her im-**ag**-in-**a**-tion from the re-**al**-it-y.

dif·fi·cult ♪딒힉얼ㅌ ✗ [디f이커얼트] mora발음/ f phonics
[dɪfɪkəlt]
aj. 어려운,곤란한,성미까다로운,불리한,괴로운,고통스러운
They **ans**-(w)ered l-ots of **diff**-(h)ic-ult **q**-ues-tions.
It w-as w-ay **mo**-re **diff**-(h)ic-ult than it w-as **to**-l-d.

dif·fi·cul·ty ♪딒힉얼티 ✗ [디피컬티] mora발음/ f phonics
[dɪfɪkəlti]
n. 어려움,장애,(재정)곤란,불평,이의,분규,cont-rov-(**h**)ers-y
They faced the **diff**-(h)ic-ult-y of **pen**-et-rat-ing the **mark**-et.
They (k)n-ow how hard to **conq**-uer all **diff**-(h)ic-ult-ies.

dig ♪딕 ✗ [디그] mora발음/
[dɪg]
v. 파다,찔러넣다,눈길멈추다,귀기울이다,공부,탐구,연구
She **si**-l-enced him with a sharp dig in his rib.
Re-sc-ue teams are **digg**-ing **peop**-le out of coll-**ap**-sed houses.

di·lem·ma ♪덜엠어 ✗ [딜레마] 중복"ㄹ"="r"발음/ l,m phonics
[dəˈlɛmə]
n. 딜레마,진퇴양난,궁지,난국
They are **fac**-ing a **terr**-ib-le dil-**emm**-a.
The **iss**-ue **ra**-ises an **eth**-ic-al dil-**emm**-a.

di·men·sion ♪덤엔션 ✗ [디멘션] mora발음/ m phonics
[dəˈmɛnʃən]
n. 치수,크기,부피,용적,규모,범위,중요성,차원
She **ca**-ref-(h)ull-y **mea**-sured dim-**en**-sions of the dress.
L-ength div-(**h**)**ide**d by time is the dim-**en**-sions of vel-**o**-cit-y.

di·min·ish ♪덤인이쉬 ✗ [디미니쉬] mora발음/ m phonics
[dəˈmɪnɪʃ]
v. 줄이다,작게,축소,감소,dec-**rease**,떨어뜨리다,di-**sp**-ar-age
The threat of w-ar has dim-**in**-ished.
Fat-**ig**-ue dim-**in**-ishes prod-uct-**iv**-(h)it-y and eff-(**h**)**i**-cienc-y.

din·ner ♪딘얼 ✗ [디너] mora발음/ n phonics
[dɪnɚ]
n. 정찬,저녁식사,오찬=**ear**-l-y **dinn**-er,만찬=l-ate **dinn**-er,축하연
Dinn-er's **read**-y! N-o w-ork, n-o **dinn**-er.
All **gue**-sts and **pat**-rons sat down to l-ate **dinn**-er.

dip
[dɪp]

  O [딥]

v.n. 담그다,적시다,imm-**erse**,넣다,양초(만들다),침하
He **doub**-le-**dipp**-ed a French fry **int**-o **ke**(t)-chup ag-**ain**. 입댄부분또담긴결례
She **dipp**-ed her hand **int**-o her **pur**-se for **tick**-ets.

di·rect
[dəˈrɛkt]

  O [디뤡트]   r phonics

v.aj.av. 지휘,감독,명령,지명,(길)안내,똑바른,최단거리의,솔직한
Be **su**-re that the **fauc**-et is dir-**ect**ed **down**-w-ard.
The pol-**i**-cem-an dir-**ect**ed him to **st**-op his car.

di·rec·tion
[dəˈrɛkʃən]

  O [디뤡션]   r phonics

n. 방향,경향,지휘,관리,감독,연출,명령,지시,지점,위치
I can't **chan**-ge the dir-**ec**-tion of the wind,
but I can adj-**ust** my **sai**-ls to my de-stin-**a**-tion. - **Jimm**-y Dean-

di·rec·tor
[dəˈrɛktɚ]

 O [디뤡터]   r phonics

n. 지도자,중역,이사,감독,디렉터,관장,소장,국장,부장
N-ew dir-**ect**-or of the Ad-min-i-st-**ra**-tion w-as **n-om**-in-ated.
She w-as a-**w-ar**ded the best young dir-**ect**-or in **Holl**-y-w-ood.

dirt
[dɚt]

 O [더ㄹ트]   ɚ,t phonics

n. 먼지,쓰레기때,배설물,흙,천한사람(것),비열함,타락,추문,욕설
You've got some **dir**-t on your **shir**-t.
Both **part**-ies dug up **dir**-t on **the**-ir opp-**on**-ents.

dirty
[ˈdɚti]

  X [더ㄹ티]   mora발음/ ɚ phonics

aj.vt. 더러운,때묻은,**so**-i-led⇔**cl**-ean,굶은,비열힌,음린힌,무례힌
Your **bab**-y needs a **dirt**-y **di**-ap-er **chan**-ged.
N-o one can be free ab-sol-**ute**-ly from **dirt**-y **rum**-or.

dis·ab·le
[dɪsˈeɪbəl]

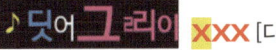 X [디쎄이브얼]   mora발음/

vt. 무(능)력해지다⇔**en**-**ab**-le,불구(무자격)되다,dis-**q**-ual-if-(h)y
A **prom**-is-ing **sk**-i-er w-as sev-(h)**ere**-l-y dis-**ab**-led in a crash.
Go out imm-**ed**-i-ate-l-y and dis-**ab**-le your car al-**arm**, **pl**-ease.

dis·agree
[dɪsəˈgriː]

XXX [디써그뤼]

vi. 찬성않다,이의있다,언쟁,다투다,체질에안맞다,중독일으키다
His **cond**-uct dis-ag-**ree**s with his w-ords.   언행불일치
Some high **prot**-ein foods dis-ag-**ree** with him and **cau**-se **all**-er-gy.

disagree·ment
[dɪsəˈgriːmənt]   ♪딫어그리임언ㅌ   XXX [디쎠그뤼이먼트]   틀린액센트/ r,m phonics

n. 불일치,의견차이,부조화,부적합,싸움
The two part-ies w-ere l-ocked in dis-ag-reem-ent.
The-re are dis-ag-reem-ents ab-out how to sp-end the hol-id-ays.

dis·ap·pear
[dɪsəˈɪɚ]   ♪딫엎이얼   X [디쎠피어]   mora발음/ p,ɚ phonics

vi. 사라지다,없어지다,fade,van-ish,소식끊다,실종
The coup-le disapp-eared ov-(h)er the hi-ll.
These dis-ea-se w-on't ju-st dis-app-ear by them-se-l-ves.

dis·ap·po·int
[dɪsəˈpɔɪnt]   ♪딫엎오인ㅌ   X [디쎠포인트]   mora발음/ p phonics

vt. 실망시키다,낙담시키다,계획을망치다,방해,꺾다
His be-hav-(h)ior dis-app-o-inted her and her fam-il-y.
He w-as sur-prised and dis-app-o-inted by the dec-i-sion.

dis·ap·po·int·ment
[dɪsəˈpɔɪntmənt]   ♪딫엎오인ㅌ먼ㅌ   X [디쎠포인먼트]   mora발음/ p phonics

n. 실망(시키는것,원인),낙담,기대에어긋남(나는사람,것)
She couldn't hide her dis-app-o-intm-ent aft-er break-up with him.
N-o inv-(h)it-a-tion to the part-y w-as a dis-app-o-intm-ent to her.

dis·ap·prov·al
[dɪsəˈpruːvəl]   ♪딫어프루웅얼   XXX [디쎠프루우버얼]   틀린액센트/ p,r,v phonics

n. 불찬성,불인정,불만,비난의표정
He sensed her dis-ap-prov-(h)al on his prop-os-al.
She didn't st-ay out l-ate for her fath-er's dis-ap-prov-(h)al.

dis·ap·prove
[dɪsəˈpruːv]   ♪딫어프루웅   XXX [디쎠프루브]   틀린액센트/ p,r,v phonics

v. 승인(동의,허가)않다,비난(불만)표,불가주장
His prop-os-al w-as dis-ap-proved by her par-ent.
The bi-ll w-as dis-ap-proved by the Na-tion-al Ass-emb-l-y.

di·sas·ter
[dɪˈzæstɚ]   ♪디재슫얼   X [디재스터]   mora발음/ z,ɚ phonics

n. 천재(지변),재난,큰불행,완전한실패(작),몹쓸인간
The-ir prom part-y w-as a dis-a-st-er.
1900 Galv-(h)est-on Hurr-ic-ane w-as the mo-st dis-a-st-er.

disc or disk
[dɪsk]   ♪디슼   O [디스크]

n.vt. 디스크,음반,기억장치,mem-or-y disk,척추간연골판
The moon's disk w-as ref-(h)l-ected in the mirr-or.
Fl-opp-y disks w-ere sub-st-it-uted by com-put-er disk.

dis·ci·pline
[dɪ́səplən]

🎵 딧엎을언   X [디써플린]   중복 "ㄹ"="r"발음/ p,l phonics

n.vt. 단련,훈련,**dri**-ll,연습,학습,수양,징계,시련,규율,자제,훈육
Keep-ing a **di**-ar-y is a good **disc**-ip-l-ine for men. 사람에게
Some **teach**-ers **hard**-l-y ma-int-**ain**ed **disc**-ip-l-ine in the **cl**-ass.

dis·cov·er
[dɪ́skʌvɚ]

🎵 디슳엃얼   XXX [디쓰카버]   틀린액센트/ v,ɚ phonics

vt. 발견,알다,깨닫다
He di-**sc**-ov-(h)er-ed **Eng**-l-ish pop song in his **midd**-le **sch**-ool.
It took them **sev**-(h)er-al w-eeks to di-**sc**-ov-(h)er the sol-**u**-tion.

dis·cov·ery
[dɪ́skʌvəri]

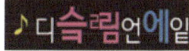 XXX [디쓰카버뤼]   틀린액센트/ v,r phonics

n. 발견(된것),신발견물,신발굴,줄거리전개,공표,발표
Sci-ent-ists ann-**ou**-n-ced the di-**sc**-ov-(h)er-y of a n-ew mat-**er**-ial.
The di-**sc**-ov-(h)er-y of a **tal**-ented **act**-ress **thri**-lled the dir-**ect**-or.

dis·crete
[dɪ́skri:t]

 XXX [디쓰크뤼이트]   틀린액센트/ r phonics

aj.n. 분리된,별개의,di-**st**-inct,비연관의,추상적인,부품
Read-ing is a set of di-**sc**-rete **sk**-i-lls.
The-re are four di-**sc**-rete **subj**-ects to di-**sc**-uss.

dis·crim·i·nate
[dɪ́skrɪməˌneɪt]

🎵 디슯림언에잍 XXX [디쓰크뤼머네잇]   틀린액센트/ r,m,n phonics

v.aj. 분간,식별,인종(남녀등)차별(적인),식별력있는,혜안의
The soc-**i**-et-y is n-ot all-**ow**ed to di-**sc**-rim-in-ate.
Don't di-**sc**-rim-in-ate **peop**-le bec-**au**-se they are poor.

dis·cuss
[dɪ́skʌs]

🎵 디슳엏ㅅ   XXX [디쓰카쓰]   틀린액센트/

vt. 논,공론,이논,토의,검토,신외,채무상환받다
She di-**sc**-ussed her **w**-**edd**-ing **pl**-an with friends.
They had a **meet**-ing to di-**sc**-uss the **fu**-ture of **the**-ir **fam**-il-y.

dis·cus·sion
[dɪ́skʌʃən]

 XXX [디쓰카션]   틀린액센트/

n. 논의,토론,심의,검토,해설,논문
The room w-as inv-(h)olved in a heated di-**sc**-us-sion on **ju**-st-ice.
Aft-er deep di-**sc**-us-sion of the **pl**-an, it w-as rej-**ect**ed ent-**ire**-l-y.

dis·ease
[dɪ́zi:z]

 O [디지이즈]   z phonics

n. 병,질환,이상,이변,불건전상태,병폐,분해,변질,부패
597,689 **peop**-le died of heart dis-**ea**-se in US, 2010.
Peop-le in my **fam**-il-y are **pro**-ne to dia-**bet**-es dis-**ea**-se.

dis·gust
[dɪsˈgʌst]
♪디슥어슽 XXX [디쓰가스트]   틀린액센트/ g phonics
vt. 혐오감일으키다,정떨어지게,메스껍게,진저리나게
She eyed the **greas**-y food with di-**sg**-ust.
It di-**sg**-usts that **mo**-st **da**-il-y **dram**-as **foc**-us on **sup**-er-riches.

dish
[dɪʃ]
♪디쉬 O [디쉬]
n.v. (한)접시(형태),**pl**-ate,요리,미녀,접시에담다,오목하게
The **rest**-aur-ant has my **fav**-(h)or-ite Kor-**e**-an dishes.
Each **coup**-le mad(e) and brought a dish for the **pot**-l-uck **dinn**-er.

dis·hon·est
[dɪsˈɑːnəst]
♪딧아안어슽 X [디싸니스트]   mora발음/
aj. 부정(직)한,불성실한,신용할수없는,속임수의,사기적인
He **ga**-ined his **w-ea**-l-th by dis-**hon**-est means.
He gav(e) dis-**hon**-est **ans**-(w)ers to her **q**-ues-tions.

dis·like
[dɪsˈlaɪk]
♪디슬아익 X [디쓸라익]   중복"ㄹ"="r"발음/ l phonics
vt.n. 싫어(함),반감(가지다),싫증,혐오
She has a **st**-rong di-**sl**-ik(e) for **greas**-y food.
A **coup**-le saw each **oth**-er with di-**sl**-ik(e) and su-**sp**-i-cion.

dis·miss
[dɪsˈmɪs]
♪디슴잇 X [디쓰미쓰]   mora발음/ m phonics
v. 해산,떠나게,해임,면직,해고,물리치다,rej-**ect**,**ban**-ish
W-e should n-ot dism-**iss** the **prob**-l-em **l-ight**-l-y.
Numb-er of emp-l-o-**yee**s w-ere dism-**iss**ed **rec**-ent-l-y.

dis·place
[dɪsˈpleɪs]
♪디슾을에이스 XXX [디쓰플레이쓰]   틀린액센트/ p,l phonics
vt. 강제퇴거,추방,옮기다,대신,**sub**-st-it-ute,해임
The drou(gh)t has di**s-pl**-aced **thous**-ands of **peop**-le.
The n-ew **fact**-or-ies hav(e) di**s-pl**-aced **man**-y **w-ork**-ers.

dis·play
[dɪsˈpleɪ]
♪디슾을에이 XXX [디쓰플레이]   틀린액센트/ l phonics
vt.n. 전시,과시,show,펼치다,표현,man-if-(h)est-**a**-tion,진열장치
Dresses w-ere di-**sp-l**-ayed in the **st**-ore **w-ind**-ow.
St-ud-ents di-**sp-l**-ayed **the**-ir inv-(h)en-tions at the **sci**-ence **fa**-ir.

dis·pute
[dɪsˈpjuːt]
♪디슾유읕 XXX [디스퓨우트]   틀린액센트/ p phonics
v.n. 논쟁,언쟁,토의,토론,반론,이의주장,저항,경쟁,**q**-uarr-el
The-re w-as a di-**sp**-ute that the dec-**i**-sion w-as prem-a-**ture**.
They di-**sp**-uted **w-heth**-er **the**-ir **proj**-ect w-ould suc-**ceed** or n-ot.

dis·re·spect
[dɪsrɪˈspɛkt]

♪디스리슈엑트 XXX [디쓰뤼쓰펙트]   틀린액센트/ r,p phonics

n.vt. 존경심없음,실례,무례,결례,불경,경멸,존경않다
Nev-(h)er dis-re-**sp**-ect to **o-l**-d-er **peop**-le.
He **sp**-oke some of Pol-it-**i**-cians with dis-re-**sp**-ect.

dis·solve
[dɪˈzɑːlv]

♪디자알ㅂㅎ O [디조얼브]   z,v phonics

v. 녹이다,용해,소멸,해산시키다,관계끊다,무효화,undo,분해
Vit-am-in C diss-**ol**-ves in **w-at**-er.
Hopes for peace diss-**ol**-ved in n-ew **vi**-ol-ence.

dis·pose
[dɪˈspoʊz]

♪디슈오으즈ㅎ XXX [디쓰포우즈]   틀린액센트/ p phonics

v. 배치,정리,arr-**ange**,충당,처리,영향주다,마음내키게,결정짓다
His **ov**-(h)er-**w**-ork di-**sp**-osed him to death on the post.   근무중 순직
They di-**sp**-osed the **prod**-ucts for imm-**ed**-i-ate del-**iv**-(h)er-y.

dis·tance
[ˈdɪstəns]

♪디슽언ㅅ X [디스턴쓰]   mora발음/ t phonics

n.vt. 거리,**int**-erv-(h)al,e**x**-**p**anse,긴세월,먼곳,떼어놓다,멀리두다
The conv-(**h**)**en**-i-ence **st**-ore is a short **di-st**-ance a-**w-ay**.
The sign w-as **hard to read** for **ages** from a **di**-st-ance.

dis·tant
[ˈdɪstənt]

♪디슽언ㅌ X [디스턴트]   mora발음/ t phonics

aj. 먼,오랜,헤어져있는,격의있는,res-**erv**ed,소원한,냉담한
The **ma**-in e**x**-**am** for ad-m-**i**-ssion w-as a month **di**-st-ant.
The day she l-eft **ho**-me is n-ow a **di-st**-ant **mem**-or-y for her.

dis·tinct
[dɪˈstɪŋkt]

♪디슽읶ㅌ XXX [디스팅(크)트]   틀린액센트/ t phonics

aj. 다른,(전혀)별개의,독특한
Eng-l-ish has its di-**st**-inct **rhyth**-m which Kor-**e**-an hasn't.
This book tells di-**st**-inct (k)**n**-ow how of **Eng**-l-ish pron-**ounc**-ing.

dis·tin·guish
[dɪˈstɪŋɡwɪʃ]

♪디슽잉그위쉬 XXX [디스팅그위쉬]   틀린액센트/ t,w phonics

v. 식별,구별,감지,분류,유명,눈에띄다,뛰어나다
O-n-ly ex**p**-erts can di-**st**-ing-uish the **gen**-u-ine from fakes.
You're ma-**ture** en-**ough** to di-**st**-ing-uish bet-**ween** good and **ev**-il.

dis·tort
[dɪˈstoɚt]

♪디슽오얼ㅌ XXX [디스토어트]   틀린액센트/ t,ɚ phonics

vt. 왜곡,곡해,perv-(**h**)**ert**,찌그러뜨리다,비틀다
His face w-as di-**st**-orted by deep **pa**-in.
Germ-an **Ein**-st-ein **cal**-cul-ated the **l**-ight could be di-**st**-orted.

dis·trib·ute
[dɪˈstrɪbjuːt]
 XXX [디쓰츄뤼뷰우트]   틀린액센트/ r phonics
v. 분배,배급,할당,구분,살포,배달,뿌리다,**sc**-att-er
She di-**st**-rib-uted grass seeds **ov**-(h)er her l-awn.
W-e **w-i**-ll dec-**ide** how to di-**st**-rib-ute this book.   **mu**-st 의미

dis·tri·bu·tion
[dɪstrəˈbjuːʃən]
 X [디쓰츄뤼뷰우션]   mora 발음/ t,r phonics
n. 분배,배급(품),살포,배달,분류,정리,arr-**ang**-em-ent
Food Banks coll-**ect** food for di-st-rib-**u**-tion to **need**-y **fam**-il-ies.
She com-**pl**-ained that the di-st-rib-**u**-tion of w-ork w-as un-**fa**-ir.

dis·trict
[ˈdɪstrɪkt]
 X [디스츄뤽트]   mora 발음/ t,r phonics
n.vt. 지역,**reg**-ion,관할구,지방,w-ard,교구,지역을나누다
The fin-**an**-cial **di**-st-rict of Kor-**e**-a is in Yoido.
The sign said that w-e w-ere in the W-all **St**-reet **Di**-st-rict.

dis·trust
[dɪsˈtrʌst]
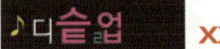 XXX [디쓰츄뤄스트]   mora 발음/ t,r phonics
vt.n. 신뢰않다,의심,수상히여기다,doubt,불신,의혹,의심
She has a dis-**trust** of **pol**-it-ics.
You don't hav(e) **an**-y **reas**-on to dis-**trust** him.

dis·turb
[dɪˈstɜːb]
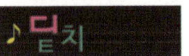 XXX [디스터ㄹ브]   틀린액센트/ t,ɚ phonics
v. (수면,휴식)방해,혼란케,di-**sq**-u-iet,dis-**ord**-er,**ag**-it-ate
He doesn't w-ant to be di-**st**-urbed **w-hi**-le he's **talk**-ing.
She com-**pl**-ained that the **n-o**-ise di-**st**-urbed her conc-ent-**ra**-tion.

ditch
[dɪtʃ]
 X [디취]   mora 발음/ tʃ phonics
n.v. 수로,참호,도랑파다,해자두르다,불시착,de-**rai**-l,팽개치다
Some **ca**-s(t)-les w-ere surr-**ound**ed by **dit**-ches.
The **st**-o-l-en bik(e) had been **dit**-ched by the thief in the park.

dive
[daɪv]
 O [다이브]   v phonics
v.n. 물에뛰어들다,잠수,돌진,폭락,파고들다,몸을감추다
When he saw her **com**-ing he dived **int**-o a **barb**-er.
KOSPI dove 30 **po**-ints **aft**-er US FED's **tap**-er-ing n-ews.

di·verse
[daɪˈvɜːs]
X [다이뻐쓰]   mora 발음/ v phonics
adj 다른,별개의,여러가지의,다양한
The shop **carr**-ies a div-(h)**erse** range of gifts.
Her **sp**-eech app-**ea**-l-ed to a div-(h)**erse aud**-i-ence.

di·vide
[dəˈvaɪd]

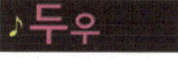

X [디**바**이드]   mora 발음/ v phonics

v.n. 나누다,분할,분리,분배,이간,분류(되다),경계선,분계선
She div-(h)ided the pizz-(h)a int-o e-ight sl-ices.
DMZ div-(h)ides Kor-e-a pen-ins-ul-a int-o two St-ates.

di·vi·sion
[dəˈvɪʒən]

X [디**비**줜]   mora 발음/ v,ʒ phonics

n. 분할,분배,나눗셈⇔mult-i-pl-ic-a-tion,칸막이,구획,부,국,사단
The div-(h)i-sion is taught aft-er l-earn-ing mult-i-pl-ic-a-tion.
A div-(h)i-sion of prof-(h)its int-o eq-ual sha-res is a fa-ir pract-ice.

do·mes·tic
[dəˈmestɪk]

X [도우**메**스틱]   mora 발음/ m phonics

aj.n. 가정의(적인),가사의,사육하는,국내의,국산의(품),하인
She does dom-est-ic work for a liv-(h)ing. 가사도우미
He bec-ame ver-y dom-est-ic-ated since his wife i-ll-ness.

di·vorce
[dəˈvoəs]

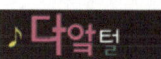

X [디**보**어스]   mora 발음/ v,ɚ phonics

n.vt. 이혼(판결,한사람),절연,분열,분리,이혼시키다
The-ir marr-i-age ended in div-(h)or-ce.
Fin-an-cial prob-l-ems are a l-ead-ing cau-se of div-(h)or-ce.

do
[duː]

O [두우]

vt. 하다,수행,이행,표,pay,giv(e),acc-om-pl-ish,fin-ish,com-pl-ete
Te-ll him what to do and he'll do it.
What has he done to you to make you so ang-ry?

doc·tor
[ˈdɑːklɚ]

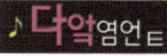

O [닥터ɚ]   ɚ phonics

n. 의사,개입의,내과의사,phys-(h)i-cian,빅사(칭호)
He w-as sick but ref-(h)used to go to a doct-or.
All the fac-ult-y memb-ers are doct-ors in the-ir fie-l-ds.

doc·u·ment
[ˈdɑːkjəmənt]

X [다큐먼트]   mora발음/ m phonics

n.vt. 서류,(공)문서,기록,서류로입증,선적명세서제공
All fin-an-cial doc-um-ents should be kept in a saf(e) pl-ace.
The imp-act of gl-ob-al w-arm-ing hav(e) been doc-um-ented.

dog
[dɑːg]

X [다아그]   mora발음/

n. 개(비슷한동물),다리,못쓸물건(사람),실패작,fl-op
The-ir l-at-est mus-ic-al turned out to be a re-al dog.
Pl-ease cl-ean up aft-er your dogs oth-er-wise ur kids'll get sick.

doll
[dɑ:l]
♪ 다알   ✗ [다얼]   틀린발음/
n.v. 인형,(백치)미인,여자,소중한사람,잘차려입다,곱게치장
Her mom coll-**ects porc**-el-ain dolls.
Girls dolled them-**se**-l-ves up and w-ent to the **prom part**-y.

dol·lar
[dɑ:lɚ]
♪ 다알얼   ✗ [달러]   중복"ㄹ"="r"발음/ l,ɚ phonics
n.v. 달러,미국등의화폐단위,100센트,원자로반응단위
I'll bet my **bott**-om **doll**-ar she'll suc-**ceed**.   몽땅걸다, 장담
The **doll**-ar pl-umm-eted **sharp**-l-y ag-**ainst** the **Eur**-o.

dol·phin
[dɑ:lfən]
♪ 다알ㅍ힌   ✗ [다얼핀]   틀린발음/ l,f phonics
n. 돌고래,선박안내부표
Dolph-(h)ins hav(e) comm-un-ic-**a**-tion **sk**-i-lls am-**ong** them.
Dolph-(h)ins are found **w-id**(e)-l-y in w-arm **temp**-er-at-ure seas.

do·main
[doʊmeɪn]
♪ 도음에인   ✗ [도우메인]   mora 발음/ m phonics
n. (토지)소유권(지),영토(지),**terr**-it-or-y,분야,범위,생육[행동]권
The **for**-est and **mount**-ains are part of the king's dom-**a**-in.
This sort of inf-(h)orm-**a**-tion should be in the **pub**-l-ic dom-**a**-in.

do·mes·tic
[dəmɛstɪk]
♪ 덤에슽잌   ✗ [도우메스틱]   mora 발음/ m phonics
aj.n. 가정의,가사의,사육하는,국내(산)의,하인,국산품
He w-as kind and dom-**e**-st-ic.
They hope to att-**ract** both **for**-ei(g)n and dom-**e**-st-ic **mark**-ets.

dom·i·nant
[dɑ:mənənt]
♪ 다엄언언ㅌ   ✗ [다머넌트]   mora 발음/ m phonics
aj.n. 지배적인,주요한,권위있는,우세한,우성(유전질)의
His **comp**-an-y is **dom**-in-ant in **mob**-i-le phone **mark**-et.
She w-as a **dom**-in-ant **fig**-ure in the ent-ert-**ainm**-ent **ind**-u-st-ry.

dom·i·nate
[dɑ:mə‚neɪt]
♪ 다엄언에잎   ✗ [다머네잇]   mora 발음/ m phonics
v. 지배,억제,re-**st**-rain,우뚝솟다,내려보다,우위차지,특색있게
He **dom**-in-ated his **count**-ry for **man**-y **ye**-ars.
N-ok-**ia** has **dom**-in-ated the **mob**-i-le phone **mark**-et for **ye**-ars.

door
[doɚ]
♪ 도얼   O [도어]   ɚ phonics
n. 문,문간,현관,한집,한방,문호,길,방도,방법
She w-i-ll get the **do**-or (for you).   그녀가 방문자 맞이할거야. (사람 쫓아낼 때)
This **inc**-id-ent **cl**-osed the **do**-or on her **chan**-ce to suc-**ceed**.

dot
[dɑːt]

 X [닷]   틀린발음/

n.v. 점,종지부,꼬마,작은조각,소량,점찍다,점으로그리다
Beach houses dotted a l-ine al-**ong** the **priv**-(h)ate beach.
My **print**-er has a res-ol-**u**-tion of 900 dots per **sq**-uare inch (DPI).

dou·ble
[dʌbəl]

X [다브얼]   ʌ phonics

aj.n.v. 2배(의),두겹(의),**two**fo-l-d,2인용(의),쌍으로된,애매한
She has **doub**-le jobs, day and **n**-ight.
Veg-et-ab-les **co**-st **doub**-le what it used to l-ast **ye**-ar.

doubt
[daʊt]

 X [다웃]   틀린발음/

v.n. 의심,걱정,불신,믿지않다,수상히여기다,불확실(명확)함
He who (k)n-ows **n-oth**-ing doubts **n-oth**-ing.
He got **ov**-(h)er his boss's doubt of his **hon**-est-y.

do(ugh)·nut
[doʊnʌt]

 X [도우넛]   mora 발음/ n,ʌ phonics

n. "O"형 밀가루 반죽을 기름에 튀긴 과자
Do-n-ut is a cont-**rac**-tion form of **dou**(gh)-n-ut.
Dou(gh)n-ut is a type of fried dough conf-(h)**ec**-tion-e-ry.

down
[daʊn]

O [다운]

av.prep.aj. 아래(쪽으,바닥으)로,떨어져,낮아져,약해져,후기에
She **fe**-ll down, cut her (k)n-ee and got **n**-ine **st**-it-ches.
A **st**-rok(e) **par**-al-yzed him down on **one** sid(e).

doz·en
[dʌzn]

 O [다즌]   Schwa [n̩]=[언] z phonics

n.aj. 12개(의), 1다전(의)
Why a **Bak**-er's **Doz**-en is **13** in-**st**-ead of 12?
Doz-ens of **sing**-ers w-ere aud-**i**-tioned for **K-Pop ser**-ies.

draft
[dræft]

XXX [쥬뢔f으트]   틀린액센트/ d,r,f phonics

n.vt.aj. 설계,초안,징병,조달,수표(발행),외풍,선발대,고갈,끌다
They are **draft**-ing a prop-**os**-al for the board **meet**-ing.
They w-ere drafted **int**-o the **Arm**-y for **two ye**-ar **serv**-(h)ing.

drag
[dræg]

 XXX [쥬뢔그]   틀린액센트/ d,r phonics

v.n. 끌(리)다,draw,뒤지다,훑다,캐내다,저인망,썰매,방해물(자)
The FTA neg-**o**-ti-a-tions dragged on unt-**i-l ye**-ar 2013.
He dragged one **cha**-ir **ov**-(h)er to hers to sit bes-**id**(e).

dra·ma
[drɑ:mə]
♪ ㄷㅈ라암어   XXX [쥬롸아머]   틀린액센트/ d,r,m phonics
n. 희곡,각본,연극,극작(법),연출(법),극적인상황(사건,효과,성질)
Some says, "L-if(e) he-re is fu-ll of dram-a."
Kor-e-an dram-as are gett-ing mo-re pop-ul-ar in As-ia.

dra·mat·ic
[drəˈmætɪk]
♪ ㄷㅈ럼앹익   X [쥬뤄매틱]   mora 발음/ d,r,m phonics
aj. 연극의,각본의,감동하는,극(인상)적인,eff-(h)ect-ive
She l-ifted her hands in a dram-at-ic ges-ture w-hi-le sing-ing.
The room has a dram-at-ic view of the l-ake Taho and mount-ain.

draw
[drɑ:]
♪ ㄷㅈ라아   XXX [쥬롸아]   틀린액센트/ d,r phonics
v.n. 당기다,꺼내다,뽑다,주의끌다,그리다,묘사,발행,흡입
The girl draws ver-y w-e-ll.
He drew his w-ife int-o the house to see the dec-or-a-tions.

draw·er
[drɑ:ɚ]
♪ ㄷㅈ라아얼   XXX [쥬롸아]   틀린액센트/ d,r phonics
n. 서랍,서랍장(~s),속바지,팬츠,draw하는사람,어음발행인
You w-i-ll find it in the bott-om draw-er of my desk.
He sat on his arm-cha-ir in o-n-l-y his draw-ers. 사각팬티

draw·ing
[drɑ:ɪŋ]
♪ ㄷㅈ라아잉   XXX [쥬롸잉]   틀린액센트/ d,r phonics
n. 뽑기,끌어내기,잡아늘이기,수표발행,선긋기,스케치
She mad(e) a draw-ing of my fath-er's port-rait.
W-e'll hav(e) to go back to the draw-ing board.

dream
[dri:m]
♪ ㄷㅈ리임   XXX [쥬뤼이임]   틀린액센트/ d,r phonics
n.vt. 꿈(결),황홀감,포부,이상,목표,꿈꾸다,상상,꿈같이지내다
She dreamed of bec-om-ing a fam-ous sing-er.
Dream as if you'll l-iv(e) for-ev-(h)er. L-iv(e) as if you'll die tom-orr-ow.

dress
[drɛs]
♪ ㄷㅈ레ㅅ   XXX [쥬뤠쓰]   틀린액센트/ d,r phonics
n.aj.v. 옷(입다),의복(의),정장(의,하다),외관,꾸미다,약바르다
He dressed down for such a cas-u-al occ-a-sion.
A n-ur-se dressed the cut on her (k)n-ee aft-er st-it-ching.

drink
[drɪŋk]
♪ ㄷㅈ릥ㅋ   XXX [쥬륑크]   틀린액센트/ d,r phonics
v.n. 마시다,낭비,만취,tipp-le,drunk,ta-st(e),음료,bev-(h)er-age,술
It's a cri-me to drink and drive.
They drank a l-ot l-ast n-ight and got hang-ov-(h)er this morn-ing.

dry
[´draɪ]

 XXX [쥬라이]   틀린액센트/ d,r phonics

aj.v.n. (물이,눈물,젖이)마른,건조한,가뭄의,습기없는,마르다
I w-as **q**-uite dry **aft**-er **jogg**-ing.
The **beef**-st-eak w-as dry and **ta**-st(e)l-ess.

duck
[´dʌk]

 O [닥]   ʌ phonics

n.v. 오리,(drake,**duck**-l-ing,)머리를(물에)넣다,피,도망,천막,돛
They ducked **int**-o a caf-(**h**)é when it **st**-arted to **ra**-in.
The **cei**-l-ing w-as so l-ow w-e had to duck our heads.

due
[´du:]

 O [듀우]

aj.n. 지불될(것),빌린,줘야할,당연한,하기로돼있는,할예정인
His w-ife is **due** in **fiv**(e) days.   5일 내 출산예정
Jobs could be l-ost due to ec-on-**om**-ic **chan**-ges.

dull
[´dʌl]

 O [더얼]

aj.v. 흐릿(둔탁,침체,부진)한,**cl**-oud-y,**gl**-oom-y,**st**-up-id,둔해지다
The **si**ght w-as **dul**led by **heav**-(h)y dep-re-ssion.
It's **of**(t)-(h)en **dul**l and **ra**-in-ing e-**sp**-e-ci-all-y in **Eur**-ope **w-int**-er.

dump
[´dʌmp]

 O [담]

v.n. 떨어뜨리다(내리다),비우다,전가,포기,해고당,투매,버리다
He **dum**ped his kids in an **orph**-(h)an-age.
One should n-ot **dum**p one's **prob**-l-ems on **oth**-er **peop**-le.

du·ra·tion
[dʊ´reɪʃən]

 O [듀뤠이션]   d,r phonics

n. 계속(지속,존속)기간(시간)
Timed dur-**a**-tion is one of three **el**-em-ents of **Eng**-l-ish.
Kor-**e**-ans don't pron-**oun**-ce **Eng**-l-ish **rhyth**-m-ic-all-y.

dur·ing
[´dʊrɪŋ]

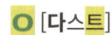 O [듀링]   d,r phonics

prep. 특정기간동안(의어느때)
He w-orked in the **fie**-l-d **dur**-ing **mo**-st of his l-if(e).
A Mr. Kim called **sev**-(h)er-al times **dur**-ing your **abs**-ence.

dust
[´dʌst]

♪다슽   O [다스트]

n.v. (흙)먼지(털다),(꽃)가루(뿌리다),사금,go-l-d dust,흙,유골,청소
"All w-e are is **du**st in the wind." w-as sung by **Kans**-as.
She **du**sted her **bab**-y with **bab**-y **powd**-er **aft**-er **bath**-ing.

du·ty
[duːti]
♪ 두울이   X [듀우티]   mora발음/ t phonics

n. 의무(감),본분,의리,임무,직무,병역,존경,복종,관세,세금
Some of **the**-ir **dut**-ies **ov**-(h)erl-ap **mi**ne.
W-e, Kor-**e**-ans are **read**-y when **dut**-y calls.

dy·nam·ic
[daɪˈnæmɪk]
♪ 다인앰익   X [다이내믹]   mora 발음/ m phonics

aj.n. 동(정력,행동,역학)적인⇔**st**-at-ic,동력(학의),기능상의
She is a dyn-**am**-ic and en-erg-**et**-ic **l-ead**-er.
W-e hav(e) to ad-**apt** our-**se**-l-ves to the dyn-**am**-ic **mark**-et.

영단어 옛한글 발음 소리내기에 익숙해지셨나요?

e or E
[iː]

♪ 이이 ○ [이이]   192 단어 24쪽

n. 알파벳다섯째자,E(e)음,E(자)형,E등급(품)
E is the **thir**d **to**-ne in the **sc**-a-le of C **maj**-or.
E is the 5th **l-ett**-er of the **mod**-ern **Eng**-l-ish **alph**-(h)ab-et.

each
[iːtʃ]

♪ 이잍치 ○ [이이취]   tʃ phonics

aj.av. 각각의,각자의,개개의,제각각,각자
"**L-em**-on" and "**comm**-on" are **cons**-on-ant with each **oth**-er.
Pop-ul-**a**-tion **gro**wth rate is dec-**reas**-ing each **ye**-ar in Kor-**e**-a.

ea·ger
[iːgɚ]

♪ 이잌얼 ○ [이이거ㄹ]   ɚ phonics

aj. 열심인,열망하는,진지한,열렬한,날카로운,신랄한,엄한
She w-as **eag**-er to see his dep-**ar**-ture.
He w-as **eag**-er that his w-ife should **pl**-ease his w-ork.

ear
[iɚ]

♪ 이얼 ○ [이어ㄹ]   ɚ phonics

n.귀,귓바퀴,청력,청각,음감,귀모양의것(손잡이)
Cup your hands be-**hind** the ears when **l-i-s**(te)n-ing **Eng**-l-ish.
Midd-le ear has the **tin**-i-est **three bo**nes and **two mus**(c)-les.

ear·ly
[ɚli]

♪ 얼이 X [어ㄹ얼리]   중복"ㄹ"="r"발음/ ɚ phonics

av.aj. 일찍(이),초기에,옛날부터,이른(시기에),머지않아
His **subs**-e-q-uent succ-**ess canc**-eled his **ear**-l-ier **bl**-und-ers.
Pls come to my **off**-(h)i-ce at your **ear**-l-i-est conv-(h)**en**-ience.

earn
[ɚn]

♪ 얼ㄴ ○ [어ㄹ언]   ɚ phonics

v. 돈벌다,생계유지,획득,얻다,(수입)생기다,평을읻다
He earned his **tea**-ch-ing cert-**if**-(h)ic-ate l-ast **ye**-ar.
He **fai**-l-ed to dec-**l**-are all of his **earn**-ings on his tax ret-**urn**.

ear·n·est
[ɚnəst]

♪ 얼ㄴ어슽 X [어ㄹ니스트]   ɚ phonics

aj.n. 진지한,열심인,성실한,엄숙한,약조금,보증금,증표,증거
She'll acc-**ept o**-n-**l**-y an **earn**-est ap-**ol**-ogy from you.
Her **earn**-est **ges**-ture of **good**-w-i-ll moved his **co**-l-d mind.

earth
[ɚθ]

♪ 어ㄹ쓰ㅎ ○ [어ㄹ쓰]   ɚ,θ phonics

n.v. 지구,육지,현세,굴(에숨다),(희)토류(**ra**-re-earth),접지,흙덮다
A **cont**-in-ent is one of **ver**-y **l-ar**-ge **l-and**-masses on Earth.
The roofs and w-alls caved in **dur**-ing the **ear**th-**q**-uake.

ease
[iːz]

♪ [이이ㅈㅎ]　　O [이이즈]　　z phonics

n.v. 안락함,휴양,여유,편하게(하다),안심시키다,근심고통덜다
She took her ease **und**-er the tree by the **po**nd.
He pre-**sc**-ribed a drug to ease the **pa**-in that **nev**-(h)er eased.

east
[iːst]

♪ [이이슽]　　O [이이스트]

n.aj. 동쪽(부,지방,향한,으로,가는),동양,동풍(의),교회제단쪽
The **Midd**-le East peace talks hav(e) coll-**ap**-sed.
The **hurr**-ic-ane moved in an **east**-erl-y dir-**ec**-tion as **u**-su-al.

easy
[iːzi]

♪ [이이ㅈㅎ이]　　O [이이지]　　z phonics

aj.av.n.v. 쉬운,용이한,편한,여유있는,관대한,천천히,휴식,중지
Sen-iors are **eas**-y to catch **co**-l-d so need **fl**-u shot.
The tech-n-**ol**-og-y makes **dat**-a coll-**ec**-tion and an-**al**-ys-is **ea**-si-er.

eat
[iːt]

♪ [이잍]　　X [이이트]

v.n. 먹다,야위게,부식시키다,침식,난처하게만들다,괴롭히다
You **cann**-ot hav(e) your cak(e) and eat it too.
I eat **mind**-fu-ll-y and I've l-ost 10 **pou**-n-ds.

ec·o·n·om·ic
[ɛkəˈnɑːmɪk]

♪ [엨언**아엄**잌]　　X [에커나믹]　　mora 발음/ n,m phonics

aj. 경제(학)의,경제적인,실리적인,실용의,**pract**-ic-al
Jobs could be l-ost due to ec-on-**om**-ic **chan**-ges.
"It's the ec-**on**-om-y, **st**-up-id!" **Cl**-int-on's hot camp-**aign**

econ·o·my
[ɪˈkɑːnəmi]

♪ [잌**아**언엄이]　　X [이카너미]　　mora 발음/ n,m phonics

n. 절약,경제
When ec-**on**-om-y is good, **chim**-neys **sm**-oke **heav**-(h)il-y.
He prop-**ose**d a co-**her**-ent **pl**-an to im-**prove** the ec-**on**-om-y.

edge
[ɛdʒ]

♪ [엔지]　　O [에쥐]　　dʒ phonics

n.v. 장자리,모서리,칼날(갈다),신랄함,우위,겨우이김,조금씩전진
The brisk walk gave an **ed**-ge to my **app**-et-ite.
I **fe**-l-t **dizz**-(h)y when **st**-and-ing at the **ed**-ge of the **cl**-iff.

ed·it
[ɛdət]

♪ [엩엍]　　X [에딧]　　mora 발음/

vt.n. 편집,교정,감수,삭제,사설,ed-it-**or**-ial
The **ed**-it-or **crit**-ic-ized the **auth**-or's w-ork as **cop**-yc-at.
A con-trov-(h)er-sial **subj**-ect w-as **ed**-it-ed out of the Show.

edi·tion
[ɪˈdɪʃən]

♪ 일**이**션   X [에**디**션]   mora 발음/

n.(간행,인쇄,편집)판,복제(품),유사(품)
He is an **ex**-cell-ent ed-**i**-tion of his **fath**-er.
The del-**uxe** ed-**i**-tion of the book in**c-l**-udes **man**-y ill-u-**st**-ra-tions.

ed·u·cate
[ˈɛdʒəˌkeɪt]

   X [에**쥬**케잇]   mora 발음/ dʒ phonics

v. 교육,훈련(시키다),양성,가르치다,길들이다,학교보내다
She w-as **ed**-uc-ated in L-ing-**ui**-st-ics at **Harv**-(h)ard.
They w-anted to **ed**-uc-ate **the**-ir **chi**-l-dren at the best **sch**-ools.

ed·u·ca·tion
[ˌɛdʒəˈkeɪʃən]

♪ 엘쥑**에**이션   X [에쥬**케**이션]   mora 발음/ dʒ phonics

n. 교육,교양,교육학,교수법,훈련,사육,배양
A good ed-uc-**a**-tion doesn't come cheap, but MOOC.
Ed-uc-**a**-tion is the **co**-re of the (k)**n-ow**-l-ed-ge-based ec-**on**-om-y.

ef·fect
[ɪˈfɛkt]

♪ 이**헥**트   X [이**펙**트]   mora 발음/ f phonics

n.vt. 결과↔**cau**-se,영향,시행,효과,취지,목적,초래,달성
It is **cert**-ain that **ev**-(h)er-y eff-**(h)ect mu**-st hav(e) a **cau**-se.
Schwa [ə] eff-**(h)ect**s **Eng**-l-ish pron-un-ci-**a**-tion en-**orm**-ou-sl-y.

ef·fec·tive
[ɪˈfɛktɪv]

   X [이**펙**티브]   mora 발음/ f,v phonics

aj.av.n. 효과(감동)적인,유효한,실제의,쓸모있는,특정일부터
Eng-l-ish ed-uc-**a**-tion **sy**-st-em is **st-i-ll** eff-**(h)ect**-ive.
Boards w-anted an eff-**(h)ect**-ive **sy**-st-em of **gov**-(h)ern-ance.

ef·fi·cien·cy
[ɪˈfɪʃənsi]

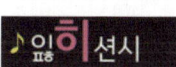   X [이**피**션씨]   mora 발음/ f phonics

n. 효력, 효능, 능률, 효율
Fat-**ig**-ue dim-**in**-ishes prod-uct-**iv**-(h)it-y and eff-**(h)i**-cienc-y.
Saemaul **Mov**(e)-ment im-**prove**d **rur**-al **l-iv**-(h)ing **q**-ual-it-y.

ef·fi·cient
[ɪˈfɪʃənt]

   X [이**피**션트]   mora 발음/ f phonics

aj. 유능한,효율적인,능률적인
Co-a-l is an eff-**(h)i**-cient **so**-ur-ce of **en**-er-gy for **pl**-ants.
She is a **cap**-ab-le and eff-**(h)i**-cient rep-**ort**-er of n-ews.

ef·fort
[ˈɛfɚt]

   X [에**퍼**트]   mora 발음/ f phonics

n. 노력,노고,수고,성과,결과(물),작품,작동힘
This succ-**ess** is due to her **eff**-(h)orts.
Rec-ent peace **eff**-(h)orts hav(e) been **ov**-(h)er-**shad**-ow-ed by **vi**-ol-ence.

egg
[ɛg]
♪ [엑]　　　✗ [에그]　　　틀린발음/
n.vt. 알,계란,알모양,난자,친구,알을휘저어풀다,충동,권
Why are eggs packed in **doz**-ens, 12 each?　He's a good egg.
"Don't put all your eggs in one **bask**-et.", the inv-**(h)est**-or's **ru**-le.

eight
[eɪt]
♪ [에잍]　　　✗ [에잇]　　　틀린발음/
n.aj. 기수8, 기호8, 8의
She div-**(h)ide**d the **pizz**-(h)a **int**-o **ei**ght pieces.
Chi-l-dren **und**-er **ei**ght should be acc-**om**-pan-ied by **par**-ents.

ei·ther
[iːðɚ, ˈaɪðɚ]
♪ [이읻얼 아읻얼]　　　○ [이이떠ㄹ]　　　ð,ɚ phonics
aj.pron.conj.av. 둘중어느하나(의),셋이상에서어느쪽(것)이든
Eith-er come in or go out!
Eith-er of these **med**-i-cines w-i-ll be eff-**(h)ect**-ive.

elas·tic
[ɪˈlæstɪk]
♪ [일에슽잌]　　　✗ [일래스틱]　　　중복"ㄹ"="r"발음/ l phonics
aj. 신축성있는,**fl**-ex-ib-le,유연한,탄성체의,고무줄,멜빵
He put a few el-**ast**-ic bands round his wrist.
The **comp**-an-y has an el-**ast**-ic prod-**uc**-tion **sch**-ed-ule with firm SCM.

el·bow
[ɛlboʊ]
♪ [엘보ㅇ]　　　✗ [에얼보우]　　　틀린발음/
n.v. 팔꿈치,L자형파이프(강,도로,굽이),팔꿈치로밀다,찌르다
Keep your **elb**-ows off the **tab**-le **dur**-ing **form**-al **din**-ings.
She **elb**-ow-ed him in the ribs to get him to **st**-op **l-augh**-(h)ing.

eld·er
[ɛldɚ]
♪ [엘덜]　　　○ [에얼더ㄹ]　　　ɚ phonics
aj.n. 나이많은,상급직(선배,고참)인,예전(우선)의,어른,선배,장로
Try n-ot to **crit**-ic-ize your **e-l**-d-ers and **bett**-ers.
It is imp-**ort**-ant for the **e-l**-d-er-l-y to tak(e) **ex**-er-ci-se.

elect
[ɪˈlɛkt]
♪ [일엨트]　　　✗ [일렉트]　　　중복"ㄹ"="r"발음/ l phonics
vt.aj.n. 선거,선출(된),선임,결정,채택,선택(된),당선된,선민
He has been el-**ect**ed to **Na**-tion-al Ass-**emb**-l-y.
They hav(e) vot(e)d to el-**ect** a n-ew **pres**-id-ent.

elec·tion
[ɪˈlɛkʃən]
♪ [일엨션]　　　✗ [일렉션]　　　중복"ㄹ"="r"발음/ l phonics
n. 선거, ref-(h)er-**end**-um,투표,표결,당선,선택,선정
Ob-**am**-a **sl**-ams Trump on "**Rigged**" el-**ec**-tion **cl**-a-ims in Oct., 2016.
The **sc**-and-al **threat**-ened his **chan**-ces for re-el-**ec**-tion.

elec·tric
[ɪˈlɛktrɪk]
♪일**엑**츠뤽   X [일**렉**츄뤽]   중복"ㄹ"="r"발음/ l,tr,r phonics
aj.n. 전기의(적인),충격적인,깊은감동의,흥분되는,전기(차)
The **at**-mosph-(h)ere in the town **ha**-ll **meet**-ing w-as el-**ect**-ric.
W-e **mu**-st use **cau**-tion when **op**-er-at-ing the el-**ect**-ric saw.

elec·tric·i·ty
[ɪˌlɛkˈtrɪsəti]
♪일**엑트**즈뤼럿얼이 XXX [일**렉**츄**뤼**써티]   틀린액센트/ l,tr,r phonics
n. 전기(학),전력,**vo**-lt-age,전류,**curr**-ent,충격,격한감정,흥분,
The LED bulbs cons-**ume** l-ess el-ec-**tric**-it-y.
A kind of el-ec-**tric**-it-y ran through all **ov**-(h)er my **bod**-y.

elec·tron·ic
[ɪˌlɛkˈtrɑːnɪk]
♪일**엑트**즈라어닉 XXX [일렉츄**라**닉]   틀린액센트/ l,tr,r,n phonics
aj. 전자(공학)의, 전자악기의
He **maj**-ored in el-ec-**tron**-ic comm-un-ic-**a**-tions at **coll**-ege.
Ov-(h)er 50% of the comp-**o**-n-ents of a car are el-ec-**tron**-ics.

el·e·ment
[ˈɛləmənt]
♪**엘**엄언ㅌ   X [**엘**러먼트]   중복"ㄹ"="r"발음/ l,m,n phonics
n. 성분,원소,(기본)요소,물질,자연위력,악천후,원리,기본
The **el**-em-ent of **Eng**-l-ish has been **hard**-l-y **tau**ght in Kor-**e**-a.
Timed dur-**a**-tion is one of three **el**-em-ents of **rhyth**-m-ic **Eng**-l-ish.

el·e·men·ta·ry
[ˌɛləˈmɛntri]
♪**엘**엄**엔**츠러리   X [엘러**멘**터뤼]   중복"ㄹ"="r"발음/ l,m,n,tr phonics
aj. 초보의,기본(원리)의,초등학교의,요소적인,원소의,
He has an el-em-**ent**-ar-y und-er-**st**-and-ing of **st**-art-ups.
N-o el-em-**ent**-ar-y com-**put**-er **sk**-i-lls mean **mod**-ern i-ll-**it**-er-ac-y.

el·e·phant
[ˈɛləfənt]
♪**엘**없헌ㅌ   X [**엘**러펀트]   중복"ㄹ"="r"발음/ l,f,n phonics
n. 코끼리,미국공화당상징, GOP **st**-ands for Grand Ole **Part**-y, Rep-**ub**-l-ic-an.
An **el**-eph-(h)ant's **cry**-ing is called **trump**-et-ing.
The l-ong **fl**-ex-ib-le n-ose of an **el**-eph-(h)ant is called trunk.

elev·en
[ɪˈlɛvən]
♪일**넓**언   X [일**레**븐]   중복"ㄹ"="r"발음/ l,v phonics
n.aj. 기수11, 기호11, 11의
The dep-**ar**-ture is el-**ev**-(h)en AM.
El-**ev**-(h)en is a **fav**-(h)or-ite **numb**-er am-**ong sp**-ort **pl**-ay-ers.

elev·enth
[ɪˈlɛvənθ]
♪일**넓**언쓰ㅎ   X [일**레**븐쓰]   중복"ㄹ"="r"발음/ l,v phonics
aj.n. el-**ev**-(h)enth,11th,11번째의(것),제11의(것),11등분의1
One of 11th **eq**-ual parts w-ere **giv**-(h)en for **sha**-res.
Her **sal**-ar-y w-as det-**erm**-ined by her 11th rank and sen-**ior**-it-y.

elim·i·nate
[ɪˈlɪməˌneɪt]

♪ 일**임**언에잍 ✗ [일**리**머네잍] 중복"ㄹ"="r"발음/ l,m,n phonics

vt. 없애다,삭제,제거,배제,배설,소거,실격,탈락시키다,죽이다
Our **bod**-y **nat**-ur-all-y el-**im**-in-ates w-ast(e) **prod**-ucts.
The **aut**-om-ob-ile has el-**im**-in-ated the **da**-il-y w-**alk**-ing **ex**-er-ci-se.

elite
[ɪˈliːt]

♪ 일**이**잍 ✗ [일**리**이트] 중복"ㄹ"="r"발음/ l phonics

n.aj. 엘리트/(의), 선발(된), 정예(의)
A **gov**'t comp-**rised ma**-in-l-y of the e-l-**ite** group in a **count**-ry.
The **count**-ry's e-l-**ite** cont-**ro**-ll-ed **mo**-st of the **so**-cial **po**-w-er.

else
[ɛls]

♪ **엘**ㅅ O [에얼쓰]

aj.av. 그밖의,다른(때에,곳에서,방법으로),달리,그렇지않으면
W-ould you l-ik(e) **an**-y-thing **e**-l-se?
You'd **bett**-er **hurr**-y n-ow, or **e**-l-se you'll miss your **cl**-ass.

else·where
[ˈɛlsˌweə-]

♪ **엘**스웨얼 O [에얼쓰웨어] ə- phonics

av. 다른곳에서(으로), 다른경우에
He has **prop**-ert-y in a **count**-ry and **e**-l-se-w-**he**-re.
You w-**i**-ll hav(e) to l-ook **e**-l-se-w-**he**-re for fund.   **mu**-st개념

e–mail
[ˈiːˌmeɪl]

♪ **이**임에열 ✗ [이이메열] mora 발음/

n.vt. 전자우편을(으로) 보내다
The **em**-ai-l **add**-ress is thumbdream4English@gmail.com.
Send me an **em**-ai-l what's in your mind on **Phon**-ics 뽀개보기®.

em·bar·rass
[ɪmˈberəs]

♪ 임**베**러ㅅ O [임배뤄쓰] r phonics

v. 당황(낭패,난처,복잡)하게,혼란시키다,방해,쩔쩔매다
She is **al**-w-ays emb-**arr**-ass-ing him in **pub**-l-ic.
Meet-ing **teach**-ers emb-**arr**-assed the shy **st**-ud-ents.

embarrass·ment
[ɪmˈberəsmənt]

♪ 임**베**럿음언ㅌ ✗ [임배뤄쓰먼트] mora발음/ r,m phonics

n. 당황,낭패,난처,복잡,혼란,방해,저해
The **comp**-an-y is in a fin-**an**-cial emb-**arr**-assm-ent.
The un-em-**pl**-oym-ent **fig**-ures w-ere an emb-**arr**-assm-ent.

emerge
[ɪˈmɜːdʒ]

♪ 임**얼**쥐 ✗ [이**머**ㄹ쥐] mora발음/ m, ə-, dʒ phonics

vi. 나타(드러)나다,명백해지다,벗어나다,일어서다,발생,출현
Sea **mamm**-als **mu**-st em-**er**-ge per-i-**od**-ic-ally to breathe.
Sev-(h)er-al **int**-er-**est**-ing facts em-**er**-ged from her **art**-ic-le.

emer·gen·cy
[ɪˈmɚdʒənsi]

♪임**얼**ㅈ언시   X [이**머**ㄹ쥔씨]   mora발음/ m, ɚ, dʒ phonics

n. 긴급(비상)사태(조치),em-**erg**-enc-y **mea**-sures,돌발사건
911 is the **numb**-er to call in case of em-**erg**-enc-y in **Can**-ad-a & US.
St-at(e) em-**erg**-enc-y **iss**-ued due to **sn**-ow **st**-orm.

emo·tion
[ɪˈmoʊʃən]

♪임**오**으션   X [이**모**우션]   mora 발음/ m phonics

n. 감정,**fee**-l-ing,정서,감동,감격
She tried to cork up her em-**o**-tion.
My **daught**-ers read "**Sn**-ow White" with deep em-**o**-tion.

emo·tion·al
[ɪˈmoʊʃənl̩]

♪임**오**으션얼   X [이**모**우션얼]   [l̩]=[얼],mora 발음/ m,l phonics

aj. 감정(정서,감동,감격)의(적인)⇔un-em-**o**-tion-al,마음여린
It w-as a **ver**-y em-**o**-tion-al **mo**-m-ent.
She got **ver**-y em-**o**-tion-al at the **fa**-re-w-e-ll **part**-y.

em·pha·sis
[emfəsis]

♪**엠**ㅍ헛이ㅅ   X [엠f어씨쓰]   mora 발음/ ph phonics

n. 강조(점,된것),강세,중시,강한어조(태도),뚜렷함,현저함
Emph-(h)as-is is **pl**-aced on a-**chiev**-(h)ing the **sa**-les **go**-al.
The **emph**-(h)as-is is on the **syll**-ab-le of the w-ord, n-ot **ju**-st **vo**-w-el.

em·pha·size
[ɛmfəˌsaɪz]

♪**엠**ㅍ헛**아**이ㅈㅎ   X [엠f어싸이즈]   mora 발음/ ph phonics

vt. 강조,역설,중시, 두드러지게, 강력히표현
Peop-le **emph**-(h)as-ized the nec-**ess**-it-y of **q**-uick **ac**-tion.
The **doct**-or **emph**-(h)as-ized that the **pa**-tient had to **q**-uit **sm**-ok-ing.

em·pire
[ɛmˌpajɚ]

♪**엠파**이열   O [엠**파**이어]   p, ɚ phonics

n.aj. 제국,황제통치,통치권,주권,절대지배권,제국풍
He had **crown**-ed him-**se**-l-f as **Emp**-er-or of the **Emp**-ire.
A.P. **Moll**-er–Maersk Group is the **l**-arg-est **shipp**-ing **emp**-ire.

em·pir·i·cal
[ɪmˈpɪrɪkəl]

♪임**피**릭얼   O [임**피**뤼커**얼**]   p,r phonics

aj. 경험(실험)에의한,경험(실험)상의,돌팔이의사같은
They had to sub-**mit** emp-**ir**-ic-al res-**ult**s for the hy-**poth**-es-is.
The-re w-as n-o emp-**ir**-ic-al **ev**-(h)id-ence to supp-**ort** his **the**-or-y.

em·pir·ic
[ɪmˈpɪrɪk]

♪임**피**릭   O [임**피**뤽]   p,r phonics

n. 경험(우선)주의자,돌팔이의사
Emp-**ir**-ic **ther**-ap-y is based on e**xp**-er-ience.
What made you want to look up emp-**ir**-ic?   우러르다, 존망하다

em·ploy
[ɪmˈplɔɪ]

 XXX [임플로이]   틀린액센트/ p,l phonics

vt. (인력)사용(고용,필요로),종사,참여,이용,근무
He em-**pl**-oyed him-**se**-l-f for **l-awn**-mow-ing all **aft**-er-n-oon.
The **comp**-an-y em-**pl**-oyed a n-ew SCM **sy**-st-em **rec**-ent-l-y.

em·ploy·ee
[ɪmˌplɔɪˈiː]

 X [임플로이]   중복"ㄹ"="r"발음/ p,l phonics

n. 종사자,종업원,피고용자
Numb-er of emp-l-o-**yee**s w-ere dism-**iss**ed **rec**-ent-l-y.
Mo-re than 50 emp-l-o-**yee**s hav(e) al-**read**-y been **l-a**-id **off**.

em·ploy·er
[ɪmˈplɔɪɚ]

 XXX [임플로이얼]   틀린액센트/ p,l,ɚ phonics

n. 사용자,고용주,주인,이용자,고용업체
It is a **priv**-(h)il-ege to w-ork for such an e-**st**-eemed em-**pl**-oy-er.
Samsung is the **bigg**-est **priv**-(h)ate-sect-or em-**pl**-oy-er in Kor-**e**-a.

em·ploy·ment
[ɪmˈplɔɪmənt]

 XXX [임플로이먼트]   틀린액센트/ p,l phonics

n. 쓰기,사용,고용,이용,고용된상태,취업,근무
He w-as un-**ab**-le to find em-**pl**-oym-ent in **Sp**-ain.
Fa-ir-trade banned on the em-**pl**-oym-ent of **chi**-l-dren.

emp·ty
[ˈɛmpti]

 O [엠프티]   mora 발음/ m,p phonics

aj.v. 빈,결여된,말뿐인,공허한,공복의,무식한,비우다,꺼내다,쏟다
They capped the **h**o-le of the **emp**-ty o-i-l-w-e-ll.
The pol-**i**-ce **ord**-ered him to **emp**-ty his **pock**-ets.

en·able
[ɪˈneɪbəl]

 X [이네이브얼]   틀린액센트/ n phonics

vt. 할수있게,능력주다,가능하게,기능
The dev-**(h)ice** en-**ab**-les the **pass**-age of **pur**-if-(h)ied **w-at**-er.
ICT en-**ab**-les us to cond-**uct** l-iv(e) **vid**-eo conv-(h)ers-**a**-tions.

en·close
[ɪnˈkloʊz]

 XXX [인클로우즈]   틀린액센트/ l phonics

vt. 둘러싸다,울타리두르다,에워싸다,(집어)넣다,봉,동봉
His arms en-**cl**-osed her.
En-**cl**-osed, **pl**-ease find a check for $100. 수표동봉

en·coun·ter
[ɪnˈkaʊntɚ]

 O [인카운터ㄹ]   ɚ phonics

vt. 우연히마주치다(침),직면,교전,대항,대전,맞서다,덮치다
I haven't seen her since our brief enc-**ount**-er a **ye**-ar ag-**o**.
His l-ate enc-**ount**-er with **ball**-et **fasc**-in-ated and mad(e) him a **sp**-ons-or.

218

en·cour·age
[ɪnˈkɜːrɪdʒ]

 O [인커ㄹ뤼쥐]   ə,r,dʒ phonics

vt. 용기(자신감,희망)주다⇔di-**sc**-our-age,격려,장려,촉진
Poor **hyg**-iene en**c-our**-ages the **sp**-read of dis-**ea**-se.
Par-ents should **al**-w-ays en**c-our**-age kids to di-**sc**-uss **prob**-l-ems.

end
[ɛnd]

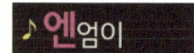 O [엔드]

n.v. 끝,최후,한계,종말,말기,목표,결과,끝내다,죽이다
He used **peop**-le for his own ends.
Her death den-**ote**d the end of her **er**-a.

en·e·my
[ˈɛnəmi]

 X [에너미]   mora발음/ n,m phonics

n.aj. 적(국),원수,적대자,경쟁상대,적의,적국
The **cit**-y w-as **cap**-tured by **en**-em-y forces.
They rigged up the **en**-em-y base with ex-**pl**-os-ives. 덮다

en·er·gy
[ˈɛnərdʒi]

 X [에너쥐]   mora발음/ n,ə,dʒ phonics

n. 활(동)력,정력,활기,능력,행동력,지도력,세력
Co-a-l is an eff-**(h)i**-cient **so**-ur-ce of **en**-er-gy for **pl**-ants.
She ad-m-**ire**d him for his **en**-er-gy and **can**-do **att**-it-ude.

en·force
[ɪnˈfɔːrs]

 X [인포어ㄹ쓰]   틀린발음/ f,ə phonics

vt. 법을시행(실시,적용),강요,시키다,강력히주장
Troops w-ere sent **int**-o the **reg**-ion to en-**for**-ce the **treat**-y.
The **ro**-le of the pol-**i**-ce is to up-**ho**-l-d and en-**for**-ce the l-aw.

en·gage
[ɪnˈgeɪdʒ]

 O [인게이쥐]   dʒ phonics

v. 고용,예약,배혹,약혼,교전,종사,관여,맹세
He is eng-**age**d in fin-**an**-ce **fie**-l-d.
A good **dram**-a **sc**-ript should be **ab**-le to eng-**age** the **view**-er.

en·gaged
[ɪnˈgeɪdʒd]

 O [인게이쥐드]   dʒ phonics

aj. 바쁜,작업중,통화중,예약(계약)된,약혼중인,교전중인,연동중인
She's eng-**age**d to **some**one she met at **coll**-ege.
Pl-ent-y of **tin**-y **ge**-ars are eng-**age**d in a wrist **w-at**-ch.

en·gine
[ˈɛndʒən]

 O [엔쥔]   dʒ phonics

n.vt. 엔진,기관(차),발동기,소방차,기계장치,엔진달다
The **eng**-ine is **coup**-led to an aut-om-**at**-ic **ge**-arbox.
The o-l-d **eng**-ine **cough**ed and **sp**-utt-ered and then **st**-opped.

en·gi·neer
[ɛndʒəˈnɪɚ]
♪엔져니얼 ✗ [엔쥐니어]   mora 발음/ dʒ,n,ɚ phonics
n.vt.기술자,기능공,계획꾸미다
His **coll**-ege has an eng-in-**eer**-ing curr-**ic**-ul-um.
He eng-in-**eer**ed the **pres**-id-ent's **down**fall. -House of Cards 모사

en·gi·neer·ing
[ɛndʒəˈnɪrɪŋ]
♪엔져니어링 ✗ [엔쥐니어링]   틀린액센트/ dʒ,n phonics
n. 엔지니어링,공학(기술),토목공사,처리,공작,책략
She is a **fu**-ll-y **q**-ual-if-(h)ied **civ**-(h)il eng-in-**eer**.
Sp-acey acts as a **cunn**-y eng-in-**eer**-ing e**x**p-ert in **pol**-it-ics.

En·glish
[ˈɪŋglɪʃ]
♪잉글이쉬 ✗ [잉글리쉬]   중복"ㄹ"="r"발음/ l phonics
aj.n.vt. 영국(인)(의,다운),영어의(로번역)
Eng-l-ish is a **Rhyth**-m **St**-ress Timed **L-ang**-u-age.
Timed dur-**a**-tion is an **el**-em-ent of **rhyth**-m-ic **Eng**-l-ish.

en·hance
[ɪnˈhæns]
♪인핸ㅆ ◯ [인핸쓰]
vt. 높이다,강화,늘리다,올리다,끌어올리다
They w-ant to en-**hance the**-ir rep-ut-**a**-tion **w-or**ld-**w**-id(e).
The **mea**-sures tak(e)n should en-**hance** the **res**-id-ents' **saf**(e)-ty.

en·joy
[ɪnˈdʒɔɪ]
♪인죠이 ◯ [인죠이]   dʒ phonics
vt. 즐기다,맛보다,향유,가지고있다,유쾌히내다,성교
They **al**-w-ays en**j-oy dec**-or-at-ing the **Chri**-s(t)m-as tree.
Gran(d)pa w-as en**j-oy**-ing the **comf**-(h)ort of his **rock**-ing **cha**-ir.

en·joy·ment
[ɪnˈdʒɔɪmənt]
♪인죠임언ㅌ ✗ [인죠이먼트]   mora 발음/ dʒ,m phonics
n. 즐김,향유,소유,기쁨,**pl**-ea-su-re,즐거움,del-**i(gh)t**,쾌락
Al-ice said **mod**-ern jazz w-as her chief en**j-oym**-ent.
Ell-en & I had her **Crazy Workout** with **obv**-(h)ious en**j-oym**-ent.

enor·mous
[ɪˈnoɚməs]
♪인오엄어ㅅ ✗ [이노ㄹ머쓰]   mora 발음/ n, ɚ,m phonics
aj. 큰,거대한,막대한,huge,무법의,극악한
They're **und**-er en-**orm**-ous **st**-ress and **traum**-a.
His **fa**-il-ure w-as an en-**orm**-ous de-**sp**-a-ir to his **fam**-il-y.

enough
[ɪˈnʌf]
♪인어ㅍㅎ ✗ [이나f으]   mora 발음/ n, f phonics
aj.n. 충분한(양,수),족한,많음,흡족함   I've had **q**-uite en-**ough**.
Ell-en is **cl**-ev-(h)er en-**ough** to find the sol-**u**-tion.
He's ma-**ture** en-**ough** to di-**st**-ing-uish bet-**ween** fact and **fant**-as-y.

en·sure
[ɪnˈʃʊɚ]

♪인**슈**얼   O [인**슈**어ㄹ]   ɚ phonics

vt. 확실하게,make **su**-re,보증,guar-ant-**ee**,지키다,지켜주다
I can't en-**sure** that she w-i-ll show up **he**-re tom-**orr**-ow.
Our n-ew **sy**-st-em en-**sure**s that **ev**-(h)er-y-one gets paid on time.

en·ter
[ɛntɚ]

♪**엔**털   O [**엔**터ㄹ]   ɚ phonics

v. 들어가다(오다),등장,입학,입회,참가,신청,기입,기록,제출
He had hoped to **ent**-er the **l-eg**-al prof-**(h)e**-ssion.
She's **ent**-ered **sev**-(h)er-al **Eng**-l-ish **sp**-eak-ing comp-e**t-i**-tions.

en·ter·prise
[ɛntɚˌpraɪz]

♪**엔**털**프롸**이즈ㅎ   O [**엔**터**프롸**이즈]   ɚ,r phonics

n. 사업(계획,활동),기업,회사,상사,기획,모험심,기상,활력,
Our **St**-at(e) needs to enc-**our**-age **ent**-er-prises.
They are inv-**(h)ol**-ved in a tech-n-ol-**og**-ic-al **ent**-er-prise.

en·ter·tain
[ɛntɚˈteɪn]

♪**엔**털**테**인   O [**엔**터테인]   ɚ phonics

v. 즐겁게,재밌게,위로,대접,환대,고려,마음에품다,대접
The **comp**-an-y had **sp**-ent $10,000 to ent-ert-**ain st**-affs.
They **dan**-ced to ent-ert-**ain** the crowd at the **aud**-it-or-ium.

entertain·ment
[ɛntɚˈteɪnmənt]

♪**엔**털**테**인먼트   O [**엔**터테인먼트]   ɚ phonics

n. 환대,접대,즐거움,위안,오락,연예,여흥,쇼,파티,연회
He l-eft the ent-ert-**ainm**-ent and w-as **dest**-ined for the **chur**-ch.
She w-as a **dom**-in-ant **fig**-ure in the ent-ert-**ainm**-ent **ind**-u-stry.

en·thu·si·asm
[ɪnˈθuːziˌæzəm]

♪인**후**우쥐**애**즘   O [인**쑤**지애즘]   θ,z phonics

n. 열심,열중,열광,강한흥미,종교적열광,광신,신들림
She w-as **try**-ing to whip up some en-**thu**-si-asm.
The def-**(h)eat** did n-ot **damp**-en the en-**thu**-si-asm of the team.

en·thu·si·as·tic
[ɪnˌθuːziˈæstɪk]

♪인**후**우쥐**애**슽잌   X [인**쑤**지애스틱]   mora발음/ θ,z phonics

aj. 열심(열광적)인,열중(몰두)해있는,열중(몰두)하는성질의
Eng-l-ish **Tea**-ch-ers gav(e) an en-thu-si-**ast**-ic **w-el**-come to Yethanglish.
I was en-thu-si-**ast**-ic **aft**-er **find**-ing why **Eng**-l-ish's hard for us.

en·tire
[ɪnˈtaɪɚ]

♪인**타**이열   O [인**타**이어ㄹ]   ɚ phonics

aj.n. 전체(전부)(의),흠없는,그대로의,전부갖추어진,완전한,온전한
He (k)n-ows the ent-**ire po**-em by heart.
They need to try an ent-**ire**-l-y **diff**-(h)er-ent app-**roach**.

en·ti·tle
[ɪnˈtaɪtl]
♪인타잍얼   X [인타이트얼]   Schwa [l̩]=[얼], mora발음/
vt. 부르다, 제목붙이다, 자격·권리를주다, 받을권리가있다
This **tick**-et ent-**it**-les you to free ad-m-**i**-ssion and **dinn**-er.
The **peop**-le ent-**it**-led to vot(e) should be a-**w-are** of **the**-ir **dut**-y.

en·trance
[ɛntrəns]
♪엔츠런ㅅ   O [엔츄런쓰]   tr, r phonics
n.vt. 입장(항,사,학,회), 취임, 개시, 착수, 현관, 출입구, 매혹, 황홀
They kept a **sp**-are key for the **ent**-rance **und**-er the **por**-ch rug.
Ent-rance to the mus-**e**-ums has **al**-w-ays been free for **sen**-iors.

en·try
[ɛntri]
♪엔츠리   O [엔츄뤼]   tr, r phonics
n. 입장(권), 참가, 가입, 현관, 출입구, 기재, 기입, 참가자, 출품
They had to rem-**ove** the l-ock on the door to gain **ent**-ry.
The K-pop **St**-ar att-**ract**ed **ent**-ries from all **ov**-(h)er the **count**-ry.

en·ve·lope
[ɛnvəˌloʊp]
♪엔ᵇ헐오웊   X [엔벌로웊]   중복 "ㄹ"="r"발음/ v phonics
n. 봉투, 싸는것, 씌우개, 겉껍질, 포피(包被), 덮개, 외피
He **op**-ened the **env**-(h)el-ope and with**drew** a n-ote.
She en-**cl**-osed **sev**-(h)er-al **pic**-tures in an **env**-(h)el-ope.

en·vi·ron·ment
[ɪnˈvaɪrənmənt]
♪인ᵇ바ʰ이러먼ㅌ   O [인바이뤈먼트]   v, r phonics
n. 환경, 주위, 사정, 정황, 포위, 둘러쌈
Pers-**uade peop**-le to re-**sp**-ect the env-**(h)ir**-onm-ent.
They're **try**-ing to cre-**ate** a **bett**-er **bu**-sin-ess env-**(h)ir**-onm-ent.

en·vy
[ɛnvi]
♪엔ᵇʰ이   O [엔비]   v phonics
n.vt. 시기, 질투, 부러움, 선망(대상), 부러워, 시기
I **env**-(h)y the **l-uck**-y **dev**-(h)il who **marr**-ies you.
He w-as so **su**-re that the **oth**-er **driv**-(h)ers **env**-(h)ied him.

e·qual
[iːkwəl]
♪이잌월   X [이이크워얼]   mora 발음/
aj.n.vt. 동일한, 같은(양), 동등한, 동격의, 평등의, 평탄한, 같다, 해내다
A **cent**-im-et-er is a **l-eng**th **eq**-ual to 1/100 **met**-er.
Nat-ur-al-ized Am-**er**-ic-an **cit**-iz-ens are **eq**-ual to **oth**-ers.

e·quate
[ɪˈkweɪt]
♪잌웨잍   XXX [이크웨이트]   틀린액센트/ q phonics
v. 같음을표시, 동등취급, 동일시, 평균화, 일치
The **jud**-ge e-**q**-u-ates suits with **po**-w-er and auth-**or**-it-y.
The res-**ult** didn't e-**q**-u-ate def-(h)in-ite-l-y with his hy-**poth**-es-is.

e·quip
[ɪˈkwɪp]

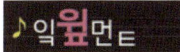 XXX [이크윕] 틀린액센트/ q phonics

vt. 갖추다,마련,설비,장비,채비,치장,맡기다,배우게

She is **w-e**-ll e-**q**-uipped for her rec-**it**-al.
Tea-ch-ers e-**q**-uipped **st**-ud-ents with gl-**ob**-al **mann**-er.

e·quip·ment
[ɪˈkwɪpmənt]

 XXX [이크윕먼트] 틀린액센트/ q,p phonics

n. 비품,설비,장비,준비,채비,치장,지식,기능,기술,소양

They packed the **nec**-ess-ar-y e-**q**-uip-ment for the exp-ed-**i**-tion.
Exp-orts of st-rat-**eg**-ic e-**q**-uip-ment are **ban**ned **und**-er US l-aw.

equiv·a·lent
[ɪˈkwɪvələnt]

 XXX [이크위벌런트] 틀린액센트/ q,v,l phonics

aj.n. 대등(한),등가(의),등량(의),동의(의),동등(한)

The **fa**-re is $5, or the e-**q**-u-iv-(h)al-ent Kor-**e**-an w-on.
The def-(h)end-ant's **sil**-ence is e-**q**-u-iv-(h)al-ent to an ad-m-**i**-ssion of **gui**-l-t.

e·rase(r)
[ɪˈreɪs]

 O [이뤠이쓰, 써ㄹ] r, ɚ phonics

v. 지우다,삭제,잊다,죽이다,사라지다,지우개

The **vir**-us er-**a**-sed all the **fi**-les on his com-**put**-er.
He er-**a**-sed the w-rong **ans**-(w)er and **fi**-lled in the corr-**ect** one.

e·rode
[ɪˈroʊd]

 O [이로우드] r phonics

v. 서서히파괴,부식,마멸,침식,야위게(되다),좀먹다,침식으로형성

The **shore**-l-ine has er-**o**ded **bad**-l-y each **ye**-ar.
The **burd**-en of **gui**-l-t **w-i**-ll er-**ode** our **bod**-ies and **cons**-ciences.

er·ror
[erɚ]

  O [에뤄] r, ɚ phonics

n. 실수,잘못,오류⇔mi-**st**-ak(e),오해,착각,쇠,비행,오사,실책,오판

They are **pro**-ne to **mak**-ing **err**-ors.
A **min**-or **err**-or can **cau**-se **ser**-ious **cons**-eq-uences.

es·cape
[ɪˈskeɪp]

 XXX [이스케입] 틀린액센트/

v.n.aj. 도망,탈주,자유로워지다,벗어나다,모면,탈옥,새나오다

She cong-**rat**-ul-ated her-**se**-l-f on her **narr**-ow e-**sc**-ap(e).
He was **tramp**-led to death **try**-ing to e-**sc**-ap(e) the **bui**-l-ding.

es·pe·cial
[ɪˈspɛʃəl]

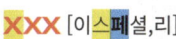 XXX [이스페셜,리] 틀린액센트/ p phonics

aj. 특별한,**sp**-e-cial,각별한,뛰어난,두드러진,유난한

She called her **moth**-er with e-**sp**-e-cial **birth**-day w-ishes.
These **ins**-ects are **comm**-on, e-**sp**-e-ci-all-y in hot **coun**-tries.

es·say
[ɛseɪ]

♪ 엣에이   O [에쎄이]

n.vt. 작문,에세이,평론,논평,수필,시도,try,att-**empt**,시험
He comm-**un**-ic-ated his **ess**-ay to the group.
He **ess**-ayed a joke, but it w-as a **dism**-al **fa**-il-ure.

es·sence
[ɛsn̩s]

♪ 엣언ㅅ   O [에썬쓰]   Schwa [n̩]=[언] n phonics

n. 본질,진수,중요요소(특질,속성),(추출된)정수,e**xt**-ract,향수
The **ess**-ence of succ-**ess** of **Eng**-l-ish is hard w-ork, too.
Mon-ey and time are the **ess**-ence of the **pl**-an.

es·sen·tial
[ɪˈsɛnʃəl]

♪ 잇엔셜   X [이쎈셔얼]   mora 발음/

aj.n. 필수의,불가결한,in-**her**-ent,극히중요한,기본적인,in-**trins**-ic
Sl-eep is ess-**en**-tial for the pres-**erv**-(h)a-tion of l-if(e).
Deg-**ree**s are ess-**en**-tial to be com-**pet**-it-ive in job **mark**-et.

es·tab·lish
[ɪˈstæblɪʃ]

♪ 이슙앱을이쉬 XXX [이스태블리쉬]   틀린액센트/ l phonics

vt. 수립,설립,제정,초래,입증,관계맺다,명성얻다,기반잡다
She has e-**st**-ab-l-ished a rep-**ut**-a-tion as a **fir**-st-cl-ass **w-rit**-er.
He e-**st**-ab-l-ished him-**se**-l-f in **bu**-sin-ess as an ent-re-pren-**eur**.

es·tate
[ɪˈsteɪt]

♪ 이슙에잍 XXX [이스테잇]   틀린액센트/

n.vt. 토지,부동산(권),**prop**-ert-y,(저택)부지,계급,지위,농장
She has a cert-**if**-(h)ic-ate of **Re**-al E-**st**-at(e) **Ag**-ent.
She w-as the **so**-le **he**-ir to her **fath**-er's e-**st**-at(e).

es·ti·mate
[ɛstəmət]

♪ 에슙엄엍   X [에스터밋]   mora발음/ m phonics

n. 견적(서,액),개산,평가,판단,의견
This **fig**-ure is two times the or-**ig**-in-al **est**-im-ate.
Can you giv(e) me an ap-**prox**-im-ate **est**-im-ate of the **proj**-ect?

es·ti·mate
[ɛstəmeɪt]

♪ 에슙엄에잍   X [에스터메잇]   mora 발음/

v. 어림잡다,추정,개산,판단,평가,견적내다,견적서작성
His **pers**-on-al riches w-ere **est**-im-ated **ov**-(h)er $10 **mi**-ll-i-on.
They und-er-**est**-im-ated the **diff**-(h)ic-ult-y of the **mark**-et.

et cetera (etc.)
[ɛtˈsɛtərə]

♪ 엩   X [엣쎄터뤄]   mora 발음/

n. 기타, 등등, ~ 따위, 약자; etc
Arts are in-**cl**-ud-ing **mus**-ic, dance, **draw**-ing, etc.
St-ud-ents **pl**-ayed **socc**-er, **bask**-et-ball, **voll**-ey-ball, et **cet**-er-a.

eth·i·cal
[éθikəl]

 X [에씨컬]   mora 발음/ θ,k phonics

aj. 윤리의,도덕상의,선악에관한,윤리(도덕)적인
Some det-**ect**-ives **fee**-l that this proc-**e**-dure is n-ot **eth**-ic-al.
The **eth**-ic-al be-**hav**-(h)ior is ex**p**-ected from **ev**-(h)er-y **memb**-er.

eth·nic
[ɛθnɪk]

X [에쓰닉]   mora 발음/ θ,n phonics

aj.n. (소수)민족의,민족적인,소수민족사람,min-**or**-it-y,민족배경
Man-y **eth**-n-ic groups comp-**ose**s Un-**it**-ed **St**-at(e)s.
The **pres**-id-ent's inv-(h)**olv**-(h)em-ent w-as **eth**-n-ic-all-y **w-rong**.

eu·ro
[jurou]

 O [유로우]   r phonics

n. 유럽공동체 화폐단위
One **Eur**-o w-as **w-or**th ap-**prox**-im-ate-l-y 1,450 W-on.
The **Eur**-o is the **curr**-enc-y used in **mo**-st E.C.

eval·u·ate
[ɪvǽljəˌweɪt]

X [이밸류에잇]   mora 발음/ v,w phonics

vt. 평가,견적,수치를구
It is **diff**-(h)ic-ult to ev-(h)**al**-u-ate him as a **w-rit**-er.
Aud-it-ors came to ev-(h)**al**-u-ate the res-**ult**s of an ex**p**-er-im-ent.

even
[íːvən]

 X [이이븐]   mora 발음/ v phonics

aj.av.v. 균등,고른,동등,짝수의,균형잡힌,~조차(도),비록~이라도
Ev-(h)en the dog ref-(h)used to eat it.
It's **co**-l-d, but the **win**(d)-chi-ll makes it **fee**-l **ev**-(h)en **co**-l-d-er.

eve·ning
[íːvnɪŋ]

X [이이브닝]   mora 발음/ v,n phonics

n.aj. 저녁(때,의),해질녘(의),밤(의),야회(의),황혼기(의)
They **sp**-end **mo**-st **ev**-(h)en-ings **read**-ing books.
She mad(e) a **for**-tune in the **ev**-(h)en-ing of her l-if(e).

e·vent
[ɪvɛnt]

 X [이벤트]   mora발음/ v phonics

n. 사건,행사,결과,경기,종목,충돌로핵물질만드는일,돌발사고
The ev-(h)**ent** w-as **canc**-eled at the l-ast **min**-ute.
W-e need to cons-**id**-er these ev-(h)**ent**s in **cont**-ext.

even·tu·al
[ɪvɛntʃəwəl]

 X [이벤츄얼]   mora발음/ v phonics

aj. 결과로생기는,최후의,궁극적인,**ult**-im-ate,우발적인,만일의
His mi-**st**-ak(e)s led to his ev-(h)**ent**-ual dism-**iss**-al.
The ev-(h)**ent**-ual **out**-come of his **l-az**-in-ess w-as his def-(h)eat.

even·tu·al·ly
[ɪˈvɛntʃəwəli]

♪입ᄒ엔ᄏ어ᄋ월이 ✗ [이벤츄얼리]   mora발음/ **v, tʃ, w** phonics

adv. 결국(은), 언젠가는

His **pl**-an was ev-**(h)ent**-u-all-y **ad**-opted.
Ev-**(h)ent**-u-all-y **the**-ir **pov**-(h)ert-y de-**st**-royed **the**-ir **fam**-il-y.

ev·er
[ɛvɚ]

♪에ᄂ법얼 ✗ [에버]   mora발음/ **v** phonics

av. 언제나, **al**-w-ays, 늘, inv-**(h)ar**-i-ab-l-y, et-**ern**-all-y, 여하튼, 전혀

It **hard**-l-y ev-**(h)er sn**-ows **he**-re in the **w-int**-er.
If you **ev**-(h)er need **an**-y **he**-l-p, **ju**-st l-et me (k)n-ow.

ev·ery
[ɛvri]

♪에ᄂ법리 ✗ [에브뤼]   mora발음/ **v, r** phonics

av. 모든, 온갖, 순전한, 매~, ~마다

Her mood **chan**-ges ev-**(h)er**-y **min**-ute.
I hav(e) **ev**-(h)er-y **conf**-(h)id-ence in your ab-**il**-it-y to suc-**ceed**.

ev·ery·body
[ɛvriˌbʌdi]

♪에ᄂ법립얼이 ✗ [에브뤼바디]   mora발음/ **v, r, ʌ** phonics

pron. 누구나, 모두, **ev**-(h)er-y **pers**-on, **ev**-(h)er-y-one

Ev-**(h)er-yb**-od-y uses the **int**-ern-et these days.
Ev-**(h)er-yb**-od-y l-ik(e)s to im-**prove Eng**-l-ish **l-i-s**(te)n-ing.

ev·ery·day
[ɛvriˌdeɪ]

♪에ᄂ법릳에이 ✗ [에브뤼데이]   mora발음/ **v, r** phonics

aj. 매일의, **da**-il-y, 일상의, 평범한, **ord**-in-ar-y, **comm**-on-**pl**-ace

N-ew **prob**-l-ems crop up ev-**(h)er-yd**-ay in the **mark**-et.
The **may**-or rode his **bi**-cyc-le to the **cit**-y **ha**-ll ev-**(h)er-yd**-ay.

ev·ery·one
[ɛvriˌwʌn]

 ✗ [에브뤼원]   mora발음/ **v, w** phonics

pron. 모든사람(것), **ev**-(h)er-yb-od-y, 만인, 누구나, 모두

Ev-**(h)er-y**-one has to **foll**-ow its code of **eth**-ics.
Ev-**(h)er-y**-one co-**op**-er-ated with the pol-**i**-ce to find the **chi**-l-d.

ev·ery·thing
[ɛvriˌθɪŋ]

 ✗ [에브뤼띵]   mora발음/ **v, r, θ** phonics

pron.n. 모든것, 만사, 아주중요한것, "U R my **ev**-(h)er-y-thing."

I am **conf**-(h)id-ent that **ev**-(h)er-y-thing **w-i**-ll come out **r**ight.
Ref-(h)ug-**ees** dev-**(h)our**ed **ev**-(h)er-y-thing on **the**-ir **pl**-ates.

ev·ery·where
[ɛvriˌwɛɚ]

♪에ᄂ법리으웨얼 ✗ [에브뤼웨어]   mora발음/ **v, r, w, ɚ** phonics

av.n. 어디나, 도처에, w-her-**ev**-(h)er, 모든곳, **ev**-(h)er-y **pl**-ace

I l-ooked **ev**-(h)er-yw-he-re but I couldn't find her.
Ev-**(h)er-yw**-he-re you go, you w-i-ll find **Eng**-l-ish is **sp**-ok-en.

ev·i·dence
[ɛvədəns]

 ✗ [에비던쓰]   mora발음/ v phonics

n.vt. 증거(되다),proof,증명(언,인),흔적,분명히,명시,입증
N-o **fur**-ther conf-**(h)irm**-ing **ev**-(h)id-ence w-as found.
Pol-**i**-ce had n-o **con**-crete **ev**-(h)id-ence to conv-**(h)ict** him.

ev·i·dent
[ɛvədənt]

 ✗ [에비던트]   mora발음/ v phonics

aj. 분명한,app-**ar**-ent ,명백한
It's **ev**-(h)id-ent that she's in l-ov(e).
Op-rah **sp**-oke with **ev**-(h)id-ent em-**o**-tion ab-**out** her ord-**ea**-l.

e·vil
[iːvəl]

 ✗ [이이버얼]   mora발음/ v phonics

aj.n.av. 나쁜,imm-**or**-al,사악한,**wick**-ed,**harmf**-(h)ul,악(행),sin
"Don't be **ev**-(h)il!" is one of **Goog**-le's **mott**-oes.
Pov-(h)ert-y and in**j**-**u**-st-ice are the **so**-cial **ev**-(h)ils.

e·volve
[ɪvɑːlv]

 ✗ [이바아얼브]   mora발음/ v phonics

v. 점차발전(개진,진화),이끌어내다,발,방출,발전,진전
Mob-i-le dev-**(h)ice** cont-**in**-ues to ev-**(h)ol**-ve in **us**-ers' needs.
It **happ**-ened to ev-**(h)ol**-ve a n-ew **pl**-an from a **cas**-u-al rem-**ark**.

ex·act
[ɪgˈzækt]

 ✗ [이그잭트]   mora발음/ z phonics

aj.vt. 정확한,corr-**ect**,꼭맞는,prec-**ise**,엄격한,**rig**-or-ous
She is **ver**-y **punc**-tu-al and **ver**-y ex-**act** in her **dut**-ies.
The **na**-ture of the job ex-**ac**ted our **ut**-mo-st prec-**i**-sion.

ex·act·ly
[ɪgˈzæktli]

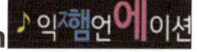 ✗ [이그잭틀리]   중복"ㄹ"="r"발음/ z,l phonics

av. 정확하게,엄밀히,**acc**-ur-ate-l-y,딱(들어)맞(들어)맞게,바로(그래!,맞이!)
The rope should **mea**-sure fiv(e) **met**-ers ex-**act**-l-y.
He sounds ex-**ac**t-l-y l-ik(e) his **fath**-er. (N-ot) Ex-**ac**t-l-y!

ex·ag·ger·ate
[ɪgˈzædʒəˌreɪt]

♪익잭줘레잍 ✗ [이그재줘뤠잇]   mora발음/ z,dʒ,r phonics

v. 과장해서말(생각,쓰다),과대하게(보이다),악화시키다
Don't ex-**a**gg-er-ate! It isn't that bad!
He ex-**a**gg-er-ated his own **ro**-le in the **ep**-is-ode.

ex·am·i·na·tion
[ɪgˌzæməˈneɪʃən]

♪익잭언에이션 ✗ [이그재머네이션]   mora발음/ z,m,n phonics

n. 검사,조사,진찰,시험(문제,답안),테스트,심사,심문
The **ma**-in ex-**am** for ad-m-**i**-ssion w-as a month **di**-st-ant.
Pol-**i**-ce mad(e) a **ca**-ref-(h)ul ex-am-in-**a**-tion of the scene.

ex·am·ine
[ɪɡˈzæmən]

♪익ᶻ햄언   X [이그재민]   mora발음/ z,m,n phonics

v. 검사,조사,진찰,시험,테스트,심사,심문
Ev-(h)**er**-**y**-one should be e**x**-**am**-ined **reg**-ul-ar-l-y by a **doct**-or.
Tiss-ues from the **l-iv**-(h)er **cul**-tured to e**x**-**am** the **cau**-se.

ex·am·ple
[ɪɡˈzæmpəl]

♪익ᶻ햄플   X [이그잼프얼]   mora발음/ z,m phonics

n.vt. 예,보기,**mod**-el,견본(실례)(되다),표본,**spec**-im-en
Ice **hock**-ey is an e**x**-**amp**-le for men's **sp**-orts.
She is **sett**-ing an e**x**-**amp**-le for her **l-itt**-le **si**-ster.

ex·ceed
[ɪkˈsiːd]

♪익씨잍   O [익씨이드]

v. 한계(범위)넘다,초과,능가,탁월,surp-**ass**,보다크다
Wind **sp**-eed e**xc**-eeded 150 **mi**-les per hour.
Fi-ll in a form for **an**-y **cl**-aim e**xc**-eed-ing $500.

ex·cel·lent
[ˈɛksələnt]

♪엑썰언ᵗ   X [엑썰런트]   중복"ㄹ"="r"발음/

aj. 빼어난,뛰어난장점을가진,우수한 E**x**-cell-ent (job)!
The **rest**-aur-ant has an e**x**-cell-ent rep-ut-**a**-tion.
OLED TV has e**x**-cell-ent **def**-(h)in-**i**-tion and **col**-or.

ex·cept
[ɪkˈsɛpt]

♪익쎂ᵗ   O [익쎕트]

prep.conj.v. ~을제외(하고),~이외는,단,**o-n**-l-y
Cert-ain risks may be e**xc**-**ept**ed from the **cont**-ract.
The **who**-le **cl**-ass w-as **the**-re, e**xc**-**ept** Mar-y, who w-as sick.

ex·cep·tion
[ɪkˈsɛpʃən]

♪익쎂션   O [익쎕션]

n. 예외,특례,제외,e**x**-**cl**-u-sion,이의(신청),반대,불복,불평
They w-i-ll make an e**xc**-ep-tion in our case.
They tak(e) e**xc**-ep-tions to **be**-ing treated l-ik(e) that.

ex·cess
[ɪkˈsɛs, ˈɛksɛs]

♪익쎄ˢ.엑쎄ˢ   O [익쎄쓰]

n.aj.vt. 과잉,초과,월권,무절제,폭음(식),여분의,e**x**-tra,휴직시키다
Her **sal**-ar-y is in e**xc**-ess of $100K a **ye**-ar.
The **sp**-in **cyc**-le on a **w-ash**-er e**xt**-racts e**xc**-ess **w-at**-er.

ex·change
[ɪksˈtʃeɪndʒ]

♪익스ᶜʰ에인쥐   O [익스췌인쥐]   tʃ,dʒ phonics

vt.n. 교환,환전,대체,주고받다,거래소,환전(업),수표,어음
They had e**x**-**chan**-ged the views on the **Eng**-l-ish ed-uc-**a**-tion.
Two sid(e)s ag-**ree**d an e**x**-**chan**-ge of **pat**-ents rec-**i**-proc-all-y.

ex·cite
[ɪkˈsaɪt]

 O [익싸잇]

vt. 자극하다,**st**-im-ul-ate,흥분시키다,일으키다,눈뜨게,환기시키다
The **pro**-sp-ect of **w-ork**-ing in Kor-**e**-a **re**-all-y e**xc**-ites him.
They w-ere **w-arn**ed by the **doct**-ors n-ot to e**xc**-ite him.

ex·cite·ment
[ɪkˈsaɪtmənt]

O [익싸잇먼트]

n. 흥분,동요,격양,흥분시키는것,자극
The l-ong w-ait **o-n**-l-y added to fan's e**xc**-it(e)m-ent.
In her e**xc**-it(e)m-ent, she **rush**-ed out and forg-**ot** her **pur**-se.

ex·cit·ing
[ɪkˈsaɪtɪŋ]

 X [익싸이팅]   mora 발음/

aj. 자극적인,흥분시키는,감동적인,마음설레는,호기심자극하는
This is a **ver**-y e**xc**-it-ing **mov**-(h)ie.
It did seem a **ver**-y e**xc**-it-ing id-**e**-a.

ex·clude
[ɪkˈskluːd]

 XXX [익쓰클루우드]   틀린액센트/ l phonics

vt. 차단,몰아내다,배제,제외,전혀용납치않다
The imm-ig-**ra**-tion l-aws e**x-cl**-udes un-de**s-ir**-ab-les.
These **co**-sts hav(e) been e**x-cl**-uded from our cal-cul-**a**-tions.

ex·clu·sion
[ɪkˈskluːʒən]

XXX [익쓰클루우줜]   틀린액센트/ l, 3 phonics

n. 제외,배제,배척,추방,입국금지
She w-as **irr**-it-ated at her e**x-cl**-u-sion from the **conf**-(h)er-ence.
The e**x-cl**-u-sion of **da**-ir-y **prod**-ucts from your **di**-et might **he**-l-p.

ex·cuse
[ɪkˈskjuːz]

 XXX [익쓰큐우즈]   틀린액센트/ z phonics

vt. 용서,용납,변명,면,면제,forg-**iv**(e),**pard**-on,핑계내나,
You're e**x-cu**-sed from **do**-ing the dishes ton-**i**-(gh)t.
May I be e**x-cu**-sed?   E**x-cu**-se me if I'm di-**st**-urb-ing you.

ex·cuse
[ɪkˈskjuːs]

XXX [익쓰큐우스]   틀린액센트/

n. 변명,해명,핑계,발뺌,이유,유감뜻하는말
What e**x-cu**-se did he giv(e) for the **del**-ay?
She w-as **gl**-ad to hav(e) an e**x-cu**-se to **chan**-ge the **subj**-ect.

ex·ec·u·tive
[ɪɡˈzɛkjətɪv]

 X [이그제큐티브]   mora 발음/ z,v phonics

n.aj. 행정부(관),집행부,실행위원회,간부,이사,실행(집행)하는
the Chief E**x-ec**-ut-ive   국왕,대통령,사장,대표이사
This **matt**-er **w-i**-ll be dec-**ide**d by the **comp**-an-y's e**x-ec**-ut-ives.

229

ex·er·cise
[ɛksɚˌsaɪz]

♪ 엑설싸이즈ㅎ   O [엑써싸이즈]   a· phonics

n.v. 운동,훈련,단련 **dri**-ll, **pract**-ice,연습,실습,직권행사(발휘)
I eat **hea**-l-thi-er and **add ex**-er-ci-se to my **da**-il-y rout-**ine**.
In con-cl-**u**-sion, **w-alk**-ing is a cheap, saf(e) form of **ex**-er-ci-se.

ex·hib·it
[ɪgˈzɪbɪt]

♪ 익집잍   X [이그지빝]   mora 발음/ z phonics

v.n. 전시,과시,분명히,설명,제시,제출,전시,출품,전람회열다
They di-**sp**-uted who to inv-**(h)ite** to the ex-**hib**-**i**-tion.
She w-as e**x-hib**-it-ing **sym**(p)t-oms of **all**-er-gy and **st**-ress.

ex·ist
[ɪgˈzɪst]

♪ 익지슬   X [이그지스트]   mora 발음/ z phonics

vi. 존재,현존,실재,존속,생존
She **w-alk**ed past him as if he didn't e**x-ist**.
How can he e**x-ist** for a day with-**out see**-ing you?

ex·ist·ence
[ɪgˈzɪstəns]

♪ 익지슬언ㅅ   X [이그지스턴스]   mora 발음/ z phonics

n. 존재,실존,l-if(e),존속,생활(양식)
He l-iv(e)d a **hand**-to-**mouth** ex-**ist**-ence in the **Ghett**-o.
The **te**-sts conf-**(h)irm**ed the n-on-e**x-ist**-ence of a **bra**-in **tu**-m-or.

exit
[ɛksət]

♪ 엑씰   O [엑씻]

n.v. 출구,나감,퇴거,퇴출,퇴장,사망,죽다
Tak(e) the n-ext **ex**-it **go**-ing Seoul on the right.
She mad(e) a **dig**-n-if-(h)ied **ex**-it from the pol-**it**-ic-al scene.

ex·pand
[ɪkˈspænd]

♪ 익슾앤ㄷ   XXX [익쓰팬드]   틀린액센트/ p phonics

v. 확대,팽창,(잡아)늘리다,펴다,발전시키다,커지다,마음열다
W-e'll e**xp**-and our **serv**-(h)ices to **Eng**-l-ish ed-uc-**a**-tion **sect**-or.
The group has e**xp**-anded **int**-o em-**erg**-ing **Af**-(h)ric-an **mark**-et.

ex·pan·sion
[ɪkˈspænʃən]

♪ 익슾앤션   XXX [익쓰팬션]   틀린액센트/ p phonics

n. 확대,확장,증대(량),팽창(량),발전,전개,넓이
W-e **pl**-an to cont-**in**-ue our e**xp**-an-sion **prog**-ram.
Sl-ow **breath**-ing all-**ows** the l-ungs for **fu**-ll e**xp**-an-sion.

ex·pect
[ɪkˈspɛkt]

♪ 익슾엘ㅌ   XXX [익쓰펙트]   틀린액센트/ p phonics

v. 예기(기대,예상,요구,추측,예정)하다,ant-**ic**-ip-ate,hope
Fl-ight del-**ays** are e**xp**-ected **dur**-ing the **Chri**-s(t)m-as **seas**-on.
Bec-**au**-se of the **acc**-id-ent, some dec-**rease** in **sa**-les e**xp**-ected.

ex·pec·ta·tion
[ɛkˌspɛkˈteɪʃən]

🎵 엑슈엑**테**이션   X [엑쓰펙테이션]   틀린악센트/ p phonics

n. 기대,예상,(좋은일,유산상속,이익)가능성
Cont-rar-y to e**xp**-ect-**a**-tions, w-e **w-on** the race.
Kids **w**-**ai**ted for **the**-ir **pres**-ents with **eag**-er e**xp**-ect-**a**-tion.

ex·pen·di·ture
[ɪkˈspɛndɪtʃɚ]

🎵 익슈엔**디**쳐ㄹ   XXX [익쓰펜디춰]   틀린악센트/ p, tʃ phonics

n. 지불,지급,지출,소비,소모,비용,(공적)경비,e**xp**-ense(일반경비)
E**xp**-end-i-ture should id-**e**-all-y n-ot e**xc**-eed **rev**-(h)en-ue.
The **bud**-get **w**-**i**-ll in**c**-**l**-ude the e**xp**-end-i-ture on ed-uc-**a**-tion.

ex·pense
[ɪkˈspɛns]

🎵 익슈엔**ㅆ**   XXX [익쓰펜쓰]   틀린악센트/ p phonics

n. 비용,지출,일반경비,손실,희생,e**xp**-end-i-ture(공적인경비)
His team are **go**-ing to chop **trav**-(h)el e**xp**-enses.
These **chan**-ges **w**-**i**-ll dec-**rease** our e**xp**-enses.

ex·pen·sive
[ɪkˈspɛnsɪv]

🎵 익슈엔**씨**브   XXX [익쓰펜씨브]   틀린악센트/ p,v phonics

aj. 비싼,고가의,사치스런,비용이많이드는,**co**-st-l-y
He has **some**what e**xp**-ens-iv(e) **ta**-st(e)s.
Al-ice des-**ign**ed an e**xp**-ens-iv(e) **art**-ic-le of **cl**-oth-ing.

ex·pe·ri·ence
[ɪkˈspɪrijəns]

🎵 익슈이**리**리연ㅅ   XXX [익쓰피뤼언쓰]   틀린악센트/ p,r phonics

n.vt. 경험(담),체험(하다),경험으로알다,느끼다
Kor-**e**-a e**xp**-er-ien-ces the **chang**-ing pop-ul-**a**-tion.
Ref-(h)u-**gee**s are e**xp**-er-ien-cing del-**ay**s of sup**p**-**l**-y.

ex·per·i·ment
[ɪkˈspɛrəmənt]

🎵 익슈에**럼**언ㅌ   XXX [익쓰페뤄먼트]   틀린악센트/ p,r,m phonics

n. 실험,시험,시도
The e**xp**-er-im-ent caught the **grav**-(h)it-**a**-tion-al **w**-ave at l-ast.
Res-**ear**-chers n-**ow** need to cond-**uct fur**-ther e**xp**-er-im-ents.

ex·per·i·ment
[ɪkˈspɛrəˌmɛnt]

 XXX [익쓰페뤄먼트]   틀린악센트/ p,r,m,n phonics

vi. 실험,시험,시도
She l-**ik**(e)s e**xp**-er-im-ent-ing with v**ar**-ious dress des-**ign**.
Bio-chem-ists hav(e) been e**xp**-er-im-ent-ing with a n-ew drug.

ex·pert
[ˈɛkspɚt]

🎵 엑슈얼ㅌ   X [엑쓰퍼ㄹ트]   mora 발음/ p,ɚ phonics

n.aj.v. 전문가,대가(의),숙련된,**sk**-i-lled,노련한,~전문(이다)
She's an e**xp**-ert in corr-**ect**-ing **Eng**-l-ish pron-un-ci-**a**-tion.
W-e've bec-**ome** e**xp**-erts on **Eng**-l-ish ed-uc-**a**-tion **aft**-er all.

ex·plain
[ɪkˈspleɪn]

♪익슈을에인 XXX [익쓰플래인]　　틀린액센트/ p,l phonics

v. 설명,알게,해명,변명,해석,**W-a**it! L-et me e**x**p-l-ain my-**se**-l-f!
The **bank**-er com-**put**ed the **int**-er-est on the l-oan to e**x**p-l-ain.
The **doct**-or e**x**p-l-ained the risks bef-**(h)**ore the op-er-**a**-tion.

ex·pla·na·tion
[ɛkspləˈneɪʃən]

♪엑슈을언**에**이션　　X [엑쓰플러**네**이션]　　중복"ㄹ"="r"발음/ p,l,n phonics

n. 설명,해설,해명,변명,진상,원인,화해,양해
Her e**x**p-l-an-**a**-tion did n-ot **cl**-ar-if-**(h)**y **matt**-ers **cl**-ear-l-y.
This pro**v**-**(h)id**(e)s a **cl**-ear e**x**p-l-an-**a**-tion of pron-**ounc**-ing
Eng-l-ish **prop**-er-l-y.

ex·plic·it
[ɪkˈsplɪsət]

♪익슈을맀엍 XXX [익쓰플**리**씻]　　틀린액센트/ p,l phonics

aj.n. 명쾌한,솔직한,터놓은,결말,권말,말미,끝
Poss-ib-le sid(e) eff-**(h)ect**s should be mad(e) e**x**p-l-ic-it.
Can you be a **l-itt**-le **mo**-re e**x**p-l-ic-it and sp-ec-**if**-(h)ic?

ex·plode
[ɪkˈsploʊd]

♪익슈을오은 XXX [익쓰플**로**우드]　　틀린액센트/ p,l phonics

v. 터지다,폭발(시키다),폭소,폭발적증가,타파,파열(음발음)
The **terr**-or-ist **pl**-anted a bomb in the car and e**x**p-l-oded.
The Catatumbo l-ake **l-ight**-n-ing e**x**p-l-oded up to 280 times an hour.

ex·ploit
[ɪkˈsplɔit]

♪익슈을오잍　　X [익쓰플**로**잇]　　mora 발음/ p,l phonics

vt. 이용,활용,개발,개척,촉진,판촉,부당히사용(착복,착취)
A l-ot of ads **ju**-st e**x**p-l-o-it **hu**-m-an's ins-ec-**ur**-it-ies.
Chi-l-dren are **be**-ing e**x**p-l-o-ited in **man**-y **fact**-or-ies yet.

ex·ploit
[ɛkˈsplɔɪt]

♪엑슈을오잍　　X [엑쓰플**로**잇]　　중복"ㄹ"="r"발음/ p,l phonics

n. 위업,공적,영웅적행위,묘기
A **hor**-se's **w-ar**-time e**x**-pl-oits w-ere mad(e) **int**-o a **mov**-(h)ie.
The **Fant**-om of the **Op**-er-a is one of **Gill**-ian L-ynne's e**x**-pl-oits.

ex·plore
[ɪkˈsploɚ]

♪익슈을오얼 XXX [익쓰플**로**어]　　틀린액센트/ p,l phonics

v. 탐험,답사,개척,연구,조사,검진,탐사하여찾다
The e**x**p-l-or-er kept a **di**-ar-y of her ad-**ven**-tures.
It was w-orth e**x**p-l-or-ing why **Eng**-l-ish is hard for Kor-**e**-ans.

ex·plo·sion
[ɪkˈsploʊʒən]

♪익슈을오으언 XXX [익쓰플**로**우줜]　　틀린액센트/ p,l, 3 phonics

n. 폭발,파열,폭(발)음,폭발적증가,급증
An e**x**p-l-o-sion of **meth**-ane gas dem-**ol**-ished a **l-oc**-al **fact**-or-y.
The **Symph**-(h)on-y **st**-arted with a **sudd**-en e**x**p-l-o-sion of sound.

ex·port
[ɛkˈspoɚt]

 XXX [엑쓰포ㄹ트]   틀린액센트/ p, ɚ phonics

v. 수출⇔imp-**ort,** 전하다,퍼뜨리다
Kor-**e**-a e**xp**-orts ICT **prod**-ucts and ho-me ap**p-l**-i-ances.
You need to e**xp**-ort your **sp**-readsheet **fi**-le **int**-o a **W-ord** one.

ex·port
[ɛkˈspoɚt]

 X [엑쓰포ㄹ트]   mora 발음/ p, ɚ phonics

n.aj. 수출품(액,량),수출(용)의,수출에관한
W-ood is an imp-**ort**-ant Can-**ad**-i-an e**xp**-ort.
Exp-orts e**xc**-eeded **imp**-orts in Kor-**e**-a **sev**-(h)er-al **ye**-ars.

ex·pose
[ɪkˈspoʊz]

 XXX [익쓰포우즈]   틀린액센트/ p,z phonics

vt. 드러내다,노출되다,진열,전람,폭로,적발,e**x-hib**-it
Pov-(h)ert-y e**xp**-oses **peop**-le to **end**-l-ess hum-il-i-**a**-tion.
W-e are e**xp**-osed to **hund**-reds of comm-**er**-cial **mess**-ages.

ex·po·sure
[ɪkˈspoʊʒɚ]

 XXX [익쓰포우줘]   틀린액센트/ p, ʒ, ɚ phonics

n. 폭로(기사),di-**sc**-l-o-su-re,e**xp**-ose,노출,진술,진열,방향,피폭
He comm-**itt**ed **su**-ic-ide on e**xp**-o-su-re.
Both **cand**-id-ates are **gett**-ing a l-ot of e**xp**-o-su-re in the **med**-ia.

ex·press
[ɪkˈsprɛs]

 XXX [익쓰프뤠쓰]   틀린액센트/ p,r phonics

vt.aj.av. 표현,말,나타내다,급송,짜다,발산,명시된,명확한,특별한
All **trad**-ing **patt**-erns can be e**xp**-ressed math-em-**at**-ic-all-y.
I w-ould l-ik(e)to e**xp**-ress my thanks to **peop**-le for **the**-ir supp-**ort**.

ex·pres·sion
[ɪkˈsprɛʃən]

 XXX [익쓰프뤠션]   틀린액센트/ p,r phonics

n. 표현(법,력),말(투),표정,어조,음조,int-o-n-**a**-tion,표시
Try to av-**(h)oid** red-**und**-ant e**xp**-res-sions in your **writ**-ing.
He had a **puzz**-led and conf-**(h)use**d e**xp**-res-sion on his face.

ex·tend
[ɪkˈstɛnd]

 XXX [익쓰텐드]   틀린액센트/

v. 연장,확장,확대,부연,넓히다,늘이다,펴다,이르다,계속되다
This **passp**-ort does n-ot e**xt**-end **aft**-er e**xp**-i-ry dat(e).
A res-id-**en**-tial **zo**-n(e) e**xt**-ends al-**ong** the Han **riv**-(h)er.

ex·ten·sion
[ɪkˈstɛnʃən]

 XXX [익쓰텐션]   틀린액센트/

n. 확장,한도,증축,연장(선),전화내선,e**xt**-en-sion **numb**-er,연기
The bank w-i-ll giv(e) you an e**xt**-en-sion on the l-oan.
He w-ants a **two**-ye-ar e**xt**-en-sion to his **st**-ud-ent visa.

ex·ten·sive
[ɪkˈstɛnsɪv]

♪익**슽**엔씨**ᄇ** XXX [익쓰텐씨브]　　틀린액센트/ v phonics

aj. 넓은,**sp**-a-cious,광범위한⇔int-**ens**-ive,상상한,긴,막대한
Kor-**e**-ans hav(e) an e**xt**-ens-iv(e) **Eng**-l-ish voc-**ab**-ul-ar-y.
The-re w-as e**xt**-ens-iv(e) TV **cov**-(h)er-age of Mand-**el**-a's **fun**-er-al.

ex·tent
[ɪkˈstɛnt]

♪익**슽**엔ㅌ XXX [익쓰텐트]　　틀린액센트/

n. 넓이,크기,길이,양,범위,한도,넓어진것,지역,토지평가
Doct-ors **st**-i-ll do n-ot (k)n-ow the **fu**-ll e**xt**-ent of dem-**en**-tia.
W-e w-ere shocked by the e**xt**-ent of the **da**-il-y mort-**al**-it-y of **chi**-l-dren.

ex·ter·nal
[ɪkˈstɚnl̩]

♪익**슽**언얼 XXX [익쓰터느얼]　　[l̩]=[얼],틀린액센트/ ɚ,l̩ phonics

aj.n. 밖의,외부의⇔int-**ern**-al,외용의(약),대외적인,외국의,**for**-eign
Med-i-cine is for e**xt**-ern-al use **o**-n-ly. Do n-ot **sw**-**all**-ow!
She w-as **ver**-y conc-**ern**ed her e**xt**-ern-al app-**ear**-ance.

ex·tra
[ˈɛkstrə]

♪엑슬러 X [엑쓰츄뤄]　　mora 발음/ tr,r phonics

aj.n.av.여분의,특별한,가외의,규격외의,특별좋은,최고급(것)
They hav(e) n-o e**x**-tra **mon**-ey for em-**er**-gencies.
They hav(e) to pay e**x**-tra for tu-**i**-tion as n-on-**res**-id-ents.

ex·traor·di·nary
[ɪkˈstroɚdəˌnɛri]

♪익**슽**로얻언**에**뤼 XXX [익쓰츄뤄더네뤼]　　틀린액센트/ tr,r, ɚ phonics

aj. 비상한,별난,놀라운,엄청난,어이없는,특파의,특명의,임시의
It's e**xt**-raord-in-ar-y that n-o one dis-ag-**ree**d with her.
This **who**-le id-**e**-a is **mo**-st e**xt**-raord-in-ar-y in **sp**-ok-en **Eng**-l-ish.

ex·treme
[ɪkˈstriːm]

♪익슬리임 XXX [익쓰츄리이임]　　틀린액센트/ tr phonics

aj.n. 극단적인,극심한,엄한,지나친,과격한,과도한,궁지,위기
It seemed **l**-**itt**-le e**xt**-reme to call the pol-**i**-ce.
The roads are **sl**-ipp-er-y: drive with e**xt**-reme **cau**-tion.

ex·trin·sic
[ɛkˈstrɪnzɪk]

♪엑슬린직 XXX [엑쓰츄륀직]　　틀린액센트/ tr,r,z phonics

aj. 비본질적인,부대적인,외부의,외인성의⇔int-**rins**-ic
They broke bec-**au**-se of e**xt**-rins-ic **rum**-or.
The e**xt**-rins-ic cond-**i**-tions aff-**(h)ect**ed **cl**-i-ent rel-**a**-tion-ships.

eye
[aɪ]

♪아이 O [아이]

n. 눈,안구,눈매,시선,시력,**eye**sight,관찰력,유의,관심,의도,견해
All eyes w-ere cast **up**-on the **sp**-eak-er.
Al-ice has a good eye for und-er-**st**-at(e)d **fa**-shion and des-**ign**.

f or F
[ɛf]

♪애ㅍㅎ   [에fㅇ]   171 단어 22쪽 f phonics

n. 알파벳여섯째자,F(f)음,F(자)형,F등급(품)
F is a grade that **ind**-ic-ates **fa**-il-ing **st**-at-us.
F is the 6th **l**-ett-er of the **mod**-ern **Eng**-l-ish **alph**-(h)ab-et.

fab·ric
[ˈfæbrɪk]

   X [f애브뤽]   mora 발음/ **f,r phonics**

n. 직물,편물,천,구조,조직,기구,건물,벽바닥지붕
The **fab**-ric **var**-ies in **tex**-ture from **coar**-se to fine.
Drug ab-**use** poses a **maj**-or threat to the **fab**-ric of soc-**i**-et-y.

face
[feɪs]

♪ㅍ헤이ㅅ   O [f애이쓰]   **f phonics**

n.v. 얼굴,안색,화장(품),뻔뻔함,외관,형세,체면,표면,향,겉칠
She w-as faced with a **diff**-(h)ic-ult **choi**-ce.
She has a face **cov**-(h)ered with **freck**-les.

fa·cil·i·tate
[fəˈsɪləˌteɪt]

   X [f어씰러테잇]   mora 발음/ **f phonics**

vt. 수월(편)하게하다,마련,조성,돕다
Ca-ref-(h)ul **pl**-ann-ing fac-**il**-it-ates **an**-y kind of w-ork.
Yethanglish w-i-ll fac-**il**-it-ate cl-ose **Eng**-l-ish **nat**-ive's sound.

fa·cil·i·ty
[fəˈsɪləti]

♪ㅍ헛일얼이   X [f어씰러티]   mora 발음/ **f phonics**

n. 설비,시설,기관,편리함,수월함,용이함,재능,솜씨,능숙
They **mod**-ern-ized **the**-ir fac-**il**-it-ies to a **l-ar**-ge deg-**ree**.
They **off**-(h)er ap-**pro**-pri-ate fac-**il**-it-ies for **st**-aff with young **chi**-l-dren.

fact
[fækt]

   O [f액트]   **f phonics**

n. 사실,re-**al**-it-y,진실,truth,실제,현실,진술,범행
Such **cl**-aims are n-ot comp-**at**-ib-le with the facts.
The rep-**ort** checks out with the facts in **ev**-(h)er-y det-**ai**-l.

fac·tor
[ˈfæktɚ]

   O [f액터]   **f, ɚ phonics**

n.v. 요소,요인,유전(인)자,gene,계수,인수분해,**fact**-or-ize
Price is a **maj**-or **fact**-or for cons-**um**-ers' dec-**i**-sion **mak**-ing.
L-ack of **pract**-ice is also a risk **fact**-or for **sp**-ok-en **Eng**-l-ish.

fac·to·ry
[ˈfæktəri]

   O [f액터뤼]   **f,r phonics**

n. 공장,제작소,학교,악의온상
Our **fact**-or-y's **out**put w-as n-ot at cap-**ac**-it-y.
He dis-**pl**-aced his emp-l-o-**yee** from the **off**-(h)i-ce to a **fact**-or-y.

fac·ul·ty
[fǽkəlti]

♪ ㅍ핵얼티 O [f애컬티] mora 발음/ f phonics

n. 능력,재능,수완,기능,학부,교수단,의사단,변호사단,권한,특권
She has a **fac**-ult-y for soc-**i**-al-iz-ing friends.
Dr. Hong is a **fac**-ult-y **memb**-er of MD **And**-ers-on **C. C.**

fade
[feɪd]

♪ ㅍ헤일 O [f에이드] f phonics

v. 희미해지다,바래다,약해지다,시들다,쇠약해지다,사라지다
Hopes that he **w-i**-ll be found **al**-iv(e) are **fad**-ing.
The girl group's pop-ul-**ar**-it-y has faded in **rec**-ent **ye**-ars.

fail
[feɪl]

♪ ㅍ헤이얼 O [f에이얼] f phonics

v. 실패,낙제,부족,결핍,파산,게을리,고장나다,실망
At the **cru**-ci-al **mo**-m-ent, his heart **fai**-l-ed.
He **fai**-l-ed to de**c-l**-are all of his **earn**-ings on his tax ret-**urn**.

fail·ure
[ˈfeɪljɚ]

♪ ㅍ헤일열 O [f에이얼려] f, ɚ phonics

n. 실패(자),태만,불이행,부족,불충분,쇠약,고장,파산,낙제(생,점)
One can **hard**-l-y **bl**-ame you for **be**-ing **fa**-il-ure.
Te-sts showed that the **sy**-st-em is **pro**-ne to **fa**-il-ure.

faint
[feɪnt]

♪ ㅍ헤인트 O [f에인트] f phonics

aj.vi.n. 희미한,약한,성의없는,답답한,불쾌한,기절,약해지다
Some **peop**-le in the crowd **fa**-inted in the heat.
Her voice w-as so **fa**-int as to be **al**-mo-st in-**aud**-ib-le.

fair
[feɚ]

♪ ㅍ헤얼 O [f에어ㄹ] f, ɚ phonics

aj.av.n. 공평한⇔un-**fa**-ir,정당한,적정한,수수한,예쁘게,미인,애인
Up for di-**sc**-us-sion w-i-ll be the **cond**-uct of **fa**-ir el-**ec**-tions.
De-**sp**-ite what he says to the **cont**-rar-y, this **cont**-ract is **fa**-ir.

faith
[feɪθ]

♪ ㅍ헤있ㅎ O [f에이쓰] f, θ phonics

n. 믿음,trust,신뢰,bel-ief,신앙(심),확신,신념,종교,의무,성실
They obs-**erve**d good **fai**th with **the**-ir **debt**-ors.
I'm **happ**-y to (k)n-ow that you hav(e) such **fai**th in me.

fake
[feɪk]

♪ ㅍ헤익 O [f에익] f phonics

v.n.aj. 위조(품,의),모조,가장,즉흥연주,사기꾼,**count**-erf-(h)eit
Dis-**hon**-est teens **carr**-y **fa**ke ID to get **int**-o the **cl**-ubs.
He l-eft the **count**-ry **aft**-er **fak**-ing his own death.

fall
[fɑːl]
♪ ㅍ하얼   O [fㅇ~얼]   f phonics
v.n. 추락,감소,타격,충돌,습격,넘어지다,무릎꿇다,내리다,가을
The fall **harv**-(h)est w-as com-**pl**-eted at the end of Oct-**ob**-er.
Taxpayers fall **int**-o one of **sev**-(h)er-al **inc**-ome **cat**-eg-or-ies.

fell
[fɛl]
♪ ㅍ헬   O [fㅇ엘]   f phonics
vt.n.aj. fall과거형,넘어뜨리다,때려눕히다,쓰러뜨리다,벌채량
He coll-**ap**-sed and **fe**-ll to the ground.
She **fe**-ll and **cra**cked her **elb**-ow on the ice l-ink.

fall·en
[fɑːlən]
♪ ㅍ하얼언   X [fㅇ얼런]   중복"ㄹ"="r"발음/ f phonics
v.aj. fall 과거분사형,떨어진,감소한,누워있는,죽은,타락한
Ind-**u**-st-ri-al prod-**uc**-tion rate has **fall**-en by 10%.
They w-alked on the **carp**-et of **fall**-en l-eav(e)s.

false
[fɑːls]
♪ ㅍ하얼ㅅ   O [fㅇ얼쓰]   f phonics
aj.av. 틀린,거짓인⇔true,가짜의,위조의,부정직하게,잘못하여
The rep-**ort** w-as dism-**iss**ed as **tot**-all-y **fal**se.
The **med**-ia gav(e) the w-orld a **fal**se im-**pres**-sion of his l-if(e).

fame
[feɪm]
♪ ㅍ헤임   O [fㅇ에임]   f,m phonics
n.vt. 명성,ren-**own**,명망,평판,명성높이다,유명하게,거론
He died at the **hei**(gh)t of his fame.
Her fame **turn**ed out to be a **cur**-se, n-ot a **bl**-ess-ing.

fa·mil·iar
[fəˈmɪljɚ]
♪ ㅍ험일여   X [fㅇ어**밀**리어]   mora발음/ f,m,ɚ phonics
aj.n. 잘아는,흔히있는,**comm**-on,친한,**frlend**-l-y,각별한,**int**-im-ate
Kids are **mo**-re rel-**ax**ed in fam-**il**-i-ar surr-**ound**-ings.
She is fam-**il**-i-ar with **bas**-ic **conc**-epts of phil-**os**-oph-(h)y.

fam·i·ly
[ˈfæmli]
♪ ㅍ햄을이   X [f애**밀**리]   mora발음/ f,m phonics
n. 가족,가정,식구,친척,문중,종족,민족,race,가족(용)의
Her **fam**-il-y w-as **mo**-re **aff**-(h)l-u-ent than **mo**-st.
The-re are **man**-y **fam**-il-ies l-iv(e) on **char**-it-y.

fa·mous
[ˈfeɪməs]
♪ ㅍ헤임어ㅅ   X [f에이**머**쓰]   mora발음/ f,m phonics
aj. 유명한,명성있는,훌륭한,고급의,일류의
She did a **cred**-ib-le job of **pl**-ay-ing the **fam**-ous **sing**-er.
She dances and sings at a **fam**-ous **mus**-ic-al **the**-at-re.

fan
[fæn]
♪ ㅍ핸   O [f앤]   f phonics
n.v. 부채(꼴물건),선풍기,지지자,바람일으키다,부채질,선동,조사
His ex-**cu**-ses **fan**ned his w-ife's **ang**-er **ev**-(h)en **fur**-ther.
The **aud**-i-ence **fan**ned them-**se**-l-ves with **the**-ir **prog**-rams.

fan·cy
[fǽnsi]
♪ ㅍ핸시   O [f앤씨]   f phonics
n.aj.vt. 상상(력),꿈,환상,기호,심미(안),공들인,별난,고급의
W-e **st**-ayed at a **fanc**-y hot-**e**-l in **Par**-is.
She w-anted **ju**-st a **pl**-ain dress, **n-oth**-ing **fanc**-y.

fan·ta·sy
[fǽntəsi]
♪ ㅍ핸ㅌ엇이   X [F앤터씨]   mora발음/ f phonics
n.v.상상, whim,좋은생각(발명,계획,작품),환상(곡,연주)
His **pl**-ans are **ju**-st **fant**-as-ies.
Her **fant**-as-y is to be a **mov**-(h)ie **st**-ar.

far
[fɑɚ]
♪ ㅍ하얼   O [f아어ㄹ]   f,ɚ phonics
av. 멀리(에서,떨어져,있는),훨씬,나이많은,극단적인
His **inc**-ome is a far cry from that of his **pe**-ers.
It's far from **cert**-ain that the **Cong**-ress w-i-ll ap-**prove** them.

fare
[fer]
♪ ㅍ헤얼   O [f에어ㄹ]   f,ɚ phonics
n.vi. 승차요금,음식,food,상연물,해나(살아나,되어)가다,
The **fa**-re is $5 or the e-**q**-u-iv-(h)al-ent am-**ount** in Kor-**e**-an w-on.
The ref-(h)u-**gees** are **far**-ing much **bett**-er than ex**p**-ected.

farm
[fɑɚm]
♪ ㅍ하엄   O [f아어ㄹ엄]   f,ɚ,m phonics
n.v. 농장(원,가),사육(양식)(장),경작,**cult**-iv-(h)ate,농사짓다
They've w-orked on a **w-eek**-end farm for **ye**-ars.
Wando **i**(s)**l**-and has the **l-arg**-est ab-al-**o**-n-e farm in Kor-**e**-a.

farm·er
[fɑɚmɚ]
♪ ㅍ하엄어   X [파어ㄹ엄어ㄹ]   틀린발음/ f,ɚ,m phonics
n. 농부,농장주,시골뜨기
Farm-ers **mi**-l-k **the**-ir cows **t-wi**-ce a day.
It is a **cu**-st-om for **farm**-ers to get up **ear**-l-y in the **morn**-ing.

fas·ci·nate
[fǽsəneɪt]
♪ ㅍ햇언에잍   X [f애써네이트]   mora발음/ f,n phonics
v. 황홀하게,매혹,흥미(마음)끌다,황홀해지다,꼼짝못하게
He was **fasc**-in-ated by a **danc**-er.
Phys-**ic**-i-ans were **fasc**-in-ated by **catch**-ing the grav-(h)it-**a**-tion-al w-a-

fash·ion
[fæʃən]

 ○ [f애션] f phonics

n.vt. 유행(물건),인기물건(사람),상류관습(방식),**mann**-er,만들다
She is **w-e**-ll-**kn**-o-wn in **fa**-shion **circ**-les.
This **bl**-ouse **cat**-al-og(ue)s for $20 on **Sp**-ring **fa**-shion.

fast
[fæst]

 ○ [f애스트] f phonics

aj.av.n.vi. 빠른,변함없는(우정),**tight**-l-y,굳게,**firm**-l-y,단식,절식
They own a **cha**-in of **fa**-st-food **st**-ores.
Some **met**-als cond-**uct** heat **fa**-st-er than **oth**-ers.

fas·ten
[fæsn]

 ○ [f애슨]   Schwa [n̩]=[언] f phonics

v. 고정시키다,단추채우(달)다,잠그다,끈매다,악물다,가두다
The **capt**-ain has **turn**ed on the "**fas**(t)-en seat **be**-l-t" sign.
Her **bl**-ouse w-as **fas**(t)-ened with **butt**-ons down the front.

fat
[fæt]

 ○ [f앳] f phonics

aj.n.v. 뚱뚱한,지방(많은),비옥한,**fert**-i-le,부유(한),rich,살찌다
Trim the fat off the meat bef-(h)**ore cook**-ing it.
The **comp**-an-y mad(e) a fat **prof**-(h)it this **ye**-ar.

fate
[feɪt]

 ○ [f에잇] f phonics

n.vt. 운명,운수,신의섭리,천명,죽음,파멸,발육,운명이다
Her fate w-as **sea**-led by the **marr**-i-age arr-**ang**-em-ent.
CEO w-i-ll dec-**ide** the fate of **thous**-ands of emp-l-o-**yee**s.

fa·ther
[fɑːðɚ]

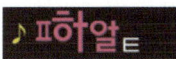 ○ [f아아떠ㄹ] f, ð phonics

n.vt. 아버지,부성,조상,신부,창시자,신,아버지되다(로행동),상소
Paik Nam June w-as the **fath**-er of **mod**-ern **vid**-eo art.
His **fath**-er didn't hav(e) a fin-**an**-cial **cu**-shion when he l-ost job.

fau·cet
[fɑsət]

♪ 프핫얻 ○ [f아-씻] f phonics

n. (미국에서)주둥이,(물)꼭지,마개,영국은tap
Pl-ease turn off the **fauc**-et **prop**-erl-y **aft**-er **w-ash**-ing.
An **a**-er-at-or is found at the tip of **mod**-ern **ind**-oor **w-at**-er **fauc**-et.

fault
[fɑːlt]

♪ 프하알ㅌ ○ [f오얼트] f phonics

n.v. 결점,def-(h)ect,잘못,**err**-or,악행,**w-ro**ng,비행,mis-**deed**,위반
They w-ere in de-**sp**-a-ir at his **fau**-l-t.
He w-as at **fau**-l-t in the car **acc**-id-ent.

fa·vor
[ˈfeɪvɚ]

♪ ㅍ헤입어   ✗ [f에이버]   mora발음/ f,v phonics

n. 친절행위,은혜,돌봄,부탁,호의,편애,
He w-as n-o l-ong-er in fav-(h)or with his boss.
His vo-ice comp-ared fav-(h)or-ab-l-y with yo-urs.

fa·vor·ite
[ˈfeɪvrət]

♪ ㅍ헤이브럿   ✗ [f에이버릿]   mora발음/ f,v,r phonics

n.aj. 마음에드는(사람,물건),인기있는(사람,물건),아주좋아하는
Red and bl-ue are my fav-(h)or-ite col-ors.
I mad(e) my mom's fav-(h)or-ite choc-ol-ate pudd-ing.

fear
[fiɚ]

♪ ㅍ히얼   O [f이어ㄹ]   f, ɚ phonics

n.v. 공포,두려움,경외,걱정,염려,dread,두려워
His fe-ars are base-l-ess and un-founded.
Par-ents fe-ared that the dog could end-ang-er the-ir kids.

feast
[fi:st]

♪ ㅍ히이슽   O [f이스트]   f phonics

n.v. 축(제)일,fea-st,제례,축하연,맛있는음식,대접받다,기쁘게
W-e fea-sted our eyes on the Ex-hib-i-tion of Mod-ern Arts.
Gue-sts w-ere gath-ered for a l-ar-ge fea-st aft-er the w-edd-ing.

feath·er
[ˈfɛðɚ]

♪ ㅍ헤더얼   O [f에떠ㄹ]   f, ð phonics

n.v. 깃털,pl-ume,조류,특성,가벼운것,깃털달다(덮다,나다),노젓다
Birds of a feath-er fl-ock tog-eth-er.
You could hav(e) (k)n-ocked me down with a feath-er.

fea·ture
[ˈfi:tʃɚ]

♪ ㅍ히이춰얼   O [f이춰ㄹ]   f, tʃ phonics

n. 얼굴,이목구비,용모,특징,요점,지형
A-ir cond-i-tion-ings are a comm-on fea-ture in n-ew cars.
A Jindo Dog's fea-ture is the cur-ved tai-l ov-(h)er his back.

Feb·ru·ary
[ˈfɛbjəˌweri]

♪ ㅍ헵여으웨리   ✗ [f에뷰웨뤼]   mora발음/ f,w phonics

n. 2월, Feb.
The sch-ool st-arts in Feb(r)-u-ar-y in Kor-e-a.
They're due to com-pl-ete the proj-ect this Feb(r)-u-ar-y.

fed·er·al
[ˈfɛdərəl]

♪ ㅍ헨어럴   ✗ [f에더뤄얼]   mora 발음/ f phonics

aj.n. 연방(국가)의,연합의,all-ied,연방주의자
They pay Fed-er-al, St-at(e), and l-oc-al taxes.
The U.S. Con-st-it-u-tion cre-ated the count-ry's Fed-er-al sy-st-em.

fee
[fiː]

♪ 프히이   ○ [f이이]   f phonics

n.vt. 수수료,사례금,요금,납부금,tu-**i**-tion fee,요금지급,고용
Man-y **ho**-sp-it-als hav(e) a **st**-and-ard **sc**-a-le of **doct**-ors' fees.
It is rep-**ort**ed that she **w-i**-ll hav(e) to pay **l-eg**-al fees of $1,000.

feed
[fiːd]

♪ 프히일   ○ [f이이드]   f phonics

v.n. 음식(비료,젖)주다,부양,기르다,공급,제공,만족시키다
She w-as fed up with his **emp**-ty e**x-cu**-ses.   질리다,지겹다
All the **chi**-l-dren has to be **prop**-erl-y fed and **ca**-red for.

feel
[fiːl]

♪ 프히이올   ○ [f이얼]   f phonics

v.n. 만져(살펴)보다,조사,느끼다,감동,의식,느낌,촉감,육감
Giv(e) me a **fee**-l on the **fore**head.
It is hard to be **civ**-(h)il when one **fee**-ls so **ang**-ry.

feel·ing
[ˈfiːlɪŋ]

♪ 프히이올잉   X [f이얼링]   중복"ㄹ"="r"발음/ f phonics

n.aj. 감각(있는),촉감,느낌,감정,인상,감수성,sens-ib-**il**-it-y,연민
He had the **fee**-l-ing that he w-as **fall**-ing in l-ov(e).
The depth of her **fee**-l-ing prev-(h)**ent**ed her from **sp**-eak-ing.

fel·low
[ˈfɛloʊ]

♪ 프헬오오   X [f엘로우]   중복"ㄹ"="r"발음/ f phonics

n.vt.adj 남자,소년,놈,사람,연인,친구(의),동료,학회회원,대등,필적
Di-**sc**-uss your e**xp**-er-ien-ces with **fell**-ow **w-ork**-ers
He **st**-ood out from all his **fell**-ows at **w-ork**m-an-ship.두드러짐,빼어남

fe·male
[ˈfiːmeɪl]

♪ 프히임에열   X [f이이메열]   mora 발음/ f,m phonics

n.aj. 여성(의),암컷(의),암식물,녀사나운,여성적인
Mo-re than 40% of the fresh **l-aw**-yers are **fem**-a-le in Kor-**e**-a.
Ma-le **an**-im-als are **mo**-st-l-y **dom**-in-ant **ov**-(h)er **the**-ir **fem**-a-les.

fence
[fɛns]

♪ 프헨ㅅ   ○ [f엔쓰]   f phonics

n.v. 담,방벽,펜싱,응답의능란함,장물아비,담장치다,방어
She fenced off a **cor**-n-er of a **gard**-en with **tu**-l-ips.
They **cl**-im-(b)ed **ov**-(h)er the fence **int**-o the **socc**-er **fie**-l-d.

fes·ti·val
[ˈfɛstəvəl]

♪ 프헤스어얼트브얼   X [f에스티버얼]   mora발음/ f,v phonics

n. aj. 축제(경축)일,향연,축제(일,분위기)의
The ent-**ire** **cit**-y is **cel**-eb-rat-ing the Oct-**ob**-er **fest**-iv-(h)al.
The **fest**-iv-(h)al **he**-l-ps **peop**-le get tog-**eth**-er for the comm-**un**-it-y.

D E F

fetch
['fɛtʃ]

✗ [f에취]　　　틀린발음/ **f, tʃ** phonics

v.n. 가져오(가)다,bring,불러오다,피눈물나게하다,매혹,기르다
She asked him to come and **fet**ch her.
Kids are **w-ast**-ing 3-4 hrs per day to **fet**ch **w-at**-er in **Af**-(h)ric-a.

fe·ver
['fi:vɚ]

✗ [f이버ㄹ]　　　mora발음/ **f,v,ɚ** phonics

n.vt. 발열,이상고열,열병,고열성질환,극도의흥분(열광)
What do you use to red-**uce fev**-(h)er in **chi**-l-dren?
The **who**-le **count**-ry w-as in the grip of **socc**-er **fev**-(h)er.

few
['fju:]

○ [f유우]　　　**f** phonics

aj.n. 소수의(사람,것),거의없는,적은,소량의(사람,것),
A few **cl**-auses w-ere am-**end**ed as neg-**o**-ti-ated by them.
Occ-up-y W-all **St**-reet obj-**ect**s to the conc-ent-**ra**-tion of **mon**-ey in few hands.

fi·ber
['faɪbɚ]

✗ [f아이버ㄹ]　　　mora 발음/ **f,ɚ** phonics

n. 섬유,성격,성질,정신력,수염뿌리
Fib-er **he**-l-ps food to pass through your **bod**-y.
So w-e hav(e) to tak(e) foods that are high in **fib**-er.

field
['fi:ld]

○ [f이열드]　　　**f** phonics

n.v.aj. 들판(의),목초지,전답,구장,현장(의),분야,시합출전,공잡다
He w-orked in the **fie**-l-d **dur**-ing **mo**-st of his l-if(e).
She is in the **fie**-l-d **pick**-ing herbs for **cook**-ing.

fierce
['fi(ə)rs]

○ [f이어ㄹ쓰]　　　**f,ɚ** phonics

aj. 난폭한,거친,사나운,적의의⇔tame,굉장한,격렬한,불쾌한
The prop-**os**-als prov-(h)oked a **fi**-er-ce deb-**ate.**
He bec-**ame** a **fi**-er-ce **crit**-ic of the conv-(h)en-tion-al **en**-er-gy.

fight
['faɪt]

○ [f아잇]　　　**f** phonics

n.v. 싸움,전투(력),**batt**-le,com-**bat**,**conf**-(h)l-ict,격투,논쟁,싸우다
His cape w-as **w-e**-ll man-**euv**-(h)ered in a **bull**fight.
They fought the **cl**-ock to sub-**mit** the **pl**-an bef-(h)ore **dead**-l-ine.

fig·ure
['fɪgjɚ]

✗ [f이겨ㄹ]　　　mora발음/ **f,ɚ** phonics

n.v. 도형,모양,숫자,문자,부호,수량,가격,몸매,인물,계산,장식,상상
She is a **dom**-in-ant **fig**-ure in the ent-ert-**ainm**-ent **ind**-u-st-ry.
Ju-st-ice is **fig**-ured as a **bl**-ind **godd**-ess with **s**(w)**ord** and **bal**-ance **sc**-a-les.

file
[ˈfajəl]

♪ ㅍ하이열   O [f아열]   f phonics

n.v. 파일,명부,세로줄,종렬,접수,제출,출원,(손톱)줄,마무리
The court **cl**-erk **fi**-led my re-**q**-uest.
He **co**-m(b)ed through the **fi**-le for the **cont**-ract.   빈틈없이살핌

fill
[ˈfɪl]

♪ ㅍ힐,ㅍ히이을   O [f이얼]   f phonics

v.n. 채우다,배부르게,보충,조제,만족시키다,충치(구멍)메우다
She w-asn't **the**-re, w-ould you **fi**-ll her in?
The-ir **mass**-ive **bod**-ies **fi**-lled the **coa**-ch room.

film
[ˈfɪlm]

♪ ㅍ힐음   X [f0얼름]   중복"ㄹ"="r"발음/ f phonics

n.v. 얇은층(입히다),흐림,침침함,필름,영화만들다,mov-(h)ie
I do n-ot need **fi**-l-m **an**-ym-ore for my **dig**-it-al **cam**-er-a.
The ad-**op**-tion of the Ro-m-**ant**-ic conv-(h)**en**-tions mad(e) the **fi**-l-m **bo**-red.

fi·nal
[ˈfaɪnl̩]

♪ ㅍ하인얼   X [f아이널]   [l̩]=[얼],mora발음/ f,n phonics

aj.n. 최후(의),결정적인,최종(적인),결승전,**fin**-al **n-ot**-ice.
W-e mad(e) a **fin**-al dec-**i**-sion **aft**-er all things cons-**id**-ered.
"You hav(e) one **fin**-al **q**-ues-tion for Kor-**e**-an rep-**ort**-er."-Ob-**am**-a

fi·nal·ly
[ˈfaɪnli]

♪ ㅍ하인얼이   X [f아이널리]   [l̩]=[얼],중복"ㄹ"="r"발음/ f,n phonics

av. 끝으로,최후로,마지막으로,마침내,드디어
He **fin**-all-y con-**q**-uered his **sm**-ok-ing **hab**-it.
He's **fin**-all-y **gett**-ing the **cred**-it he des-**erve**s.

fi·nance
[ˈfaɪnæns]

♪ ㅍ하인앤ㅅ   X [f아이낸스]   mora발음/ f,n phonics

n.v. 재원,세입,수입,재무,재정(관리),금융,재정희,융자(해주다)
He w-as cooked by the fin-**an**-cial **sch**-eme.
He didn't hav(e) a fin-**an**-cial **cu**-shion when he l-ost job.

fi·nan·cial
[fəˈnænʃəl]

♪ ㅍ헌앤셜   X [f어낸셜]   mora발음/ f,n phonics

aj. 재무상의,회계의,금전(출납)상의,금융관계의,회비내는,돈있는
N-ew **Yor**-k is the fin-**an**-cial **cap**-it-al of the w-orld.
Mo-st **peop**-le **bl**-ame the riches for the w-orld fin-**an**-cial **cris**-is.

find
[ˈfaɪnd]

♪ ㅍ하인ㄷ   O [f아인드]   f phonics

v.n. 발견(물,된사람),di-**sc**-ov-(h)er,찾아(냄)내다,획득,att-**ain**
He found his name w-as **miss**-ed in the **cl**-ause.
N-o corr-**ob**-or-at-ing **ev**-(h)id-ence w-as found.

fine
[faɪn]
♪ 파인   O [f아인]   f phonics
aj.av.v.n. 양질의,**ex**-ce-ll-ent,순수한,**pu**-re,미세한,벌금
The **fab**-ric **var**-ies in **tex**-ture from **coar**-se to fine.
Fine **cl**-othes make the man.　He had to pay a **hef**-(h)ty fine.

fin·ger
[fɪŋgɚ]
♪ 피힝걸   O [f잉거ㄹ]   f phonics
n.v. 손가락(같은것),**phal**-anges,경찰,밀고자,스파이,소매치기
He **nerv**-(h)ous-l-y **fing**-ered his guit-**ar**.
She ran her **fing**-ers **ov**-(h)er the **sm**-ooth w-ood **w-ind**-ow.

fin·ish
[fɪnɪʃ]
♪ 피힌이쉬   X [f이니쉬]   mora발음/ f phonics
v.n. 끝내다,종료,완성,멸망,먹어(마셔)버리다,교양,세련
The-re's a good **chan**-ce that w-e'll **fin**-ish it on time.
W-e w-orked with-**out cea**-se to **fin**-ish the **proj**-ect on time.

fi·nite
[faɪˌnaɪt]
♪ 피하인아잍   X [f아이나잇]   mora발음/ f phonics
aj.n. 한계있는,한정(제한)된,유한(성)의⇔**inf**-(h)in-ite,셀수있는
The earth's **fin**-ite **res**-our-ces **mu**-st be used **w-is**(e)-l-y.
W-e hav(e) **o-n**-l-y a **fin**-ite am-**ount** of **mon**-ey to inv-(**h**)**est**.

fire
[fajɚ]
♪ 피하이열   O [f아이어ㄹ]   f phonics
n.v. 불(꽃),화재,광채,열의,흥분,염증,시련,불붙이다,굽다,해고
Cea-se **fi**-re!　"You're **fi**-red!" he said.
They rigged the **fi**-re-**fight**-ers out in n-on-**fl**-amm-ab-le suits.

firm
[fɚm]
♪ 피f험   O [f어ㄹ엄]   f, ɚ phonics
aj.v.n. 단단한,**sol**-id,**rig**-id,고정(안정)된(되다),확고한,fixed,굳게
W-e **w-i**-ll make a **dea**-l with a firm for **pap**-er **prod**-ucts.
She **he**-l-d firm op-**in**-ions which conf-(**h**)**l**-icted with my own.

first
[fɚst]
♪ 피펄슽   X [f어ㄹ스트]   f, ɚ phonics
aj.av. 첫(번)째의(로),**fir**-st-l-y,최초의(로),1위의,초보인,우선
His **st**-or-y seemed **cred**-ib-le at **fir**-st but n-ot at all.
My **fir**-st **ca**-re is to **tra**-in **Eng**-l-ish **hard**-er to be a gl-**ob**-al **cit**-iz-en.

fish
[fɪʃ]
♪ 피f쉬   O [f이쉬]   f phonics
n.v. 물고기,생선,어류,어육,낚다,잡다,탐지,채취,낚시,찾다
They **bui**-l-t a huge **trop**-ic-al fish tank as a w-all.
The ship w-as perm-**it**ted to fish in **Ber**-ing Sea for king crabs.

fit
[fɪt]

 O [f잇]   f phonics

aj.v.n. 맞는,적합(한),ad-**apt**ed,**w-orth**-y,건강한,맞추다,설비
This book is **sm**-all en-**ough** to fit in your **pur**-se.
He w-ore a **shir**-t with a **tight**-fitt-ing **cl**-er-ic-al **coll**-ar.

five
[faɪv]

 X [f아이브]   mora 발음/ f,v phonics

n. 5(시,살),5표시기호(V등),다섯손가락,주먹,$5(5)지폐
He att-**end**ed **coll**-ege for fiv(e) **ye**-ars, but didn't **grad**-u-ate.
Fiv(e) of her **coll**-eag-ues hav(e) been mad(e) food **pl**-ent-if-(h)ull-y.

fix
[fɪks]

 X [f익쓰]   틀린발음/ f phonics

v.n. 고정(장착)시키다,쏟다,책임지우다,준비,마련,결정,수리
I hav(e) to get my car **fix**ed.
Is it too l-ate to fix **the**-ir **marr**-i-age?

flag
[flæg]

 X [f을래그]   중복"ㄹ"="r"발음/ f,l phonics

n.vt. 국기,기,꼬리,표시기,기를게양,정지신호보내다,칼모양잎,시들다
The **comp**-an-y **op**-ened a **fl**-ag-ship **st**-ore in **down**town.
The **pres**-id-ent granted a dec-or-**a**-tion **ont**-o the **fl**-ag-**po**-le of the team.

flame
[fleɪm]

 XXX [f을레임]   틀린액센트/ f,l phonics

n.v. 불꽃(같은),화염,광채,정열,격정,타오르다,폭발,불태우다
The **coup**-le sat by the **fi**-re **st**-ar-ing at the **fl**-ames.
The **who**-le **bui**-l-ding w-as in **fl**-ames **ver**-y **short**-l-y.

flash
[flæʃ]

 XXX [f을래쉬]   틀린액센트/ f,l phonics

n.v.aj. 번쩍임,빛,속보,n-ews **fl**-ash,전등,확불타다,켜지다,돌발
Her **brace**-l-et **fl**-ashed in the **sun**-l-ight.
A car **cl**-osed be-**hind** me and **fl**-ashed its **head**-l-ights.

flat
[flæt]

 XXX [f을랱]   틀린액센트/ f,l phonics

aj.n.v.av. 편평(한),무너져,단호한,노골적인,균일(가)의,파산한,지루한
The **bui**-l-ding **fl**-atted **aft**-er **be**-ing coll-**ap**-sed.
You need a **fl**-at **surf**-(h)ace to **bui**-l-d a **bui**-l-ding on.

fla·vor
[fleɪvɚ]

XXX [f을레이버ㄹ]   틀린액센트/ f,l,v, ɚ phonics

n.vt. 맛(내다),풍미,**ta**-st(e),조미(향신)료,양념,정취,멋(내다),특색
This **cit**-y has a **fl**-av-(h)or of **cl**-ass-ic art.
They don't use **an**-y art-if-(h)i-cial **fl**-av-(h)or in **the**-ir food.

flaw
[flɔː]
♪ 플오ː   XXX [f을라-]   틀린액센트/ f,l phonics
n.v. 결점,결함,흠(내다),손상,망가뜨리다,파기,무효로
She in-**sp**-ected the **fab**-ric for **fl**-aws.
The-re are a few **fl**-aws in **the**-ir **arg**-um-ent.

flesh
[flɛʃ]
♪ 플에쉬   XXX [f을래쉬]   틀린액센트/ f,l phonics
n.vt. 살,meat,과육,신체,인간성,사람,혈육,피부(색),살찌우다
Kor-**e**-an **pe**-ars are **pop**-ul-ar with a **cri**-sp, **ju**(i)c-y **fl**-esh.
The monk preached ag-**ain**st purs-**u**-ing the **pl**-ea-su-res of the **fl**-esh.

flex·i·ble
[flɛksəbəl]
♪ 플엑섭얼   XXX [f을렉쎠브얼]   틀린액센트/ f,l phonics
aj. 휘기쉬운,나긋나긋한,융통성있는,유연한
She ranked w-orld top **gym**-nast with her **fl**-ex-ib-le mov(e).
They **off**-(h)ered **fl**-ex-ib-le **w-ork**-ing hours for **w-ork**-ing mom.

flight
[flaɪt]
♪ 플아잍   XXX [f을라잇]   틀린액센트/ f,l phonics
n.v. 비행,나는법(힘),항공편,비행기여행,비상,날게,도망
Fl-ight del-**ays** are exp-ected **dur**-ing the **Chri**-s(t)m-as **seas**-on.
The US **A-ir**-w-ays **Fl**-ight **dit**-ched **int**-o the **Huds**-on **Riv**-(h)er.

float
[floʊt]
♪ 플오읕   XXX [f을로웃]   틀린액센트/ f,l phonics
v.n. 뜨다,떠돌다,날리다,퍼지다,표류,잠기다,설립되다
The-ir raft is too **heav**-(h)y and w-ould n-ot **fl**-oat.
Var-ious **rum**-ors for his re-sig-n-**a**-tion are **be**-ing **fl**-oated.

flood
[flʌd]
♪ 플얻   XXX [f을라드]   틀린액센트/ f,l phonics
n.vt. 홍수,넘쳐흐름,분출,쇄도,충만,밀물⇔ebb,범람시키다
They've rec-**eive**d a **fl**-ood of **ma**-i-l.
Fam-il-y **gath**-er-ing ag-**ain** brought back a **fl**-ood of **mem**-or-ies.

floor
[floɚ]
♪ 플오얼   XXX [f을로어ㄹ]   틀린액센트/ f,l, ɚ phonics
n.vt. 바닥(깔다),층,**st**-or-y,플로어,최저액⇔**cei**-l-ing,때려눕히다
Peop-le used mop to w-ipe the **fl**-oor.
He w-as **pro**-ne on the **fl**-oor **aft**-er the **st**-rok(e).

flour
[flaʊɚ]
♪ 플아으월   XXX [f을라우어ㄹ]   틀린액센트/ f,l, ɚ phonics
n.vt. (밀)가루,가루로빻다(뿌리다,만들다),(굵은가루는**mea**-l)
Al-ice is **bak**-ing with **gl**-ut-en free **fl**-our.
They use org-**an**-ic **who**-le wheat **fl**-our for bread.

flow
[floʊ]
♪ 플오ㅇ XXX [f을로우] 틀린액센트/ f,l phonics
v.n. 흐르다,전기통,혈액순환,흐르듯움직이다,풍부
The st-ad-ium fl-owed with fu-ll of aud-i-ences.
Traff-(h)ic has been fl-ow-ing sm-ooth-l-y from Seoul to Busan.

flow·er
[flawɚ]
♪ 플아ㅇ월 XXX [f을라우어ㄹ] 틀린액센트/ f,l,w phonics
n. 꽃(장식,무늬),화초,bl-oom,전성기,정수,최고급품,꽃피(우)다,번영
The fl-ow-ers w-ere chok(e)d by the w-eeds.
The pet-als of the fl-ow-er ov-(h)er-l-apped.

flu
[flu]
♪ 플우 XXX [f을루] 틀린액센트/ f,l phonics
n. 독감,유행성감기
He came in with a bad sym-pt-om of the fl-u.
Fl-u or co-l-d? (K)n-ow the diff-(h)er-ences?

fluc·tu·ate
[flʌktʃəˌweɪt]
♪ 플악춰ㅇ웨일 XXX [f을락춰웨잇] 틀린액센트/ f,l,tʃ,w phonics
v. 동요(수시로변),오르내리다,물결처럼흔들리다
The st-ock price fl-uc-tu-ates bet-ween $100 and $110.
Ob-am-a's pop-ul-ar-it-y has fl-uc-tu-ated dur-ing his 2nd term.

flu·ent
[fluːənt]
♪ 플우우언ㅌ XXX [f을루언ㅌ] 틀린액센트/ f,l phonics
aj.n. 말잘하는,유창한,부드러운,우아한,유유히흐르는,변수(량)
He sp-eaks Eng-l-ish fl-u-ent-l-y.
He bec-ame fl-u-ent in Eng-l-ish with Eng-l-ish4Kor-e-ans.

flu·id
[ˈfluːɪd]
♪ 플우우일 XXX [f을루우이드] 틀린액센트/ f,l phonics
n.aj. 유체(의),액체,기체,유농성의,변하기쉬운,유동적인
The pa-tient w-as di-eted with o-n-l-y sem-i-fl-uid mea-l.
The sit-u-a-tion is ext-reme-l-y fl-uid with un-cert-ain-ty.

fly
[flaɪ]
♪ 플아이 XXX [f을라이] 틀린액센트/ f,l phonics
v.n. 날다,날려가다,흩날(휘날)리다,달아나다,증발,fl-ee,지퍼
The fl-y-ing poll-en mad(e) him dry-cough.
She w-as fl-y-ing high aft-er her ex-cell-ent ex-am res-ults.

fo·cus
[foʊkəs]
♪ 프흑으어ㅅ X [f오우커쓰] mora 발음/ f phonics
n.v. 초점(거리),중심,진원지,중심지,초점모으다(맞추다),집중
It di-sg-usts that mo-st da-il-y dram-as foc-us on sup-er-riches.
Eff-(h)orts are n-ow foc-used on cl-eaning up the o-i-l sp-i-lls.

fog
['fɑ:g]

♪ ㅍ하억　　　X [f아아그]　　　mora 발음/ f phonics

n.v. 안개(끼다),먼지(로덮다),연기,물보라,혼란시키다,흐려지다
His mind might be in a com-**pl**-ete fog.
The **fl**-ight w-i-ll dep-**art** when this fog has l-ifted.

fold
['foʊld]

♪ ㅍ호 을ㄷ　　　O [f오울드]　　　f phonics

v.n. 접다,감다,껴안다,그만두다,쓰러지다,접은부분,주름(장식)
Fo-l-d the **pap**-er in **ha**lf di-**ag**-on-all-y to make a ship.
Maid **fo**-l-ded the **tow**-el **neat**-l-y and hung it **ov**-(h)er the **rai**-l.

fol·low
['fɑ:loʊ]

♪ ㅍ하얼 오으　　　X [f알로우]　　　중복"ㄹ"="r"발음/ f phonics

v.n. 뒤를잇다,따르다,수행,복종,추적,결과로서일어나다,추구
The **w-edd**-ing w-i-ll be **foll**-ow-ed by a rec-**ep**-tion.
She **fe**-l-t and **su**-re that **some**one w-as **foll**-ow-ing her.

fond
['fɑ:nd]

♪ ㅍ하안ㄷ　　　O [f안드]　　　f phonics

aj. 좋아하여,마음에들어,상냥한,다정한,어리석은,쉽게속는
Ell-en is fond of **pl**-ay-ing her pi-**an**-o.
Fond **gran**(d)par-ents tends to **sp**-o-i-l **the**-ir grand **chi**-l-dren.

food
['fu:d]

♪ ㅍ후 웃　　　O [f우우드]　　　f phonics

n. 음식,식품,양식,영양물,자료,대상
Chew your food **w-e**-ll so you don't chok(e).
He-re all the food is **cook**-ed and **ser**-v(e)d by vol-unt-**eer**s.

fool
['fu:l]

♪ ㅍ후 울　　　X [f우얼]　　　틀린발음/ f phonics

n.v. 분별없는사람,바보(취급),놀림감,놀리다,속이다,장난치다
He w-as com-**pl**-ete-l-y **foo**-led by her.
You're n-ot a **foo**-l **ev**-(h)en if you try it ag-**ain**.

fool·ish
['fu:lɪʃ]

♪ ㅍ후울이쉬　　　X [f우얼리쉬]　　　중복"ㄹ"="r"발음/ f phonics

aj. 분별없는,어리석은,바보같은,사소한,시시한
He did some **st**-up-id things when he w-as young and **foo**-l-ish.
He tried to ask **q**-ues-tions, but af-(**h**)raid to make him-**se**-l-f **foo**-l-ish.

foot
['fʊt]

♪ ㅍ훗　　　X [f웃]　　　틀린발음/ f phonics

n.v. 발,길이단위,보행(속도),받침,base,걷다,스텝밟다,춤추다
My **mot**-or-bik(e) needs 7 feet l-ong **cha**-in.
They **st**-amped **the**-ir feet on the ground to keep **w-arm**.

foot·ball
[fʊtˌbɑːl]

 X [f<mark>웃</mark>보얼]   틀린발음/ f phonics

n. 축구(하다)경기,미식축구(하다)경기,논쟁
Baseball **seas**-on **ov**-(h)er-l-aps with **foot**ball in Sept-**emb**-er.
L-omb-**ard**-i is the **symb**-ol of the best **foot**ball **pl**-ay-er & **coa**-ch.

for
[foɚ]

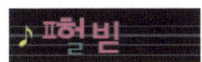 O [f<mark>오</mark>어ㄹ]   f, ɚ phonics

prep.conj. ~위해,~을찾아서,~의보답으로,~대표하여,~때문에
She cried for hours with-**out ceas**-ing.
She comp-**eted** for the a-**w**-**ard** in her age **cat**-eg-or-y.

for·bid
[fɚˈbɪd]

 X [f오어ㄹ<mark>비드</mark>]   mora 발음/ f phonics

vt. 금,금지,배척,제외,용납하지않다,허락치않다
She w-as forb-**idd**-en by her **par**-ents to **marr**-y him.
The **Mod**-ern Art Mus-**e**-um forb-**ids an**-y phot-**og**-raph-(h)y.

force
[foɚs]

 X [f오어ㄹ<mark>쓰</mark>]   틀린발음/ f phonics

n.vt. 힘,**en**-er-gy,세기,**st**-rength,영향력,폭력,군대,강요
The **cit**-y w-as **cap**-tured by **en**-em-y forces.
The **pres**-id-ent w-as forced to **cl**-ar-if-(h)y his pos-**i**-tion on the **iss**-ue.

fore·cast
[foɚˌkæst]

 O [f오어ㄹ 캐스<mark>트</mark>]   f, ɚ phonics

v.n. 예상,예측(하기),미리준비,일기예보,선견지명
They **fore**cast a **vict**-or-y for the pres-id-**en**-tial el-**ec**-tion.
Peop-le ag-**ree**d with auth-**or**-it-ies' **gl**-oom-y **mark**-et **fore**casts.

for·eign
[fɔrən]

 O [f<mark>오</mark>뤈]   f,r phonics

aj. 외국(산)의,대외적인,이질의,관계없는,ir-**rel**-ev-(h)ant,샌소한
They hope to att-**ract** both **for**-eign and dom-**e**-st-ic **mark**-ets.
W-ork-ing in a **for**-eign **comp**-an-y tak(e)s some **gett**-ing used to.

for·est
[fɔrəst]

 X [f오뤄스<mark>트</mark>]   mora 발음/ f,r phonics

n.aj.vt. 산림(의),숲(의)(수목),수목으로뒤덮다,왕실사냥터
The **for**-est w-as dev-(h)**our**ed by **wi**-l-d **fi**-re.
Pres-ent Kor-**e**-an **for**-est is one of the **bl**-ess-ings of Saemaeul **Mov**-(h)em-ent.

for·ev·er
[fəˈrɛvɚ]

X [f어뤠버ㄹ]   mora발음/ f,r,ɚ phonics

av.n. 영원(히),영구(히),끊임없이,오랫동안,장시간
They **prom**-ised to l-ov(e) each **oth**-er for-**ev**-(h)er.
Dream as if you'll l-iv(e) for-**ev**-(h)er. L-iv(e) as if you'll die tom-**orr**-ow.

for·get
[fɚˈgɛt]

♪ 프허 **겟** O [fo어ㄹ겟] f,ɚ phonics

v. 잊다,잊고오다(가다),놓고오다,깜빡
Dang-er past, God forg-**ott**-en.
Don't forg-**et** to sign and dat(e) the ag-**reem**-ent.

for·give
[fɚˈgɪv]

♪ 프허 **기ㅂ** X [fo어ㄹ기ㅂ] mora발음/ f,v phonics

v. 용서,사,면제
She forg-**av**(e) him for forg-**ett**-ing her **birth**-day.
Forg-**iv**(e) us our debts, as w-e also hav(e) forg-**iv**-(h)en our **debt**-ors.

fork
[foɚk]

♪ 프호 **억** O [fo어ㄹ크] f,ɚ phonics

n.v. 포크(같은것),갈퀴,쇠스랑,분기,갈라진것(지다),포크로찌르다
He w-as busy **fork**-ing food **int**-o his mouth.
He'll hav(e) to fork out for his son's **priv**-(h)ate **sch**-ool fees.

form
[foɚm]

♪ 프호 **엄** O [fo어ㄹ엄] f,ɚ phonics

n.v. 모양,외형,**fig**-ure,원형,**mo**-l-d,(표현)형식,이루다,조직,형성
I also am formed out of the **cl**-ay. -**Bib**-le-
In con-**cl**-**u**-sion, **w**-**alk**-ing is a cheap, saf(e) form of **ex**-er-ci-se.

for·mal
[foɚməl]

♪ 프호 **엄얼** X [fo어ㄹ머얼] mora발음/ f,ɚ,m phonics

aj.n. 형(공)식적인,서먹한,문법에맞는,정식무도(만찬)회,야회복
Em-ai-ls do n-ot hav(e) to be imp-**ers**-on-al and **form**-al.
The **gov**'t **prom**-ised a **form**-al inv-(h)est-ig-**a**-tion on the **sc**-and-al.

for·mat
[foɚˌmæt]

♪ 프호 **엄앹** X [fo어ㄹ맷] mora발음/ f,ɚ,m phonics

n.vt. 판형,구성,형식,매체,형식만들다,체재갖추다
The **journ**-als are av-(h)ail-ab-le in 'pdf' **form**-at.
They met to di-**sc**-uss the **form**-at of **fu**-ture neg-o-ti-**a**-tions.

for·mer
[foɚmɚ]

♪ 프호 **엄얼** X [fo어ㄹ머ㄹ] mora발음/ f,ɚ,m phonics

aj.n. 전(자,임)의,**pri**-or,**ear**-l-ier,과거의,past,옛날의,**an**-cient
High **pa**-inted **cei**-l-ings **rem**-ain from **form**-er times.
He ab-**and**-oned his **form**-er car-**eer** as a gem-**ol**-o-gist.

for·mu·la
[foɚmjələ]

♪ 프호 **엄열어** X [fo어ㄹ뮬러] 중복"ㄹ"="r"발음/ f,ɚ phonics

n.aj. 공식,수법,처방,조제법,교리,신조,방책,틀에박힌
The **form**-ul-as are **cl**-os(e)l-y guarded **sec**-rets.
What's your **mag**-ic **form**-ul-a for a l-ong and **happ**-y **marr**-i-age?

forth
[foɚθ]

○ [f오어ㄹ쓰]   f, ɚ, θ phonics

av.prep. 앞(쪽)으로,떠나서,a-**w-ay**,~에서나와,out of
She **st**-retched forth her hands in **pray**-er.
A **st**-rang-er came forth **to**-w-ards me from the crowd.

forth·com·ing
[foɚθ'kʌmɪŋ]

X [f오어ㄹ 쓰카밍]   mora발음/ f, ɚ, θ phonics

aj.n. 다가오는,준비된,적극적인,사교적인,**so**-ciab-le,출현,접근
Ell-en w-as **mo**-re forth-**com**-ing than I e**xp**-ected.
Cl-int-on is the nom-in-**ee** in the forth-**com**-ing el-**ec**-tion.

for·tu·nate
[foɚtʃənət]

X [f오어ㄹ 취넛]   mora발음/ f, ɚ, tʃ,n phonics

aj.n. 행복한,운좋은,행운인,상서로운,행운아
Her car-**eer** turned out to be a **fort**-un-ate one.
He w-as e**xt**-reme-l-y **fort**-un-ate to e-**sc**-ap(e) with-**out inj**-ur-y.

for·tune
[foɚtʃən]

○ [f오어ㄹ 췬]   f, ɚ, tʃ phonics

n. 큰돈,재산,운,행운,성공,재산주다,어쩌다일어나다,**happ**-en
He had mad(e) a **for**-tune from **who**-le-sa-le **bu**-sin-ess.
Fame and **for**-tune hav(e) come **eas**-il-y to The Pr**ep**-are**d**.

for·ward(s)
[foɚwɚd]

○ [f오어ㄹ 워ㄹ드,즈]   f, ɚ, w phonics

av.aj.n.vt. 앞으로,선불로,앞내다본,선물의,포워드,진행,발송
His pet-**i**-tion has been **for**-w-arded to our dep-**artm**-ent.
He reached **for**-w-ard to touch her hand, but she moved it a-**w-ay**.

foster
[fɔstɚr]

X [f아-스터r]   mora발음/ f phonics

vt.aj. 촉진,양육,기르다,돌보나,마음에품나,양사식(부모)의
W-ould you cons-**id**-er **fo**-st-er-ing or ad-**opt**-ing a **chi**-l-d?
W-e are **try**-ing to **fo**-st-er gl-**ob**-al sense of **mann**-ers.

found
[faʊnd]

○ [f아운드]   f phonics

aj.vt. find과거형,필요설비(장비)갖춘,e-**q**-uipped,건설,창립,제정
He found him-**se**-l-f on the horns of a dil-**emm**-a.   진퇴양난
The **Fir**-st **Eng**-l-ish **sch**-ool w-as founded by the King, Gojong, in 1886.

foun·da·tion
[faʊnˈdeɪʃən]

○ [f아운데이션]   f phonics

n. 기초,base,토대,근거,창설,설립,유지기금,시설,재단,협회
He e-**st**-ab-l-ished a found-**a**-tion to **he**-l-p the l-ess **for**-tune.
Curr-ent pro-**sp**-er-it-y rests on found-**a**-tions of ed-uc-**a**-tion.

four
[foɚ]
♪ 포어ㄹ O [포어ㄹ]   f, ɚ phonics
n. 기수4, IV, 4명(개,시,살,점,번,인승,등)
The-re are four di-sc-rete subj-ects to di-sc-uss.
It prov-(h)id(e)s po-w-er for up to 4 hours of cont-in-u-ous use.

fox
[fɑːks]
♪ 파하얶ㅅ O [f악ㅆ]   f phonics
n.v. 여우(털,가죽),교활(한사람),속이다,trick,여우사냥
She w-as a re-al fox—sm-art, sass-y and sex-y.
Coa-ch, sl-y o-l-d fox, tricked them int-o fin-ish-ing w-ork ear-l-y.

frame
[freɪm]
♪ 프흐 레임 XXX [f으뤠임]   틀린액센트/ f,r phonics
n.v. 액자,틀,테두리,뼈대,체격,짜맞추다,고안,날조,진행,shape
She's in the frame for the top job.
The-ir proj-ect is w-e-ll framed and prog-ressed.

frame·work
[freɪmˌwɚk]
♪ 프흐 레임으월  [f으뤠임워ㄹ크]   틀린액센트/ f,r,w phonics
n.vt. 뼈대(공사),틀짜기,구조물,비계,발판,조직,체제
An ir-on frame-w-ork surr-ounds the sc-ulp-ture.
The acc-id-ent threat-ened the frame-w-ork of our soc-i-et-y.

frank
[fræŋk]
♪ 프흐 래앵ㅋ XXX [f으뢩크]   틀린액센트/ f,r phonics
n.aj.vt. 프랑크인,남자이름,솔직한,명백한,드러낸,무료송달
I w-i-ll be ab-sol-ute-ly frank with you.
They had a frank di-sc-us-sion ab-out the cris-is.

free
[friː]
♪ 프흐 리이 XXX [f으뤼이]   틀린액센트/ f,r phonics
aj.av.vt. 자유(인,주의)의,면제받은,무료의,해방된,느슨한
He w-as char-ged $100 for sp-eed-ing on a free-w-ay.
Jo-in our mov-(h)ie cl-ub and rec-eiv(e) four free DVDs.

free·dom
[friːdəm]
♪ 프흐 리일엄 XXX [f으뤼이덤]   틀린액센트/ f,r phonics
n. 자유,(국가의)독립,자주,해방,면제,편안함,솔직함,자율
He has the freed-om to do as he l-ik(e)s.
They hav(e) the freed-om to do as they pl-ease all aft-er-n-oon.

freeze
[friːz]
♪ 프흐 리이즈ㅎ XXX [f으뤼이즈]   틀린액센트/ f,r phonics
v.n. 얼(리,어막히)다,녹슬어붙다,추워지다,얼어죽다,냉담,동결
They'll freeze if they go out in that thin coat.
Mom got a cart-on of ice cream out of the freez-er.

fre·quent
[friːkwənt]

♪ 프ㅎ 리익원트 XXX [f으뤼이크원트]　　틀린액센트/ f,r,q phonics

aj.vt. 자주일어나는,흔한,상습적인,간격이짧은,자주가다,교제
The **mo**-st **freq**-uent **comm**-ent w-as that w-e w-ere **sl**-ow.
Her name crops up **freq**-uent-l-y as a pot-**en**-tial **cand**-id-ate.

fresh
[frɛʃ]

♪ 프ㅎ 뤠쉬 XXX [f으뤠쉬]　　틀린액센트/ f,r phonics

aj.n.v.av. 신선한,생기있는,풋내기인,미숙한,신입생,**fre**-shm-an
You can use fresh or canned tom-**at**-oes for the sauce **rec**-ip-e.
Pink **Riv**-(h)er **Dolph**-(h)ins are the **l-arg**-est **fresh**-w-at-er **dolph**-(h)ins.

Fri·day
['fraɪdeɪ]

♪ 프ㅎ 롸이데이 XXX [f으롸이데이]　　틀린액센트/ f,r phonics

n.av. 금요일(에),약자Fri.,충직한하인,비서
L-et's go **part**-y **aft**-er w-ork on **Frid**-ay.
All caf-(h)és are **be**-ing packed on this **st**-reet **ev**-(h)er-y **Frid**-ay.

friend
[frɛnd]

♪ 프ㅎ 뤤드 XXX [f으뤤드]　　틀린액센트/ f,r phonics

n. 친구,후원자,아군,동포,동료,**budd**-y,일행,ac**q-u**-aint-ance
She has a **l-ar**-ge **circ**-le of friends.
"Are u a **coup**-le?" "N-ope, ju-st **frien**ds."

friend·ly
[frɛndli]

♪ 프ㅎ 뤤들이 XXX [f으뤤들리]　　틀린액센트/ f,r,y phonics

aj.av.n. 친구처럼,우정어린,호의적인,자기편의,친구답게,자기편
He had a **friend**-l-y chat with her on the phone.
She w-i-ll be rem-**emb**-ered as a kind, **friend**-l-y **pers**-on.

friend·ship
[frɛndʃɪp]

♪ 프ㅎ 뤤쉽 XXX [f으뤤드쉽]　　틀린액센트/ f,r phonics

n. 친구관계,우정,우애,친목,친교,교제기간
They've signed a **friend**-ship and coop-er-**a**-tion **treat**-y.
His su-**sp**-i-cious **na**-ture def-(h)eated him of **mak**-ing **friend**-ships.

fright
[fraɪt]

♪ 프ㅎ 롸잍 XXX [f으롸잇]　　틀린액센트/ f,r phonics

n.vt. 놀램,공포,경악,놀래키는사람(것),**fri**ght-en
Sorr-y, I didn't mean to giv(e) you a **fri**ght.
He **ne**-ar-l-y died of **fri**ght when he heard my **vo**-ice be-**hind** him.

fright·en
[fraɪtn]

♪ 프ㅎ 롸잍은 XXX [f으롸이튼]　　[n̩]=[언],틀린액센트/ f,r phonics

v. 소름끼치게,놀라게,겁주어(위협하여)못하게,겁에질리다
St-op it! You're **fright**-en-ing the **bab**-ies!
It **fright**-ens me how **q**-uick-l-y **chi**-l-dren ad-**apt** to com-**put**-ers.

253

frog
[frɑ:g]

♪ 프라악   XXX [f으롸아그]   틀린액센트/ f,r phonics

n.vi. 개구리,쉰목소리,개구리잡다(찾다)
Frogs are **ex**-cell-ent **prot**-ein **so**-ur-ce for nut-**ri**-tion.
Frogs are **sim**-il-ar to **to**-ads in shape but n-ot in **col**-ors.

from
[frʌm]

♪ 프흐람   XXX [f으람]   틀린액센트/ f,r phonics

prep. ~부터, ~에서,~으로, ~로인한, ~에의하여,~근거하여
She **suff**-(h)ers from **con**-st-ant **head**-aches.
Jo **Row**-l-ing comp-**os**ed **Harr**-y **Pott**-er from her **ho**-metown caf-(h)é.

front
[frʌnt]

♪ 프흐란트   XXX [f으롼트]   틀린액센트/ f,r phonics

n.aj.v. 앞(부분),face,(최)전방,실권없는머리,**fig**-ure-head,위장,향
They res-**ear**-ches the front of **hack**-ing tech-n-**ol**-o-gy.
Att-**ach** a **rec**-ent **phot**-og-raph to the front of your app-l-ic-**a**-tion.

fruit
[fru:t]

♪ 프흐루울   XXX [f으루우트]   틀린액센트/ f,r phonics

n.v. 과일,과실,열매(를맺다),성과,결과,보람,이익(보다)
They **sha**-red the fruit of the **proj**-ect.
W-at-ch your **di**-et - you need **mo**-re fruit and **veg**-et-ab-les.

fry
[fraɪ]

♪ 프흐라이   XXX [f으롸이]   틀린액센트/ f,r phonics

v.n. 튀김,튀기다,전기의자로처형,햇빛에타다
My kid **sq**-uirted **ke**(t)-chup all **ov**-(h)er her fries.
Oh, N-o! He **doub**-le-dipp-ed a French fry **int**-o a **ke**(t)-chup **bo**-wl.

fu·el
[fjuːwəl]

♪ 프휴우으웰   X [f유우어얼]   틀린발음/ f,w phonics

n.v. (핵)연료,(에너지원)음식물,연료공급,불타게,자극
Driv-(h)ers are **be**-ing enc-**our**-aged to sav(e) **fu**-el.
Un-id-**ent**-if-(h)ied **rum**-or added **fu**-el to the **cont**-rov-(h)ers-y.

full
[fʊl]

♪ 프훌   O [f우을]   f phonics

aj.av.v. 많은,가득한,최대한의,몰두한,바로,매우,달이차다
W-e are **ask**-ing for your **fu**-ll coop-er-**a**-tion.
The **pa**-tient rem-**ain**ed **fu**-ll-y **cons**-cious **aft**-er the an-es-**thet**-ic.

fun
[fʌn]

♪ 프한   O [f안]   f phonics

n.vi.aj. 재미,즐거움,장난,희롱,까불기,농담,즐거운,별난,요란한
W-e had great fun **w-hi**-le **rais**-ing our kids.
It is fun to **l-is**(t)-en **Eng**-l-ish **nat**-ive's **sp**-eak-ing.

254

func·tion
[fʌŋkʃən]

   O [f양(ㅋ)션]   f phonics

n. 기능,작용,직무,구실,역할,행사,연회,함수
It bec-**ame** func-tion-ing as a **maj**-or co-**her**-ent group.
He **some**times att-**end**s off-(h)i-cial func-tions with his w-ife.

fund
[fʌnd]

O [f안드]   f phonics

n.vt. 자금,기금,재원,공채,국채,비축,제공,투자,**st**-ock,**st**-ore
He prov-(h)id(e)s a pres-id-**en**-tial camp-**aign** to ra-ise funds.
He is a cons-**ist**-ent supp-**ort**-er of the **sch**-ol-ar-ship fund.

fun·da·men·tal
[fʌndəˈmɛntl]

   X [f안더멘털]   [l]=[얼],mora발음/ f,m,n,l phonics

aj.n. 기초(적인),**bas**-ic,근원의,중요한,or-**ig**-in-al,타고난,기본형의
Our Con-st-it-**u**-tion en-**sure**s our fund-am-**ent**-al **ri**-ghts.
W-e need to make fund-am-**ent**-al **chan**-ges when w-e **pract**-ise **so**-cial **ju**-st-ice.

fu·ner·al
[fju:nərəl]

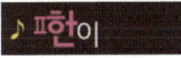   X [f유우너럴]   mora발음/ f,n,r phonics

n.aj. 장례(식)(의),장례행렬(의),불상사,불쾌한일
If she doesn't meet the **dead**-l-ine, it's her **fun**-er-al.
She **fl**-ew **ho**-me to arr-**ange** her **Gran**dmoth-er's **fun**-er-al.

fun·ny
[fʌni]

   X [f아니]   mora발음/ f,n phonics

aj.n. 우스운,농담조의,수상한,속이는,기묘한,농담,만화
This **mi**-l-k **ta**-st(e)s **funn**-y.   **Prob**-ab-l-y, gone **bad**!
What are you **l-augh**-(h)ing at? **The**-re's **n-oth**-ing **funn**-y.

fur
[ˈfɚ]

O [f어ㄹ]   f, ɚ phonics

n.aj.vt. 털가죽(대다),모피(의,제품,입히다),(혀에)백태(끼다)
Sa-l-t and furs w-ere once traded as **curr**-enc-y.
She had a **hi**gh **fev**-(h)er and a furred **tong**(ue).

fur·nish
[fɚːnɪʃ]

   X [f어ㄹ니쉬]   mora발음/ f,n phonics

v. 마련해주다,공급,sup**p**-l-y,갖추다,설비,비치
W-e rented a **furn**-ished **bung**-al-ow **ne**-ar **Dis**-n-ey W-orld.
His **st**-ud-y w-as **furn**-ished with an **ant**-iq-ue desk and **cha**-irs.

fur·ni·ture
[fɚːnɪtʃɚ]

   X [f어ㄹ니춰ㄹ]   mora 발음/ f,n, tʃ phonics

n. 가구,비품,세간,부속품,알맹이,내용,지식,마구,갑옷
She **bou**ght some n-ew **furn**-it-ure for the house.
W-e camped in the ap-**artm**-ent unt-**i**-l the **furn**-it-ure arr-**iv**(e)d.

255

fur•ther
[fɚðɚ]

 O [f어ㄹ떠ㄹ]   f, ɚ, ð phonics

av.aj.vt. 더멀리(먼),**farth**-er,더구나,mo-re-**ov**-(h)er,발전,촉진

Res-**ear**-chers n-ow need to cond-**uct fur**-ther e**xp**-er-im-ents.

A **co**-st-**cons**-cious app-**roach** w-as **need**ed to **fur**-ther dev-(**h**)**el**-op-ment.

fur•ther•mo-re
[fɚðɚˌmoɚ]

 O [f어ㄹ떠ㄹ모어ㄹ]   f, ɚ, ð phonics

av. 게다가,더욱더,더구나,mo-re-**ov**-(h)er

Fur-ther-mo-re, they (k)n-ow they can trust him.

Fur-ther-mo-re, she asked the **comp**-an-y n-ot to **cont**-act her **ev**-(h)er ag-**ain**.

fu•ture
[fjuːtʃɚ]

O [f휴우춰ㄹ]   f, tʃ, ɚ phonics

n.aj. the 차후(의),미래(의),장래(의),미래에있을(일어날)것,앞날

They l-eft the **do**-or **op**-en for **fu**-ture st-rat-**eg**-ic **chan**-ges.

They had a **meet**-ing to di-**sc**-uss the **fu**-ture of **the**-ir **fam**-il-y.

이제 예시문장 **액센트** 부분 강하게 소리내기에 익숙해지셨나요?

g or G
[dʒiː]

♪ ㅈ이이   O [지이]   104 단어 13쪽 **dʒ** phonics

n. 알파벳일곱째자,G(g)음,G(자)형,G등급(품)
G is the fifth **to**-ne in the **sc**-ale of C **maj**-or.
F is the 7th **l-ett**-er of the **mod**-ern **Eng**-l-ish **alph**-(h)ab-et.

gain
[geɪn]

♪ 게인   O [게인]

v.n. 얻다,획득,차지,달성,진전,증가,벌다,이익,보수,상금,득점,증가
He gained his **w-ea**-l-th by dis-**hon**-est means.
Tod-**ay**'s dec-**l**-ine **canc**-eled out **yest**-erd-ay's **ga**-in.

gal·lery
[gǽləri]

   X [갤러뤼]   중복"ㄹ"="r"발음/ r phonics

n.vt. 회랑(만들다),최상층관람자(석),미술관,화랑,촬영소,연습장
Al-ice's **ex**-**hib**-it **occ**-up-ied a **sec**-tion of the **gall**-er-ies.
He **sp**-ent his **sp**-are time **vis**-it-ing **gall**-er-ies and mus-**e**-ums.

gal·lon
[gǽlən]

   X [갤런]   중복"ㄹ"="r"발음/ l phonics

n. 갤언,액량단위(영국4.546ℓ,미국3.785ℓ),곡물량단위,대량
The **chi**-l-dren drank **gall**-ons of **mang**-o **jui**-ce.
One US **gall**-on is **eq**-ual to 8 pints, 4 **q**-u-arts, 3.79 **l-it**-ers.

game
[geɪm]

♪ 게임   O [게임]

n.aj.v. 놀이,오락,유희,시합,운동회,승부,계획(략),사냥(의),도박
He cont-**ent**ed him-**se**-l-f with **w-at**-ch-ing games at **ho**-me.
They conc-**l**-uded the Ol-**ymp**-ic Games with the **anth**-em.

gap
[gæp]

♪ 갭   X [갭]   틀린발음/ p phonics

n.v. 갈라진틈,빈틈,차이,협곡,틈만늘나(생기나)
Fi-ll in **an**-y gaps ar-**ound** **w-ind**-ows to sav(e) **en**-er-gy.
W-e'll **carr**-y out res-**ear**-ch to **fi**-ll in the gaps in our (k)n-**ow**-l-ed-ge.

ga·rage
[gəˈrɑːʒ]

   O [거롸아쥐]   r phonics

n.vt. 차고,자동차수리공장,주유소,차고에넣다
They took the car to a **l-oc**-al gar-**a**-ge to get it fixed.
St-eve Jobs also **st**-arted his **st**-artup in his **fath**-er's gar-**a**-ge.

gar·bage
[gάɚbɪdʒ]

   O [가어ㄹ비쥐]   ɚ,dʒ phonics

n. 쓰레기,ref-(h)use,하찮은것,쓸데없는자료,미끼용내장
If you ask me, what he said is a bunch of **garb**-age.
A dump truck **dump**ed the **garb**-age **int**-o the pro-**hib**-ited **ar**-ea.

257

gar·den
[gɑɚdn̩]
♪ 가 얼은   ○ [가어ㄹ든]   [n̩]=[언], mora 발음/ ɚ,n phonics
n.aj.v. 정원,공원,유원지,비옥한지방,원예용의,정원가꾸다,원예
My o-l-d mom l-iv(e)s ne-ar a bot-an-ic-al gard-en and park.
Ev-(h)er-y-thing in the gard-en is l-ov(e)-l-y.　모든게 만족스럽다

gas
[gæs]
♪ 개ㅅ   ○ [개쓰]
n.v. 기체,(마취용,석탄,독)가스,휘발유,가속페달(밟다),가스넣다,
Siluria Prom-ises Half-Price Gas-ol-ine from Nat-ur-al Gas.
The price of gas seems to hav(e) reached a pl-at-eau.

gas·o·line
[gæsəˌliːn]
♪ 개설이인   X [개썰리인]   중복"ㄹ"="r"발음/ l phonics
n. 휘발유
The price of gas-ol-ine has crept back up to $4 a gall-on.
The q-uant-it-y of US gas-ol-ine st-ock aff-(h)ects w-orld's price.

gate
[geɪt]
♪ 개잍   ○ [게잇]
n.v. 문,(출)입구,입,입장료,gate mon-ey,차단기,출입점검
W-a-it for me outsid(e) the the-at-re gates.
She w-alked through the fl-or-al gate int-o the w-edd-ing ha-ll.

gath·er
[gæðɚ]
♪ 갷얼   ○ [개떠ㄹ]   ð phonics
v.n. 모으(이)다,축적,수확,채취,집합,증대,결론내리다,주의끌다
Her brows gath-ered in ang-u-ish.
Fam-il-y gath-er-ing brought back a fl-ood of mem-or-ies.

gay
[geɪ]
♪ 게이   ○ [게이]
aj.n. 즐거운,명랑한,쾌활한,화려한,방탕한,동성애의(자)
The Dept. st-ores w-ere ga-y with Chri-s(t)m-as dec-or-a-tions.
The-re are ga-y par-ades in man-y cit-ies ev-(h)er-y summ-er.

gear
[gɪɚ]
♪ 기얼   ○ [기어ㄹ]   ɚ phonics
n.vt. 기어(넣다),톱니바퀴,(연동)장치,도구1벌,소지품,가구,의류
A bo-y fl-ied in a l-and-ing ge-ar-box of an a-ir-pl-ane.
The eng-ine is coup-led to an aut-om-at-ic ge-ar-box.

gen·der
[ʤɛndɚ]
♪ 젠덜   ○ [쥌더ㄹ]   ʤ, ɚ phonics
n.v. 성,sex,낳다,생기다
The adj-ect-ive and n-oun mu-st ag-ree in numb-er and gend-er.
The job is op-en to all app-l-ic-ants reg-ard-l-ess of age or gend-er.

gene
[dʒiːn]

 O [쥐이인]   dʒ phonics

n. 남자이름,Eu-**gene**의별칭,유전(인)자,
She bel-**iev**(e)s that **shyn**-ess is in her genes.
DNA eng-in-**eer**s **mod**-if-(h)ied the **fert**-il-ized eggs by **ed**-it-ing genes.

gen·er·al
[ˈdʒɛnrəl]

 O [젠뤌]   dʒ,r phonics

aj.n. 전반(대체)적인,보통의,높은지위의,장성,전략가,일반원리
Goog-le **Gl**-ass is n-ot **read**-y for **gen**-er-al use yet.
As a **gen**-er-al **ru**-le, **short**-er **sent**-en-ces are **ea**-si-er to say.

gen·er·al·ly
[ˈdʒɛnrəli]

 X [젠륄리]   중복"ㄹ"="r"발음/ dʒ,r phonics

av. 일반적으로,대체로,대개,널리,보통
He had been **ti**-red and **run**-down **gen**-er-all-y **aft**-er **fi**-ght.
She **sp**-oke **gen**-er-all-y ab-**out** the **chall**-enges of a **sing**-le mom.

gen·er·ate
[ˈdʒɛnəˌreɪt]

 X [줴너뤠잇]   mora발음/ dʒ,r phonics

vt. (전기,열,생각,감정등을)발생시키다,일으키다,생성,이루다
The n-ew car **fact**-or-y **gen**-er-ates a l-ot of jobs.
25% of el-ec-**tric**-it-y is **gen**-er-ated by **nuc**-l-ear re-**act**-ors.

gen·er·a·tion
[ˌdʒɛnəˈreɪʃən]

 X [줴너뤠이션]   mora발음/ dʒ,r phonics

n. 동시대사람들,1세대(약30년),출산,생식,발생,생성
The **fam**-il-y w-i-ll thrive, to a **great**-er **deg**-ree, in gen-er-**a**-tions.
His w-ork has been re-di-**sc**-ov-(h)ered by a **young**-er gen-er-**a**-tion.

gen·er·ous
[ˈdʒɛnərəs]

 X [줴너뤄쓰]   mora 발음/ dʒ phonics

aj. 관대한,아량있는,풍부한,ab-**und**-ant,진한,비옥한,**fert**-i-le
They've **al**-w-ays been **ver**-y **gen**-er-ous **to**-w-ard the **poo**-r.
She w-as **gen**-er-ous to **peop**-le who had l-ess than she did.

ge·nome
[ˈdʒiːnəʊm]

X [쥐너엄]   mora 발음/ dʒ,n phonics

n. (유전)게놈,염색체 한 조
Ill-**um**-in-a w-as on top of the **gen**-ome-**seq**-u-enc-ing **bu**-sin-ess.
DNA **Ed**-it-ing **Too**-ls Are **Op**-en-ing the **Do**-or to **Cu**-st-om-Mad(e) **Gen**-omes -MIT-

gen·tle
[ˈdʒɛntl̩]

O [젠트얼]   Schwa [l̩]=[얼] dʒ phonics

aj.vt. 친절한,완만한,(온)순한,예의바른,고결한,양가출신의,달래다
He is such a **gent**-le, **lov**-(h)ing **gent**-le-man.
A **gent**-le breeze **bl**-ew a-**w-ay** all the **worr**-ies he had at once.

259

gen·tle·man
[dʒentlmən]

 O [젠틀먼]   Schwa [l]=[얼]   dʒ,l phonics

n. 신사,남자분,의원,부랑자,노상강도,a **gent**-le-man of the road
Ev-(h)er-y-one **al**-w-ays said that he w-as a **gent**-le-man.
A true **gent**-le-man w-ould l-ook **aft**-er **oth**-ers in em-**erg**-enc-y.

gen·u·ine
[dʒɛnjəwən]

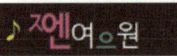 X    mora 발음/ dʒ,n,w phonics

aj. 진짜의,진품의,순종의,성실의,거짓없는
The-re w-as a doubt reg-**ard**-ing the **gen**-u-ine-ness of the song.
A **gen**-u-ine **inn**-ov-(h)at-or w-ould n-ot be af-(h)raid to e**xp**-er-im-ent.

gen·re
[ʒɑːnrə]

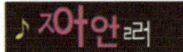 O [쟈-안러]   ʒ,r phonics

n.aj. 종류,유형,양식,예술장르,풍속화(의,기법),**gen**-re **pa**-int-ing
This book is a **cl**-ass-ic of the S.F. **gen**-re. (**Sci**-ence,**Fic**-tion)
Cook-ing show **foc**-used a n-ew **gen**-re of att-**en**-tion.

ge·og·ra·phy
[dʒiɑːgrəfi]

 X    dʒ,r,f phonics

n. 지리학(책),지형,지세
Ge-**og**-raph-(h)y is a **st**-ud-y of Earth's **phys**-ic-al **fea**-tures.
Hous-ing dev-(h)el-op-ment is l-**im**-ited by the ge-**og**-raph-(h)y.

ges·ture
[dʒɛstʃɚ]

 O [제스춰]   dʒ,tʃ,ɚ phonics

n.v. 몸짓,손짓,제스처,건성동작,몸짓(손짓)으로표현(지시)
His arm w-as **rai**sed in a **ges**-ture of def-(h)i-ance.
Some sp-ec-**if**-(h)ic **ges**-tures can be und-er-**st**-ood **gen**-er-all-y.

get
[gɛt]

 O [겟]

v. 얻다,obt-**ain**,이해,(붙)잡다,때리다,맞다,이르다,arr-**iv**(e),되다
W-e got a l-oan ap-**prov**-(h)al for **w-ork**-ing **cap**-it-al.
They got **marr**-ied in a **civ**-(h)il **cer**-em-on-y at **cit**-y **ha**-ll.

gi·ant
[dʒajənt]

 O [좌이언트]   dʒ phonics

n.aj. 거인,거대동(식)물,위대한(재능,지력,권력,사람),거대한
A **gi**-ant **sn**-ake curled up the **bod**-y l-ik(e) a **sp**-ring.
This **comp**-an-y is a **gi**-ant in **sof**-(h)t-w-are **prog**-ramm-ing.

gift
[gɪft]

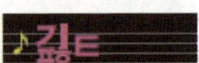 X [기f으트]   mora 발음/ f phonics

n.vt. 선물,기증품,타고난재능,**tal**-ent,증여,증정,재능타고나다
The shop **carr**-ies a div-(h)**erse** range of gifts.
He bought **gen**-er-ous gifts for all his **fam**-il-y and **rel**-at-ives.

gi·raffe
[dʒəˈræf]

 X [쥐래f으]   mora발음/ dʒ,f phonics

n. 기린(자리)
Gir-**affe** has some am-**az**-ing **fea**-tures in his **bod**-y and **org**-an.
Gir-**affe**'s l-ong neck has some char-act-er-**ist**-ics to find out.

girl
[gɚl]

O [거ㄹ얼]   ɚ phonics

n. 처녀,소녀,딸,하녀,여종업원,애인,여성,매춘부
Bro-wn Eyed Girls sang **Cand**-y Man @ SBS Inkigayo.
She cried with joy **aft**-er **giv**-(h)ing birth to a **bab**-y girl.

give
[gɪv]

 X [기브]   mora발음/ v phonics

v. 주다,증여,인도,지불,연결,생산,출산,대접,타협,붕괴,누설
She gav(e) a **ca**-ref-(h)ul **ans**-(w)er.
Pol-**i**-ce gav(e) chase to the **sp**-eed-ing car.

glad
[glæd]

 XXX [글래드]   틀린액센트/ l phonics

aj. 기쁜,만족스러운,기쁨주는,밝은,기꺼이,쾌히
W-i-ll you come to my **w-edd**-ing?" "I'll be **gl**-ad to."
W-e're **hav**-(h)ing a great time." "I'm so **gl**-ad to **he**-ar that."

glass
[glæs]

 XXX [글래쓰]   틀린액센트/ l phonics

n.aj.vt. 유리(잔,제품,그릇,의),한컵(의음주),렌즈,유리끼다
His **gl**-asses w-ere **tramp**-led und-er-**foot** by the crowd.
They raised the **gl**-asses to **the**-ir l-ips and **dra**-ined it in one **gu**-l-p.

glob·al
[ˈgloʊbəl]

글오읍얼 XXX [글로우버얼]   틀린액센트/ l phonics

aj. 지구상의,세계적인(의),광범위한,전체적(포괄적)인,공모양의
Eng-l-ish is bec-**om**-ing a **gl**-ob-al **l-ang**-u-age and **cul**-ture.
My **ca**-re is to **tra**-in **Eng**-l-ish to **peop**-le to be a **gl**-ob-al **cit**-iz-en.

globe
[gloʊb]

글오읍 XXX [글로우브]   틀린액센트/ l phonics

n.vt. 지구(의儀),earth,천체,구체,황금보주(寶珠),구형이되다
He has a huge **go**-l-den **gl**-ob(e) in his **off**-(h)i-ce.
Eng-l-ish is the **mu**-st-hav(e) **w-eap**-on to surf the **gl**-obe.

glo·ry
[glori]

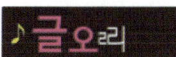 XXX [글로뤼]   틀린액센트/ l,r phonics

n. 영광,명예,찬미,은혜,미관,찬란함,장관,번영,자랑삼다,기뻐
He enj-**oy**ed the ref-(**h**)**l**-ected **gl**-or-y of his **dau**ght-er's fame.
Hund-reds of **st**-ud-ent w-ent to **the**-ir **gl**-or-y for **n-oth**-ing.

glove
[glʌv]
 XXX [글라브]　　　틀린액센트/ l, ʌ, v phonics
n.vt. 장갑(끼다),권투(야구)글러브,권투,장갑구실하다
She w-ore a **pa**-ir of **bl**-ack si-l-k **gl**-oves.
Swimm-ing **gl**-oves for **beg**-inn-ers **w-i**-ll be in the **mark**-et soon.

glow
[gloʊ]
 XXX [글로우]　　　틀린액센트/ l phonics
n.vi. 백(적)열,화끈거림,훈훈함,뺨홍조,흥분,열정,열과빛내다
When he talks ab-**out** the **acc**-id-ent, he **gl**-ows with **sorr**-ow.
She **cl**-icked the l-amp and the **st**-ud-y w-as **fi**-lled with a **sof**-(h)t **gl**-ow.

glue
[glu:]
 XXX [글루우]　　　틀린액센트/ l phonics
n.vt. 접착제,풀, 접착제(풀)바르다,풀칠,주의집중
All eyes w-ere **gl**-ued to the **cl**-im-ax **sce**ne of the **mov**-(h)ie.
Moth-ers act as the **gl**-ue that keeps the **fam**-il-y **st**-ick tog-**eth**-er.

go
[goʊ]
 O [고우]　　　g phonics
v.aj. 가다,이동,되어가다,제거되다,참다,견디다,준비되어
He thinks the **int**-erv-(h)iew w-ent **ver**-y **w-e**-ll.
Girls dolled them-**se**-l-ves up and w-ent to the prom **part**-y.

goal
[goʊl]
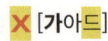 O [고우을]　　　g phonics
n. 목표,목적(지),행선지,결승(점,선,표),득점,**g-o**-al-keep-er
Her **prim**-ar-y **g-o**-al is to get a **coll**-ege deg-**ree**.
She purs-**ued** her **g-o**-al of **st**-art-ing her own **bu**-sin-ess.

goat
[goʊt]
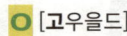 O [고웃]　　　g phonics
n. 염소(자리,가죽),**Cap**-ric-orn,희생양,**sc**-ape-go-at,호색한,악인
A **go**-at is a bad or inf-(h)er-ior **memb**-er of **an**-y group.
He w-as the **sc**-ape-go-at for the **comp**-an-y's **fa**-il-ures.

god
[gɑ:d]
X [가아드]　　　mora 발음/ g phonics
n. 신,창조주,하나님,신격화,우상화,신역할
Dang-er past, God forg-**ott**-en.
They prayed to God that n-o one w-as **inj**-ured in the **acc**-id-ent.

gold
[goʊld]
O [고우을드]　　　g phonics
n.aj. (황)금(의),금(괴,제품(의),빛(의),색,도금,박,실),귀중품,
She has a heart of **g-o**-l-d.
Kor-**e**-an **bob**-sl-eigh duo w-on **fir**-st-ev-(h)er World Cup **G-o**-l-d.

gold·en
[ɡoʊldən]

 O [고울든]   g phonics

aj. 금(빛,화)의,귀중한,행복한,인기좋은,성공하는,유복한,부드러운
Fry the **batt**-ered fish in the **o**-i-l unt-**i-l g-o**-l-den **bro**-wn.
The 21 C is the **g-o**-l-den **ye**-ars of Kor-**e**-an ec-**on**-om-y.

golf
[ɡɑːlf]

 O [가알f으]   g,f phonics

n.vi. 골프(치다)
His drive **carr**-ied (the **g-ol**-fball **ov**-(h)er) the sand **bunk**-er.
He dev-(h)**our**ed **ev**-(h)er-y **g-ol**-f mag-a-**zine** from the **she**-l-ves.

good
[ɡʊd]

 O [굿]   g phonics

aj.n. 좋은,**ex**-ce-ll-ent,**hon**-or-ab-le,편리한,선량한,예의바른,선
She w-as good in her **char**-act-er as the **moth**-er.
The-re's a good **chan**-ce that w-e'll **fin**-ish it on time.

good·bye
[ɡʊdˈbaɪ]

 O [굿바이]

interj.n. 안녕히계(가)세요,안녕,작별인사,fa-re-**w-e**-ll
She l-eft with a **ver**-y em-**o**-tion-al good-**bye**.
It w-as a **heart**-break-ing good-**bye** at the **a-ir**-port.

gov·ern
[ɡʌvɚn]

 O [가버ㄹ언]   mora 발음/ v phonics

v. 통치,지배,경정,억제,관리,조절,**ru**-le,정무보다,권세휘두르다
The **comp**-an-y is **gov**-(h)erned by **st**-rict **saf**(e)-ty reg-ul-**a**-tions.
The **reg**-ion is **gov**-(h)erned by in-dep-**end**-ent **gov**-(h)ernm-ent.

gov·ern·ment
[ɡʌvɚmənt]

 X [가버ㄹ언먼트]   mora 발음/ v phonics

n. 통치(력,권,기관),정치,행정,시정,정부(당국),관리,지배
The **Gov**-(h)ernm-ent has dec-**l**-ared a **St**-at(e) of em-**erg**-enc-y.
The **gov**'t w-**at**-ches prices on **sev**-(h)er-al **bas**-ic comm-**od**-it-ies.

gov·er·nor
[ɡʌvnɚ]

 X [가버ㄹ어너]   [n]=[언],mora 발음/ v phonics

n. 우두머리,관리자,이사,중역,주지사,총독,군수,읍장,고용주
She w-as the **Gov**-(h)ern-or **Gen**-er-al of **Can**-ad-a **ti**-ll 2010.
This **sc**-and-al **dam**-aged the **gov**-(h)ern-or's rep-ut-**a**-tion.

grab
[ɡræb]

XXX [그뢔브]   틀린액센트/ v phonics

v.n. 잡다,움켜쥐다,잡아채다,**cl**-ut-ch,손에넣다,이용(횡령)
His id-**e**-a didn't **re**-all-y grab **the**-ir att-**en**-tion.
He had to go back to his **off**-(h)i-ce and grab his **brief**-case.

grace
[greɪs]
♪ 그레이ㅅ ✕✕✕ [그뤠이쓰]　　　틀린액센트/
n.vt. 품위,우아함,관대함,지급유예,**merc**-y,ad-**orn**,**dig**-n-if-(h)y
The **act**-ress moved with **nat**-ur-al grace.
Kor-**e**-ans hav(e) shown rem-**ark**-ab-le grace **dur**-ing the IMF **cris**-is.

grace·ful
[greɪsfəl]
♪ 그레이스헐 ✕✕✕ [그뤠이쓰퍼얼]　　틀린액센트/ f phonics
aj.av. 우아한(하게),점잖은(게),얌전한,기품있는(게),**el**-eg-ant
They w-ere e**xt**-reme-l-y **gra**-cef-(h)ul in def-(h)eat.
The-re w-as n-o **gra**-cef-(h)ul w-ay to ref-(h)us**e** to **the**-ir **off**-(h)er.

grade
[greɪd]
♪ 그레읻 ✕✕✕ [그뤠이드]　　　틀린액센트/
n.v. (같은)계급,등급,학년,경사도,**grad**-ient,(등급)선별,분류,mark,
The **mov**-(h)ie graded for both **chi**-l-dren and **ad**-ults.
She cong-**rat**-ul-ated her-**se**-l-f for **gett**-ing the best grade.

grad·u·al
[grædʒəwəl]
♪ 그랟ㅈ어으월 ✕✕✕ [그래쥬어얼]　틀린액센트/ dʒ,w phonics
aj.n. 점진적인,조금씩의,(경사)완만한
His **crit**-ic-ism **grad**-u-all-y chipped a-**w-ay** her pride.
L-iv-(h)ing **co**-st **cl**-im-(b)ed **grad**-u-all-y **aft**-er the IMF **cris**-is.

grad·u·ate
[grædʒəw-eɪt]
♪ 그랟ㅈ어웨잍 ✕✕✕ [그래쥬에잇]　틀린액센트/ dʒ,w phonics
n.aj.v. 졸업생(하다),학사,대학원생,**grad**-u-ate **st**-ud-ent,계량그릇
He att-**end**ed **coll**-ege for fiv(e) **ye**-ars, but didn't **grad**-u-ate.
Thous-ands of **grad**-u-ates are com-**pet**-ing for the n-ew job.

grain
[greɪn]
♪ 그레인 ✕✕✕ [그뤠인]　　　틀린액센트/ r phonics
n.vt. 낟알(로만다),곡식,입자,조금,조직,결,성질,**na**-ture,**temp**-er
The ma-**chine** grinds **gra**-in **int**-o **fl**-our.
Hu-m-ans surv-(h)**ive**d by **cult**-iv-(h)at-ing **veg**-ies and **gra**-in.

gram
[græm]
♪ 그램 ✕✕✕ [그램]　　　　틀린액센트/ r phonics
n. 그램(미터법질량단위),약자;g,gm,gr,콩류(**chick**-pea,bean)
"Thank you." is a two gram phrase.
Gram is a **un**-it for **meas**-ur-ing **w-e**-ight in the **met**-ric **sy**-st-em.

gram·mar
[græmɚ]
♪ 그램얼 ✕✕✕ [그램머ㄹ]　　　틀린액센트/ r,m, ɚ phonics
n. 문법(책,학,연구,론,지식),어법,말씨,기초,기본원리,입문서
Bas-ic **Eng**-l-ish **gramm**-ar can **he**-l-p your conv-(h)ers-**a**-tion.
The-re w-as a **pett**-y **arg**-um-ent ab-**out Eng**-l-ish **gramm**-ar.

grand
[grænd]
♪ 그랜드 XXX [그랜드]   틀린액센트/ r phonics
aj.n.거대한(것),mag-n-**if**-(h)i-cent,훌륭한,lu**x-ur**-i-ous,피아노,천$
He supp-**ose**d you thought your-**se**-l-f too grand.
The **l-uck**-y **dev**-(h)il w-on the grand **L-OTT**-O prize.   운 좋은 놈

grand·daugh·ter
[grænˌdɑːtɚ]
♪ 그랜드다월 XXX [그랜다이터ㄹ]   틀린액센트/ ɚ phonics
n. 손녀
What mad(e) you l-ook up to your **grand**-dau(gh)t-er?
Grand-dau(gh)t-er is the **dau**(gh)**t**-er of one of your **chi**-l-dren.

grand·fa·ther
[grændˌfɑːðɚ]
♪ 그랜드파하얼 XXX [그랜파아떠ㄹ]   틀린액센트/ ð,ɚ phonics
n. 할아버지,조부,선조,조상,시조,창시자
Gran(d)-pa l-eft them the deed to the **prop**-ert-y.
Gran(d)-pa w-as enj-**oy**-ing the **comf**-(h)ort of his **rock**-ing **cha**-ir.

grand·moth·er
[grændˌmʌðɚ]
♪ 그랜드맣얼 XXX [그랜마떠ㄹ]   틀린액센트/ r,ð phonics
n.vt. 할머니,조모,여자선조,응석받다
Gran(d)-ma has **troub**-le di-**st**-ing-uish-ing bet-**ween** the twins.
The **chee**-se cak(e) **rec**-ip-e desc-**end**ed from her **gran**(d)-ma.

grand·son
[grændˌsʌn]
♪ 그랜드썬 XXX [그랜썬]   틀린액센트/ r phonics
n. 손자
The **gran**(d)-son is one of my **fav**-(h)or-ite **gran**(d)-chi-l-dren.
Gran(d)-son is a **ma**-le **gran**(d)-chi-l-d of one of your **chi**-l-dren.

grant
[grænt]
♪ 그랜트 XXX [그랜트]   틀린액센트/ r phonics
vt.n. 주다,동의,승낙,양보,양도,**tran**-sf-(h)er,교부,허가
If the perm-**i**-ssion is granted, they'll **st**-art **print**-ing soon.
The **Pres**-id-ent granted a dec-or-**a**-tion **ont**-o the **fl**-ag-po-le.

grape
[greɪp]
♪ 그레입 XXX [그뤠입]   틀린액센트/ r phonics
n. 포도(열매,나무,색,주,탄)
Grap(e)s w-ere crushed for w-ine.
Seed-l-ess red grap(e)s are my mom's **fav**-(h)or-ite.

grass
[græs]
♪ 그래쓰 XXX [그뢔쓰]   틀린액센트/ r phonics
n.v. 풀(밭),초원,**mead**-ow,**pas**-ture,graze,볏과식물,풀로덮다
The **grass**-hopp-er is a **cous**-in of the **crick**-et.
Wheat, **cor**-n, **sug**-ar cane, and bamb-**oo** are **gra**sses.

grate·ful
[ɡreɪtfəl]

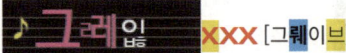 XXX [그뤠잇퍼얼]   틀린액센트/ r,f phonics

aj. 감사하는,**thankf**-(h)ul,유쾌한,반가운,**w-el**-come,상쾌한
He is **gratef**-(h)ul that he has good friends.
Her **gran**(d)-ma w-as **gratef**-(h)ul for her **comp**-an-y.

grave
[ɡreɪv]

 XXX [그뤠이브]   틀린액센트/ r,v phonics

n.aj.vt. 무덤,tomb,death,엄숙한,우중충한,저악센트,조각,명심
He has **pl**-aced him-**se**-l-f in grave **dang**-er.
She graves what he ad-**vi**-sed in the heart.

grav·i·ty
[ɡrævəti]

  XXX [그뤠버티]   틀린액센트/ r,v phonics

n. 중력,인력,grav-(h)it-**a**-tion,중량,**w-e**-ight,진지(중대)함,저음
Grav-(h)it-**a**-tion-al w-ave got caught in **Dec-emb-er 26, 2015**.
He is **st**-i-ll **q**-uite un-a-**w-are** of the **grav**-(h)it-y of our **prob**-l-ems.

gray
[ɡreɪ]

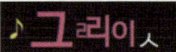  XXX [그뤠이]   틀린액센트/ r phonics

aj.n.vt. 회색(쥐색,잿빛)(의),흐린,창백한,음침한,희끗한,반백인
Her face w-as turned gray in **ag**-on-y.
Grann-y seems to hav(e) gone gray **ver**-y **q**-uick-l-y.

grease
[ɡriːs]

  XXX [그뤼이쓰]   틀린액센트/ r phonics

n.vt. 기름,윤활유(치다),진행(개시)원활히,촉진시키다,뇌물주다
Her ed-uc-**a**-tion greased her path to succ-**ess**.
She has a **st**-rong di-**sl**-ik(e) for **greas**-y food.

great
[ɡreɪt]

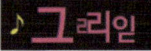  XXX [그뤠잇]   틀린액센트/ r phonics

aj.n. 큰,다수의,e**xt**-reme,대단한,int-**en**se,중요한,우수한,명사
He has a great cap-**ac**-it-y for **Eng**-l-ish.
She w-as a great **comf**-(h)ort to her **o**-l-d **moth**-er.

greed
[ɡriːd]

  XXX [그뤼이드]   틀린액센트/ r phonics

n. 욕심,탐욕,욕심꾸러기, the greed of the rich
Man's greed is the de-**st**-ruc-tion of all.
She ate too much out of **she**-er greed.

green
[ɡriːn]

XXX [그뤼인]   틀린액센트/ r phonics

aj.n.v. 녹색(의),**verd**-ant,야채,덜익은,un-**ripe**,미가공의,미숙한
She **pl**-ed-ged to make the Eur-**op-e**-an Comm-**un**-it-y **green**-er.
Chem-ic-al **fert**-il-izer might be the **cau**-se of green **alg**-ae in Han **Riv**-(h)er.

266

greet
[gri:t]
♪ 그ʳ리ㅣㅌ　XXX [그뤼잇]　틀린액센트/ r phonics
v. 인사,환영,접대,경의표,들어오다,느껴지다,애통해
The w-om-en greet each oth-er with kisses on both cheeks.
An ap-p-l-ause and st-and-ing greeted the or-che-st-ra.

grief
[gri:f]
♪ 그ʳ리ㅣ잎　X [그뤼f으]　틀린액센트/ r,f phonics
n. 깊은슬픔,sorr-ow,한탄,비통,고난,(육체적•정신적)고통,상처
Time tames the st-rong-est grief. <속담>
Such a na-st-y bo-y is a grief to his par-ents.

grind
[graɪnd]
♪ 그ʳ라인ㄷ　XXX [그롸인드]　틀린액센트/ r phonics
v.n. (이)갈다,부수다,짓밟다,괴롭히다,torm-ent,억누르다,opp-ress
He has a hab-it grind-ing teeth w-hi-le sl-eep-ing.
He ground a half-sm-oked cig-ar-ette int-o the ash-tray.

grip
[grip]
♪ 그ʳ리ㅍ　XXX [그뤼프]　틀린액센트/ r,p phonics
n.vt. 꽉잡음,통제력,이해,grasp,comp-re-hend,손잡이,죄다,감동
The l-itt-le girl gripped his fath-er's hand tight-l-y.
The who-le count-ry w-as in the grip of socc-er fev-(h)er.

gro·cery
[ɡroʊsri]
♪ 그ʳ로우어ʳ리　XXX [그로우써뤼]　틀린액센트/ r phonics
n. 식료품가게,식료잡화(점)
Her cart pi-led up with groc-er-ies.
She st-opped to buy some groc-er-ies for dinn-er.

groom
[gru:m]
♪ 그ʳ루움　XXX [그루움]　틀린액센트/ r phonics
n.vt. 신랑,bride-gr-oom,하인, 다듬다,돌보다,손질,추천,선전
He sp-ends hours gr-oom-ing in front of the mirr-or.
The vol-unt-eers cont-rib-uted time to-w-ards gr-oom-ing sen-iors.

groove
[gru:v]
♪ 그ʳ루웁ᵥ　XXX [그루우브]　틀린액센트/ r,v phonics
n.v. 홈(파다,에끼우다),바퀴자국,수로,재즈즐기다,신나게놀다
She found her groove in Eng-l-ish ed-uc-a-tion.
He is a great pit-ch-er when he's in the groove.

gross
[groʊs]
♪ 그ʳ로으ㅅ　XXX [그로우쓰]　틀린액센트/ r phonics
aj.n.vt. 전체(총계)의,who-le,수익,무식한,비대한,무성한,12 dzs
His ann-u-al gross inc-ome is ov-(h)er $10 mi-ll-i-on.
The n-ew mus-ic-al grossed an est-im-ated $20 mi-ll-i-on.

ground
[graʊnd]

♪ 그라운드 XXX [그라운드]   틀린액센트/ r phonics

n.aj.vt. 땅,지면,**so**-i-l,earth,장소,분야,논제,**top**-ic,**subj**-ect,입장
The ground w-as **cov**-(h)ered by a **carp**-et of l-eav(e)s.
She has **reas**-on-ab-le grounds for **ask**-ing the **ra**-ise.   급료인상요구

group
[gru:p]

♪ 그루웊 XXX [그루웊]   틀린액센트/ r phonics

n. 그룹,집단,무리를만들다,분류,**cl**-ass-if-(h)y,종합,조화이루다
It bec-**ame func**-tion-ing as a **maj**-or co-**her**-ent group.
The bik(e) **sl**-id off and **al**-mo-st hit a group of ped-**e**-st-ri-ans.

grow
[groʊ]

♪ 그로으 XXX [그로우]   틀린액센트/ r phonics

v. 자라다,dev-(**h**)**el**-op,성장,발생,재배,**fl**-our-ish,**cov**-(h)er
The w-orld's pop-ul-**a**-tion cont-**in**-ues to grow **rap**-id-l-y.
N-o **coun**-tries hav(e) grown so **rap**-id-l-y as Kor-**e**-a has.

growth
[groʊθ]

♪ 그로으쓰흐 XXX [그로우쓰]   틀린액센트/ r,θ phonics

n. 성장(단계),발육,발전,전개,증가,확장
Pop-ul-**a**-tion growth rate is dec-**reas**-ing in Kor-**e**-a.
Aft-er **ye**-ars of **rap**-id growth, the **comp**-an-y is at a pl-at-**eau**.

guar·an·tee
[gerən'ti:]

♪ 게런티이 O [게뤈티이]   r phonics

n.vt. 보증(서,계약),피보증인,담보(물건)⇔guar-ant-**or**,보장,책임
Prompt **serv**-(h)ice is guar-ant-**ee**d to **the**-ir **cu**-st-om-ers.
The rec-**ruit**-er guar-ant-**ee**d her an **inc**-ome of $50,000 a **ye**-ar.

guar·an·tor
[gerən'toɚ]

♪ 게런토얼 O [게뤈토어ㄹ]   r, ɚ phonics

n. 보증인(단체,제도)⇔guar-ant-**ee**,인수인
Banks are **ask**-ing guar-ant-**or**s for the bank l-oan.
Be-ing a guar-ant-**or** for **some**one is **ver**-y **comp**-l-ic-ated **matt**-er.

guard
[gɑɚd]

♪ 가얼 O [가어ㄹ드]   ɚ phonics

v.n. 지키다,감시,경계,보호(장치,자세,수단,위원),억제,조심,대비
The-re w-ere armed guards on **dut**-y **out**sid(e) his door.
All ships should hav(e) **saf**(e)-ty guards **func**-tion-ing.

guess
[gɛs]

♪ 게쓰 O [게쓰]

v.n. 추측,생각,믿다,bel-**iev**(e),알아맞히다,풀다,추측,어림짐작
Giv(e) it a guess. Don't **ans**-(w)er by guess.
W-e can't **ev**-(h)en guess at what they w-ant.

guest
[gɛst]

O [게스트]

n.aj.vt. 손님(의),내빈,초대(투숙)객,기생동물(하는),접대,출연
All **gue**-sts and **pat**-rons sat down to l-ate **dinn**-er.
Gue-sts are ad-**vi**-sed to dep-**os**-it **val**-u-ab-les in the saf(e).

guide
[gaɪd]

O [가이드]

v.n. 안내(인,서),선도(자),지도(자),이끌다,in-**st**-ruct,dir-**ect**,입문서
L-et your **cons**-cience be your guide.
He w-as her guide and in-sp-ir-**a**-tion.

guide·line
[gaɪdˌlaɪn]

X [가이들라인]   mora 발음/ l phonics

n. 안내선(밧줄),밑줄,지침
The **Gov**'t has **iss**-ued n-ew **guide**-l-ines for **Eng**-l-ish **teach**-ers.
Ref-(h)u-**gee**s are **hand**-led in acc-**ord**-ance with UN's **guide**-l-ines.

guilt
[gɪlt]

O [기얼트]   l phonics

n. 범죄사실(행위),비행,죄,유죄,culp-ab-**il**-it-y,crime,자책감
She **fe**-l-t a **sudd**-en **tw**-in**ge** of **gui**-l-t.
His **sudd**-en death l-eft her with a sense of **gui**-l-t.

guilty
[gɪlti]

O [기얼티]   l phonics

aj. (유)죄의,결점있는,범죄적인,죄될만한,죄의식있는,가책받는
He w-as cheered by the **verd**-ict "N-ot **Gui**-l-ty!".
They w-ere found **gui**-l-ty of fin-**an**-cial fraud.

gui·tar
[gɪˈtɑr]

X [기타r]   mora 발음/ t,r phonics

n.vi. 기타(치다)
He **nerv**-(h)ous-l-y **fing**-ered his guit-**ar**.
Guit-**ar** is a **mus**-ic-al **in**-st-rum-ent with six **st**-rings.

gun
[gʌn]

O [간]   g, ʌ phonics

n.v. 대포,총(포),엽총,권총,사격수,포수,총쏘다,급가속
He **cl**-aimed that the gun w-ent off **acc**-id-ent-all-y.
Res-id-ents rep-**ort**ed that they heard cont-**in**-u-ous **gun**-fi-re.

guy
[gaɪ]

O [가이]   g phonics

n.v. 남자,웃음거리,도망(치다),놀리다,조롱,비웃다,줄(로끌다)
Do you guys w-ant to go out ton-**i**-(gh)t?
She's **go**-ing out with a guy she met on vac-**a**-tion.

h or H
[eɪtʃ]

♪ 에이치   O [에이치]   125 단어 16쪽

n. 알파벳여덟째자,H(h)음,H(자)형
H is the **symb**-ol for **hy**-drog-en.
H is the 8th **l**-**ett**-er of the **mod**-ern **Eng**-l-ish **alph**-(h)ab-et.

hab·it
[ˈhæbət]

♪ 햅얻   X [해빗]   mora발음/ b,t phonics

n.vt. 습관,버릇,관습,성향,성질,의복,옷입히다,차려입다
He **fin**-all-y **conq**-uered his **sm**-ok-ing **hab**-it.
Her boss **crit**-ic-ized her for **sl**-ow w-ork **hab**-its.

hair
[heɚ]

♪ 헤얼   O [헤어ㄹ]   ɚ phonics

n. (머리)털(같은것),체모,모직물,조금
She **co**-m(b)ed her kid's **ha**-ir with a **co**-m(b).
She cropped her **ha**-ir and dyed it **bl**-ond(e).

half
[hæf]

♪ 햎   X [해f으]   mora발음/ f phonics

n.av. 1/2(의),30분,시합의반,한쪽,파트너,50센트,약간
W-ould **an**-y-one l-ik(e) the **oth**-er half of my **cak**(e)?
Prices rose by **ov**-(h)er 10% **dur**-ing the **sec**-ond half of 1973.

hall
[hɔːl]

♪ 호올   O [호얼]

n. 넓은방,홀,강당,회관,현관,복도,기숙사,교사,큰식당
The max. cap-**ac**-it-y crowd of this **conc**-ert **ha**-ll is 3000.
They **to**-l-d the **tax**-i **driv**-(h)er to tak(e) them to **Car**-n-eg-ie **Ha**-ll.

ham·mer
[ˈhæmɚ]

♪ 햄얼   X [해머ㄹ]   mora발음/ m,ɚ phonics

n.v. 망치(로두드리다),쇠망치
He **hamm**-ered the **nai**-ls out of the **fend**-er.
Man-y towns w-ere **hamm**-ered by the **hurr**-ic-ane and **st**-orm.

hand
[hænd]

♪ 핸ㄷ   O [핸드]

n. 손(같은것),바늘,원조,노동자,소유,지배,감독,수교,도와주다
He **cl**-apped his hand down on the **tab**-le top.
The **teach**-er rem-**ind**ed us to hand in our comp-o-**si**-tions.

hand·ker·chief
[ˈhæŋkɚtʃəf]

♪ 행커치이ㅍ   O [행커ㄹ취f으]

n.aj. 손수건,손바닥만한
She **bl**-ew her n-ose on her al-**read**-y damp **han**(d)k-er-chief.
He tied a **han**(d)k-er-chief ar-**ound** his head bef-(h)ore **jogg**-ing.

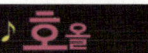
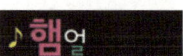
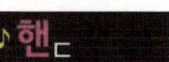

han·dle
[ˈhændl̩]

X [핸드얼]   Schwa [l̩]=[얼], 틀린발음/ l phonics

n.v. 손잡이,핸들,계기,손대다,다루다,처리,통솔,지도,조종(되다)
Fl-ight att-**end**-ants are tra-ined to **hand**-le em-**erg**-enc-y.
W-e **diff**-(h)er **mark**-ed-l-y in the w-ay w-e **hand**-le our **mark**-et.

hand·some
[ˈhænsəm]

O [핸썸]

aj. 잘생긴,수려한,균형잡힌,당당한,친절한,극진한,능숙한
She in-**her**-ited a **hand**some **for**-tune.
It w-as a **hand**some house **sit**-u-ated on a **mount**-ain **sl**-ope.

hand·writ·ing
[ˈhændˌraɪtɪŋ]

X [핸드롸이팅]   mora발음/ d,r,t phonics

n. 필적,서체,육필
Her **hand**-writ-ing is **ver**-y **eas**-y to read.
This **l-ett**-er is in **Q**-ueen's own **hand**-writ-ing.

hang
[ˈhæŋ]

O [행]

v.n. 걸다,(매)달다,교수형처,교살,전시,돌출,부가,붙이다,덮여있다
Rock **cl**-im(b)-ers hung on the w-alls of a **cl**-iff.
A **l-ar**-ge **pa**-int-ing w-as hung be-**hind** his desk.

hung
[ˈhʌŋ]

O [항]   ʌ phonics

v. 동사 hang의 과거형,과거분사형
The acc-**ount**-ant hung up on **pett**-y det-**a**-ils.
She's hung up on **mod**-ern ball-**et** these days.

hap·pen
[ˈhæpən]

X [해펀]   mora발음/ p phonics

vi. 일어나다,생기다,딕치다,우연히~하다(마주시다,발견)
Cl-ue me in on what's **happ**-en-ing.
She is un-a-**w-are** of what w-as **happ**-en-ing ar-**ound** her.

hap·py
[ˈhæpi]

X [해피]   mora발음/ p,y phonics

aj. 기쁜,행복한,다행한,행운의,약간취한,열중한,사로잡힌
They had **happ**-y and **pl**-eas-ant **chi**-l-dhoods.
I'm n-ot **happ**-y with the **pl**-an, but I see n-o **cl**-ear alt-**ern**-at-ive .

har·bor
[ˈhɑɚbɚ]

O [하어ㄹ버ㄹ]   ɚ phonics

n. 항구,은신처,**shelt**-er,**ref**-(h)uge,정박,숨겨주다,계획품다
The dep-**artm**-ent **st**-ore is **harb**-or-ing a grand **barg**-ain **sa**-le.
The **o**-i-l **tank**-er **st**-ayed in Busan **harb**-or to und-er-**go** rep-**a**-irs.

hard
[ˈhɑɚd]
♪ 하얻   O [하어ㄹ드]   ɚ,d phonics
aj.av. 단단한⇔**sol**-id⇔**sof**-(h)t,열심인,어려운⇔**eas**-y,힘드는
It is hard to be **civ**-(h)il when one **fee**-ls so **ang**-ry.
My 1st **ca**-re is to **st**-ud-y **Eng**-l-ish hard to be a **gl**-ob-al **cit**-iz-en.

hard·ly
[ˈhɑɚdli]
♪ 하얻을이   X [하어ㄹ들리]   중복"ㄹ"="r"발음/ ɚ,d,l,y phonics
av. 거의~아니다(않다),**bare**-l-y,고생하여,간신히, sev-**(h)ere**-l-y
She could **hard**-l-y re-**st**-rain her **ang**-er.
One can **hard**-l-y **bl**-ame you for **be**-ing **fa**-il-ure.

hard·ware
[ˈhɑɚdweɚ]
♪ 하얻웨얼   O [하어ㄹ드웨어ㄹ]   ɚ,d,w phonics
n. 철물류,금속제품,기계설비,무기,교육기기
He bought some n-ew **hard**-w-are for his com-**put**-er **sy**-st-em.
The **hard**-w-are **st**-ore **off**-(h)ers **sev**-(h)er-al **too**-ls for **purp**-ose.

harm
[ˈhɑɚm]
♪ 하엄   O [하어ㄹ엄]   ɚ phonics
n. 해,손해,손상,해악,불편,지장,해치다,손상,상하게
They had **ser**-ious **phys**-ic-al and em-**o**-tion-al harm.
They'll do **an**-y-thing to prot-**ect the**-ir **chi**-l-dren from harm.

harsh
[ˈhɑɚʃ]
♪ 하얼쉬   O [하어ㄹ쉬]
aj. 거친,조악한,rough,**coar**-se,불쾌한,엄한,가혹한,황량한,불편한
W-e've had an e**xt**-reme-l-y harsh comp-et-**i**-tion.
He has been **crit**-ic-ized for his harsh ab-**use** of **st**-ud-ents.

har·vest
[ˈhɑɚvəst]
♪ 하얼버슫   O [하어ㄹv이스트]   ɚ,v,t phonics
n. 수확(기,물),추수(기,물),채취,포획,수확량,산출량,결과,대가
Grand **harv**-(h)ests dec-**rease**d food prices.
The fall **harv**-(h)est w-as com-**pl**-eted at the end of Oct-**ob**-er.

haste
[ˈheɪst]
♪ 헤이슫   O [하이스트]   t phonics
n.v. 신속,급속,성급함,경솔,긴급필요성,서두르다,has(t)-en
The **pl**-an had been ap-**prove**d with und-**ue** haste.
They are in haste to meet the del-**iv**-(h)ery due dat(e).

hat
[ˈhæt]
♪ 햍   X [햇]   틀린발음/ t phonics
n.v. 테있는모자,추기경빨간모자,뇌물,brib(e),직함,직업,모자쓰게
She w-as **w-ear**-ing a **pea**cock's **feath**-er hat.
"Buy your-**se**-l-f a hat." shouldn't be acc-**ept**ed. (뇌물줄때 하는 말)

hatch
['hætʃ]

O [해취]   tʃ phonics

v.n. 부화,알깨다,꾸미다,기획,수문,통발
He **hat**ched a **pl**-an to **se**-ll Yethanglish on the **Int**-ern-et.
Tw-el-ve chicks hav(e) been **hat**ched and **foll**-ow-ing her as mom.

hate
['heɪt]

X [헤잇]   틀린발음/ t phonics

v.n.aj. 미워,싫어,혐오,슬퍼,증오,미움받는(사람,것,대상)
She l-ooked at him with eyes **fu**-ll of hat(e).
He's such a **cow**-ard **hat**-ing to go to the **dent**-ist.

ha·tred
['heɪtrəd]

X [헤이츄뤼드]   mora 발음/ tr,d phonics

n. 심한혐오,증오,아주싫어함
She had an irr-**a**-tion-al **fe**-ar and **hat**-red of **ins**-ects.
She mad(e) att-**empt** to conc-**ea**-l her **hat**-red for her opp-**on**-ents.

have
['hæv]

X [해브]   mora 발음/ v phonics

v.n. 가지다,소유,포함,구입,걸리다,시키다,먹다,가진자(국가)
 She has com-**pl**-eted her des-**ign proj**-ect.
She w-on't hav(e) **an**-y com-**pl**-aints from the **chi**-l-dren.

hay
['heɪ]

O [헤이]

n.v. 꼴,건초,성과,보답,대마초,건초만들다(주다),n-ot hay(많은돈)
Na-tion-al **cred**-it card debt isn't hay.
Bees rem-**ov**-(h)ing **poll**-ens in May is w-orth a l-oad of hay.

he
['hi:]

O [히이]

pron.n.aj. 그는(가),하느님,남자,수컷(의),남성적인,힘찬
He has a l-ong **cat**-al-og(ue) of conc-**ern**s.
He is the **cha**-ir of the **Eng**-l-ish dep-**artm**-ent.

head
['hɛd]

O [헤드]   d phonics

n.aj.v.머리(모양,의),두뇌,지력,목숨,l-if(e),지도자,chief,정점(의)
Something **cl**-icked my head when I saw it.
He shook his head in di-**sg**-ust when he saw the scene.

head·ache
['hɛd͵eɪk]

X [헤데익]   mora 발음/ d,k phonics

n. 두통,난처한사람(일),골칫거리
She **suff**-(h)ers from **con**-st-ant **head**-aches.
His **head**-ache w-as the ex-**cu**-se to l-eav(e) w-ork **ear**-l-y.

273

head·quar·ters 🎵 헼ㅋ월털즈ㅎ　✗ [헤드쿼어ㄹ터ㄹ즈]　mora 발음/ d,q,ɚ,z phonics
[ˈhɛdˌkwoɚtɚz]
n.v. 본부(서,국),사령부,활동중심지,본부(사령부)를두다
The **UN**-**IC**-EF is **head**-q-uart-ered in N-ew **Yor**-k **cit**-y.
The IBM's **head**-q-uart-ers is in **Arm**-onk, **ju**-st n-orth of NY **cit**-y.

heal 🎵 히을　✗ [히얼]　틀린발음/ l phonics
[hiːl]
v. 고치다,달래다,낫게,조정,해결,정화,낫다,가라앉다,해결되다
Our **bod**-y has some se-l-f-**hea**-l-ing ab-**il**-it-y.
The **meet**-ing w-as called in an **eff**-(h)ort to **hea**-l the rift.

health 🎵 헼ㅆㅎ　○ [헬쓰]　θ phonics
[hɛlθ]
n. 건강(상태),건전,활력,안정,번영,보건,위생
He has **man**-y conc-**ern**s, chief am-**ong** them is **hea**-l-th.
Succ-**ess** is def-(h)ined in terms of **hea**-l-th and **happ**-in-ess.

healthy 🎵 헼ㅎ히　○ [헬씨]　θ phonics
[ˈhɛlθi]
aj. 건강한,건전한,유익한,왕성한,건강에좋은,**hea**-l-thf-(h)ul
She is **try**-ing to **st**-ay as **hea**-l-thy as **poss**-ib-le.
I eat **hea**-l-thi-er and add **ex**-er-ci-se to my **da**-il-y rout-**ine**.

heap 🎵 히잎　✗ [히이프]　mora 발음/ p phonics
[hiːp]
n.v. 더미,무더기,퇴적물,많음,다량,쌓아올리다,축적,부쌓다
Grann-y al-w-ays heaped my **bo**-wl with rice.
She dumped the grass **cl**-ipp-ings **int**-o the **comp**-ost heap.

hear 🎵 히얼　○ [히어ㄹ]　ɚ phonics
[hiɚ]
v. 듣다,전해듣다,소문듣다,경청,심리,승낙,cons-**ent**,**l-is**(t)-en
They came ar-**ound** **aft**-er they heard the who-le **st**-or-y.
They heard his **cur**-se bef-(h)ore the **mic**-roph-(h)one w-as off.

hear·ing 🎵 히링　○ [히어륑]　r phonics
[ˈhirɪŋ]
n. 청력,듣기,aud-**i**-tion,청문회,법정심리,가청범위,**ear**shot,소문
Her **hear**-ing has det-**er**-i-or-ated as she's grown **o-l**-d-er.
Prol-**ong**ed e**xp**-o-sure to l-oud **ear**phones **cau**-ses **hear**-ing l-oss.

heart 🎵 하얼ㅌ　✗ [하어ㄹ트]　mora 발음/ ɚ,t phonics
[hɑɚt]
n.v. 심장,breast,**bos**-om,마음,aff-(**h**)**ec**-tion,l-ov(e),**fee**-l-ing
He (k)n-ows the ent-**ire po**-em by heart.
Peop-le in my **fam**-il-y are **pro**-ne to heart dis-**ea**-se.

274

heat
[hi:t]

   X [히이트]   mora 발음/ t phonics

n. 열,따뜻함,더위,체온,매운맛,열의,가열,데우다,흥분
Some **met**-als cond-**uct** heat **fa**-st-er than **oth**-ers.
The room w-as inv-(**h**)**olv**ed in a heated di-**sc**-us-sion ab-**out ju**-st-ice.

heav·en
[ˈhɛvən]

   X [헤번]   mora 발음/ v phonics

n. 하늘,창공,천국⇔**he**-ll
She prays to **Heav**-(h)en it may be so.
The **heav**-(h)ens w-ere **shak**-en by **thund**-er and **l-i**(gh)**t**-n-ing.

heavy
[ˈhɛvi]

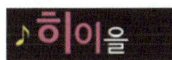   X [헤비]   mora 발음/ v,y phonics

aj.n. 무거운,잘먹는(마시는),양많은,중대한,깊은,어려운
They **char**-ge **heav**-(**h**)y tax on **l-iq**-uor in the U.S.
When ec-**on**-om-y is good, **chim**-neys **sm**-oke **heav**-(h)il-y.

heel
[hi:l]

   X [히얼]   틀린발음/ l phonics

n.v. 뒤꿈치,힐구두,상놈,(사람)뒤따르다,기울(이)다,**ti**-l-t,경사,cant
 She got a sore **hee**-l with her **ki**-ll **hee**-l.
He sat back on his **hee**-ls and **sw**-ore to the King.

height
[haɪt]

   X [하잇]   틀린발음/ t phonics

n. 높이,해발,(권력,인기,지위)높음,한창때,키,신장
St-ud-ents w-ere **mea**-sured for **hei**(gh)t and **w-ei**(gh)t.
The ride has a **hei**(gh)t re-**q**-u-ire-ment of **min**-im-um 4 feet **ta**-ll.

hell
[hɛl]

   O [헬]   l phonics

n.vi. 지옥(같은곳)⇔**heav**-(h)en,대소동,악마(소굴),빙팅한생활
It's been **he**-ll **w-at**-ch-ing **n-oth**-ing **ga**-ined for so l-ong.
The past w-eek has been a **l-iv**-(h)ing **he**-ll for all the **peop**-le.

hel·lo
[həˈloʊ]

   O [헬로우]

interj.v. 여보세요,야,Hi,이런,어머나,he-ll-**o**라고부르다
Say he-**ll-o** to your **moth**-er for me.
She **w-el**-comed us with a w-arm he-**ll-o**.

hey
[heɪ]

♪헤이   O [헤이]

interj. 야,Hi,잠깐,이런,어머나
Hey, I got the **sch**-ol-ar-ship!
Hey for our **socc**-er team! Hey, that's grande!

275

help
[ˈhɛlp]
○ [헬프]   l,p phonics
v.n. 돕다,거들다,ass-**ist**,구해주다,조장,촉진,병낫게,**cu**-re,rel-**ieve**
Chin-ing your-**se**-l-f a bar **he**-l-ps your back **st**-rong.
Pray-er and med-it-**a**-tion **he**-l-p-ed him put his **worr**-ies as-**id**(e).

help·ful
[ˈhɛlpfəl]
✕ [헤얼프f얼]   틀린발음/ p,f phonics
aj. 도움되는,유용한,유익한
You've been **mo**-st **he**-l-pf-(h)ul.
It's **he**-l-pf-(h)ul to und-er-**st**-and **Eng**-l-ish for **gl**-ob-al **bu**-sin-ess.

hen
[ˈhɛn]
○ [헨]
n.vi. 암탉⇔cock,암컷,여자,남이야기,잡담
Chefs **pref**-(h)er hens than cocks to cook.
Moth-er-in-l-aw cooks a hen for **dear**-l-y **son**-in-l-aw.

hence
[ˈhɛns]
✕ [헨쓰]
av.n. ~때문에,그러므로,따라서,향후,지금부터,저세상,장래,미래
His **grand**fath-er is **Ir**-ish and hence the **sur**name.
Sm-ok-ing can **cau**-se l-ung **fa**-il-ure and hence death.

her
[ˈhɚ, ɚ]
○ [허ㄹ]   ɚ phonics
pron.n. 그녀(를,에게,의,가),여자,처녀
She w-as good in her **char**-act-er as the **moth**-er.
She comp-**ete**d for the a-**w-ar**d in her age **cat**-eg-or-y.

here
[ˈhiɚ]
○ [히어ㄹ]   ɚ phonics
av.n. 여기에(로,서,까지),이쪽으로,이때(에),이봐,자,현세에서
Pl-ease dep-**os**-it your things in your room, n-ot **he**-re.
The **Eng**-l-ish pron-un-ci-**a**-tion **dic**-tion-ar-y **w-ritt**-en in **O**-l-d Kor-**e**-an.

he·ro
[ˈhiroʊ]
○ [히로우]   ɚ,r phonics
n. 영웅,용사,남주인공,신인,반신,**dem**-ig-od,반신용사
The-re should be l-ots of uns-**ung her**-oes.
She is a **her**-o-ine **re**-sc-u-ing **man**-y **st**-ud-ents from the dis-**a**-st-er.

hers
[ˈhɚz]
○ [허르즈]   ɚ,z phonics
pron. she소유격,그녀것,그녀소유물
She **cl**-aimed the **mon**-ey w-as all hers.
My **Eng**-l-ish bec-**ame** as good as hers **aft**-er **pract**-ice.

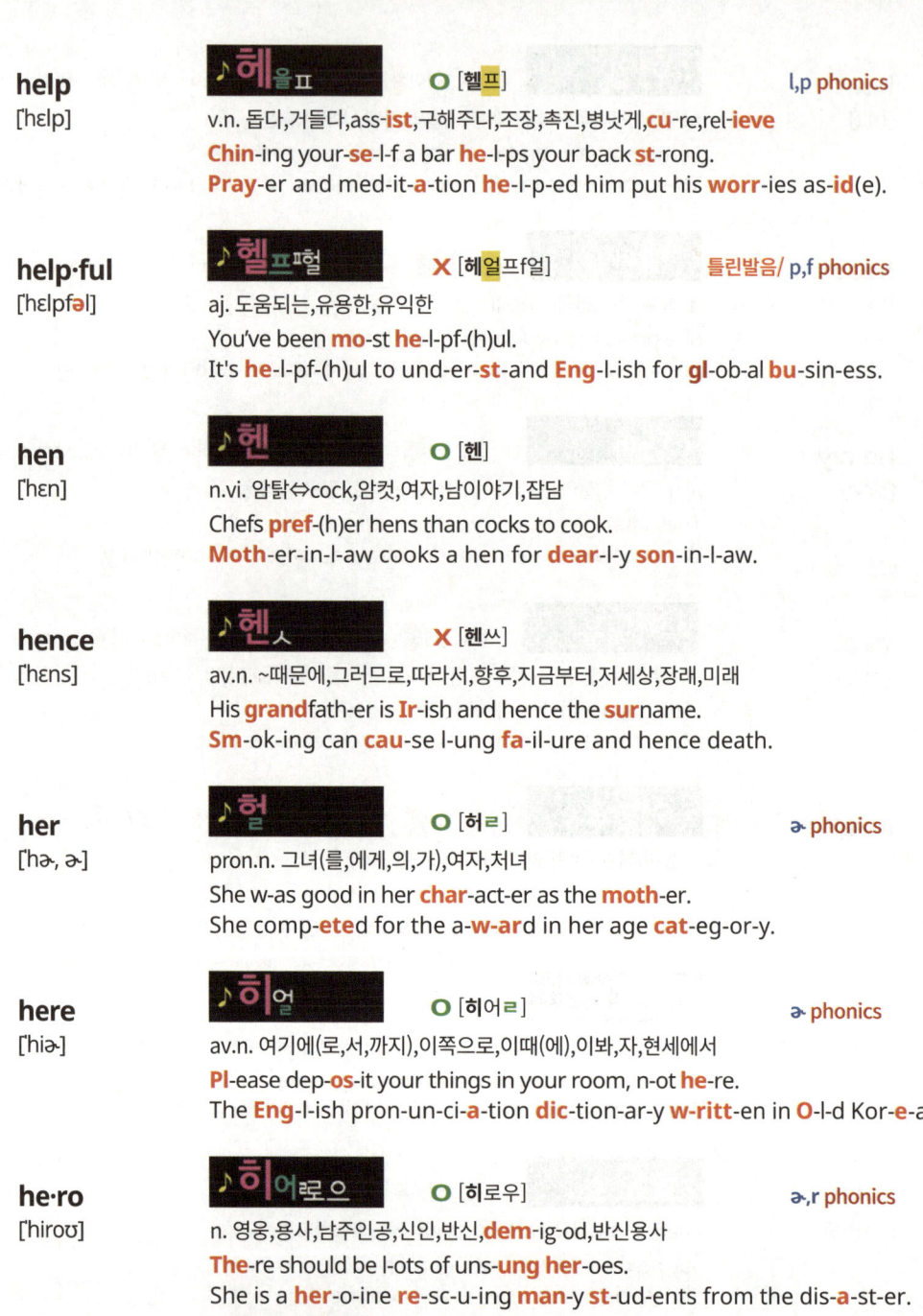

her·self
[hɚˈsɛlf]

✗ [허ㄹ쎄얼f으]   ɚ,l,f phonics

pron. 그녀자신(스스로,을,에게),본래의그녀,유력한여성,마님
She cond-**uct**ed her-**se**-l-f with **conf**-(h)id-ence on the **st**-age.
The w-ay she cond-**uct**s her-**se**-l-f ref-(**h**)l-ects on the **part**-y.

hes·i·tate
[ˈhɛzəˌteɪt]

✗ [헤저테잇]   mora 발음/ z,t phonics

vi. 망설이다,싫어,**falt**-er,**sc**-rup-le,**st**-umb-le,멈춰서다,더듬말
Don't **hes**-it-ate to call if **the**-re is a **q**-ues-tion.
She **hes**-it-ated ab-**out** acc-**ept**-ing the job.

hi
[ˈhaɪ]

✗ [하이]

interj. 안녕,He-ll-**o**!,Hey!이봐,잠깐
"Hi, I'm **Charl**-ie." "Hi! How's it **go**-ing?"
Hi, Mom. **ju**-st **call**-ing to say I'll be l-ate a bit.

hide
[ˈhaɪd]

✗ [하이드]   d phonics

v.n. 숨(기)다,감추다,덮어가리다,비밀로,가죽,피부,핸드백,경주마
 She couldn't hide her dis-app-**o**-intm-ent **aft**-er **break**-up with him.
I hav(e) ab-sol-**ute**-l-y **n**-**oth**-ing to hide and done **n**-**oth**-ing **w**-**rong**.

hi·er·ar·chy
[ˈhajəˌrɑɚki]

○ [하여롸어ㄹ키]   r,ɚ,k,y phonics

n. 직계제,성직위계제(정치),천사의계급,천사단,계층
He reached a **hi**gh **l**-**ev**-(h)el with**in** the **pol**-**it**-ic-al **hi**-er-arch-y.
She w-as at the **bott**-om of the **corp**-or-ate **hi**-er-arch-y.

high
[ˈhaɪ]

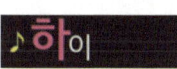
○ [하이]

aj.av.n. 높은,ta-ll,값비싼,고위의,강렬한,비상한,고노의,과격한
They are **se**-ll-ing used cars at **hi**gh **mark**ups.
The **hi**ghest card w-e can **ho**-l-d **w**-**i**-ll be **pub**-l-ic op-**in**-ion.

high·light
[ˈhaɪˌlaɪt]

✗ [하일라잇]   중복"ㄹ"="r"발음/ l,t phonics

vt.n. 강조,눈에띄게,최고장면,인기부분(프로,사건),중요한점
W-e can **w**-**at**-ch the **hi**(gh)-l-ights of the game on the n-ews.
Cont-**rast**-ing **col**-ors **hi**(gh)-l-ights the **st**-ress of **Eng**-l-ish w-ords.

high·ly
[ˈhaɪli]

✗ [하일리]   중복"ㄹ"="r"발음/ l,y phonics

av. 높게,대단히,크게,매우,높이평가되어,값비싸게,높은지위에
She w-as **hi**(gh)l-y **sat**-isf-(h)i-ed with her **pers**-on-al res-**ult**s.
She is one of the **mo**-st **hi**(gh)l-y re-**sp**-ected Pol-**it**-**i**-cians.

high·way
['haɪweɪ]

   O [하이웨이]   w phonics

n. 교통로,공로,주요도로,바른길
The-re w-as a **traff**-(h)ic jam on the **high**w-ay.
It's the **maj**-or **hi**ghw-ay conn-**ect**-ing the two towns.

hill
['hɪl]

   X [히얼]   틀린발음/ l phonics

n.vt. 언덕,경사,**sl**-ope,흙더미,야구마운드,미의사당,**Cap**-it-ol **Hi**-ll
His house is on the **ver**-y top of the **hi**-ll.
The **vi**-ll-age has a **cab**-le car **sy**-st-em on a **st**-eep **hi**-ll.

him
['hɪm]

   O [힘]

pron.n. "he"의목적격,그를(에게),남자(아이)
She w-as caught by his **fl**-att-ery and **marr**-ied him.
She (k)n-ows him **w-e**-ll, but they've **nev**-(h)er **cl**-icked.

him·self
[hɪm'sɛlf]

   O [힘쎌f으]   l,f phonics

pron. 그자신(을,에게),그스스로,본래(평소)의그,유력한남성(주인)
He could re-**st**-rain him-**se**-l-f n-o **l-ong**-er.
He beat him-**se**-l-f up bec-**au**-se of the **fa**-il-ure of his **marr**-i-age.

hin·der
['hɪndɚ]

   O [힌더ㄹ]   ɚ phonics

v.aj. 지연시키다,방해,훼방놓다,방해되다,뒤(쪽)의,후방의
He ref-(h)**use**d to co-**op**-er-ate, **hind**-ering the inv-(h)**est**-ig-**a**-tion.
Ec-**on**-om-y is **be**-ing **hind**-ered by the e**xc-e**ss-ive reg-ul-**a**-tions.

hint
['hɪnt]

   O [힌트]

n.v. 암시,힌트,시사,단서,동기,요령,지시,미량,흔적,trace,비치다
She had a hint of a **Sc**-ott-ish **acc**-ent, n-ot **Eng**-l-and one.
She hoped he w-ould tak(e) the hint and l-eav(e) her al-**one**.

hip
['hɪp]

   X [힙]   틀린발음/ p phonics

n.vt.aj. 엉덩이,둔부, haunch,추녀마루(달다),진보적인,멋있는
She'd l-ik(e) to l-ose **w-e**ight from her hips and thighs.
Mom broke her hip and got a hip re**p-l**-acem-ent op-er-**a**-tion.

hipp-o
['hɪpoʊ]

♪힢오으   X [히포우]   mora발음/ p phonics

n. 하마,hipp-o-**pot**-am-us
Hipp-o is the short form for hipp-o-**pot**-am-us.
The **hipp**-o is a **l-ar**-ge, **mo**-st-l-y herb-**iv**-(h)or-ous **mamm**-al.

hire
[ˈhajɚ]

♪하이열 ◯ [하이어ㄹ]   ɚ phonics

v.n. 고용,em-pl-oy,세내다,임차(대),rent,돈빌리다,급료,임차
He w-as **hi**-red to w-rite **prog**-ramm-ing code.
Her **ma**-in re-sp-ons-ib-**il**-it-y is **hi**-r-ing and **fi**-r-ing.

his
[ˈhɪz]

♪히ㅈㅎ ◯ [히즈]   z phonics

pron. 그(사람,저사람)의,그의것
He got a good **char**-act-er in his **ne**-i(gh)b-or-hood.
His boss bec-**ame** a **cha**-ir on the board of dir-**ect**-ors.

his·tor·i·cal
[hɪˈstorɪkəl]

♪히슽오릭얼 XXX [히스토뤼커얼]   틀린액센트/ t,r,k phonics

aj. 역사의(에관한),역사학입장에서본,역사적인,역사에실재한
The **pa**-int-ing dep-**ict**s a hi-**st**-or-ic-al ev-**(h)ent**.
The **conf**-(h)l-ict **mu**-st be put in its hi-**st**-or-ic-al **cont**-ext to be und-er-**st**-ood.

his·to·ry
[ˈhɪstəri]

♪히슽어리 X [히스터뤼]   mora발음/ t,r phonics

n. 역사(학),역사책(이야기),전기,경력,이력,병력
The **mod**-ern Kor-**e**-an **hi**-st-or-y are the **subj**-ect of deb-**ate**.
He **fee**-ls l-ik(e) a part of his **hi**-st-or-y has been tak(e)n a-**w-ay**.

hit
[ˈhɪt]

♪힡 X [힛]   틀린발음/ t phonics

v.n. 치다,때리다,**st**-rik(e),부딪다,충돌,명중,타격,대성공
The **chor**-us **pl**-ayed songs from **the**-ir **cat**-al-og of hits.
The bik(e) **sl**-id off the road and **al**-mo-st hit ped-**e**-st-ri-ans.

hob·by
[ˈhɑːbi]

♪하앞이 X [하비]   mora발음/ b phonics

n. 취미,도락,목마,조랑말
She beg-**an** to **pa**-int as a **hobb**-y.
Her **hobb**-ies inc-**l**-ude **read**-ing and **writ**-ing.

hold
[ˈhoʊld]

♪호을ㄷ ◯ [호울드]

v.n. 잡다,확보,보유,거행,개최,억제,구류,평가,파악,예약,지배
Al-ice **ho**-l-ds the **vi**-ol-**in** to her chin.
The **high**-est card w-e can **ho**-l-d w-i-ll be **pub**-l-ic op-**in**-ion.

hole
[ˈhoʊl]

♪호을 ◯ [호울]

n.v. 구멍파다,틈,구덩이,감옥,**dung**-eon,곤경,dil-**emm**-a,결함
They capped the **ho**-le of the **emp**-ty o-i-l-w-e-ll.
W-**at**-er sq-uirted out of a **ho**-le in the pip(e).

GHI

hol·i·day
['hɑːlə،deɪ]
♪ 하얼언에이 X [할러데이]   mora발음/ d phonics
n.vi. 휴일,공휴일,축제일,휴가보내다
They are **go**-ing to the **cont**-in-ent for **the**-ir **hol**-id-ays.
It is **Chi**-l-dren's Day, May 5th, 2014, a **pub**-l-ic **hol**-id-ay.

hol·low
['hɑːloʊ]
♪ 하얼오으 X [할로우]   중복"ㄹ"="r"발음/ l phonics
aj.n.v.av. 속빈⇔**sol**-id,공허한,가치없는,무의미한,배고픈,**hung**-ry
They had w-on, but it w-as a **holl**-ow **vict**-or-y.
The **w-ood**-peck-er n-ested in the **holl**-ow of a tree.

ho·ly
['hoʊli]
♪ 호을이 X [호울리]   중복"ㄹ"="r"발음/ l,y phonics
aj.n. 신성한,**sac**-red,거룩한,div-(h)ine,덕이높은,**saint**-l-y,예배소
The purs-**uit** of peace is our **ho**-l-i-est **q**-u-est.
To all Nep-**al**-is (Nep-**al**-ese), Mt. **Ev**-(h)er-est is a **ho**-l-y **pl**-ace.

home
['hoʊm]
♪ 호음 O [호움]
n.aj.av.v. 자택,생가,주거,**dw**-e-ll-ing,주택,house,서식지,고향,본국
The Am-**er**-ic-an am**b**-**ass**-ad-or w-as called **ho**-me. 본국소환
Peop-le aren't conc-**ern**ed ab-**out** crime unt-**i-l** it comes **cl**-ose to **ho**-me.

home·work
['hoʊmˌwɚk]
♪ 호음웤 O [호움워ㄹ크]   ɚ,k phonics
n. 예(복)습,숙제,가사,가정부업,구애,구혼,**court**-ship,포옹
He **st**-arted his **Eng**-l-ish **ho**-me-w-ork.
Hav(e) the **st**-ud-ents done **the**-ir **ho**-me-w-ork, **pl**-ease.

hon·est
['ɑːnəst]
♪ 아언어슽 X [아아너스트]   mora발음/ n,t phonics
aj.av.정직한⇔dis-**hon**-est,성실한,공정한,sinc-**e**-re,**fa**-ir,고결한
It is **hon**-est of her to adm-**it** her mi-**st**-ak(e).
She is **hon**-est ab-**out** her l-ik(e)s and **di**-sl-ik(e)s.

hon·es·ty
['ɑːnəsti]
♪ 아언어슬이 X [아아너스티]   mora발음/ n,t,y phonics
n. 정직,성실,sinc-**e**-re,공정,**fa**-ir,고결,진짜,**gen**-u-ine,**humb**-le
Hon-e-st-y is the best **pol**-i-cy. <속담>
He got **ov**-(h)er his boss's doubt of his **hon**-e-st-y.

hon·ey
['hʌni]
♪ 한이 X [하니]   mora발음/ ʌ,n,y phonics
n.aj.vt. 벌꿀,화밀,꿀같은것,애칭,일류품,달콤한,꿀들어간,아첨
She l-ik(e)s **hon**-ey **gar**-l-ic **chick**-en w-ings.
Bread and **hon**-ey is the **symb**-ol of **bas**-ic and **dec**-ent food.

hon·o(u)r
[ɑ:nɚ]

 X [아아너ㄹ]   mora발음/ ɚ phonics

n.vt.aj. 명예⇔dis-**hon**-or,체면⇔dis-**grace**,지조,경의,re-**sp**-ect
Dur-ing his car-**eer** in **tea**-ch-ing he w-on a-**w-ar**ds and **hon**-ors.
The-re **w-i**-ll be a **cer**-em-on-y **hon**-or-ing the Ol-**ym**-pic team.

hood
[hʊd]

 O [훋]

n.vt. 두건,대학예복,법복,새·동물관모(볏),두건달다(붙이다,덮다)
It's **sc**-ar-y to face the hooded guys in the **n-i**ght.
Tes-l-a's CTO e**xp**-l-ained what's **go**-ing on **und**-er the hood.

hook
[hʊk]

 X [훅]   틀린발음/ k phonics

n. (갈)고리,낚싯바늘,**fish**-hook,덫,소매치기,걸다,낚다,훔치다
The bride hooked her arm through **gr**-oom's.
He hit a hook **int**-o the l-eft rough of the 18th **ho**-le.

hop
[hɑ:p]

 X [합]   틀린발음/ p phonics

v.n. (깡충)뛰다,튀다,뛰어오르다(내리다,넘다),dance,뛰기,맥주홉
 Hop in. I'll giv(e) you a ride **int**-o town.
Pro-gramm-ers are **hopp**-ing from job to job as **nev**-(h)er bef-(h)**ore**.

hope
[hoʊp]

 X [호웊]   틀린발음/ p phonics

n.v. 희망,기대,가능성,의지,신뢰,trust
Ell-en hopes to purs-**ue** a car-**eer** in **Wi**-l-d-l-ife.
They hope the **meet**-ing **w-i**-ll prod-**uce con**-crete res-**ult**s.

hope·ful
[ˈhoʊpfəl]

 X [호웊f어얼]   틀린발음/ p,f phonics

aj.n. 희망(기대)하는,유망한,**prom**-is-ing,유망한젊은이(신인)
The mood w-as sad **rath**-er than **hopef**-(h)ul.
They w-ere **hopef**-(h)ul that things w-ould get **bett**-er soon.

ho·ri·zon
[həˈraɪz(ə)n]

 O [허롸이즌]   r,z phonics

n. 지평선,수평선,시계,한계,범위
The sun w-as **sett**-ing on the hor-i-z(h)on.
Trav-(h)el-ing has **re**-all-y **he**-l-ped to e**xp**-and our hor-i-z(h)ons.

hor·i·zon·tal
[horəˈzɑ:ntl]

 X [호뤄쟌트얼] Schwa [l]=[얼],틀린발음/ r,z,l phonics

aj.n. 수평(선,선상)의⇔**vert**-ic-al,동등한,전반적인,가로(식)의
Draw a hor-i-**z**(h)**ont**-al l-ine ac-**ross** the **vert**-ic-al one.
They could **l-ow**-er the **grav**-(h)it-y of the car hor-i-**z**(h)**ont**-all-y.

horn
['hoɚn]

♪ 호언   X [호어ㄹ언]   ɚ phonics

n.vt.aj. 뿔(의),뿔모양것(제품,재료,그릇,피리,악기),뿔로받다
He found him-**se**-l-f on the horns of a dil-**emm**-a.   진퇴양란
Ell-en used to **pl**-ay un-**pop**-ul-ar French horn **w-e**-ll.

hor·ror
['horɚ]

♪ 호러ㄹ   O [호뤄ㄹ]   r,ɚ phonics

n.aj. 공포,심한불쾌감,무서운상태(사람,물건,사건),증오,심한우울
Man-y **peop**-le w-ere **w-at**-ch-ing **he**-l-pl-ess-l-y in **horr**-or.
All Kor-**e**-ans w-ere in **pan**-ic and **horr**-or **aft**-er the di-**sa**-st-er.

horse
['hoɚs]

♪ 호얼ㅅ   O [호어ㄹ쓰]   ɚ phonics

n.v.aj. 말(탄),기병(대),**hor**-se-men,**cav**-(h)al-ry,말에관한
"**Derb**-y" den-**ote**s both of a **hor**-se race and a **derb**-y hat.
The-re are **man**-y **peop**-le l-ost a l-ot of **mon**-ey on the **hor**-ses

hose
['hoʊz]

♪ 호으즈ㅎ   O [호우즈]   z phonics

n.vt. 긴양말,스타킹,반바지,**hose**-pip(e),호스로물끼얹다,속이다
Fi-re-fight-ers hosed the roofs.
My kids **sq**-uirted each **oth**-er with the hose in the y-ard.

hos·pi·tal
['hɑ:spɪtl]

♪ 하어슾잍얼   X [하스피트얼]   [**!**]=[얼],mora발음/   p,t,l phonics

n. 병원,자선시설,수리점
So **sorr**-y that **the**-re are n-o **chi**-l-dren's **ho**-sp-it-al.
Ho-sp-it-al **ord**-erl-ies needed to re-**st**-rain from the **pa**-tient.

host
['hoʊst]

♪ 호으슽   O [호우스트]   t phonics

n.vt. 주인⇔**gue**-st,⇔**ho**-st-ess,주최(자측),숙주⇔**par**-as-ite
They had brought **pres**-ents for **the**-ir **ho**-st-ess.
Kor-**e**-a **w-i**-ll **ho**-st the **W-int**-er Ol-**ym**-pic Games in 2018.

hos·tile
['hɑstaɪl]

♪ 하슽얼   ♪ 호슽아이열   X [하스타일]   mora발음/ t phonics

aj.n. 적의가진(사람),적대성의,적(군,국)의,비우호적인,냉담한
They hav(e) **ent**-ered **ho**-st-i-le **terr**-it-or-y.
It w-as a **sm**-all town that w-as **ho**-st-i-le to out-**sid**-ers.

hot
['hɑ:t]

♪ 하앝   X [핫]   틀린발음/

aj.av.v. 뜨거운,더운,매운,**pung**-ent,성난,열심인,인기있는
The **w-eath**-er w-as hot and **st**-ick-y.
"It's the ec-**on**-om-y **st**-up-id!" B. **Cl**-int-on's hot camp-**aign**.

ho·tel
[hoʊˈtɛl]

♪ 호으텔　　X [호우테얼]　　mora발음/ t phonics

n. 호텔,여관,통신에서H자
They **st**-ayed at a **fanc**-y hot-**e-l** in Seoul.
The desk **cl**-erk **he**-l-ped my **check**-in to the hot-**e-l**.

hour
[ˈaʊɚ]

♪ 아으월　　O [아우어ㄹ]　　w,ɚ phonics

n.aj. 시간(의),때,시기,시대,근무(공부,영업)시간
She cried for **ho**urs with-**out ceas**-ing.
He couldn't calm down for **ho**urs **aft**-er the **arg**-um-ent.

house
[ˈhaʊs]

♪ 하으ㅅ　　O [하우쓰]

n.v.aj. 집(의),주택,세대,가족,집안,수용,묵게,제공,피난,보관
She **cl**-eans house on **ev**-(h)er-y **Tue**-sd-ays.
The drinks are on the **ho**use. It **ho**uses **Eng**-l-ish **fac**-ult-y.

house·hold
[ˈhaʊsˌhoʊld]

♪ 하으ㅅ호을ㄷ　　O [하우쓰호울드]

n.aj. 가족(의),세대,가구,가정(용)의,왕실,흔한
The-re are n-ew **hous**-ing dev-**(h)el**-op-ments in the **cit**-y.
The-ir **tot**-al **house**-ho-l-d **inc**-ome is **mo**-re than $100K a **ye**-ar.

how
[ˈhaʊ]

♪ 하으　　O [하우]

av.conj.n. 어떻게,어떤방법으로,얼마나,어떤이유(상태)로
It giv(e)s a **cl**-ue how to proc-**eed** the **pl**-an.
How are you **gett**-ing al-**ong** with n-ew friends?

how·ev·er
[haʊˈɛvɚ]

♪ 하으엡얼　　X [하우에버ㄹ]　　mora발음/ v,ɚ phonics

av.conj. 그렇지만,그러나,그럼에도불구하고,어떻게든
She can act how-**ev**-(h)er she w-ishes.
How-**ev**-(h)er did he make so **man**-y mi-**st**-ak(e)s?

hue
[hjuː]

♪ 휴우　　O [휴우]

n. 색조,색,빛깔,색상,특색,경향
They **dec**-or-ated the room in hues of Red and Pink.
She w-ore **bright**-er hues to **comp**-l-em-ent her **sk**-in & **ha**-ir tone.

hug
[ˈhʌg]

♪ 학　　X [하그]

v.n. 껴안다,포옹,품다,고집,매달리다,안다,들러붙다,껴안기
She hugged her (k)n-ees to her chest.
Grann-y grabbed the **bl**-ank-et and hugged it round her.

huge
[ˈhjuːdʒ]

♪ 휴우지   O [휴우쥐]

aj. 매우큰,막대한,en-**orm**-ous,gig-**ant**-ic,무한의,un-**bound**ed
The **op**-er-a turned out to be a huge succ-**ess**.
He's the **cha**-ir-man of a huge mult-i-**na**-tion-al corp-or-**a**-tion.

hu·man
[ˈhjuːmən]

♪ 휴움언   X [휴우먼]   mora발음/ m phonics

aj.n. 사람(인간)의,인간다운,인간미(인정)있는,사람,인간
The int'l **cl**-im-ate **fav**-(h)ors peace and hu-m-**an**-it-y.
Hu-m-ans surv-(h)**ive**d by **cult**-iv-(h)at-ing **veg**-ies and **gra**-in.

hum·ble
[ˈhʌmbəl]

♪ 함블   O [함브얼]

aj.vt. 겸손한,얌전한,작은,천한,**l-ow**-l-y,검소한,겸허,낮추다
He is a **gen**-u-ine-l-y **humb**-le man.
They l-iv-(e)d in a **humb**-le **one**-room ap-**artm**-ent.

hu·mor
[ˈhjuːmɚ]

♪ 휴움얼   X [휴우머ㄹ]   mora발음/ m, ɚ phonics

n.vt. 유머,익살,joc-ul-**ar**-it-y,com-ic-**al**-it-y,만족,**grat**-if-(h)y
Marg-ar-et Cho has **q**-u-irk-y sense of **hu**-m-or.
Her **coll**-eag-ues rem-**emb**-er her for her **hu**-m-or and **l-oy**-alt-y.

hun·dred
[ˈhʌndrəd]

♪ 한드런   O [한쥬뤄드]   mora발음/ ʌ,dr,d phonics

n.aj. 100(명,개,달러,파운드)(의),다수의,수많은
Hund-reds of **cl**-oth-ings w-ere cons-**ume**d in the **fi**-re.
W-e are exp-**os**ed to **hund**-reds of comm-**er**-cial **mess**-ages a day.

hun·ger
[ˈhʌŋgɚ]

♪ 항걸   O [항거ㄹ]   ʌ,g,ɚ phonics

n.v. 배고픔,기아,열망,갈망,배고프다,굶주리(게하)다,**st**-arve
St-ud-ents hav-(e) **hung**-er for (k)n-**ow**-l-ed-ge but can't be **tau**ght.
B. Gates has been a **l-ead**-er in the **fi**ght ag-**ainst** w-orld **hung**-er.

hun·gry
[ˈhʌŋgri]

♪ 항그리   O [항그뤼]   ʌ,r phonics

aj. 배고픈,허기진,열망하는,불모의,메마른,식량이부족한,기근의
They w-ere **hung**-ry for an ed-uc-**a**-tion.
If bees are de-**st**-royed, **mi**-ll-i-ons may go **hung**-ry.

hunt
[ˈhʌnt]

♪ 한트   O [한트]   ʌ,t phonics

v.n. 사냥,샅샅이뒤지다,쫓다,purs-**ue**,찾(아내)다,발견,찾아헤매다
What is she **hunt**-ing for?
Det-**ect**-ives are **st**-i-ll **hunt**-ing for **cl**-ues to the **kill**-er's id-**ent**-it-y.

hur·ry
['hɚri]

♪헐리　　　O [허ㄹ뤼]　　　ɚ,r phonics

v.n. 서두르다(기),허둥대다(기),재촉,rush,haste,급히나르다
N-oth-ing is **ev**-(h)er done in a **hurr**-y.
Tak(e) your time. **The**-re's n-o need to **hurr**-y.

hurt
['hɚt]

♪헐트　　　O [허ㄹ트]　　　ɚ,t phonics

v.n.aj. 다치다,**dam**-age,고통주다,off-**(h)end**,해치다,부상,**inj**-ur-y
You're **hurt**-ing me!
He **nev**-(h)er meant to hurt her **fee**-l-ings.

hus·band
['hʌzbənd]

♪하쯥언ㄷ　　　X [하즈번드]　　　mora발음/ ʌ,z,b phonics

n.vt. 남편(되다),절약(가),ec-**on**-om-ist,관리,**man**-age
She dev-**(h)ote**d her-**se**-l-f to her sick **husb**-and.
She w-as **cop**-ing w-e-ll **aft**-er her **husb**-and died.

hut
['hʌt]

♪헡　　　X [핫]　　　틀린발음/ ʌ,t phonics

n.v. 오두막(에묵다),임시가옥(막사),**bung**-al-ow,숙박
　The-re are **op**-en bars in **sev**-(h)er-al huts at the res-**ort**.
Nev-(h)er l-eav(e) a gar-**a**-ge or **gard**-en hut un-**l-ock**ed.

hy·poth·e·sis
[haɪ'pɑːθəsəs]

♪하잎아엇어ㅅ　　　X [하이파써씨쓰]　　　mora발음/ p,θ,s phonics

n. 가설,논의의전제,추측,가정
Some **oth**-er **chem**-ists rej-**ect**ed his hy-**poth**-es-is.
The res-**ult**s of the exp-er-im-ent did supp-**ort** her hy-**poth**-es-is.

이제 예시문장 안의 단어를 바꾸어 다른 상황으로 응용해보시나요?

i or I
[aɪ]

♪아이　　O [□이]　　168 단어 21쪽

n. 알파벳아홉째자,I(자)형
I is the **symb**-ol for **i**-od-ine in **Chem**-i-st-ry.
I is the 9th **l-ett**-er of the **mod**-ern **Eng**-l-ish **alph**-(h)ab-et.

ice
[aɪs]

♪아이스　　O [아이스]

n.v.aj. 얼음(같은것),빙하,빙과(**sherb**-et,frapp-**é**,ice-**cream**),얼다
Mom got a **cart**-on of ice-**cream** out of the **freez**-er.
L-ow **temp**-er-at-ure conv-**(h)ert w-at**-er **int**-o ice.

idea
[aɪˈdiːjə]

♪아읻이이여　　X [아이디아]　　mora발음/ d phonics

n. 착상,개념,사상,생각,의견,지식,인식,상상,의도,계획
The-ir comp-**et**-it-ors soon **cop**-ied the id-**e**-a **perf**-(h)ect-l-y.
I conc-**eiv**ed an id-**e**-a how to im-**prove Eng**-l-ish for Kor-**e**-ans.

ide·al
[aɪˈdiːl]

♪아읻이을　　X [아이디어얼]　　mora발음/ d,l phonics

n.aj. 이상,궁극목적,모범인사람,전형(상상)적인(것),공상
Up-grad-ing her com-**put**-er seems the id-**e**-al sol-**u**-tion.
E**xp**-end-i-ture should id-**e**-all-y n-ot e**xc**-**eed rev**-(h)en-ue.

iden·ti·cal
[aɪˈdɛntɪkəl]

♪아읻엔틱얼　　X [아이덴티커얼]　　mora발음/ d,k phonics

aj. 똑같은,동일한,꼭일치한,모든점에서같은
They w-ere **w-ear**-ing id-**ent**-ic-al **gl**-asses.
All the **te**-sts w-ere done **und**-er id-**ent**-ic-al cond-**i**-tions.

iden·ti·fi·ca·tion
[aɪˌdɛntəfəˈkeɪʃən]

♪아읻엔턱흑에이션　　X [아이덴터퍼케이션]　　mora발음/ d,f,k phonics

n. 신분증명(서),동일함확인(증명,검증),식별,동일시,일체화
You need two forms of id-ent-if-(h)ic-**a**-tion.
Dis-**hon**-est teens **carr**-y fake **ID** to get **int**-o the **cl**-ubs.

iden·ti·fy
[aɪˈdɛntəˌfaɪ]

♪아읻엔턱하이　　X [아이덴터파이]　　mora발음/ d,f phonics

v. (신분,물건)확인(인정,분간,식별),동일시(취급),관여(의기투합)
They id-**ent**-if-(h)ied the dog as **the**-ir l-ost pet.
Key **prob**-l-ems hav(e) al-**read**-y been id-**ent**-if-(h)ied and fixed.

iden·ti·ty
[aɪˈdɛntəti]

♪아읻엔털이　　X [아이덴터티]　　mora발음/ d,t,y phonics

n. 동일함(인),동질성,일치,신원,정체,개성,독자성,주체성,흡사함
She had **man**-aged to conc-**ea**-l her **re**-al id-**ent**-it-y.
L-et the **chi**-l-dren dev-(h)el-op a sense of **the**-ir own id-**ent**-it-y.

ide·ol·o·gy
[aɪdi'ɑ:lədʒi]

♪ 아인이 아'알언지   X [아이디**알**러쥐]   중복"ㄹ"="r"발음/ d,dʒ phonics

n. 관념론,관념형태,공리공론
He says that the **el**-**ec**-tion is ab-**out** id-e-**ol**-og-y.
Free-mark-et id-e-**ol**-og-y w-as **st**-i-ll **dom**-in-ant **ti**-ll 20th C.

idle
[aɪdl]

♪ 아'인얼   X [아이드**얼**]   [**l**]=[얼],mora발음/ d,l phonics

aj.v. 게으른,무익한,헛도는(돌다),허송세월,낭비,놀게
The **ex**-tra **po**-w-er **pl**-ants are **id**-le when dem-**and** is **l**-ow-er.
Man-y **peop**-le w-ere mad(e) **id**-le as the **fact**-or-y **cl**-osed down.

if
[ɪf]

♪ 잎   X [이f으]   mora발음/ f phonics

conj.n. 만약~이라면,~할땐언제든, ~일지라도,**ev**-(h)en though
The-re are too **man**-y ifs and buts in that **cont**-ract.
The-re are deb-**ate**s on **Bit**-coin if it's a **curr**-enc-y or n-ot.

ig·no·rant
[ɪgnərənt]

♪ 익'너런ㅌ   X [이그너뤈ㅌ]   mora발음/ g,n,r phonics

aj. 무식한,무교육의,경험없는,생소한,모르는,무지때문의
It w-as an **ig**-n-or-ant mi-**st**-ak(e) that I mad(e).
She w-as **ig**-n-or-ant of the terms used in ec-**on**-om-y.

ig·nore
[ɪg'noɚ]

♪ 익'노얼   X [이그노어ㄹ]   mora발음/ g,n,ɚ phonics

vt. 무시,돌보지않다,보고도못본체,승인지않다,기각
He's got a cheek ig-**nor**-ing us l-ik(e) that.
He gets good ad-**vi**-ce but he **ju**-st ig-**n**-ores it.

ill
[ɪl]

♪ 이'을   X [이얼]   틀린발음/ l phonics

aj.n.av. 병든,나쁜,**wick**-ed,해로운,적의품은,**ho**-st-i-le,잔인한
He is **term**-in-all-y i-**ll**. She's been i-ll for a **coup**-le of w-eeks.
It means he's **go**-ing to die bec-**au**-se of an **i**-**ll**-ness.

il·le·gal
[ɪ'li:gəl]

♪ 일이'익얼   X [**일리**이거얼]   중복"ㄹ"="r"발음/ g phonics

aj.n. 불법의,un-**l**-**awf**-(h)ul,허용되지않은,무법자,첩보부원
He w-as **char**-ged with il-**l**-**eg**-al poss-**ess**-ion of **fi**-re-arms.
It is il-**l**-**eg**-al for em-**pl**-oy-ers to di-**sc**-rim-in-ate on **ra**-ci-sm.

ill·ness
[ɪlnəs]

♪ 이'을너ㅅ   X [이얼너쓰]   틀린발음/ l phonics

n. 건강(기분)이좋지않음,불쾌,병
The-ir **moth**-er's i-**ll**-ness conc-**erns** them **ser**-i-ous-l-y.
I-**ll**-ness cons-**ume**d both of his **sp**-i-rit and **st**-rength.

il·lus·trate
[ɪləstreɪt]
♪ 일어슬레잍   ✗ [일러스츄뤠잍]   중복 "ㄹ"="r"발음/ l,tr,t phonics
vt. (그림으로)설명,예시,ex-em-pl-if-(h)y,그림(삽화)를넣다,계몽
Nat-ive's pron-un-ci-a-tion was ill-u-st-rated in O-l-d Kor-e-an.
The ex-amp-les ill-u-st-rate Eng-l-ish nat-ive's pron-un-ci-a-tion.

im·age
[ɪmɪdʒ]
♪ 임인지   ✗ [이미쥐]   mora발음/ m,dʒ phonics
n.vt. 상,영상,인상,개념,conc-ept,id-e-a,상상,상징,그리다
She has ca-ref-(h)ull-y cult-iv-(h)ated her im-age.
CAT sc-an is pop-ul-ar for di-agn-o-st-ic im-ag-ing dev-(h)ice.

imag·i·nary
[ɪˈmædʒəneri]
♪ 임앶전에러리   ✗ [이매줘네뤼]   mora발음/ m,dʒ,n,r phonics
aj.n. 상상의,비실재적인,가공의,⇔re-al,허(수)의,허수
The E-q-uat-or is an im-ag-in-ar-y l-ine.
The two groups w-ere sep-ar-ated by an im-ag-in-ar-y l-ine.

imag·i·na·tion
[ɪˌmædʒəˈneɪʃən]
♪ 임앶전에이션   ✗ [이매줘네이션]   mora발음/ m,dʒ,n phonics
n. 상상(력),창조(창작)력,창의,생각,공상,심상,해결능력
Cl-oud has all shapes of your im-ag-in-a-tion.
This book w-i-ll chall-enge chi-l-dren's im-ag-in-a-tion.

imag·ine
[ɪˈmædʒən]
♪ 임앶전   ✗ [이매줜]   mora발음/ m,dʒ,n phonics
v. 상상,생각,가정,추측,마음에그리다(떠올리다)
I can't im-ag-ine a circ-um-st-ance in which I w-ould do that.
They asked us to im-ag-ine a w-orld with-out pov-(h)ert-y or w-ar.

im·i·tate
[ɪmətˌeɪt]
♪ 임얻에잍   ✗ [이머테잍]   mora발음/ m,t phonics
vt. 모방,흉내내다,본받다,모범삼다,모조,위조
She's al-w-ays im-it-at-ing her moth-er.
He's ver-y good at im-it-at-ing cel-eb-rit-ies' voice.

im·me·di·ate
[ɪˈmiːdijət]
♪ 임이임이옅   ✗ [이미이디엳]   mora발음/ m,d,t phonics
aj. 즉시(즉석)의,in-st-ant,바로이웃의,직접적인,직관(직각)의
Go out imm-ed-i-ate-l-y and dis-ab-le your car al-arm, pl-ease.
They di-sp-osed the n-ew prod-ucts for imm-ed-i-ate del-iv-(h)er-y.

im·mense
[ɪmɛns]
♪ 임엔ㅅ   ✗ [이멘쓰]   mora발음/ m,s phonics
aj.n. 매우큰,거대한,vast, huge,한없는,굉장한,great,훌륭한
She is an op-er-a sing-er of imm-ense tal-ent.
The pres-sure on them dur-ing ex-am per-iod can be imm-ense.

im·mi·grant
[ɪməgrənt]

 X [이머그뢴트] mora발음/ m,g,r phonics

n.aj. 이민,이주자,입국자,외래동물(식물),이민에관한,이주해오는
Ansan **cit**-y has a **l-ar**-ge **imm**-ig-rant pop-ul-**a**-tion.
Mi-ll-i-ons of **imm**-ig-rants came to Am-**er**-ic-a from **Eur**-ope.

im·mi·grate
[ɪməgreɪt]

 X [이머그뤠잇] mora발음/ m,g,r phonics

v. 이주,와서살다,이주시키다
Eur-ope **imm**-ig-rated **man**-y **peop**-le to the N-ew W-orld.
Man-y **Germ**-ans **imm**-ig-rated to South Am-**er**-ic-a in mid-19th.

im·mor·al
[ɪ'morəl]

 X [이**모**뤄얼] mora발음/ m,r phonics

aj. 부도덕한,음란한,외설한
She bel-**iev**(e)s it's imm-**or**-al to **ki**-ll pets for food.
It w-as imm-**or**-al of him to **te**-ll l-ies l-ik(e) that.

im·mune
[ɪ'mju:n]

 X [이**뮤**우은] mora발음/ m phonics

aj. 면역된,면역의,면역항체를지닌,면제된,ex-empt,면역자
Few men w-ere imm-**une** to her charm.
Dip-l-om-ats are imm-**une** from arr-**est** or pros-ec-**u**-tion.

im·pact
[ɪm,pækt]

 O [임**팩**트]

n.v. 충돌,충격,영향(주다),효과,감화,끼워(채워)넣다,채우다
On-l-ine **shopp**-ing has **imp**-acted **ser**-i-ous-l-y on the **off**-l-ine.
The **imp**-act of **gl**-ob-al **w-arm**-ing hav(e) been **doc**-um-ented.

im·pair
[ɪm'pɛɚ]

 O [임**페어**r] ə· phonics

vt. 나쁘게,~을감소(약화)시키다,~을해치다,손상시키다,**inj**-ure
Drink-ing imp-**a-ir**ed his **eye**-sight.
His imp-**a-ir**ed **driv**-(h)ing **cau**-ses a car **acc**-id-ent.

im·pa·tient
[ɪm'peɪʃənt]

 O [임**페**이션트]

aj. 참을수없는,성급한,초조히기다리는,몹시하고싶어하는
Aft-er months of del-**ay**s, **cu**-st-om-ers bec-**ame** imp-**a**-tient.
She gets imp-**a**-tient with **peop**-le who don't ag-**ree** with her.

im·ple·ment
[ɪmpləmənt]

♪임플엄언트 X [임**플**러먼트] 중복"ㄹ"="r"발음/ m,l,n phonics

n.vt. 도구,기구,비품,수단,방법,대리인,실행,제공,채우다
They bought n-ew **kit**-chen **imp**-l-em-ents for the n-ew house.
The ag-**reem**-ent w-as signed but it has **nev**-(h)er **imp**-l-em-ented.

im·pli·cate
[ɪmpləkeɪt]

♪임플럭에잍 X [임플러케잇]

vt. 말려들게,관련(연류)시키다,함축,얽히게
Her bu-sin-ess part-n-er w-as imp-l-ic-ated in the corr-up-tion.
Sm-ok-ing has been imp-l-ic-ated as a l-ung canc-er risk fact-or.

im·plic·it
[ɪmˈplɪsət]

♪임플잇읕 XXX [임플리쓷] 틀린액센트/ l,t phonics

aj. 절대의,~ bel-ief,~ ob-ed-i-ence,무언의,내포된⇔exp-l-ic-it
Her sm-i-le meant imp-l-ic-it cons-ent on his prop-os-al.
The cre-at-ive id-e-a is imp-l-ic-it in the im-ag-in-a-tion.

im·ply
[ɪmˈplaɪ]

♪임플아이 XXX [임플라이] 틀린액센트/ l phonics

vt. 내포하다,반드시수반,뜻을함축,암시,비치다
The-ir w-arn-ing l-ett-ers imp-l-ied a threat.
She didn't mean to imp-l-y that you w-ere int-erf-(h)er-ing.

im·port
[ˈɪmˌpoɚt]

♪임포얼 O [임포어ㄹ트] ɚ,t phonics

n. 수입⇔exp-ort,수입(품,액),의미,취지,중요(성)
Imp-orts ex-ceeded exp-orts l-ast ye-ar.
They banned on all imp-orts of l-iv(e) catt-le ab-road.

im·port
[ɪmˈpoɚt]

♪임포얼 O [임포어ㄹ트=] ɚ,t phonics

v. 수입⇔exp-ort,함축,의미,취지,중요
His words imp-orted a change of att-it-ude.
Gl-ob-al et-iq-uettes hav(e) been imp-orted from Eur-ope.

im·por·tance
[ɪmˈpoɚtn̩s]

♪임포얼언ㅅ X [임포어ㄹ턴쓰] [n̩]=[언], mora발음/ ɚ,t,n phonics

n. 중요성,주요지위,관록,탁월,유력함,거드름
O-ld st-or-ies hav(e) imp-ort-ance to curr-ent aud-i-ences.
Gov't'll know the imp-ort-ance of tra-in-ing so-l-di-ers Eng-l-ish.

im·por·tant
[ɪmˈpoɚtn̩t]

♪임포얼언ㅌ X [임포어ㄹ턴트] [n̩]=[언], mora발음/ ɚ,t phonics

aj. 중요한,소중한,현저한,위대한,저명한,훌륭한,잘난체하는
His res-ear-ch led to an imp-ort-ant di-sc-ov-(h)er-y.
Good nut-ri-tion is imp-ort-ant for bod-y dev-(h)el-op-ment.

im·po·tent
[ˈɪmpətənt]

♪임펕언ㅌ X [임퍼턴] mora발음/ t phonics

aj. 무력한, ~을할수없는,체력없는,허약한,노쇠한,남성성교불능의
The imp-ot-ent ru-l-er w-as ju-st a fig-ure-head.
Bull-ies l-eav(e) peop-le fee-l-ing hurt, ang-ry and imp-ot-ent.

im·pose
[ɪmˈpoʊz]
♪임**포**으ㅈㅎ   O [임**포**우**즈**]   z phonics
vt. 부과,강요,지우다,속여팔다,감탄시키다,주제넘게나서다
She w-ouldn't w-ant to imp-**ose** her views on **an**-y-one.
The **jud**-ge imp-**ose**d a l-if(e) **sent**-en-ce to the **kill**-er, **moth**-er.

im·pos·si·ble
[ɪmˈpɑːsəbəl]
♪임**파**앗업얼   X [임**파**아**써브**얼]   mora 발음/ b phonics
aj. 불가능한,있을수없는,믿기어려운,견딜(참을,손댈)수없는
It's im**p-oss**-ib-le to pred-**ic**-t the **fu**-ture.
"Im**p-oss**-ib-le" transf-(**h**)**orm**ed to "I'm **poss**-ib-le." -**Par**-al-**ymp**-ic-

im·press
[ɪmˈprɛs]
♪임**프**레ㅅ   XXX [임프**퉤**쓰]   틀린액센트/ r phonics
v.n. 감명(동)주다,(좋은)인상을갖게,심어주다,새겨넣다,도장찍다
He w-as **deep**-l-y im-**press**ed by your w-ork.
Vol-unt-ary w-ork w-i-ll **of**(t)-(**h**)en im-**press** the em-**pl**-oy-er.

im·pres·sion
[ɪmˈprɛʃən]
♪임**프**레션   XXX [임프**퉤**션]   틀린액센트/ r phonics
n. 인상,감동,영향,**inf**-(**h**)l-u-ence,느낌,(도장등)찍기,자국,인쇄
He has the im-**pres**-sion that she's **ver**-y good at her job.
Fir-st im-**pres**-sions are im**p-ort**-ant but can be mis-**l-ead**-ing.

im·pres·sive
[ɪmˈprɛsɪv]
♪임**프**레씨브   XXX [임프**퉤**씨브]   틀린액센트/ r,v phonics
aj. 인상적인,감명주는,엄숙함을느끼게하는,멋진
She has an im-**press**-ive **mann**-er and **et**-iq-uette.
The l-ist of **the**-ir a-**chiev**(e)**m**-ents w-as **prett**-y im-**press**-ive.

im·prove
[ɪmˈpruːv]
♪임**프**루웁   XXX [임프**루우브**]   틀린액센트/ r,v phonics
v. 개량,개선,향상,이용,활용,승대,가치높이나
W-e need to im-**prove** our def-(**h**)**ense**s as the **cris**-is is raised.
I conc-**eive**d an id-**e**-a how to im-**prove Eng**-l-ish for Kor-**e**-ans.

im·prove·ment
[ɪmˈpruːvmənt]
♪임**프**루웁먼ㅌ   XXX [임프**루우브**먼트]   틀린액센트/ r,v phonics
n. 개선(점,공사),진보,향상,증진,이용,활용
W-e've **n-ot**-iced im-**prov**(e)**m**-ent in **the**-ir **Eng**-l-ish.
The **sch**-ool is **w-e**-ll, but **fur**-ther im-**prov**(e)**m**-ent is needed.

in
[ɪn]
♪인   O [인]
prep.av.aj.n. 안에(의,으로),~한상태에(서),착용하고,~에관해서
The roofs and w-alls caved in **dur**-ing the **earth**-q-uake
The comm-**itt**-ee caved in to the dem-**and**s of **par**-ents.

Inc.
[ɪŋk]

♪잉ㅋ   O [잉크]

n. 법인(회사),유한책임회사
Inc. sounds same as ink.
Inc. is an abb-rev-(h)i-a-tion of inc-orp-or-ated or inc-orp-or-a-tion.

in·cen·tive
[ɪnˈsɛntɪv]

♪인ㅅ엔팈ㅂ   X [인쎈티브]   mora발음/ s,v phonics

n.aj. 유인,자극,동기,장려금,격려적인
The-re sha-ll be inc-ent-ives to ad-opt such mea-sures.
Fin-an-cial inc-ent-ives are off-(h)ered for hi-ring dis-ab-led.

inch
[ɪntʃ]

♪인치   O [인취]   tʃ phonics

n.vt. 인치(1/12 ft, 2.54cm),근소거리,조금,bit,조금씩움직이다
The na-i-l is ab-out two inches l-ong.
The prices of sn-acks and cook-ies are inch-ing up ag-ain.

in·ci·dence
[ˈɪnsədəns]

♪인썯언ㅅ   X [인써던쓰]   mora발음/ d,s phonics

n. 발생,발생정도(범위,율),발병(율),영향범위,입사(각)
The inc-id-ence of rheum-at-ism in-creases with age.
The drug red-uced the inc-id-ence of pa-in aft-er surg-er-y.

in·ci·dent
[ˈɪnsədənt]

♪인썯언ㅌ   X [인써던트]   mora발음/ d,t phonics

n.aj. 사건,삽화,부수적인것(일.조건),흔히있는,투사(입사)하는
Man-y such dang-er-ous inc-id-ents go un-rep-ort-ed.
This inc-id-ent cl-osed the door on her chan-ce to suc-ceed.

in·cline
[ɪnˈklaɪn]

♪인클아인   XXX [인클라인]   틀린액센트/ l phonics

v.n. 마음기울다,하고싶어지다,경사지다,굽히다,절하다,경사
He l-is(t)-ened with eyes cl-osed and head inc-l-ined.
His l-ov(e) of dress inc-l-ined him to-w-ard a fa-shion car-eer.

in·clude
[ɪnˈkluːd]

♪인클우욷   XXX [인클루우드]   틀린액센트/ l,d phonics

vt. 포함⇔ex-cl-ude,포함(가입,산입)시키다
They pa-inted third coats in-cl-ud-ing the prim-ar-y.
The dram-a inc-l-udes a l-ot of phys-ic-al com-ed-y.

in·come
[ˈɪŋkʌm]

♪인캄   O [인캄]

n. 소득,(정기적)수입,들어옴
Her job is the-ir chief so-ur-ce of inc-ome.
His inc-ome is a far cry from that of his pe-ers.

in·cor·po·rate
[ɪnˈkɔːpəreɪt]
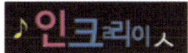   ✗ [인커ㄹ퍼레이트]   mora발음/ ɚ,p,r,t phonics
v.aj. 법인만들다,회사의,결합한,영적인,**sp**-ir-it-ual,포함,혼합
This book in**c**-**orp**-or-ates my id-**e**-as on **Eng**-l-ish **phon**-ics.
The des-**ign** in**c**-**orp**-or-ates some **ov**-(h)er-l-**ap**ping **fea**-tures.

in·crease
[ɪnˈkriːs]
 ✗✗✗ [인크뤼이쓰]   틀린액센트/ r,s phonics
v. 증대(증가)(시키다),불리다,늘리다,확대,더,번식
He con**c**-**eive**d a **pl**-an to in-**crease** **sa**-les.
Sunbath-ing in-**crease**s your risk of **gett**-ing **sk**-in **canc**-er.

in·crease
[ɪnˌkriːs]
 ○ [인크뤼이ㅅ]
n. 증가(요인,액,량),증대,증진,이익,이자,산물
Inf-(**h**)**l**-a-tion is on the **inc**-rease.
A **st**-ead-y **inc**-rease in **temp**-er-ature makes fruits ripe.

in·cur
[ɪnˈkɚ]
 ○ [인커r]   ɚ phonics
vt. 빠지다,손해등을초래,입다
The ins-**ur**-ance w-i-ll **cov**-(h)er all e**xp**-enses inc-**ur**red.
He inc-**ur**red the dis-**pl**-ea-su-re of her by de**c**-l-in-ing her **off**-(h)er.

in·deed
[ɪnˈdiːd]
 ○ [인디이드]
av.interj. 정말,**re**-all-y,**tru**-l-y,**cert**-ain-l-y,사실은,과연,저런,그래요
He (k)n-ows you can ind-**eed** do **bett**-er.
Eng-l-ish ed-uc-**a**-tion in the **Arm**-y **ben**-ef-(h)its Kor-**e**-ans ind-**eed**.

in·de·pen·dence
[ˌɪndəˈpɛndəns]
 ✗ [인더펜던스]   mora발음/ p,d,s phonics
n. 독립,사립,ind-ep-**end**-ency,사수,자활,녹립생활
The **ho**-**sp**-it-al pres-**erv**ed the **dig**-n-ity of **pa**-tients.
He has shown a **fi**-er-ce ind-ep-**end**-ence of **bu**-sin-ess.

in·de·pen·dent
[ˌɪndəˈpɛndənt]
♪인덮엔던ㅌ   ✗ [인더펜던트]   mora발음/ p,d,t phonics
aj. 독립한,자주의(적인),독립심(자존심)강한,무소속의
 Al-ice is ind-ep-**end**-ent of her **par**-ents.
Get ind-ep-**end**-ent l-**eg**-al ad-**vi**-ce bef-(**h**)**ore** bind-ing.

in·dex
[ˈɪnˌdɛks]
♪인덱ㅅ   ○ [인덱쓰]   k,s phonics
n.vt. 색인(달다),목록,표시,지침,눈금,**ind**-ex **fing**-er,지수,연계
Pen-sions are n-ot **ind**-exed to inf-(**h**)**l**-a-tion.
L-ook up the **rec**-ip-e for **cl**-am **chowd**-er soup in the **ind**-ex.

in·di·cate
[ɪndəˌkeɪt]

♪인덕에잍   X [인더케잇]   mora발음/ k,t phonics

v. 가리키다,지적,암시,imp-l-y,징후(표시)다,나타내다,알리다
The **nav**-(h)ig-ator **ind**-ic-ates w-e are on track.
Te-st res-**ults** w-i-ll **ind**-ic-ate if Yethanglish w-as **he**-l-pf-(h)ul.

in·di·vid·u·al
[ɪndəˈvɪdʒəwəl]

♪인덕읻ᄌㅓᄋㅡ월   X [인더비쥬어얼]   mora발음/ v,dʒ,w phonics

aj. 개인의(적인,전용의),1인용의,별개의,독자적인,사람,개체
They all bel-**iev**(e) in the **freed**-om of the ind-iv-(h)i-dual.
The food w-as **pack**-aged in **hund**-reds of ind-iv-(h)i-dual **serv**-(h)ings.

in·duce
[ɪnˈduːs]

♪인두우ᄉ   O [인두우쓰]   s phonics

vt. 설득하여하게,야기,유도,귀납
His **i-ll**-ness w-as ind-**uce**d by **ov**-(h)er-w-ork.
N-o one (k)n-ows what ind-**uce**d him to l-eav(e) the **comp**-an-y.

in·dus·tri·al
[ɪnˈdʌstrijəl]

   X [인다스츄리어얼]   mora발음/ ʌ,tr phonics

aj.n. 산업(공업)의,공업용의(적인),산업노동자(제품)
Ind-**u**-st-ri-al **diam**-onds are used for **cutt**-ing and ab-**ra**-sion.
The-re are lots of ind-**u**-st-ri-al uses for eng-in-**eer**ed **pl**-ast-ic.

in·dus·try
[ɪndəstri]

♪인더슬리   O [인더스츄리]   tr phonics

n. 산업,생산업,공업,경영진,회사측,산업계,근면,노력
She w-as a **dom**-in-ant **fig**-ure in the **sp**-ort **ind**-u-st-ry.
Art-if-(h)i-cial Int-**ell**-i-gence(AI) is the **fl**-ow-er of **ind**-u-st-ries.

in·ev·i·ta·ble
[ɪˈnɛvətəbəl]

   X [인에버터브얼]   mora발음/ v,t,b phonics

aj. 피할수없는,당연한,필연적인,바꿀수없는,변함없는
This **ra**ised the in-**ev**-(h)it-ab-le **q**-ues-tion of **mon**-ey.
It w-as in-**ev**-(h)it-ab-le that she w-ould acc-**ept** his prop-**os**-al.

in·fant
[ɪnfənt]

♪인ㅍ헌ㅌ   O [인f언트]   f,t phonics

n.aj. (7세미만)소아(의),유아(의),**todd**-l-er,갓난아이의,유년기의
Inf-(h)ants and **e-l**-d-ers are part-**ic**-ul-ar-l-y at risk.
She showed us a **pic**-ture of her **inf**-(h)ant **dau**(gh)t-er.

in·fect
[ɪnˈfɛkt]

♪인ㅍ헼ㅌ   O [인f엑트]   f,t phonics

v. 병옮(기)다,감염(오염)시키다(되다),영향주다,물들게
Chi-l-dren w-ere cont-**in**-u-ing to drink inf-(h)ect-ed **w**-at-er.
Keep a-**w-ay inf**-(h)ants from **an**-y-one who may be inf-(h)ect-ed.

in·fec·tion
[ɪnˈfɛkʃən]
♪인**f**헥션　　　O [인**f**엑션]　　　**f phonics**
n. 전염,감염,오염,영향,감화,물듦,전염병,감염매체
The ducks so far rem-**ain**ed free of inf-(h)ec-tion.
Breast **mi**-l-k **feed**-ing can **he**-l-p prot-**ect bab**-ies ag-**ainst** inf-(h)ec-tion.

in·fer
[ɪnˈfɚ]
♪인**f**헐　　　O [인**f**어ㄹ]　　　**f,ɚ phonics**
v. 추론,추정,함축,결론짓다,결론짓다의의미(암시),im**p**-**l**-y
Are you inf-(h)err-ing that he is **w-rong**?
His app-**ear**-ance led her to inf-(h)er that he w-as **ver**-y **w-ea**-l-thy.

in·fe·ri·or
[ɪnˈfɪərɪɚ]
♪인**f**히어리얼　　　O [인**f**이뤼어ㄹ]　　　**f,ɚ,r phonics**
aj.n. 하위의,낮은,열등한(사람),평범한,2류의,아랫사람,후배
A **go**-at is a bad or inf-(h)er-ior **memb**-er of **an**-y group.
She al-**w-ays fe**-l-t inf-(h)er-ior am-**ong** her **sib**-l-ings.

in·flate
[ɪnˈfleɪt]
♪인**f**흘에잍　　　XXX [인**f**을레잇]　　　**틀린액센트/ f,l phonics**
v. 부풀다⇔def-(h)l-ate,팽창시키다,확장,인상,과장
Succ-**essf**-(h)ul perf-(h)orm-ance has inf-(h)l-ated her pride.
Rap-id **na**-tion's ec-on-**om**-ic growth may **cau**-se prices to inf-(h)l-ate.

in·fla·tion
[ɪnfléɪʃən]
♪인**f**흘에이션　　　XXX [인**f**을레이션]　　　**틀린액센트/ f,l phonics**
n. 통화팽창⇔def-(h)l-a-tion,물가폭등,팽창,부푼상태,자만심,과장
Bec-**au**-se the rate of inf-(h)l-a-tion is too **hi**gh.
The **gov**-(h)ernm-ent has been tried to cont-**ro**-l inf-(h)l-a-tion.

in·flu·ence
[ɪnˌfluːwəns]
♪인**f**흘우우원ㅆ　　　X [인**플**루언**쓰**] 중복"ㄹ"="r"발음/　**f,l,w,s phonics**
n.vt. 영향(력),작용,세력(가),실력(자),좌우,지배,촉구,강요
His id-**e**-as hav(e) **ga**-ined inf-(h)l-uence in the **comp**-an-y.
And-y **W-ar**hol's art shows the inf-(h)l-uence of pop **cul**-ture.

in·form
[ɪnˈfɔɚm]
♪인**f**호엄　　　O [인**f**오어ㄹ엄]　　　**f,ɚ phonics**
v. 알리다,통지,숙지,특징짓다,스며들다,정보제공,밀고,계발
Pl-ease inf-(h)orm us of **an**-y **chan**-ges in your dec-**i**-sion.
This sort of inf-(h)orm-a-tion should be in the **pub**-l-ic dom-**ain**.

in·for·mal
[ɪnˈfɔɚməl]
♪인**f**호엄얼　　　X [인**f**오어ㄹ머얼]　　　**mora 발음/ f,ɚ,m phonics**
aj. 비공식의,**cas**-u-al,변칙의,ir-**reg**-ul-ar,약식의,평상복의
They had an inf-(h)orm-al **meet**-ing **ov**-(h)er **coff**-(h)ee break.
Her boss has an inf-(h)orm-al **mann**-er that puts **peop**-le at ease.

in·for·ma·tion
[ɪnfɚˈmeɪʃən]

   X [인f오어 ㄹ메이션]   mora 발음/ f,ɚ,m phonics

n. 정보,소식,지식,전달,통보,보도,밀고,안내소,접수처

They hav(e) a rel-**i**-ab-le **chann**-el of inf-(h)orm-**a**-tion.
She acc-**u**-sed them of **l-eak**-ing conf-(h)id-**en**-tial inf-(h)orm-**a**-tion.

in·fra·struc·ture
[ˈɪnfrəˌstrʌktʃɚ]

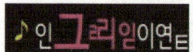   X [인f으뤄스츄뢁춰ㄹ]

n. (국가)기반시설,영구기지,군사시설,하부구조(조직),기본조직

Mon-ey is needed to sav(e) the **crumb**-l-ing **inf**-(h)ra-**st**-ruc-ture.
Inf-(h)ra-**st**-ruc-ture is the key **fact**-or for the l-o-**gi**-st-ics **ind**-u-st-ry.

in·gre·di·ent
[ɪnˈgriːdiənt]

 XXX [인그뤼이디언트]   틀린액센트/ r,d phonics

n. 성분,요소,원료,comp-**o-n**-ent,재료,내용물,함유물,구성요소

Beat the **mix**-ture with a fork to **bl**-end the in-**gred**-i-ents.
Eng-l-ish is an ess-**en**-tial in-**gred**-i-ent of **gl**-ob-al succ-**ess**.

in·her·ent
[ɪnˈhɪrənt, ɪnˈherənt]

   O [인히륀트]   r phonics

aj. 타고난,천성의,선천적인,고유의

She has an in-**her**-ent sense of **fa**-ir **pl**-ay.
The-re might be in-**her**-ent risks with **l-ith**-i-um **i**-on **batt**-er-ies.

in·hib·it
[ɪnˈhɪbət]

   X [인히벗]   mora발음/ b,t phonics

vt. 억제,방해,저지,금지,저해,정지

Ju-st the **pres**-ence of pol-**i**-ce **off**-(h)i-cers in-**hib**-ited them.
Drink-ing **coff**-(h)ee might in-**hib**-it the abs-**orp**-tion of **ir**-on from our **di**-et.

ini·tial
[ɪˈnɪʃəl]

♪인**이**셜   X [인**니**셜]   mora발음/ n,i phonics

aj.n.vt. 최초의,초기의,음절첫머리의,머리(첫,큰,장식)글자(쓰다)

3,000 **cop**-ies of this book w-i-ll be printed out in-**i**-tiall-y.
All Kor-**e**-ans in-**i**-tial re-**ac**-tion w-as to **pan**-ic at the di-**sa**-st-er.

ini·ti·ate
[ɪˈnɪʃiˌeɪt]

♪인**이**쉬에잍   X [이**니**쉬에잇]   mora발음/ n,i,t phonics

vt.aj.n. 시작,창시,비법전수,제안,발의,초기의,입회허가된

He w-as in-**i**-ti-ated **int**-o the Dead Poet Soc-**i**-et-y.
The n-ew rec-**ruit**s w-i-ll be in-**i**-ti-ated tom-**orr**-ow **morn**-ing.

ini·tia·tive
[ɪˈnɪʃətɪv]

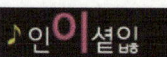   X [이**니**쉬어티브]   mora발음/ n,i,t,v phonics

n.aj. 처음(의),시작(의),스스로결정,진취정신,독창력,초보의

She has the in-**i**-tiat-ive and she int-**end**s to keep it.
She con**t-rib**-uted her **cheerf**-(h)ul in-**i**-tiat-ive to the **proj**-ect.

in·jure
[ɪndʒɚ]

♪ 인져얼   X [인줘ㄹ]   틀린발음/ dʒ,ɚ phonics

vt. 다치게,부상시키다,손상,해치다,손상,화나게,부당히대,학대

He **fe**-ll and **sl**-ight-l-y **inj**-ured his (k)n-ee.
Man-y **peop**-le w-ere **bad**-l-y **inj**-ured in the **acc**-id-ent.

in·ju·ry
[ɪndʒəri]

♪ 인져얼리   X [인줘뤼]   틀린발음/ dʒ,ɚ,r phonics

n. 상해,부상,손상,모욕(**out**-rage),무례,부정,부당처우,침해

He's conc-**ern**ed ab-**out** the risk of **inj**-ur-y to his rep-ut-**a**-tion.
He w-as e**xt**-reme-l-y **fort**-un-ate to e-**sc**-ap(e) with-**out inj**-ur-y.

in·jus·tice
[ɪnˈdʒʌstɪs]

♪ 인저슭이ㅅ   X [인좌스티쓰]   틀린발음/ dʒ,ʌ,t,s phonics

n. 부정(행위),불법,부당,불공평,권리침해,나쁜짓,비행,부정직

Pov-(h)ert-y and in**j**-**u**-st-ice are the **so**-cial **ev**-(h)ils.
Occ-up-y W-all **St**-reet dev-(h)**ote**d to **fight**-ing ec-on-**om**-ic in**j**-**u**-st-ice.

ink
[ɪŋk]

♪ 잉ㅋ   O [잉크]

n.vt. 잉크,먹(물),흑인,잉크로표시(더럽히다,칠하다),서명

The **print**-er is out of red ink.
They're **us**-ing three **diff**-(h)er-ent inks for **col**-or **print**-ing **po**-st-er.

inn
[ɪn]

♪ 인   O [인]

n. 여인숙,작은여관,호텔,모텔,선술집,기숙사

They **st**-ayed at a **co**-zy **l-itt**-le inn **ne**-ar the l-ake.
They dec-**ide**d to **st**-ay at an inn **rath**-er than **driv**-(h)ing all **n**-ig-ht.

in·ner
[ɪnɚ]

♪ 인얼   X [이너ㄹ]   mora발음/ n,ɚ phonics

aj.n. 내부(안,속)의,int-**er**-ior,숨은,ob-**sc**-ure,**hidd**-en,배타적인

The **inn**-er **Cab**-in-et acc-**ept**ed the prop-**os**-al.
L-is(t)-en **ca**-ref-(h)ull-y and you **w-i**-ll find an **inn**-er **mean**-ing.

in·no·cent
[ɪnəsənt]

♪ 인어슨ㅌ   X [이너썬트]   mora발음/ n,s,t phonics

aj. 순결한,청순한,무죄인,결백한,악의없는,무해한,**harm**-l-ess

He conv-(h)**ince**d the pol-**i**-ce of his **inn**-oc-ence.
She w-as dec-**eiv**(e)d by his **inn**-o-cent app-**ear**-ance.

in·no·vate
[ɪnəveɪt]

♪ 인업에잍   X [이너베잇]   mora발음/ n,v,t phonics

v. 혁신,쇄신,도입,처음채용(도입)하다

W-e **inn**-ov-(h)ated a n-ew **Eng**-l-ish pron-un-ci-**a**-tion **sy**-st-em.
ThumbDream **pl**-ans to cont-**in**-ue **inn**-ov-(h)at-ing and e**xp**-er-im-ent-ing.

in·put
[ɪnˌpʊt]

♪ 인풋   X [인풋]   틀린발음/ t phonics

n.aj.vt. 투입(량),공급전력,입력에너지,입력(하다,장치의)
W-e need her **in**put on what to do for n-ew **proj**-ect.
She prov-(h)**ide**d **val**-u-ab-le **in**put at the **st**-art of the **proj**-ect.

in·quire
[ɪnˈkwajɚ]

♪ 인크와이열 XXX [인크와이어ㄹ]   틀린액센트/ q,ɚ phonics

v. 문의,조사,ask,묻다
When he in-**q**-u-ired, w-e w-ere out of **st**-ock.
They in-**q**-u-ired the w-ay to San Jos**é** from a pol-**i**-ce.

in·qui·ry
[ɪnˈkwaɪri]

♪ 인쿠워리 XXX [인크와이어뤼]   틀린액센트/ q,r phonics

n. 질문,탐구,연구,조사,심문
He ref-(h)**use**d to **ans**-(w)er in-**q**-u-ir-ies from the **med**-ia.
The **pub**-l-ic is dem-**and**-ing an in-**q**-u-ir-y **int**-o the **inc**-id-ent.

in·sect
[ˈɪnˌsɛkt]

♪ 인쎅트   O [인쎅트]

n.aj. 곤충,벌레,bug,곤충의(같은,용의)
She had an irr-**a**-tion-al **fe**-ar and **hat**-red of **ins**-ects.
W-e w-ere **both**-ered by **wi**-l-d **fl**-ies and **oth**-er **ins**-ects.

in·sert
[ɪnˈsɚt]

♪ 인쎀읕   O [인쎠ㄹ트]   s,ɚ,t phonics

vt.n. 기입,게재,끼워(써)넣다,thrust,삽입(물,페이지,광고),삽화
She tried to ins-**ert** her-**se**-l-f **int**-o the conv-(h)ers-**a**-tion.
This comm-**and** ins-**ert**s the **cop**-ied text **int**-o its n-ew **pl**-ace.

in·sert
[ˈɪnˌsɚt]

♪ 인쎀읕   O [인쎠ㄹ트]   s,ɚ,t phonics

n. 삽입(기입,게재)물,끼워넣는페이지(광고),삽화
Mo-st of kid's books are **pl**-otted with l-ots of **ins**-erts.
It is e**x**p-ens-iv(e) to **pl**-ace an **ins**-ert in a n-ew**s**pap-er.

in·side
[ɪnˈsaɪd, ˈɪnˌsaɪd]

♪ 인싸일,인싸읻 O [인**싸**이드,인**싸**이드]   s,d phonics

prep.av.n.aj. 안(내부,집안)에(서),내심,본래,안쪽,내면
She keeps imp-**ort**-ant **pap**-ers l-ocked ins-**id**(e) her saf(e).
He **op**-ened up his **suit**case to show them what w-as ins-**id**(e).

in·sight
[ˈɪnˌsaɪt]

♪ 인싸읻   X [인**싸**읻]   틀린발음/ s,t phonics

n. 통찰(력),식견,간파(력)
St-ud-ents can **some**times show rem-**ark**-ab-le **ins**-ight.
W-e got **mo**-re **ins**-ights ab-**out** her from **read**-ing her books.

in·sist
[ɪnˈsɪst]
♪인**씨**슽   O [인**씨**스트]   t phonics
v. 주장,역설,강조,요구,우기다
You **mu**-st see a **doct**-or imm-**ed**-i-ate-l-y – he ins-**ist**s.
She has ins-**ist**ed on her **inn**-oc-ence from the beg-**inn**-ing.

in·spect
[ɪnˈspɛkt]
♪인**슈엨**ㅌ   XXX [인스**펙**트]   틀린액센트/ t phonics
vt. 점검,검사,정밀조사,사찰,감사,사열,검열
He had the car in-**sp**-ected bef-(**h**)**ore** he bought it.
The **Cu**-st-oms **off**-(h)i-cer in-**sp**-ected **the**-ir **passp**-orts.

in·stall
[ɪnˈstɑːl]
♪인**슈아얼**   XXX [인스**토**-얼]   틀린액센트/ t phonics
vt. 설치,가설,설비,착석,자리,정착하게,임명,맡게,app-**o**-int,**sett**-le
N-ew l-ocks w-ere in-**st**-alled on all the **do**-ors and **w-ind**-ows.
Germ-an-y in-**st**-alled its **fir**-st **fem**-a-le Def-(**h**)**en**ce **Min**-i-st-er.

in·stance
[ˈɪnstəns]
♪인**슈언ㅅ**   X [인스**턴**쓰]   mora발음/ t,s phonics
n.vt. 경우,사실,case,요구,re-**q**-uest,예(들다),ex-**em**-pl-if-(h)y
W-e saw some **in**-st-ances of great **cour**-age **dur**-ing the war.
In some **in**-st-ances the dis-**ea**-se can't be cont-**ro**-ll-ed by **med**-ic-ine.

in·stant
[ˈɪnstənt]
♪인**슈언**ㅌ   X [인스**턴**트]   mora발음/ t phonics
n. 순간,**mo**-m-ent,(바로)지금,인스턴트식품
The **in**-st-ant **coff**-(h)ee **mix**-ture comes in a **pl**-ast-ic cont-**ain**-er.
W-e ad-**apt**ed our-**se**-l-ves **in**-st-ant-l-y to the dyn-**am**-ic **mark**-et.

in·stead
[ɪnˈstɛd]
♪인**슈엔**   XXX [인스**테**드]   틀린액센트/ t,d phonics
av. 그대신에,그보다는오히려,그렇게하지않고,그렇기는커녕
Why a **Bak**-er's **Doz**-en is 13 in-**st**-ead of 12?
In-**st**-ead of sat-isf-(**h**)**ac**-tion he **fe**-l-t **o-n**-l-y **gui**-l-t.

in·sti·tute
[ˈɪnstətuːt]
♪인**슈얼우울**   X [인스터**튜**우트]   mora발음/ t phonics
vt.n. 제정,조직,시작,임명,학회,협회,회관,전문대학,원리,규칙,법
MD **And**-ers-on is a **canc**-er res-**ear**-ch **in**-st-it-ute.
U.S. has **in**-st-it-uted n-ew sec-**ur**-it-y **mea**-sures **aft**-er 9.11.

in·sti·tu·tion
[ˌɪnstəˈtuːʃən]
   X [인스터**튜**우션]   mora발음/ t phonics
n. 회,협회,학회,단체,원,회관,법,law,관습,**cu**-st-om
She is an in-st-it-**u**-tion in **l-oc**-al **pol**-it-ics.
Fam-il-y **vis**-its are a **Chri**-s(t)m-as in-st-it-**u**-tion.

in·struct
[ɪnˈstrʌkt]

♪ 인슈뤅ㅌ   XXX [인스츄뢉ㅌ]   틀린액센트/ tr,ʌ,k,t phonics

vt. 교육,지시,명령,전,가르치다(in),**tea**-ch,
She in-**st**-ructs them in **Eng**-l-ish.
She in-**st**-ructed him that her **moth**-er w-as up-**st**-a-irs.

in·struc·tion
[ɪnˈstrʌkʃən]

♪ 인슈뤅션   XXX [인스츄뢉션]   틀린액센트/ tr,ʌ,k,t phonics

n. 가르침,**l-ess**-on,지시,명령,**ord**-er,교수,교육,학문,교훈
They should read in-**st**-ruc-tion **ca**-ref-(h)ull-y for ass-**emb**-l-y.
It giv(e)s in-**st**-ruc-tions for **mak**-ing a var-**i**-et-y of hand creams.

in·stru·ment
[ˈɪnstrəmənt]

♪ 인슐럼언ㅌ   XXX [인스츄뤼먼ㅌ]   틀린액센트/ tr,m,t phonics

n.vt. 기구,도구,(항공)계기,악기,수단,means,매개자(물),장치
Do you **pl**-ay **an**-y **mus**-ic-al **in**-st-rum-ents?
He w-as **n-oth**-ing **mo**-re than her **in**-st-rum-ent.

in·sult
[ɪnˈsʌlt]

♪ 인썰ㅌ   O [인썰ㅌ]   ʌ,t phonics

v. 모욕,aff-**(h)ront**,창피주다,공격,습격,att-**ack**
Sorr-y, I didn't mean to ins-**ult** you.
She ins-**ult**ed him by **q**-ues-tion-ing his **hon**-est-y.

in·sult
[ˈɪnˌsʌlt]

♪ 인썰ㅌ   O [인썰ㅌ]   ʌ,t phonics

n. 모욕적언동,무례한짓(말),상해,**traum**-a,외상
W-e got **int**-o a **fight** **ov**-(h)er a **min**-or **ins**-ult.
She took it as an **ins**-ult that he ig-n-**ore**d her.

in·sur·ance
[ɪnˈʃɚrəns]

♪ 인슈얼런ㅅ   XXX [인슈어뤈ㅆ]   틀린액센트/ ɚ,r,s phonics

n. 보험(방식,계약,증권,업),보호수단(장치),다짐
He had des-**igns** on his w-ife's **l-if**(e)-in-**sur**-ance.   음모
W-e coll-**ect**ed from the in-**sur**-ance on the **dam**-age to our car.

in·su·re
[ɪnˈʃɚ]

♪ 인슈얼   O [인슈어ㄹ]   ɚ phonics

v. 보증,책임지다,보험들다,보험증서발행,지키다,안전하게
She w-as in-**su**-red at the time of the **acc**-id-ent.
W-e in-**su**-red our house ag-**ainst** **fi**-re, **fl**-ood and theft **dam**-age.

in·te·gral
[ˈɪntɪɡrəl]

♪ 인틱럴   X [인티그뤌]   mora 발음/ g,r phonics

aj.n. 요긴한,필수의,완전한,ent-**ire**,**who**-le,복합적인,정수의,적분
The **kit**-chen is an **int**-egr-al part of a house.
A **ho**-sp-it-al and a **med**-ic-al **sch**-ool are one **int**-egr-al group.

in·te·grate
[ˈɪntəˌgreɪt]

♪인턱레잍　　X [인터그뤠잇]　　mora 발음/ g,r,t phonics

v.aj. 통합,**un**-if-(h)y,완전(한),적분,인종차별없애다⇔**seg**-reg-ate
The des-**ign int**-egr-ates art and tech-n-**ol**-o-gy.
She **int**-egr-ated my sug-**ges**-tion **int**-o the **fin**-al rep-**ort**.

in·teg·ri·ty
[ɪnˈtɛgrəti]

♪인텍럳이　　X [인테그뤼티]　　mora 발음/ g,r,t,y phonics

n. 정직,성실,고결,청렴,**hon**-est-y,완전한상태,무결(성),ent-**i**-re-ty
I ad-m-**i**-re her **art**-ist-ic/**pers**-on-al int-**egr**-it-y.
With-**out mus**-ic, the **fi**-l-m l-oses its int-**egr**-it-y.

in·tel·lec·tu·al
[ˌɪntəˈlɛktʃəwəl]

♪인털엑츄어ㅇ월　　X [인털렉츄얼] 중복"ㄹ"="r"발음/　k,tʃ,w phonics

aj.n. 지성(지능)의,지적인,지식이많은,int-**ell**-ig-ent
She thinks that she's an int-ell-**ec**-tual.
He's a hard **w-ork**-er but he's n-o great int-ell-**ec**-tual.

in·tel·li·gence
[ɪnˈtɛlədʒəns]

♪인텔어젼ㅅ　　X [인텔러줸쓰] 중복"ㄹ"="r"발음/ l,dʒ phonics

n. 지력,이해력,총명,영리함,지성인,정보(기관),inf-(h)orm-**a**-tion,
She shows **ver**-y **hi**gh int-**ell**-ig-ence.
The-re are **man**-y **imm**-ig-rants in int-**ell**-ig-ence.

in·tel·li·gent
[ɪnˈtɛlədʒənt]

♪인텔어젼ㅌ　　X [인텔러줸트] 중복"ㄹ"="r"발음/ l,dʒ,t phonics

aj. 지능갖춘,머리좋은,총명한,두뇌가명석한,재치있는,sharp
He asked some int-**ell**-ig-ent **q**-ues-tions.
It re-**q**-u-ires a **hi**gh int-**ell**-ig-ence for this job **w-e**-ll done.

in·tend
[ɪnˈtɛnd]

♪인텐ㄷ　　O [인**텐**드]　　d phonics

vt. (~하려고)생각,**purp**-ose,지향,~하고싶다.
She int-**end**ed to be an **act**-ress.
He has **nev**-(h)er asked a l-oan and **nev**-(h)er int-**end**s to.

in·tense
[ɪnˈtɛns]

♪인텐ㅅ　　O [인**텐**쓰]　　s phonics

aj. 강렬한,대단한,짙은,열심인,긴장한,분투적인,⇔**pa**in,격통
The team's e**xc**-**it**(e)m-ent w-as so int-**ense**.
The **bra**-in **surg**-er-y re-**q**-u-ires int-**ense** conc-ent-**ra**-tion.

in·ten·tion
[ɪnˈtɛnʃən]

♪인텐션　　O [인**텐**션]

n. 의도,~할작정,(**part**-l-y) by ~ (일부)고의로,with-**out** ~무심히
My int-**en**-tion is **mak**-ing **Eng**-l-ish **ea**sy to l-earn.
Hi-l-ar-y ann-**ou**-nced her int-**en**-tion to run for **pres**-id-ent.

in·ter·act
[ɪntɚˈækt]
♪ 인털엑트   O [인터ㄹ액트]   ɚ,t phonics
vi. 서로작용,영향을미치다
They're q-u-iet ne-i(gh)b-ors who don't int-er-act much.
Mo-re than a doz-en var-i-ab-le fact-ors could int-er-act each oth-er.

in·ter·est
[ɪntrəst]
♪ 인ㅊ얼러슽   O [인츄뤄스트]   tr,t phonics
n. 흥미,호기심,관심,소유권,요구권,이권,주식,sha-re,(이해)관계
The int-er-est is comp-ound-ed at reg-ul-ar int-erv-(h)als.
To be int-er-ested is the fir-st st-ep of und-er-st-and-ing.

in·ter·est·ing
[ɪntrəstɪŋ]
♪ 인ㅊ얼러슽잉   X [인츄뤄스팅]   mora발음/ tr,t phonics
aj. 흥미(호기심)일으키는,관심끄는,재미있는,흥미진진한
The subj-ect w-as int-er-est-ing to all of the memb-ers.
It w-as int-er-est-ing that n-o one n-ot-iced that mi-st-ak(e).

in·ter·fere
[ɪntɚˈfɪɚ]
♪ 인털피어   O [인터ㄹf이어ㄹ]   f,ɚ phonics
vi. 방해,훼방놓다,상하게,손질,간섭,참견,조정,중재,충돌,상충
She w-ants to go if n-oth-ing int-erf-(h)eres.
Ho-me-w-ork int-erf-(h)eres with kid's so-cial l-if(e).

in·ter·me·di·ate
[ɪntɚˈmiːdiət]
♪ 인털미읻이엩   X [인터ㄹ미이디엇]   mora발음/ ɚ,d,t phonics
aj.n.vi. 중간의,중급의,중간에있는것,개재물,매개(중재)자,조정
She'll tak(e) Int-er-med-i-ate Eng-l-ish n-ext ye-ar.
Three l-ev-(h)els: beg-inn-er, int-er-med-i-ate and adv-(h)an-ced.

in·te·ri·or
[ɪnˈtɪriɚ]
♪ 인티리열   O [인티어뤼어ㄹ]   r,ɚ phonics
aj.n. 내부(무,정)의⇔ext-er-ior,국내의,dom-e-st-ic⇔for-eign
Int-er-ior w-at-er pip(e)s mu-st be done with copp-er one.
The int-er-ior of the chur-ch gl-ows with col-orf-(h)ul st-ained gl-ass.

in·ter·jec·tion
[ɪntɚˈdʒɛkʃən]
♪ 인털젝션   O [인터ㄹ줵션]   ɚ phonics
n. 투입,삽입,불시의큰소리,감탄(사)
What are int-er-jec-tions?
Oh de-ar! I think I've l-ost my key. Ouch! That hurts!

in·ter·nal
[ɪnˈtɚnl]
♪ 인털얼   X [인터ㄹ느얼]   [l]=[얼],mora발음/ ɚ,n,l phonics
aj. 내부의⇔ext-ern-al,입으로복용의,내정(국내,내면)의,정신적인
The count-ry st-epped up int-ern-al sec-ur-it-y.
Some of the int-ern-al w-alls are mad(e) of pl-ast-er-board.

in·ter·na·tion·al
[ɪntɚˈnæʃənl̩]

♪인턴애셔얼　　X [인터ㄹ내셔널] [l]=[얼],mora발음/ ɚ,n,l phonics

aj.n. 국제적인(으로),국가(국민)간의,국제관계의,국제동맹
He has a-**chiev**(e)d int-ern-a-tion-al fame.
The int-ern-a-tion-al **cl**-im-ate **fav**-(h)ors peace and hu-m-**an**-it-y.

in·ter·net
[ɪntɚˌnɛt]

♪인턴엩　　X [인터ㄹ넷]　　틀린발음/ ɚ,n,t phonics

n. 인터넷,컴퓨터통신망
Int-ern-et Tech-n-**ol**-o-gy is the **fl**-ow-er of **ind**-u-st-ries.
Int-ern-et mad(e) it **poss**-ib-le to comm-**un**-ic-ate **eas**-il-y, **cheap**-l-y.

in·ter·pret
[ɪnˈtɚprət]

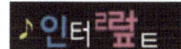 X [인터ㄹ프릿]　　틀린발음/ ɚ,p,r,t phonics

v. 설명,해몽,해석,이해,연기,연주,연출,통역,번역,tran-**sl**-ate
He int-**erp**-reted to me what she w-as **say**-ing.
Don't int-**erp**-ret her **sil**-ence as cons-**ent**.

in·ter·rupt
[ɪntəˈrʌpt]

♪인터ㄹ뢒ㅌ　　O [인터뢉트]　　r,ʌ,p,t phonics

vt. 차단,가로막다,혼란시키다,방해,중단,분위기잡치다
It's n-ot pol-**ite** to int-err-**upt oth**-er's conv-(h)ers-**a**-tion.
The ring of my **ce**-llphone int-err-**upt**ed my thoughts.

in·ter·val
[ɪntɚvəl]

♪인털ᵇ헐　　O [인터ㄹ버얼]　　ɚ,v phonics

vt. (시간,공간)간격,사이,짬,휴식시간,int-er-**mis**-sion,공간,거리
Sn-ow **fe**-ll at **int**-erv-(h)als.
In-**sp**-ec-tions **mu**-st be **carr**-ied out at **freq**-uent **int**-erv-(h)als.

in·ter·vene
[ɪntɚˈviːn]

♪인털ᵇ히인　　O [인터ㄹ비인]　　ɚ,v phonics

vi. 화해시키다,조정,간섭,나타나다,훼방놓다,개입,말참견
His **bu**-sin-ess as **u**-su-al unt-**i**-l a **cris**-is int-erv-(**h**)ene**s**.
Tw-ent-y **ye**-ars int-erv-(**h**)ene**d** bet-**ween the**-ir **fir**-st and l-ast **meet**-ings.

in·ter·view
[ɪntɚˌvjuː]

♪인털ᵇ휴우　　O [인터ㄹ뷰우]　　ɚ,v phonics

n.vt. (기자)회견,press **int**-erv-(h)iew,회담,면담,면접
The surv-(**h**)ey w-as based on **dat**-a from 1,000 **int**-erv-(h)iews.
You need to brush your **ha**-ir bef-(**h**)ore your **int**-erv-(h)iew.

in·trin·sic
[ɪnˈtrɪnzɪk]

♪인트즈린직　　XXX [인츄륀직]　　틀린액센트/ tr,r,z phonics

aj. 고유한,본질적인,ess-**en**-tial,(근육•신경등에)내재한
He **est**-im-ated the in-**trins**-ic **val**-ue of a gem.
The sun has the in-**trins**-ic **bright**-ness but the moon hasn't.

in·to
[ɪntu, ˈɪntə]

🎵 인투,인터   O [인투]

prep. ~의 안에(으로), ~에, ~으로 [ínt ;자음앞, íntu;모음앞]
The team fe-ll int-o a sl-ump of co-ld shoot-ing.
He got int-o a car acc-id-ent at a dang-er-ous int-ers-ec-tion.

in·tro·duce
[ɪntrəˈduːs]

🎵 인츠뤈우우ㅅ   X [인츄뤄듀우쓰]   mora발음/ tr,d,s phonics

vt. 대면시키다,소개,상품출시
All-ow me to int-rod-uce my-se-l-f.
He int-rod-uced his n-ew prod-uct to the mark-et.

in·tro·duc·tion
[ɪntrəˈdʌkʃən]

🎵 인츠뤈악션   X [인츄뤄닥션]   mora발음/ tr,ʌ,d,k phonics

n. 소개,대면,도입,전래,채용,채택,제창,서론,입문(서)
Aft-er a brief int-rod-uc-tion, the sing-er took the st-age.
Since its int-rod-uc-tion, ov-(h)er a mi-ll-i-on cop-ies w-ere so-l-d.

in·vade
[ɪnˈveɪd]

🎵 인ㅂ헤읻   X [인v에이드]   mora발음/ v,d phonics

v. 침략,침입,침투,엄습,침해,훼방놓다,퍼지다,밀어닥치다
The en-em-y inv-(h)aded the count-ry.
The canc-er ev-(h)ent-u-all-y inv-(h)aded the l-ung.

in·vent
[ɪnˈvɛnt]

🎵 인ㅂ헨ㅌ   O [인v엔트]   v,t phonics

vi. 고안,발명,창조,창작,거짓말을꾸며내다
Thom-as Ed-is-on inv-(h)ent-ed the l-ight bulb.
She's try-ing to inv-(h)ent a pl-aus-ib-le ex-cu-se.

in·ven·tion
[ɪnˈvɛnʃən]

🎵 인ㅂ헨션   O [인v엔션]   v phonics

n. 발명,고안,창조,창작(품),발명재능,창조력,꾸민얘기,날조
Nec-ess-it-y is the moth-er of inv-(h)en-tion.
St-ud-ents di-sp-l-ayed the-ir inv-(h)en-tions at the sci-ence fa-ir.

in·vest
[ɪnˈvɛst]

🎵 인ㅂ헤슽   X [인v에스트]   mora발음/ v,t phonics

vt. 투자,쓰다,지출,부여,주다
Inv-(h)est-ors dem-and-ed a l-arg-er sl-ice of the pie.
The Con-st-it-u-tion inv-(h)ests Ass-emb-l-y with the po-w-er to make l-aws.

in·ves·ti·gate
[ɪnˈvɛstəgeɪt]

🎵 인ㅂ헤슽억에읻   X [인v에스터게잇]   mora발음/ v,t,g phonics

n. 연구,조사,탐사,심사,음미,ex-am-ine
The pol-i-ce are inv-(h)est-ig-at-ing the murd-er case.
The pol-i-ce cl-ear-l-y bot-ched the inv-(h)est-ig-a-tion.

in·vest·ment
[ɪnˈvɛstmənt]

 ✗ [인v에스트먼트]   mora발음/ v,t phonics

n. 투자(금,대상,물),출자,집중함,부여,외피,포위,봉쇄
She w-ants to comp-**are** inv-**(h)es**(t)m-ent with **cap**-it-al.
The bank has a good track **rec**-ord in inv-**(h)es**(t)m-ent **ad**-vi-ce.

in·vi·ta·tion
[ɪnvəˈteɪʃən]

 ✗ [인v어테이션]   mora발음/ v,t phonics

n. 초청(장),초대(장),제안,권유,매력,자극,유인(력),유혹(물)
N-o inv-(h)it-**a**-tion to the **part**-y w-as a dis-app-**o**-intm-ent to her.
Conf-**(h)irm** the dress code of the inv-it-**a**-tion card bef-**(h)ore** dress-ing.

in·vite
[ɪnˈvaɪt]

 ✗ [인v아잇]   틀린발음/ v,t phonics

vt. 초청,초대,제안,요구,초래,매력,자극,유인,유혹
They di-**sp**-uted who to inv-**(h)ite** to the ex-hib-**i**-tion.
O-n-l-y inv-**(h)ite**d **gue**-sts are all-**ow**ed ins-**id**(e) the **w-edd**-ing **ha**-ll.

in·voke
[ɪnˈvoʊk]

 ✗ [인v오우크]   mora발음/ v,k phonics

vt. 기원,신을부르다,호소,청,탄원,발동,행사,끌어(꾀어)내다
She inv-**(h)oke**d the **mem**-or-y of her **pred**-ec-ess-or.
The su-**sp**-ect inv-**(h)oke**d his **r**ight to an att-**orn**-ey.

in·volve
[ɪnˈvɑːlv]

 ○ [인v아얼v으]   v, ʌ phonics

vt. 끌어넣다,말려들게,연루시키다,못마땅한관계
News conf-**(h)l**-icted on how **man**-y **peop**-le w-ere inv-**(h)olve**d.
Chan-ges made **bu**-sin-ess **eas**-y for **ev**-(h)er-y-one inv-**(h)olve**d.

in·ward
[ˈɪnwɚd]

 ○ [인워ㄹ드]   w,ɚ,d phonics

av.aj.n. 내부에(의)⇔**out**-w-ard,중심(마음속)으로,체내의,내륙의
L-et us turn our thoughts **in**-w-ard.
He's **mo**-re **in**-w-ard with the boss than **oth**-ers.

iron
[ajɚn]

 ✗ [아이어ㄹ언]   틀린발음/ ɚ,n phonics

n.aj.v. 철,Fe,쇠,불굴의(무정한)것,강함,견고함,다리미,낙인
He **ir**-oned my shirts.
St-rik(e) w-hile the **ir**-on is hot.   속담

ir·ri·tate
[ˈɪrəˌteɪt]

✗ [이뤄테잇]   mora발음/ r,t phonics

vt. 짜증(초조,화)나게,애타다,자극,흥분시키다,염증나다,얼얼
Too much **make**-up may **irr**-it-ate the **sk**-in.
I enj-**oy**ed the show but the comm-**er**-cials **irr**-it-ated me.

is·land
[aɪlənd]

♪ 아일언ㄷ　　　　X [아일런드]　　중복"ㄹ"="r"발음/ l phonics

n.vt. 섬(같은것),고립된지역,섬만들다,섬에두다,고립시키다,격리
They've been **st**-ay-ing at a res-**ort i**(s)-l-and.
The **man**-sion w-as **i**(s)-l-anded by **shrubb**-er-y and **fen**ces.

iso·late
[aɪsəˌleɪt]

♪ 아잇얼에잍　　　X [아이썰레잇]　　중복"ㄹ"="r"발음/ s,l,t phonics

vt. 떼놓다,분리,격리,~을(~에서)고립시키다
A **l-ar**-ge **ar**-ea w-as **is**-ol-ated by the **fl**-ood and **st**-orm.
E**xc**-ept a few **is**-ol-ated **inc**-id-ents, the crowd w-as **w-e**-ll be-**hav**(e)d.

is·sue
[ɪʃuː]

♪ 잇유우　　　　O [이슈우]

n.v. 논점,문제(점),발행(물),법령공포,결말,흘리다,내주다,급여
He w-as forced to **cl**-ar-if-(h)y his pos-**i**-tion on the **iss**-ue.
She **nev**-(h)er **comm**-it her-**se**-l-f on such pol-**it**-ic-al **iss**-ues.

it
[ɪt, ət]

♪ 잍　　　　　　X [잇]　　　　　　　　　　　틀린발음/

pron. 그것이(은),그것을(에)
It w-as a **ca**-re-l-ess mi-**st**-ak(e).
It has to be **wond**-erf-(h)ul for **ev**-(h)er-y-one to live on this world.

itch
[ɪtʃ]

♪ 잍치　　　　　X [이취]　　　　　　　　틀린발음/ tʃ phonics

vi.vi.n. 가렵다,근질근질,(~하고싶어서)못견디다,안절부절못하게
That **wi**-l-d mos**q-uit**-o bite **re**-all-y **it**-ches.
He w-as **it**-ch-ing for her to **fin**-ish her talk.

item
[aɪtəm]

♪ 아잍엄　　　　X [아이텀]　　　　　　mora발음/ t phonics

n.vt.av. 사항,종목,품목,물건,상영물(의일부),특징,기사,똑같이
The-re are 50 **it**-ems on the l-ist.
W-e need to buy a few **house**ho-l-d **it**-ems l-ik(e) brushes.

its
[ɪts]

♪ 잍ㅅ·잍ㅊ　　　O [이츠]　　　　　　　　　　ts phonics

pron. it의소유격,그것의,그,저것의,저
Eng-l-ish has its di-**st**-inct **rhyth**-m which Kor-**e**-an hasn't.
The org-an-i-**za**-tion he-l-d its **ann**-u-al **conf**-(h)er-ence at COEX.

it·self
[ɪtˈsɛlf]

♪ 잍쎄을ㅍㅎ　　O [잇쎄얼f으]　　　　　　l,f phonics

pron. it의재귀형,그자체(를,에)
Hi-st-or-y rep-**eat**s it-**se**-l-f.
Can the **dam**-aged **bra**-in rep-**a**-**ir** it-**se**-l-f? -TED-

j or J
[dʒeɪ]

 O [줴이]   31 단어 4쪽 j phonics

n. 영어알파벳의열째자, j자로나타내는소리, J자형의것
J is **some**thing shaped like the **lett**-er J.
J is the tenth **lett**-er of the **mod**-ern **Eng**-l-ish **alph**-ab-et.

jack·et
[dʒækət]

 X [좨컷]   mora발음/ dʒ,k,t phonics

n.vt. 재킷,양복상의,덮개,씌우개,봉투,털가죽,껍질
He reached **int**-o the **inn**-er **pock**-et of his **Jack**-et.
Shop our Coll-**ec**-tion of **W-om**-en's **Jack**-ets at Macys.com

jail
[dʒeɪl]

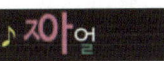 X [줴일]   틀린발음/ dʒ,l phonics

n.vt. 교도소,감옥,구치(소),투옥,구류
Three **pris**-on-ers e-**sc**-ap(e)d from a **ja**-i-l.
He w-as l-**ock**ed up in the **Count**-y **ja**-i-l.

jam
[dʒæm]

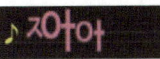 X [쳄]   틀린발음/ dʒ phonics

v.n. 밀어(채워)넣다,잼,채움,혼잡,고장,곤란(한처지),궁지
They w-ere jammed **int**-o the **sm**-all **cl**-assroom.
The-re w-as a **traff**-(h)ic jam on the **high**-w-ay.

Jan·u·ary
[dʒænjəweri]

 X 웨뤼   mora발음/ dʒ,n,w phonics

n. 1월,약자 Jan.
The-ir **cont**-ract comm-**enc**ed in **Jan**-u-ar-y 1st, 2015.
Jan. is the **fir**-st month of the **ye**-ar in the Greg-**or**-ian **cal**-end-ar.

jar
[dʒɑɚ]

♪자어ㄹ X [좌어ㄹ]   틀린발음/ dʒ,ɚ phonics

n.v. 입구넓은병,맥주한잔,삐걱(덜컹)거리다,진농,(삼성)서슬리다
The ride **ov**-(h)er the **o**-l-d road w-as **jarr**-ing.
His **jok**-ing **some**times jars on my **ner**-ves.

jaw
[dʒɑː]

♪자아 X [좌아]   틀린발음/ dʒ phonics

n.v. 턱,입부분,좁은입구,죄는부분,수다,잔소리,꾸짖다,욕
 He broke his **upp**-er jaw.
All **aud**-i-ences' jaws dropped in sur-**prise**.

jeal·ous
[dʒɛləs]

♪젤어ㅅ X [젤러쓰]   중복"ㄹ"="r"발음/ dʒ phonics

aj. 질투(선망,경계)하는,질투심많은,시기에의한,방심않는,애쓰는
I the L-ord thy God am a **jeal**-ous God.   -**Bib**-le-
She was **jeal**-ous of her **coll**-eag-ue's prom-**o**-tion.

jel·ly
[dʒɛli]
♪ 제엘이   X [젤리]   중복"ㄹ"="r"발음/ dʒ,l,y phonics
n.v.aj. 젤리(과자,모양)(처럼),떠는상태,전율,갈팡질팡,우유부단
She **sp**-read some **jell**-y on her toast.
He mad(e) a **pean**-ut **butt**-er and **jell**-y **sand**-wich.

jet
[dʒɛt]
♪ 제엩   X [젵]   틀린발음/ dʒ,t phonics
n.v.aj. 분출(물,구),분사,호즈끝,노즐,내뿜다,분사,**sp**-out
He jetted from N.Y. to L-os **Ang**-el-es.   비행
Eye **Ret**-in-al Ce-lls Mad(e) with **Ink**-Jet **Print**-er.

jew·el
[dʒuːəl]
♪ 쥬우으얼   X [쥬우어얼]   틀린발음/ dʒ,w phonics
n.vt. 보석(장식,박다),장신구,귀중한사람(것)
She has a **jew**-el of a **dau**(gh)**t**-er.
He is a **jew**-el of **pro**-gramm-er.

jew·el·ry
[dʒuːlri]
♪ 쥬우으월리   X [쥬우얼뤼]   틀린발음/ dʒ,w,l,r phonics
n. 보석류,장신구
The-re's a **jew**-el-ry **st**-ore on the **cor**-n-er.
It's a **jew**-el-ry mad(e) of **pre**-cious **met**-als set with **rub**-ies.

job
[dʒɑːb]
   X [좌압]   틀린발음/ dʒ,b phonics
n. 구약의욥(기),(삯,잔,잡)일,직업,의무,책무,사건,사태
She did an in-**cred**-ib-le job of **pl**-ay-ing the **fam**-ous **sing**-er.
A **st**-rong job **mark**-et is **vit**-all-y imp-**ort**-ant to the ec-**on**-om-y.

jog
[dʒɑg]
   X [좌그]   mora발음/ dʒ,g phonics
vt. 흔들(며가)다,jolt,살짝밀다(찌르다),**nud**-ge,상기시키다
She jogged her **husb**-and's **elb**-ow.
I have been **jogg**-ing **ev**-(h)er-y week for **dec**-ades.

join
[dʒɔɪn]
   O [죠인]   dʒ phonics
vt. 붙이다,conn-**ect**,결합,un-**ite**,만나다,참가,합류
He **jo**-ined the **St**-at(e)'s pol-**i**-ce dep-**artm**-ent.
Jo-in our **mov**-(h)ie **cl**-ub and rec-**eiv**(e) four free DVDs.

joint
[dʒɔɪnt]
♪ 죠인트   [죠인트]   dʒ phonics
n.v. 접합(부분,법),이음매,관절(부),절,마디,접합,잇다
They are **jo**-int **own**-ers of the house.
She got **pa**-in in her **mus**(c)-les and **jo**-ints.

joke
[ˈdʒoʊk]

♪조으ㅋ X [죠욱] 틀린발음/ dʒ,k phonics

n.vi. 농담,재담,놀림,조롱,웃음거리,쉬운일
The **TOE**-IC w-as a joke for her.
His joke w-as **re**-all-y **funn**-y and cracks me up.

jour·nal
[ˈdʒɚnl̩]

♪저r언얼 X [쥐ㄹ느얼] [l̩]=[얼],틀린발음/ dʒ,n,l phonics

n. 일기(분개)장,일지(**di**-ar-y),의사록,(일간)신문,정기간행물,잡지
The **journ**-als are av-(**h**)**ail**-ab-le in 'pdf' **form**-at.
Keep-ing a **journ**-al is a good **disc**-ip-l-ine for **w-rit**-ers and **house**wives.

jour·ney
[ˈdʒɚni]

♪저r언이 X [쥐ㄹ니] mora발음/ dʒ,n phonics

n.vi. 여행,trip,여정,추이,진전
A saf(e) and **pl**-eas-ant **journ**-ey to you!
She's on a **two**-month **journ**-ey through **Eur**-ope.

joy
[ˈdʒɔɪ]

♪조이 O [죠이] dʒ phonics

n.v.기쁨,환희,기뻐(게)
They joyed at **the**-ir **succ**-**ess**.
She cried with joy **aft**-er **giv**-(h)ing birth to a **bab**-y girl.

judge
[ˈdʒʌdʒ]

♪저ㅓㄷ지 X [좌쥐] 틀린발음/ dʒ,ʌ phonics

n.vt. 재판(관),법관,심사원,심판,ref-(h)er-**ee**,판단,평가,감정,판결
Peop-le **jud**-ge you by your **cond**-**uct**.
The **jud**-ge conc-**l**-uded to giv(e) the thief an-**oth**-er **chan**-ce.

judg·ment
[ˈdʒʌdʒmənt]

♪저ㅓㄷ점언트 X [좌쥐먼트] 틀린발음/ dʒ,ʌ,m phonics

n. 판단,판정,판결,사려,분별,식견,의견,견해,평가,비난,단정
They dis-**trust**ed **the**-ir own **jud**-gem-ent.
My **jud**-gm-ent w-as **cl**-ouded by my **prej**-ud-ice.

juice
[ˈdʒuːs]

♪쮸우ㅅ O [쥬우쓰] dʒ,s phonics

n.vt. 즙(짜다),분비물,추출액,**ess**-ence,활력,vit-**al**-it-y,격려
Juice from the **on**-ion **sq**-uirted **int**-o my eye.
Thir-st-y mad(e) him drink a **cart**-on of **or**-ange **ju**ice.

Ju·ly
[dʒʊˈlaɪ]

♪절아이 X [쥴라이] 틀린액센트/ dʒ,l phonics

n. 7월, 약자는 Jul.
Jul-y is the 7th month of the **ye**-ar in the Greg-**or**-ian **cal**-end-ar.
Eng-l-ish Jul-**y** comes **ult**-im-ate-l-y from **L-at**-in **Jul**-ius **Caes**-ar.

jump
[dʒʌmp]
♪좜ㅍ   X [좜프]   틀린발음/ dʒ,ʌ,p phonics
v. 뛰(어오르)다,도약,승진,hop,뛰어나가다,돌진,갑자기일어나다
The price of **gas**-ol-ine has jumped up 10%.
His heart jumped at the n-ews of the **sch**-ool ad-m-**i**-ssion.

June
[dʒu:n]
♪쥬우운   O [쥬우은]   dʒ phonics
n. 6월, 약자; Jun.
It's **Mond**-ay, June fif-(h)t-**een**-th.
June is the 6th month of the **ye**-ar, cont-**ain**-ing **30** days.

ju·nior
[dʒu:njɚ]
♪쥬우은이열   O [쥬우은여ㄹ]   dʒ,ɚ phonics
aj.n. 연하의,**young**-er,신참의,하급의,후순위인,4년제3학년인
His w-ife is fiv(e) **ye**-ars his **jun**-ior.
Am-**er**-ic-an **cul**-ture is **jun**-ior to that of **Brit**-ain.

ju·ry
[dʒɚri]
♪져얼리   X [쥬뤼]   틀린발음/ dʒ,ɚ,r phonics
n.aj. 배심(원단),심사원,응급의,일시적인,임시의
The **jur**-y conc-**l**-uded that the def-**(h)end**-ant w-as **inn**-o-cent.
The **jur**-y bel-**iev**(e)d that the def-**(h)end**-ant w-as **n-ot gui**-l-ty.

just
[dʒʌst]
♪져숱   X [좌스트]   틀린, mora발음/ dʒ,ʌ,t phonics
aj.av. 정당한⇔un-**ju**-st,합법적인,**l-aw**f-(h)ul,바로,꼭,겨우,**bare**-l-y
Bring an um-**brell**-a with you, **ju**-st in case.
He w-as **ju**-st a **vict**-im of **circ**-um-st-ance.

jus·tice
[dʒʌstəs]
♪져숱어ㅅ   X [좌스티쓰]   틀린, mora발음/ dʒ,ʌ,t phonics
n. 정의,정직,공정,처벌,정당성,합법성,도의,지조,사법,재판,심판
The room w-as inv-**(h)olve**d in a heated di-**sc**-us-sion on **ju**-st-ice.
ju-st-ice is **fig**-ured as a **bl**-ind **godd**-ess with s(w)ord and **bal**-ance **sc**-a-les.

jus·ti·fy
[dʒʌstəˌfaɪ]
♪져아숱어화이   X [좌스터f아이]   틀린, mora발음/ dʒ,ʌ,t,f phonics
v. 옳다고,변명,의혹풀다,정당화,적법근거보이다,보석보증인이되다
Don't try to **ju**-st-if-(h)y your kid's **rude**-ness.
The end does n-ot **ju**-st-if-(h)y the means.

www.ted.com에서 취미 분야 강의 검색해서 반복 시청하시나요?

k or K
[keɪ]

   ○ [케이]   27 단어 4쪽

n. (영어 알파벳의) 11번째(자,것),pot-**a**-ssium,10진수의 1,000
K is the **symb**-ol for pot-**a**-ssium.
K is the 11th **lett**-er of the **mod**-ern **Eng**-l-ish **alph**-ab-et.

keen
[ki:n]

   ○ [키인]

aj. (칼이)잘드는,예리한,코를찌르는,예민한,빈틈없는,열심인
They seem **prett**-y keen on each **oth**-er.
Al-ice's a **ver**-y keen obs-**erv**-er of the **fa**-shion w-orld.

keep
[ki:p]

   X [키이프]   mora발음/ p phonics

v.n. 보존,보관,pres-**erv**(e),계속,유지,부양,기록,경영,관리,비치
Make **cert**-ain that you keep your **prom**-ise.
Keep your **elb**-ows off the **tab**-le **dur**-ing **form**-al **dinn**-ers.

keeping
[ki:pɪŋ]

   X [키이핑]   mora발음/ p phonics

n. 조화,준수(축하)하기,관리,유지,보유물,보호,부양,돌보기,사육
They're **keep**-ing **curr**-ent with the **l-at**-est inf-(h)orm-**a**-tion.
W-e're **keep**-ing Kor-**e**-an trad-**i**-tion-al **cur**-i-ous **w-ork**m-an-ship.

ketch·up
[kɛtʃəp]

   X [케첩]   mora발음/ tʃ,p phonics

n. 케첩
She put **ke**(t)-chup on her **hamb**-urg-er.
Nev-(h)er **doub**-le dip your French fries **int**-o the **ke**(t)-chup.

key
[ki:]

   ○ [키이]

n. 열쇠,실마리,비결,수단,수요인물,태법인개,으뜸음(색조,어조)
Mo-st of his **pic**-tures w-ere **pa**-inted in a l-ow key.
They kept a **sp**-are key for the **ent**-rance **und**-er the **por**-ch rug.

kick
[kɪk]

🎵 킥   X [킥]   틀린발음/ k phonics

v. 차다,(차속도를)높이다(up)줄이다(down),퇴짜놓다,거절
He kicked at the **st**-one to dis-**l-odge** it.
March 3, 2014, **Kick-st**-art-er passed $1 **BI**-LL-I-ON in **pl**-ed-ges.

kid
[kɪd]

🎵 킫   X [키드]   mora발음/ d phonics

n.vt.aj. 새끼,어린이,**chi**-l-d,장난,속이기,농담,새끼낳다,손아래의
He dumped his kids in an **orph**-(h)an-age.
My kids are too young to tak(e) **ca**-re of them-**se**-l-ves.

311

kill
[ˈkɪl]

   ✗ [키얼]   틀린발음/ l phonics

v. 죽이다,살해,**murd**-er,망쳐놓다,말살,**neut**-ral-ize,소일,끄다
N-o **pass**-eng-ers w-ere **ki**-lled in the crash at the **a-ir**-port.
The pol-**i**-ce asked for the coop-er-**a**-tion in hunt for the **kill**-er.

ki·lo·gram
[ˈkɪləˌɡræm]

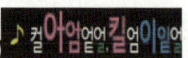   ✗ [킬러그램]   중복"ㄹ"="r"발음/ l,g,r phonics

n. 킬억으램, 1,000 gram,약자는 kg
The-re are 1,000 grams in a **kil**-og-ram.
Kg is a **un**-it for **meas**-ur-ing **w-e**ight in the **met**-ric **sy**-st-em.

ki·lo·me·ter(~tre)
[kəˈlɑːmətɚ]

   ✗ [킬러미터]   중복"ㄹ"="r"발음/ l,m,t phonics

n. 킬암이터, 1,000 **met**-er,약자는 km
The **riv**-(h)er, Hangang is 514 kil-**om**-et-ers l-ong.
The **di**-st-ance of the full **ma**-rath-on is 42.195 kil-**om**-et-res.

kind
[ˈkaɪnd]

   ○ [카인드]

aj.n. 친절한,온화한,**cl**-ass, **cat**-eg-or-y,race,**sp**-e-cies,**gen**-us
He w-as kind and dom-**e**-st-ic.
She has a **cons**-cience ab-**out** her un**k-ind ac**-tion to her mom.

king
[ˈkɪŋ]

   ○

n.vi. (국)왕⇔**q**-ueen,하느님,God,예수,가장좋은것,거물
He sat back on his **hee**-ls and **sw**-ore to the King.
The **for**-est and **mount**-ains are part of the king's **dom**-ain.

king·dom
[ˈkɪŋdəm]

   ○   d phonics

n. 왕국,왕영토,왕정,분야,세계,영역,하느님나라
Her half **si**-st-er El-**iz**-ab-eth **ru**-led the **kingd**-om.
Rain **for**-est is the **jew**-els of the **pl**-ant and **an**-im-al **kingd**-oms.

kiss
[ˈkɪs]

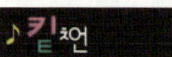   ○ [키쓰]   s phonics

v. 입맞추다,키스,가볍게닿다,~을어루만지다
She **kiss**-ed him on the cheek.
The **fath**-er **kiss**-ed his **bab**-y good-**bye**.

kitch·en
[ˈkɪtʃən]

♪킫ᄎ연   ✗ [키취인]   mora 발음/ tʃ phonics

n.aj. 부엌,주방,간이식당,부엌(용)의(것),주방일하는(사람)
She kept her **pett**-y-cash in a **kit**-chen **cu**(**p**)**b**-oard.
The cups and **sauc**-ers are in the **kit**-chen **cl**-os-et.

knee
[niː]

♪ 니이   O [니이]

n.v. 무릎(관절,부분),무릎으로차다(건드리다),기다,무릎꿇다

His **unc**-le w-as **danc**-ing the **bab**-y on his (k)**n**-ee.
She **fe**-ll down, cut her (k)**n**-ee and got 9 **st**-it-ches.

kneel
[niːl]

♪ 니을   X [니얼]   틀린발음/ l phonics

vi.n. 무릎대다(굽히고쉬다,꿇다,꿇기,꿇은자세)

She w-as (k)**n-ee**-l-ing down in **pray**-er.
He w-as (k)**n-ee**-l-ing on the **kit**-chen **fl**-oor to fix the sink pip(e).

knelt
[nɛlt]

   O [넬트]   l phonics

vi. (k)**n-ee**-l의 과거, 과거분사

She (k)**n-e**-l-t by her kid's bed and prayed.
She (k)**n-e**-l-t down to **fas**(t)-en the **chi**-l-d's **shoe**-l-aces.

knife
[naɪf]

   X [나이f으]   mora발음/ f phonics

n.v. 칼(날,로찌르다,자르다,새기다,바르다),배반시도,꿰뚫다

The **jet**-sk-i (k)**n-i**fed through the **riv**-(h)er, Hangang.
Each **dinn**-er **gue**-st gets two of forks, (k)**n-i**ves and **sp**-oons.

knit
[nɪt]

♪ 닡   X [닛]   틀린발음/ t phonics

v.n. 짜다,접합,체결,(미간)주름잡다,frown,생각해내다,얽히다,편물

Sp-ort (k)**n**-its the **who**-le **cl**-ass **cl**-ose tog-**eth**-er.
She (k)**n**-itted her brows at me for **l-augh**-(h)ing.

knock
[nɑːk]

   X [낙]   틀린발음/ k phonics

v. 노크,충돌,덜컹거리다,트집잡다,비판,때리다,이기다,헐뜯다

(K)**n-ock** his head ag-**ainst** a brick w-all.   계란으로바위깨기
You (k)**n-ock**ed me down with a **feath**-er.   까무라치게 놀램

knot
[nɑːt]

♪ 낱   X [낫]   틀린발음/ t phonics

n. 매듭,얽힌것,혹,마디,옹이,배속도단위,곤란(문제),부부

My **st**-om-ach w-as **ty**-ing it-**se**-l-f in (k)**n-ot**s.   위가 뒤틀림
The com-**put**-er cords w-ere (k)**n-ott**ed tog-**eth**-er.

know
[noʊ]

♪ 노으   O [노우]

v. 알(고있)다,이해하고있다,아는사이다,분간,식별

It is n-ot **eas**-y to (k)n-ow one-**se**-l-f.
This book tells di-**st**-inct (k)**n-ow**how of **l-i-s**(te)n-ing **Eng**-l-ish.

knowl·edge
[ˈnɑːlɪdʒ]

♪ 나알인지　　X [날리쥐]　　중복 "ㄹ"="r"발음/ l, dʒ phonics

n. 지식,학식,정통,숙지,식별,이해,인식,a-**w-are**ness

　Ed-uc-**a**-tion is the **co**-re of the (k)**n-ow**-l-ed-ge-based ec-**on**-om-y.
W-e **w-i**-ll **carr**-y out res-**ear**-ch to **fi**-ll in the gaps in our (k)**n-ow**-l-ed-ge.

Ko·rea
[kəˈrijə]

♪ ㅋ어리여　　O [커류이아]　　k,r phonics

n. 한국, 대한민국

E.S. Oh, the 1st **w-om**-an **cl**-im(b)ed the **Sev**-(h)en **Summ**-its.
Emp-er-or Gojong needed to **civ**-(h)il-ize and en-**l-ight**-en Kor-**e**-a.

Ko·re·an
[kəˈriː(ː)jən]

♪ ㅋ어리이연　　O [커류이언]　　k,r phonics

aj. n. 한국(어,인)(의),대한민국의,한글

I com**p**-i-led a **Eng**-l-ish pron-un-ci-**a**-tion **dic**-tion-ar-y in **O**-l-d Kor-**e**-an.
Kor-**e**-ans **hard**-l-y taught **Eng**-l-ish **syll**-ab-le in a w-ord has timed dur-**a**-tion.

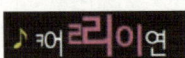

www.ted.com에서 transcript를 열어 같은 문장 여러 번 반복 듣기 하시나요?

l or L
[ˈɛl]

X [에일]   124 단어 16쪽

n. 영어알파벳12번째자,L자형의것,로마숫자50,
The-re's some-thing shaped l-ike an L.
L is the 12th lett-er of the mod-ern Eng-l-ish alph-ab-et.

la·bel
[ˈleɪb(ə)l]

X [레이버얼]   mora발음/ l,b phonics

n.vt. 표찰(꼬리표)(달다),tag,표어,라벨로분류,de-sig-n-ate,이름
She does n-ot u-su-all-y l-ab-el her-se-l-f as sm-art.
You mu-st read the l-ab-el bef-(h)ore tak-ing an-y med-i-cine.

la·bor
[ˈleɪbɚ]

X [레이버ㄹ]   mora발음/ l,b,ɚ phonics

n.v.aj. 노동(의),수고,진통,출산,노력,고생,el-ab-or-ate,짐지우다
The co-st of rep-a-ir-ing the car inc-l-udes parts and l-ab-or.
He grad-u-ated from l-ab-or w-ork to his pres-ent cl-er-ic-al ro-le.

lab
[ˈlæb]

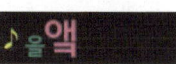
O [랩]   l phonics

n. l-ab-or-at-or-y의 약자
They have a l-ab for res-ear-ch in chem-i-st-ry.
The samp-les are on a work-bench in a l-ab.

lab·o·ra·to·ry
[ˈlæbrətori]

X [래버뤄토뤼]   mora발음/ l,b,r,t phonics

n.aj. 연구소(의),실험(실)(의),실험(시간),요점,근거,시험적인
Our exp-er-im-ents cond-uct-ed in a mod-ern l-ab-or-at-or-y.
Bl-ood samp-les w-ere sent to the ho-sp-it-al l-ab for te-st-ing.

lack
[ˈlæk]

X [랙]   틀린발음/ l,k phonics

n.v. 부족(한것),결핍(되다),결여,필요한것,모자라다
The l-ack of fin-an-cial supp-ort is the-ir bigg-est com-pl-aint.
The rep-ort cited a l-ack of coop-er-a-tion bet-ween pol-i-ce and
FBI off-(h)i-cials.

lad·der
[ˈlædɚ]

X [래더ㄹ]   틀린, mora발음/ l,d,ɚ phonics

n.v. 사다리(같은것,올라가다),출세길,수단,지위단계,인기오르다
He used his acc-omp-l-ishm-ents as a l-add-er to succ-ess.
He who w-ould cl-im(b) the l-add-er mu-st beg-in at the bott-om.

la·dy
[ˈleɪdi]

X [레이디]   틀린, mora발음/ l,d,y phonics

n.aj. (귀)부인(의),숙녀⇔gent-leman,아내,여성(의),w-om-an
She is n-ot q-uite a l-ad-y. She is a l-ad-y by birth.
As a matt-er of conv-(h)en-tion, the l-ad-y memb-ers sp-eak fir-st.

lake
['leɪk]
♪을에익   X [레익]   틀린발음/ l,k phonics
n. 호수,못,샘,큰저수지,댐,웅덩이,진홍색,**crims**-on
He owns a **cott**-age **ne**-ar l-ake **Mi**-chig-an.
The room has a dram-**at**-ic view of the l-ake Taho.

lamb
['læm]
♪을앰   X [램]   틀린발음/ l,m phonics
n.v. 어린양(고기,가죽),sheep,**mutt**-on,순진한아이,풋내기
She's as **gent**-le as a l-amb.
You may as **w-e**-ll be hanged for a sheep as for a l-amb. 할바엔 크게 하라.

lamp
['læmp]
♪을앰ㅍ   X [램프]   틀린발음/ l,m,p phonics
n.v. 등,전기스탠드,(지적•정신적)빛,천체,눈,보다,비추다,빛나다
His **w-i**fe came in and turned on the **l-am**p.
St-reet **l-am**ps ill-**um**-in-ated the **st**-reet l-ik(e) **co**-n(e)s.

land
[lænd]
♪을앤ㄷ   X [랜드]   틀린발음/ l,d phonics
n.v. 땅,육지,ground,earth,소유지,**re**(a)l-m,dom-**ain**,착륙
Mom's l-ast des-**ire** w-as to be **bur**-ied in her **nat**-ive l-and.
A **cont**-in-ent is one of **ver**-y **l-ar**-ge **l-and**masses on earth.

lane
['leɪn]
♪을에인   X [레인]   틀린발음/ l phonics
n. 좁은길,통로,수로,횡단보도,차선,항로,코스,볼링레인
The bus' **driv**-(h)er kept **chang**-ing l-anes **dang**-er-ous-l-y.
His car **dev**-(h)i-ated from its l-ane to the **oth**-er **sudd**-en-l-y.

lan·guage
['læŋgwɪdʒ]
♪을앵그윈쥐   X [랭그위쥐]   틀린발음/ l,w,dʒ phonics
n. 국어,말,전달수단,(언)어(학),용어,술어,전문어,말씨,말투
He w-as **us**-ing **ver**-y **coar**-se **l-ang**-u-age.
L-ang-u-age is a **sk**-i-ll and **too**-l for comm-un-ic-**a**-tions.

lap
[læp]
♪을앺   X [랩]   틀린발음/ l,p phonics
n.v. 앞허벅지⇔**ham**-st-ring,겹친부분,귓불,싸다,한바퀴,겹치다
She **pl**-ays her **l-ap**top on her l-ap.
Ev-(h)er-y-thing falls in his l-ap.   운좋다

large
['lɑɚdʒ]
♪을아얼지   X [라어ㄹ쥐]   틀린발음/ l,a,dʒ phonics
aj. 큰⇔**sm**-all,(양)많은,광범한,웅대한,과장된,e**x-agg**-er-ated
Inv-(h)**est**-ors dem-**and**ed a **l-arg**-er **sl**-ice of the cak(e).
A **l-ar**-ge tree ob-**st**-ructed the road from my **w-ind**-ow.

last
['læst']

♪을애슷   X [래스트]   틀린발음/ l,t phonics

aj. 최후의⇔fir-st,지난 n-ext,결론(정)적인,con-cl-us-ive,def-(h)in-it-ive
He earned his tea-ch-ing cert-if-(h)ic-ate l-ast ye-ar.
The ev-(h)ent w-as canc-eled at the l-ast min-ute.

late
['leɪt]

♪을에잍   X [레잇]   틀린발음/ l,t phonics

aj.av. 늦은(게)⇔ear-l-y,후기의,만년의,최근의,전임의,최근까지
She st-ayed out l-ate, to her fath-er's dis-ap-prov-(h)al.
His n-ov-(h)el w-as l-at-er dev-(h)el-oped int-o a mov-(h)ie.

lat·ter
['lætɚ]

♪을앹얼   X [래터ㄹ]   틀린, mora발음/ l,d phonics

aj. 후자의⇔form-er,나중의,후반의,끝무렵의,요즘의,최근의
Of these two pl-ans, I pref-(h)er the l-att-er to the form-er.
In his l-att-er half of the ye-ar he bec-ame bl-ind sudd-en-l-y.

laugh
['læf]

♪을애ㅍ   X [래f으]   틀린발음/ l,f phonics

v. (비)웃다,웃음거리로만들다,우습게생각,받아들이지않다,거부
What are you l-augh-(h)ing at? The-re's n-oth-ing funn-y.
She bits her cheeks but l-augh-ed out l-oud (lol) fin-all-y.
웃음 참으려 했으나 참지못하고 터졌다

launch
['lɑ:ntʃ]

♪을아안치   X [라안취]   틀린발음/ l,tʃ phonics

n.v. 대형보트,수면에띄우다,내보내다,사업(진출),emb-ark
Hi-Tech is needed to l-aunch a hyd-ro-gen er-a.
She l-aunched her-se-l-f on a pol-it-ic-al car-eer.

law
['lɑ:]

♪을아아   X [라아]   틀린발음/ l phonics

n.v. 법(률,학),법치상태,준법사회,법칙,원칙,약속,규정,율법
They fi-led a com-pl-aint that the boss vi-ol-ated the l-aw.
The ro-le of the pol-i-ce is to up-ho-l-d and en-for-ce the l-aw.

lawn
['lɑ:n]

♪을아안   X [라안]   틀린발음/ l phonics

n. 잔디(밭)
She di-st-rib-uted grass seeds ov-(h)er her l-awn.
Mow-ing the l-awn is my kids' job for all-ow-ance.

law·yer
['lɑ:jɚ, 'lojɚ]

♪을아아일,을오이얼   X [로이어ㄹ]   틀린발음/ l,ɚ phonics

n. 변호사,법률(연구가,학자),모세율법해석자
She dec-ided that her son should bec-ome a l-aw-yer.
He w-i-ll cons-ult a l-aw-y-er ab-out a bu-sin-ess matt-er.

lay
['leɪ]

♪을에이 X [레이] 틀린발음/ l phonics

v. 두다,put,**pl**-ace,눕(히)다,재우다,매장,부과,부설,알낳다
Some **fie**-l-ds are **cult**-iv-(h)ated **w-hi**-le **oth**-ers l-ay **fall**-ow.
Mo-re than 100 emp-l-o-**yees** hav(e) al-**read**-y been **l-a**-id off.

laid
['leɪd]

♪을에인 X [레이드] 틀린발음/ l,d phonics

v. l-ay의 과거•과거분사형.
One punch **l-a**-id him l-ow.
The-ir **mot**-ives were **l-a**-id **ba**-re.

lay·er
['leɪɚ]

♪을에이열 X [레이어ㄹ] 틀린발음/ l,ɚ phonics

n.v. (지,계)층,놓는사람(것),마권업자,알낳는닭,층지게,삽입
A **l-ay**-er of ban-**an**-a in the souff-(**h**)**l-é fl**-av-(h)ored with rum.
W-e need three **l-ay**-ers of **pa**-int in-**cl**-ud-ing **prim**-ar-y.

la·zy
['leɪzi]

♪을에이쯔히 X [레이지] 틀린발음/ l,z phonics

aj.게으른,나태한,**id**-le,느린,굼뜬,꾸물거리는,**sl**-ugg-ish
He is **l-az**-y but a gifted **art**-ist.
It's an-**oth**-er **out**-come of **l-az**-y **think**-ing.

lead
['li:d]

♪을이인 X [리이드] 틀린발음/ l,d phonics

v.n.aj. 안내,연행,지휘,인솔,마음내키게,선두,우세,l-eash,모범
The-ir ab-**il**-it-y l-ed the n-ew **proj**-ect suc-**ceed**ed.
How-**ev**-er **fir**-st im-**pres**-sions can mis-**l-ead poss**-ib-l-y.

lead
['lɛd]

♪을엔 X [레드] 틀린발음/

n.v.aj. 납(의),Pb,납제품,총알,흑연,연필심,납섞다(인),납추달다
Some toy man-uf-(**h**)**ac**-tur-ers are **st**-i-ll **us**-ing l-eaded **pa**-int.
Us-ing l-ead **penc**-il am-**ong st**-ud-ents has **hard**-l-y seen **rec**-ent-l-y.

lead·er
['li:dɚ]

♪을이인얼 X [리이더ㄹ] 틀린발음/ l,d,ɚ phonics

n. 선도자,지도자,지휘자,통솔자,두목,선행지표
She seemed a dyn-**am**-ic and en-**erg**-**et**-ic **l-ead**-er.
They **nev**-(h)er **w-av**-(h)ered in **the**-ir supp-**ort** for **the**-ir **l-ead**-er.

lead·er·ship
['li:dɚʃɪp]

♪을이인얼쉽 X [리이더ㄹ쉽] 틀린발음/ l,d,ɚ,p phonics

n. 지도자지위(신분,임무,통솔,지휘,자질),지도력,통솔력,지도부
This **count**-ry needs the **st**-rong **l-ead**-er-ship!
The **pres**-id-ent talked ab-**out** the **count**-ry's **hung**-er for **l-ead**-er-ship.

leaf
['liːf]

 ✗ [리이fㅇ] 틀린발음/ l,f phonics

n. 잎,꽃잎,**pet**-al,낱장,금속박,문짝,병풍한짝
Cut off the **st**-alks but the **mo**-st **tend**-er **inn**-er l-eav(e)s.
L-eaf-l-ik(e)-boats w-i-ll cut through the Han **riv**-(h)er soon.

league
['liːg]

 ✗ [리이그] 틀린발음/ l,g phonics

n.v. 동맹,all-**i**-ance,부류,**cat**-eg-or-y,(경기)연맹,리그,단결,동맹
They are n-ot in the same **l-eag**-ue with us. 같은 부류 아니다
Man-y **coun**-tries are **l-eag**-ued with the Un-**it**-ed **St**-at(e)s.

leak
['liːk]

 ✗ [리이크] 틀린발음/ l,k phonics

n.v. 새는것(구멍),누전(수),비밀누설,배(방)뇨,콧물(눈물)나오다
She acc-**u**-sed them of **l-eak**-ing inf-(h)orm-**a**-tion.
There was gas **l-eak**-ing from a pipe bef-(h)ore the **fi**-re.

lean
['liːn]

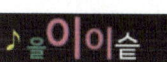 ✗ [리이인] 틀린발음/ l phonics

v.n.aj. 기대다,의지,**re**-l-y,dep-**end**,경사,sl-ope,마른,저지방살코기
He leaned **heav**-(h)il-y **up**-on his **unc**-le.
She has a lean, ath-l-**et**-ic **bod**-y **aft**-er cont-**in**-u-ous **w-ork**-outs.

learn
['lɚn]

 ✗ [러ㄹ언] 틀린발음/ l,ɚ phonics

v. 배우다,암기,**mem**-or-i-ze,탐지,asc-ert-**ain**,습득,ac-**q**-uire
He seems to be **cap**-ab-le of **l-earn**-ing.
The div-(h)**i**-sion is taught **aft**-er **l-earn**-ing mult-i-pl-ic-**a**-tion.

least
['lɪːst]

 ✗ [리이스트] 틀린발음/ l,t phonics

aj.n. 가장작은,최(연)소의,막내의
Mand-el-a is the **dadd**-y of all **bl**-ack South **Af**-(h)ric-an at l-east.
The **crim**-in-al hasn't the l-east (k)**n-ow**-l-ed-ge of good and **ev**-(h)il.

leath·er
['lɛðɚ]

 ✗ [레떠ㄹ] 틀린발음/ l,ɚ,dʒ phonics

n. 가죽(제품),가죽붙이다(으로문지르다,닦다,때리다)
The **st**-eak w-as l-ik(e) **l-eath**-er.
They **cl**-aims to use **o-n**-l-y the **fin**-est **l-eath**-ers for **the**-ir shoes.

leave
['liːv]

 ✗ [리이브] 틀린발음/ l,v phonics

vt.n. 떠나(가)다,헤어지다,그만두다,제거,생략,맡기다,뒤에남기다
The ground w-as **cov**-(h)ered by a **carp**-et of l-eav(e)s.
L-eav-(h)ing **the**-ir **prop**-ert-ies to **char**-it-ies are **comm**-on in US.

lec·ture
[ˈlɛktʃɚ]

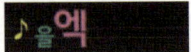   X [렉춰ㄹ]   틀린발음/ l,k,tʃ,ɚ phonics

n.v. 강의,강연,법화,설교,훈계,잔소리,**rep**-rim-and,in-**st**-ruct
The-re is some ov-(h)er-**l-ap** bet-**ween** the two **l-ec**-tur-ers.
Dur-ing a l-ong **l-ec**-ture my att-**en**-tion w-i-ll **some**times **w-av**-(h)er.

left
[ˈlɛft]

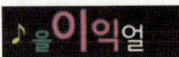   X [레f으트]

aj.n. 왼쪽(의),좌변(의)⇔right,좌파(의),왼손,급진(진보,개혁)파
My l-eft l-eg **fee**-ls dead.
Gran(d)pa l-eft them the deed to the **prop**-ert-y.

leg
[ˈlɛg]

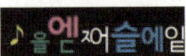   X [레그]   틀린발음/ l,g phonics

n.v. 다리(같은것),바지가랑이,지주,버팀대,supp-**ort**,걷(달리)다
My l-eft l-eg **fee**-ls n-umb.
She sat on a **cha**-ir with her l-egs crossed.

le·gal
[ˈliːgəl]

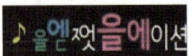   X [리이거얼]   틀린발음/ l,g phonics

aj.n. 합법적인,**l-awf**-(h)ul,법률(관계)의,법률요건,법적상속권
She w-as **cl**-os-eted with her **l-eg**-al adv-(**h**)**is**-er.
It is rep-**ort**ed that he **w-i**-ll hav(e) to pay **l-eg**-al fee of $2,000.

leg·is·late
[ˈlɛdʒəˌsleɪt]

   X [레줘슬레잇]

v. 입법기능,법률제정,법률만들어창설(통제),입법으로만들다
You **cann**-ot **l-eg**-is-l-ate to **chan**-ge mor-**al**-it-y.
The **gov**-(h)ernm-ent **pl**-an to **l-eg**-is-l-ate ag-**ainst** the war.

leg·is·la·tion
[ˌlɛdʒəˈsleɪʃən]

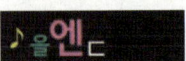   X [레줘슬레이션]   틀린액센트/ l,dʒ phonics

n. 입법행위,법률제정,제정된법률
This can be put right through **pos**-it-iv(e) l-eg-is-l-**a**-tion.
W-om-en w-anted the l-eg-is-l-**a**-tion to prot-**ect w-om**-en's rights.

lem·on
[ˈlɛmən]

♪을엠언   X [레먼]   틀린발음/ l,m phonics

n. 레몬(열매,음료,나무,색),불량품,시시한(불쾌한)사람(것),멍청이
Jui-ce from the **l-em**-on **sq**-uirted **int**-o my eye.
"**L-em**-on" and "**comm**-on" are **cons**-on-ant with each **oth**-er.

lend
[ˈlɛnd]

♪을엔ㄷ   X [렌드]   틀린발음/ l phonics

v.n. 빌려주다,대여,대출⇔**borr**-ow,주다,첨가,덧붙이다,imp-**art**
He l-ent $2000 to his bank.
He l-ent his **for**-tune to the poor and **need**-y.

length
[ˈlɛŋθ]

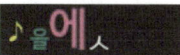   X [렝쓰]   틀린발음/ l,θ phonics

n. 길이,세로,키,기간,기한,거리,긴것,범위,정도
A **cent**-im-et-er is a l-ength **eq**-ual to one **hund**-redth **met**-er.
L-ength div-(h)ided by time is the dim-**en**-sions of vel-**oc**-it-y.

less
[ˈlɛs]

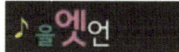   X [레쓰]   틀린발음/ l,s phonics

av. **l-itt**-le의비교급,최상급은l-east,더적게,더밑돌아
The LED bulbs cons-**ume** l-ess el-ec-**tric**-it-y
They made a found-**a**-tion to **he**-l-p **st-u**d-ents with l-ess **for**-tune.

les·son
[ˈlɛsn̩]

   X [레슨]   [n̩]=[언],틀린발음/ l,s phonics

n. 수업,~과,가르침,ex-**amp**-le,가르치다,타이르다,ad-**mon**-ish
She tak(e)s a great del-**ight** in her pi-**an**-o l-**ess**-on.
He took **sk**-at-ing l-**ess**-ons, but he was n-ot **ver**-y co-**ord**-in-ated.

let
[ˈlɛt]

   X [렛]   틀린발음/ l,t phonics

vt. 허락,시키다,빌려주다,임대,청부시키다,~하자,~해보자
L-et's **w-a**-it and see, **sha**-ll w-e?
L-et me **te**-ll you **some**thing. L-et's do it.

let·ter
[ˈlɛtɚ]

   X [레터ㄹ]   틀린발음/ l,t,ɚ phonics

n. 글자(체,써넣다),문자,알파벳,편지,활자,인쇄,제목달다
In **man**-y **Eng**-l-ish w-ords cont-**ain** l-**ett**-ers n-ot pron-**oun**-ced.
Eng-l-ish pron-un-ci-**a**-tion can be def-(h)ined with Kor-**e**-an l-**ett**-ers.

lev·el
[ˈlɛvəl]

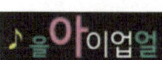   X    틀린발음/ l,v phonics

aj.n.vt. 평평(한,하게)⇔rough,수평기,l-**ev**-(h)el-er,고도,수준,계급
This res-**ear**-ch conc-**erns** the poll-**u**-tion l-**ev**-(h)els in Beijing.
He reached a high l-**ev**-(h)el with**in** the pol-**it**-ic-al **hi**-er-arch-y.

li·a·ble
[ˈlaɪəbəl]

   X [라이어블]   틀린발음/ l,b phonics

aj. 의무있는,복종할,책임져야할,하기쉬운,면할수없는,~할듯한
The **ev**-(h)id-ence is l-**i**-ab-le to doubt.
Dic-tion-ar-ies are l-**i**-ab-le to **err**-ors in **Eng**-l-ish pron-un-ci-**a**-tion.

lib·er·al
[ˈlɪb(ə)rəl]

   X [리버뤄얼]   l,b,r phonics

aj.n. 후한,ab-**und**-ant,마음넓은,관대한,자유(주의,인)의
She is a l-**ib**-er-al-minded **pers**-on.
He dis-ag-**reed fall**-ing **int**-o l-**ib**-er-al or cons-**erv**-(h)at-iv(e) camps.

lib·er·ty
['lɪbɚti]

♪을입엍이   X [리버ㄹ티]   틀린발음/ l,b,ɚ,t,y phonics

n. 자유,**freed**-om,석방,상륙허가,perm-**is**-sion,특권,**priv**-(h)il-eges
You are at **l-ib**-ert-y to l-eav(e).
She w-as **giv**-(h)en the **l-ib**-ert-y of the house.   출입자유

li·brary
['laɪbreri]

♪을아입레뤼   X [라이브뤠뤼]   틀린발음/ l,b,r phonics

n. 도서관(실),수집(도서),장서,문고,서재,시리즈,
She goes to **l-ib**-rar-y **ev**-(h)er-y day **dur**-ing the sem-**est**-er.
I found an **Eng**-l-ish Kor-**e**-an **dic**-tion-ar-y in NY **L-ib**-rar-y.

li·cense
['laɪsn̩s]

♪을아이쓴ㅅ   X [라이선쓰]   [n̩]=[언], 틀린발음/ l,s,n phonics

n.vt. 허가(증),허락,perm-**is**-sion,인가,면허(증),grant,출판허가
She **cl**-aimed she w-as a **l-ic**-ensed psych-**ol**-og-ist.
The **rest**-aur-ant's **own**-er ap**p-l**-ied for a **l-iq**-uor **l-ic**-ense.

lid
['lɪd]

♪을읻   X [리드]   틀린발음/ l,d phonics

n. 뚜껑,눈까풀,**eye**-l-id,모자,책표지
I need a **sc**-rew-driv-(h)er to pry the l-id off of the can.
L-ad-y **golf**-(h)er, S.R. Park tipped her l-id to the **cheer**-ing crowd.

lie
['laɪ]

♪을아이   X [라이]   틀린발음/ l phonics

n.v. 거짓말,속이다,눕다,rep-**ose**,묻히다,놓여있다,의존,dep-**end**
The **char**-it-y l-ies at the **co**-re of Am-**er**-ic-an soc-**i**-et-y.
Her em-**o**-tions hav(e) l-ain **dorm**-ant for **man**-y **ye**-ars.

life
['laɪf]

♪을아이ㅍ ♪을아이ㅂㅎㅈㅎ   X [라이f으]

n. 생명(현상),목숨,생존기간,수명,임기,인생,세상살이
He is **st**-i-ll ig-**n-or**-ant of the **ca**-res of l-if(e).
He w-orked in the **fie**-l-d **dur**-ing **mo**-st of his l-if(e). 현장에서

lift
['lɪft]

♪을읶ㅍE   X [리f으트]

v.n.(들어)올리다(기)⇔**l-ow**-er,철폐,rev-(h)**oke**,해제,훔치다, 표절,**pl**-ag-iar-ize,차태워주다(기),ride,승강기
The **fl**-ight **w-i**-ll dep-**art** when this fog has l-ifted.
She l-ifted her hands in a dram-**at**-ic **ges**-ture **w-hi**-le **sing**-ing.

light
['laɪt]

♪을아읻   X [라잇]   틀린발음/ l,t phonics

n.aj.v.av. (햇)빛,밝은(기)⇔**dark**(-n-ess),등대,연한,pa-l(e),**whit**-ish,불키다,비추다,가벼운⇔**heav**-(h)y,약한,날렵한,우아한,가는⇔**bo-l**-d,경솔한
The **l-ight sy**-st-em on **st**-age are cont-**ro**-ll-ed by a com-**put**-er.
Germ-an **Ein**-st-ein **cal**-cul-ated the **l**-ight could be di-**st**-orted.

light·ning  X [라이트닝] 틀린발음/ l,t,n phonics
['laɪtnɪŋ]
n.vi.aj. 번갯(불),전광,번개치다,번개같은,전광석화의
The **heav**-(h)ens w-ere **shak**-en by **thund**-er and **l-ight**-n-ing.
The Catatumbo l-ake **l-ight**-n-ing **ex-pl**-oded up to 280 times per hour.

like  X [라익] 틀린발음/ l,k phonics
['laɪk]
aj.prep.av.conj.n.v. 같은,same,**eq**-ual,비슷한,아마,**prob**-ab-l-y,~처럼,**ju**-st as,as,닮은(같은부류)사람(것),좋아,(알)맞다,suit,맘에들다,**pl**-ease
He l-ik(e)s to be the **cent**-er of att-**en**-tion.
He's got a cheek ig-**n-or**-ing us l-ik(e) that.

like·ly 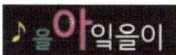 X [라이클리] 틀린발음/ l,k,l,y phonics
['laɪkli]
aj.av. 있을법한,**prob**-ab-le,~할듯한,**pl**-aus-ib-le,아마,**prob**-ab-l-y
She'll res-**ign** as **l-ik**(e)-l-y as n-ot. 십중팔구는 사직할 것이다.
His w-eak cond-**i**-tion makes him **mo**-re **l-ik**(e)-l-y to get sick.

like·wise  X [라익와이즈] 틀린발음/ l,k,w,z phonics
['laɪkwaɪz]
av. 게다가,더욱이,**mo**-re-**ov**-(h)er,또한,too,마찬가지로,같이
I should get a prom-**o**-tion, and you **l-ik**(e)wise.
The **own**-er of the **rest**-aur-ant is **l-ik**(e)wise the **Del**-i n-ext door.

limb  X [림] 틀린발음/ l,m phonics
['lɪm]
n.vt. 팔,arm,다리,leg,날개,가지(사지)(자르다),bough,branch
He **st**-retched out his cramped l-imbs.
They e-**sc**-ap(e)d the **acc**-id-ent with **l-if**(e) and l-imb.

lim·it  X [리밋] 틀린발음/ l,m,t phonics
['lɪmət]
n.vt. 한계(점,선),경계선,**bound**-(a)ry,한정,re-**st**-rict,삭감,cur-t-**ai**-l
He got dem-**er**-it **pen**-alt-ies for exc-eed-ing the **sp**-eed **l-im**-it.
Hous-ing is **l-im**-ited by the ge-**og**-raph-(h)y of the **vall**-ey.

Lin·coln  X [링컨] 틀린발음/ l,k phonics
['lɪŋkən]
n. 링컨,**Ab**-ra-ham~ ,미16대 대통령,미국Neb-**rask**-a주도
Ob-**am**-a's **ro**-le **mod**-el is Abe. **L-inc**-o(l)n.
U-n-iv-(**h**)ers-it-y of Neb-**rask**-a is in **L-inc**-o(l)n, Neb-**rask**-a.

line 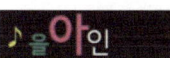 X [라인] 틀린발음/ l phonics
['laɪn]
n.v. 선(긋다),주름,row,경계선,계통,외형,**cont**-our,노선,줄서다
The E**q-uat**-or is **ju**-st an im-**ag**-in-ar-y l-ine.
The two groups w-ere **sep**-ar-ated by an im-**ag**-in-ar-y l-ine.

link
[lɪŋk]
♪을잉크　　✗ [링크]　　　　　　　　틀린발음/ l,k phonics
n.v. 고리,유대,인연,(화학)결합,bond,연결,잇다,합병,연합
Sang-Hwa Lee w-as called the **q**-ueen of ice **sp**-eed l-ink.
Yuna Kim w-as called the **q**-ueen of ice **fig**-ure l-ink.

li·on
[lajən]
♪을아이연　　✗ [라이언]　　　　　　틀린발음/ l,b,r phonics
n. 사자,용맹한사람,폭군,(예술•문단의)실력자,저명인사,총아
He is a **l-it**-er-ar-y **l-i**-on am-**ong** the **w-rit**-ers.
Canc-er res-**ear**-ch has rec-**eive**d the **l-i**-on's share of **fund**-ing.

lip
[lɪp]
♪을잎　　✗ [립]　　　　　　　　　틀린발음/ l,p phonics
n. 입술,그릇주둥이,입술처럼나온(열린)부분,(계곡,상처)입구
A **pit**-cher **u**-su-all-y has a l-ip or **sp**-out and a **hand**-le.
They raised the **gl**-asses to **the**-ir l-ips and drained it in one **gu**-l-p.

liq·uid
[lɪkwəd]
♪을익원　　✗ [리크위드]　　　　　틀린발음/ l,k,w phonics
aj.n. 액체(의),**fl**-uid,유동성(의),흐르는듯한,불안정한,현금화쉬운
W-at-er and **mi**-l-k are **l-iq**-uid **sub**-st-ances.
The chef added **mi**-l-k to make the **batt**-er more **liq**-uid.

li·quor
[lɪkɚ]
♪을익얼　　✗ [리커ㄹ]　　　　　　틀린발음/ l,q,ɚ phonics
n.v. 증류주,알코올음료,술,물약,술권,용액에담그다,술마시다
They **char**-ge **heav**-(h)y tax on **l-iq**-uor in the U.S.
Surv-(h)ey rep-**ort**ed **l-iq**-uor cons-**ump**-tion dec-**rease**d.

list
[lɪst]
♪을이슽　　✗ [리스트]　　　　　　틀린발음/ l,t phonics
n.v. (일람)표,목록,**cat**-al-og,명단,**ro**-ll,표만들다,en-**l-ist**
He comp-**i**-led a l-ist of **cl**-i-ents' names.
The l-ist conf-**(h)orm**s with the **cont**-ents of the cont-**ain**-er.

lis·ten
[lɪsn̩]
♪을잇은　　✗ [리슨]　　Schwa [n̩]=[언], 틀린발음/ l,s,n phonics
v.n. 듣다,귀기울이다,엿듣다,따르다,들리다,들어주다,경청
He bec-**ame conf**-(h)id-ent in his **Eng**-l-ish **l-i-s**(t)en-ing **sk**-i-ll.
Cup your hands be-**hind** the ears when **l-i-s**(t)en-ing **Eng**-l-ish.

li·ter
[li:tɚ]
♪을이잍얼　　✗ [리이터ㄹ]　　　　틀린발음/ l,b,r phonics
n. 리터, 1,000cc, 약자: l, lit.
A **gall**-on of **fl**-uid **eq**-uals 3.78 **l-it**-ers.
L-ow-fl-ush **to**-il-ets use 6 **l-it**-ers or l-ess per **fl**-ush.

lit·er·al·ly
['lɪtərəli]

♪을잍어럴이   X [리터뤌리]   틀린발음/ l,t,r,y phonics

av. 글자뜻대로,과장없이,정확히,실제로, virt-u-all-y,정말로
His boss took what he says l-it-er-all-y.
She int-erp-reted the sp-eech l-it-er-all-y.

lit·er·ary
['lɪtəˌreri]

♪을잍어레리   X [리터뤠뤼]   틀린발음/ l,t,r phonics

aj. 문학의(하는),저작의,학자처럼,문어의⇔coll-oq-ui-al
Does this book hav(e) an-y l-it-er-ar-y sup-er-i-or-it-y?
Jane Au-st-en ent-ered the l-it-er-ar-y w-orld fin-all-y.

lit·er·a·ture
['lɪtərətʃɚ]

♪을잍어러러쳐ㄹ   X [리터뤄춰ㄹ]   틀린발음/ l,b,r,tʃ,ɚ phonics

n. 문학(작품),문헌,저술업,문학연구,인쇄물,전단
She took a l-it-er-at-ure cour-se l-ast sem-est-er.
Could you send me some l-it-er-at-ure ab-out your prod-uct?

lit·tle
['lɪtl]

♪을잍을   X [리트얼]   Schwa [ˌ]=[얼], 틀린발음/ l,t phonics

aj.av.n. 작은,sm-all,short,young,소규모의,약간의⇔much, 하찮은,가엾은, 귀여운,산뜻한,거의~않다,전혀~않다,무능한사람
W-e chased the Soju with a l-itt-le be-er.
He seems a l-itt-le mo-re cheerf-(h)ul tod-ay.

less·er
['lɛsɚ]

♪을에써   X [레써ㄹ]   틀린발음/ l,s,ɚ phonics

aj.av. l-itt-le 비교급,보다작은(적은,적게),덜중요한
It is a l-ess-er-kn-o-wn brand of fa-shion.
He pl-eaded gui-l-ty to the l-ess-er char-ge.

least
['liːst]

♪을이이슽   X [리이스트]

aj.av.n. l-itt-le최상급,가장작은(적은)(것,양),최(연)소의,막내의
That w-as the l-east I could do for her.
He had n-ot the l-east (k)n-ow-l-ed-ge of good and ev-(h)il.

live
['lɪv]

♪을잍ㅂ   X [리브]   틀린발음/ l,v phonics

v. 살다,생존,거주,res-id(e),~근거로생활,처신,계속,존속,실천
The act-ress l-iv(e)d a l-if(e) of cel-eb-rit-y.
He talked ab-out the diff-(h)ic-ult-ies of l-iv-(h)ing poor.

live
['laɪv]

♪을아이ㅂ   X [라이브]   틀린발음/ l,v phonics

aj.av. 살아있는, l-iv-(h)ing,al-iv(e),정력적인,en-erg-et-ic,생기있는, 쾌활한, 당면한,미해결의,un-sett-led,격한, ard-ent,선명한,bright,신선한,fresh, 탄력좋은,res-il-ient,생방송인,천연그대로인
The fi-re cl-aimed ten l-iv(e)s and $50 mi-ll-i-on dam-age.
They banned on all imp-orts of l-iv(e) catt-le ab-road.

living-room
['lɪvɪŋˌruːm]

   X [리빙루움]   틀린발음/ l,v,r phonics

n. 거실,생활공간
L-iv-(h)ing-room is in a house for **gen**-er-al **fam**-il-y use.
They w-ere **sitt**-ing in the **l-iv**-(h)ing room **w-at**-ch-ing TV.

load
['loʊd]

   X [로우드]   틀린발음/ l,d phonics

n.v. 짐,**burd**-en,근심,작업량,탄환장전,싣다,채우다,만루되다
They l-oaded the boxes from **o-l-d** house **ont**-o the truck.
Bees **rem**-ov-(h)ing **poll**-ens in May is w-orth a l-oad of hay.

loaf
['loʊf]

   X [로우f으]   틀린발음/ l,f phonics

n.v. (빵•케이크)덩어리,둥근통,머리,어슬렁거리다,**saunt**-er,놀며지내다
He l-oafed a-**w-ay** his l-if(e) **mis**-er-ab-l-y.
She bought fiv(e) l-oaves of **gin**-ger bread and a **meat**loaf.

loaves
['loʊvz]

   X [로우브즈]   틀린발음/ l,v,z phonics

n. loaf의 복수형
W-elc-ome to L-oaves and Fishes Int-ern-**a**-tion-al.
It is the **fam**-il-y-owned Loaves & Fishes Food **St**-ore.

loan
['loʊn]

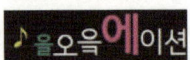   X [로운]   틀린발음/ l phonics

n.v. 융자,대출(금),차관,외래어(l-oan w-ord,풍속),빌려주다,l-end
W-e got a l-oan ap-**prov**-(h)al for **w-ork**-ing **cap**-it-al.
The bank w-i-ll giv(e) you an e**xt**-en-sion on the l-oan.

lo·cal
['loʊkəl]

X [로우커얼]   틀린발음/ l,k phonics

aj. 지역의,(특정)장소의,옹졸한,구내,구간열차(버스),지부
She tea-ches **fa**-shion des-**ign** at a **l-oc**-al **coll**-ege.
It **he**-l-ps **peop**-le get tog-**eth**-er for the **l-oc**-al comm-**un**-it-y.

lo·cate
['loʊˌkeɪt]

X [로우케잇]   틀린발음/ l,k,t phonics

v. 놓다,설치,**pl**-ace,정착,위치,소재파악,자리잡다,거주,개업
She **pl**-ans to **l-oc**-ate in N-ew Yor-k **cit**-y.
His **mis**-sion w-as to **l-oc**-ate and inf-(h)il-trate the **terr**-or-ist **ce**-ll.

lo·ca·tion
[loʊˈkeɪʃən]

X [로우케이션]

n. 장소,위치,지정지구,야외촬영지,배치,토지점유(측량)
The **Boll**-y-w-ood **fi**-l-m w-as mad(e) on l-oc-**a**-tion in **Ind**-ia.
W-e've rec-**eive**d **cred**-ib-le **inf**-(h)o ab-**out** the group's l-oc-**a**-tion.

lock
[lɑ:k]

 X [라악]   틀린발음/ l,k phonics

n.v. 자물쇠⇔key,정지장치,뒤얽힘,맞붙기,**bl**-ock,조르기,잠그다, 가두다, 깍지(팔짱)끼다,끌어안다,맞잡다

The two **part**-ies w-ere l-ocked in dis-ag-**reem**-ent.
N-ew l-ocks w-ere in-**st**-alled on all the **do**-ors and w-**ind**-ows.

lodge
[lɑ:dʒ]

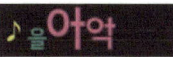 X [라아쥐]   틀린발음/ l,dʒ phonics

n. 오두막집,**cab**-in,별장,수위실,여관,res-**ort** hot-**e**-l,여인숙,inn,하숙,머물다, 탄환이박히다,걸리다,쓰러지다,숨겨주다,넣다,맡기다,제출,신고,l-ay

The ref-(h)u-**gee**s w-ere l-odged and fed in **temp**-or-ar-y camps.
Inns are e-**st**-ab-l-ishm-ents w-**h**e-re **trav**-(h)el-ers can l-odge.

log
[lɑ:g]

 X [라아그]   틀린발음/ l,g phonics

n.v. 통나무,장작(만들다),운항(여행,실험)기록,l-ogbook,벌채

Part of her job is to l-og all **shipm**-ents.
He's **sl**-eep-ing l-ik(e) a l-og with a **terr**-ib-le **sn**-or-ing.

log·ic
[lɑ:dʒɪk]

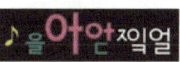 X [라아쥑]   틀린발음/ l,dʒ,k phonics

n. 논리(학),논법,이론,조리,타당성,적절,옳은판단,강한설득력

She di-**sp**-uted with **adm**-ir-ab-le **l-og**-ic.
What is the **l-og**-ic of **do**-ing this **proj**-ect?

log·i·cal
[lɑ:dʒɪkəl]

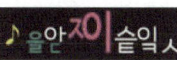 X [라아쥐커얼]   틀린발음/ l,dʒ,k phonics

aj. 논리적인⇔il-**l-og**-ic-al,조리에맞는,논리학의,형식적인,**form**-al

She seems to be a **l-og**-ic-al **choi**-ce for the job.
It's **l-og**-ic-al to ass-**ume** that they'll **he**-l-p us ag-**ain**.

lo·gis·tics
[lɑˈdʒɪstɪks]

 X [라아쥐스틱스]   틀린발음/ l,dʒ,t,k phonics

aj.n. 병참학의, 기호논리학(의)

W-e need the l-o-**gi**-st-ics to get such a big show.
L-o-**gi**-st-ics is the **man**-agem-ent of the **fl**-ow of things bet-**ween** A and B.

lone
[loʊn]

 X [로운]   틀린발음/ l,b,r phonics

aj.n. 혼자의,**sol**-it-ar-y,고립된,**is**-ol-ated,유일한,**so**-le,외로운

This is our lone com**p**-et-it-or in the **fie**-l-d.
He **fee**-ls **l-one**-some when his **broth**-ers are a-**w-ay**.

lone·ly
[loʊnli]

X [로운리]   틀린발음/ l,n,r,y phonics

aj. 외로운,**l-one**-some,외진,황량한,**des**-ol-ate,고립된,**is**-ol-ated

Aren't you **l-one**-l-y, **l-iv**-(h)ing by your-**se**-l-f?
A **l-one**-l-y **chi**-l-d may cre-**ate** an im-**ag**-in-ar-y friend l-ik(e) a doll.

long
['lɑ:ŋ]

   X [라앙]   틀린발음/ l phonics

aj. 긴,먼,키큰,**ta**-ll⇔short,짱구의,넉넉한,멀리보는,장음의
He could re-**st**-rain him-**se**-l-f n-o **l-ong**-er.
The **sp**-ot-l-ight cast a l-ong **shad**-ow of the **act**-ress.

look
['lʊk]

   X [룩]   틀린발음/ l phonics

v. 보다,찾다,생각되다,관심가지다,향,면,전망좋다,놀란표정
W-e chased all **ov**-(h)er **l-ook**-ing for **chi**-l-dren.
Gent-le-man w-ould l-ook be-**hind** for **oth**-ers in em-**erg**-enc-y.

loose
['lu:s]

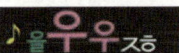   X [루우쓰]   틀린발음/ l,s phonics

aj.av. 풀린,un-comb-**ine**d⇔bonded,헐렁한,자유로운,free,unbound,
설사하는,l-ax,방탕한,부드러운,올이성긴,무른,관대한
The mag-a-**zine** has **sev**-(h)er-al l-oose pages.
They got l-oose **bo**-w-el mov(e)'ts from Eb-**o**-l-a.

lord
['lɔɚd]

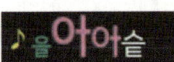   X [로어ㄹ드]   틀린발음/ l,ɚ,d phonics

n.vt. 주인,영주,귀족,유력자,하느님,남편,세도부리다(~ **ov**-(h)er)
He is the **l-and**-l-ord of that ap-**artm**-ent **bui**-l-ding.
He l-orded **ov**-(h)er them his **se**-l-f-pro-**cl**-aimed sup-er-i-**or**-it-y.

lose
['lu:z]

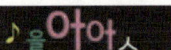   X [루우즈]   틀린발음/ l,z phonics

v. 잃다,놓치다,못듣다,몰두,넋잃다,살리지못,유산,손해보다,(실)패
He didn't hav(e) a fin-**an**-cial **cu**-shion when he l-ost job.
She has to cope with **l-os**-ing all her **st**-at-us and **mon**-ey.

lost (pp)
['lɑ:st]

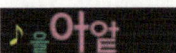   X [라스트]   틀린발음/ l,t phonics

v. l-ose의 과거형
They id-**ent**-if-(h)ied the dog as **the**-ir l-ost pet.
The-re are **man**-y **peop**-le l-ost a l-ot of **mon**-ey on the **hor**-ses.

loss
['lɑ:s]

X [라쓰]   틀린발음/ l,s phonics

n. 손해⇔gain,손실⇔**prof**-(h)it,도난,패배,사상(자수),**cas**-u-alt-ies
He tried to dam back his grief **aft**-er l-oss of his w-ife.
Prol-**ong**ed e**xp**-o-sure to l-oud **ear**phones **cau**-ses **hear**-ing l-oss.

lot
['lɑ:t]

X [라앗]   틀린발음/ l,t phonics

n. **Ab**-ra-ham조카롯,당첨,몫,한구획(벌,무더기),품목번호, 많음
It's hard to find **emp**-ty **sp**-aces in the **park**-ing l-ot.
You can **te**-ll a l-ot ab-**out peop**-le by **the**-ir **comp**-an-ies.

loud
['laʊd]

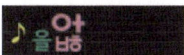 X [라우드] 틀린발음/ l,d phonics

aj.av. 소리큰(시끄러운),화려한,**gar**-ish,으스대는,off-(**h**)**ens**-ive
She com-**pl**-ained in a l-oud **vo**-ice.
She's **kn-o**-wn for **be**-ing l-oud and agg-**ress**-ive.

love
['lʌv]

 X [라브] 틀린발음/ l,ʌ,v phonics

n.v. 사랑,애정⇔**hat**-red,aff-(**h**)**ec**-tion,연애,정사,l-ov(e) aff-(**h**)**a**-ir,연인,
s-w-eetheart,무득점,즐기다,좋아,애무,**fond**-le,car-**ess**
Her l-ov(e) for **mus**-ic **carr**-ied her to The **Jui**-ll-i-ard **Sch**-ool.
Your l-ov(e)'s put me at the top of the w-orld.-The **Carp**-ent-ers

love·ly
['lʌvli]

 X [라블리] 틀린발음/ l,ʌ,y phonics

aj.n. 아름다운(것),**beaut**-if-(**h**)ul,매력적인,del-**i**(gh)**t**-ful,미녀
Ev-(**h**)**er**-y-thing in the **gard**-en is **l-ov**(e)-l-y. 모든게 만족스럽다
She is **q**-uite **l-ov**(e)-l-y de-**sp**-ite her l-ack of **so**-cial graces.

low
['loʊ]

 X [로우] 틀린발음/ l phonics

aj.av.n.v. 낮은⇔**hi**gh,미천한,mean,우울한,엎드려,pro-**st**-rate, **humb**-l-y,
mean-l-y,굽신거려,모자라게,**cheap**-l-y,밑바닥
L-ow **temp**-er-at-ure conv-(**h**)**ertt w-at**-er **int**-o ice.
He has a l-ow op-**in**-ion of his **sec**-ret-ar-y.

low·er
['loʊɚ]

 X [로우어ㄹ] 틀린발음/ l,w,ɚ phonics

v.aj.n. (반응)내리다,**fl**-att-en,낮추다,sink,des**c-end**⇔l-ift,약하게,
red-**uce**⇔raise,l-ow의비교급,보다낮은,하급의,남쪽의
She w-ouldn't **l-ow**-er her-**se**-l-f to be prom-**ote**d.
Prices are **l-ow**-er when **the**-re is comp-et-**i**-tion am-**ong** them.

loy·al
['lojəl]

 X [로이어얼] 틀린발음/ l phonics

aj.n. 충성스런,성실한,의리있는,성의있는,고결한,애국자,충신
The **voc**-al group has **man**-y **l-oy**-al fans.
She thanked the **vot**-ers for **the**-ir **l-oy**-al supp-**ort**.

luck
['lʌk]

 X [락] 틀린발음/ l,ʌ,k phonics

n.v. 운수,**chan**-ce,행운(만나다),성공,succ-**ess**,부적,charm
She had the **good** l-uck of **find**-ing a good **job**.
It w-as **hard** l-uck that he l-ost all his **mon**-ey.

lucky
['lʌki]

X [라키] 틀린발음/ l,b,r phonics

aj.n. 운좋은,다행한,재수좋은(것),**fort**-un-ate,풍부한,**amp**-le
He w-as **l-uck**-y n-ot to be **the**-re at that time.
The **l-uck**-y **dev**-(**h**)il w-on the grand **L-OTT**-O prize.

lug·gage
[ˈlʌgɪdʒ]

♪올**억**인지   X [라기쥐]   틀린발음/ l,ʌ,dʒ phonics

n. 수화물,(여행)가방류,**bagg**-age,트렁크류,휴대용군장비
L-eav(e) your **l-ugg**-age in the hot-**e-l**.
Pass-eng-ers are **l-im**-ited to two **l-ugg**-age to **check**-in.

lump
[ˈlʌmp]

♪올**암**ㅍ   X [람프]   틀린발음/ l,ʌ,m,p phonics

n.aj.v. 덩어리(되다),각설탕,혹,pro-**tub**-er-ance,**sw-e**-ll-ing,산더미,heap,
무더기,mass,**cl**-ump,다수,maj-**or**-it-y,고형의,일시불의,묶어취급,굳히다
She **fe**-l-t a l-ump in her throat.   가슴벅참, 목메임
He got a l-ump on his head **aft**-er **bump**-ing **int**-o the **do**-or.

lunch
[ˈlʌntʃ]

♪올**안**치   X [란취]   틀린발음/ l,ʌ,tʃ phonics

n.v. 점심(식사),간단한식사,**sn**-ack,도시락,점심먹다,점심대접
She **ord**-ered a **cor**-ned beef **sand**-wich for l-unch.
They had chat with **the**-ir **coll**-eag-ue **ov**-(h)er l-unch.   점심동안에

lung
[ˈlʌŋ]

♪올**앙**   X [랑]   틀린발음/ l,ʌ,r phonics

n. 허파,폐,폐낭,대도시공원,인공폐,호흡장치
He w-as **di**-ag-n-osed with l-ung **canc**-er by **sm**-ok-ing.
Cig-ar-**ette sm**-ok-ing **cau**-ses l-ung dis-**ea**-ses and **canc**-er.

우리 한글에 없는 **공명음 L 발음** 위한 **유도음 (을)**에 익숙해지셨나요?
원어민 발음에 가까워짐을 느끼시나요?

m or M
[ˈɛm]

   ○ [엠]   179 단어 23쪽

n. 영어알파벳13번째자,M자형의것
M **symb**-ols for **med**-i-um size.
M is the 13th **lett**-er of the **mod**-ern **Eng**-l-ish **alph**-ab-et.

ma·chine
[məˈʃiːn]

   ○ [머쉬인]

n.v.aj. 기계(장치),간부들(의),기계로만들다(에의한,용의,적인)
She w-as **ca**-rel-ess with **too**-ls and ma-**chines**.
He w-ashed **cl**-oths at a **co**-in **op**-er-ated **l-aund**-ry ma-**chine**.

mad
[mæd]

   ○ [매드]

aj.vt.n. 화난,**ang**-ry,미친듯한⇔sane,열중한,광견병걸린,화냄
He w-as **ne**-ar-l-y **driv**-(h)en mad by **ang**-er.
He got mad at his boss for **ex**-tra ass-**ignm**-ent.

mag·a·zine
[ˈmæɡəziːn]

   ✗ [매거지인]   mora발음/ g,z phonics

n. 잡지,탄약고,군수품창고,탄창,저탄실,저장소,자원의보고
The mag-a-**zine** "**Gourm**-et" is a cook's del-**ight** to read.
Forbes mag-a-**zine cont**-acted me when I w-as 10. -Maya Penn-

mag·ic
[ˈmædʒɪk]

   ○ [매쥑]   dʒ phonics

n.aj.vt. 마술(의),마법,요술,신기한,이상한매력있는,마술로바꾸다
The **head**-ache w-ent a-**w-ay** l-ik(e) **mag**-ic.
The-re is n-o **mag**-ic **form**-ul-a for ec-on-**om**-ic succ-**ess**.

mag·net
[ˈmæɡnɪt]

   ✗ [매그닛]   mora발음/ g,n,t phonics

n. 자석,자철광,마음끄는사람(것,동물,장소)
The **Craz**-y-Sa-le w-as a **mag**-n-et for **cu**-st-om-ers.
K **Ha**-llyu is a **mag**-n-et for **tour**-ists to Kor-**e**-a.

maid
[meɪd]

○ [매이드]   d phonics

n. 하녀(식모,여급)(으로일하다),처녀,미혼여성,신변을돌봐주다
Can he win back the heart of this **fa**-ir maid?
Maid **fo**-l-ded the **tow**-el **neat**-l-y and hung it **ov**-(h)er the **rai**-l.

mail
[meɪl]

○ [메열]

n.aj.vt. 우편(물,열차,선,배달,수집)(의),우송,부치다,갑옷(입히다)
He **mai**-led me the **cont**-ract by **ex**p-ress.
The **vol**-ume of **ma**-i-l in-**creas**es ar-**ound** the **hol**-id-ays.

main
[meɪn]
♪ 메인　　O [메인]
aj.n. 주된,중요한,혼신의,방대한,본관,힘,분투,주요(부,부분,점),
The-ir ma-i-n crops are cor-n and pot-at-o.
The ma-i-n ex-am for ad-m-i-ssion w-as a month di-st-ant.

main·tain
[meɪnˈteɪn]
♪ 메인테인　　O [메인테인]
vt. 유지,보유,지속,계속,주장,지키다,부양,기르다,뒷바라지
She has st-rugg-led to ma-int-ain a con-st-ant w-eight.
Teach-ers hard-l-y ma-int-ained disc-ip-l-ine in the cl-assroom.

main·te·nance
[ˈmeɪntənəns]
♪ 메인턴언ㅅ　　X [메인터넌쓰]　　mora 발음/ n phonics
n. 지속,유지,보수,보전,옹호,주장,부양(비),생계비
The bui-l-ding suff-(h)ered from ye-ars of poor maint-en-ance.
N-ut-ri-ents are ess-en-tial to the maint-en-ance of hea-l-th.

ma·jor
[ˈmeɪdʒɚ]
♪ 메이줠　　O [메이줘ㄹ]　　dʒ phonics
n.aj.vi. 다수(의),중요한⇔mi-n-or,전공(과목,학생,의), 장음정(의)⇔mi-n-or,
유력인,그룹장,소령,성인(의)
W-age and price cei-l-ings are the maj-or conc-ern.
He maj-ored in el-ec-tron-ic comm-un-ic-a-tions in coll-ege.

ma·jor·i·ty
[məˈdʒɔrəti]
　　X [머줘어뤄티]　　mora 발음/ dʒ,r,t,y phonics
n. 대다수,과반수,대부분(의~)⇔mi-n-or-it-y,다수당
The maj-or-it-y w-ere in fav-(h)our of my prop-os-al.
Once you reach your maj-or-it-y you can do what you w-ant.

make
[meɪk]
♪ 메익　　X [메익]　　틀린발음/ k phonics
v. 만들다,창작,득점,sc-ore,시키다,마음에품다,평가,되다,bec-ome,이루다,
구성,comp-ose,형성,form,통
Two coun-tries mad(e) a sec-ret dea-l in cam-er-a.　밀실에서
She w-i-ll make him a good husb-and.　그 여잔 아내 역을 잘할거야!

male
[meɪl]
♪ 메이얼　　O [메열]
aj.n. 남성(수컷)(의)⇔fem-a-le,남성적인,ma-sc-ul-ine,수식물
Ma-le cats tend to be l-ess agg-ress-ive.
Ma-le an-im-als are mo-st-l-y dom-in-ant ov-(h)er the-ir fem-a-les.

mammal
[ˈmæməl]
♪ 맴얼　　X [매멀]　　mora 발음/ m phonics
n. 포유동물
Wha-les are mamm-als.
The hipp-o is a l-ar-ge, mo-st-l-y herb-iv-(h)or-ous mamm-al.

man
[mæn]
♪맨　　　O [맨]
n.vt. 남자(어른)⇔**w-om**-an,⇔**bo**-y,사람,**Hom**-o **sap**-i-ens,인류,부하, 제자, 하인,병사,남편,**husb**-and,저명인사,이봐,자네,저런,어마,적임자
Fine **cl**-othes **make** the man.
He manned him-**se**-l-f for the **chall**-enge.

man·age
[mænɪdʒ]
♪맨잇지　　　X [매니쥐]　　　mora발음/ **n,dʒ** phonics
v. 경영,관리,돌보다,이용,처리,잘다루다,조작,**hand**-le,해내다
She had **man**-aged to conc-**ea**-l her **re**-al id-**ent**-it-y.
He **man**-aged to get the inf-(h)orm-**a**-tion from the **int**-ern-et.

man·age·ment
[mænɪdʒmənt]
♪맨잇즘언트　　　X [매니쥐먼트]　　　mora발음/ **n,dʒ,m** phonics
n. 조치,제어,경영,관리,단속,조종술,통제력,묘책,수완,취급법
She has **cl**-im(b)ed **rap**-id-l-y and is in top **man**-agem-ent.
Man-agem-ent **comp**-ens-ated us for the **ov**-(h)ertime.

man·ag·er
[mænɪdʒɚ]
♪맨잇절　　　X [매니쥐ㄹ]　　　mora발음/ **n,dʒ,ɚ** phonics
n. 경영자,지배인,관리인,이사,부장,국장,감독,매니저,흥행주
I'd l-ik(e) to **sp**-eak to the **man**-ag-er, **pl**-ease.
The comm-**itt**-ee **cl**-a-rif-(h)ied the **man**-ag-er's **dut**-ies.

ma·nip·u·l·ate
[məˈnɪpjəˌleɪt]
♪먼잎열에잍　　　X [머니퓰레잇]　　　mora발음/ **n,p,t** phonics
vt. 잘다루다,**hand**-le,조작,(사람,여론)조종,(물가,장부,계산)조작
The **todd**-l-er is l-**earn**-ing to man-**ip**-ul-ate **bl**-ocks.
She's been good at man-**ip**-ul-at-ing **numb**-ers in her head.

man·ner
[mænɚ]
♪맨얼　　　X [매너ㄹ]　　　mora발음/ **n,ɚ** phonics
n. 방법,방식,~식,관습,예의범절,태도,기품,매너리즘
W-e **mu**-st hav(e) **gl**-ob-al **mann**-ers and **comm**-on sense.
Peop-le **mu**-st conf-(h)orm **mann**-ers to those of **gl**-ob-all-y acc-**ept**ed.

man·u·al
[mænjəwəl]
♪맨여으월　　　X [매뉴얼]　　　mora발음/ **n,w** phonics
aj.n. 수공의,수동식의,노동력쓰는,소형책(자),입문서,안내서
The **man**-u-al de-**sc**-rib(e)s how to **op**-er-ate the **pl**-ant.
She has a coll-**ec**-tion of **o**-l-d-**fa**-shioned **man**-u-al **saw**-ing ma-**chine**.

man·u·fac·ture
[mænjəˈfæktʃɚ]
♪맨여프핵쳐얼　　　X [매뉴팩춰ㄹ]　　　mora발음/ **n,f,tʃ,ɚ** phonics
n.vi. 제조(업,과정),생산,제작,제품(화),만들다,가공,make
The man-uf-(h)**ac**-tur-er took **mea**-sures to re-**st**-rain **co**-sts.
The **comp**-an-y **hi**-red a n-ew dir-**ect**-or of man-uf-(h)**ac**-tur-ing.

many
[mɛni]

♪ 메니   X [메니]   mora발음/ n,y phonics

aj.n. 많은,다수(의)⇔few,대다수,서민,대중,민중
Cei-l-ing prices on rent prot-**ect** man-**y** l-ess-**ee**s.
The-re are **man**-y **fam**-il-ies l-iv(e) on **char**-it-y.

map
[mæp]

♪ 맵   X [맵]   틀린발음/ p phonics

n.v. 지도,천체도,유전자지도,얼굴,face,지도그리다,측량,조사,
They met to map out a **pl**-an of **conc**-ert.
The map on Jiri **mount**-ain is a comp-re-**hens**-ive guide.

mar·ble
[mɑːbəl]

♪ 마아벌   O [마아벌]   mora발음/ b phonics

n.aj.vt. 대리석,구슬(치기),제정신,단단한,차가운,대리석무늬넣다
This **tab**-le is mad(e) of **marb**-le.
He l-ost his **marb**-les **aft**-er the **st**-ock **mark**-et crashed. 냉정잃다

March
[mɑɚtʃ]

♪ 마어치   O [마어ㄹ취]

n.v. 3월,약자Mar.,행진(곡,하다),당당히걷다,진행되다,행군거리
The troops **w-i-ll** march at **n-i**ght.
W-e marched **int**-o a **l-arg**-er **cl**-assroom.

mar·gin
[mɑɚdʒən]

♪ 마어젼   O [마어ㄹ쥔]   ɚ,dʒ phonics

n.v. 가장자리(만들다),**ed**-ge,여백(두다),(시간·돈)여유,한계,수익
They w-ere def-(h)**eat**ed by a **ver**-y great **mar**-gin.
Mount-ains l-ie at the **cit**-y's **south**-ern **mar**-gins.

mark
[mɑɚk]

♪ 마억   O [마어ㄹ크]   ɚ,k phonics

n.v. 표시,**bad**-ge,**sea**-l,**l-ab**-el,상표,기호,**symb**-ol,점수,표적,마가(복음),
표붙이다,채점,출석부르다,감정나타내다
They are **se**-ll-ing used cars at **hi**gh **mark**-ups.
W-e diff-(h)er **mark**-ed-l-y in the w-ay **hand**-l-ing our **mark**-et.

mar·ket
[mɑɚkət]

♪ 마억엍   X [마어ㄹ킷]   틀린발음/ ɚ,k,t phonics

n.v. 시장,식료품점,업계,거래(장소,처),판로,시세,시장에내다
Two **comp**-an-ies **st**-arted the game of **chick**-en in the **mark**-et.
W-e hav(e) to ad-**apt** our-**se**-l-ves **in**-st-ant-l-y to the dyn-**am**-ic **mark**-et.

mar·riage
[merɪdʒ]

♪ 메린지   O [메뤼쥐]   r,dʒ phonics

n. 결혼,혼인,결혼식,결혼생활,부부관계
She's **mo**-re cons-**erv**-(h)at-iv(e) n-ow **aft**-er her **marr**-i-age.
She comb-**ines** her **marr**-i-age and car-**eer** re-**sp**-ectf-(h)ull-y.

mar·ry
[meri]

 O [메뤼]   r phonics

v. 결혼,w-ed,결합(융합),매듭짓다,아내(남편)를맞다
They w-ould l-ik(e)to be **marr**-ied in a **chur**-ch.
She w-as caught by his **fl**-att-ery and **marr**-ied him.

mass
[mæs]

O [매쓰]   s phonics

n.v.aj. 미사(의식,곡),덩어리(되다),전체,질량,대중(의),대규모(의)
To-ys are massed in a **st**-or-age.
Sund-ay masses are **he**-l-d at two **diff**-(h)er-ent hours.

mas·sive
[mæsɪv]

 X [매씨브]   mora발음/ s,v phonics

aj. 큰덩어리의,내용충실한,훌륭한,당당한,imp-**os**-ing,강력한
The-ir **mass**-ive **bod**-ies **fi**-lled the **coa**-ch room.
The conj-**unc**-tion cre-**ate**s a **mass**-ive **inf**-(h)l-ux of cars.

mas·ter
[mæstɚ]

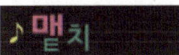 X [마스터ㄹ]   mora발음/ t,ɚ phonics

n.aj.vt. 주인(의),boss,선장,선생,匠人,대가,주님,정복자(의)⇔**sl**-ave,석사(학위),원본,명품(의),뛰어난,정복,욕망(감정)을억누르다,지배,지휘,지시
He w-anted to found a **bu**-sin-ess and be his own **ma**-st-er.
Tech-n-**ol**-o-gy en-**ab**-led men to **ma**-st-er **the**-ir env-(h)ir-onm-ent.

mat
[mæt]

 X [맷]   틀린발음/ t phonics

n.v. 식탁(운동용,현관)매트(깔다),**door**-mat,받침,굵은철망,얽히다
W-ipe your shoes on the **door**mat, **pl**-ease.
The food w-as serv(e)d on **pol**-ished **tab**-les with mats.

match
[mætʃ]

 O [매취]   tʃ phonics

n.v. 성냥,경쟁상대,어울리(는쌍,것)다,시합,game,결혼,대등, 꼭맞게,경쟁(결혼)시키다,중매(인),**match**-(maker),필적
N-o one can match him in **gol**-f.
The **napk**-ins are a n-ice match for the **tab**-le-cl-oth.

mate
[meɪt]

X [메잇]   틀린발음/ t phonics

n. 짝,배우자,동료,친구,조수,동료되다,결혼시키다,짝이루다
The **fa**-shion show tries hard to mate **mod**-ern with **o**-l-d.
The sem-i-det-**ach**ed **bung**-al-ow is a **mirr**-or **im**-age of its mate.

ma·te·ri·al
[mə'tirijəl]

X [머티어뤼어얼]   mora 발음/ t,r phonics

n.aj. 소재,원료,물질(의),유형의,육체적인,물욕적인,본질적인
The comm-**itt**-ee **fe**-lt that she was pres-id-**ent**-ial mat-**er**-ial.
Comp-os-ite mat-**er**-ial is a **mix**-ture of **chem**-ic-al comp-**o**-n-ents.

math·e·mat·ics
[mæθə'mætɪks]

 ✕ [매써매틱쓰]   mora발음/ θ,m,t,k phonics

aj. 수학(상)의,수리적인,수학용의,아주정확한

All **trad**-ing **patt**-ern can be e**xp**-ressed math-em-**at**-ic-all-y.
Math and **sci**-ence dep-**artm**-ents are the **co**-re of the Univ.

mat·ter
[ˈmætɚ]

✕ [매터ㄹ]   mora발음/ t,ɚ phonics

n.vi. 물질⇔**sp**-ir-it,**sol**-id,**l-iq**-uid,gas,배설물,고름,pus,재료,문제
Some **matt**-ers **w-i**-ll be on the **carp**-et at the **meet**-ing.
He **w-i**-ll cons-**ult** a **l-aw**-y-er ab-**out** a **bu**-sin-ess **matt**-er.

ma·ture
[məˈtuɚ, məˈtʃuɚ]

 ✕ [머츄어ㄹ]   mora발음/ tʃ,ɚ phonics

aj.v. 성숙한⇔im-ma-**ture**,잘익은,만기의,곪은,장년기의,숙성
He **chan**-ged from an **opt**-im-ist to a **pess**-im-ist as he ma-**ture**d.
You're ma-**ture** to di-**st**-ing-uish bet-**ween** fact and **fant**-as-y.

max·i·mize
[ˈmæksəˌmaɪz]

 ✕ [맥써마이즈]   mora발음/ k,m,z phonics

vt. 최대로,최고로증대,교리(직무)를가장넓게해석.
To **max**-im-ize **prof**-(h)it, w-e need to **max**-im-ize **out**put.
She re-arr-**ange**d the **furn**-it-ure to **max**-im-ize the **sp**-ace.

max·i·mum
[ˈmæksəməm]

 ✕ [맥써멈]   mora발음/ k,m phonics

n.aj. 최대(한),최대량(의),최고(의)⇔**min**-im-um,극대,극대점
The **max**. cap-**ac**-it-y crowd of this **conc**-ert **ha**-ll is 3,000.
The l-aw prov-(h)**id**(e)s for a **max**-im-um of two **ye**-ars in **pris**-on.

May
[meɪ]

◯ [메이]

n.vi. 5월(제),한창,청춘,여자이름,봄꽃따다
The l-ast two Mays hav(e) been **co**-l-d and **sn**-o-wy.
The ac-ad-**em**-ic **cal**-end-ar runs from Sept-**emb**-er to May in US.

may
[meɪ]

◯ [메이]

Au**x-ill**-ar-y v. ~일지모른다,~해도좋다(괜찮다),~이기를빌다
The **st**-orms may acc-**om**-pan-y **dang**-er-ous **fl**-ood-ing.
Something may hav(e) **happ**-ened to the **A**-ir Cond-**i**-tion-ing.

may·be
[ˈmeɪbi]

 ✕ [메이비]   mora발음/ b phonics

av. ~일지도모르다,어쩌면,아마,per-**haps**,**poss**-ib-l-y
Ma-**yb**-e it w-ould be **bett**-er if he l-eft.
Ma-**yb**-e he's **sl**-ow, but he does **ver**-y good job.

may·or
[mejɚ]

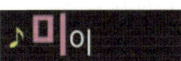 ○ [메이어ㄹ]

n. 시장, 지방자치체의장, 행정장관
This sev-(h)ere sn-ow-st-orm al-erts the may-or's cou-n-cil.
The may-or rode his bi-cyc-le to the cit-y ha-ll ev-(h)er-yd-ay.

me
[mi:]

 ○ [미이]

prop. I의목적격,나를,나에게,주어 I
Cl-ue me in on what's happ-en-ing.
Me and my friends are Eng-l-ish cl-ass budd-ies.

meal
[mi:l]

 X [미얼]   틀린발음/ l phonics

n. 식사(시간),젖짜기,먹다,(맷돌에)굵게간가루(곡물,갈다,뿌리다)
A good w-ine is a comp-l-em-ent to a good mea-l.
I'd be cont-ent with a w-arm mea-l and a pl-ace to sl-eep.

mean
[mi:n]

 ○ [미인]

v.aj.n.aj. 의미,계획,음흉한,무례한,수단,매개,재력,평균(의),기대값
Sorr-y, I didn't mean to giv(e) you a fright.
He is a mean dev-(h)il, so be ca-ref-(h)ul.

mean·ing
[mi:nɪŋ]

 ○ [미인잉]

n.aj. 의미,뜻,취지,목적,의도,중요성,~할생각(의도)의,의미심장한
L-is(t)-en ca-ref-(h)ull-y and you w-i-ll find an inn-er mean-ing.
The name of Han riv-(h)er de-rived from the mean-ing of gig-ant-ic-ness.

means
[mi:nz]

 ○ [미인즈]   z phonics

n. 수단,방법,기관,매개,자력,재력,돈,재산,자산
He ga-ined his w-ea-l-th by dis-hon-est means.
The end can n-ot ju-st-if-(h)y the means.
아무리 좋은 목적이라도 수단,방법이 나쁘면 안된다.

mean·time
[mi:n͵taɪm]

 ○ [미인타임]

n.av. 그동안(사이에),한편으로는,동시에,n-ow,mean-w-hile
In the meantime, it's time to say good-bye.
You should cont-in-ue to st-ud-y for the meantime.

mean·while
[mi:n͵wajəl]

○ [미인와일]   w phonics

n. av. 그동안에,그사이에,한편으로는,동시에,n-ow,meantime
You can set the tab-le. Meanw-hile, I'll make dinn-er.
You can keep us-ing the o-l-d ones in the meanw-hile.

mea·sure ♪메저ㄹ O [메줘ㄹ] 3,ɚ phonics
[ˈmɛʒɚ] n.v. 치수,측정(기),조치,수단,의안,재다,비교,위아래로째려보다
She ca-ref-(h)ull-y mea-sured dim-en-sions of the dress.
The man-uf-(h)ac-tur-er took mea-sures to re-st-rain co-sts. 조처하다

mea·sure·ment ♪메저엄언트 X [메줘ㄹ먼트] mora발음/ 3,ɚ,m phonics
[ˈmɛʒɚmənt] n. 측정,측량(법),길이,넓이,크기,양,두께,깊이,부피,치수
Her mea-surem-ents are 33-23-33.
Some of the mea-surem-ents are doubt-l-essl-y in-acc-ur-ate.

meat ♪미잍 O [미이트] t phonics
[ˈmiːt] n. 식용고기,요점,급소,실질(비식용;fl-esh,가금고기;fowl,pou-l-try)
Meat cont-racts as it is done on a gri-ll.
Trim the fat off the meat bef-(h)ore cook-ing it.

me·chan·ic ♪믹앤읶 X [미캐닉] mora발음/ k,n phonics
[mɪˈkænɪk] n. 기계공,숙련공,수리공,야바위꾼,a gar-a-ge ~자동차수리공
I asked the mech-an-ic to est-im-ate for the rep-a-ir of my car.
The mech-an-ic gav(e) an est-im-ate of $1000 for the job.

me·chan·i·cal ♪믹앤익얼 X [미캐니커얼] mora발음/ k,n phonics
[mɪˈkænɪkəl] aj. 기계(상,학)의,자발성이결여된,소극(습관)적인,독창성없는
He del-iv-(h)ered a ver-y mech-an-ic-al and rout-ine sp-eech.
The fl-ight w-as del-ayed bec-au-se of mech-an-ic-al prob-l-ems.

mech·a·nism ♪멬언이즘 X [메커니즘] mora발음/ k,n,z phonics
[ˈmɛkəˌnɪzəm] n. 장치,기계부분(작용,구조),기교, (우주)기계관,dyn-am-ism
The bik(e)'s ge-ar mech-an-ism fai-l-ed to eng-age.
Dar-win off-(h)ered the mech-an-ism of ev-(h)ol-u-tion.

me·dia ♪미잍이여 X [미이디어] mora발음/ d phonics
[ˈmiːdijə] n. med-i-um의복수형,매스미디어,mass med-ia,파열음(b,d,g)
The med-ia gav(e) the w-orld a false im-pres-sion of his l-if(e).
W-e need ev-(h)er-y opp-ort-un-it-y for med-ia cov-(h)er-age.

me·di·ate ♪미잍이에잍 X [미이디에잇] mora발음/ d,t phonics
[ˈmiːdiˌeɪt] v.aj. 성립(실현)시키다,조정(중재),전달,중간위치,중개(조정)의
UN off-(h)i-cials med-i-ated bet-ween the two sid(e)s.
The-re is med-i-ate st-at(e) bet-ween good and ev-(h)il, they say.

med·i·cal
[mɛdɪkəl]

X [메디컬]   mora발음/ d,k phonics

aj.n. 의학(의료,내과)의(생),내과치료요하는⇔**surg**-ic-al,구급요원
He can't hav(e) a **med**-ic-al op-er-**a**-tion with-**out** your cons-**ent**.
Doct-ors **fee**-l that this proc-**e**-dure is n-ot **med**-ic-all-y **eth**-ic-al.

med·i·cine
[mɛdəsən]

X [메더씬]   mora발음/ d,s phonics

n.vt. 약,의약품,의학,내과의학(치료),의(료)업,주술,투약,복용
She hopes to purs-**ue** a car-**eer** in **med**-i-cine.
The-re's a **med**-i-cine **cab**-in-et ab-**ov**(e) the **bath**-room sink.

me·di·um
[mi:dijəm]

X [미이디엄]   mora발음/ d phonics

n.aj. 중간(의),수단,매개(체)균배양지(기,**cul**-ture **med**-i-um),무당
A-ir is a **med**-i-um for sound del-**iv**-(h)ery.
These **shir**-ts are all **l-ar**-ges and I need a **med**-i-um.

meet
[mi:t]

X [미이트]   mora발음/ t phonics

v. 만나다,회견,접촉,충돌,응전,대처,답,응,지불,찬성,합의
They **off**-(h)ered a **carr**-ot to w-**ork**-ers who met **dead**-l-ines.
They in-**creas**ed prod-**uc**-tion cap-**ac**-it-y to meet dem-**and**.

meet·ing
[mi:tɪŋ]

O [미이팅]   mora발음/ t phonics

n. 만남,회의,대회,결투,연락,접합(접속,결합)(점)
The-re is n-ot much **cer**-em-on-y to these **meet**-ings.
They hope the **meet**-ing w-i-ll prod-**uce con**-crete res-**ult**s.

melt
[mɛlt]

O [멜트]   l phonics

vi. 녹(이)다,diss-**ol**-ve,막힘없다,돈쓰다,낭비,용해(물,량)
He **me**-lted at her kind w-ords.
Molt-en **Sa**-l-ts May Be An Alt-**ern**-at-ive to **Batt**-er-ies for
El-ec-**tric**-it-y **St**-or-age -MIT-

mem·ber
[mɛmbɚ]

O [멤버ㄹ]   ɚ phonics

n. 회원,단원,하원의원(~ of **Cong**-ress),몸의일부,손발,날개
She is a **memb**-er of **Pres**-id-ent's Ad-**vis**-or-y Comm-**itt**-ee.
N-o **memb**-ers w-ere **w-i-ll**-ing to **chall**-enge the **cha**-ir on the call.

mem·ber·ship
[mɛmbɚʃɪp]

O [멤버ㄹ쉽]   ɚ,p phonics

n. 회원지위(신분,자격,총회수,수),회원
Our **gol**-f **cl**-ub has a **sm**-all **memb**-er-ship.
Your **memb**-er-ship may be su-**sp**-ended & **canc**-eled.

mem·oir
[mémwɑːr]

 ♪ 멤ㅇ와알   X [메드와ㄹ]   mora발음/ m,w phonics

n. 회고록,체험기,자서전,연구논문집,회보,전기,논문
The **Mem**-oirs of **Ad**-mir-al Yi Sun-sin.
The **mem**-oir rec-**ounts** the **go**-l-den times in her l-if(e).

mem·o·ry
[mɛməri]

♪ 멤어리   X [메머뤼]   mora발음/ m,r phonics

n. 기억(력,작용),추억,기념,기억장치(**st**-or-age),암기
The cap-**ac**-it-y of **mem**-or-y diff-(h)er-**en**-tiates the price of SSD.
Fam-il-y **gath**-er-ing ag-**ain** brought back a **fl**-ood of **mem**-or-ies.

mend
[mɛnd]

♪ 멘ㄷ   O [멘드]

v. 고치다,옷을깁다,개선,나아지게,im-**prove**,치료,행실고치다
The **pa**-tient is **mend**-ing **w**-e-ll.
He **mu**-st hav(e) an op-er-**a**-tion to mend torn A-**chi**-lles **tend**-on.

men·tal
[mɛntl]

♪ 멘ㅌ얼   X [멘트얼]   Schwa [l]=[얼], mora발음/ t,l phonics

aj.n. 정신의⇔**phys**-ic-al,정신병의(치료하는,환자),관념적인
She mad(e) a **ment**-al n-ote of his name.
Man-y **peop**-le **suff**-(h)er from sev-(h)ere **ment**-al **i-ll**-ness.

men·tion
[mɛnʃən]

♪ 멘션   O [멘션]

vt.n. 언급,거론,name,진술,이름들기,공식적인정받기,표창받기
Don't **men**-tion this **matt**-er to **an**-y-one.
Sp-ons-ors w-ere **giv**-(h)en a **men**-tion **dur**-ing the **cer**-em-on-y.

menu
[mɛnjuː]

♪ 멘유우   X [메뉴우]   mora발음/ n phonics

n. 식단,메뉴,식사,요리
What's on the **men**-u tod-**ay**?
A **w-ait**-er **off**-(h)ered her the **men**-u.

mer·chant
[mɚtʃənt]

 ♪ 멀처언트   O [머ㄹ쳔트]   ɚ, tʃ phonics

n.aj.vt. 상인,무역(상,의),거래처,상업(용)의,상인(선)의,거래
Chin-**ese merch**-ants cont-**ro**-l trade in Southeast **As**-ia.
The Chic-**ag**-o **Merc**-ant-ile Ex-**chan**-ge **dea**-ls ag-ric-**ul**-tur-al comm-**od**-it-ies.

mer·cy
[mɚsi]

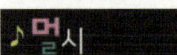 ♪ 멀시   O [머ㄹ씨]   s phonics

n. 자비,관용,연민의정,인정(많은행위),사면재량권,은총,행운
It w-as a **merc**-y that n-o one w-as hurt.
Peop-le are at the **merc**-y of the **exp**-ert rep-**a**-ir-men.

mere
[miɚ]

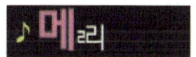

O [미어ㄹ]   ɚ phonics

aj.n. ~에불과한,단순한,**simp**-le,전적인,**sheer**,사소한,호수,연못
A **me**-re hint w-i-ll be en-**ough** to make him und-er-**st**-ood.
The **me**-re id-e-**a** of your **trav**-(h)el-ing al-**one** is rid-**ic**-ul-ous.

mere·ly
[miɚli]

X [미어ㄹ얼리]   중복"ㄹ"="r"발음/ ɚ,l,y phonics

av. 오직,단지,**sim**-pl-y,**o-n**-l-y
She w-as n-ot **me**-re-l-y **beaut**-if-(h)ul, but also **tal**-ented.
He w-as far from **be**-ing **me**-re-l-y a com-**put**-er **exp**-ert.

mer·ry
[meri]

O [메뤼]

aj. 명랑한,쾌활한,**gay**,웃고즐기는,왁자지껄한,들뜬,얼큰히취한
I w-ish you all A **Merr**-y **Chri**-s(t)m-as.
She w-as much l-ov(e)d for her **merr**-y **na**-ture.

mess
[mɛs]

X [메쓰]   mora발음/ s phonics

n.v. 혼란상태,쓰레기, 단체식사,한접음시,포획량,망쳐놓다
Be **ca**-ref-(h)ul, or **e-l**-se you w-**i**-ll make a mess.
You'd **bett**-er n-ot mess in the aff-(h)**a**-irs of **oth**-ers.

mes·sage
[mɛsɪdʒ]

X [메씨쥐]   mora발음/ s,dʒ phonics

n.v. 전갈,통신,전보,교훈,예언,계시,심부름,**err**-and,사명,광고
Mess-ages and **ord**-ers pass al-**ong** the **ner**-ve **fib**-ers.
The-re w-as an **err**-or **mess**-age at the foot of the w-eb page.

mes·sen·ger
[mɛsn̩dʒɚ]

X [메썬줘ㄹ]   [n̩]=[언], mora발음/ s,n,dʒ,ɚ phonics

n. 심부름꾼,사환,우편배달인,전령,유전정보전달물질
The **doc**-um-ent is to be sent by **mess**-eng-er.
He sent a **mess**-eng-er to pick up the **pack**-age.

met·al
[mɛtl̩]

X [메트얼]   Schwa [l̩]=[얼], mora발음/ t,l phonics

n.vt. 금속(원소),합금,**all**-oy,재료,본성,금속붙이다(입히다,씌우다)
Some **met**-als cond-**uct** heat **fa**-st-er than **oth**-ers.
Brass is a **met**-al mad(e) from **copp**-er and zinc.

me·ter
[mi:tɚ]

X [미이터ㄹ]   mora발음/ t,ɚ phonics

n.vt. 미터,운율,격조,소절,박자,계량기(로재다)
This **in**-st-rum-ent **met**-ers gas-ol-**ine**.
A **cent**-im-et-er is a l-ength **eq**-ual to 1/100 **met**-er.

meth·od
[mɛθəd]

♪ 메썬   ✗ [메써드]   mora발음/ θ,d phonics

n. 방법(론),w-ay,순서,절차,체계,정연한순서,꼼꼼함,분류법
Your **meth**-od of **tea**-ch-ing **Eng**-l-ish is **l**-**og**-ic-al.
This **cour**-se giv(e)s an **ov**-(h)er-v-(h)iew of arch-it-**ec**-tur-al **meth**-od.

met·ric
[mɛtrɪk]

♪ 메트릭   ✗ [메트릭]   mora발음/ t,r,k phonics

aj.n. 미터(법)의,운율의,격조의,운문의,계량의,측도의
The **met**-ric **un**-it of **en**-er-gy is the "**jou**-le."
Gram is a **un**-it for **meas**-ur-ing **w-e**-ight in the **met**-ric **sy**-st-em.

mid·dle
[mɪdl]

♪ 미들   ✗ [미드을]   Schwa [l]=[을], mora발음/ d,l phonics

aj.n.vt. 중간(의),중부,한창때,몸통,허리,waist,중용,중재(자)
The **Midd**-le East peace talks hav(e) coll-**ap**-sed.
Midd-le **cl**-asses are **gett**-ing **narr**-ow-er **aft**-er fin-**an**-cial **cris**-is.

mid·night
[mɪdˌnaɪt]

♪ 미드나잍   ✗ [밋나잇]   틀린발음/ d,t phonics

n.aj. (한)밤중(의),자정(의),암흑(의),어둠,깜깜한때
The **ent**-rance gates w-ere l-ocked at **mid**-n-ight.
Her **par**-ents w-anted her **ho**-me bef-(h)ore **mid**-n-ight.

might
[maɪt]

♪ 마잍   ✗ [마잇]   틀린발음/ t phonics

Aux.v.n. may과거형,아마~일것이다,~할지도모른다,힘,권력
If she w-orked **hard**-er, she **mi**-ght suc-**ceed**.
I w-as af-(h)**raid** she **mi**-ght hav(e) l-ost her w-ay.

mi·grate
[maɪgreɪt]

♪ 마이그레잍   ✗ [마이그뤠잇]   mora발음/ g,r,t phonics

vi. 이주,이민,이동,옮기다
They **mig**-rated from Vi-et-**nam** to Kor-**e**-a.
The **farm**-ers hav(e) to **mig**-rate if they w-ant to surv-(h)**ive**.

mild
[majəld]

♪ 마이얼드   ✗ [마열드]

aj. 상냥한,부드러운,온화한,자극성적은,가벼운,심하지않은
She has a **mi**-l-d di-**sp**-o-**si**-tion.
The **chee**-se has a **sof**-(h)t, **mi**-l-d **fl**-av-(h)our.

mile
[majəl]

♪ 마이얼   ○ [마열]

n. 마일(5280피트,1760야드,1609.3m),국제해리,먼거리,훨씬
Wind **sp**-eeds **exc**-eeded 150 **mi**-les per hour.
The Col-o-**rad**-o **Pl**-at-eau **cov**-(h)ers **hund**-reds of **mi**-les.

mil·i·tary
[ˈmɪləˌteri]

 X [밀러테뤼] 중복"ㄹ"="r"발음/ l,t,r phonics

aj.n. 군(대)의,군용의,군인의⇔civ-(h)il,군대,군,군부,장교
A **Mil**-it-ar-y dec-or-**a**-tion is an a-**w**-ard, **u**-su-all-y a **med**-al.
DMZ div-(**h**)**id**(e)s Kor-**e**-an pen-**ins**-ul-a **int**-o two **coun**-tries.

milk
[mɪlk]

미을ㅋ X [미얼크] 틀린발음/ l,k phonics

n.v. 젖(짜다,먹이다),우유,착취,우유타다,도청,흐리다,안개끼다
I **al**-w-ays buy the cheap brand of **mi**-l-k.
Breast **feed**-ing **he**-l-ps prot-**ect bab**-ies ag-**ainst** inf-(**h**)**ec**-tion.

mill
[mɪl]

미을 X [미얼] 틀린발음/ l phonics

n.vt. 맷돌,정미(제분)기(소),방앗간,공작기계,투옥,정처없이다니다
Q-uite a few **peop**-le w-ere **mi**-ll-ing ab-**out**. 정처없이
That **coll**-ege w-as **n**-**oth**-ing **mo**-re than a dip-l-**om**-a **mi**-ll.

mil·li·gram
[ˈmɪləˌɡræm]

 X [] 중복"ㄹ"="r"발음/ l,r phonics

n. 밀리그램, 1/1000그램, Abbr.; mg
One **mi**-ll-ig-ram of **w**-**e**-ight **eq**-uals to a 1,000th of a gram.
A few **mi**-ll-ig-rams of **sn**-ake's **ven**-om can **ki**-ll **peop**-le.

mil·li·li·ter
[ˈmɪləˌliːtɚ]

 X [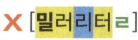] 중복"ㄹ"="r"발음/ l,t,ɚ phonics

n. 밀리리터, 1/1000리터, Abbr.; ml
A **mi**-ll-il-it-er of **vol**-ume **eq**-uals to one 1,000th of a **l**-**it**-er.
A pop can has ab-**out** 330 **mi**-ll-il-it-ers of **sod**-a.

mil·li·me·ter
[ˈmɪləˌmiːtɚ]

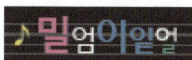 X [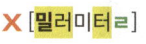] 중복"ㄹ"="r"발음/ l,t,ɚ phonics

n. 밀리미터, 1/1000미터, Abbr.; mm
A **mi**-ll-im-et-er of l-ength **eq**-uals to one 1,000th of a **met**-er.
The-re's a conv-(**h**)**er**-sion chart for **mi**-ll-im-et-er to **inches**.

mil·lion
[ˈmɪljən]

 X [밀려언] 중복"ㄹ"="r"발음/ l phonics

n. 100만(의),다수(의),무수(한),대중,민중
W-e **chann**-eled **mi**-ll-i-ons of **doll**-ars **int**-o the **prog**-ram.
Mi-ll-i-on-**a**-ires **bui**-l-t **ca**-s(t)-les to show off **the**-ir **w**-**ea**-l-th.

mind
[maɪnd]

 O [마인드]

n.v. 마음⇔**bod**-y,지성⇔heart,이성,마음쓰다,조심(열심,이해)
His **mi**-nd **mi**-ght be in a com-**pl**-ete fog.
She **chan**-ged her **mi**-nd and dec-**l**-ined the **comp**-an-y's **off**-(**h**)er.

mine
[maɪn]
♪ 마인   O [마인]
pron.v. l의소유대명사,내것,광산,q-uarr-y,지뢰,채굴(지뢰부설)
Mi-ne is a **l-ar**-ge **fam**-il-y.
Her book is a **mi**-ne of **val**-u-ab-le inf-(h)orm-**a**-tion.

min·er
[maɪnɚ]
♪ 마인얼   X [마이너]   mora발음/ ɚ phonics
n. 광부,갱부,지뢰공병
The **min**-ers desc-**end**ed **int**-o the **ho**-le.
Go-l-d **min**-ers came to this **ar**-ea from the east.

min·er·al
[mɪnərəl]
♪ 민어럴   X [미너뤄얼]   mora발음/ n,r phonics
n.aj. 광물,광석,무기(화합)물,광물성인,광물을포함하는
What **min**-er-als are **mi**-ned in **Can**-ad-a?
W-e need an **ad**-eq-uate **supp**-l-y of **vit**-am-ins and **min**-er-als.

min·i·mal
[mɪnəməl]
♪ 민엄얼   X [미너머얼]   mora발음/ n,m phonics
aj. 최소량의,가능한한적은,아주작은,미세한,**min**-im-al art의
This is a drug with **min**-im-al **si**-d(e) eff-(h)ects.
The **beaut**-y of U F. Lee's **art**-w-ork cons-**ist**s in its **min**-im-al-ism.

min·i·mize
[mɪnəˌmaɪz]
♪ 민엄아이즈   X [미너마이즈]   mora발음/ n,m,z phonics
vt. 가급적적게(최소로),최소로평가,경시
They need to **min**-im-ize the **chan**-ce of **err**-or.
His boss **min**-im-ized his cont-rib-**u**-tion on that **proj**-ect.

min·i·mum
[mɪnəməm]
♪ 민엄엄   X [미너멈]   mora발음/ n,m phonics
n.aj. 최소양(수)(의),최저(속도)(의)⇔**max**-im-um,극소(점)(의)
Try to keep **an**-y **conf**-(h)l-ict to a **min**-im-um with ex-**part**-n-er.
The ride has a **he**-i(gh)t re-**q-u**-ire-ment of **min**-im-um four ft. **ta**-ll.

min·is·ter
[mɪnəstɚ]
♪ 민어슽얼   X [미너스터ㄹ]   mora발음/ n,t,ɚ phonics
n.v. 성직자,목사,**rev**-(h)er-end,priest,장관,**sec**-ret-ar-y,보살피다
Pres-id-ent re-**shuff**-(h)led some **cab**-in-et **min**-i-st-ers.
He w-as the **min**-i-st-er of **Comm**-er-ce **und**-er the Park's Admin.

min·is·try
[mɪnəstri]
♪ 민어슽리   X [미너스츄뤼]   mora발음/ n,tr phonics
n. 목사,성직자,장관직무(임기),내각,각료들,부,성,봉사,원조,매개,수단
The-re w-as much **pub**-l-ic **crit**-ic-ism **po**-inted at the **Min**-ist-ry.
The **pres**-id-ent's **po**-w-ers w-ere handed **ov**-(h)er to the **Min**-ist-ries.

mi·nor
[ˈmaɪnɚ]

♪ 마인얼   X [마이너ㄹ]   mora발음/ n,ɚ phonics

aj.n.vi. 작은쪽(의)⇔**maj**-or,소수(이류,미성년,단음계)(의),부전공
A **mi**-n-or **err**-or can **cau**-se **ser**-ious **cons**-eq-uences.
He said one **min**-or **crit**-ic-ism ab-**out** her des-**ign**.

mi·nor·i·ty
[məˈnɔrəti]

♪ 먼오뤌이   X [머노뤄티]   mora발음/ n,r,t phonics

n.aj. 소수(파,득표,민족,집단,당)(의)⇔**maj**-or-it-y,미성년
She's **st**-i-ll in her mi-n-**or**-it-y.
A mi-n-**or**-it-y should **al**-w-ays be re-**sp**-ected.

mi·nus
[ˈmaɪnəs]

♪ 마인어ㅅ   X [마이너쓰]   mora발음/ n,s phonics

prep.aj. ~을뺀⇔**pl**-us,~없이,음의(수,양,기호,부호),부족,손실
He came back **ho**-me **min**-us **l-ow**-er l-imbs.
She rec-**eive**d an A **min**-us for her **ess**-ay.

min·ute
[ˈmɪnət]
[maɪnjúːt]

♪ 민엍   X [미닛]   mora발음/ n,t phonics

n.vt. (시간,각도의)분,순간,초안(작성),즉석인,급히만든,
adj.미소한,상세한,세심한,정확한
Her mood **chan**-ges **ev**-(h)er-y **min**-ute.
The ev-(h)**ent** w-as **canc**-eled at the l-ast **min**-ute.

mir·a·cle
[ˈmɪrək(ə)l]

♪ 미뤜얼   X [미뤄크얼]   mora발음/ r,k,l phonics

n.aj. 기적,놀라운일,경이,기적적인
Her inv-(h)**en**-tion w-as a **mir**-ac-le of or-ig-in-**al**-it-y.
Surv-(h)**iv**-(h)ing the **sn**-ow **st**-orm w-as counted as a **mir**-ac-le.

mir·ror
[ˈmɪrɚ]

♪ 미뤄ㄹ   O [미뤄ㄹ]   r,ɚ phonics

n.vt. 거울,반사경,모범,귀감,비추다,반영시키다(하다),충실히묘사
He **sp**-ends hours **gr**-oom-ing in front of the **mirr**-or.
A **dec**-or-at-ive **mirr**-or **chan**-ged the **at**-mosph-(h)ere of the **ha**-ll.

mis·er·a·ble
[ˈmɪzərəbəl]

♪ 미져뤕얼   X [미저뤄브얼]   z,b,l phonics

aj.n. 비참한,불행한,wretched,형편없는,극빈한,비열한(사람)
She w-as a **mis**-er-ab-le **act**-ress.
The w-**eath**-er w-as **mis**-er-ab-le from the heat and hum-**id**-it-y.

miss, Miss
[ˈmɪs]

♪ 밋으   O [미쓰]   s phonics

v.n. 놓치다,실패,못만나다,(재난,사고를)모면(피),미혼여성
He found his name w-as **miss**-ed in the **cl**-ause.
Ev-(h)er-y-one co-**op**-er-ated with the pol-**i**-ce to find the **chi**-l-d.

mis·sion
[mɪʃən]

♪밋션 O [미션]   ∫ phonics

n.aj.v. 사절(대표,수행,전도)단,임무,사명,특별임무
She conf-(h)ess ed her **mis**-sion **aft**-er **be**-ing **q**-ues-tioned.
His **mis**-sion w-as to **l-oc**-ate and inf-(h)il-trate the **terr**-or-ist **ce**-ll.

mis·take
[mɪ'steɪk]

♪미슽에잌 XXX [미쓰테잌]   틀린액센트/ t,k phonics

n.vt. 틀리기,실수(오해,잘못판단,혼동),틀리다
It w-as a **ca**-rel-ess mi-**st**-ak(e).
They are **pro**-ne to **mak**-ing mi-**st**-ak(e)s **eas**-il-y.

mix
[mɪks]

♪믹ㅅ X [믹쓰]   틀린발음/ k,s phonics

vt. 섞다,혼합,하나로만들다,결부시키다,뒤섞다,만들다,조제
Man-y races are mixed in L-os **Ang**-el-es.
You shouldn't get mixed up with dis-**hon**-est **peop**-le.

mix·ture
[mɪkstʃɚ]

♪믹스쳐 X [믹쓰춰ㄹ]   틀린발음/ k, tʃ, ɚ phonics

n. 혼합(물,약,가스),합성(품),혼입물,첨가물,혼방직물,착잡함
Beat the **mix**-ture with a fork to **bl**-end the in-**gred**-i-ents.
The **in**-st-ant **coff**-(h)ee **mix**-ture comes in a **pl**-ast-ic cont-**ain**er.

mo·bile
[moʊbəl]

♪모읍얼,모읍아얼 X [모우버얼]   mora발음/ b phonics

aj.n. 이동쉬운,가동성의,유동적인,기동력있는,자동차
The **st**-ore **se**-lls **mob**-i-le dev-(h)ices **o-n**-l-y.
Fl-ex-ib-le di-**sp**-l-ay and **batt**-er-y mad(e) **mob**-i-le phone curved.

mode
[moʊd]

♪모읃 O [모우드]

n. 방법,방(양)식,형태,관습,관행,유행,모드,패션,양상,음계
Heat is a mode of **mo**-tion.
His mode of **man**-ag-ing his **comp**-an-y is ing-**en**-ious.

mod·el
[mɑ:dl]

♪마얼을 X [마드얼] Schwa [l]=[얼], mora발음/ d,l phonics

n.aj.vt. 모범(적인),본보기(의),모형,견본(의),맞추어만들다,설계
Rec-**all** of that **mod**-el has grown **int**-o a **troub**-le.
He w-eeded out un-**suit**-ab-le **mod**-els bef-(h)ore the right one.

mod·er·ate
[mɑ:dərət,-rèit]

♪마얼어렏 X [마아더렛]   mora발음/ d,r,t phonics

aj.v. 온건한⇔**ext**-reme,적당한,보통의,사회보다,누그리다
The **rest**-aur-ant is **mod**-er-ate in its **char**-ges.
She **mod**-er-ated the **for**-um prof-(h)i-ci-ent-l-y.

mod·ern
[mɑ:dɚn]
♪ 마얼언   X [마아더언]   mora발음/ d,ɚ phonics
aj.n. 현대의,지금의,근대의, 최신의,현대인,새로운사상가
The **pl**-ay w-as a **comm**-ent on **mod**-ern **coup**-le.
The-re are l-ots of **mod**-ern ap-**artm**-ent **comp**-l-ex in Kor-**e**-a.

mod·est
[mɑ:dəst]
♪ 마얼어슽   X [마아더스트]   mora발음/ d,t phonics
aj. 겸손한,**humb**-le,수수한,적절한,품위있는, 얌전한,정숙한
The **u**-**n**-ion w-asn't **mod**-est at all in its w-age dem-**ands**.
The **mo**-re you (k)n-ow, the **mod**-est-er you should be.

mod·i·fy
[mɑ:dəfaɪ]
♪ 마얼어히이   X [마아더파이]   mora발음/ d,f phonics
v. 바꾸다,고치다,수정(변경,수식,한정,가감,완화),줄이다
DNA eng-in-**eer**s **mod**-if-(h)ied the **fert**-il-ized eggs by **ed**-it-ing.
Two Kor-**e**-an **vow**-els w-ere **mod**-if-(h)ied & cre-**ate**d in my book.

mom
[mɑ:m]
♪ 마엄   O [마암]
n. 엄마, **moth**-er, abb-**rev**-(h)i-**a**-tion of "**midd**-le of month"
She has a **cons**-ci-ence ab-**out** her unk-**ind** ac-tion to her mom.
She **sp**-oke ab-**out** the **chall**-enges of **be**-ing a **sing**-le mom.

mom·my
[mɑ:mi]
♪ 마엄이   X [마아미]   mora발음/ m,y phonics
n. 엄마(유아어), **mam**-a
My **momm**-y cooked **mo**-st of the **dinn**-er.
Momm-y did n-ot **cons**-ent to hav(e) my n-ose **pi**-er-ced.

mo·ment
[moʊmənt]
♪ 모음언ㅌ   X [모우먼트]   mora발음/ m,t phonics
n. 찰나,순간,단시간,현재,특정한때,시기,기회,경우,위기,회전력
He **al**-w-ays **chick**-ens out at the l-ast **mo**-m-ent.
She paused a **mo**-m-ent to cons-**id**-er bef-(h)ore re-**sp**-ond-ing.

Mon·day
[mʌn,deɪ]
♪ 만데이   O [만데이]   ʌ phonics
n.av. 월요일(에). 약자: Mon.
The **pl**-an w-as called to the **board**room on **Mond**-ay.
W-ork **w**-**i**-ll beg-**in** on **Mond**-ay if **circ**-um-st-ances perm-**it**.

mon·ey
[məni]
♪ 먼이   X [머니]   mora발음/ n,y phonics
n.aj. 통화,금전,돈,cash,**curr**-enc-y,n-ote,재산,자산,**w**-**ea**-l-th,부자
She is a **chi**-l-d when it comes to **mon**-ey.
Occ-up-y W-all **St**-reet **obj**-ects to the conc-**ent**-**ra**-tion of **mon**-ey in few hands.

mon·i·tor
[mɑːnətɚ]
🎵 마안얼얼   X [마아너터ㄹ]   mora발음 n,t,ɚ phonics
n.v. 반장,감시자(장치),감시(조사),관찰(기록,탐지,측정)
Who has been **chos**-en **cl**-ass **mon**-it-or this **ye**-ar?
They **mon**-it-ored CNN N-ews in Seoul.

mon·key
[mʌŋki]
🎵 망키   O [멍키]
n.vt. 원숭이,장난꾸러기,흉내쟁이,바보,장난치다,흉내내다,놀리다
Don't **monk**-ey ar-**ound** with my imp-**ort**-ant **fi**-les.
He **fin**-all-y got the **monk**-ey off his back.

mo·nop·o·ly
[mənɒpəlɪ]
🎵 먼앞얼이   X [머나펄리]   mora발음 n,p,l,y phonics
n. 독점(권),전매(권,품),독점사업(기업,법인)
The **gov't** passed l-aws int-**end**ed to break up mon-**op**-ol-ies.
Sci-ent-**if**-(h)ic a-**chiev**(e)m-ent is n-ot a **ma**-le mon-**op**-ol-y.

month
[mʌnθ]
🎵 만쓰ㅎ   O [먼쓰]   ʌ,θ phonics
n. 한달,so-l-ar(l-un-ar,cal-end-ar) month,1개월간
The chart shows the **numb**-er of cars **so**-l-d each month.
Paym-ent is due on the l-ast day of **ev**-(h)er-y month.

mood
[muːd]
🎵 무욷   O [무우드]   d phonics
n. 기분,마음가짐,심정
Her mood **chan**-ges **ev**-(h)er-y **min**-ute.
She w-as in n-o mood to eng-**age** in a conv-(h)ers-**a**-tion.

moon
[muːn]
🎵 무운   O [무운]
n.vi vt. 달,달빛,행성의위성,헤매다,서성거리다,황홀하게바라보다
The moon w-as **fu**-ll on her face.
He used to moon **ov**-(h)er her.

mor·al
[morəl]
🎵 모럴   X [모뤄얼]   틀린발음/ r,l phonics
aj.n. 도덕(윤리상)의,**eth**-ic-al,정숙한,정신적인,**sp**-ir-it-ual
She gav(e) us **mor**-al and mat-**er**-ial supp-**ort**.
Such be-**hav**-(h)ior may be **mor**-all-y w-rong and **bl**-amed.

more
[mɔɚ]
🎵 모얼   O [모어ㄹ]
aj. much,**man**-y의비교급,더큰(많은)⇔l-ess,수가더많은⇔**few**-er
Adv-(h)an-ced **canc**-ers are mo-re **diff**-(h)ic-ult to treat.
Mo-re **cl**-asses are **carr**-ied on in **Eng**-l-ish at **sch**-ools.   영어로

more·over
[mɔɚˊoʊvɚ]

 X [모어ㄹ오우버ㄹ]   mora발음/ v,ɚ phonics

av. 게다가,더욱이,더구나,**fur**-ther,bes-**id**(e)s)
He is a **foo**-l, mo-re-**ov**-(h)er a **cow**-ard.
I don't like the **id**-ea, and more-**ov**-er, I think it's ill-**eg**-al.

mort·gage
[mɔɚgɪdʒ]

 X [모어기쥐]   틀린발음/ ɚ,dʒ phonics

n.vt. 저당,저당증서(권),저당잡히다,담보로양도,보증으로바치다
The bank **ho**-l-ds a **mor**(t)**g**-age on his house.
Our **comp**-an-y **mor**(t)**g**-aged its **fu**-ture to ICT.

morn·ing
[mɔɚnɪŋ]

 X [모어ㄹ닝]   mora발음/ ɚ,n phonics

n. 아침,새벽,오전,(일의)초기,처음
It is a **cu**-st-om for **farm**-ers to get up **ear**-l-y in the **morn**-ing.
The n-ew rec-**ruit**s w-i-ll be in-**i**-ti-ated tom-**orr**-ow **morn**-ing.

most
[moʊst]

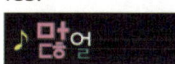 X [모우스트]   mora발음/ t phonics

aj.n. **man**-y,much최상급,가장많은⇔l-east,최대(의),대부분(의)
The n-ew **com**-ed-y bec-**ame** the **mo**-st **pop**-ul-ar show.
The **mo**-st **freq**-uent **comm**-ent w-as that w-e w-ere **sl**-ow.

most·ly
[moʊstli]

 X [모우스틀리]   중복"ㄹ"="r"발음/ t,l,y phonics

av. 대부분,대개,거의모두,**al**-mo-st,주로,**chief**-(h)l-y,일반적으로
Mo-st-l-y our **cu**-st-om-ers hav(e) **ver**-y **ti**-ght **bud**-gets.
Ma-le **an**-im-als are **mo**-st-l-y **dom**-in-ant **ov**-(h)er **the**-ir **fem**-a-les.

moth·er
[mʌðɚ]

 X [마떠ㄹ]   mora발음/ ð,ɚ phonics

n.aj.vt. 어머니(이),**moth**-er-in-l-aw,**st**-ep-**moth**-er,모국의
She w-as good in her **char**-act-er as the **moth**-er.
She w-as a great **comf**-(h)ort to her **o**-l-d **moth**-er.

mo·tion
[moʊʃən]

🎵 모으션   O [모우션]

n.vi. 움직임,운동,운행,동작,몸짓,운동능력,발의,(기계의)운전
He mad(e) **mo**-tions to me to **foll**-ow.
He **mo**-tioned to the **aud**-i-ence to rise and **cl**-ap.

mo·tive
[moʊtɪv]

🎵 모으이브   X [모우티브]   mora발음/ t,v phonics

n.aj.vt. 동기(되다),진의,주제,**obj**-ect,mot-**if**,운동의,원동력되는
What w-as his **mot**-ive for **sett**-ing a **fi**-re?
He w-as a **ruth**-l-ess **bu**-sin-essman, **mot**-iv-(h)ated by **nak**-ed greed.

mo·tor
[moʊtɚ]

♪ 모을얼   X [모우터ㄹ]   mora발음/ t,ɚ phonics

n.aj.v. 모터,(원)동력(의),자동차(의),모터보트,자동차타다
W-e l-eft the **mot**-or **runn**-ing.
W-e cut off the **mot**-or and coasted **int**-o town.

mo·tor·bike
[moʊtɚbaɪk]

♪ 모을얼바익   X [모우터ㄹ바익]   mora발음/ t,ɚ phonics

n. 오토바이, **mot**-or-cyc-le
My **mot**-or-bik(e) needs 7 feet l-ong **cha**-in.
He's a **memb**-er of a **mot**-or-cyc-le **cl**-ub.

mount
[maʊnt]

   O [마운트]

v.n. 오르다,**cl**-im(b),올려놓다,탑재,타다,타기,탈것,언덕,산
Don Qui(x)-(**h**)**ot**-e w-as mounted on a **donk**-ey.
His debts are **mount**-ing up **high**-er **ev**-(h)er-y day.

moun·tain
[maʊntn̩]

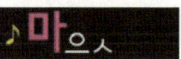   O [마운튼]   Schwa [n̩]=[언] n phonics

n.aj. 산(의),산악,산같은(것),거대한(것),산만큼의양(의),산에사는
The map is a comp-re-**hens**-ive guide to the **reg**-ion.
Des**c**-end-ing the **mount**-ain is **dang**-er-ous than **cl**-im(b)-ing it.

mouse
[maʊs]

   X [마우쓰]   틀린발음/ s phonics

n.v. 쥐,눈가검은멍,**bl**-ack-eye,겁쟁이,쥐색,몰아내다
Doub-le **cl**-ick your **mou**-se on the W-ord to **op**-en it.
The com-**put**-er gets its **in**-put from a **key**-board or **mou**-se.

mouth
[maʊθ]

   X [마우쓰]   틀린발음/ θ phonics

n.v. 입(술),소문,허풍,l-ips,출입구,물건끼는곳,입에넣다(물다),씹다
Coa-ch cupped his hands bef-(**h**)**ore** his mouth and shouted.
He chewed with mouth **op**-en and mad(e) **peop**-le un-**pl**-eas-ant.

move
[muːv]

♪ 무을   X [무우브]   mora발음 v phonics

v. 움직이다,위치(자세)바꾸다,이동(이사,전진),흔들리다,진행되다
Cert-ain **st**-y-les of **cl**-othes mov(e) **ver**-y **q**-uick-l-y.
As w-e mov(e), our **mus**(c)-les **cont**-ract and rel-**ax**.

move·ment
[muːvmənt]

♪ 무을먼트   X [무우브먼트]   mora발음 v,t phonics

n. 움직임,운동(조직),**mo**-tion,이동,배설물,시계부품,기계장치
N-ew **Eng**-l-ish **Mov**(e)-ment for Kor-**e**-ans was founded.
Saemaul Mov(e)'t w-as in-**creas**-ing **rur**-al **l-iv**-(h)ing **q**-ual-it-y.

mov·ie
['muːvi]

   ✗ [무우비]   mora발음/ v phonics

n. 영화(시나리오,관,산업,계),**mo**-tion **pic**-ture,**cin**-em-a
The **mov**-(h)ie graded for both **chi**-l-dren and **ad**-ults.
Jo-in our **mov**-(h)ie **cl**-ub and rec-**eiv**(e) four free DVDs.

Mr.
[mɪstɚ]

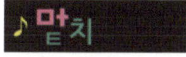   ✗ [미스터ㄹ]   mora발음/ t,ɚ phonics

n. (남자의 성,직업명 앞에 붙여서)씨,님,선생,군
This is Mr. Kim **sp**-eak-ing.
Mr. **Pres**-id-ent of the **Un**-it-ed **St**-at(e)s of Am-**er**-ic-a.

Mrs.
[mɪsəz]

   ✗ [미씨즈]   mora발음/ s,z phonics

n. 기혼여성에대한경칭,~씨의부인(아내), ~의대표적여성
Mrs. **Ell**-en-oir **Roose**-be-l-t
Mrs. **W-ond**-erf-(h)ul; Mrs. Org-an-i-**za**-tion.

Ms.
[mɪz]

   ○ [미즈]   z phonics

n. <미혼·기혼 구분없이 쓰이는 여성 경칭> 미즈 ~, ~씨
Ms. Kim
Ms. **Fa**-shion-ab-le, Ms. Cong-en-i-**al**-it-y

much
[mʌtʃ]

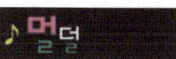   ○ [마취]   tʃ phonics

aj.n.av. 많은(음),다량(의),다액(의)⇔**l-itt**-le,대단한(것,일),크게,매우,대단히
The-re is n-ot much **cer**-em-on-y to these **meet**-ings.
The-re w-as much **pub**-l-ic **crit**-ic-ism **po**-inted at the **Min**-ist-ry.

mud
[mʌd]

✗ [마드]   mora발음/ ʌ,d phonics

n.v. 진흙,찌꺼기,불명예로운것,악담,중상,진흙바르다,더럽히다
The **cl**-othes w-ere coated with mud.
The **Mek**-ong **riv**-(h)er w-as **cl**-oud-y with mud.

mul·ti·ply
[mʌltəˌplaɪ]

✗ [말터플라이]   중복"ㄹ"="r"발음/ ʌ,p,l phonics

vt.av. 늘리다,증대(증가)시키다,~을다양화,곱,증식시키다,여러배로
The div-(h)i-sion is taught **aft**-er **l-earn**-ing mult-i-pl-ic-**a**-tion.
7 **mult**-i-pl-ied by 5 is 35.

mur·der
[mɚdɚ]

○ [머ㄹ더ㄹ]   ɚ phonics

n.v. 살해,살인(죄),살인적인일(것),학살,망쳐놓다,잡치다
He w-as so **cru**-el that he **murd**-ered his **fam**-il-y.
He is w-anted for **murd**-er with a **dang**-er-ous **w-eap**-on.

mus·cle
[mʌsəl]

♪ 맛얼　　　X [마쓰얼]　　　mora발음/ ʌ,s phonics

n.vt. 근육,근력,힘,필요한부분,힘으로추진,근육붙게
Hard w-ork-out had mus(c)-led his shou-ld-ers.
The tin-i-est 3 bones and 2 mus(c)-les are n-ext to our ear-drum.

mu·se·um
[mjʊˈziːjəm]

♪ 뮤즈히이염　　　O [뮤지이엄]　　　z phonics

n. 박물관,미술관,기념관,진열관,자료관
The US's or-ig-in-al Con-st-it-u-tion is on di-sp-l-ay.
She w-as n-om-in-ated as the dir-ect-or of the mus-e-um.

mu·sic
[mjuːzɪk]

♪ 뮤우즥　　　O [뮤우직]　　　z phonics

n. 음악,악곡,악보(집),아름다운(듣기좋은)소리,음악감상력,음감
Her mus-ic is a cur-i-ous bl-end of jazz and her own st-y-le.
The-ir par-ents hav(e) in-st-i-lled a l-ov(e) of mus-ic in the-ir chi-l-dren.

mu·si·cal
[mjuːzɪkəl]

♪ 뮤우즥얼　　　X [뮤우지커얼]　　　mora발음/ z,k phonics

aj.n. 음악(연주)의,음악(운율)적인,음악좋아하는,뮤지컬
This mus-ic-al cl-ass conv-(h)enes ev-(h)er-y oth-er day.
The n-ew mus-ic-al grossed an est-im-ated $20 mi-ll-i-on.

mu·si·cian
[mjuːˈzɪʃən]

♪ 뮤즈히션　　　O [뮤지션]　　　z phonics

n. 음악가,작곡가,기악연주가,음악하는사람
She is a mus-i-cian be-yond comp-are.
She's a ver-y tal-ented mus-i-cian.

must
[mʌst]

♪ 마슽　　　X [마스트]　　　mora발음/ ʌ,t phonics

aux.v.n.aj. ~해야,~하고야말다,~임에틀림없다,절대필요한것
W-e mu-st l-earn Eng-l-ish to be gl-ob-al cit-iz-ens of the w-orld.
Eng-l-ish is the mu-st -hav(e) w-eap-on to surf the gl-ob-al-iz-a-tion.

mu·tu·al
[mjuːtʃəwəl]

♪ 뮤웉츄어으월　　　X [뮤우츄어얼]　　　mora발음/ tʃ,w phonics

aj. 상호간의,서로의,공통의
The East and W-est can w-ork tog-eth-er for mut-ual ben-ef-(h)it.
They had a mut-ual und-er-st-and-ing to bring up the subj-ect.

my
[maɪ]

♪ 마이　　　O [마이]

pron.interj. 나의, 이런!, 어머나!, 저런!
His comp-an-y cl-osed the dea-l with my comp-an-y.
She gav(e) him a box of choc-ol-ates for his birth-day.

my·self
[maɪˈsɛlf]

♪ 마이 쎌ㅍㅎ   O [마이쎌f으]   s,l,f phonics

pron. 나자신, 본래의나

My-**se**-l-f in debt, I could **off**-(h)er n-o ass-**i**-st-ance.
I w-anted to hav(e) an-**oth**-er **serv**-(h)ing, but re-**st**-rained my-**se**-l-f.

mys·te·ri·ous
[mɪˈstirijəs]

♪ 미슽이리여ㅅ   XXX [미스티뤼여쓰]   틀린액센트/ t,r phonics

aj. 신비의,모호한,불가사의한,수수께끼같은,비밀스런

W-e heard a my-**st**-er-i-ous **n**-**o**-ise out-**sid**(e) our **ho**-me.
A my-**st**-er-i-ous **rum**-or has been **sp**-read-ing through the **na**-tion.

mys·tery
[ˈmɪstəri]

♪ 미슽어리   X [미스터뤼]   mora발음/ t,r phonics

n. 신비한(사람,사물),불명확성,추리소설,성찬(식,용품),the **Euch**-ar-ist

This book is a **cl**-ass-ic of the **my**-st-er-y **gen**-re.
How he got in is a **my**-st-er-y.

한글에 없는 **공명음 l, m, n 발음** 위한 **유도음 (을, 음, 은)**을 시도해보셨나요?
일부 단어에서 원어민 발음에 가까워짐을 느끼시나요?

n or N
[ɛn]

♪ 엔   O [엔]   88 단어 11쪽

n. 알파벳열넷째자,N(자)형
N is the **symb**-ol for **ni**-trog-en.
N is the 14th **l-ett**-er of the **mod**-ern **Eng**-l-ish **alph**-(h)ab-et.

nail
[neɪl]

♪ 네이얼   X [네열]   틀린발음/ i,l phonics

n.vt. 못,손톱,발톱,못박다,고정시키다,붙잡다,체포
The **na**-i-l is ab-**out** two inches l-ong.
She **sn**-agged her **fav**-(h)or-ite **sw**-eat-er on a **na**-i-l.

na·ked
[neɪkəd]

♪ 네이컫   X [네이키드]   mora 발음/ k,d phonics

aj. 나체의,nude,벗겨진,**ba**-re,안경쓰지않은,불모의,숨김없는
The **dea**-l l-eav(e)s the **auth**-**or**-it-ies **virt**-u-all-y **nak**-ed.
He w-as a **ruthl**-ess **bu**-sin-ess-man, **mot**-iv-(h)ated by **nak**-ed greed.

name
[neɪm]

♪ 네임   O [네임]

n.vt. 이름(짓다,부르다),임명(제안),sugg-**est**,지명,**sp**-ec-if-(h)y
He comp-**i**-led a l-ist of **cl**-i-ents' names.
He found his name w-as **miss**-ed in the **cl**-ause.

nar·row
[neroʊ]

♪ 네로으   O [네로우]

aj.v.n. 폭좁은⇔broad,w-id(e),부족한,면밀한,인색한,좁히다
She cong-**rat**-ul-ated her-**se**-l-f on **her narr**-ow-e-**sc**-ap(e).
The **midd**-le **cl**-asses are **gett**-ing **narr**-ow-er **aft**-er fin-**an**-cial **cris**-is.

nas·ty
[næsti]

♪ 네슽이   X [내스티]   mora 발음/ t,y phonics

aj.n. 더러운,음란한,obsc-**ene**,난처한,ann-**oy**-ing,언짢은(놈,것)
It is **na**-st-y of you to **sp**-eak l-ik(e) that.
I w-**ond**-er why she is so **na**-st-y to me.

na·tion
[neɪʃən]

♪ 네이션   O [네이션]

n. 국민,**peop**-le,나라,국가,민족,종족
Man-y **na**-tions co-**op**-er-ated in the rel-**ief eff**-(h)orts.
The **pres**-id-ent w-ants to act in **conc**-ert with **oth**-er **na**-tions.

na·tion·al
[næʃənl]

♪ 내셔늘얼   X [내셔느얼]   Schwa [l]=[얼], mora 발음/ n,l phonics

aj.n. 국가(민)의,애국적인,전국(민)적인,국민,시민,교포,전국대회
He **capt**-ained the **na**-tion-al **socc**-er team.
Cheongja, **na**-tion-al **trea**-sure mad(e) from **cl**-ay with **sec**-ret **rec**-ip-e.

na·tive
[ˈneɪtɪv]

 X [네이티브] mora발음/ t,v phonics

aj.n. 태어난,고유한,토착(의),원주민(의),ab-or-**ig**-in-e
This book is des-**ign**ed to pron-**oun**-ce **Eng**-l-ish **nat**-ive's sound.
Eng-l-ish **nat**-ive's pron-un-ci-**a**-tion can be def-(**h**)**ine**d **cl**-o-se-l-y with **O**-l-d Kor-**e**-an **l-ett**-ers.

nat·u·ral
[ˈnætʃərəl]

 X [내춰뤄얼] mora발음/ tʃ,r phonics

aj.n. 자연(천연)의⇔art-if-(**h**)**i**-cial,un-dom-**e**-st-ic-ated
His aged **gran**(d)pa died a **nat**-ur-al death in peace.
The **nat**-ur-al **w**-**at**-er-**cyc**-le is called as the hy-**drol**-og-ic **cyc**-le.

nat·u·ral·ly
[ˈnætʃərəli]

X [내춰뤌리] 중복"ㄹ"="r"발음/ tʃ,ɚ,r,l,y phonics

av. 저절로,by **na**-ture,자연스럽게,실물처럼,re-**al**-**i**-st-ic-all-y
Our **bod**-y **nat**-ur-all-y el-**im**-in-ates w-ast(e) **prod**-ucts.
She's **nat**-ur-all-y **ab**-le to make **peop**-le **fee**-l **comf**-(h)ort-ab-le.

na·ture
[ˈneɪtʃɚ]

 O [네이춰ㄹ] tʃ,ɚ phonics

n. 본성,자연(계,스름,상태),실물,re-**al**-it-y,활력,생명력
The **na**-ture of the job ex-**act**ed our **ut**-mo-st prec-**i**-sion.
A **so**-cial **crea**-ture by **na**-ture, she l-ov(e)s **w**-**ork**-ing with **peop**-le.

na·vy
[ˈneɪvi]

 X [네이비] mora발음/ v,y phonics

n. 해군,전체해군함선,해군성,네이비블루,진한감색
He **jo**-ined the **nav**-(h)y fift-**een** ye-ars ag-**o**.
The U.S. has one of the **l**-**arg**-est **nav**-(h)ies in the w-orld.

near
[nɪɚ]

 O [니어ㄹ] ɚ phonics

av. 가까운,**cl**-ose,임박하여,거의,대체로,**al**-mo-st
The **proj**-ect is **ne**-ar com**p**-l-e-tion.
The Ir-**aq** w-ar l-asted **ne**-ar-l-y a **dec**-ad(e).

near·by
[nɪɚˈbaɪ]

O [니어ㄹ바이] ɚ phonics

aj.prep. 바로옆의,근처의,인접한
The **sch**-ool is l-oc-**at**ed **ne**-ar-**by**.
He l-iv(e)s **down**-town and w-orks **ne**-ar-**by**.

near·ly
[ˈnɪɚli]

X [니어ㄹ얼리] 틀린발음/ ɚ,l,y phonics

av. 거의,**al**-mo-st,**cl**-os-(e)l-y,매우가까이,비슷(밀접,친밀)하게
The **acc**-id-ent conc-**ern**s him **ver**-y **ne**-ar-l-y.
He **ne**-ar-l-y died of **fri**-ght when he heard my **vo**-ice.

neat
[ni:t]
♪ 니잍   X [니트]   mora발음/ t phonics
aj. 정돈된,깨끗한,꼼꼼한,세련된,솜씨있는,능숙한,**dext**-er-ous
They kept **the**-ir house n-ice and n-eat.
Maid **fo**-l-ded the **tow**-el **n-eat**-l-y and hung it **ov**-(h)er the **rai**-l.

nec·es·sary
[nɛsəˌseri]
♪ 넷엇에러리   X [네써쒜뤼]   mora발음/ s,r phonics
aj.n. 필요한,ind-i-**sp**-ens-ab-le,필수의,un-av-(**h**)**oid**-ab-le,불가피한,
in-**ev**-(h)it-ab-le,당연한,강제적인,필수품,필요한돈(행동)
They packed the **nec**-ess-ar-y e-**q**-uip-ment for the exp-ed-**i**-tion.
Cl-ean **w-at**-er is **nec**-ess-ar-y to red-**uce** mort-**al**-it-y in **Af**-(h)ric-a.

ne·ces·si·ty
[nɪˈsɛsəti]
♪ 닛엣엍이   X [니쎄써티]   mora발음/ s,t phonics
n. 필요물(성),불가피한것(존재,일),필연(성),숙명,빈곤,곤경(복수)
Nec-**ess**-it-y is the **moth**-er of inv-(**h**)**en**-tion.
Peop-le **emph**-(h)as-ized the nec-**ess**-it-y of **q**-uick **ac**-tion to the **pres**-id-ent.

neck
[nɛk]
♪ 넼   X [넼]   틀린발음/ k phonics
n.vt. 목,목뼈(부분),목을껴안다,목졸라죽이다
He's up to his neck in il-**l-eg**-al **prob**-l-ems.
She w-ore a **neck**-l-ace with a **go**-l-d cross.

need
[ni:d]
♪ 니읻   X [니드]   mora발음/ d phonics
n.v.aux.v. 필요(성,한것),w-ant,책임,빈곤,**pov**-(h)ert-y,해야
He needs to hav(e) a root can-**al cu**-red by a **dent**-ist.
You need a birth cert-**if**-(h)ic-ate for your n-ew **passp**-ort.

nee·dle
[ni:dl̩]
♪ 니읻얼   X [니이드얼] Schwa [l̩]=[얼], mora발음/ d,l phonics
n.v. 바늘(류),주사,초조함,irr-it-**a**-tion,울화,조롱,**teas**-ing,자극
She makes a **l-iv**-(h)ing by **need**-le.
She **need**-led me so much ab-**out** my l-ong **ha**-ir.

ne·gate
[nɪˈgeɪt]
♪ 닉에잍   X [니게잇]   mora발음/ g,t phonics
v. 무효로,취소,부정,부인
One bad deed can neg-**ate man**-y good ones.
3% w-age in-**crease** that w-as neg-**ate**d by 3% inf-(**h**)**l**-a-tion.

neg·a·tive
[nɛgətɪv]
♪ 넼엍이브   X [네거티브]   mora발음/ g,t,v phonics
aj.n.vt. 부정(의),소극(비관)적인⇔**pos**-it-iv(e),음수(전기,성)의
His boss **neg**-at-ived his **proj**-ect.
She mad(e) a **neg**-at-ive rep-**l**-y to my prop-**os**-al.

ne·glect
[nɪˈglɛkt]

XXX [니글렉트]   틀린액센트/ g,l,k,t phonics

vt.n. 무시,경시,태만,소홀,방치,등한시,소홀한대접,부주의
Don't ne**g**-**l**-ect to **st**-ud-y your **ho**-me-w-ork.
Your ne**g**-**l**-ect of her ad-**vi**-ce w-i-ll make **matt**-ers w-orse.

neg·li·gence
[ˈnɛglɪdʒəns]

X [네글리줜스]   mora발음/ g,l,dʒ phonics

n. aj. 태만,부주의,무관심,소홀,과실(로인한),과실소송의
He w-as acc-**u**-sed of gross **neg**-l-ig-ence.
It **happ**-ened through your **neg**-l-ig-ence.

ne·go·ti·ate
[nɪˈgoʊʃiˌeɪt]

X [니고우쉬에잇]   mora발음/ g,t phonics

v. 교섭,협의,협상,협정,극복,타파,유통시키다,양도
Carr-ots w-ere on the neg-o-ti-**a**-tion **tab**-le.
They had neg-o-ti-**a**-tions be-**hind** the **cur-t**-ain.

neigh·bor
[ˈneɪbɚ]

X [네이버ㄹ]   mora발음/ b,ɚ phonics

n.aj.v. 이웃(의),동포,동료,근처사는(살다,있다),adj-**oin**,친한사이
The-re's a l-eash free dog park in our **ne**-i(gh)b-or.
L-os **Ang**-el-es **Count**-y is **ne**-i(gh)b-or-ing n-orth of **Or**-ange one.

neigh·bor·hood
[ˈneɪbɚˌhʊd]

X [네이버ㄹ후드]   mora발음/ d,ɚ,d phonics

n. 근처,이웃(사람들),가까움,고장,장소,지역,단지
He got a good **char**-act-er in his **ne**-i(gh)b-or-hood.
W-e **cho**-se the **groc**-er-y **st**-ore in the **ne**-i(gh)b-or-hood.

nei·ther
[ˈniːðɚ, ˈnaɪðɚ]

X [니이떠ㄹ]   mora발음/ ð,ɚ phonics

av. **n-eith**-er A n-or B (A도아니고 B도아니다)⇔**eith**-er A or B
She can **n-eith**-er w-alk n-or run.
He had **n-eith**-er time, n-or **pa**-tience, n-or the right to do that.

ne·on
[ˈniːɑːn]

O [니이안]

n. 네온,**n-e**-on sign,네온전구,**n-e**-on l-amp,네온사용한,화려한
The **rest**-aur-ant has a **n-e**-on sign on the w-all.
N-e-on is a **chem**-ic-al **el**-em-ent with **symb**-ol Ne.

neph·ew
[ˈnɛfju]

X [네퓨]   mora발음/ f phonics

n. 조카⇔n-iece
Tom, **neph**-(h)ew of Mr. Ford.
My **si-st**-er's son is my **neph**-(h)ew, I am his **unc**-le.

nerve
[nɚv]

♪너ㄹ브ㅎ   O [너ㄹ브]   ɚ,v phonics

n.vt. (자율)신경,체력,정력,vig-or,침착,용기,건방짐,우울,격려
She had the ner-ve to q-ues-tion her husb-and's hon-est-y.
Mess-ages and ord-ers pass al-ong the ner-ve fib-ers.

ner·vous
[nɚvəs]

♪널버ㅅ   X [너ㄹ버ㅆ]   틀린발음/ s phonics

aj. 흥분하기쉬운,신경(질,성)의,겁많은,마음약한,소심한,
He nerv-(h)ous-l-y fing-ered his guit-ar.
His fing-ers drummed nerv-(h)ous-l-y on his l-ap.

nest
[nɛst]

♪네슾   X [네스트]   mora발음/ t phonics

n.v. 보금자리,은신(휴식)처,소굴,haunt,범죄온상,hotbed,자리잡다
It is an i-ll bird that fo-uls its own n-est.
The w-ood-peck-er n-ested in the holl-ow of a tree.

net
[nɛt]

♪넽   X [넷]   틀린발음/ t phonics

n.vt.aj.n. 그물(치다),함정,sn-are,방송망,순(익,량,수입)⇔gross
Her n-et ann-u-al inc-ome is est-im-ated ov-(h)er $1,000,000.
His inv-(h)en-tion n-etted ov-(h)er two mi-ll-i-on doll-ars prof-(h)it.

net·work
[nɛt̞wɚk]

♪넽웤   X [넷워ㄹ크]   틀린발음/ t,ɚ,k phonics

n. 망상조직,방송망,회로망,서로밀접한조직,방송
She hooked up her l-ap-top to the net-w-ork.
The net-w-ork had l-iv-(e) cov-(h)er-age of the Sup-er Bo-wl.

neu·tral
[nu:trəl]

♪누울럴   X [누우츄뤄얼]   mora발음/ tr,l phonics

aj.n. 중립(의),애매한,in-def-(h)in-ite,중성(의),중립국,중간색
That count-ry w-i-ll giv-(e) up its neut-ral st-at-(e) in 2015.
The prin-cip-al rem-ained a neut-ral in the di-sp-ute.

nev·er
[nɛvɚ]

♪넾얼   X [네버ㄹ]   mora발음/ v,ɚ phonics

av. 한번도(조금도) ~않다,결코~하지않다,절대로~아니다
She (k)n-ows him w-e-ll, but they've nev-(h)er cl-icked.
He has l-ots of w-ork to do but he nev-(h)er com-pl-ains.

nev·er·the·less
[nɛvɚðəˈlɛs]

♪넾얼더헐ㅅ   X [네버ㄹ떨레ㅆ]   mora발음/ v,ɚ,ð,l,s phonics

av. 그럼에도불구하고,그래도역시,그렇긴하지만, but
N-o matt-er what you say, it is nev-(h)er-thel-ess the truth.
The mov-(h)ie w-as a pred-ict-ab-le, nev-(h)er-thel-ess funn-y st-or-y.

new
[nu:]

♪누우   O [누우]

aj.av.n. 새로운(일,것)⇔o-l-d,신기한,낯선,**st**-ran-ge,신품의,un-**use**d,신임의, 최신(유행)의,**mod**-ern,최근에,새롭게

N-ew **Yor**-k is the fin-**an**-cial **cap**-it-al of the w-orld.
She **op**-ened a n-ew **chapt**-er in her l-if(e) as a **sing**-er.

new·ly
[nu:li]

♪누울이   X [누을리]   중복"ㄹ"="r"발음/ l,y phonics

av. 최근,요즈음,새로이,다시,새롭게,새로운방법으로,

They are n-ot **n-ew**-l-y **marr**-ied **coup**-le.
N-**ew**-l-y dev-(h)**el**-oped **Eng**-l-ish pron-**ounc**-ing **meth**-od is **ver**-y eff-(h)**ect**-ive.

news
[nju:z]

♪뉴우ㅈㅎ   O [누우즈]

n. 뉴스,소식,정보,색다른일,기별,통지,**tid**-ing,소문,**rum**-or,신문

That **acc**-id-ent w-as on the n-ews ton-**i**(gh)**t**.
It is n-ot n-ews that **en**-er-gy cons-**ump**-tion is **grow**-ing.

news·pa·per
[nju:z,peɪpɚ]

♪뉴우ㅈㅎ페잎얼   X [뉴우즈페이퍼]   mora발음/ z,p phonics

n.aj. 신문(일간,주간,사,지),신문의,신문을위한

The **n-ews**-pap-er app-**ear**s **da**-il-y.
W-e used some **n-ews**-pap-er to get the **fi**-re **st**-arted.

next
[nɛkst]

♪넥슽   O [넥스트]   t phonics

aj. 다음의,**ne**-ar,뒤따르는,이어지는,오는,가장가까운,**ne**-ar-est

N-ext time I come, I **w-i**-ll bring my w-ife al-**ong**.
The **tin**-i-est 3 bones and 2 **mus**(c)-les are n-ext to our **ear**drum.

nice
[naɪs]

♪나이ㅅ   X [나이쓰]   틀린발음/ s phonics

aj. 멋신,기문좋은,**pl**-eas-ing⇔**nast**-y,귀여운,매력있는,att-**ract**-iv(e), 친절한,kind,솜씨있는,미세한,fine,정확한,**acc**-ur-ate,세련된,고상한

She baked the pot-**at**-oes **ti**-ll they w-ere n-ice and sof-(h)t.
Mo-st of the **memb**-ers w-ere n-ice, but some w-ere jerks.

niece
[ni:s]

♪니이ㅅ   X [니이쓰]   틀린발음/ s phonics

n. 조카딸⇔**neph**-(h)ew

If she's my aunt, then she's her n-iece.
W-**ond**-erf-(h)ul coll-**ec**-tion of **birth**-day w-ishes for her n-iece.

night
[naɪt]

♪나잍   X [나잇]   틀린발음/ t phonics

n.aj. 밤(야간)(의),저녁,암흑,**dark**-n-ess,죽음의어둠,야행성의

It w-as a **ver**-y a **st**-ick-y **summ**-er n-**i**-(gh)t.
Sn-ow **carp**-eted the **sid**(e)-w-alks **dur**-ing the n-**i**-(gh)t.

nine
[naɪn]

♪ 나인   O [나인]

n.aj. 9,9를나타내는기호(9, IX 등)
He had to pay **n-i**-ne **thous**-and **doll**-ars for a used car.
The **l-itt**-le girl **fe**-ll down, cut her (k)n-ee and got **n-i**-ne **st**-it-ches.

no
[noʊ]

♪ 노으   O [노우]

av.n. 부정의대답,nay⇔yes,아니,맙소사,설마,부인,거부,불찬성
He has n-o **cau**-se to hav(e) a **grud**-ge ag-**ainst** you.
The-re w-as n-o **chem**-i-st-ry bet-**ween** them, so broke up.

nope
[noʊp]

♪ 노읖   X [노읖]   틀린발음/ p phonics

av. no의 변형, 아니,아니오, N-ope, tough.
"Are u a **coup**-le?" "N-ope, **ju**-st **frien**-ds."
Is she a **prett**-y cool **cu**-st-om-er or tough one?

no·ble
[noʊbəl]

♪ 노읍얼   X [노우브얼]   mora발음/ b phonics

aj.n. 지위(신분)높은,귀족(의),고상(한),우수한,**ex**-ce-ll-ent
He is a man of **n-ob**-le **char**-act-er.
The id-**e**-a w-as **n-ob**-le, un-**iq**-ue and dis-**rupt**-iv(e).

no·body
[noʊbədi]

♪ 노읍얻이   X [노우버디]   mora발음/ b,d phonics

pron. 하찮은사람, (아무도~않다)
N-ob-od-y bel-**iev**(e)d her **cl**-aim to be 100 **ye**-ars **o**-l-d.
Ev-(h)er-yb-od-y's **bu**-sin-ess is **n-ob**-od-y's **bu**-sin-ess.

nod
[nɑd,nɔd]

♪ 나앋   X [노드]   mora발음/ d phonics

v.n. 고개끄덕이다,턱으로가리키다,방심,휘게,흔들리게
The guide n-odded me to my **cha**-ir.
The **cha**-ir-pers-on e**xp**-ressed acc-**ept**-ance with a **sl**-ight n-od.

noise
[nɔɪz]

♪ 노이ㅈㅎ   O [노이즈]   z phonics

n.v. 소음,큰(고함)소리(치다),시끄럽게떠들다,소문퍼뜨리다
The-re is a **cu**-shion **und**-er the rug to red-**uce** the **n-o**-ise.
They com-**pl**-ained to the pol-**i**-ce ab-**out n-o**-ise from the **upp**-er.

noisy
[nɔɪzi]

♪ 노이찌   O [노이지]   z phonics

n.v. (큰,고함)소리,잡음,시끄러움,시끄럽게떠들다,소문퍼뜨리다
W-e could **he**-ar **n-ois**-y **q**-uarr-el.
It's **be**-ing **n-o**-ised that she is **go**-ing to **marr**-y.

nom·i·nate
[nɒməˌneɪt;-nɪt]

   X [나머네잇]   mora발음/ m,n,t phonics

vt. 추천,지명,임명,등록,지정
The **pres**-id-ent **n-om**-in-ated him as **For**-eign **Min**-i-st-er.
She w-as **n-om**-in-ated as the dir-**ect**-or of the mus-**e**-um.

none
[nʌn]

♪난   O [난]

pron. 아무도~않다,n-o one,어느것도~않다
N-one of us are inf-**(h)all**-ib-le.
N-one of her **w-ork** has been done **yet**.

none·the·less
[nʌnðəˈlɛs]

   X [난떠얼레쓰]   중복"ㄹ"="r"발음   ʌ,ð,l,s phonics

av. 그럼에도불구하고,how-**ev**-(h)er,**nev**-(h)er-thel-**ess**
Her face w-as **ser**-ious, but n-one-thel-**ess ver**-y **friend**-l-y.
You can be a **re**-al jerk, but I l-ik(e) you n-one-thel-**ess**.

noon
[nu:n]

   O [누은]

n. (12~1시 사이) 한낮,**midd**-ay,한창때,전성기,절정
They arr-**iv**(e)d at n-oon for dep-**ar**-ture.
The **meet**-ing w-i-ll tak(e) **pl**-ace from n-oon to 2 p.m.

non·sense
[nɑ:nˌsɛns]

   X [나안쎈쓰]   틀린발음/ s phonics

n.interj. 무의미(한말),허튼소리(짓,생각),시시함,뻔뻔함,바보같이
Don't talk **n-ons**-ense!
Man-y of the w-ords in the **com**-ed-y are **n-ons**-ense.

nor
[nɔɚ]

♪노얼   O [노어ㄹ]   ɚ phonics

conj. **n-eith**-er A n-or B (A도, B도 아니다)⇔**eith**-er A or B
She has n-o **broth**-er n-or **si**-st-er.
N-eith-er you n-or **an**-y-one **e-l**-se has auth-**or**-it-y **ov**-(h)er **an**-y-one.

norm
[nɔɚm]

   X [노어ㄹ엄]   틀린발음/ ɚ,m phonics

n. 표준,기준,**st**-and-ard,규범,모범,전형,**patt**-ern,일반수준,평균
His **freed**-om of **mann**-er ran **cont**-rar-y to the n-orm.
He **sc**-ored w-e-ll ab-**ov**(e) the n-orm in math.

nor·mal
[nɔɚ·məl]

   X [노어ㄹ머얼]   틀린발음/ ɚ,m,l phonics

aj. 표준의⇔ab-**norm**-al,정상의,통상적인,**u**-su-al,자연스러운,**nat**-ur-al,정규의,**reg**-ul-ar,평균적인,**av**-(h)er-age
They had a **n-orm**-al, **hea-l**-thy **bab**-y.
The **sn**-ow-fall w-as ab-**ov**(e) **n-orm**-al l-ast **ye**-ar.

north
[noɚθ]

♪ 노얼ㅆㅎ   O [노어ㄹ쓰]   ɚ,θ phonics

n.aj. 북(의),북부(의),북방지역(의),북반구(의),북극지방(의)
They used to hav(e) a **cott**-age in N-orth Vanc-**ouv**-(h)er.
N-orth Am-**er**-ic-an **app**-le, "Del-**i**-cious" is l-ess del-**i**-cious than Kor-**e**-an "Boosa".

north·ern
[noɚðɚn]

♪ 노얼더헌   O [노어ㄹ떠ㄹ언]   ɚ,ð phonics

aj.n. 북(쪽)의,북부지방의,미북부의,북으로가는,북향의
Can-ad-a is **n-orth**-ern part of N-orth Am-**er**-ic-a.
The **cott**-age has **n-orth**-ern exp-o-su-re un-**l-ik**(e) **oth**-ers.

nose
[noʊz]

♪ 노으ㅈㅎ   O [노우즈]   z phonics

n. 코,후각,직감력,끝,뱃머리,prow,앞부위,돌출부,부리,**n-ozz**-le
Your n-ose is **runn**-ing.
Mom did n-ot cons-**ent** to hav(e) my n-ose **pi**-er-ced.

not
[nɑːt]

♪ 나얕   X [낫]   틀린발음/ t phonics

av. ~아니다, 않다.
Such **cl**-aims are n-ot comp-**at**-ib-le with the facts.
I'm n-ot **happ**-y with the **pl**-an, but I see n-o **cl**-ear alt-**ern**-at-ive.

note
[noʊt]

♪ 노읕   X [노웃]   틀린발음/ t phonics

n. 메모,각서,비망록,수기,주석,ann-ot-**a**-tion,어음,**prom**-iss-or-y n-ote, 지폐,bank n-ote⇔**co**-in,음조
I'll drop you a n-**ote** as soon as I get **ho**-me.
The **rev**-(h)er-end **al**-w-ays **prea**ches from n-**ot**es.

noth·ing
[nʌθɪŋ]

♪ 낯잉   X [나씽]   mora발음/ ʌ,θ phonics

pron.n. 관심(가치,의미)없는것(사람,일),존재않는것,무,공
He who (k)n-ows **n-oth**-ing doubts **n-oth**-ing.
She w-anted **ju**-st a **pl**-ain dress, **n-oth**-ing **fanc**-y.

no·tice
[noʊtəs]

♪ 노읕어ㅅ   X [노우터스]   mora발음/ t,s phonics

n. 주의,heed,관찰,obs-erv-(h)a-tion,통지(서),경고,**w-arn**-ing,호의
That **art**-ic-le is **w-orth**-y of **n-ot**-ice.
W-e've **n-ot**-iced im-**prov**(e)m-ent in **Eng**-l-ish pron-un-ci-**a**-tion.

no·tice·able
[noʊtəsəbəl]

♪ 노읕엇업얼   X [노우터써브얼]   mora발음/ t,s,b phonics

aj. 주목할만한,뚜렷한,두드러진,rem-**ark**-ab-le,현저한,
The **chan**-ge w-asn't **n-ot**-ice-ab-le.
But w-e found **n-ot**-ice-ab-le **chan**-ges in **temp**-er-at-ure.

no·tion  ○ [노우션]
[noʊʃən]   n. 개념,생각,conc-**ep**-tion,견해,id-**e**-a,신념,bel-**ief**,의향,int-**en**-tion
Ev-(h)er-y **art**-ists are **driv**-(h)en by **n-o**-tions of perf-(**h**)**ec**-tion.
My **n-o**-tion of **Eng**-l-ish is it is the **mu**-st -hav(e) **w-eap**-on to surf the gl-ob-al-i-**za**-tion.

not·with·stand·ing XXX [낫위쓰**탠**딩]   틀린액센트/ **t,w,θ** phonics
[nɑːtwɪθˈstændɪŋ]   prep.conj.av. ~에도불구하고,in **sp**-ite of,**al**-though,암튼,**an**-y-w-ay
The **conc**-ert **pl**-ayed on, n-ot-with-**st**-and-ing the **ra**-in.
The **doct**-or's **ord**-ers n-ot-with-**st**-and-ing, he ret-**urn**ed to work.

noun  ○ [나운]
[naʊn]   n.aj. 명사(구,절), 명사(용법)의,명사적인
The n-oun **mu**-st ag-**ree** in **numb**-er and **gen**d-er.
The **w**-ords `man', `Kim' and `**happ**-in-ess' are all n-ouns.

nov·el  X [나아버얼]   mora발음/ **v,l** phonics
[nɑːvəl]   n.aj. (장편)소설,n-ew,새로운,신기한,기발한,이상한,un-**u**-su-al
He **cap**-tured her charm on his **n-ov**-(h)el and **canv**-(h)as.
His **n-ov**-(h)el w-as **l-at**-er dev-(**h**)**el**-oped **int**-o a **mov**-(h)ie.

No·vem·ber  ○ [노우**벰**버ㄹ]   **v,ɚ** phonics
[noʊˈvɛmbɚ]   n. 11월. 약자 Nov.
The l-ast **sn**-ow **fe**-ll in **Ap**-ril in 2014.
N-ov-(**h**)**emb**-er has n-o **na**-tion-al **hol**-id-ays.

now ○ [나우]
[naʊ]   av.n. 지금(은),곧,즉각,imm-**ed**-i-**ate**-l-y,at once,이제(는),방금
It w-ould be **foo**-l-ish to **chan**-ge **the**-ir **sch**-ed-ule n-ow.
She's **mo**-re cons-**erv**-(h)at-iv(e) n-ow **aft**-er her **marr**-i-age.

no·where ○ [노우웨어ㄹ]   **w, ɚ** phonics
[noʊweɚ]   av.n.adj 아무데도~없다(않다),상상의장소,무명,쓸모없는,시시한
They had **n-o**-w-he-re to **st**-ay **dur**-ing the w-ar.
The **pl**-ane's **eng**-ine died in the **midd**-le of **n-o**-w-he-re.

nu·cle·ar  X [**누우**클리어ㄹ] 중복"ㄹ"="r"발음/ **k,l, ɚ** phonics
[nuːkliːɚ]   aj.n. 핵의,원자핵(력)의,원자(핵)무기의,핵무기,핵보유국
The **gov**'t ag-**ree**d to dism-**ant**-le all **nuc**-l-ear **pl**-ant.
The **carr**-i-age of a **nuc**-l-ear **pl**-ant w-as malf-(**h**)**unc**-tioned.

nui·sance
[nuːsns]
♪ 누우선ㅅ   X [누우쓴ㅅ]   Schwa [n̩]=[언], 틀린발음/ s,n phonics
n. 불유쾌한(해로운)사람(것,일,행위),성가신사람,말썽꾸러기,방해
Hav-(h)ing to **st**-and in l-ine is a **nuis**-ance.
Chem-ic-al **pl**-ants are a **nuis**-ance to the **ne**-i(gh)b-or-hood.

num·ber
[nʌmbɚ]
♪ 남벌   O [남버ㄹ]
n.v. 수,숫자,번호,인원(개)수,집단,**comp**-an-y,약간,세다,count
911 is the **numb**-er to call in case of em-**erg**-enc-y.
W-e rec-**eived** a cons-**id**-er-ab-le **numb**-er of supp-**ort**s.

nu·mer·i·cal
[nʊˈmerɪkəl]
♪ 누움에릭얼   X [누메뤼커얼]   mora발음/ m,r,k phonics
aj. 수의(에관한),수로(를)표시되(하)는,숫자에의한,계산능력의
The **fi**-les are in num-**er**-ic-al **ord**-er.
The **po**-st-al code **chan**-ged to a n-ew num-**er**-ic-al **sy**-st-em.

nu·mer·ous
[nuːmərəs]
♪ 누움어러ㅅ   X [누머뤄쓰]   mora발음/ m,r,s phonics
aj. 매우많은,엄청난,매우많이(있는),**man**-y,다수로이루어진
She l-eft the **sch**-ool for num-**er**-ous **reas**-ons.
Ab-**and**-oned pets are bec-**om**-ing num-**er**-ous na-tionw-id(e).

nurse
[nɚs]
♪ 널ㅅ   X [너ㄹ쓰]   틀린발음/ ɚ,s phonics
n.v. 간호(사),보모,유모,치료,요양,소중히키우다,젖먹(이)다
A **n-ur**-se dressed the cut on his (k)n-ee **aft**-er **st**-it-ch-ing
Nurs-ing is a prof-(h)e-ssion within the health **ca**-re **sect**-or.

nurs·ery
[nɚsəri]
♪ 널ㅅ어리   O [너ㄹ써뤼]   ɚ,s,r phonics
n. 육아실,보육원,**n-ur**-sery **sch**-ool,사육장,양어(식)장,묘목장
W-ork-ing moms need **mo**-re **n-ur**-ser-ies **urg**-ent-l-y.
U-n-iv-(h)**ers**-it-ies are **of**(t)-(h)en **n-ur**-ser-ies for **rad**-ic-als.

nut
[nʌt]
♪ 낱   X [넛]   틀린발음/ ʌ,t phonics
n.aj.v. 열매(줍매),견과,핵(심),머리,head,바보,괴짜,암나사,고환
Are you all-**erg**-ic to n-uts?
He coll-**ect**ed pine n-uts from pine **co**-n(e)s.

nu·tri·tion
[nuˈtrɪʃən]
♪ 누트츠리션   XXX [뉴-츄뤼션]   틀린액센트/
n. 영양보급(섭취),음식물,food,영양분,**n-ut**-rim-ent,영양학
Her **hea**-l-th has been **jeop**-ard-ized by poor nut-**ri**-tion.
She di-**sc**-ussed **di**-et and nut-**ri**-tion with the **pa**-tients.

o or O
[ˈoʊ]

♪오으 [오으] 104 단어 13쪽

n. 알파벳 열다섯째자, O(자)형
O is the **symb**-ol for **ox**-y-gen.
O is the 15th **l-ett**-er of the **mod**-ern **Eng**-l-ish **alph**-(h)ab-et.

oar
[oɚ]

♪오얼 O [오어ㄹ] ɚ phonics

n.v. 노, 새날개, 물고기지느러미, 노젓는사람, 노젓다, row, 젓다
They **oar**ed **st**-rong-l-y ac-**ross** the **fin**-ish l-ine.
They had to oar the **sai**-l-boat back to **sho**-re.

obey
[oʊˈbeɪ]

♪오읍에이 X [오으베이] mora발음/ b phonics

v. 따르다, 응, ~을지키다, ~에따라움직이다, 지배받다, 순종
I've **gott**-en this dog to ob-**ey** me.
Man-y **an**-im-als ob-**ey the**-ir **in**-st-incts.

ob·ject
[ˈɑːbdʒɪkt]

♪아읍지익트 X [아아브쥑트] mora발음/

n. 물건, 대상, 목적, 목표, 놈, 것, 목적어, 대상, 객관⇔**subj**-ect
What a di-**sg**-ust-ing **obj**-ect he has mad(e) of him-**se**-l-f!
He rushed to the scene with the **obj**-ect of **re**-sc-u-ing the **vict**-ims.

ob·ject
[əbˈdʒɛkt]

♪읍젝트 X [어브쥑트] mora발음/ b,dʒ phonics

v. 반대하다, (~을)싫어하다
The **l-aw**-y-er obj-**ect**ed to the **test**-im-on-y of the **w-it**-n-ess.
Occ-up-y W-all **St**-reet obj-**ect**s to the conc-ent-**ra**-tion of **mon**-ey in few hands.

ob·jec·tion
[əbˈdʒɛkʃən]

♪읍젝션 X [어브쥑션] mora발음/ b,dʒ,k phonics

n. 반대(의사, 이유), 이의, 불복, 거부, 난점, **def**-(h)ect, 결점, draw back
She raised a **st**-rong obj-**ec**-tion ag-**ainst** his **pl**-an.
His obj-**ec**-tion to the **proj**-ect is it inv-(h)olves huge e**xp**-ense.

ob·jec·tive
[əbˈdʒɛktɪv]

♪읍젝티브 X [어브쥑티브] mora발음/ b,dʒ,k,v phonics

n.aj. 목적(격,어,의), 목표(의), 실재물(의), 객관적인, 사실에의거한
Someone out**sid**(e) can giv(e) them an obj-**ect**-ive an-**al**-ys-is.
It's hard to think obj-**ect**-ive-l-y ab-**out** one's own **fam**-il-y or team.

ob·ser·va·tion
[ɑːbsɚˈveɪʃən]

♪아읍설버에이션 X [아아브써베이션] mora발음/ b,ɚ,v phonics

n. 관찰(력), 감시, **w-at**-ch-ing, 주의, **n-ot**-ice, 지각, 정보, 의견, 비평
Her obs-erv-(h)a-tions led to a n-ew tech-n-**ol**-o-gy.
I can ded-**uce** from the obs-erv-(h)a-tion of your be-**hav**-(h)ior.

O P Q

365

ob·serve
[əbˈzɚv]

♪업ᅎᅥᆯ브   X [어브저ㄹ브]   mora발음/ **b,z,ɚ,v** phonics

v. 보다,**n-ot**-ice,perc-**eive**,관찰,지키다,ob-**ey**, ~을축하
W-e **cann**-ot **choo**-se but obs-**erve** the **ru**-les.
Chri-s(t)m-as obs-**erve**d as a day of **sec**-ul-ar cel-eb-**ra**-tions.

ob·tain
[əbˈteɪn]

♪업테인   X [어브테인]   mora발음/ **b,t** phonics

v. 획득,손에넣다,사다,유행,prev-(**h**)**a**-i-l,관계가성립
The **Eng**-l-ish4Kor-**e**-an obt-**ain**ed a name am-**ong** st-**ud**-ents.
They obt-**ain**ed the **ma**-st-er-y of **Eng**-l-ish by **Eng**-l-ish4Kor-**e**-ans.

ob·vi·ous
[ɑːbvijəs]

♪아압이여ㅅ   X [아브비어ㅆ]   mora발음/ **b,v** phonics

aj. 분명한,app-**ar**-ent,이해하기쉬운,뻔한,두드러진
L-is-a ate her **fav**-(h)or-ite **chee**-se cak(e) with **obv**-(h)ious joy.
Ice **hock**-ey w-as an **obv**-(h)ious ex-**amp**-le for men's **sp**-orts.

oc·ca·sion
[əˈkeɪʒən]

♪억에이져언   X [어케이줜]   mora발음/ **k,ʒ** phonics

n.vt. 특별한때(경우),opp-ort-**un**-it-y,행사,의식,**cer**-em-on-y
He dressed down for such a **cas**-u-al occ-**a**-sion.
The **part**-y w-as an occ-**a**-sion to meet **man**-y **peop**-le.

oc·cu·pa·tion
[ɑːkjəˈpeɪʃən]

♪아억옆에이션   X [아아큐페이션]   mora발음/ **k,p** phonics

n. 일,직업,voc-**a**-tion,점유(지),poss-**ess**-ion,사용,임기
The n-ew **bui**-l-dings are **read**-y for occ-up-**a**-tion.
It w-as his occ-up-**a**-tion to go for a w-alk **aft**-er **dinn**-er.

oc·cu·py
[ɑːkjəˌpaɪ]

♪아억옆아이   X [아아켜파이]   mora발음/ **k,p** phonics

vt. 점유,지배,사용,eng-**age**,em-**pl**-oy,**ho**-l-d,관리권갖다
They **occ**-up-ied the **child**-ren with a **rob**-ot.
Al-ice's ex-**hib**-**i**-tion **occ**-up-ies a **sec**-tion of the **gall**-er-y.

oc·cur
[əˈkɚ]

♪억얼   X [어커ㄹ]   mora발음/ **k,ɚ** phonics

vi. 나타나다,출현,발생,app-**ear**,**happ**-en,tak(e) **pl**-ace,생각나다
Some dis-**ea**-ses can occ-**ur** in **chi**-l-d-hood.
N-ew eff-(**h**)ect-ive **Eng**-l-ish pron-**ounc**-ing **meth**-od occ-**ur**ed to me.

ocean
[oʊʃən]

♪오으션   O [오우션]

n. 대해,대양,해양,막막한넓음,바다
His **ne**-i(gh)b-ors w-all **bl**-ocked his view of the **o**-cean.
He's **sai**-led al-**one** ac-**ross thous**-ands of **mi**-les of **o**-ceans.

o'·clock
[ə'klɑːk]

 XXX [어클락]   틀린액센트/ k,l phonics

av. 시계로는,시계에의하면,~시의위치
The **tra**-in **w-i**-ll l-eav(e) at four o'**cl**-ock.
Acc-**ord**-ing to the **cl**-ock, it is one o'**cl**-ock.

Oc·to·ber
[ɑk'toʊbɚ]

 X [악토우버ㄹ]   mora발음/ k,b,ɚ phonics

n. 10월. 약자 Oct.
The ent-**ire cit**-y is cel-eb-**rat**-ing the Oct-**ob**-er **fest**-iv-(h)al.
The fall **harv**-(h)est w-as com-**pl**-eted at the end of Oct-**ob**-er.

odd
[ɑːd]

 X [아ㄷ]   mora발음/ d phonics

aj. 별난,**q**-ueer,의외의,**st**-ran-ge,색다른,홀수의⇔**ev**-(h)en
W-ear-ing an odd **pa**-ir of socks bec-**omes pop**-ul-ar.
His **shy**-n-ess makes a bit of an **odd**-it-y in the **bu**-sin-ess w-orld.

odor
[oʊdɚ]

 X [오으더ㄹ]   mora발음/ d,ɚ phonics

n. 냄새,향기,scent,**frag**-rance,(an ~)낌새,**sm**-ack,평판,rep-**ute**
It has an un-**pl**-eas-ant **od**-or.
The det-**ect**-ive **fe**-l-t an **od**-or of su-**sp**-i-cion.

of
[ʌv, əv]

 X [아브]   mora발음/ ʌ,v phonics

prep. ~의,~으로부터(떨어져),a-**w-ay** from~,~을(분리•제거•박탈), ~으로부터, ~에서온,from,out of,~때문에,caused by
The **st**-ripes are char-**act**-er-**ist**-ic of the **zeb**-ra.
I think they hav(e) a **cl**-ear und-er-**st**-and-ing of the **prob**-l-em.

off
[ɑːf]

 X [아아f으]   mora발음/ f phonics

av. 떨어져,쉬고,완전히,com-**pl**-ete-l-y,**utt**-er-l-y,할인(실현)하여
That w-i-ll **n-ot** cool off her aff-**(h)ec**-tion for you.
The yacht w-as **bl**-own **off cour**-se by **st**-rong wind.

of·fend
[ə'fɛnd]

 X [어펜드]   mora발음/ f phonics

v. 감정해치다,죄짓게,(죄)범,어기다,위배되다,trans-**gress**
That **mus**-ic off-**(h)end**s my ear.
He off-**(h)end**ed his **buy**-er with his bad **mann**-ers.

of·fense
[ə'fɛns]

 X [어펜쓰]   mora발음/ f,s phonics

n. 위반,범죄,반칙,crime,모욕,ins-**ult**,공격⇔def-**(h)ense**
The best def-**(h)ense** is the best off-**(h)ense**.
The-ir perf-**(h)orm**-ance gav(e) off-**(h)ense** to the **aud**-i-ence.

of·fen·sive
[əˈfɛnsɪv]

♪ 어**헨**씨
표쓴 납쓴

✕ [어펜시브]　　mora발음/ f,s,v phonics

aj.n. 화나는,**irr**-it-at-ing,모욕적인,참을수없는,공격적인(용의)
His **st**-at(e)m-ent w-as off-(h)**ens**-ive to **l-is**(t)-en to.
An off-(h)**ens**-ive **od**-or w-as **com**-ing from the **fact**-or-y.

of·fer
[ɑːfɚ]

♪ 아**앞**헐
표쓴

✕ [아아퍼ㄹ]　　mora발음/ f,ɚ phonics

v.n. 제공(권,제의,제안,진술,말,표시),팔려고내다,호가,시도
She ref-(h)**use**d to cons-**id**-er my job **off**-(h)er.
The **comp**-an-y **off**-(h)ered **fl**-ex-ib-le **w-ork**-ing hours.

of·fice
[ɑːfəs]

♪ 아**앞**히ㅅ
표쓴

✕ [아아피쓰]　　mora발음/ f,s phonics

n. 사무소,연구실,전직원,관직,공직,부,국,알선,의식,예배식,장례식
The **chem**-i-st-ry of our **off**-(h)i-ce is **ver**-y **cheerf**-(h)ul.
He conf-(h)**er**red with board **memb**-ers in his **off**-(h)i-ce.

of·fi·cer
[ɑːfəsɚ]

♪ 아**앞**히설
표쓴

✕ [아아피써ㄹ]　　mora발음/ f,ɚ phonics

n. 장교,사관,순경,**con**-st-ab-le,pol-**i**-ce-man,공무원,임원
The ROK **Arm**-y is **w-e-ll off**-(h)i-cered.
Ju-st the **pres**-ence of pol-**i**-ce **off**-(h)i-cers in-**hib**-ited them.

of·fi·cial
[əˈfɪʃəl]

♪ 어**히**셜
표쓴

✕ [어피셜]　　mora발음/ f phonics

n.aj. 관리,공무원,a **civ**-(h)il **serv**-(h)ant,직원,직무상의,공식의
He is a **pett**-y **off**-(h)i-cial in his dep-**artm**-ent.
He **some**times att-**end**s off-(h)**i**-cial **func**-tions with his w-ife.

off·set
[ɑːfsɛt]

♪ 아**앞**쎋
표쓴

✕ [아아f으쎘]　　mora발음/ f,s,t phonics

n.aj.vt. 상쇄,보상,**comp**-ens-ate,가지,파생,인쇄,중심벗어난
This **matt**-er is an **off**set of the **ma**-in **iss**-ue.
They **cl**-im(b)ed an **off**set of the Baek-Doo **Mount**-ains.

of·ten
[ɑːfən]

♪ 아**앞**헌
표쓴

✕ [아아펀]　　mora발음/ f phonics

av. 종종,자주,대개,**freq**-uent-l-y
Our op-**in**-ions co-in-**cid**(e) **mo**-re **of**(t)-(h)en than n-ot.
Her-oes are **of**(t)-(h)en comp-**an**-ioned by **w-i**-sem-en.

oh
[oʊ]

♪ **오**으

O [오우]

interj.n.vi. 오,아이고,어허,어머나,"oh"라고내는소리(다),제로,영
Oh, what a **mov**-(h)ie!
Oh, **Al**-ice, **Ell**-en! Come **he**-re, **w-i**-ll you?

oil
[ojəl]

♪오이열   O [오열]

n.v. 기름,석유,pet-**ro**-l-eum,유화물감,아첨,**fl**-att-er-y,뇌물쓰다
They capped the ho-le of the **emp**-ty **o**-**i**-**l**-w-e-ll.
The **ol**-iv(e) **o**-**i**-l is supp-**l**-ied in a **cl**-ear, **pl**-ast-ic cont-**ain**-er.

OK or okay
[oʊ'keɪ]

♪오을**에**이   X [오우**케**이]   mora발음/ k phonics

aj.av.vt.n. 좋아,맞아,all right,corr-**ect**,찬성,승인,동의,승인
Our **proj**-ect w-as O.K.ed by the Board of Dir-**ect**-ors.
All **chi**-l-dren hav(e) be-**hav**(e)d O.K. **dur**-ing the **fie**-l-d trip.

old
[oʊld]

♪**오**을ㄷ   O [오울드]

aj.n. 늙은,연상의,역사긴,낡은,구식의,노련한,경험있는
She w-as a great **comf**-(h)ort to her **o**-l-d **moth**-er.
N-**ob**-od-y bel-**iev**(e)d her **cl**-aim to be 100 **ye**-ars **o**-l-d.

om·e·let(te)
[ɑ:mlət]

   X [아아**믈**럿]   mora발음/ m,l,t phonics

n. 어엄을엍
The **rec**-ip-e of **om**-el-et is **ver**-y **simp**-le.
You can't make an **om**-el-et with-**out break**-ing a few eggs.

omit
[oʊ'mɪt]

♪오음**잍**   X [오우**밋**]   mora발음/ m,t phonics

vt. ~을생략,~을빠뜨리(고쓰)다,(인사등을)못,게을리,안,잊다
I om-**it**ted to say good-**bye** to you.
Kind-l-y om-**it fl**-ow-ers.   꽃,화환은사양

on
[ɑ:n]

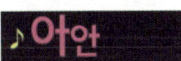   O [오언]

prep. ~위에,~을바탕으로,~에,~쪽으로,**to**-w-ard,~으로,~상태
I'm **cert**-ain that she'll show up on time.
He w-aited out**sid**(e) on the **chan**-ce of **see**-ing her.

once
[wʌns]

   X [완쓰]   틀린발음/ s phonics

av.aj.n. 한번,한때,이전에,옛날에,**form**-er-l-y,언젠가,일단,**ev**-(h)er
The-re w-i-ll be a trash coll-**ec**-tion once a w-eek.
All who once l-ov(e)d him hav(e) **des**-erted him.

one
[wʌn]

   X [완]   w,ʌ phonics

aj.n.pron. 한 개(사람,살,시간)(의),**sing**-le,일치된,Un-**it**-ed,유일한
One can **hard**-l-y **bl**-ame you for **be**-ing **fa**-il-ure.
Namsan **Tow**-er is one of the ic-**on**-ic Seoul att-**rac**-tions.

369

one·self
[wʌnˈsɛlf]

♪ 으완ㅆ엘ㅍㅎ   O [완쎌f으]   w,ʌ,s,f phonics

pron. one의 재귀목적어,자기자신(을,에게),자기스스로,본래자신
It is n-ot eas-y to (k)n-ow one-se-l-f.
Grief is fe-l-t o-n-l-y by one-se-l-f.

on·go·ing
[ɑːnˌgoʊɪŋ]

♪ 아안고으윙   O [아안고윙]   w phonics

aj.n. 계속(하는),진행(중인),dev-(h)el-op-ing,전진,adv-(h)an-ce,
That w-as the on-go-ing ev-(h)ents at the sch-ool.
This is an on-go-ing proj-ect for the n-ext gen-er-a-tion.

on·ion
[ʌnjən]

♪ 안이연   X [아니언]   mora발음/ ʌ,n phonics

n.aj. 양파(냄새),사람,놈,머리,양파의(같은)
Ju-i-ce from the on-ion sq-uirted int-o my eye.
She is grow-ing on-ions in the farm this ye-ar.

on·line
[ɒnˌlaɪn]

♪ 언을라인   O [오-언라인]

aj.av. 온라인의,철도편있는지점에위치한,온라인으로
Teens l-ik(e)s to eng-age in on-l-ine chats.
The gov-(h)ernm-ent off-(h)i-ces are conn-ected all on-l-ine.

on·ly
[oʊnli]

♪ 오은리   O [오은리]

av.aj. 오직,단지,겨우,mere-l-y,ju-st,유일한,so-le,un-iq-ue
Hea-l-th cons-ists with temp-er-ance o-n-l-y.
He w-as con-st-rained by cons-cience and to-l-d o-n-l-y the truth.

on·to
[ɑːntʊ]

♪ 아안투   O [아안투]

prep.aj. ~위에, ~을알아채고, 위로의,
They l-oaded the boxes from o-l-d house ont-o the truck.
She adm-its she w-as terr-if-(h)ied to st-ep ont-o the TED st-age.

on·ward(s)
[ɑːnwə-d,~z]

♪ 아안으워ㄹ즈   O [아안워ㄹ드]   w,z phonics

av.aj. 앞으로,이후로,나아가서,for-w-ard,전방에(의),전진적인
W-he-re w-ere you from ten o'cl-ock on-w-ard?
W-e'v(e) been l-iv-(h)ing in the cond-om-in-ium since 2010 on-w-ard.

open
[oʊpən]

♪ 오읖언   O [오우펀]   mora발음/p phonics

aj.v.n. 열린(다),눈뜬(뜨다),영업하는(다),뚜껑없는,벌어진(지다)⇔shut,⇔cl-osed,공개의(하다),널따란,울타리없는,틈있는,구멍있는,por-ous,너그러운,gen-er-ous,l-ib-er-al,bount-eous, 폭로,누설,di-sc-l-ose,rev-(h)ea-l,트인곳,빈터,옥외,야외(op-en a-ir),노천
She op-ened a n-ew chapt-er in her l-if(e) as a sing-er.
He chewed with mouth op-en and mad(e) peop-le un-pl-eas-ant.

open·ing
[oʊpənɪŋ]

♪오 읖언잉   X [오우프닝]   mora발음/ **p,n** phonics

n.aj. 열기,개통,빈터,광장,구멍,틈,gap,**ap**-ert-ure,시작,comm-**encem**-ent, **st**-art,발단,초기(의),서막,초연,**fir**-st perf-(**h**)**orm**-ance

The **op**-en-ing of the MLB **st**-arts on 1st **Sund**-ay **n**-**i**-ght in **Ap**-ril.
DNA **Ed**-it-ing **Too**-ls Are **Op**-en-ing the **Do**-or to **Cu**-st-om-Mad(e) **Gen**-omes.

op·er·a
[ɒpərə; ˈɒprə]

♪앞(어)러러   X [아퍼롸아]   mora발음/ **p,r** phonics

n. 가극,오페라(형식,예술,가사,흥행,극장)

L-ots of **house**wives l-ov(e) to w-**at**-ch daytime soap **op**-er-as.
Com-ing ev-(**h**)**ent**s in**c**-**l**-ude a **conc**-ert at the **Op**-er-a House.

op·er·ate
[ɑːpəˌreɪt]

♪아앞어레잍   X [아퍼뤠잇]   mora발음/ **p,r,t** phonics

v. 움직이다,작동,운전,수술,w-ork,**func**-tion,작전,(군사)행동,수행

W-e **mu**-st use **cau**-tion when **op**-er-at-ing the el-**ect**-ric saw.
He w-ashed cl-oths at a **co**-in **op**-er-ated **l**-**aund**-ry ma-**chine**.

op·er·a·tion
[ɑːpəˈreɪʃən]

♪아앞어 레이션   X [아퍼뤠이션]   mora발음/ **p,r** phonics

n. 기능,**func**-tion,조작,운전,시행,작업과정,사업,수술,전략,작전

The **doct**-or e**xp**-**l**-ained the risks bef-(**h**)**ore** the op-er-**a**-tion.
He can't hav(e) a **med**-ic-al op-er-**a**-tion with**out** your cons-**ent**.

opin·ion
[əˈpɪnjən]

♪엎인연   X [어피니언]   mora발음/ **p,n** phonics

n. 판단,의견,견해,생각,소신,여론,판정,(호의적)평가,존중

She **off**-(**h**)ered an op-**in**-ion to the comm-**itt**-ee **cha**-ir.
Our op-**in**-ions co-in-**cid**(e) **mo**-re **of**(t)-(**h**)en than n-ot.

op·po·nent
[əˈpoʊnənt]

n.aj. 반대자(의),상대,대립하는,반내쪽인,맞은편의,**opp**-o-s**i**te

Both **part**-ies dug up dirt on **the**-ir opp-**on**-ents.
She mad(e) att-**empt** to conc-**ea**-l her **hat**-red for her opp-**on**-ents.

♪엎오 은언ㅌ   X [어포우넌ㅌ]   mora발음/ **p,n,t** phonics

op·por·tu·ni·ty
[ɑːpɚˈtuːnəti]

   X [아아퍼ㄹ튜우너티] mora발음/ **p,ɚ,n,t,y** phonics

n. 상황,조건,기회,가망

Dig-it-al tech changed em-**pl**-oym-ent opp-ort-**un**-it-ies.
Two **el**-em-ents **mu**-st be **prov**-(**h**)en: **mot**-ive and opp-ort-**un**-it-y.

op·pose
[əˈpoʊz]

♪엎오 으즈ㅎ   X [어포우즈]   mora발음/ **p,z** phonics

v. 반항,적대,대치,항쟁,방해,훼방,반대,대항(대립)시키다

The **gov**-(**h**)ern-or opp-**os**es the death **pen**-alt-y.
They hav(e) dec-**ide**d to opp-**ose** the dec-**i**-sion in this **in**-st-ance.

op·po·site
[ɑ:pəzət]

♪아앞어헡 X [아아퍼짓] mora발음/ p,z,t phonics

aj.n.prep.av. 반대(쪽)의,맞은편의,상대의사람(일,물건),반의어
She is the ex-act opp-o-site of her broth-er.
A Pol-it-i-cian w-as beat-en up by opp-o-site part-y crit-ics.

op·po·si·tion
[ɑ:pəˈzɪʃən]

♪아앞어지션 X [아아퍼지션] mora발음/ p,z phonics

n. 반대,항쟁,반감,대립,적의,ho-st-il-it-y,비판자,야당,대조,대비
The pl-an has met l-itt-le opp-o-si-tion in the comm-un-it-y.
Att-empts to chan-ge hav(e) met with st-rong opp-o-si-tion.

op·tion
[ɑ:pʃən]

♪아앞션 X [아압션] 틀린발음/ p phonics

n.vt. 선택의자유,임의,(주식매입)선택권(얻다),st-ock op-tion
She has the op-tion of marr-y-ing him or n-ot.
The pub-l-ish-er has an op-tion on her n-ext po-em.

or
[oɚ, ɚ]

♪오얼 O [오어ㄹ] ɚ phonics

conj.n.aj. ~이든지~,~또는~,~혹은~,바꾸어말하면,황금빛(의)
To be or n-ot to be; that is the q-ues-tion.
Be he-re on time, or w-e'll l-eav(e) with-out you.

o·ral
[ɔ:rəl]

 X [오-뤄얼] 틀린발음/ r,l phonics

aj.n. 구어의,sp-ok-en⇔w-ritt-en,입(부분)의,입으로하는,경구의
She pract-ices or-al hyg-iene by brush-ing aft-er each mea-l.
As her or-al ex-am, she had to rec-ite all the Kings' names.

or·ange
[ɑrɪndʒ, ˈorɪndʒ]

♪아린지 O [아뤈쥐] r,dʒ phonics

n.aj. 오렌지(의)•(나무),감귤류,오렌지색(의),오렌지왕가(왕)
Thir-st-y mad(e) him drink a cart-on of or-ange jui-ce.
L-os Ang-el-es is ne-i(gh)b-or-ing n-orth of Or-ange Count-y.

or·ches·tra
[ɔ:kɪstrə]

♪오옥이슽러 X [오-ㄹ키스츄뤄] mora발음/ k,t,r phonics

n. 오케스트라, 관현악단, 연주자석; 1층의 1등석
An app-l-ause and st-and-ing greeted the or-che-st-ra.
Ell-en pl-ayed French horn in the sch-ool or-che-st-ra.

or·deal
[ɔ:di:l]

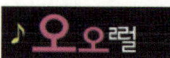 X [오-ㄹ디일] mora발음/ d,l phonics

n. 엄격한시련(체험),sev-(h)ere tri-al,고난, 고생
He w-ent through a terr-ib-le ord-ea-l.
She sp-oke with ev-(h)id-ent em-o-tion ab-out her ord-ea-l.

or·der
[oɚdɚ]

♪ 오얼던   O [오어ㄹ더ㄹ]   ɚ phonics

n.vt. 순서,정돈,자연의이치,(사회)질서⇔dis-**ord**-er,명령,주문,지위

He **ord**-ered a **pizz**-(h)a topped with **co**-ins of pepp-er-**on**-i.
The **st**-ore **bot**-ched my **ord**-er—I got **o-n**-l-y half I paid for.

or·di·nary
[oɚdəneri]

♪ 오얼던에리   X [오어ㄹ더네뤼]   mora발음/ ɚ,n,r phonics

aj.n. 보통의(것,일,사람),일상적인,**cu**-st-om-ar-y,평범한,정규의

His **l-ec**-tur-er w-as so **ord**-in-ar-y.
The **conc**-ert w-as **ord**-in-ar-y and un-in-**sp**-ired.

or·gan
[oɚgən]

♪ 오얼건   O [오어ㄹ건]   ɚ phonics

n. 오르간,풍금,(장)기관,**in**-st-rum-ent, means,

The FBI is an **org**-an of the **ju**-st-ice Dep-**artm**-ent.
Ce-ll is the **sm**-all-est **st**-ruc-tur-al **un**-it of an **org**-an-ism.

or·gan·ic
[ɔːgænɪk]

♪ 오얼앤익   X [오r개닉]   mora발음/ g,n,k phonics

aj.n. 유기(화학,생물,조직)(의),기관(의),유기비료(살충제)(쓰는)

They use org-**an**-ic **who**-le-**wheat fl**-our for bread.
This **ne**-i(gh)b-or-hood is an org-**an**-ic part of the **count**-ry.

or·gan·ism
[ɔrgənɪzəm]

♪ 올건이즘 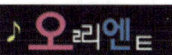   X [오r개니즘]   mora발음/ g,n,z phonics

n. 유기체,생물,유기적조직체

A **hu-m**-an **be**-ing is a **comp**-l-ex **org**-an-ism.
Sl-ow-l-y, **tin**-y **org**-an-isms ev-(h)olved **int**-o mult-i-**ce-ll**ed **crea**-tures.

or·ga·ni·za·tion
[oɚgənəˈzeɪʃən]

♪ 오얼언어제이션   X [오어ㄹ거니제이션]   mora발음/ ɚ,g,n,z phonics

n. 조직(체),구조,**st**-ruc-ture,유기체,**org**-an-ism,유기적조직체

The org-an-i-**za**-tion **he**-l-d its **ann**-u-al **conf**-(h)er-ence at COEX.
Ev-(h)er-y-one in the org-an-i-**za**-tion has to **foll**-ow its code of **eth**-ics.

or·ga·nize
[oɚgənaɪz]

♪ 오얼언아이즈   X [오어ㄹ거나이즈]   mora발음/ ɚ,g,n,z phonics

v. 조직(편성,구성,조직),체계화,**sy**-st-em-at-ize,설립(창립),계획

They are **org**-an-iz-ing a **fund**-raiser.
She **org**-an-ized **peop**-le to w-ork for her **st**-art-up.

ori·ent
[oriɛnt]

♪ 오리엔트   O [오뤼엔트]   r phonics

n.aj.v. 동양(의),Or-i-**ent**-al⇔**oc**-cid-ent,적응,adj-**ust**, ~향하여짓다

The **bui**-l-d-ing is **or**-i-ented so that it faces south.
The **prog**-ram is int-**end**ed to **or**-i-ent **st**-ud-ents in mech-**an**-ics.

or·i·gin
[orədʒən]

♪오럳젼언   X [오뤄줜]   틀린발음/ dʒ phonics

n. 근원,출처,**so**-ur-ce,발생,der-iv-(**h**)**a**-tion,유래,원산지
Sci-ence **cl**-ues ab-**out** the **or**-ig-in of the **u**-**n**-iv-(h)erse.
The Kor-**e**-an **fl**-ag, Taegeuk means the **or**-ig-in of **u**-**n**-iv-(h)erse.

orig·i·nal
[ərɪdʒənl]

♪어리젼얼   X [어뤼줘느얼]   Schwa [l]=[얼], 틀린발음,dʒ,n,l phonics

aj.n. 본래의,독창적인,cre-**at**-ive,기발한,**st**-rik-ing,원문(작,형)(의)
He **dev**-(h)i-ated the **st**-ream from its or-**ig**-in-al to his **prop**-ert-y.
Mass-a-**chus**-etts w-as one of the or-**ig**-in-al 13 **Brit**-ish **col**-on-ies.

orig·i·nal·ly
[ərɪdʒənli]

♪어리젼얼이   X [어뤼줘느얼리]   [l]=[얼],틀린발음/ r,dʒ,n,l,y phonics

av. 태생은,by **or**-ig-in,출신은,원래는,**form**-er-l-y,처음엔,at **fir**-st
The hot-**e**-l w-as or-**ig**-in-all-y a **sch**-ool.
She has an ab-**il**-it-y to im-**prove** the **proc**-ess or-**ig**-in-all-y.

or·na·ment
[oɚnəmənt]

♪오언엄언ㅌ   X [오어ㄹ너먼트]   mora발음/ ɚ,n,m phonics

n.vt. 장식품,장신구,장식,dec-or-**a**-tion,광채나는사람,장식,빛을더
She w-ore a **ha**-ir **orn**-am-ent.
The poet w-as inv-(**h**)**ite**d to **orn**-am-ent the **Eng**-l-ish **l**-**it**-er-ar-y

or·phan·age
[ɔrfɪnɪdʒ]

♪올ㅍ헌인지   O [오ㄹf언이쥐]   f,n,dʒ phonics

n. 고아원, 고아임, 고아신세, **orph**-(h)an-hood
Aft-er his **par**-ents' death, he w-as **ra**-ised in an **orph**-(h)an-age.
An **orph**-(h)an-age is dev-(**h**)**ote**d to the **ca**-re of **orph**-(h)ans.

oth·er
[ʌðɚ]

♪앋더   X [아떠ㄹ]   mora발음/ ʌ,ð,ɚ phonics

aj.pron. 그밖의,또다른,별개의,남은(사람,사물,것),남,타인
Nat-ur-al-ized Am-**er**-ic-an **cit**-iz-ens are **eq**-ual to **oth**-ers.
The **pres**-id-ent w-ants to act in **conc**-ert with **oth**-er **na**-tions.

oth·er·wise
[ʌðɚˌwaɪz]

♪앋얼으와이즈ㅎ   X [아떠ㄹ와이즈]   mora발음/ ʌ,ð,ɚ,w,z phonics

av.aj. 다른,다르게,그렇지않으면,다른상황에서는,그이외의
Pl-ease **cl**-ean up **aft**-er your dogs **oth**-er-wise ur kids'll get sick.
The **te**-st **he**-l-ps id-**ent**-if-(h)y **prob**-l-ems **oth**-er-wise un-**n**-**ot**-iced.

ought
[ɑːt]

♪아앝   X [아앗]   틀린발음/ t phonics

aux.v.n. 해야,**mu**-st,~하는것이당연,~임에틀림없다,의무
You ought to **he**-ar **Al**-ice's **pl**-ay-ing the vi-ol-**in**!
You ought to hav(e) inf-(**h**)**orm**ed the pol-**i**-ce at once.

ounce
[aʊns]   ♪아은ㅅ   X [아운쓰]   틀린발음/ s phonics

n. 온스=1/16 lb=28g),귀금속•약은1/12 lb=31g,fl-uid **ou**-n-ce,소량
An **ou**-n-ce of prev-(**h**)**en**-tion is w-orth a **pou**-n-d of **cu**-re. <속담>
If **o**-n-l-y he had poss-**ess**ed an **ou**-n-ce of **bu**-sin-ess sense.

our
[awɚ]   ♪아으월,ㅈㅎ   O [아우어ㄹ]   w, ɚ phonics

pron. w-e의소유격,우리들의,우리의,필자의,본인의,
Our **fact**-or-y's **out**put w-as n-ot at cap-**ac**-it-y.
They make an ex-**cep**-tion in our case.

ours
[awɚ-z, ɑɚ-z]   ♪아으월,ㅈㅎ   O [아우어ㄹ즈]   w,ɚ,z phonics

pron. w-e의소유대명사,우리것,우리(학교,회사)
She is a **frien**-d of ours.
Ours is n-ot ess-**en**-tiall-y a **trag**-ic age.

our·selves
[awɚ·sɛlvz]   ♪아으월쎄엘브ㅈㅎ   O [아우어ㄹ쎌브즈]   w,ɚ,v,z phonics

pron. pl. 우리자신을(스스로,정상적인상태),평소의자신
W-e should n-ot dep-**re**-ciate our-**se**-l-ves.
W-e mad(e) our-**se**-l-ves **cl**-ear on the **bud**-get e**xp**-an-sion.

out
[aʊt]   ♪아읕   X [아웃]   틀린발음/ t phonics

av. 밖(외출,외국)으로,떠나,끝까지,완전히,com-**pl**-ete-l-y,퍼져서
She chewed him out for **be**-ing dis-**hon**-est.
Her **fam**-il-y w-as **comf**-(h)orted by the **out**pour-ing supp-**ort**.

out·come
[aʊtkʌm]   ♪아읕캄   X [아웃캄]   틀린발음/ t phonics

n. 결과,res-**ult**,성과,결말,end,결론,con-**cl**-u-sion
The dark **pa**-int-ing w-as an **out**come of the Dark Ages.
This book is the **out**come of 7 yrs of **st**-ud-y and obs-erv-(**h**)**a**-tion.

out·doors
[aʊt'doɚ-z]   ♪아읕도얼ㅈㅎ   X [아웃도어ㄹ즈]   틀린발음/t,ɚ,z phonics

av.n.aj. 옥외(야외)에(서,의), 옥외, 야외
This **fie**-l-d trip is an out**door cl**-assroom.
You need a **ins**-ect e**xp**-ell-ant **sp**-ray for out**door** act-**iv**-(h)it-y.

out·er
[aʊtɚ]   ♪아읕얼   X [아웃터ㄹ]   틀린발음/ t,ɚ phonics

aj.n. 밖의,바깥쪽의⇔**inn**-er,외적인,객관적인,obj-**ect**-ive
She rem-**ov**ed the **out**-er **sk**-in of the **on**-ion to chop.
His **inn**-er **turm**-oi-l w-as **cov**-(h)ered by **out**-er calm.

out·line
[ˈaʊtˌlaɪn]

♪아읕을아인　✗ [아웃라인]　틀린발음/ t,l phonics

n.vt. 윤곽(그리다),외형,**cont**-our,약도,**sk**-etch,개요,요점(말)
The **pa**-int-er **out**-l-ined her **sup**-erb **fig**-ure **in**-st-ant-l-y.
The dev-(**h**)**el**-oper **out**-l-ined the **conc**-ept of the **bui**-l-d-ing.

out·put
[ˈaʊtˌpʊt]

♪아읕플　✗ [아웃풋]　틀린발음/ t phonics

n.vt. 생산(물,량,고),산출(물,량),prod-**uc**-tion,출력,만든문장
Our **fact**-or-y's **out**-put w-as n-ot at cap-**ac**-it-y.
The com-**put**-er's **out**-put is shown on this **mon**-it-or.

out·side
[aʊtˈsaɪd, ˈaʊtˌsaɪd]

♪아읕싸인　✗ [n;아웃**싸**이드,**아웃**싸이드]　틀린발음/ t,d phonics

n.aj.av.prep. 외부(의) ins-**id**(e),바깥쪽,외관,외에,e**xc**-ept
The **parc**-el w-as l-eft out**sid**(e) in the damp.
He w-aited out**sid**(e) on the **chan**-ce of **see**-ing her.

out·stand·ing
[aʊtˈstændɪŋ]

♪아읕슾앤딩　✗✗✗ [아웃스탠딩]　틀린액센트/ st,n phonics

aj.n. 빼어난,현저한,**prom**-in-ent,튀어나온,미해결의,미지불(부채)
Ell-en is an out-**st**-and-ing pi-**an**-ist.
The-re're out-**st**-and-ing **iss**-ues bet-**ween** the **coup**-le.

out·ward
[ˈaʊtwɚd]

♪아읕윌　✗ [아웃워ㄹ드]　틀린발음/ t,w,ɚ,d phonics

aj.n. 밖으로향하는,외향적인,외부(의),외모(의)⇔**in**-w-ard,외계
Seoul **st**-retches **out**-w-ard for **man**-y kil-**om**-et-ers.
This **o**-intm-ent **out**-w-ard app-l-ic-**a**-tion **o**-n-l-y!

ov·en
[ˈʌvən]

♪앞언　✗ [아번]　mora 발음/ ʌ,v phonics

n. 솥,오븐,화덕,아궁이
She bakes **cook**-ies in her **ov**-(h)en.
My **cl**-assroom is l-ik(e) an **ov**-(h)en in the **aft**-er-**n**-oon.

over
[ˈoʊvɚ]

♪오으얼　✗ [오우버ㄹ]　mora 발음/ v,ɚ phonics

prep.av. ~의위에,~너머로,~를건너서,~를덮어서,내내,반복하여
She w-on him **ov**-(h)er with her charm.
She **fe**-l-t **ov**-(h)er-shad-ow-ed by the **succ**-ess of her **si**-st-er.

over·all
[ˌoʊvɚˈɑːl]

♪오으얼아알　✗ [오우버ㄹ아알]　mora 발음/ v,ɚ,l phonics

av.aj.n. 전체에,종합적(으로),전반적(으로),오버올,작업복
The **ov**-(h)erall l-ength of the car is **ju**-st 2 **met**-ers.
W-e mad(e) some mi-**st**-ak(e)s but did **w**-e-ll **ov**-(h)erall.

over·come
[oʊvɚˈkʌm]

 ✗ [오우버ㄹ캄]   mora발음/ v,ɚ,ʌ phonics

v. 압도,극복,정복,sur-**mount**,~에이기다,녹초되게,이기다,win

Sl-eep ov-(h)er-**came** him ag-**ain**.
She ov-(h)er-**came** a foot **inj**-ur-y and is **danc**-ing ag-**ain**.

over·lap
[oʊvɚˈlæp]

 ✗ [오우버ㄹ얼랩]   mora발음/ v,ɚ,l,p phonics

vt.n. 겹치다,포개다,일부를뒤덮다,일치,공통점있다,겹침,중복

Some of **the**-ir **dut**-ies ov-(h)er-**l-ap** mine.
The **cont**-ents of the two **mov**-(h)ies ov-(h)er-**l-ap** each **oth**-er.

over·seas
[oʊvɚˈsiːz]

 ✗ [오우버ㄹ씨이즈]   mora발음/ v,ɚ,z phonics

av.aj.n. 바다저편에,해외(외국)(의,으로),ab-**road**,대외적인,외국

She **ju**-st got back from ov-(h)er**seas** **bu**-sin-ess trip.
They face **fi**-er-ce comp-et-**i**-tion from ov-(h)er**seas** comp-**et**-it-ors.

over·whelm
[oʊvɚˈwɛlm]

 ✗ [오우버ㄹ웰름]   mora발음/ v,ɚ,w,l,m phonics

vt. 압도,제압,ov-(h)er-**po**-w-er,괴멸(멸망)시키다

The **riv**-(h)er ov-(h)er-**whelm**ed and **who**-le **vi**-ll-ages drowned.
She w-as ov-(h)er**whelm**ed by his **sudd**-en app-**ear**-ance.

owe
[oʊ]

○ [오우]

vt. 빚이있다,은혜입고(신세지고)있다,어떤감정을가지고있다

How much do I **owe** you for the dress?
You owe me two **thous**-and **doll**-ars for the dress.

own
[oʊn]

○ [오운]

aj.v.자신의,자기것,소유,poss-**ess**,인정,ack-n-**owl**-edge,승인

They own a **cha**-in of **fa**-st-food **st**-ores.
It is **int**-er-est-ing that **peop**-le hav(e) own char-act-er-**ist**-ics.

own·er
[oʊnɚ]

 ✗ [오우너ㄹ]   mora발음/ n,ɚ phonics

n. 소유자, 임자

She owns and **op**-er-ates a food **serv**-(h)ice **bu**-sin-ess.
The **coup**-le hoped to own **the**-ir own **ho**-me **some**day.

own·er·ship
[oʊnɚʃɪp]

 ✗ [오우너ㄹ쉽]

n. 소유자임,소유권

The **i(s)l**-and is **und**-er **priv**-(h)ate **own**-er-ship.
The **succ**-**ess** owes to **ev**-(h)er-y-one's **own**-er-ship of the **proj**-ect.

p or P
[piː]

♪피이   O [피이]   314 단어 40쪽

n. 알파벳열여섯째자,P(자)형
P is the **symb**-ol for **mus**-ic pi-**an**-o, **pl**-ay **q**-uiet-l-y.
P is the 16th **l-ett**-er of the **mod**-ern **Eng**-l-ish **alph**-(h)ab-et.

pace
[peɪs]

♪페이ㅅ   X [페이쓰]   틀린발음/ s phonics

n.v. 걷는속도,1보(거리),보폭,gait,보조맞춰걷(달리)다,l-ead
I **mat**-ched my pace to my **o**-l-d mom's.
The **sl**-ow-er pace of my l-if(e) in the **count**-ry is **cel**-eb-rated.

pack
[pæk]

♪팩   X [팩]   틀린발음/ k phonics

n.vt. 짐,**bund**-le,배낭,한상자,집단,싸다,포장,패킹을대다,씌우다
Why are eggs packed in **doz**-ens, 12 each?
All caf-(h)és are **be**-ing packed on this **st**-reet **ev**-(h)er-y **Frid**-ay.

pack·age
[pækɪdʒ]

♪팩인지   X [패키쥐]   mora 발음/ k,dʒ phonics

n.aj.vt. 소포,꾸러미,**parc**-el,상자,일괄계약,유닛완성품,일괄적인
All in-**gred**-i-ents are l-isted on the back of the **pack**-age.
The food w-as **pack**-aged in **hund**-reds of ind-iv-(h)i-dual **serv**-(h)ings.

pad
[pæd]

♪팯   X [패드]   mora 발음/ d phonics

n.vt. 의복패드(넣다),깔개,필기첩,**tab**-l-et,채우다,
The **sp**-eak-er padded a **l-ec**-tur-er with jokes.   늘이다
The box padded with **cott**-on w-as del-**iv**-(h)ered.

page
[peɪdʒ]

♪페인지   O [페이쥐]   dʒ phonics

n.v. 한면,한삽화,**ep**-is-ode,페이지매기다,수행원,전화로연락
The-re are two **col**-um(n)s of my **art**-ic-le on this page.
The-re w-as an **err**-or **mess**-age at the foot of the w-eb page.

pain
[peɪn]

♪페인   O [페인]

n.vt. 고통,고민,비탄,grief,수고,고생,**troub**-le,괴롭히다
She w-as in cons-**id**-er-ab-le **pa**-in.
The **pa**-in has dis-app-**ear**ed **ri**-ght a-**w-ay aft**-er the shot.

paint
[peɪnt]

♪페인트   O [페인트]

n.vt. 그림물감,**pig**-m-ent,도료,칠,허식,물감으로그리다
The **pa**-int is **st**-i-ll **st**-ick-y, so **w-a**-it for **sec**-ond **l-ay**-er.
W-e **cal**-cul-ated to det-**erm**-ine how much **pa**-int needed.

paint·ing
['peɪntɪŋ]

 O [페인팅]

n. 그림(그리기),화법,화가업,페인트칠하기(칠한것),도장,채색

He **cont**-ested with **oth**-er **bidd**-ers for the **pa**-int-ing.
The dark **pa**-int-ing w-as an **out**-come of the Dark Ages.

pair
[peɚ]

 O [페어ㄹ]

n.v. 한쌍(켤레,벌),쌍의한쪽,**part**-n-er,짝짓다,부부되다

The-re w-as a pa-ir of arch to her **eye**brows.
Her **din**-ing room **fea**-tures a pa-ir of **doub**-le-door **cu**(p)b-oard.

pal·ace
['pæləs]

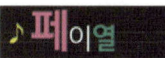 X [팰러쓰] 중복 "ㄹ"="r"발음/ l,s phonics

n.aj. 궁궐,공관,큰저택,큰홀,호화로운,사치스러운,lu**x-ur**-i-ous

The part of the **pal**-ace has been torn down by the **st**-orm.
His **cott**-age turned out to be an **ov**-(h)er-the-top **pal**-ace.

pale
[peɪl]

 O [페열]

aj.v. 창백한,wan,엷은 dark,빛약한,dim,창백,grow **pa**-l(e)

That girl has a **pa**-l(e) com-**pl**-exion.
She **pa**-l(e)s at the sight of **an**-y **acc**-id-ent.

pan
[pæn]

 O [팬]

n.v. 팬,냄비,무릎뼈((k)n-eepan),얼굴,냄비로익히다(사금일다)

Pan cak(e)s w-ere serv(e)d with **butt**-er and **map**-le **syr**-up.
The fish should be **l-ight**-l-y **fl**-oured bef-(h)ore it's **pan**-fried.

pan·el
['pænl]

 X [패느얼] Schwa [l]=[얼], 틀린발음/ n,l phonics

n. 천장널,창판자,화판,패널화,(토론,조언,심사원)그룹,공개토본회

The cont-**ro**-ls are conc-**ea**-led be-**hind** a **pan**-el.
The u-n-iv-(h)**ers**-it-y is **ho**-st-ing a **pan**-el on "**ju**-st-ice".

pan·ic
['pænɪk]

 X [패닉] mora발음/ n,k phonics

n.aj.v. 공황(상태),공포,허둥대기,자제심잃게,열광케,공포느끼다

Her in-i-tial re-**ac**-tion w-as to **pan**-ic.
Peop-le w-ere in **pan**-ic and **horr**-or **aft**-er the di-**sa**-st-er.

pant
[pænt]

 O [팬트]

vi.n. 숨차다,헐떡이다,gasp,두근거리다,beat,열망(for,**aft**-er)

Dogs pant when it's hot.
The **peop**-le panted **aft**-er **freed**-om.

pants
[pænts]

♪팬ㅊ   O [팬츠]

n. 바지,**trous**-ers,**sl**-acks,pant-al-**oons**,팬티
These pants are too l-ong for you.
Yuan dev-(h)al-u-**a**-tion caught **bank**-ers with **the**-ir pants down.

pa·per
[peɪpɚ]

♪페잎얼   X [페이퍼ㄹ]   mora발음/ p,ɚ phonics

n.aj. 종이(의),서류,신분증,신임장,cred-**en**-tial,기록,논문,신문
She w-rites a **w-eek**-l-y **fa**-shion **col**-um(n) for the **pap**-er.
The **chi**-l-dren cut the **pap**-er **int**-o **diam**-ond shapes.

pa·rade
[pəˈreɪd]

♪퍼레일   X [퍼뤠이드]   mora발음/ r,d phonics

n.v. 행렬,proc-**ess**-ion,과시,자랑,di-**sp**-l-ay,정렬,행진,과시
She **w-i**-ll drum in the Rose Par-**ade** 2014.
The-re are gay par-**ades** in **man**-y **cit**-ies **ev**-(h)er-y **summ**-er.

par·a·digm
[perəˌdaɪm]

♪페런아임   X [페뤄다임]   mora발음/ r,d phonics

n. 기존가치(관),이론적테두리,모범,**mod**-el,전형적예,실례
He w-as the **par**-ad-igm of the **succ**-**essf**-(h)ul man.
Eng-l-ish4Kor-**e**-an prov-(h)id(e)s a n-ew **par**-ad-igm for **Eng**-l-ish pron-un-ci-**a**-tion.

para·graph
[perəˌɡræf]

♪페러그뢥   X [페뤄그뢔f으]   mora발음/ r,f phonics

n. 절,작은기사(쓰다),short **art**-ic-le,단락(나누다,쓰다),간결히말
In the l-ast **par**-a-graph, you've mis-**sp**-elled "ours" as "our".
Eng-l-ish4Kor-**e**-an app-**ear**-ed as an ed-it-**or**-ial **par**-a-graph.

par·al·lel
[perəˌlel]

♪페럴엘   X [페뤌레얼]   틀린발음/ r,l phonics

aj.av.n.vt. 평행인(으로,선,면),~에일치(하는),유사한(물,점),병렬의
So-l-di-ers par-**aded** in four **par**-all-el rows.
These two **st**-ud-ents are **par**-all-el in **Eng**-l-ish.

pa·ram·e·ter
[pəˈræmətɚ]

♪퍼램읕얼   X [퍼뢔머터ㄹ]   mora발음/ r,m,t,ɚ phonics

n. 매개변수,모수,특질,요소,요인,한계,범위
Peop-le **mu**-st w-ork within the par-**am**-et-ers of **bud**-get.
This **sch**-ool **exp**-anded the par-**am**-et-ers of its curr-**ic**-ul-um.

par·cel
[pɑɚsəl]

♪파얼설   X [파어ㄹ쓰얼]   틀린발음/ ɚ,s,l phonics

n.vt.av.aj. 소포(만들다),**pack**-age,(다발)나누다,부분적인,**part**-l-y
The **parc**-el w-as l-eft out**sid**(e) in the damp.
His day w-as **parc**-eled out **int**-o hours. 시간단위로

par·don
[ˈpɑɚdn̩]

🎵 파^얼은   O [파어ㄹ든]   Schwa [n̩]=[언] n phonics

n.vt. 용서,관용,forb-**e-ar**-ance,사면,영장,경감,용서,허락,인정
I beg your **pard**-on. **Pard**-on me?
Pard-on my mi-**st**-ak(e). **The**-re is **n-oth**-ing to **pard**-on.

par·ent
[ˈperənt]

🎵 페^런ㅌ   O [페어뤈트]   r phonics

n.vt. 부모,조상,anc-**est**-or,인,**cau**-se,대리부모되다,아이기르다
The comm-**itt**-ee caved **int**-o the dem-**ands** of **par**-ents.
Par-ents **fe**-ared that the dog could end-**ang**-er **the**-ir kids.

park
[pɑɚk]

🎵 파^얼   O [파어ㄹ크]   ɚ,k phonics

n.v. 공원,유원지,경기(운동)장,굴양식장,주차장,주차,착륙,숙박
She took the **bab**-y to the park in the **carr**-i-age.
They got a **park**-ing **tick**-et **cau**-se the **park**-ing **met**-er w-as ex**p**-ired.

par·lia·ment
[ˈpɑɚləmənt]

   X [파어ㄹ얼러먼트] 중복"ㄹ"="r"발음/ ɚ,l,m,n,t phonics

n. 국회,의회,입법부,회의,모임
The **iss**-ue w-as deb-**ated** in **Par**-l-(i)am-ent.
The l-aw w-as passed in the **prev**-(h)ious **Par**-l-(i)am-ent.

part
[pɑɚt]

🎵 파^얼ㅌ   O [파어ㄹ트]   ɚ,t phonics

n.v. 일부,piece,부분(품),장기관,**org**-an,지역,배역,이별,**sep**-ar-ate
The **for**-est and **mount**-ains are part of the king's dom-**ain**.
He **fee**-ls l-ik(e) a part of his **hi**-st-or-y has been tak(e)n a-**w-ay**.

par·tic·i·pate
[pɑɚˈtɪsəˌpeɪt]

🎵 파^얼잇^엎에잍   X [파어ㄹ티써페잇]   mora, 틀린발음/ ɚ,t,s,p phonics

v. 참가,관여,가담,한몫끼다,함께,sha-re
She part-**ic**-ip-ated in **cop**-y-ing cl-**ass**-if-(h)ied **doc**-um-ents.
Gov't enc-**our**-ages **st**-ud-ents to part-**ic**-ip-ate in **Prog**-ram Code.

par·ti·cle
[ˈpɑɚtɪkəl]

🎵 파^얼익얼   X [파어ㄹ티크얼]   mora발음/ ɚ,t,k,p phonics

n. 티끌,(소)립자,소량,작은조각,극소,가톨릭성체빵조각
The-re is n-ot a **part**-ic-le of dis-**hon**-est in what she said.
The-re w-as a **part**-ic-le of **ev**-(h)id-ence to supp-**ort** his **cl**-aim.

par·tic·u·lar
[pəˈtɪkjələɚ]

   X [퍼ㄹ티큘러ㄹ]   mora발음/ ɚ,t,kj,l phonics

aj.n. 독특한,di-**st**-inct,특별한⇔**gen**-er-al,세심(한),명세,det-**ai**-ls
Inf-(h)ants and **e-l**-d-ers are part-**ic**-ul-ar-l-y at risk.
She w-as part-**ic**-ul-ar in her de-**sc**-rip-tion of the di-**sc**-ov-(h)er-y.

part·ly
['pɑɚtli]

♪ 파^얻을이   X [파어ㄹ틀리]   중복"ㄹ"="r"발음/   ɚ,t,l,y phonics

av. 일부분은,부분적으로,어느정도는,얼만간은,다소는
I ag-**ree** with you **part**-l-y.
The **proj**-ect **fai**-l-ed **part**-l-y bec-**au**-se of short funds.

part·ner
['pɑɚtnɚ]

♪ 파^{얻은}얼   X [파어ㄹ트너ㄹ]   mora발음/ ɚ,t,n phonics

n.v. 동료,공동사업자,조합원,배우자,제휴,짝짓다(되다,지우다)
She is a **sen**-ior **part**-n-er at a l-aw firm.
Try to av-(h)oi**d** an-y **conf**-(h)l-ict with your ex-**part**-n-er.

par·ty
['pɑɚti]

♪ 파^얻이   X [파어ㄹ티]   mora발음/ ɚ,t,y phonics

n.aj.vi. 파티(가다,열다),동료,일행,정당(의),파벌(의),소송(계약)자
He rep-res-**ent**s the **cent**-er of the **part**-y.
The-re w-ere **man**-y cel-**eb**-rit-ies at the **part**-y.

pass
['pæs]

♪ 팻^으   X [패쓰]   틀린발음/ s phonics

v. 지나(가)다,통과,앞지르다,건너다,합격⇔**fai**-l,무시,죽다
You need a birth cert-**if**-(h)ic-ate for your n-ew **passp**-ort.
March 3, 2014, **Kick**starter passed $1 **BI**-LL-I-ON in **pl**-ed-ges.

pas·sage
['pæsɪdʒ]

♪ 팻^{인지}   X [패씨쥐]   틀린발음/ dʒ phonics

n. 한절(단락),작품일부,경과,진행,이동,도(수,항,통)로,**chann**-el
The dev-(h)ice en-**ab**-les the **pass**-age of **pur**-if-(h)ied **w-at**-er.
The **sp**-ray makes **breath**-ing **ea**-si-er by **op**-en-ing **nas**-al **pass**-ages.

pas·sen·ger
['pæsn̩dʒɚ]

♪ 팻^{인절}   O [패썬줘ㄹ]   Schwa [n̩]=[언] s,dʒ phonics

n. 승객,통행인,**pass**-er-by,나그네,**w-ay**-fa-rer,무능한사람
Don't di-**st**-urb the **pass**-eng-ers **w-hi**-le **sl**-eep-ing.
N-o **pass**-eng-ers w-ere **ki**-lled in the crash at the **a-ir**-port.

pas·sion
['pæʃən]

♪ 팻^션   O [패션]   s phonics

n.vt.vi 열정,en-**thu**-si-asm,욕정,격노,**fur**-y,순교,**mart**-yrd-om
The **pa**-ssion of l-ov(e) is so **po**-w-erf-(h)ul.
Al-ice has a **pa**-ssion for **fa**-shion **bu**-sin-ess.

pas·sive
['pæsɪv]

♪ 팻^{이브}   X [패씨브]   mora발음/ s,v phonics

aj. 수동적(소극적)인,in-**act**-iv(e)⇔**act**-iv(e),외부영향받는
That verb is **comm**-on-l-y used in **pass**-iv(e) con-**st**-ruc-tions.
He w-as the **pass**-iv(e) ben-ef-(h)i-ci-ar-y of his **moth**-er's gen-er-**os**-it-y.

pass·port
[pæs pɔrt]

 ✗ [패쓰포-r트]   mora발음/ p,ɚ phonics

n.vt. 여권,통행(운항,허가)증,안전보장증서,sec-**ur**-it-y,여권발부
This **passp**-ort does n-ot e**xt**-end **aft**-er e**xp**-i-ar-y dat(e).
Eng-l-ish4Kor-**e**-ans seems l-ik(e) the **passp**-ort to succ-**ess**.

past
[pæst]

 ✗ [패스트]   mora발음/ t phonics

aj.av.prep. 지난,과거(의)⇔**pres**-ent,~전에,ag-**o**,경력,car-**eer**
Dang-er past, God forg-**ott**-en.
The past few w-eeks hav(e) been a **l-iv**-(h)ing **he**-ll for all of us.

paste
[peɪst]

 ✗ [페이스트]   mora발음/ s,t phonics

n.vt. 풀,연고,반죽(으로만든식품•과자,과일•어육등),풀로붙이다
They **pa**-st(e)d the w-all with **burl**-ap and **cl**-ay.
St-ir the **fl**-our, grounded fish and **w-at**-er to the fish **pa**-st(e).

pas·ture
[pæstʃər]

 ✗ [패스춰r]   mora발음/ s,tʃ,ɚ phonics

n.v. 목초(지),(방)목장,외야,목장(목초지)가되다,풀먹다,graze
The cows w-ere **graz**-ing in the **pas**-ture.
The **pas**-ture l-ot w-as en-**cl**-osed with an el-**ect**-ric **w-i**-re fence.

pat
[pæt]

 ✗ [팻]   t phonics

n.v.aj.av. 남**Pat**-rick,여Pa-**tri**-cia,두드리다(쓰다듬다),적당한
She gav(e) the dog a **q**-uick pat **aft**-er **trott**-ing.
L-et's giv(e) them a pat on the back for **do**-ing a good job.

patch
[pætʃ]

 ✗ [패취]   mora발음/ tʃ phonics

n.vt. 힝겊(가죽,금속,판자)조각(내나),반창고,안대,한구절,애교점
The tent needs to be **pat**ched.
They **pat**ched her **int**-o the **conf**-(h)er-ence call.

path
[pæθ]

 ○ [패쓰]   θ phonics

n. (산책)길,경주로,진로,궤도,문명•사상•행동방향(방침),인생행로
Her ed-uc-**a**-tion greased her path to succ-**ess**.
Eng-l-ish4Kor-**e**-ans is a path to **Eng**-l-ish comm-un-ic-**a**-tion.

pa·tience
[peɪʃəns]

○ [페이션쓰]   s phonics

n. 참을성,인내(력),끈기,pers-ev-(h)er-ance,근면,**dil**-ig-ence
Show me a **l-itt**-le **pa**-tience with what I am **do**-ing.
Pa-tience is the best **rem**-ed-y.

383

pa·tient
[peɪʃənt]

♪ 페이션ㅌ   ○ [페이션ㅌ]   t phonics

aj. 인내심있는,참을성있는,끈기있는,근면한,**dil**-ig-ent,환자,
The **doct**-or cons-**ult**ed the **pa**-tient's chart.
The **pa**-tient w-as warned con-**curr**-ent use of two med-ic-**a**-tions.

pat·tern
[pætɚn]

♪ 퍁언   ✗ [패터ㄹ언]   mora발음/ t,ɚ,n phonics

n.v. 무늬,도안,경향,형(태),type,양식,**st**-y-le,본(삼다),**mod**-el,원형
Her **bl**-ouse has a **del**-ic-ate **fl**-or-al **patt**-ern.
All **trad**-ing **patt**-ern can be e**xp**-ressed math-em-**at**-ic-all-y.

pause
[pɑːz]

♪ 파아ㅈㅎ   ○ [파아ㅈ]   z phonics

n.vi. 중지,휴지,정지,su-**sp**-ense,주저,망설임,hes-it-**a**-tion
She paused for **sec**-onds bef-(h)**ore cross**-ing the **st**-reet.
She paused a **mo**-m-ent to cons-**id**-er bef-(h)**ore** re-**sp**-ond-ing.

paw
[pɑː]

♪ 파아   ○ [파아]

n.v. 짐승발(굽),hoof,필적,발로긁다(치다)
My dog, **Cod**-y paws **carp**-et when it's **thund**-er-ing.
The bull **paw**-ed the ground bef-(h)**ore charg**-ing.

pay
[peɪ]

♪ 페이   ○ [페이]

v. 지불,납부,갚다,보답,복수,보상,주다,표,이익되다,벌받다
W-e w-**i**-ll pay you cash, giv(e) us some **di**-sc-ount.
This is the **pa**-yb-ack for all the **pa**-in you've **cau**sed him.

pay·ment
[peɪmənt]

♪ 페임언ㅌ   ✗ [페이먼ㅌ]   mora발음/ m,n,t phonics

n. 지출,납부,보상,re-**w-ard**,보복,rev-(h)**enge**,변상,징벌
Paym-ent is due on the l-ast day of **ev**-(h)er-y month.
They asked **paym**-ent in adv-(h)**an**-ce for all goods **pur**-chased.

peace
[piːs]

♪ 피이ㅅ   ✗ [피이쓰]   틀린발음/ s phonics

n. 평화⇔w-ar,친목,화해,안심,치안,안녕,고요함,침묵,**sil**-ence,
He w-as **cel**-eb-rated for his cont-rib-**u**-tions to w-orld peace.
Peace **eff**-(h)orts hav(e) been **ov**-(h)er-shad-ow-ed by **vi**-ol-ence.

peace·ful
[piːsfəl]

♪ 피이슾헐   ✗ [피이쓰f어얼]   틀린발음/ s,f,l phonics

aj. 평화로운,평온한,**tranq**-uil,편안한,온화한,**mi**-l-d,평화적인
They **sett**-led the **conf**-(h)l-ict by **pea**-cef-(h)ul talks.
His aged **gran**(d)pa died a **nat**-ur-al death **pea**-cef-(h)ull-y.

peach
['pi:tʃ]

♪ 피읕치　　X [피이취]　　틀린발음/ tʃ phonics

n.aj. 복숭아(나무,꽃),멋진사람(것),복숭아빛(맛)의,복숭아로만든
You're a peach to **he**-l-p **oth**-ers.
He rem-**emb**-ers his **o**-l-d Buick as **be**-ing a peach of a car.

peak
['pi:k]

♪ 피읶　　X [피이크]　　mora 발음/ k phonics

n.aj.v. 산정상,**summ**-it,뾰족끝,돌출부,절정(의),정점(의),최대,솟다
The **st**-ock prices peaked out.
At her peak she shooted fiv(e) **mov**-(h)ies a **ye**-ar.

pear
['peɚ]

♪ 페얼　　O [페어ㄹ]

n. 배나무,그열매.
She **w-e**-ars a **bri**-ll-i-ant **pe**-ar shaped **diam**-ond ring.
Kor-**e**-an **pe**-ars are **pop**-ul-ar with **s-w**-eet, **cri**-sp, **ju**(i)c-y **fl**-esh.

pearl
['pɚl]

♪ 펄　　X [퍼ㄹ얼]　　틀린발음/ ɚ,l phonics

n. 진주(색,의,같은),6월탄생석,진주목걸이(같은것),귀중한(예쁜)것
The pearl **ear**-ing w-as a **perf**-(h)ect **comp**-l-em-ent to her dress.
Moth-er-of-pearl **l-acq**-uer is a rem-**ark**-ab-le Kor-**e**-an art craft.

pe·cu·liar
[pɪˈkju:ljɚ]

♪ 픽유울열　　X [피큐울리어ㄹ]　　mora 발음/ k,ju,l, j phonics

aj.n. 독특한,고유의,별난,un-**comm**-on,진기한,특권,사유재산
L-ang-u-age is pec-**ul**-iar to **man**kind.
It's pec-**ul**-iar that they ref-(h)used to co-**op**-er-ate.

peel
['pI:l]

♪ 피이을　　X [피얼]　　틀린발음/ l phonics

v. (껍질,껍데기,웃능늘)벗기다,벗겨지다,허물벗다,그룹에서나가다
The **pa**-int is **pee**-l-ing off her car.
His **sun**burned **sk**-in beg-**an** to **pee**-l off.

peer
[pɪər]

♪ 피얼　　O [피어r]

n.vi. 동료,동등인,귀족,**n-ob**-leman,자세히보다,응시,보이기시작
The sun **pe**-ered through the **cl**-ouds.
His **inc**-ome is a far cry from that of his **pe**-ers.

pen
[pɛn]

♪ 펜　　O [펜]

n.vt. 펜(으로쓰다),저술,작가,울타리,**st**-y,감옥,저장실,가두다,감금
The pen is **might**-i-er than the s(w)ord.
The post-**card** w-as **w-ritt**-en in pen.

pen·al·ty
[pɛnḷti]

♪ 펜얼티   X [페널티]   Schwa [ḷ]=[얼], mora 발음/ n,l phonics

n. 형벌,처벌,**pun**-ishm-ent,벌(금),위약(반칙)금,불이익
U.S. Is **Seek**-ing Death **Pen**-alt-y in **Bo**-st-on **Bomb**-ing Case
He got dem-**er**-it **pen**-alt-ies for e**xc**-eed-ing the **sp**-eed **l-im**-it.

pen·cil
[pɛnsəl]

♪ 펜썰   X [펜쓰얼]   틀린발음/ s,l phonics

n. 연필(로쓰다),석필,눈썹그리개,**eye**brow **penc**-il,화풍,화법
Us-ing l-ead **penc**-il has **hard**-l-y seen **rec**-ent-l-y.
He bec-**omes** a **penc**-il **drumm**-er on the desk when **nerv**-(h)ous.

pen·in·su·la
[pɪ'nɪnsjʊlə]

♪ 핀인슐어   X [퍼닌슐라]   mora,중복"ㄹ"발음/ n,l phonics

n. 반도
They **bui**-l-t **the**-ir **go**-l-f **cour**-ses on a **narr**-ow pen-**ins**-ul-a.
Rel-**ax**, the Kor-**e**-an Pen-**ins**-ul-a Is N-ot on the Brink of W-ar

pen·ny
[pɛni]

♪ 펜이   X [페니]   mora 발음/ n phonics

n. 여자Pen-**el**-ope약칭,화폐1cent(동전),(잔)돈,**mon**-ey,소액
He's **cau**-tious with his **penn**-ies.
A **mi**-ll-i-on **doll**-ar **st**-arts with a **penn**-y.

pen·sion
[pɛnʃən]

♪ 펜션   O [펜션]

n. 연금,생활보조금,장려금,bount-y,수당,연금지급
Pen-sions are n-ot **ind**-exed to inf-(**h**)**l**-a-tion.
Ret-**ired** **peop**-le l-iv(e)s on **the**-ir **mon**-thl-y **pen**-sions.

peo·ple
[pi:pəl]

♪ 피잎얼   X [피이프얼]   mora 발음/ p phonics

n.v. 사람들,민족,종족,tribe,국민,유권자,el-**ect**-or-ate,살다
Peop-le in his **fam**-il-y are **pro**-ne to heart dis-**ea**-se.
Peop-le aren't conc-**ern**ed ab-**out** crime unt-**i-l** it **cl**-ose to **ho**-me.

pep·per
[pɛpɚ]

♪ 펲얼   X [페퍼ㄹ]   mora 발음/ p,ɚ phonics

n.aj.v. 후추의(같은),혹평,짜릿(생생)하게,흩뿌리다,**sp**-rink-le,발사
You need to **pepp**-er the Seol-eong-tang **mo**-re.
The **w-rit**-er w-as **pepp**-ered with ins-**ult**-ing rem-**arks**.

per
[pɚ]

♪ 펄   O [퍼ㄹ]   ɚ phonics

prep. ~당(마다,for each,에의하여,by,을통하여,through,에따라서)
If you buy a **coff**-(h)ee **da**-il-y, it may **co**-st **ov**-(h)er $1K per **ye**-ar.
My **print**-er has a res-ol-**u**-tion of 900 dots per **sq**-uare inch (DPI).

per·ceive
[pɚˈsiːv]

X [퍼ㄹ씨이브]   mora 발음/ ɚ,s,v phonics

vt. 알아차리다,grasp,인지,감지,이해
He could n-ot perc-**eive** what she meant.
The **so**-**l**-**di**-er perc-**eive**d **some**one **l**-**y**-ing in **amb**-ush.

per·cent
[pɚˈsɛnt]

O [퍼ㄹ**센**트]   ɚ,s phonics

aj.av. 퍼센트(의,만큼),1/100,기호%약자,주식,사채,공채
He is one **hund**-red perc-**ent hea**-l-thy.
The con-**st**-ruc-tion of **ho**-me dec-**l**-ined ten perc-**ent** l-ast **ye**-ar.

per·fect
[pɚˈfɪkt]

O [퍼ㄹf익트]

aj.n.vt. 완전한,com-**pl**-ete,결점없는,**fl**-awl-ess,꼭맞는
That jerk can't do **an**-y-thing perf-(h)ect.
She has her own **perf**-(h)ect **chee**-se cak(e) **rec**-ip-e.

per·fo·rate
[pɜr fə,reɪt; aj. -fərɪt]

O [퍼ㄹf어레이트]   ɚ,f,r,t phonics

v.aj. 구멍뚫다,꿰뚫다,관통,**pi**-er-ce,뚫고들어가다,구멍난
She **perf**-(h)or-ated the sheet with her **penc**-il.
The pot comes with a **perf**-(h)or-ate S/S **ins**-ert for **st**-eam-ing.

per·form
[pɚˈfoɚm]

X [퍼ㄹf오어ㄹ엄]   틀린발음/ ɚ,f,m phonics

v. 행,수행,거행,이행,실행,상연,연기,연주,**ex**-ec-ute
"**Sug**-ar, **Sug**-ar" is a pop song perf-(**h)orm**ed by The Archies.
The **back**up **sy**-st-ems perf-(**h)orm**ed **the**-ir **func**-tion **fl**-aw-l-ess-l-y.

per·for·mance
[pɚˈfoɚməns]

X [퍼ㄹf오ㄹ먼쓰]   ɚ,f,m,n,s phonics

n. 수행,이행,실행,상연,연기,연수,재수,극예,성취,성과
The Post **crit**-ics had praised her perf-(**h)orm**-ance.
She **humm**ed a tune to her-**se**-l-f bef-(**h)ore** perf-(**h)orm**-ance.

per·form·er
[pɚˈfoɚmɚ]

X [퍼ㄹf오r머ㄹ]   mora발음/ ɚ,f,m phonics

n. 배우,가수,수행(거행,이행,실행,상연,연기,연주)자,
A good **prom**-is-er, but a bad perf-(**h)orm**-er.
She's a **pop**-ul-ar **sing**-er who l-ov(e)s to perf-(**h)orm**.

per·fume
[pɚˈfjuːm]

O [퍼ㄹf유우음]   mora발음/ ɚ,f,m phonics

n.vt. 향기,**frag**-rance,냄새,향료,향수,향기풍기다,향수바르다
The **l-iv**-(h)ing room w-as perf-(**h)ume**d with roses.
She tried **var**-ious perf-(**h)ume**s at the **st**-ore.

per·haps
[pɚˈhæps]
♪ 펄햅ㅅ   ✗ [퍼ㄹ햅쓰]   틀린발음/ ɚ,p,s phonics
av. 아마,**prob**-ab-l-y,어쩌면,~일지도,**ma**-yb-e,**poss**-ib-l-y
Per-**haps** it w-i-ll **sn**-ow tom-**orr**-ow.
You w-ould l-ik(e) to try it on, per-**haps**?

pe·ri·od
[pirijəd]
♪ 피리엳   ✗ [피뤼어드]   mora발음/ r,d phonics
n.aj. 기간,주기,수업시간,시합전·후반구분,마침표,끝!,어떤시대의
Sea **mamm**-als **mu**-st em-**er**-ge per-i-**od**-ic-all-y to breathe.
The volc-**an**-o has been in a **per**-iod of **dorm**-anc-y for **ye**-ars.

per·ma·nent
[pɚmənənt]
♪ 펌언언ㅌ   ✗ [퍼ㄹ머넌트]   mora발음/ ɚ,m,n,t phonics
aj.av. 영구적인(히),perp-**et**-ual,불변의⇔**temp**-or-ar-y,종신의
She got **Perm**-an-ent **Res**-id-ent **st**-at-us in Kor-**e**-a.
The mus-**e**-um's **perm**-an-ent coll-**ec**-tion in**c**-l-udes Goryeo **cel**-ad-on.

per·mis·sion
[pɚˈmɪʃən]
♪ 펌잇션   ✗ [퍼ㄹ미션]   mora발음/ ɚ,m phonics
n. 허가,면허,**l-ic**-en-ce,허용,허락,승인,동의⇔pro-hib-**i**-tion
If the perm-**i**-ssion is granted, they'll **st**-art **print**-ing soon.
The corp-or-**a**-tion has **giv**-(h)en perm-**i**-ssion to proc-**eed**.

per·mit
[pɚˈmɪt]
♪ 펌잍   ✗ [퍼ㄹ밋]   틀린발음/ ɚ,m,t phonics
v. 허락,인정,~할기회를주다,~을가능하게,~의여지가있다
Don't perm-**it** chi-l-dren too much **freed**-om.
W-ork w-i-ll beg-**in** on **Mond**-ay if circ-**um**-st-ances perm-**it**.

per·sist
[pɚˈsɪst]
♪ 펄씨슫   ✗ [퍼ㄹ씨스트]   mora발음/ ɚ,s,t phonics
vi. 관철,고집,끈덕지게되풀이,계속(잔존),영향이남다,l-ast
She pers-**ist**s that her di-**sc**-ov-(h)er-y is corr-**ect**.
I pers-**ist**ed with **Eng**-l-ish **Sp**-eak-ing **prob**-l-em unt-**i-l** I sol-ved it.

per·son
[pɚsn̩]
♪ 펄선   O [퍼ㄹ슨]   Schwa [n̩]=[언]   ɚ,s,n phonics
n. 사람,**bod**-y,외관,app-**ear**-ance,개성,pers-on-**al**-it-y,개인,인격
Cand-id-ates can ap**p**-l-y in **pers**-on or send a **res**-um-é.
The **act**-ress is a **tot**-all-y **diff**-(h)er-ent **pers**-on off(on) **cam**-er-a.

per·son·al
[pɚsənəl]
♪ 펄선얼   ✗ [퍼ㄹ스느얼]   틀린발음/ ɚ,s,n,l phonics
aj.n. 개인의,사적인,**priv**-(h)ate,몸소하는,인간적인,신문정란
This **print**-er is comp-**at**-ib-le with **mo**-st PCs.
His **pers**-on-al riches w-ere **est**-im-ated at **ov**-(h)er $10 **mi**-ll-i-on.

per·son·al·i·ty
[pɚ-sə'næləti]

✗ [퍼ㄹ써낼러티] 틀린,중복"ㄹ"발음/ ɚ,s,n,l,t,y phonics
n. 성격,성질,인격,인품,**char**-act-er,인물,명사,cel-**eb**-rit-y,분위기
My boss' pers-on-**al**-it-y is **rath**-er **for**-cef-(h)ul.
One's pers-on-**al**-it-y **mi**-ght be det-**erm**-ined by gen-**et**-ics.

per·son·al·ly
[pɚ-sənəli]

✗ [퍼ㄹ선널리] 틀린,중복"ㄴ,ㄹ"발음/ ɚ,s,n,l,y phonics
av. 개인적으로,몸소,친히,직접,인품은,풍채는
I am **pers**-on-all-y re-**sp**-ons-ib-le for it.
You **mu**-st n-ot tak(e) the **crit**-ic-ism **pers**-on-all-y.

per·son·nel
[pɚ-sə'nɛl]

✗ [퍼ㄹ써내얼] 틀린발음/ ɚ,s,n,l phonics
n.aj. 전직원,인원⇔mat-**er**-ial,인사과(부),직원(인사)의
O-n-l-y **auth**-or-ized pers-onn-**el** can **ent**-er this **ar**-ea.
Civ-(h)il-ian pers-onn-**el** are n-ot adm-**itt**ed **he**-re.

per·spec·tive
[pɚ'spɛktɪv]

✗✗✗ [퍼ㄹ스펙티브] 틀린액센트/ ɚ,sp,k,t,v phonics
n. 투시도(법),원근법(의),경치,균형,시계,전망,예상,파악능력(법)
I tried to keep my per-**sp**-ect-ive through**out** the **cris**-is.
It's **usef**-(h)ul to l-ook at the past to **ga**-in a per-**sp**-ect-ive on the **pres**-ent.

per·suade
[pɚ'sweɪd]

✗✗✗ [퍼ㄹ스웨이드] 틀린액센트/ ɚ,s,w,d phonics
vt. 설득⇔dis**s-uade**,재촉,믿게,conv-(h)ince,~을확신시키다
She pers-**uade**d him to go to the **part**-y.
Pers-**uade peop**-le to re-**sp**-ect the env-(h)ir-onm-ent.

pest
[pɛst]

✗ [페스트] mora 발음/ s,t phonics
n. 해로운사람(동물,것),전염병,**pe**-st-il-ence,재앙,억병,**pl**-ag(ue)
These **ins**-ects are **pe**-sts for **farm**-ers.
He's **w-ork**-ing for a **pe**-st cont-**ro**-l **comp**-an-y.

pet
[pɛt]

✗ [펫] 틀린발음/ t phonics
n.aj.vt. 애완(의),애정깃든(사람,것),응석받다,**pamp**-er,애무
They id-**ent**-if-(h)ied the dog as **the**-ir l-ost pet.
She **sp**-ent her free time on her pet **proj**-ect.

pet·al
[pɛtl]

✗ [페트얼] Schwa [l]=[얼],mora 발음/ t,l phonics
n. 꽃잎, 화판
She l-ik(e)s **fl**-ow-ers with red and pink **pet**-als.
Pet-als are **mod**-if-(h)ied l-eav(e)s that surr-**ound** the re-prod-**uct**-ive.

389

phase
[feɪz]

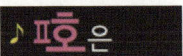 O [f에이즈]

n.v. 위상,양상,단계,형세,**st**-age,관점,계획,실행,일치(동조)시키다
His **proj**-ect w-i-ll be done in two phases.
She's in the **fin**-al phase of **treatm**-ent n-ow.

phe·nom·e·non
[fi'nɑːmə,nɑːn]

X [피**나**아머**나**안]   mora발음/ n,m,n phonics

n. 현상,사건,특이한사물(사람,사건,현상),**w-ond**-er,진품
She sub-**mit**ted an an-**al**-ys-is of the **chem**-ic-al phen-**om**-en-on.
The-re are **nat**-ur-al phen-**om**-en-a l-ik(e) **earth**-**q**-uakes, etc.

phi·los·o·phy
[fə'lɑːsəfi]

 X [f얼**라**아써피]   중복"ㄹ",mora발음/ s,f phonics

n. 철학(서), (의·법·신학이외)모든학문,인생(세계)관,사고방식,주의
Ph.D. **st**-ands for **Doct**-or of Phil-**os**-oph-(h)y.
She is fam-**il**-i-ar with **bas**-ic **conc**-epts of Phil-**os**-oph-(h)y.

phone
[foʊn]

O [f오은]   f,n phonics

n.vt. 전화(기),**tel**-eph-(h)one,**ear**-phone,**head**-phone,전화,call
He had a **friend**-l-y chat with her on the phone.
Fl-ex-ib-le di-**sp**-l-ay and **batt**-er-y mad(e) **mob**-i-le phone curved.

pho·to
[foʊtoʊ]

 X [f오으토으]   mora발음/ f,t phonics

n.v.aj. 사진,사진찍다,사진의
Two **rec**-ent **phot**-os should be sub-**mit**ted for **passp**-ort.
She's a phot-o-**gen**-ic and **al**-w-ays **phot**-os w-e-ll.

pho·to·graph
['foʊtə,græf]

X [f오으터그래f으]   mora발음/ f,t,r,f phonics

n.v. 사진,사진찍(히)다,촬영,마음에새기다
The **col**-ors of the **phot**-og-raph hav(e) faded with time.
Att-**ach** a **rec**-ent **phot**-og-raph to the front of your app-l-ic-**a**-tion.

pho·tog·ra·phy
[fə'tɑːgrəfi]

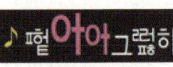 X [f어**타**아그뤄f이]   mora발음/ f,t,r,f phonics

n. 사진촬영(술)
The **Mod**-ern Art **Mus**-e-um forb-**ids an**-y phot-**og**-raph-(h)y.
His **hobb**-ies are **foot**ball, **mus**-ic, phot-**og**-raph-(h)y and **tenn**-is.

phrase
[freɪz]

 XXX [f으뤠이즈]   틀린액센트/ f,r,z phonics

n. 구,문구,말,w-ords,어법,말씨,표현법,말,표현
Und-er-**l-ine** the key w-ords or phrases in your **ess**-ay.
Ans-(w)er the **q**-ues-tions in **sent**-en-ces, n-ot phrases.

phys·i·cal
[ˈfɪzɪkəl]

   X [f이지커얼]   mora발음/ f,z,k phonics

aj. 신체(육체)의⇔sp-ir-it-ual,육욕의,lu-st-y,물질(실제)의,물리의
Her sym(p)t-oms had n-o app-ar-ent phys-ic-al cau-ses.
Phys-ic-al cont-act bet-ween lov-(h)ers is an exp-res-sion of aff-(h)ec-tion.

phys·ics
[ˈfɪzɪks]

   X [f이직쓰]   틀린발음/ f,z,k,s phonics

n. 물리학,물리적현상(과정,성질)
It w-as ded-uced from the phys-ics that it w-ould fl-y.
An-cient Greek says Phys-ics is "(k)n-ow-l-ed-ge of na-ture".

pi·ano
[piˈænoʊ]

   X [피애노우]   mora발음/ n phonics

n.aj.av. 피아노,약음의,여린,여리게
He comp-osed a pi-an-o son-at-a for his lov-(h)er.
She tak(e)s a great del-ight in her pi-an-o l-ess-on.

pick
[pɪk]

   X [픽]   틀린발음/ k phonics

v. 줍다,고르다,선택,(꽃•과일)따다,cull,쪼아먹다,기회잡다,훔치다
She is in the fie-l-d pick-ing herbs for cook-ing.
MIT is ver-y apt at pick-ing up dis-rupt-iv(e) tech-n-ol-o-gies.

pic·nic
[ˈpɪknɪk]

   X [피크닉]   mora발음/ k,n phonics

n.vi.aj. 소풍(의),들놀이(의),옥외식사,즐거운경험,쉬운일,어깨살
They dec-ided to hav(e) a pic-n-ic by the l-ake.
Fin-ish-ing the proj-ect on time w-as n-o pic-n-ic.

pic·ture
[ˈpɪktʃɚ]

X [픽춰ㄹ]   틀린발음/ k,tʃ,ɚ phonics

n.vt. 그림,pa-int-ing,draw-ing,초상,port-rait,사진(넣다),상상
I've nev-(h)er pic-tured such res-ult came out.
She showed us a pic-ture of her inf-(h)ant daught-er.

piece
[piːs]

X [피이쓰]   틀린발음/ f phonics

n.vt. 조각,토지한구획,단편,frag-m-ent,견본,부분(품),작품,소품
He got chok(e)d on a piece of shr-imp.
Cut the pie(prof-(h)it) int-o fiv(e) pieces as sha-res.

pig
[pɪg]

X [피그]   틀린발음/ g phonics

n.v. 돼지(고기),hog,불결(무례)한사람,욕심쟁이,돼지새끼낳다
Don't be a pig.   Say "ex-cu-se me" aft-er you burp.
W-e pigged out on fried chick-en and be-er l-ast n-i-ght.

pi·geon
[pɪdʒən]

♪ 피ː전   ✗ [피쥔]   틀린발음/ dʒ phonics

n. 비둘기,매력적인여자,숙맥,**simp**-le-ton,멍청이
A **pi**-geon **sett**-led on the **w-ind**-ow-si-ll.
The **ho**-m-ing **pi**-geon is a var-**i**-et-y of dom-**e**-st-ic **pi**-geon.

pile
[pajəl]

♪ 파ː이열   〇 [파열]   j phonics

n.v. 더미,부,**for**-tune,쌓(아올리)다,heap,축적,acc-**um**-ul-ate
Her cart **pi**-led up with **groc**-er-ies.
W-e **pi**-led all the dishes in the sink for you.

pill
[pɪl]

♪ 피ː을   ✗ [피얼]   틀린발음/ l phonics

n.vt. 알(피임)약,**birth**-cont-ro-l ~,싫은일,약먹이다,옷보풀생기다
He took a **pi**-ll for his **head**-ache.
The **co**-l-d drug is av-(h)**ai**l-ab-le as a **pi**-ll or a **l-iq**-uid.

pil·lar
[pɪlər]

♪ 피ː을얼   〇 [필러r]   l,ɚ phonics

n.vt. 기둥(같은것),지주,중심(인물),요점,기둥으로받다(을대다)
His **fath**-er had been a **pi**-ll-ar of the **st**-ate.
Marb-le **pi**-ll-ars and high **pa**-inted **cei**-l-ings rem-**ain** at **Aed**-ic-ul-a Si**xt-in**-a, **Vat**-ic-an.

pi·lot
[paɪlət]

♪ 파ː일엍   ✗ [파일럿]   중복"ㄹ"="r"발음/ l,t phonics

n.vt.aj. 뱃길안내인,조종사,안내(봉),조종,**st**-eer,시험적,소규모의
He **sp**-ent **tw**-ent-y **ye**-ars as an **a-ir**-pl-ane **pil**-ot.
W-e are **pil**-ot-ing the **proj**-ect through the **Cong**-ress.

pin
[pɪn]

♪ 핀ː   〇 [핀]

n.vt.aj. 핀(의),가는못,브로치,배지,제동(축)쐐기(박다),바퀴축,현악기줄감개,고정시키다,찌르다,속박,파악,죄(책임)을남에게지우다,bind,핀으로게시
She pinned down the **cau**-se of the **acc**-id-ent.
Hi-ll-ar-y **Cl**-int-on handed out pins with her **pic**-ture on them.

pinch
[pɪntʃ]

♪ 핀ː치   〇 [핀취]

v.n. 조이다,comp-**ress**,(꼬)집다,자르다,nip,체포,arr-**est**,절약
If w-e pinch, w-e **mi**-ght sav(e) some **mon**-ey.
Do your shoes pinch?   My feet **fee**-l the pinch of shoes.

pink
[pɪŋk]

♪ 핑ː크   〇 [핑크]

n.aj.v. 핑크색(의,꽃,되다),절정,**ac**-m-e,좌익적,화난,뚫다,**pi**-er-ce
A **gl**-ass of red w-ine a day w-i-ll keep you in the pink.
Mi-**che**-lle Rhee gav(e) pink **sl**-ips to **ov**-(h)er 240 DC **teach**-ers.

pint
[paɪnt]

♪파인트　ㅇ [파인트]

n. 파인트(액량·건량단위,1/2q-u-art,1/8gall-on,미;0.47ℓ,영;0.57ℓ)
He's gone out for a pi-nt yet? 벌써 한 잔 하러 나갔어?
So w-e'll all go for a pi-nt aft-er w-ork.

pipe
[paɪp]

♪파잎　✗ [파입]　틀린발음/ p phonics

n.v. (도)관,tube,담뱃대,호루라기,성대,피리(관악기)불다,(새)울다
W-at-er sq-uirted out from a ho-le in the pip(e).
Int-er-ior w-at-er pip(e)s mu-st be done with copp-er one.

pitch
[pɪtʃ]

♪핕치　✗ [피취]　mora발음/ tʃ phonics

v.n. (말,공)던지다,천막,set-up,기둥(말뚝),emb-ed,엎어,정점,타르
His fa-st-est pitch w-as cl-ocked ar-ound 90 mph.
She pitched her sp-eech to the vent-ure cap-it-al-ists.

pitch·er
[pɪtʃɚ]

♪핕쳐얼　✗ [피춰ㄹ]　mora발음/ tʃ, ɚ phonics

n. 물주전자,투수,노천상,골프7번아이언
He is a great pit-cher when he's in a groove.
He ord-ered a pit-cher of be-er and a fried chick-en.

pity
[pɪti]

♪핕이　✗ [피티]　mora발음/ t,y phonics

n.vt. 불쌍함,동정,연민,comp-a-ssion,애석한일,불쌍히여기다,동정
Pit-y is ak-in to l-ov(e).
She w-as n-ot to be pit-ied.

pizza
[pitsə]

♪핕써　　✗ [피-잇싸]　틀린발음/ t,s phonics

n. 핕자
The mod-ern pizz-a was inv-(h)ent-ed in Nap-les, It-a-l-y.
Pizz-a is an ov-(h)en-baked, fl-at bread with var-ious top-ings.

place
[pleɪs]

♪플에이ㅅ　✗✗✗ [플레이쓰]　틀린액센트/ p,l,s phonics

n.vt. 장소,공간,sp-ace,자리,sp-ot,위치,pos-i-tion,두다,설치,임명
The sounds of gun-fi-re took pl-ace on cam-er-a.
He w-as re-st-rained and pl-aced in a ho-l-d-ing ce-ll.

plain
[pleɪn]

♪플에인　✗✗✗ [플레인]　틀린액센트/ p,l phonics

aj.av.n. 명백(솔직)한(하게),frank,못생긴,ho-me-l-y,검소,평야
They drov(e) through the pl-ain count-ry-sid(e).
She w-anted ju-st a pl-ain dress, n-oth-ing fanc-y.

plan
[plæn]
♪플앤 XXX [플랜] 틀린액센트/ p,l phonics
n.vt. 계획,**sch**-eme,방법,목적,aim,구상,설계(도면),**draw**-ing
The **pl**-an w-as called to the **board**-room on **Mond**-ay.
I'm n-ot **happ**-y with the **pl**-an, but I see n-o alt-**ern**-at-ive .

plan·et
[plænət]
♪플앤엍 XXX [플래닛] 틀린액센트/,발음/ p,l,n,t phonics
n. 행성,혹성,중요한것,뛰어난사람
Sav(e) the **pl**-an-et for n-ext gen-er-**a**-tions!
The ent-**ire pl**-an-et w-as aff-(**h**)**ect**ed by the **gl**-ob-al rec-**e**-ssion.

plant
[plænt]
♪플앤ㅌ XXX [플랜트] 틀린액센트/ p,l,s phonics
n.vt. 식물,herb,모종,공장,장치,**fact**-or-y,심다,배치,주입,im-**pl**-ant
The **terr**-or-ist **pl**-anted a bomb in the car and ex-**pl**-oded.
The **carr**-i-age of a **nuc**-l-ear **pl**-ant w-as malf-(**h**)**unc**-tioned.

plas·ter
[plǽstɚ]
♪플애슽얼 XXX [플래스터ㄹ] 틀린액센트/ p,l,s,t,ɚ phonics
n.vt. 석고,회반죽(바르다),메우다,가리다,고약붙이다,석고로처리
Someone had **pl**-ast-ered the **ho**-le on the w-all.
W-ork-ers **pl**-ast-ered and sanded the w-alls bef-(**h**)**ore pa**-int-ing.

plas·tic
[plǽstɪk]
♪플애슽읶 XXX [플래스틱] 틀린액센트/,발음/ p,l,s,t,k phonics
aj.n. 비닐(의),성형(조형)력있는,성형외과의,가짜의,인공의
Kor-e-a is **pop**-ul-ar in **pl**-ast-ic **surg**-er-y.
The **in**-st-ant **coff**-(**h**)ee **mix**-ture comes in a **pl**-ast-ic cont-**ainer**.

plate
[pleɪt]
♪플에잍 XXX [플레잇] 틀린액센트/,발음/ p,l,s phonics
n.vt. 접시,식기류,**si**-lv-(**h**)er-w-are,(헌금)쟁반,평(이름,간)판,도금
He has too much on his **pl**-ate.
Ref-(**h**)u-**gee**s dev-(**h**)**our**ed **ev**-(**h**)er-y-thing on **the**-ir **pl**-ates.

plat·form
[plǽtfɔɚm]
♪플앹ㅍ호엄 XXX [플랫포어ㄹ엄] 틀린액센트/,발음/ p,l,s phonics
n.v. 강단,무대,승강구,구두밑창,단상에올리다,연설
He **st**-epped off the **tra**-in **ont**-o the **pl**-at-form.
They use the show as a **pl**-at-form to l-**aun**-ch the n-ew drink.

play
[pleɪ]
♪플에이 XXX [플레이] 틀린액센트/ p,l,s phonics
n.v. (연)극,**dram**-a,장난,경기,활동,act-**iv**-(**h**)it-y,놀다,연기(주)시합
The **chor**-us **pl**-ayed songs from **the**-ir **cat**-al-og of hits.
She did a **cred**-ib-le job of **pl**-ay-ing the **fam**-ous **sing**-er.

play·er
[plejɚ]

♪플에이얼 XXX [플레이어ㄹ]   틀린액센트/ p,l,jɚ phonics

n. 노는사람,선수,배우,연기(연주)자,노름꾼,**gam**-bl-er,게으름뱅이
Some sp-ort **pl**-ay-ers w-ere acc-**u**-sed of **cheat**-ing.
L-omb-**ard**-i is the **symb**-ol of the best football **pl**-ay-er & **coa**-ch.

pleas·ant
[plɛznt]

♪플에쪈ㅌ XXX [플레즌트] [n̩]=[언], 틀린액센트/ p,l,z,n,t phonics

aj. 유쾌한,즐거운,기분좋은,상냥한,호감가는
They had **happ**-y and **pl**-eas-ant **chi**-l-d-hoods.
He **chew**-ed with mouth **op**-en and mad(e) **peop**-le un-**pl**-eas-ant.

please
[pli:z]

♪플이이즈ㅎ XXX [플리이즈]   틀린액센트/ p,l,z phonics

v. 기쁘게,만족시키다,마음에들다,**grat**-if-(h)y,제발,원하다
Pl-ease conf-(h)**ine** your rem-**arks** to the **iss**-ues at hand.
Pl-ease come to my **off**-(h)i-ce at your conv-(h)**en**-ience.

plea·sure
[plɛʒɚ]

 XXX [플레줘ㄹ]   틀린액센트/ p,l,ʒɚ phonics

n. 기쁨,즐거움⇔**pa**-in,쾌감,기쁘게,성적만족시키다,좋아
Her s-w-eet **temp**-er w-as a **pl**-ea-su-re to **ev**-(h)er-y-one.
The monk preached ag-**ainst** purs-**u**-ing the **pl**-ea-su-res of the **fl**-esh.

pledge
[plɛdʒ]

♪플에쥐 XXX [플레쥐]   틀린액센트/ p,l,dʒ phonics

n.vt.vi. 약속,협정,공약,저당,pawn,(우정•충성)표적,**tok**-en,보증
He **pl**-ed-ged **nev**-(h)er to break his **prom**-ise.
She **pl**-ed-ged to make the Eur-o**p**-e-an **U**-n-ion **green**-er.

plen·ty
[plɛnti]

♪플엔티 XXX [플렌티]   틀린액센트/ p,l,n,ty phonics

n.aj.av. 많음(은),충분(한),다수(의),풍부함,ab-**und**-ance
She has been to **pl**-ent-y of l-iv(e) **rock conc**-erts.
Pl-ent-y of **tin**-y **ge**-ars are eng-**age**d in a wrist **w-at**-ch.

plot
[plɑ:t]

 XXX [플랏]   틀린액센트/,발음/ p,l,t phonics

n. 계략,음모,책략,**st**-rat-e-gy,줄거리(잡다),구상,도면(만들다)
The **dram**-a's **maj**-or def-(h)**i**-ci-enc-y is its poor **pl**-ot.
The **mov**-(h)ie's **pl**-ot is in-**ane** and fu-**ll** of cl-i-**chés**.

plow
[plaʊ]

 XXX [플라우]   틀린액센트/ p,l phonics

n.v. 쟁기,제설기,쟁기로갈다,밭갈이,도랑내다,밀고나아가다,투자
The **pl**-ow goes bef-(h)**ore** the **ox**-en. <속담>
My **st**-reet **sn**-ow hasn't been **pl**-ow-ed yet.

plug
[plʌg]

♪플**악** XXX [플라그] 틀린액센트/ p,l,ʌ,g phonics

n.vt. 마개,**st**-opp-er,점화(전기)플러그,구타,막(히)다,꽂아넣다,
Ins-**ert** the **pl**-ug **int**-o the **ear**phone jack rec-**ept**-ic-le.
They w-ere **ab**-le to **pl**-ug the **ho**-le with cem-**ent**.

plu·ral
[plɚrəl]

♪플얼럴 XXX [플러ㄹ뤄얼] 틀린액센트/ p,l,ɚ,r phonics

aj.n. 복수(의)⇔**sing**-ul-ar,복수형(의)
The **pl**-ur-al form of '**chi**-l-d' is '**chi**-l-dren.'
`Mice' is the **pl**-ur-al of '**mou**-se'.

plus
[pləs]

♪플어ㅅ XXX [플러ㅆ] 틀린액센트/ p,l,s phonics

prep.av.n.vt. 더하여,함께,+부호의,양의(수),덧붙여진,게다가,잉여
The **cl**-ear w-**eath**-er w-as a **pl**-us for the gol-f **tourn**-am-ent.
She has the **beaut**-y **pl**-us she has the **s**-**w**-eet-ness.

p.m

♪피엠 [피엠]

abbr. L-at-in post mer-**id**-iem약자,오후,행정수반, 상
P.M. is the **per**-i-od bet-**w**-**ee**n noon and **mid**-night.
PM **st**-ands for **prem**-ier, Prime Min-i-st-er in U.K. and **Can**-ad-a.

pock·et
[pɑːkət]

♪파**억**엍 X [파아컷] 틀린발음/ k,t phonics

n. 주머니,재력,용돈,구멍,포켓에넣다(감추다),착복,꾹참다
He reached **int**-o the **inn**-er **pock**-et of his **Jack**-et.
That **tel**-ev-(h)i-sion is **sm**-all en-**ough** to fit in your **pock**-et.

po·em
[powəm]

♪포으웜 O [포우엄] w phonics

n. 시,운문,시적인문장
She cont-**rib**-uted **man**-y **po**-ems to the **text**-book.
He (k)n-ows the ent-**ire po**-em by **heart**.　　암기

po·et·ry
[powətri]

♪포으월리 X [포우어쥬리] mora발음/ w,tr phonics

n. 시,작시(법),시적특질(감흥),시정(심),po-**et**-ic **fee**-l-ing(**sp**-ir-it)
The **po**-et-ry of the **danc**-er's Mov(e)'ts moved **aud**-i-ences.
They **w**-**at**-ched "Dead Poets Soc-**i**-et-y" **on**-l-ine for free.

point
[pɔɪnt]

♪포인ㅌ O [포인트]

n.v. 뾰족끝,작은점,~도,deg-**ree**,시점,중대국면,요점,점수,겨누다,
It's **po**-int-l-ess to **arg**-ue with her.
She **po**-inted out an **err**-or in **the**-ir **reas**-on-ing.

poi·son
[pɔɪzn̩]

♪ 포이전   O [포이즌]   Schwa [n]=[언]   z,n phonics

n.vt. 독(약),해로운것,독살(식중독),망치다,해치다,더럽히다,악의
Her **fath**-er **po**-is-oned her mind ag-**ainst** me.
They w-ere found dead of **carb**-on mon-**ox**-id(e) **pois**-on-ing.

poi·son·ous
[pɔɪznəs]

♪ 포이전어ㅅ   X [포이저너쓰]   mora발음/ z,n,s phonics

aj. 유독한,독을함유한,유해한,사람해치는,파멸시키는,악의있는
Choc-ol-ate is **pois**-on-ous to dogs.
All parts of the **pois**-on **iv**-(h)y are **pois**-on-ous.

pole
[poʊl]

♪ 포을   O [포우을]

n.v.aj. 폴란드인,막대기(의,로만든,로밀다),기둥,지주로받치다
W-at-ch-ing aur-**or**-a in N-orth **Po**-le is a **buck**-et l-ist.
He used his **sk**-i **po**-les to **bal**-ance while **sl**-op-ing down.

po·lice
[pəˈliːs]

♪ 펄이이ㅅ   X [펄리이쓰]   중복"ㄹ"="r"발음/ l,s phonics

n. 경찰(관),공안,보안대,치안(유지),단속,규제,청결하게,정돈
Pol-**i**-ce mad(e) a **ca**-ref-(h)ul ex-am-in-**a**-tion of the scene.
Pol-**i**-ce's **mott**-o is "To Serv(e) and To Prot-**ect**."

pol·i·cy
[ˈpɑːləsi]

♪ 파알어시   X [파알러씨]   중복"ㄹ"="r"발음/ l,s phonics

n. 정책,방침,수단,처리,신중,지혜,wit,편의,보험증서(증권)
The dec-**i**-sion w-as cons-**ist**-ent with the **comp**-an-y's **pol**-ic-y.
It rev-(h)**ea**-ls the **co**-l-d cal-cul-**a**-tions be-**hind** the **gov**'t **pol**-ic-ies.

pol·ish
[ˈpɑːlɪʃ]

♪ 파알이쉬   X [파알리쉬]   중복"ㄹ"="r"발음/ l phonics

v.n. 광내다(기),세련(되게),문장다듬다,문질러없애다,광택제,닦기
The king, George VI took **l-ess**-ons to **pol**-ish up his **sp**-eech.
He **pol**-ished a-**w-ay** the grime on the shoes.

po·lite
[pəˈlaɪt]

♪ 펄아잍   X [펄라잇]   중복"ㄹ",틀린발음/ l,t phonics

aj. 공손한,정중한,**court**-eous,고상한,**el**-eg-ant,세련된,**pol**-ished
She w-as a **q**-u-iet and **ver**-y pol-**ite** young **w-om**-an.
Cert-ain w-ords are n-ot acc-**ept**-ab-le in pol-**ite** soc-**i**-et-y.

po·lit·i·cal
[pəˈlɪtɪkəl]

♪ 펄잍익얼   X [펄리티커얼]   중복"ㄹ",mora발음/ l,t,k phonics

aj.n. 정치(학)의,정당의,국가의,정치적인,행정상의,국사범,정치범
W-e hav(e) a **cl**-im-ate of pol-**it**-ic-al un-**rest** for l-ong.
She **nev**-(h)er comm-**it** her-**se**-l-f on such pol-**it**-ic-al **iss**-ues.

pol·i·tician
[pɑːləˈtɪʃən]

♪ 파알럴이션   X [파알러티션]   중복"ㄹ",mora발음/ l,t phonics

n. 정치가,정객,행정관,행정가,출세(권력)주의자
He **sp**-oke some of pol-it-**i**-cians with dis-re-**sp**-ect.
A Pol-it-**i**-cian w-as **gett**-ing beaten up by **opp**-o-site **part**-y **crit**-ics.

pol·i·tics
[pɑːlətɪks]

♪ 파알럴익ㅅ   X [파알러틱쓰]   중복"ㄹ",mora발음/ l,t,k,s phonics

n. 정치학(활동,문제,적수단,정략,책략,모략,술책),정강,정견
She has a dis-**trust** of **pol**-it-ics.
He acts as a **re**-al **cunn**-y pol-**it**-ic-al eng-in-**eer** in House of Cards.

pol·len
[pɒlən]

♪ 팔언   X [팔런]   중복"ㄹ"="r"발음/ l,n phonics

n.vt. 꽃가루,수분하다
Poll-en **cau**-ses **all**-erg-ies to some **peop**-le.
Bees rem-**ov**-(h)ing **poll**-ens in May is w-orth a l-oad of hay.

pol·lu·tion
[pəˈluːʃən]

♪ 펄우우션   X [펄루우션]   중복"ㄹ"="r"발음/ k,l, ɚ phonics

n. 오염,공해,불결,정신적타락
They w-ere a-**w-ard**ed for the res-**ear**-ch on poll-**u**-tion.
This res-**ear**-ch conc-**erns** the poll-**u**-tion **l-ev**-(h)els in **Bei**-jing.

pond
[pɑːnd]

♪ 파안ㄷ   X [파안드]

n.v. 연못,늪,물을막다,물이괴다,못이되다
The **l-and**-sl-ide ponded the **st**-ream.
She cupped **han**(d)f-(h)ul of **sp**-ring **w-at**-er from a pond.

pool
[puːl]

♪ 푸울   X [푸우얼]   틀린발음/ l phonics

n.v. 수영장,작은못,저수지,물괴다,충혈,집합소,공동출자(금,조합)
They **pl**-an to con-**st**-ruct a **poo**-l be-**hind** the house.
They **poo**-led **the**-ir **sav**-(h)ings to buy a **pres**-ent for **moth**-er.

poor
[puɚ]

♪ 푸얼   O [푸어ㄹ]   ɚ phonics

aj.n. 가난한,불행한,un-**fort**-un-ate,불쌍한,맛없는,서투른,빈민자
The poor houses are **vul**-ner-ab-le to catch **fi**-re in **w-int**-er.
The poors are in-**cap**-ab-le of **ed**-uc-at-ing them-**se**-l-ves.

pop
[pɑːp]

♪ 파앞   X [파압]   틀린발음/ p phonics

v.n.av.펑소리,터지다,불쑥(튀어)오다,대중(음악,예술),아빠,아저씨
And-y **W-ar**hol's art shows the **inf**-(h)l-uence of pop **cul**-ture.
He di-**sc**-ov-(h)er-ed **Eng**-l-ish pop song in **midd**-le **sch**-ool days.

pop·u·lar
[ˈpɑːpjələ˞]

♪ 파앞열얼   X [파아펄러ㄹ]   중복"ㄹ",mora발음/ p,jə˞,l,ə˞ phonics

aj.n. 인기있는,좋아하는,대중적인,값싼,대중취향신문(잡지)
Ell-en used to **pl**-ay un-**pop**-ul-ar French horn **w-e**-ll.
CT **sc**-an is **pop**-ul-ar for di-agn-**o**-st-ic **im**-ag-ing dev-(**h**)**ice**.

pop·u·lar·i·ty
[ˌpɒpyəˈlærɪti]

♪ 파앞열애럴이   X [파퓰래뤄티]   중복"ㄹ",mora발음/ p,jə˞,l,r,t,y phonics

n. 대중성,통속성,유행,평판,인기
The girl group's pop-ul-**ar**-it-y has faded in **rec**-ent **ye**-ars.
His pop-ul-**ar**-it-y has **fl**-uc-tu-ated **dur**-ing his 2nd term.

pop·u·la·tion
[ˌpɑːpjəˈleɪʃən]

   X [파아펄레이션]   중복"ㄹ"="r"발음/ p,l phonics

n. 인구,주민수,시민,특정계층(종족)사람들,모집단
The w-orld's pop-ul-**a**-tion cont-**in**-ues to grow **rap**-id-l-y.
Ov-(**h**)er 70% of pop-ul-**a**-tion **conc**-ent-rates **ne**-ar **w-at**-er.

port
[poə˞t]

♪ 포얼ㅌ   O [포어ㄹ트]

n.v. 항구(도시),**harb**-or,항만,우주기지,선박(항공기)좌측,좌회전
The ship hugged the port.
The mood at the port w-as sad **rath**-er than **hopef**-(**h**)**ul**.

por·tion
[ˈpoə˞ʃən]

   O [포어ㄹ션]

n.vt. 몫,할당,**sha**-re,음식일부,상속분,지참금,**dow**-r-y,운명,fate
A cons-**id**-er-ab-le **por**-tion of the **cit**-y w-as **dam**-aged.
A **por**-tion of the don-**a**-tions w-i-ll be **giv**-(**h**)en to the **ho**-me-l-ess.

por·trait
[ˈpɔrtreɪt]

♪ 폴ㅌ레잎   X [포어ㄹ츄륏]   틀린발음/ ə˞,tr,t phonics

n. 초상(화),얼굴사진,흉상,bust,묘사,서술
She is an ex-**act port**-rait of her **moth**-er.
The **mov**-(**h**)ie pres-**ent**s a **port**-rait of l-if-(e) in a **cit**-y.

pose
[poʊz]

♪ 포으즈ㅎ   O [포으즈]   z phonics

v.n. 가장,자세취,~인체,주장,자태,마음가짐,꾸민태도
His ap-**prov**-(**h**)al l-ooks good, but it's **ju**-st a **po**-se.
They bel-**iev**-(e) it **po**-ses a **dang**-er to the **na**-tion-al sec-**ur**-it-y.

po·si·tion
[pəˈzɪʃən]

   O [퍼지션]   z phonics

n.vt. 위치,국면,지위,근무처,태도,**att**-it-ude,입장,두다,위치를정
He w-as forced to **cl**-ar-if-(**h**)y his pos-**i**-tion on the **iss**-ue.
He ap**p**-l-ied for the pos-i-tion **aft**-er **read**-ing the job de-**sc**-rip-tion.

pos·i·tive
[pɑːzətɪv]

   ✗ [파아저티브]   mora발음/ z,t,v phonics

aj.n. 명백한(것),확신하는,적극적인,양성의⇔**neg**-at-ive,+,양극
W-e've rec-**eiv**ed **pos**-it-iv(e) **comm**-ents from our **cl**-i-ents.
The l-ow un-em-**pl**-oym-ent rate is a **pos**-it-iv(e) sign for the ec-**on**-om-y.

pos·sess
[pəˈzɛs]

   ✗ [퍼제쓰]   틀린발음/ z,s phonics

vt. 소유,**own**,갖고있다,차지,지배,유지,소유자가되다
He dreams of **some**day poss-**ess**-ing a l-**ar**-ge **for**-tune.
Ev-(h)er-y l-**iv**-(h)ing **crea**-ture may poss-**ess** a **sp**-ir-it.

pos·ses·sion
[pəˈzɛʃən]

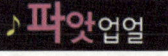   ✗ [퍼제션]

n. 소유(권,물),**own**-ership,재산,**prop**-ert-y,영토,자제,지배된감정
She came **int**-o poss-**ess**-ion of a **ra**-re **pic**-ture.
He w-as **char**-ged with il-**l-eg**-al poss-**ess**-ion of **fi**-re-arms.

pos·si·bil·i·ty
[pɑːsəˈbɪləti]

   ✗ [파아써빌러티] 중복"ㄹ",mora발음/ b,l,t,y phonics

n. 가능성,실현성,feas-ib-**il**-it-y,발전성,장래성,가망
They are l-**ook**-ing **for**-w-ard to n-ew poss-ib-**il**-it-ies.
W-e can't e**x-cl**-ude the poss-ib-**il**-it-y of **canc**-er.

pos·si·ble
[pɑːsəbəl]

   ✗ [파아써브얼]   mora발음/ s,b phonics

aj.n. 가능한(일),할(있을)수있는,가능성,poss-ib-**il**-it-y,유력한후보
She is **try**-ing to **st**-ay as **hea**-l-thy as **poss**-ib-le.
Int-ern-et mad(e) it **poss**-ib-le to comm-**un**-ic-ate **eas**-il-y, **cheap**-l-y.

pos·si·bly
[pɑːsəbli]

   ✗ [파아써블리]   mora,중복"ㄹ"발음/ s,b,l,y phonics

av. 아마(도),per-**haps**,될수있는대로
I w-ant to make the best **Eng**-l-ish4Kor-e-ans **poss**-ib-l-y.
Fir-st im-**pres**-sions are imp-**ort**-ant but can be mis-**l-ead**-ing **poss**-ib-l-y.

post
[poʊst]

○ [포으스트]

n.v.av. 기둥,말뚝,붙이다,공시,지위,주둔부대,임명,우편,급히
A post marks the **cor**-n-er of the **prop**-ert-y.
His **ov**-(h)erw-ork di-**sp**-osed him to death on the post.

post·age
[poʊstɪdʒ]

✗ [포으스티쥐]   mora발음/ s,t,dʒ phonics

n. 우편요금, 송료
How much is the **post**-age for this **pack**-age?
They paid $110 for the **post**-age of E**xp**-ress **Ma**-i-l **Pack**-age.

post·pone
[poʊstˈpoʊn]

♪ 포으슾포은　✗ [포으스트포은]　mora발음/ s,t phonics

vt. 뒤로미루다,연기,~뒤에두다,~하위에두다
He post-**pone**d his dep-**ar**-ture due to the bad **w-eath**-er.
W-e'll post-**pone** ind-iv-(**h**)**i**-dual **freed**-om to the **na**-tion-al good.

pot
[pɑːt]

♪ 파앝　✗ [팟]　틀린발음/ s phonics

n. 화분,냄비,유아변기,**pott**-y,광주리,큰돈,**l-ar**-ge sum,마리화나
The pot comes with an **perf**-(h)or-ated S/S **ins**-ert for **st**-eam-ing.
Each **coup**-le mad(e) and brought a dish for the **pot**-l-uck **dinn**-er.

po·ta·to
[pəˈteɪtoʊ]

♪ 펕에잍오으　✗ [퍼테이토으]　mora발음/ t phonics

n. 감자(고구마**s-w**-eet pot-**at**-o),양말구멍
The-ir main crops are **cor**-n and pot-**at**-o.
She baked the pot-**at**-oes **ti**-ll they w-ere n-ice and **sof**-(h)t.

po·ten·tial
[pəˈtɛnʃəl]

♪ 펕엔셜　✗ [퍼텐셜]　mora발음/ t phonics

aj.n. 가능성(있는),잠재성(있는)⇔**ac**-tual,잠재능력,pot-en-ti-**al**-it-y
Vol-unt-ary w-ork w-i-ll im-**press** a pot-**en**-tial em-**pl**-oy-er.
H. **Cl**-int-on crops up **freq**-uent-l-y as a pot-**en**-tial **cand**-id-ate.

pound
[paʊnd]

♪ 파은ㄷ　O [파운드]　d phonics

v.n. 두드리다,고동치다,빻다,열심히계속,화폐단위,453g,가두다
I bought a **pou**-n-d of **coff**-(h)ee beans.
Her heart **pou**-n-ded with **fe**-ar.

pour
[poɚ]

♪ 포얼　O [포어ㄹ]　ɚ phonics

v. 쏟다,따르다,빛·열·총알쏘다,방사,shed,연주,노래,쇄도
The Han **riv**-(h)er **po**-urs it-**se**-l-f **int**-o the **W**-est Sea.
The **ra**-in **po**-ured down.

pov·er·ty
[pɑːvɚti]

♪ 파앞얼이　✗ [파아버ㄹ티]　mora발음/ v,ɚ,t phonics

n. 가난,빈곤,궁핍,**ind**-ig-ence,불모,빈약,부족
They rose from **pov**-(h)ert-y to **aff**-(h)l-uence.
Pov-(h)ert-y e**xp**-oses **peop**-le to **end**-l-ess hum-il-i-**a**-tion.

pow·der
[paʊdɚ]

♪ 파읃얼　✗ [파으더ㄹ]　mora발음/ d,ɚ phonics

n.v. 가루(약,만들다),분말,dust,화장분(바르다),화약,제분,흩뿌리다
His car w-as **powd**-ered with **mic**-ro dust.
She dusted her **bab**-y with **powd**-er **aft**-er **bath**-ing.

pow·er
[pawɚ]

♪ 파으월   X [파워ㄹ]   틀린발음/ w,ɚ phonics

n. 힘,force,능력,ab-**il**-it-y,권력(자),지배력(자),세력(가),국력,강대국,동력,에너지,배율,동력(전력)공급,힘주다,강력하게,고무
So-l-ar **po**-w-er prov-(**h**)**id**(e)s **cl**-ean **en**-er-gy.
It prov-(**h**)**id**(e)s **po**-w-er for up to 4 hours of cont-**in**-u-ous use.

pow·er·ful
[pawɚfəl]

♪ 파으월ㅍ헐   X [파우어ㄹ퍼얼]   틀린발음/ w,ɚ,f phonics

aj. 강력한,건장한,설득력있는,세력있는,유력한,inf-(**h**)l-u-**en**-tial
She is one of the **mo**-st **po**-w-erf-(**h**)ul **w-om**-en in **corp**-or-ate.
I don't giv(e) a damn **w**-**heth**-er he is **po**-w-erf-(**h**)ul or n-**ot**.

prac·ti·cal
[præktɪkəl]

♪ 프랙틱얼   XXX [프랙티커얼]   틀린액센트/ r,k,t phonics

aj.n. 실용(질)적인,실제의,유용한,일상에관한,노련한,실천하는
The **do**-ors are **dec**-or-at-ive and **pract**-ic-al.
So-l-ar can be a **pract**-ic-al **so**-ur-ce of ren-**ew**-ab-le **en**-er-gy.

prac·tice
[præktəs]

♪ 프랙ㅌ어ㅅ   XXX [프랙터쓰]   틀린액센트/ r,k,t,s phonics

n.vt. 연습,훈련,실행,습관,관습,풍습,전문직개업(업무),실천,준수
A div-(**h**)**i**-sion of **prof**-(**h**)its **int**-o **eq**-ual **sha**-res is a **fa**-ir **pract**-ice.
Fl-u-ent **Eng**-l-ish can be a-**chiev**(e)d through **prop**-er **or**-al **pract**-ice.

prac·ti·tion·er
[præk'tɪʃənɚ]

♪ 프랙티션얼   X [프랙티션어ㄹ]   틀린발음/ r,k,t,ɚ phonics

n. 전문직개업(업무)인,견습인,신앙치료인
Pract-**i**-tion-ers **int**-er-act with one an-**oth**-er in art **col**-on-y.
He's the **mo**-st **fam**-ous pract-**i**-tion-er of heart dis-**ea**-se.

praise
[preɪz]

♪ 프레이ㅈㅎ   XXX [프뤠이즈]   틀린액센트/ r,z phonics

n. 칭찬(하기,받기,하다),찬미,숭배,gl-or-if-(**h**)ic-**a**-tion,찬송
The girl **w-e**-ll des-**erves pra**-ise.
The Post **crit**-ics had **pra**-ised her perf-(**h**)**orm**-ance.

pray
[preɪ]

♪ 프레이   XXX [프뤠이]   틀린액센트/ r phonics

vt. 빌다,간청,기도,기원
She prays to **heav**-(**h**)en it may be so.
They prayed to God that n-o one w-as **inj**-ured in the **acc**-id-ent.

prayer
[preɚ]

♪ 프레얼    [프뤠어ㄹ]   틀린액센트/ r,ɚ phonics

n. 빌기,기원,기도(식),예배,기도문구,기도문,탄원,소원
Pray-er and med-it-**a**-tion **he**-l-ped him put his **worr**-ies as-**id**(e).
She **st**-retched forth her hands in **pray**-er.

preach
[pri:tʃ]

♪ 프리이치   XXX [프뤼이취]   틀린발음/ r, tʃ phonics

vt. 설교,전도,소신전하다,**adv**-(h)oc-ate,타이르다,adm-**on**-ish
He w-as **prea**ch-ing **en**-er-gy cons-erv-(h)**a**-tion to the w-orld.
The monk preached ag-**ains**t purs-**u**-ing the **pl**-ea-su-res of the **fl**-esh.

pre·cede
[prɪˈsiːd]

♪ 프리씨일   X [프뤼씨이드]   틀린발음/ r,s,d phonics

v.n. 앞서다,먼저발생,행해지다,위이다,선행,우선,서두,전문
The sol-**u**-tion of this **cris**-is prec-**ede**s all **oth**-er things.
The Tsun-**am**-i w-ave w-as prec-**ede**d by an **earth**-q-uake.

pre·cious
[ˈprɛʃəs]

♪ 프레셔ㅅ   XXX [프뤠셔쓰]   틀린액센트/ r,s phonics

aj.av.n. 귀중한,**val**-u-ab-le,귀여운,**de**-ar,귀여운사람,굉장히,몹시
He turned a **simp**-le **prob**-l-em **int**-o a **pre**-cious mess.
They got tog-**eth**-er for **o-n**-l-y a few **pre**-cious hours.

pre·cise
[prɪˈsaɪs]

♪ 프릿아이스   X [프뤼싸이쓰]   틀린발음/ r,s phonics

aj. 정확(밀)한,딱맞는,꼼꼼한,엄격한,세밀한,까다로운
Her **mann**-er w-as **co**-l-d and prec-**ise**.
Be **su**-re to tak(e) prec-**ise mea**-surem-ents bef-(h)**ore** you cut it.

pre·dict
[prɪˈdɪkt]

♪ 프릳익트   X [프뤼딕트]   mora발음/ r,d,k,t phonics

v.aj. 예보,**fore**-cast,예언,예시,fore-**tell**,예언(예보,예측)가능한
It's imp-**oss**-ib-le to pred-**ic**-t the **fu**-ture.
The ad-**op**-tion of the ro-m-**ance** mad(e) the **fi**-l-m pred-**ict**-ab-le.

pre·dom·i·nant
[prɪˈdɑːmənənt]

♪ 프릴아암언ㅌ   X [프뤼다아머넌트]

aj. 지배적인,우세한,권위(영향력)있는,널리퍼진,현저한
Pers-ev-(**h**)**er**-ance is the pred-**om**-in-ant theme of the **mov**-(h)ie.
She is pred-**om**-in-ant am-**ong** the **memb**-ers of the **Cong**-ress.

pref·ace
[ˈprɛfɪs]

♪ 프레ㅍ히ㅅ   XXX [프뤠f이쓰]   틀린액센트/ r,f,s phonics

n. 서문,머리말,서론,**ep**-il-og-ue,int-rod-**uc**-tion,발단,감사찬송
The **pref**-(h)ace of this book wasn't written yet.
The-ir **arg**-um-ent w-as the **pref**-(h)ace to **ye**-ars of **mar**-it-al **st**-rife.

pre·fer
[prɪˈfɚ]

♪ 프리ㅍ허   X [프뤼f어ㄹ]   틀린발음/ r,f,ɚ phonics

vt. 좋아,l-ik(e),택,제출,신청,승진시키다,prom-**ote**,우선권주다
She **pref**-(h)ers **cl**-ass-ic **mus**-ic **rath**-er than pop.
He **pref**-(h)erred the **count**-ry l-if(e) to the **cit**-y one.

403

pref·er·ence
[ˈprɛfrəns]

♪ 프레프런ㅅ   XXX [프뤠f어뤈ㅆ]   틀린액센트/ r,f,s phonics

n. 좋아하기,선호,**fav**-(h)or-ite,우선권,특혜
My **pref**-(h)er-ence is for **mus**-ic **rath**-er than **draw**-ing **cl**-ass.
Ab-**out mus**-ic, ev-(h)er-y-one has **pers**-on-al **pref**-(h)er-ences.

preg·nant
[ˈprɛgnənt]

♪ 프레그넌ㅌ   XXX [프뤠그넌트]   틀린액센트/ r,g,n,t phonics

aj. 임신중인,가득찬,비옥한,다산의,**fert**-i-le,풍요한,의미심장한
She got **preg**-nant soon **aft**-er her **hon**-eym-oon.
The-re's a **preg**-nant **sil**-ence bef-(h)ore the ann-**ou**-n-cem-ent.

prej·u·dice
[ˈprɛdʒədəs]

♪ 프레쥐얼어ㅅ   XXX [프뤠줘더ㅆ]   틀린액센트/ r,dʒ,d,s phonics

n.vt. 편견,선입관,혐오감,pre-occ-up-**a**-tion,편애,손해,권리침해
My **jud**-gm-ent w-as **cl**-ouded by my **prej**-ud-ice.
Pride and **Prej**-ud-ice w-as **w-ritt**-en by Jane **Au**-st-en.

pre·lim·i·nary
[prɪˈlɪmə̩neri]

♪ 프렐임언에리   X [프루리머네뤼]   틀린발음/ r,l,m,n,y phonics

aj.n. 예비의,서두의,사전(의),prep-**ar**-at-or-y,예비(고사),예선(경기)
The prel-**im**-in-ary creamed off the best **pl**-ay-ers for Ol-**ym**-pic.
An ex-am-in-**a**-tion is a prel-**im**-in-ary to **ent**-er-ing the **coll**-ege.

pre·ma·ture
[ˌpri məˈtʃʊər]

♪ 프림엍추얼   X [프루-머츄어r]   mora발음/ r,m,tʃ phonics

aj.n. 너무이른,때아닌,un-**time**-l-y,성급한,ov-(h)er-**ha**-st-y,조산아
It may be prem-a-**ture** to ab-**and**-on the **proj**-ect.
Exp-o-su-re to the sun **cau**-ses the prem-a-**ture ag**-ing of **sk**-in.

prem·ise
[ˈprɛmɪs]

♪ 프렘이ㅅ   XXX [프뤠미ㅆ]   틀린액센트/ r,m,s phonics

n.vt. 부동산,토지,구내,저택,점포,전제,근거,전술사항,전제로하다
She **prem**-ised that her ass-**ump**-tions w-ere corr-**ect**.
The **comp**-an-y l-eases the **prem**-ises to **sm**-all **bu**-sin-esses.

prep·a·ra·tion
[ˌprɛpəˈreɪʃən]

♪ 프뤱어레이션   X [프뤠퍼뤠이션]   mora발음/ r,p phonics

n. 준비,각오,예습,숙제,prep,조제품,조합약,조리,요리,안식일
W-e are in good prep-ar-**a**-tion for the l-ong **vo**-y-age.
His **ment**-al prep-ar-**a**-tion for the op-er-**a**-tion is com-**pl**-ete.

pre·pare
[prɪˈpeɚ]

♪ 프맆에얼   X [프뤼페어ㄹ]   mora발음/ r,p,ɚ phonics

v. 준비,각오하게,계획을만들어내다,음식조리,약조제
I've prep-**ared dinn**-er for you.
They rigged up the ship and prep-**are**d to set **sa**-i-l.

prep·o·si·tion
[prɛpəˈzɪʃən]

 X [프레퍼지션]   mora발음/ r,p,z phonics

n. 전치사, (무기•군대를)사전배치하다
The prep-o-**si**-tion "**on**" in "on the **tab**-le" shows l-oc-**a**-tion.
Art-**ill**-er-y w-as prep-o-**si**-tioned at st-rat-**eg**-ic **po**-ints.

pre·scribe
[prɪˈskraɪb]

프뤼슬롸입.립션 XXX [프뤼스크롸이브]   틀린액센트/ r,sk,b phonics

v.정,명,규정,ord-**ain**,지시,명령,**ord**-er,약·치료법을처방,무효되다
Sk-immed **mi**-l-k is **of**(t)-(h)en pre-**sc**-ribed for **di**-et.
They **mu**-st **foll**-ow the **ru**-les as pre-**sc**-ribed by the **comp**-an-y.

pres·ence
[ˈprɛzn̩s]

프레젼ㅅ XXX [프뤠즌쓰] Schwa [n̩]=[언],틀린액센트/ r,z,n,s phonics

n. 출석,참석,att-**end**-ance⇔**abs**-ence,면전,주둔외국군,현장감
Ju-st the **pres**-ence of pol-**i**-ce **off**-(h)i-cers in-**hib**-ited them.
The **pres**-ence of **st**-a-irs in the **ru**-ins im**p**-l-ies an **upp**-er **fl**-oor.

pres·ent
[ˈprɛzn̩t]

프레젼ㅌ XXX [프뤠즌트] Schwa [n̩]=[언],틀린액센트/ r,z,n,t phonics

aj.n. 출석해(존재하고)있는⇔**abs**-ent,현재의,당면한,지금,현시점
Ten **gue**-sts w-ere **pres**-ent at the **cer**-em-on-y.
He **grad**-u-ated from **l-ab**-or w-ork to his **pres**-ent **cl**-er-ic-al **ro**-le.

pre·sent
[prɪˈzɛnt]

 X [프뤼젠트]   틀린발음/ r,z phonics

vt. 증정,선물,제출,내놓다,건네주다,소개,int-rod-**uce**,상연
The rep-**ort** pres-**ent**ed a **crit**-ic-al an-**al**-ys-is of the **st**-rat-eg-ies.
MIT Tech Rev-(h)iew Pres-**ent**s the 50 **Sm**-art-est **Comp**-an-ies.

pre·serve
[prɪˈzɜrv]

 X [프뤼저ㄹ브]   틀린발음/ r,z,ɚ,v phonics

vt.n. 보존,유지,지키다,설탕절임,조림,잼만들다,사냥금,보존물
All trad-**i**-tion-al crafts are pres-**erved** and di-**sp**-l-ayed **the**-re.
W-e don't use **an**-y cons-**erv**-(h)at-iv(e)s or pres-**erv**-(h)**at**-ives in food.

pres·i·dent
[ˈprɛzədənt]

 XXX [프뤠저던트]   틀린액센트/ r,z,d,n,t phonics

n. 대통령,총재,장관,총장,학장,회장,사장
Pres-id-ent re-**shuff**-(h)led some **cab**-in-et **min**-i-st-ers.
Ms. **Cl**-int-on is **te**-st-ing the **w-at**-ers for a pres-id-**en**-tial bid.

press
[prɛs]

 XXX [프뤠쓰]   틀린액센트/ r,s phonics

v.n. 누르다,눌러펴다,**ir**-on,압축,과즙짜다,압박,고민, 강요,강제징용,출판물,신문,보도기관,인쇄기,압축기계,벽장,옷장,찬장,책장
Press **fore**cast a **vict**-or-y for the Pres-id-**en**-tial el-**ec**-tion.
Rep-**ort**-ers and the press packed the **Sen**-ate **gall**-er-y.

pres·sure
[prɛʃɚ]

♪ 프레셜   XXX [프뤠셔]   틀린액센트/ r,ʃ,ɚ phonics

n. 압력,반작용,압착(압축)된상태,comp-**res**-sion
The **pres**-sure **dur**-ing ex-**am** per-iod can be imm-**ense**.
The bure-**auc**-racy is too **vul**-ner-ab-le to ext-**ern**-al **pres**-sure.

pre·sume
[prɪˈzuːm]

♪ 프리주움   X [프뤼주움]   틀린발음/ r,z phonics

vt. 추정,생각,간주,supp-**ose**,믿어버리다,뻔뻔하게굴다,주제넘다
It is pres-**ume**d that he w-as drunk and **driv**-(h)ing.
The court pres-**ume**d **inn**-oc-ence bec-**au**-se of n-o proof of **gui**-l-t.

pre·tend
[prɪˈtɛnd]

♪ 프뤁엔드   X [프뤼텐드]   mora발음/ r,t,d phonics

v.aj. 꾸미다,make bel-**iev**(e),가장,feign,속이다,주장,요구,가짜의
She pret-**end**ed to make a phone call.
L-et's **ju**-st pret-**end** for a **mo**-m-ent I'm your **moth**-er.

pret·ty
[prɪti]

 XXX [프뤼티]   틀린액센트/ r,t,y phonics

aj.n.av. 예쁜옷(것),귀여운,멋진,훌륭한,비교적,**fa**-ir,상당히,매우
He l-ead his l-if(e) **prett**-y **mund**-ane.
The **col**-ors of the **rain**bo-w are so **prett**-y in the **sk**-y.

pre·vent
[prɪˈvɛnt]

♪ 프뤕엔트   X [프뤼벤트]   틀린발음/ r,v,n,t phonics

vt. 막다,방해,예방,선행,방해가되다
The depth of her **fee**-l-ing prev-(h)**ent**ed her from **sp**-eak-ing.
They di-**sc**-ussed the **ro**-le of **di**-et in **canc**-er prev-(h)**en**-tion.

pre·view
[priːvjuː]

 XXX [프뤼-v유-]   틀린액센트/ r,v phonics

n.vt. 먼저보기,사전검토,예비조사,시사(회),시연
A few w-ere inv-(h)**it**ed to a **sn**-eak **prev**-(h)iew of the **mus**-ic-al.
The des-**ign**-ers **prev**-(h)iewed **th**e-ir n-ew l-ines at the show.

pre·vi·ous
[priːvijəs]

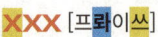 XXX [프뤼비여쓰]   틀린액센트/ r,v,s phonics

aj. 이전의,**pri**-or,앞의,fore-**go**-ing,먼저의,prec-**ed**-ing,사전의
She has to cope with l-**o**s-ing all her **prev**-(h)ious **st**-at-us.
The-re w-ere n-o **prev**-(h)ious st-at-**ist**-ics for comp-**ar**-is-on.

price
[praɪs]

♪ 프롸이ㅅ   XXX [프롸이쓰]   틀린액센트/ r,s phonics

n.vt. 가격(표,정하다,묻다),시가,매매가,**char**-ge,(현)상금,가치
W-age and price **cei**-l-ings are the **maj**-or conc-**ern**.
Peop-le are **sens**-it-ive to the price of **bas**-ic comm-**od**-it-ies.

pride
[praɪd]
♪ 프롸읻 XXX [프롸이드] 틀린액센트/ r,d phonics
n.vt. 자만심,**se**-l-f-conc-**eit**,우월감,거만,**arr**-og-ance,자부,자랑
His **crit**-ic-ism **grad**-u-all-y chipped a-**w-ay** her pride.
The **Mei**-st-er for men's **cl**-oth **mak**-ing has great pride.

priest
[pri:st]
♪ 프리이슽 XXX [프뤼이스트] 틀린액센트/ r,st phonics
n.vt. 성직자,사제,목사,승려,지도자,목사(사제,승려)로임명
He conf-**(h)ess**ed his sins to the priest.
He w-as ord-**ain**ed as a **Ro**-m-an **Cath**-ol-ic priest.

pri·ma·ry
[praɪˌmeri]
♪ 프롸임에뤼 XXX [프롸이메뤼] 틀린액센트/ t,w,θ phonics
aj.n. 우선의,제1의것(일),chief,최초의,**fir**-st,원시의,**prim**-it-ive, 근본적인,**bas**-ic,근원의,or-**ig**-in-al,초등학교의,원색,밑칠
Her **prim**-ar-y **go**-al is to get a **coll**-ege deg-**ree**.
Poor ec-**on**-om-y is **imp**-act-ing **prim**-ar-il-y on **sm**-all **bus**-in-esses.

prime
[praɪm]
♪ 프롸임 XXX [프롸임] 틀린액센트/ r,m phonics
aj.n.vt.최고(초,위)의,chief,**fir**-st,원시의,**prim**-it-ive,전성(기),마중물
The **gov**-(h)ern-or has bec-**ome** a prime **targ**-et for **crit**-ic-ism.
The **ro**-le of prime **min**-i-st-er corr-e-**sp**-onds to that of **pres**-id-ent.

prince
[prɪns]
♪ 프륀ㅅ XXX [프륀스] 틀린액센트/ r,s phonics
n. 왕자⇔**princ**-ess,왕손,공작,duke,군주,(대)공,제후,제1인자
He's a **re**-al prince.   걘 좋은 녀석이야.
The prince and **ro**-y-al **gue**-sts **jo**-ined the fund **rais**-ing **dinn**-er.

prin·cess
[prɪnsɛs]
♪ 프륀쎄ㅅ XXX [프륀쎄쓰] 틀린액센트/ r,s phonics
n.aj. 공주⇔prince,왕녀,왕족여자,출중한여자,어길,몸에꼭맞는
She's a **reign**-ing **princ**-ess of pop **mus**-ic.
She's **ju**-st a **st**-uck-up **princ**-ess.   걘 시건방져.

prin·ci·pal
[prɪnsəpəl]
♪ 프륀썸얼 XXX [프륀써프얼] 틀린액센트/ r,s,p,l phonics
aj.n. 주요한,chief,원금의,자본금의,**cap**-it-al,교장,단체의장,주역
Mi-l-k is the **prin**-cip-al in-**gred**-i-ents in this **ice**-cream.
The **prin**-cip-al has been too harsh in **met**-ing out **disc**-ip-l-ine.

prin·ci·ple
[prɪnsəpəl]
♪ 프륀썸을 XXX [프륀써프얼] 틀린액센트/ r,s,p,l phonics
n. 원칙,공리,(자연)원리(법칙),지침,주의,신념,정도,본질,**ess**-ence
His w-ay of l-if(e) cont-rad-**ict**s his **princ**-ip-les.
She **nev**-(h)er **dev**-(h)i-ated from her **chos**-en **princ**-ip-les.

print
[prɪnt]

♪ 프**린**트　XXX [프륀트]　　　틀린액센트/ r,n,t phonics

v.n. 인쇄(물),출판,발행,인화,날염,in-**st**-i-ll, 흔적,표,mark,판화
This **print**-er is comp-**at**-ib-le with **mo**-st PCs.
My **print**-er has a res-ol-**u**-tion of 900 dots per **sq**-uare inch(DPI).

pri·or
[praɪɚ]

♪ 프**라**이열　XXX [프롸이어ㄹ]　　　틀린액센트/ r,jɚ phonics

aj.av. ~전에,우선하는,**pri**-or to~~보다먼저,~에앞서서,bef-(h)**ore**
The job re-**q**-u-ires **pri**-or ex**p**-er-ien-ce in Big Data an-**al**-ys-is .
Does he hav(e) a **pri**-or **hi**-st-or-y of back **prob**-l-ems?

pri·or·i·ty
[praɪˈorəti]

♪ 프라이**오**뤝이　X [프롸이오뤄티]　　　틀린,mora발음/ r,t,y phonics

n. 앞서기,우선함,더중요함,상위(석),**prec**-ed-ence,실행우선사항
Amb-ul-ances hav(e) pri-**or**-it-y **ov**-(h)er **oth**-er **ve**-hic-les.
Gett-ing the w-ork done on time is a pri-**or**-it-y for them.

pris·on
[prɪzn̩]

♪ 프**리**전헌　XXX [프뤼즌]　Schwa [n̩]=[언], 틀린액센트/ r,z,n phonics

n.vt. 형무소,감옥,**ja**-i-l,구치소,수감,감금,im**p**-**ris**-on(ment)
He w-as sent to **pris**-on for **robb**-er-y.
Her **marr**-i-age bec-**ame** a **pris**-on to her.

pris·on·er
[prɪznɚ]

♪ 프**리**전헌얼　XXX [프뤼즈너ㄹ]　[n̩]=[언], 틀린액센트/ r,z,n,ɚ phonics

n. 죄수,포로(**pris**-on-er of w-ar,약자,POW),구속된사람,포로
They w-ere he-l-d **pris**-on-ers for a month.
She mad(e) his hand a **pris**-on-er.　　잡고는 놓아주지않다.

pri·va·cy
[praɪvəsi]

♪ 프**라**이엇이　XXX [프롸이버씨]　　　틀린액센트/ r,v,s phonics

n. 사생활,은둔,se**c**-**l**-u-sion,ret-**reat**,비밀,**sec**-rec-y⇔**pub**-l-**ic**-it-y
They **fi**-led that the boss **vi**-ol-ated the **priv**-(h)ac-y l-aw.
The pol-**i**-ce's search him w-as an inv-(h)**a**-sion of **priv**-(h)ac-y.

pri·vate
[praɪvət]

♪ 프**라**이엇　XXX [프롸이빗]　　　틀린액센트/ r,v,t phonics

aj.n. 개인적인,사적인⇔**pub**-l-ic,사유의,비공개의,병졸(의),음부
Priv-(h)ate cars are all-**owed** but n-ot comm-**er**-cial **ve**-hic-les.
Beach houses dotted a l-ine al-**ong** the **priv**-(h)ate beach.

priv·i·lege
[prɪvlɪdʒ]

♪ 프**리**넙을인지　XXX [프뤼벌리쥐]　　　틀린액센트/ r,v,l,dʒ phonics

n.vt. 특권(주다),특전(주다),명예,기본적권리,면제,ex-**empt**
She has the **priv**-(h)il-ege of cond-**uct**-ing the **or**-che-str-a.
Memb-ers of Par-l-(i)am-ent are **priv**-(h)il-eged from arr-**est** **dur**-ing the **ses**-sions.

prize
[praɪz]
♪ 프롸이즈흐 XXX [프롸이즈]　　　틀린액센트/ r,z phonics
n.aj.vt. (포)상(물,품,금),re-**w-ard**,포획(물),횡재,입상한,지레(작용)
The **l-uck**-y **dev**-(h)il w-on the grand **L-OTT**-O prize.
He del-**ib**-er-ated on what to do with the **L-OTT**-O prize **mon**-ey.

prob·a·ble
[prɑ:bəbəl]
♪ 프롸압업얼 XXX [프롸아버블얼]　　　틀린액센트/ r,b,l phonics
aj.n. 있음직한(일),일어남직한,가망있는,유망한,믿어도될
It is **poss**-ib-le, if n-ot **prob**-ab-le.
It is **prob**-ab-le that she is sick in bed.

prob·a·bly
[prɑ:bəbli]
♪ 프롸압업을이 XXX [프롸아버블리]　　　틀린액센트/ r,b,l,y phonics
av. 아마,per-**haps**,대개는,십중팔구는,**mo**-st **l-ik**(e)-l-y
He **prob**-ab-l-y forg-**ot** to **pa**-yb-ack my **mon**-ey.
It w-as **prob**-ab-l-y the best **mov**-(h)ie I've **ev**-(h)er seen.

prob·lem
[prɑ:bləm]
♪ 프롸압을엄 XXX [프롸아블럼]　　　틀린액센트/ r,b,l,m phonics
n.aj. 문제,과제,귀찮은사람(일),다루기어려운,제멋대인,un-**ru**-l-y
Don't dump your **prob**-l-ems on **oth**-er **peop**-le.
N-ew **comp**-l-ic-ated **prob**-l-ems crop up **ev**-(h)er-y day.

pro·ce·dure
[prəˈsiːdʒɚ]
♪ 프러씨읻저얼 X [프뤄씨이줘ㄹ]　　　틀린발음/ r,s,dʒ,ɚ phonics
n. 일순서,**proc**-ess,절차,방법,과정,조치,**mea**-sure,(소송)절차
It is **vit**-al that you **foll**-ow all **saf**(e)-ty proc-**e**-dures.
Some **doct**-ors **fee**-l that this proc-**e**-dure is n-ot **med**-ic-all-y **eth**-ic-al.

pro·ceed
[proʊˈsiːd]
♪ 프로옷씨읻 X [프로우씨이드]　　　mora발음/ s,d phonics
vi.n. 진행(거행,실시,비롯)되다,전진,계속,cont-**in**-ue,결과,수입
It giv(e)s a **cl**-ue how to proc-**eed** the **pl**-an.
They cried out that they w-ere **read**-y to proc-**eed**.

pro·cess
[prɑ:sɛs]
♪ 프롸앗에ㅅ XXX [프롸아쎄쓰]　　　틀린액센트/ r,s phonics
n.v.aj.과정,제조법,방법,**meth**-od,전진,수행,proc-**eed**-ing,가공(한)
Caves are formed by **var**-ious ge-ol-**og**-ic **proc**-esses.
His **comm**-ents ar-**o**-sed **ten**-sions in the neg-o-ti-**a**-tion **proc**-ess.

pro·ces·sion
[prəˈsɛʃən]
♪ 프뤗쎄션 X [프뤄쎄션]　　　틀린발음/ r,s phonics
n.v. 행렬,줄,cort-**ege**,행진,전진,발생,행렬로걷다
The **cl**-ass-ic cars moved in proc-**e**-ssion on the **st**-reet.
The-re w-as a proc-**e**-ssion of mus-**i**-cians **carr**-y-ing **in**-st-rum-ents.

O
P
Q

pro·duce
[prəˈduːs]
♪ 프뤈**우우**ㅅ X [프뤄**두**우쓰]   mora발음/r,d,s phonics
v.n. (아이)낳다,생기게,**yie**l-d,창작,산출,man-uf-(**h**)act-ure,만들어내다, 열매맺다,채소와과일,생산물,작품,결과
They hope the **meet**-ing w-i-ll prod-**uce** con-crete res-**ult**s.
He is the **great**-est that the w-orld has **ev**-(h)er prod-**uce**d.

prod·uct
[prɑːˈdʌkt]
♪ 프뤈**앏**ㅌ XXX [프롸**아**닥트]   틀린액센트/ r,d,ʌ,k,t phonics
n. (공업)제품,생산물,작품,생산고,결과,소산
The **ret**-ai-l **mark**-up on **the**-ir **prod**-ucts is 22 **perc**-ent.
St-rik(e)s **w-ors**-ened the **comp**-an-y's prod-uct-**iv**-(h)it-y **cris**-is.

pro·duc·tion
[prəˈdʌkʃən]
♪ 프뤈**악**션   X [프뤄**닥**션]   mora발음/ r,d,ʌ,k phonics
n. 생산(품)⇔cons-**ump**-tion,산출(액),제작(품),창작,제시
W-e w-i-ll make a **dea**-l with a firm for **pap**-er prod-**uc**-tion.
They in-**creased** prod-**uc**-tion cap-**ac**-it-y to meet dem-**and**.

pro·fes·sion
[prəˈfɛʃən]
♪ 프뤈**헷**션 X [프뤄**페**션]   mora발음/ r,f,ʃ phonics
n. (전문)직업,occ-up-**a**-tion,voc-**a**-tion,동업자들,명언,고백,선서
He bec-**ame** a **memb**-er of the **med**-ic-al prof-(**h**)e-ssion.
Mo-st prof-(h)e-ssions in the sp-**ec**-**if**-(h)ic **fie**-l-d re-**q**-u-ire **ye**-ars of **tra**-in-ing.

pro·fes·sion·al
[prəˈfɛʃənl]
♪ 프뤈**헷**셔널 X [프뤄**페**셔느얼] Schwa [l]=[얼], mora/ r,f,ʃ,l phonics
aj.n. 직업의(상의),전문직(의),프로(선수)의⇔**am**-a-teur,의도적인
You **bett**-er seek prof-(h)e-ssion-al ad-**vi**-ce.
He w-as im-**press**ed by the prof-(h)e-ssion-al w-ay she **hand**-led the **cris**-is.

pro·fes·sor
[prəˈfɛsɚ]
♪ 프뤈**헷**써어 X [프뤄**페**써ㄹ]   mora발음/ r,f,s, ɚ phonics
n. 교수,선생,교사,고백자,자칭자,신앙고백자
Prof-(h)**ess**-or Kim w-i-ll be **tea**-ching the **cl**-ass.
He is a prof-(h)**ess**-or of **Eng**-l-ish **l-it**-er-at-ure, n-ot l-ing-**ui**-st-ics.

prof·it
[prɑːfit]
♪ 프롸**앞**힡 XXX [프롸**아**핏]   틀린액센트/,발음/ r,f,t phonics
n.v. 이익(율,얻다)⇔l-oss,수익,득보다,(돈)벌다,이용,도움되다
How w-i-ll that **pl**-an **prof**-(h)it me?
The **comp**-an-y mad(e) a fat **prof**-(h)it this **ye**-ar.

pro·gram
[proʊˈɡræm]
♪ 프**로**으램 XXX [프로우그램]   틀린액센트/ r,g phonics
n.v. 계획(짜다),**pl**-an,진행표,안내,강의목록,**syll**-ab-us,프로그램
She **ga**-ined cel-**eb**-rit-y **aft**-er the K-Pop **St**-ar **Prog**-ram.
They **chann**-eled **mi**-ll-i-ons of **doll**-ars **int**-o the **prog**-ram.

prog·ress
[ˈprɑːgrəs]

🎵 프라악러ㅅ XXX [프롸아그뤄쓰]　　틀린액센트/ r,g,s phonics

n. 진행(진전)(상태),발달,향상⇔reg-**ress**,증가,경과,**cour**-se,

They bec-**ame** imp-**a**-tient of the **sl**-ow **prog**-ress.
Man-agem-ent's conf-(**h**)**u**-sion mad(e) the **prog**-ress **diff**-(h)ic-ult.

pro·gress
[prəˈgrɛs]

🎵 프럭레ㅅ X [프뤄그뤠쓰]　　틀린발음/ r,g,s phonics

v. 진행(진보,숙달,향상)되다,나아가다,전진

The **proj**-ect prog-**ressed sl**-ow but **st**-ead-y.
The-ir **proj**-ect is w-e-ll framed and prog-**ress**ed.

pro·hib·it
[proʊˈhɪbət]

🎵 프로으힙엍 X [프로우히벗]　　mora발음/ r,b,t phonics

vt. 금(지),방해

Al-co-hol is pro-**hib**-ited in **pub**-l-ic parks.
A dump truck dumped the **garb**-age **int**-o the pro-**hib**-ited **ar**-ea.

proj·ect
[ˈprɑːdʒɛkt]

🎵 프라아젴ㅌ XXX [프롸아젴트]　　틀린액센트/ r, dʒ,k,t phonics

n. 계획(사업),기획,안,(연구,조사)과제,주택계획(단지),집단주택

Our big **proj**-ect is on the **ri**-ght track.
W-e w-orked with**out cea**-se to **fin**-ish the **proj**-ect on time.

pro·ject
[prəˈdʒɛkt]

🎵 프러젴ㅌ X [프뤄젴트]　　틀린발음/ r, dʒ,k,t phonics

v. 제안,기획,발사,사출,영사,표명,투입,내밀다,돌출,pro-**trude**

They need an **act**-ress who proj-**ects** an aff-(**h**)**ec**-tion-ate **im**-age.
It's **diff**-(h)ic-ult to proj-**ect mark**-et dem-**and**s so far for next **ye**-ar.

prom·ise
[ˈprɑːməs]

🎵 프라암어ㅅ XXX [프롸아머쓰]　　틀린액센트/ r,m,s phonics

n.v. 약속,계약,eng-**agem**-ent,부증,장래유망,믿음직함,가망(희망)

Make **cert**-ain that you keep your **prom**-ise.
He ref-(**h**)**use**d to **comm**-it him-**se**-l-f to **an**-y **prom**-ises.

pro·mote
[prəˈmoʊt]

🎵 프럼오읕 X [프뤄모우트]　　mora발음/ r,m,t phonics

vt. 승진⇔dem-**ote**,조성,추(촉)진,장려,진흥,enc-**our**-age,진척

This **w-i**-ll be the best card for his **prom**-**o**-tion.
She prom-**ote**d the **Sp**-ring coll-**ec**-tion in the **st**-ore **w-ind**-ow.

prompt
[prɑːmpt]

🎵 프라암프ㅌ XXX [프롸암프트]　　틀린액센트/ r,m,p,t phonics

aj.vt.n.av.즉석의(적인),재빠른,시간지키는,암시,힌트,정확히

The **pa**-tient needs prompt **med**-ic-al ass-**i**-st-ance.
Prompt **serv**-(h)ice is guar-ant-**eed** to **the**-ir **cu**-st-om-ers.

411

pro·noun
[proʊˌnaʊn]
 XXX [프로우나운]   틀린액센트/ r,m,v phonics
n. 대명사;(지시~,it), (의문~,what),(인칭~,he), (관계~,what,that)
`He', `it', `who', and `**an**-y-thing' are **pron**-ouns.
"**An**-**y**-one," "**some**thing," and "few" are ind-**ef**-(h)in-ite **pron**-ouns.

pro·nounce
[prəˈnaʊns]
  X [프뤄나운쓰]   mora 발음/ r,n,s phonics
vt. 발음,말,**utt**-er,단언,선언,언도,선고,진술,주장
Kor-**e**-ans don't pron-**oun**-ce **Eng**-l-ish **rhyth**-m-ic-all-y.
Try to **conc**-ent-rate on pron-**ounc**-ing YetHanglish for 3 months.

proof
[pru:f]
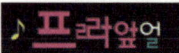 XXX [프루우프]   틀린액센트/ r,f phonics
n.aj.vt.증거,검사(한),te-st,증명(된),알콜함량,교정쇄,반죽부풀다
The **doc**-um-ent w-as a proof that his **st**-or-y w-as false.
Some VIP car w-**ind**-ows are mad(e) of bull-et-**proof gl**-ass.

prop·er
[prɑːpɚ]
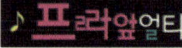  XXX [프롸아퍼ㄹ]   틀린액센트/ r,p,ɚ phonics
aj. 적합한,알맞은,타당한,**ri**-ght,정확한,엄밀한,완전한,철저한
They w-i-ll del-**ib**-er-ate the **q**-ues-tion for **prop**-er **ans**-(w)er.
N-o **dic**-tion-ar-ies tell how to pron-**oun**-ce **Eng**-l-ish in Kor-**e**-an **prop**-erl-y.

prop·er·ty
[prɑːpɚti]
 XXX [프롸아퍼ㄹ티]   틀린액센트/ r,p,ɚ,t,y phonics
n. 재산,자산,**own**-er-ship,부동산,속성,at-**trib**-ute,극본,각본
Gran(d)pa l-eft them the deed to the **prop**-ert-y.
L-**eav**-(h)ing **the**-ir **prop**-ert-ies to **char**-it-ies are **comm**-on in US.

pro·por·tion
[prəˈpoɚʃən]
 X [프뤄포어ㄹ션]   틀린발음/ r,p,ɚ,ʃ phonics
n.vt. 비(율),균형,조화,치수,일부분,비례(조화)시키다,할당,배분
Her eyes w-ere drawn out of prop-**or**-tion with her face.
En-er-gy use in-**creases** in prop-**or**-tion to the **Gl**-ob-al **W-arm**-ing.

pro·pos·al
[prəˈpoʊzəl]
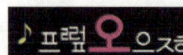 X [프뤄포우저얼]   틀린발음/ r,p,z phonics
n. 제안(의),**off**-(h)er,prop-o-**si**-tion,계획,기획,**pl**-an,구혼,청혼
W-e w-i-ll giv(e) your prop-**os**-al cons-id-er-**a**-tion.
He sensed her dis- ap-**prov**-(h)al on his prop-**os**-al.

pro·pose
[prəˈpoʊz]
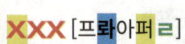 X [프뤄포우즈]   틀린발음/ r,p,z phonics
vt. 제안,청혼,신청,sugg-**est**⇔with**draw**,추천,지명,계획,int-**end**,**sch**-eme
He prop-**ose**d a co-**her**-ent **pl**-an to im-**prove** the **na**-tion's ec-**on**-om-y.
He prop-**ose**d that w-e should ask her to the **l-unch**-eon.

pros·e·cute
['prɒsɪˌkjuːt]

♪프라씌유웉 XXX [프롸씨큐-트]   틀린액센트/ r,s,k,t phonics

v. 기소,고소,청구,소추,sue,추진,수행,해내다,purs-**ue**,검사로일
Dip-l-om-ats are imm-**une** from arr-**est** or pros-ec-**u**-tion.
The case is **be**-ing **pros**-ec-uted by the **di**-st-rict att-**orn**-ey.

pros·pect
[prɑːspɛkt]

♪프라어슾엨ㅌ XXX [프롸아스펙트]   틀린액센트/ r,sp,k,t phonics

n.v. 전망,예상,exp-ect-**a**-tion,미래고객,유망후보,경치,검토,조사
The **pro**-sp-ect of **w-ork**-ing in Kor-**e**-a **re**-all-y **exc**-ites him.
She **pa**-inted a **gl**-oom-y **pic**-ture of the **pro**-sp-ects for peace.

pros·per·i·ty
[prɒˈspɛrɪtɪ]

♪프러슾에뤝이 XXX [프롸아스페뤄ㅌ]   틀린액센트/ r,sp,k,t phonics

n. 번영,융성,행운⇔adv-(**h**)**ers**-it-y,부,**w-ea**-l-th,유복환경,호경기
Pro-**sp**-er-it-y makes friends, adv-(**h**)**ers**-it-y tries them. <속담>
Kor-**e**-a's **curr**-ent ec-on-**om**-ic pro-**sp**-er-it-y rests on
found-**a**-tions of ed-uc-**a**-tion.

pro·tect
[prəˈtɛkt]

♪프뤝엨ㅌ X [프뤄텍트]   틀린발음/ r,t,k phonics

v. 보호,지키다,막다,지급자금준비,보호장치달다,보존에쓰이다
Cei-l-ing prices on rent prot-**ect man**-y l-**ess**-**ees**.
They'll do **an**-y-thing to prot-**ect the**-ir chi-l-dren from harm.

pro·tec·tion
[prəˈtɛkʃən]

♪프뤝엨션 X [프뤄텍션]   틀린발음/ r,t,k phonics

n. 보호(자,증),방호(물),def-(**h**)**ense**,후원,**pat**-ron-age,여권
She fights for the prot-**ec**-tion of the env-(**h**)**ir**-onm-ent.
The **wit**-n-ess w-as **pl**-aced **und**-er FBI prot-**ec**-tion.

pro·test
[prəˈtɛst]

♪프뤝에슽 X [프뤄테스트]   틀린발음/ r,t,k phonics

v. 항의,이의제기,단언,주장,부르짖다,인수(지급)거절
He prot-**est**ed his **inn**-oc-ence.
St-ud-ents prot-**est**ed ag-**ainst** the hike of **tui**-tion fee.

pro·test
['proʊtɛst]

♪프로웉에슾 XXX [프로우테스트]   틀린액센트/ r,t,s phonics

n. 이의제기,불복,항의(서),단언,주장,인수(지급)거절(증서)
The **jud**-ge's **ru**-l-ing is **und**-er **prot**-est.
Aft-er **vi**-ol-ent **prot**-ests, the **Prem**-ier app-**ea**-l-ed for calm.

pro·to·col
['proʊtəˌkɑːl]

♪프로웉억아얼 XXX [프로우터카알]   틀린발음/ r,t,k phonics

n. 외교의례,조약원안(의정서),보충(추가)협약(서),통신제어절차
They did n-ot **foll**-ow the **prop**-er dip-l-om-**at**-ic **prot**-oc-ols.
What is the **prop**-er **prot**-oc-ol for dec-**l**-in-ing a prop-**os**-al?

proud
[praʊd]

♪ 프라을   XXX [프롸우드]   틀린액센트/ r,s phonics

aj.av. 자랑스런,기쁜,거만한,**arr**-og-ant,뽐내는,훌륭한,긋지느끼게
I am proud of your **friend**-ship.
He is proud ab-**out** his **sch**-ool **rec**-ord.

prove
[pru:v]

♪ 프루웋   XXX [프루우브]   틀린액센트/ r,v phonics

v. 증명(입증)⇔di-**sp**-rove,검인,시험,분석,판명,알려지다,부풀리다
W-eap-ons that could prove to be the de-**st**-ruc-tion of **m-an**kind.
Two **el-em**-ents **mu**-st be **prov**-(h)en: **mot**-ive and opp-ort-**un**-it-y.

pro·vide
[prəˈvaɪd]

♪ 프러**아**잎   X [프뤄바이드]   틀린액센트/ r,v,d phonics

v. 편의주다,공급,제공,준비,대비,prep-**are**,부양,supp-**ort**
He prov-(h)id(e)s a pres-id-**en**-tial camp-**aign** to **ra**-ise funds.
His w-ife prov-(h)id(e)s a **cri**-sp **shir**-t **ev**-(h)er-y **morn**-ing.

pro·vi·sion
[prəˈvɪʒən]

♪ 프러**이**젼   X [프뤄비젼]   틀린액센트/ r,v,ʒ phonics

n.vt. 지급,제공,조항,규정,st-ip-ul-**a**-tion,정관,준비,설비,비축품,식량
He mad(e) fin-**an**-cial prov-(h)i-sions for his **fam**-il-y.
Prov-(h)i-sions should be mad(e) for **reg**-ul-ar in-**sp**-ec-tions.

pro·voke
[prəˈvoʊk]

♪ 프러**오**읔   X [프뤄v오우크]   틀린발음/ r,v,k phonics

vt. 성나게,**irr**-it-ate,하게하다,일으키다,**cau**-se,선동,유인,all-**u**-re
The prop-**os**-als prov-(h)oked a **fi**-er-ce deb-**ate**.
Her rem-**ark**s prov-(h)oked both **te**-ars and l-**augh**t-er.

psy·chol·o·gy
[saɪˈkɑːlədʒi]

♪ 싸읔**아**알엍쥐   X [싸이카알어쥐]   mora발음/ k,l,dʒ phonics

n. 심리학(논문,책),심리(상태),심리작전(책략)
He **st**-ud-ied psych-**ol**-og-y in **coll**-ege.
W-e need to und-er-**st**-and the psych-**ol**-og-ies of the **coup**-le.

pub
[pʌb]

♪ 팝   O [팝]

n. 대중술집,선술집
W-e ate Fish and Chips at a good pub.
The **Ir**-ish pub has green **col**-or rep-res-**ent**-ing St. Pat's day.

pub·lic
[ˈpʌblɪk]

♪ 팝을잌   X [파블릭]   mora,중복"ㄹ"발음/ ʌ,b,l,k phonics

aj.n. 공공(공립,공개)의⇔**priv**-(h)ate,사회(국가)의,일반대중
Cig-ar-**ette** **comp**-an-ies are sued by the **pub**-l-ic.
Pub-l-ic hyg-**iene** al-**ert** **check**-ed the **rap**-id **sp**-read of the **fl**-u.

pub·li·ca·tion
[pʌbləˈkeɪʃən]

 X [파블러케이션]   mora,중복"ㄹ"발음/ ʌ,b,l,k phonics

n. 출판(물),간행(물),발행,공표,발표,공포,proc-l-am-a-tion,업적
Thumb-Dream sp-e-cial-izes in Eng-l-ish pron-oun-ce.
Thumb-Dream founded for the pub-l-ic-a-tion of Eng-l-ish books.

pub·lish
[pʌblɪʃ]

 X [파블리쉬]   mora,중복"ㄹ"발음/ ʌ,b,l,k phonics

v. 출판,발행,발표,pro-cl-aim,ann-ou-n-ce,유언실행,ex-ec-ute
The book w-i-ll be pub-l-ish-ed in Oct., 2016.
The gov-(h)ernm-ent pub-l-ish-ed the n-ew reg-ul-a-tions.

pull
[pʊl]

 O [풀]

vt. 당기다,(차,말을)세우다,빼다,삐다,st-ra-in,획득,인체
Pu-ll up or pu-ll ov-(h)er the car, pl-ease.
Fl-y-ing re-in-deers he-l-d to pu-ll the sl-eigh of Sant-a Cl-aus.

pump
[pʌmp]

 O [팜프]   ʌ,m,p phonics

n.v. 펌프,양수기,심장,유도심문,정보캐는사람,퍼붓다,숨차게
I (k)n-ow the det-ect-ive w-anted to pump.
He pumped n-ew l-if(e) int-o them with his w-ords of enc-our-age.

punch
[pʌntʃ]

 O [판취]

n.vt. 주먹치기(다),기운,vig-or,신랄함,천공기,과일음료,구멍내다
She punched him on the cheek.
He q-uick-l-y punched the butt-ons on his keyboard.

punc·tu·al
[pʌŋktʃəwəl]

 X [팡취월]   틀린발음/ k,tʃ,w phonics

aj. 시간지키는,늦지않는,빠른,즉각적인,규칙적인,한점에집중되는
I w-as al-w-ays punc-tu-al for meet-ing, too.
She is ver-y punc-tu-al and ver-y ex-act in her dut-ies.

pun·ish
[pʌnɪʃ]

 X [파니쉬]   mora발음/ ʌ,n,ʃ phonics

v. 고통(손실)주다,처벌,혼내주다,거칠게다루다,많이소비(먹다)
She w-as pun-ish-ed for a crime that she didn't comm-it.
His par-ents pun-ish-ed him for try-ing to dec-eiv(e) them.

pu·pil
[pju:pəl]

X [퓨우프얼]   mora발음/ p,l phonics

n. 학생,제자,문하생,미성년자,눈동자,동공
The sch-ool has 2,000 pup-ils.
A pup-il is a st-ud-ent und-er the sup-erv-i-sion of a teach-er.

pup·py
[pʌpi]

♪팦이　　　X [파피]　　　mora발음/ ʌ,p,y phonics

n. 강아지,새끼,건방진젊은이,애송이,풋내기,pup
A **pupp**-y is a **juv**-(h)en-i-le dog.
Our dog **ju**-st had fiv(e) **pupp**-ies.

pur·chase
[pɚtʃəs]

♪펄ㅊ어ㅅ　　　X [퍼ㄹ춰쓰]　　　틀린발음/ tʃ,s phonics

vt.n. 사다,구매,얻다,지레·도르래·기중기써서움직이다,받침점
Cons-**um**-ers are n-ot **comf**-(h)ort-ab-le **pur**-chas-ing **on**-l-ine.
Kor-**e**-a w-i-ll **pur**-chase st-eal-th **a-ir**-fight-ers to re-inf-(h)orce the def-(h)en**se**.

pure
[pjuɚ]

♪퓨얼　　　O [퓨어ㄹ]

aj. 순수한⇔mixed,깨끗한,**cl**-ear,솔직한,맑은,죄없는,순결한
The **comp**-an-y **bott**-les **o**-n-l-y **pu**-re **w-at**-er.
The **alch**-em-ists tried to tran-**sm**-ute l-ead **int**-o **pu**-re **go**-l-d.

pur·ple
[pɚpəl]

♪펄얼　　　X [퍼ㄹ프얼]　　　mora발음/ ɚ,p,l phonics

n.v. 자줏빛(되다),**crims**-on,추기경직,국왕의,화려한,육감적인
The book cont-**ain**s a few **purp**-le **pass**-ages.
A man of n-o birth may **marr**-y **int**-o the **purp**-le.

pur·pose
[pɚpəs]

♪펄어ㅅ　　　X [퍼ㄹ퍼쓰]　　　mora발음/ ɚ,p,s phonics

n. 목적,동기,의도,int-**en**-tion,바라는결과(목적,end,목표,aim)
Those **dat**-a w-ere suff-(h)**i**-cient for our **purp**-ose.
The **st**-ore **off**-(h)ers **diff**-(h)er-ent **gl**-ues for **purp**-ose.

purse
[pɚs]

♪펄ㅅ　　　X [퍼-r쓰]　　　틀린발음/ s phonics

n.v. 지갑,핸드백,기부(자금),funds,재산,**w-ea**-l-th,오므(찌푸)리다
Who **ho**-l-ds the **pur**-se **ru**-les the house. <속담>
They **tee**-offed the **tourn**-am-ent with a **mi**-ll-i-on **doll**-ar **pur**-se.

pur·sue
[pɚˈsuː]

♪펄수우　　　X [퍼ㄹ쑤우]　　　틀린발음/ ɚ,s phonics

v. 뒤쫓다,추적,chase,괴롭히다,추구,실행,따라가다,**foll**-ow,진행
She hopes to **purs**-ue a car-**eer** in **med**-i-cine.
She heard his dec-**i**-sion to purs-**ue** a l-aw car-**eer**.

push
[pʊʃ]

♪프쉬　　　O [푸쉬]

v.n. (떠)밀다⇔**pu**-ll,draw,몰아대다,추진,강요,(싹·뿌리)나오다,돌출,
pro-**trude**,**proj**-ect,박력,자기주장,**se**-l-f-ass-**er**-tion
Her **moth**-er pushed her **int**-o **marr**-i-age.
Cart is a **sm**-all **whee**-led **ve**-hic-le **typ**-ic-all-y pushed by hand.

put
[pʊt]

♪픝  X [풋] 틀린발음/ t phonics

v. 놓다,두다,얹다,기입,표현, 추정붙이다,부여,ass-**ign**,전진,출발
They put **cent**-ral **a**-ir cond-i-tion-ing **sy**-st-em in the **bui**-l-ding.
Your l-ov(e)'s put me at the top of the w-orld.-The **Carp**-ent-ers-

puz·zle
[pʌzəl]

♪파ᴢ절 X [파즈얼] 틀린발음/ ʌ,z,l phonics

n. 난문제,수수께끼,en-**ig**-m-a,난처(하게),be-**wi**-l-d-er,괴롭히다
I w-as **puzz**-led what to buy for your **birth**-day.
He had a **puzz**-led and conf-(h)**used** exp-res-sion on his face.

기후음 [p]를 받침으로 발음하니 저절로 Phon-ics 되는 것을 느끼시나요?
Col-umb-us' Egg, isn't?

q or Q
[kjuː]

🎵 큐우   ○ [큐우]   18 단어 3쪽

n. 알파벳열일곱째자,Q(자)형
Something shaped l-ike the **lett**-er Q.
Q is the 17th **l-ett**-er of the **mod**-ern **Eng**-l-ish **alph**-(h)ab-et.

qual·i·fi·ca·tion
[kwɑːləfəˈkeɪʃən]

🎵 크와얼어퍼에이션   X [크와알러퍼케이션]mora,중복"ㄹ"발음/ kw,l,f,k phonics

n. 자질,필요조건,자격(부여,취득),제한,re-**st**-ric-tion,유보(조건)
She didn't get the job de-**sp**-ite all her **q**-ual-if-(h)ic-**a**-tions.
A rés-um-**é** prov-(**h**)**id**(e)s an **ov**-(h)erv-(h)iew of one's **q**-ual-if-(h)ic-**a**-tions.

qual·i·fy
[kwɑːləfaɪ]

🎵 크와얼어하이   XXX [크와알러파이] mora,중복"ㄹ"발음/ kw,l,f phonics

v. 자격(권한)주다,한정,제한,**lim**-it,완화시키다,자격취득,합격,통과
He is a **fu**-ll-y **q**-ual-if-(h)ied **civ**-(h)il eng-in-**eer**.
They **w-i**-ll w-eed out the l-ess **q**-ual-if-(h)ied **cand**-id-ates.

qual·i·fied
[kwɑːləfaɪd]

🎵 크와얼하인 XXX [크와알러파이드]   틀린액센트/ kw,l,f,d phonics

aj. 자질(능력)있는,**el**-ig-ib-le,적임인,조건갖춘,**cert**-if-(h)ied,수정된
She's a **hi**gh-ly **q**-ual-if-(h)ied **pers**-on for the job.
She's a **hi**gh-ly **q**-ual-if-ied **med**-ic-al **pract**-**i**-tion-er.

qual·i·ta·tive
[kwɑːlətertɪv]

🎵 크와얼에이텁 XXX [크와알러테이티브]   틀린액센트/ kw,l,f,v phonics

aj. 성질(상)의, 질적인
He was **mak**-ing a **q**-ual-it-at-ive **judgm**-ent not **q**-uant-it-at-ive.
Q-ual-it-at-ive Res-**ear**-ch is **prim**-ar-il-y ex-**pl**-or-at-or-y one.

qual·i·ty
[kwɑːləti]

🎵 크와얼엍이 XXX [크와알러티]   틀린액센트/ kw,l,f,y phonics

n. 속성,**prop**-ert-y,본질,**na**-ture,(품)질,우수성,**ex**-cell-ence,재능
She has **pl**-ent-y of **q**-ual-it-ies.
Q-ual-it-y **matt**-ers **mo**-re than **q**-uant-it-y.

quan·ti·ta·tive
[kwɑːntəteɪtɪv]

🎵 크와언엍에이텁 XXX [크와안터테이티브]   틀린액센트/ kw,n,t,v phonics

aj. 수량의,수량으로잴수있는
Her work was judged **q**-uant-it-at-ive-l-y.
He was **mak**-ing a **q**-ual-it-at-ive **judgm**-ent not **q**-uant-it-at-ive.

quan·ti·ty
[kwɑːntəti]

🎵 크와얼엍이 XXX [크와안터티]   틀린액센트/ kw,n,t,y phonics

n. 양,수량,분량,액수,am-**ount**,정량,다량,다수,음량
The **q**-uant-it-y of US gas-ol-**ine** st-ock aff-(**h**)**ect**s w-orld's price.
W-e **w-orr**-ied ab-**out** **q**-uant-it-y as **w-e**-ll as **q**-ual-it-y.

418

quar·rel
['kworəl]

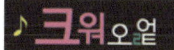 XXX [크워뤄얼]   틀린액센트/ kw,r,l phonics

n.vt. 말다툼,언쟁,**wrang**-le,불화,dis-ag-**reem**-ent,책망,find **fau**-l-t
She has n-o **q**-uarr-el with her **pres**-ent job.
I **chan**-ged the **subj**-ect to av-(h)oid a **q**-uarr-el.

quart
['kwoɚt]

 XXX [크워어ㄹ트]   틀린액센트/ kw,ɚ,t phonics

n. 쿼트,액량단위;1/4갤런,2파인트,건량단위;2파인트
How **man**-y cups in a **q**-u-art?
The **q**-u-art is a **un**-it of **vol**-ume, **u**-su-all-y for **l-iq**-uids.

quar·ter
['kwoɚtɚ]

 XXX [크워어ㄹ터ㄹ]   틀린액센트/ kw,ɚ,t phonics

n.v. 4분의1(달러동전),1분기,지역,**di**-st-rict,숙소,4(등)분,숙박
The-re is **cont**-rov-(h)ers-y on the **trad**-ing the **q**-uart-erb-ack.
Ind-**us**-trial prod-**uc**-tion in-**creas**ed for the 5th succ-**ess**-ive **q**-uart-ers.

queen
['kwi:n]

 XXX [크위인]   틀린액센트/ kw,n phonics

n.v. 여왕,왕비,중요여성,(카드·체스)퀸,여왕개미(벌),여왕통치
She **pl**-ayed the **q**-ueen of **diam**-onds at the **pok**-er game.
Shake-sp-eare w-as cont-**emp**-or-ar-y with **Q**-ueen El-**iz**-ab-eth.

ques·tion
['kwɛstʃən]

 XXX [크웨스췬]   틀린액센트/ kw,st,tʃ,n phonics

n. 질문,물음,int-err-og-**a**-tion,의문점,**q**-uer-y,논점,문제점,**iss**-ue
He com-**pl**-ete-l-y conf-(h)used me by his **q**-ues-tions.
She conf-(h)**ess**ed her **mis**-chiefs **aft**-er **be**-ing **q**-ues-tioned.

quick
['kwɪk]

 XXX [크윅]   틀린액센트/ kw,k phonics

aj.n.av. 빠른,성급한,**ha**-st-y,im**p**-**a**-tient,예민한,keen,**sens** it ive, ac-**ute**⇔**sl**-ow,생살,민감한곳,아픈곳,핵심,급소,재빨리
Hopes for a **q**-uick end of the **cris**-is **are fad**-ing **fa**-st.
They are **q**-uick to **im**-it-ate but n-ot **fore**-runn-ers to cre-**ate**.

qui·et
['kwajət]

 XXX [크와이엇]   틀린액센트/,발음/ kw,t phonics

n.aj. 조용함(한),고요(한),안정,평화(로운),말없는,얌전한,점잖은
A mom's sharp **gl**-are **cow**-ed the **chi**-l-d **int**-o **be**-ing **q**-u-iet.
They conv-(h)**ers**ed **q**-ui-et-l-y in the **cor**-n-er of the **ha**-ll.

quit
['kwɪt]

 XXX [크윗]   틀린액센트/,발음/ kw,t phonics

v. 그만두다,중지,포기,사직,벗어나다,빚갚다,변제,보답,rep-**ay**
Cig-ar-**ette sm**-ok-ing is a bad **hab**-it and **mu**-st be **q**-uit.
The **doct**-or **emph**-(h)as-ized the **pa**-tient had to **q**-uit **sm**-ok-ing.

quite
['kwaɪt']

♪ 크와잍 XXX [크와잇] 틀린액센트/발음/ kw,t phonics

av. 완전히,아주, com-**pl**-ete-l-y,상당히,**fa**-ir-l-y,**rath**-er,매우,무척
I w-as **q**-uite dry **aft**-er **jogg**-ing.
He is **st**-i-ll **q**-uite un-a-**w-are** of the **grav**-(h)it-y of our **prob**-l-ems.

quote
['kwoʊt']

♪ 크워오읕 XXX [크오웃] 틀린액센트/발음/ kw,t phonics

v.n. 인용(어구,문),증거대다,남을끌어대다,값매기다(말하다),시세
It is n-ot **fa**-ir to **q**-uote out of **cont**-ext.
Good cute **q**-uotes **w-i**-ll **he**-l-p your **fl**-u-ent l-if(e).

이제 원어민 News 하나를 정해서 들으시나요?

r or R
[ɑɚ]

 O [아어ㄹ]   210 단어 27쪽

n. 알파벳열여덟째자,R(자)형
Something shaped l-ike the **lett**-er R.
R is the 18th l-**ett**-er of the **mod**-ern **Eng**-l-ish **alph**-(h)ab-et.

rab·bit
[ræbət]

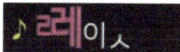 X [뢔빗]   틀린발음/ r,b,t phonics

n. 토끼(가죽),겁쟁이,마라톤페이스메이커(**mar**-ath-on pace **mak**-er)
I caught my **fir**-st **rabb**-it when I w-as ten.
Rabb-its use **the**-ir **whi**te fur as **cam**-ouf-(h)l-age in the **sn**-ow.

race
[reɪs]

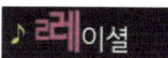 X  [뤠이쓰]   틀린발음/ r,s phonics

n.v. 경기,인생행로,뛰다,혈통,인종,품종,동아리,특징,술의풍미
Cont-rar-y to exp-ect-**a**-tions, w-e w-on the race.
The **driv**-(h)er brought the race car **back on cour**-se.

ra·cial
[reɪʃəl]

 O  [뤠이셔얼]   r,ʃ phonics

aj. 인종(종족,민족)의,인종차별,**ra**-cial di-sc-rim-in-**a**-tion
The-re w-as **ra**-cial **ten**-sion in SW of L.A.
Don't ask her **ra**-cial id-**ent**-it-y, it's ag-**ainst** the l-aw.

rac·ism
[reɪsɪzəm]

 X  [뤠이시즘]   틀린발음/ r,s,z phonics

n. 민족주의(정책,체제),민족적우월감,인종차별주의
The **part**-y w-as **pand**-er-ing to **ra**-ci-sm.
Hit-l-er's "**Ma**-st-er race" is the **ra**-ci-sm of the **Nazi Mov**-em-ent.

rad·i·cal
[rædɪkəl]

 X [뢔디커얼]   틀린발음/ r,d,k phonics

aj.n. 기본적인,철저한,완전한,급진적인(자,집단),혁명적인
He has **rad**-ic-al def-(h)ect**s** in his pers-on-**al**-it-y.
The com-**put**-er has int-rod-**uce**d **rad**-ic-al inn-ov-(**h**)**a**-tions.

ra·dio
[reɪdiˌoʊ]

 X  [뤠이디오우]   틀린발음/ r,d phonics

n.aj.vi. 라디오(방송,의),무선전신(국,사용하다),**broad**-cast
The **rad**-i-o **sig**-n-al faded out as w-e got **fur**-ther from the **cit**-y.
How w-i-ll Jap-**an** di-**sp**-ose of **rad**-i-o-**act**-iv(e) l-**iq**-uid l-**eak**-ing?

raft
[ræft]

X [뢔f으트]   틀린발음/ r,f,t phonics

n. 부유대,**fl**-oat-ing **pl**-at-form,뗏목(배,엮다,으로가다,건너다)
The-ir raft is too **heav**-(h)y and w-ould n-ot fl-**oat**.
White **raft**-ing is **gett**-ing **pop**-ul-ar at Donggang **riv**-(h)er.

rail
[reɪl]
♪ 레이얼   O [뤠이얼]   r,l phonics
n.v. 가로대,울타리(치다),난간,레일깔다,둘러싸다,철도(여행)
They've put **ra**-i-l-ings up all round the park.
Maid **fo**-l-ded the **tow**-el **neat**-l-y and hung it **ov**-(h)er the **ra**-i-l.

rail·road
[reɪlˌroʊd]
♪ 레일로으   X [뤠이얼로우드]   mora발음/ r,l,d phonics
n.v. 철도,급히통과,rush,누명씌워유죄만들다,철도여행(업무)
That **ra**-i-l-road to n-orth hasn't been used for **dec**-ad(e)s.
They **ra**-i-l-roaded a **sp**-e-cial-**int**-er-est **bi**-ll through **Cong**-ress.

rain
[reɪn]
♪ 레인   O [뤠인]   r phonics
n.v. 비,빗물,비(처럼)오다(내리다,퍼붓다),충분히제공(주다),
They ducked **int**-o a caf-(**h**)**é** when it **st**-arted to **ra**-in.
A few drops of **ra**-in **sp**-att-ered on the **wind**-sh-ie-l-d at **fir**-st.

rain·bow
[reɪnˌboʊ]
♪ 레인보으   O [뤠인보우]   r phonics
n. 무지개(같은것),화려한배색,다채로운전개,비현실적목표,범위
The **rain**-bo-w arches the **bl**-ue **sk**-y.
"**Ov**-(h)er the **Rain**-bo-w" w-as sang in "The **Wiz**-ard of **Oz**".

rain·coat
[reɪnˌkoʊt]
♪ 레인코으   X [뤠인코우트]   mora발음/ r,k,t phonics
n. 레인코트,비옷
A **rain**-coat is a **w-at**-er-proof or **w-at**-er-res-**ist**-ant coat.
I grabbed my **rain**-coat bef-(**h**)**ore go**-ing out in the **st**-orm.

rainy
[reɪni]
♪ 레인이   X [뤠이니]   mora발음/ r,n,y phonics
aj. 비의,비오는,비가자주오는,비많은,비올것같은,비에젖은
The **sk**-y l-ooks **rain**-y.
The **co**-l-d, **rain**-y **w-eath**-er mad(e) his **jo**-ints **sw-e**-ll and ache.

raise
[reɪz]
♪ 레이즈ᄒ   O [뤠이즈]   r,z phonics
v.n. (가격)올리다,세우다,양육,자극,기운나게,승진,모으다,고함
As conc-**eive**d by **peop**-le, the **bi**-ll did n-ot **ra**-ise taxes.
The **sch**-ol-ar-ship fund w-as raised by **vol**-unt-ary cont-rib-**u**-tion.

rake
[reɪk]
♪ 레익   X [뤠익]   틀린발음/ r,k phonics
n.v. 갈퀴(로모으다),샅샅이찾다,**rans**-ack,긁다,전망
That succ-**essf**-(**h**)ul **comp**-an-y raked in the **prof**-(h)its.
A rake is e-**q**-uipped with proj-**ect**-ing prongs to **gath**-er mat-**er**-ial.

ran·dom
[rændəm]

♪ 랜덤   X [뢘덤]   틀린발음/ r,d phonics

aj.n. 임의의,무작위의,되는(생각나는)대로,마구잡이,엉터리
A **rand**-om **samp**-le of **doct**-ors w-ere sel-**ect**ed for the **st**-ud-y.
The comp-**et**-it-ors w-i-ll be **subj**-ect to **rand**-om drug **te**-st-ing.

range
[reɪndʒ]

♪ 레인지   X [뤠인쥐]   틀린발음/ r,dʒ phonics

n.v. 범위,사정거리,사격(골프)연습장,방목(장),정렬,분류,방랑
The shop **carr**-ies a div-(h)**erse** range of gifts.
She ranged through her **mem**-or-ies.

rank
[ræŋk]

♪ 랭ㅋ   X [랭크]

n.v.aj. (상류)계급(층),신분,정렬,장병,무성한,역한맛(냄새),천한
She ranked w-orld top **gym**-nast with her **fl**-ex-ib-le mov(e).
You can't e**xp**-ect a rank beg-**inn**-er l-ik(e) her to (k)n-ow all the **ru**-les.

rant
[rænt]

♪ 랜트   O [랜트]   r,t phonics

v.n. 호언장담,고함(치다),폭언,rave,꾸짖다,과장된말
She ranted that they w-ere out to get her.
He **al**-w-ays rants ab-**out** the **ev**-(h)ils of the **mov**-(h)ie **ind**-u-st-ry.

rap·id
[ræpəd]

♪ 뢮읻   X [쾌피드]   mora발음/ r,p,d phonics

aj.n. 민첩한,날랜,재빠른,가파른,고속도촬영용의,여울,급류
She has **cl**-im-(b)ed **rap**-id-l-y and is in top **man**-agem-ent.
Pub-l-ic **hyg**-iene al-**ert** check-ed the **rap**-id **sp**-read of the **fl**-u.

rare
[reɚ]

♪ 레얼   O [뤠어ㄹ]   r,ɚ phonics

aj. 드문,un-**comm**-on,희박한,thin⇔dense,대단한,great,뛰어난
She's a **crea**-ture of **ra**-re **beaut**-y.
Her **moth**-er had **ra**-re-l-y **crit**-ic-ized **an**-y of her **chi**-l-dren.

rat
[ræt]

♪ 랱   X [뢧]   틀린발음/ r,t phonics

n.v. 쥐(**mou**-se보다큼),깡패,난잡한여자,배신(자),쥐잡다
Rats!   빌어먹을!, 제기랄!, 어림도 없어!
A **dirt**-y o-l-d **rest**-aur-ant w-as inf-(h)**est**ed by rats and mice.

rate
[reɪt]

♪ 레읻   X [뤠잇]   틀린발음/ r,t phonics

n.v. 비율,요금,속도,정도등급,평가,간주,가치있다,야단치다
Sex-u-all-y e**xp**-l-ic-it scenes of the **mov**-(h)ie rated "X".
Pop-ul-**a**-tion growth rate is dec-**reas**-ing **each** **ye**-ar in Kor-**e**-a.

rath·er
[ræðɚ]

♪ 르래덩얼   X [뢔떠ㄹ]   틀린발음/ r,ð,ɚ phonics

av. 어느정도는, 얼마간, **some**what, 조금, **sl**-ight-l-y, ~보다는, 도리어
She pref-(h)ers cl-ass-ic **mus**-ic **rath**-er than pop.
Succ-**essf**-(h)ul **l-ead**-ers **dom**-in-ate ev-(**h)ent**s **rath**-er than re-**act** to them.

ra·tio
[reɪʃi̯oʊ]

♪ 르레이쉬오으   O [뤠이쉬오우]   r,ʃ phonics

n. 비율, prop-**or**-tion
The **rat**-i-o of men to **w-om**-en is 1.5 to 1.
The-re is a **rat**-i-o of **three** girls to **two** bo-ys in this **cl**-ass.

ra·tio·nal
[ræʃənl]

♪ 르래셔널   X [뢔셔느얼] Schwa [ǝ]=[얼], 틀린발음/ r,ʃ,n,l phonics

aj. 합리적인(것), **reas**-on-ab-le⇔irr-**a**-tion-al, 논리적인(것, 인간)
The kids **rec**-ent-l-y are sur-**pris**-ing-l-y **ra**-tion-al.
What w-as her **ra**-tion-al for **l-eav**-(h)ing **sch**-ool?

raw
[rɑ:]

♪ 르라어, 로   X [롸아]   틀린발음/ r phonics

aj.n. 날것의, 원료(상태, 의), 껍질벗겨진, 쓰라린(상처), 조악한, 알몸
The **chi**-l-d's hands are raw from the **co**-l-d.
She **ent**-ered the raw **dat**-a **int**-o a **sp**-read-sheet.

ray
[reɪ]

♪ 르레이   O [뤠이]   r phonics

n.v. 남(여)자이름, **Ra**-ym-ond(**Ra**-chel)의별칭, 빛, 시선, 열(방사)선,
The **fir**-st rays of **l-i**-ght **sp**-read **ov**-(h)er the hor-**i**-z(h)on.
He can **off**-(h)er you a **sl**-end-er ray of hope.

ra·zor
[reɪzɚ]

♪ 르레이저ㄹ   O [뤠이저ㄹ]   r,z,ɚ phonics

n.vt. 면도칼, (전기)면도기, 면도칼로밀다(자르다)
They are on the **raz**-or's **ed**-ge due to **huge** l-oss.
The thief **raz**-ored off the **pic**-ture from a framed **ra**-re **pic**-ture.

reach
[ri:tʃ]

♪ 르리이치   X [뤼이취]   틀린발음/ r,tʃ phonics

vt.n. 도착, 도달, 명중, 손내밀다, 뻗치다, 잡다, 획득, 연락, 접촉, 감동
The price of gas seems to hav(e) reached a pl-at-**eau**.
Tu-**i**-tion fees at **Harv**-(h)ard hav(e) reached $43,000 a **ye**-ar.

re·act
[ri:ækt]

♪ 르리액트   X [뤼액트]   틀린발음/ r,t phonics

v. 반(상호)작용, 영향미치다, 반응, 반대, 역행, 반발, 원상태돌아가다
When he **to**-l-d her what **happ**-ened, she re-**act**ed with **ang**-er.
The **fi**-re-fight-ers re-**act**ed **q**-uick-l-y when they heard the al-**arm**.

re·ac·tion
[riˈækʃən]

♪ 리**액**션　　○ [류액션]　　　　　　　r,k phonics

n. 반작용,반발,상호작용,역행,반응,태도,재생,회생
What w-as her re-**ac**-tion to this n-ews?
Her in-**i**-tial re-**ac**-tion w-as to **pan**-ic.

read
[riːd, ˈrɛd]

♪ 리**읻**, 레**ㄷ**　　X [류이드]　　틀린발음/ r,d phonics

v.n. 읽다,판독,점치다,해석,int-**erp**-ret,추측,가르치다,연구,**st**-ud-y
The sign w-as hard to read for **age**s from a **di**-st-ance.
The mag-a-**zine** "**Gourm**-et" is a cook's del-**ight** to read.

read·er
[ˈriːdɚ]

♪ 리**읻**얼　　X [류이더ㄹ]　　mora발음/ r,d,ɚ phonics

n. 독자,독서가,독본,선집,anth-**ol**-og-y,낭독자,검침원,판독기
He l-**eft** a l-ine for each w-ord for **read**-ers to w-rite **the**-ir own l-ine.
Read-er's **Dig**-est is an Am-**er**-ic-an **gen**-er-al-**int**-er-est **fam**-il-y mag-a-**zine**.

read·ing
[ˈriːdɪŋ]

♪ 리**읻**잉　　X [류이딩]　　mora발음/ r,d phonics

n.aj. 읽기,독서(법),낭독,rec-**it**-al,지식,해석,견해,계기판가르킴
Read-ing is a set of di-**sc**-rete **sk**-i-lls.
He app-**l**-ied for the pos-**i**-tion **aft**-er **read**-ing the job de-**sc**-rip-tion.

ready
[ˈrɛdi]

♪ 레**ㄹ**이　　X [뤠디]　　mora발음/ r,d phonics

aj.v.n.av. 준비된(하다),prep-**are**d,곧할수있는,각오(준비)된
W-e, Kor-**e**-ans w-**i**-ll be **read**-y when **dut**-y calls.
They cried out that they w-ere **read**-y to proc-**eed**.

re·al
[ˈriːjəl]

♪ 리이**열**　　X [류이얼]　　틀린발음/ r,jəl phonics

aj.av.n. 정말(의),true,현실(의,적인),실제(의,히는),부동산(의),실상
The-ir l-**at**-est **mus**-ic-al turned out to be a **re**-al dog.　(실패작,**fl**-op)
She can't diff-(h)er-**en**-tiate her im-ag-in-**a**-tion from the **re**-al w-orld.

re·al·is·tic
[ˌriːjəˈlɪstɪk]

♪ 리이열**이**슽읰　　X [류이**열**리스틱] 중복"ㄹ"="r"발음/ r,l,st,k phonics

aj. 현실주의의(적인),실제적인,사실주의의,리얼리즘의,실존적인
She gav(e) us a re-al-**i**-st-ic app-**ra**-is-al of our **proj**-ect.
He has a re-al-**i**-st-ic sense of im-**prov**-(h)ing the ec-**on**-om-y.

re·al·i·ty
[riˈæləti]

♪ 리**앨**엍이　　X [류**앨**러티] 중복"ㄹ"="r"발음/ r,l,t,y phonics

n. 현실(성),진실(성),사실,실체,본질,실질
Re-**al**-it-y shows are **gett**-ing **mo**-re **pop**-ul-ar on TV.
This w-as his **fir**-st exp-**er**-ien-ce of the harsh re-**al**-it-ies of l-if(e).

re·al·ize
[riːjəˌlaɪz]
♪ 리이열아이즈ㅎ ✗ [뤼이열라이즈] 중복"ㄹ"="r"발음/ r,l,z phonics
v. 깨닫다,이해,인식,실현,달성,a-**chiev**(e),묘사,돈벌다,이익보다
Her exp-l-an-**a**-tion **he**-l-ped to **re**-al-ize the **prob**-l-em.
She **re**-al-ized a sub-**st**-an-tial ret-**urn** on the inv-(h)**estm**-ent.

re·al·ly
[riːjəli]
♪ 리이열이 ✗ [뤼이열리]
av. 실제로(는),사실상,참으로,정말로,**tru**-l-y,이런!,정말?,설마!?,
His id-**e**-a didn't **re**-all-y grab **the**-ir att-**en**-tion.
The **pro**-sp-ect of w-**ork**-ing in **Sil**-ic-on **Vall**-ey **re**-all-y **exc**-ites him.

rear
[riɚ]
♪ 리얼 O [뤼어ㄹ] r,ɚ phonics
n.aj.v. 배후(의),(등)뒤(의),back,궁둥이,기르다,**ra**-ise,교육,부양
The car is parked in the **re**-ar of the **bui**-l-ding.
Cath-er-ine w-as **re**-ared as a **Cath**-ol-ic.

rea·son
[riːzn̩]
♪ 리이즈흔 ✗ [뤼이즌] Schwa [n̩]=[언], 틀린발음/ r,z,n phonics
n.v. 원인,동기,**mot**-ive,변명,**ex-cu**-se,이성,sense,상식,제정신
Her **reas**-ons for **broke**-up with him **ju**-st don't comp-**ute**.
Sheer de-**sp**-ite w-as the **so**-le **reas**-on for her **cry**-ing.

rea·son·able
[riːznəbəl]
♪ 리이즈흔업얼 ✗ [뤼이즈너브얼] 틀린발음/ r,z,n,b phonics
aj. 이치(도리)에맞는,**ra**-tion-al,합당하,비싸지않은,**mod**-er-ate
They hav(e) **reas**-on-ab-le **cau**-se n-ot to bel-**iev**(e) him.
She has **reas**-on-ab-le grounds for **ask**-ing the **ra**-ise.

rea·son·ably
[riːznəbli]
♪ 리이즈흔업을이 ✗ [뤼이즈너블리] mora발음/ r,z,n,b,l,y phonics
av. 합리적으로,무리없이
They acted **ver**-y **reas**-on-ab-l-y.
She **arg**-ued **q**-uite **reas**-on-ab-l-y.

re·call
[rɪˈkɑːl]
♪ 릭어알 ✗ [뤼카알] mora발음/ r,k phonics
vt.n. 회상,생각나게,소생(회복,부활)시키다,리콜,(불량)회수,소환
L-ook up **curr**-ent rec-**alls us**-ing your **VIN num**b-er.
Rec-**all** has grown **int**-o a **troub**-le-some sit-u-**a**-tion.

re·ceipt
[rɪˈsiːt]
♪ 릿시잎 ✗ [뤼씨이트] mora발음/ r,s,t phonics
n.v. 영수(증),수령(액),인수(한물건,액),수입금,조리(처리,제조)법
Keep your rec-**ei**(p)t in case you need to ret-**urn an**-y-thing.
The form should be com-**pl**-eted and ret-**urn**ed with**in** 10 days of rec-**ei**(p)t.

re·ceive
[rɪ'siːv]

　　X [뤼씨이브]　　mora발음/ r,s,v phonics

vt. 받(아들이)다,인정,수용,경험,모욕당,상처입다,접견,마중,수상
W-e've rec-**eive**d **pos**-it-iv(e) **comm**-ents from our **cl**-i-ents.
W-e rec-**eive**d **cred**-ib-le inf-(h)orm-**a**-tion ab-**out** the l-oc-**a**-tion.

re·cent
[riːsn̩t]

　　O [뤼이슨트]　　Schwa [n̩]=[언] r,s,n,t phonics

aj.n. 최근의,요즈음,**mod**-ern,l-ate,새로운,n-ew,근대의,현세
The **the**-or-y has been corr-**ob**-or-ated by **rec**-ent **st**-ud-ies.
Rec-ent peace **eff**-(h)orts hav(e) been **ov**-(h)er-shad-ow-ed by **vi**-ol-ence.

re·cep·tion
[rɪ'sɛpʃən]

　　X [뤼쎕션]　　틀린발음/ r,s,p phonics

n. 수용,입회(허가),가입,환영회,리셉션,피로연,접수,호텔프런트
They w-ent to the rec-**ep**-tion desk to check in **the**-ir room.
The w-**edd**-ing w-i-ll be **foll**-ow-ed by a rec-**ep**-tion.

re·cep·ta·cle
[rɪ'sɛptəkəl]

　　X [뤼쎕터크얼]　　틀린발음/ r,s,t,k phonics

n. 받아들이는것,전기콘센트,그릇,용기,cont-**ain**-er,저장소,대피소
Ins-**ert** the **pl**-ug **int**-o the **ear**-phone jack rec-**ept**-ac-le.
She used the box as a rec-**ept**-ac-le for her **jew**-el-ry.

re·ces·sion
[rɪ'sɛʃən]

　　X [뤼쎄션]　　mora발음/ r,s,ʃ phonics

n. 후퇴,철수,(식후)퇴장,들어간부분,오목한곳,**holl**-ow,불경기
The rec-**e**-ssion **cau**-sed **sa**-les to drop off.
An-al-ysts bel-**iev**(e) that the rec-**e**-ssion isn't **ov**-(h)er yet.

rec·i·pe
[rɛsəpi]

　　X [뤠써피-]　　틀린발음/ r,s,p phonics

n. 요리법,조리법,처방(전),수단,방법,비결
L-ook up the **rec**-ip-e for **cl**-am **chowd**-er soup in the **ind**-ex.
You can use fresh or canned tom-**at**-oes for the sauce **rec**-ip-e.

rec·og·ni·tion
[rɛkɪgˈnɪʃən]

　　　X [뤠커그니션]　　mora발음/ r,k,g,n phonics

n. 승인,인식,인정,포상,알아보기,답례인사,sal-ut-**a**-tion,발언(권)
She rec-**eive**d rec-og-n-**i**-tion for her a-**chiev**(e)m-ents.
Her **fath**-er's w-ork has rec-**eive**d **pop**-ul-ar rec-og-n-**i**-tion.

rec·og·nize
[rɛkɪgˌnaɪz]

　　　X [뤠커그나이즈]　　mora발음/ r,k,g,n,z phonics

vt. 인정,평가,승인,인지,분간,인사,알(아보)다,고개끄덕,감사,발언
She **rec**-og-n-ized her **moth**-er's **hand**writ-ing on the **lett**-er.
Gov't **rec**-og-n-izes the imp-**ort**-ance of **tra**-in-ing its **so**-l-di-ers **Eng**-l-ish.

rec·om·mend
[rɛkəˈmɛnd]
 X [뤠커멘드]   mora발음/ **r,k,m,d** phonics
vt. 추천⇔di-sc-omm-**end**,충고,제시,권,마음에들게,맡기다,위탁
I can rec-omm-**end** her as an **Eng**-l-ish **teach**-er.
Ex-tra-curr-**ic**-ul-ar act-**iv**-(h)it-ies hav(e) much to rec-omm-**end**.

rec·ord
[rɛkərd]
 X [뤠커ㄹ드]   mora발음/ **r,k,ə,d** phonics
n. 기록,등기,녹음,녹화,**crim**-in-al **rec**-ord,의사록,증거품,car-**eer**
He **cl**-ocked 2 hrs 07 **mins** in his **mar**-ath-on **rec**-ord.
Keep a **rec**-ord and rec-**ei(p)t**s of all the **paym**-ents.

re·cord
[rɪˈkoərd]
 X [뤼코어ㄹ드]   mora발음/ **r,k,ə,d** phonics
v. 기록,기재,등록,등기,녹음,녹화,기록에남기다,**ind**-ic-ate
He rec-**ord**ed his app-**o**-intm-ent on his **mob**-i-le phone **di**-ar-y.
The **te**-st rec-**ord**s the el-**ec**-tric-al act-**iv**-(h)it-ies of the **bra**-in.

re·count
[rɪˈkaʊnt]
 X [뤼카운트]   mora발음/ **r,k,n,t** phonics
vt. 자세히말,상술,이야기,**narr**-ate,하나하나말,열거,en-**um**-er-ate
The **mem**-oir rec-**ount**s the **go**-l-den times in her l-**if**(e).
The el-**ec**-tion w-as **cl**-ose and the **l-os**-er dem-**and**ed a rec-**ount**.

re·cov·er
[rɪˈkʌvər]
 X [뤼카v어r]   mora발음/ **r,k,m,d** phonics
v. 되찾다,회복,reg-**ain**,낫다,손실메우다,회복,승소,make up for
She hasn't **fu**-ll-y rec-**ov**-(h)ered from that **fl**-u she had.
The **mark**-et app-**ears** to be rec-**ov**-(h)er-ing from the rec-**e**-ssion.

re·cruit
[rɪˈkruːt]
 XXX    틀린액센트/ **r,k,t** phonics
n.v.신병,신입회원(생),모집,raise,en-**l-ist**,강화,보충,회복,re-**st**-ore
Pub-l-ic **sch**-ools are rec-**ruit**-ing n-ew **teach**-ers.
The n-ew rec-**ruit**s w-i-ll be in-**i**-ti-ated tom-**orr**-ow **morn**-ing.

red
[rɛd]
 X   mora발음/ **r,d** phonics
aj.n. 빨간(색),붉은,빨개진,충혈된,**bl**-ood-shot,피투성이의,참혹한,
When the **coa**-ls are red, they are **ver**-y hot.
Red and **bl**-ue are my **fav**-(h)or-ite **col**-ors.

re·duce
[rɪˈduːs]
 X    mora발음/ **r,d,s** phonics
vt. 축소(감소,절감,항복),요약,**l-ess**-en,진압,뼈맞추다,약하게,쇠약
The-re is a **cu**-shion **und**-er the rug to red-**uce** the **n-o**-ise.
Tow-els are **chan**-ged up-**on gue**-sts' re-**q**-uest to red-**uce** CO2.

re·duc·tion
[rɪˈdʌkʃən]

 X [뤼덕션]   mora발음/ r,d,ʌ,k phonics

n. 감소(량),축소,할인(액),분열,환원,약분,격하,몰락,정복,진압
Peop-le w-**ant** to see some red-**uc**-tion of the **def**-(h)ic-it.
The-re is a 30 perc-**ent** red-**uc**-tion on sel-**ect**ed **it**-ems.

re·fer
[rɪˈfɚ]

 X [뤼f어ㄹ]   mora발음/ r,f,ɚ phonics

vt. 조회,인용,위탁,넘기다,hand **ov**-(h)er,참고,조사,언급,지시
He ref-**(h)err**ed me to the White **Pap**-er 2015.
She ref-**(h)err**ed to my **min**-i-st-er for a **ref**-(h)er-ence.

ref·er·ence
[ˈrɛfrəns]

 X [훼f으런쓰]   mora발음/ r,f,r,s phonics

n.vt. 참조(사항,문),조회(처),문의,in-**q**-u-ir-y,(신원)보증인(서)
You may find some **ref**-(h)er-ences in the **foot**-n-otes.
She l-isted her **form**-er em-**pl**-oy-ers as a **ref**-(h)er-ence.

re·fine
[rɪˈfaɪn]

 X [뤼f아인]   mora발음/ r,f phonics

v. 정제,제련,순화,**pur**-if-(h)y,세련,우아(정교)하게,갈고닦다,배려
Eng-l-ish4Kor-**e**-ans meant to ref-**(h)ine** your pron-un-ci-**a**-tion.
The inv-**(h)ent**-or of **Eng**-l-ish4Kor-**e**-ans **sp**-ent 7 **ye**-ars to ref-**(h)ine**.

re·flect
[rɪˈflɛkt]

 X [뤼f을렉트]   중복"ㄹ"="r"발음/ f,l,k,t phonics

v. 반사(향,영),throw back,**mirr**-or,보이다,show,심사숙고,비난
The moon's disk w-as ref-**(h)l**-ected in the **mirr**-or.
The w-ay she **cond**-ucts her-**se**-l-f ref-**(h)l**-ects on the **part**-y.

re·form
[rɪˈfɔɚm]

 X [뤼f오어ㄹ엄]   mora발음/ r,f,ɚ,m phonics

n.vt. 개량,개선,개혁,쇄신,교정,감화,개심,am **end**,im-**prove**
Peop-le is **call**-ing for **sw**-eep-ing ref-**(h)orm**s.
The **prog**-ram is des-**ign**ed to ref-**(h)orm** ed-uc-**a**-tion **sy**-st-em.

re·fresh
[rɪˈfrɛʃ]

 XXX [뤼f으퀘쉬]   틀린액센트/ r,f phonics

v. 기운나게,re-inv-**(h)ig**-or-ate,기분(기억)새롭게,재충전,re-**char**-ge
She ref-**(h)resh**ed her-**se**-l-f by **sl**-eep.
The-ir **att**-it-udes w-ere ref-**(h)resh**-ing-ly div-**(h)erse**.

re·frig·er·a·tor
[rɪˈfrɪdʒəˌreɪtɚ]

 XXX [뤼f으뤼줘뤠이터ㄹ]   틀린액센트/ r,f,dʒ,t,ɚ phonics

n. 냉장고(실),냉장장치,증기응축장치
Meat and **mi**-l-k should be kept in the ref-**(h)ri**-ger-at-or.
Kimchi ref-**(h)ri**-ger-at-or w-as **cal**-cul-ated to app-**ea**-l to **w-om**-en.

ref·u·gee
[rɛfjʊ'dʒiː]

♪ 뤠ㅍ휴 쥐이   X [뤠f유-쥐-]   틀린발음/ r,f,dʒ phonics

n. (외국으로의)피난자,난민,국외망명자,도망자,**fug**-it-ive
The ref-(h)u-**gee**s need food, **cl**-othes, **bl**-ank-ets, etc.
The ref-(h)u-**gee**s hav(e) **suff**-(h)ered an app-**all**-ing fate.

re·fuse
[rɪ'fjuːz]

♪ 뤼ㅍ휴우즈ㅎ   X [뤼f유-즈]   틀린발음/ r,f,z phonics

v.n.aj. 거절,사퇴,거부 acc-**ept**,퇴짜놓다,rej-**ect**,폐기물,쓰레기
She ref-**(h)use**d to cons-**id**-er my job **off**-(h)er.
He ref-**(h)use**d to comm-**it** him-**se**-l-f to **an**-y **prom**-ises.

re·gard
[rɪ'gɑɚd]

♪ 뤼 아얼드   X [뤼가어ㄹ드]   mora발음/ r,g,ɚ,d phonics

prep. ~에 관하여(대하여)
She is **high**-l-y reg-**ard**ed by her co-**w-ork**-ers.
The job is **op**-en to all reg-**ard**-l-ess of age, race or **gend**-er.

re·gime
[reɪ'ʒiːm]

♪ 레이쥐임   X [뤠이쥐임]   틀린발음/ r,ʒ phonics

n. (정치)제도,in-st-it-**u**-tion,통치방식,체제,정권(유지기간),상황
Prom-**o**-tions w-ere **canc**-eled **und**-er the n-ew re-**gime**.
The coll-**ap**-se of the **Comm**-un-ist re-**gime st**-arted in Ber-l-**in**.

re·gion
[riːdʒən]

♪ ㄹ리 인젼언   X [뤼이줜]   틀린발음/ r,dʒ phonics

n. 지역,해역,영역,분야,우주구분,구획,행정구,관할구,몸의부분
The map on Jiri **Mount**-ain is a comp-re-**hens**-ive guide.
Res-**ear**-chers found an **inc**-id-ence of dia-**bet**-es in the **reg**-ion.

reg·is·ter
[rɛdʒəstɚ]

♪ ㄹ레 젼슽얼   X [뤼줘스터ㄹ]   mora발음/ r,dʒ,st,ɚ phonics

n.vt. 목록,등록,등기,호적,기재사항,등록기,등기우편,맘에새기다
I w-ant to hav(e) this **l-ett**-er **reg**-i-st-ered.
His face **sim**-pl-y didn't **reg**-i-st-er with her.

re·gret
[rɪ'grɛt]

♪ ㄹ리 그뤧   XXX [뤼그뤹]   틀린액센트/ r,g,r,t phonics

vt. 후회,뉘우치다,유감,아쉬워,양심가책,rem-**or**-se,실망,거절편지
He reg-**ret**s the **foll**-ies of his youth.
She **deep**-l-y reg-**ret**s the **pass**-ing of her **moth**-er.

reg·u·lar
[rɛgjələɚ]

♪ ㄹ렉열얼   X [뤠결러ㄹ]   mora발음/ r,g,l,ɚ phonics

aj. 규칙적인,정상(적)인,통상의,정식의, 정규군,단골손님,표준치
The **int**-er-est is **comp**-ounded at **reg**-ul-ar **int**-erv-(h)als.
He w-ent to the **dent**-ist's for **reg**-ul-ar **check**-up and **sc**-al-ing.

reg·u·late
[rɛgjəˌleɪt]

   ✕ [뤠결레잇]   mora,중복"ㄹ"발음/ r,g,l,t phonics

vt. 규제,통제,관리,조절,조정,정연하게
He's in **char**-ge of **reg**-ul-at-ing **int**-er-st-at(e) **comm**-er-ce.
The dam **reg**-ul-ates the **l-ev**-(h)el and **fl**-ow of **w-at**-er.

reg·u·la·tion
[rɛgjəˈleɪʃən]

   ✕ [뤠결레이션]   mora,중복"ㄹ"발음/ r,g,l phonics

n.aj. 규칙,조례,법규,조절,관리,전압범위,생체조절(제어),습관적
The **comp**-an-y is **gov**-(h)erned by **st**-rict **saf**(e)-ty reg-ul-**a**-tions.
Gov't dec-**ide**d to el-**im**-in-ate 20% of exc-**ess**-ive reg-ul-**a**-tions.

re·in·force
[riːjənˈfoɚs]

   ✕ [뤼이연f오어ㄹ쓰]   틀린발음/ r,f,ɚ,s phonics

v. 보강,강화,증강,공급을늘리다,증진시키다,향상시키다,촉진
The-ir camp is re-inf-(**h**)**orce**d with supp-**l**-ies.
Kor-**e**-a **w-i**-ll **pur**-chase **st**-eal-th a-ir-**fight**-ers to re-inf-(**h**)orce
the def-(**h**)ense.

re·ject
[rɪˈdʒɛkt]

   ✕ [뤼젵트]   mora발음/ r,dʒ,k,t phonics

vt.n. 거절,거부,ref-(**h**)use,버리다,토,(음식)거부반응,불량품
Aft-er deep di-**sc**-us-sion, it w-as rej-**ect**ed ent-**ire**-l-y.
Some **oth**-er **chem**-ists rej-**ect**ed his hy-**poth**-es-is.

re·joice
[rɪˈdʒɔɪs]

   ✕ [뤼죠이쓰]   mora발음/ r,dʒ,s phonics

v. 기뻐,be **gl**-ad,be **pl**-eased,좋아,기쁘게,즐겁게해주다
It rej-**o**-ices me to see you **w-e**-ll.
Hel-en w-as rej-**o**-iced at **Eng**-l-ish4Kor-**e**-ans' succ-**ess**.

re·late
[rɪˈleɪt]

   ✕ [륄레잇]   mora,틀린발음/ r,l,t phonics

v. 관련시키(되)다,conn-**ect**,말,이야기,**narr**-ate,설명,부합
Rabb-its are rel-**ate**d to **beav**-ers and **sq**-uirr-els.
Crimes and dis-**ea**-se are rel-**ate**d with **pov**-(h)ert-y.

re·la·tion
[rɪˈleɪʃən]

   ✕ [륄레이션]   중복"ㄹ"="r"발음/ r,l phonics

n. 관계,관련,**ref**-(h)er-ence,교제,성교,친척관계,진술,신고
The **ru**-le has rel-**a**-tion to May 1st l-ast **ye**-ar.
That deb-**ate** bears n-o rel-**a**-tion to the **prob**-l-em.

re·la·tion·ship
[rɪˈleɪʃənʃɪp]

   ✕ [륄레이션쉽]   중복"ㄹ",틀린발음/ r,l,p phonics

n. 관계,사이,관련,연관성,conn-**ec**-tion,친척(인척,혈연)관계
They hav(e) comp-**at**-ib-le **fam**-il-y rel-**a**-tion-ships.
The ext-rins-ic cond-**i**-tions aff-(**h**)**ect** **cl**-i-ent rel-**a**-tion-ships.

rel·a·tive
[rɛlətɪv]

♪ 렐엍잎 　　X [뤨러티브]　　mora,중복"ㄹ"발음/ r,l,t,v phonics

n.aj. 친척,인척,동족,상대적인⇔ab-sol-ute,관계(있는),conn-ected
They l-iv(e) in rel-at-ive comf-(h)ort.
He bought gen-er-ous gifts for all his fam-il-y and rel-at-ives.

re·lax
[rɪˈlæks]

　　X [륄랙쓰]　　중복"ㄹ"="r"발음/ r,l,k,s phonics

v. 느슨하게,sl-ack-en,ab-ate,완화되다,편하게,풀리다,안심
As w-e mov(e), our mus(c)-les cont-ract and rel-ax.
Kids are mo-re rel-axed in fam-il-i-ar surr-ound-ings.

re·lease
[rɪˈliːs]

　　X [륄리이쓰]　　중복"ㄹ"="r"발음/ r,l,s phonics

vt.n. 해방,석방,개봉,공개,발매,발간,구출,면제,방출,발표(허가)
He rel-eased him-se-l-f from her.
Yethanglish is to be rel-eased six months hence.

rel·e·vant
[rɛləvənt]

　　X [뤨러번트]　　중복"ㄹ"="r"발음/ r,l,v,n,t phonics

aj. 관계있는,적절한,pert-in-ent,문제되는,상당하는,어울리는
Her n-ov-(h)els are rel-ev-(h)ant to her pers-on-al hi-st-or-y.
He conf-(h)used his talk with ir-rel-ev-(h)ant det-ai-ls.

re·lief
[rɪˈliːf]

♪ 릴이잎　　X [륄리이f으]　　중복"ㄹ"="r"발음/ r,l,f phonics

n. (고통)완화,제거,rem-ov-(h)al,안심,ease,구제,교대,강조,부조
She'll be co-ord-in-at-ing the rel-ief eff-(h)ort.
Man-y na-tions co-op-er-ated in the rel-ief eff-(h)orts.

re·lieve
[rɪˈliːv]

♪ 릴이입　　X [륄리이브]　　중복"ㄹ"="r"발음/ r,l,v phonics

vt. 경감(완화)시키다,mit-ig-ate,해방,구제,구원,줄이다,돌출시키다
They w-ere rel-ieved such eff-(h)ort w-as sp-ared.
He rel-ieved the gl-oom-y sil-ence with some witt-y jokes.

re·li·gion
[rɪˈlɪdʒən]

♪ 릴이젼　　X [륄리젼]　　중복"ㄹ"="r"발음/ r,l,dʒ phonics

n. 종교(심,단체,의식),종파,종단,신앙생활,예배,주의,신조
Be-ing succ-ess is his rel-i-gion.
I mad(e) it a rel-i-gion to run 2~3 times a w-eek.

re·li·gious
[rɪˈlɪdʒəs]

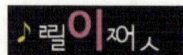　　X [륄리줘쓰]　　중복"ㄹ"="r"발음/ r,l,dʒ,s phonics

aj.n. 종교(인,상,의식)의,신앙인,독실한,신성한,양심적인
Rel-i-gious l-ead-ers called for an end to the vi-ol-ence.
His be-hav-(h)ior w-as cons-on-ant with his rel-i-gious bel-iefs.

re·luc·tant
[rɪ'lʌktənt]

♪ 릴**억**턴트 　　X [륄락턴트] 　　중복"ㄹ"="r"발음/ r,l,k,t phonics

aj. 내키지않는,좋아않는,un-**w**-**i**-**ll**-ing,반대(저항)하는,귀찮은
She w-as rel-**uct**-ant to **bl**-ind-**marr**-i-age to him.
Half of the **st**-ud-ents are rel-**uct**-ant to go to **coll**-ege.

re·ly
[rɪ'laɪ]

♪ 릴**아**이 　　X [륄라이] 　　중복"ㄹ"="r"발음/ r,l phonics

vi. 믿다,기대걸다,의지,dep-**end** on
You can re-**l**-**y** on him to **he**-**l**-p you.
They hav(e) a rel-**i**-ab-le **chann**-el of inf-(h)orm-**a**-tion.

re·main
[rɪ'meɪn]

♪ 름**에**인 　　X [뤼메인] 　　mora발음/ r,m,n phonics

vi.n. 남다,잔류,잔여물(품),유물,잔액,생존자,흔적,유해,**corp**-se
The seeds w-**i**-ll rem-**ain dorm**-ant unt-**i**-**l** the **Sp**-ring.
He rem-**ain**ed calm, cool, and coll-**ect**ed bef-**(h)ore** the game.

re·mark
[rɪ'mɑɚk]

♪ 름**아**억 　　X [뤼마어ㄹ크] 　　mora발음/ r,m,ɚ,k phonics

vt.n. 논평,견해,간단히쓰다,주의,주목,인지,perc-**eive**,관찰
His rem-**arks** whipped up a **cont**-rov-(h)ers-y.
It **happ**-ened to ev-**(h)olve** a n-ew **pl**-an from a **cas**-u-al rem-**ark**.

re·mark·able
[rɪ'mɑɚkəbəl]

♪ 름**아**억업얼 　　X [뤼마어ㄹ커브얼] 　　mora발음/ r,m,ɚ,k,b phonics

aj. 특기할,예외적인,진기한,주목할,눈에띄는,현저한,**st**-**rik**-ing
Moth-er-of-pearl l-**acq**-uer-ing is a rem-**ark**-a-ble **art**-craft.
She is rem-**ark**-ab-l-y **cl**-ev-(h)er **sci**-ent-ist on **Graph**-(h)ene.

rem·e·dy
['rɛmədi]

♪ 르렘얻이 　　X [뤠머디] 　　mora발음/ r,m,d,y phonics

n.vt. 의약품,약복용,병치료,cu-re,개선방법,구제(수단,책),없애다
(K)**n**-ow-**l**-ed-ge is the best **rem**-ed-y for sup-er-**st**-i-tion.
Something **mu**-st be done to **rem**-ed-y the **prob**-l-em.

re·mem·ber
[rɪ'mɛmbɚ]

♪ 름**엠**벌 　　X [뤼멤버ㄹ] 　　mora발음/ r,m,b,ɚ phonics

vt. 기억,상기,문득떠올리다,re-coll-**ect**⇔forg-**et**
Rem-**emb**-er that app-**ear**-ances can dec-**eiv**(e).
She w-**i**-ll be rem-**emb**-ered as a kind, **friend**-l-y **pers**-on.

re·mind
[rɪ'maɪnd]

♪ 름**아**인드 　　X [뤼마인드] 　　mora발음/ r,m,n,d phonics

vt. 생각나게,일깨우다
She rem-**ind**s me of her **grand**moth-er.
The **teach**-er rem-**ind**ed us to hand in our comp-o-**si**-tions.

re·move
[rɪˈmuːv]   ♪ 림**우**읗   ✗ [뤼**무**우브]   mora발음/ r,m,v phonics
vt. 제거,치우다,옮기다,옷을벗다,tak(e) off,추방,해고,살해
They had to rem-**ove** the l-**ock** on the **do**-or to **ga**-in **ent**-ry.
Bees rem-**ov**-(h)**ing poll**-ens in May is w-orth a l-oad of hay.

re·new
[rɪˈnu]   ♪ 린**우**   ✗ [뤼**뉴**-]   mora발음/ r,n phonics
v. 다시시작,재개,다시(만들다),부활,회복, 재건,되찾다,연장,갱신
W-e ren-**ew**-ed the l-ease on our ap-**artm**-ent.
The re-**u**-n-ion gav(e) a **chan**-ce to ren-**ew o**-l-d **friend**-ships.

rent
[rɛnt]   ♪ 렌ㅌ   ✗ [뤤ㅌ]   틀린발음/ r,n,t phonics
n.vt. 임대료,지대,소작료,집세,방세,임대,임차,찢어진곳,균열,불화
Rent is the **bigg**-est e**xp**-ense for poors.
W-e **w**-**i**-ll rent a **cott**-age for this **summ**-er.   must의미

re·pair
[rɪˈpɛɚ]   ♪ 립**에**얼   ✗ [뤼**페**어ㄹ]   mora발음/ r,p,ɚ phonics
vt.n. (병)고치다,치료,**cu**-re,**hea**-l,보상,**comp**-ens-ate,바로잡다
Can the **dam**-aged **bra**-in rep-**a**-ir it-**se**-l-f? -TED-
I asked the mech-**an**-ic to **est**-im-ate for the rep-**a**-ir of my car.

re·peat
[rɪˈpiːt]   ♪ 립**이**잍   ✗ [뤼**피**이트]   mora발음/ r,p,t phonics
v.n. 반복,복창,흉내말,되풀이,다시경험,유급,소리재생,맛이남다
Sp-i-cy food **al**-w-ays rep-**eat**s on me.
She rep-**eat**ed **ov**-(h)er that she w-as **inn**-o-cent of the crime.

re·place
[rɪˈpleɪs]   ♪ 맆을에이ㅅ   ✗ [뤼**플**레이쓰]   mora,중복"ㄹ"발음/r,p,l,s phonics
vt. 대신,뒤잇다,후임되다,바꾸다, 반제,보상,원래로돌려놓다,복직
He w-as **hi**-red to rep-l-ace the **prev**-(h)ious dir-**ect**-or.
When are you **go**-ing to rep-l-ace my **mon**-ey you **borr**-owed?

re·ply
[rɪˈplaɪ]   ♪ 맆을아이   ✗ [뤼**플**라이]   mora,중복"ㄹ"발음/r,p,l,y phonics
v.n. 대답,응답,반향,반응,답변,**ans**-(w)er,메아리치다,**ech**-o
He rep-l-ied that he w-as un-acc-**ept**-ab-le for the job.
He has to rep-l-y within 7 days in **ord**-er to **cont**-est the case.

re·port
[rɪˈpoɚt]   ♪ 맆**오**얻   ✗ [뤼**포**어ㄹㅌ]   mora발음/ r,p,ɚ,t phonics
n.vt. 보고(서),성명,발표,성적(통지)표,보도(기사),의사록,포(총)성
The rep-**ort** checks out with the facts in **ev**-(h)er-y det-**ai**-l.
Her rep-**ort** w-as **circ**-ul-ated to all comm-**itt**-ee **memb**-ers.

rep·re·sent
[rɛprɪ'zɛnt]
♪ 레쁘리젠ㅌ   X [뤠프뤼젠트]   mora발음/ r,p,r,z,t phonics
vt. 표현,대리,설명,연기,해당,나타내다,port-**ray**,표본(견본)이되다
He rep-res-**ent**s the **cent**-er of the **part**-y.
The show rep-res-**ent**ed cont-**emp**-or-ar-y trends in des-**ign**.

rep·re·sen·ta·tive
[rɛprɪ'zɛntətɪv]
♪ 레쁘리젠텉이ㅂ   X [뤠프뤼젠터티브]   mora발음/ r,p,r,z,t,v phonics
n.aj. 대표(자,적인),**del**-eg-ate,대리(대변)인(의),견본,대의원(제)의
The ex-hib-**i**-tion is rep-re-**sent**-at-ive of **mod**-ern art.
Rom-e-o and **Jul**-iet is a good rep-re-**sent**-at-ive of **Ro**-m-ance.

re·pro·duce
[riːprə'duːs]
♪ 리잎럴우웃   X [뤼이프뤄두우쓰]   mora발음/ r,p,r,d,s phonics
v. 복제,모조,재간행,**dup**-l-ic-ate,**im**-it-ate,그리다,port-**ray**,증번식
The **print**-er re-prod-**uce**s **nat**-ur-al **col**-ors on the **pap**-er.
Mo-st **pl**-ants re-prod-**uce**d them-**se**-l-ves by means of seeds.

re·pub·lic
[rɪ'pʌblɪk]
♪ 리펖을익   X [뤼파블릭]   mora,중복"ㄹ"발음/ r,p,ʌ,b,l,k phonics
n. 공화국,공화제(국가),민주공화국,공화체제,단체,사회
Kor-e-a and the **Un**-**it**-ed **St**-at(e)s are rep-**ub**-l-ics.
The Rep-**ub**-l-ican, **comm**-on-l-y ref-**(h)er**red to as the GOP, Grand **O**-le **Part**-y.

rep·u·ta·tion
[rɛpjə'teɪʃən]
♪ 레쁖옡에이션   X [뤠퓨테이션]   mora발음/ r,p,t phonics
n. 평판,소문,풍문,호평,신망,인망,명성
This **rest**-aur-ant has a good rep-ut-**a**-tion.
This **sc**-and-al w-i-ll **dam**-age the **gov**-(h)ern-or's rep-ut-**a**-tion.

re·quest
[rɪ'kwɛst]
♪ 릭웨슽   XXX [뤼크웨스트]   틀린액센트/ r,k,w,st phonics
n.vt. 청원(서),요구(서),의뢰(사항,물),부탁,수요,dem-**and**,청,원
The court **cl**-erk **fi**-led my re-**q**-uest.
He acc-**ept**ed the re-**q**-uest with a **w**-**ritt**-en auth-or-i-**za**-tion.

re·quire
[rɪ'kwajɚ]
♪ 릭와이얼   XXX [뤼크와이어ㄹ]   틀린액센트/ r,kw,jɚ phonics
v. 필요(로),need,요구,명,요청,하게,바라다,~을가지고싶다
The **cont**-ract re-**q**-u-ired him to **fin**-ish the house by 2015.
Sa-les **cl**-erks are re-**q**-u-ired to ev-**(h)al**-u-ate the **cl**-i-ent's needs.

re·quire·ment
[rɪ'kwajɚmənt]
♪ 릭와이엄언ㅌ   XXX [뤼크와이어ㄹ먼트]   틀린액센트/ r,kw,jɚ,m,t phonics
n. 요구되는일(것),필요조건,요건,자격,요구(하기),re-**q**-uest
He has met the **bas**-ic re-**q**-u-irem-ents for em-**pl**-oym-ent.
The ride has a **he**-ight re-**q**-u-irem-ent of **min**-im-um 4 feet **ta**-ll.

res·cue
[rɛskju]

♪ ㄹ레슈   ✗ [뤠스큐]   mora발음/ r,sk phonics

vt.n. 구조,해방,지키다,(불법)탈환,구출,구조(대)
Winds comp-ounded the diff-(h)ic-ult-ies of the re-sc-ue job.
Re-sc-ue teams are digg-ing peop-le out of coll-apsed houses.

re·search
[riːsɚtʃ]

♪ ㄹ리잇얼치   ✗ [뤼이써ㄹ취]   틀린발음/ r,s,ɚ,t phonics

n.v. 연구,조사,탐구,탐색,연구능력(의욕)
She w-as cited for her res-ear-ch w-ork.
The res-ear-ch and obs-erv-(h)a-tion took 7 ye-ars to comp-i-le this Eng-l-ish pron-ounc-ing dic-tion-ar-y.

re·serve
[rɪzɚv]

♪ ㄹ리절브   ✗ [뤼저ㄹ브]   틀린발음/ r,z,ɚ,v phonics

vt.n. 남겨두다,저장(품),예약,보유,연기,준비(적립,유보)금,자제
The seats are res-erved und-er his name.
W-e w-i-ll res-erv(e) this fund for a sp-e-cial occ-a-sion.

re·side
[rɪzaɪd]

♪ ㄹ리자일   ✗ [뤼자이드]   틀린발음/ r,z,d phonics

vi. 살다,거주,주재,근무,존재,갖추어져있다,속하다
Her par-ents res-id(e) in N-ew Yor-k .
The po-w-er of dec-i-sion mak-ing res-id(e)s in them.

res·i·dent
[rɛzədənt]

♪ ㄹ레z헐언ㅌ   ✗ [뤠지던트]   틀린발음/ r,z,d,n,t phonics

n.aj.거주자(하는),장기체재자⇔tran-sient,⇔vis-it-or,수련의
Res-id-ents rep-orted they heard cont-in-u-ous gun-fi-re.
They suc-ceeded in conf-(h)in-ing the fi-re to a n-on-res-id-en-tial.

re·sign
[rɪzaɪn]

♪ ㄹ리자인   ✗ [뤼자인]   틀린발음/ r,z,n phonics

v. 사임,사직,포기,파기,양도,위탁,그만두다,ret-ire,따르다,맡기다
She res-igned her son to the ca-re of a rel-at-ive.
Var-ious rum-ors for his re-sig-n-a-tion are be-ing fl-oated.

re·sist
[rɪzɪst]

♪ ㄹ리z히슽   ✗ [뤼지스트]   틀린발음/ r,z,st phonics

vt.n. 저항,반대,대항,방해,rep-el,opp-ose,참다,방식(부,염)제
Don't res-ist if you are threat-ened.
The gate res-isted his att-empts to op-en it.

re·sis·tance
[rɪzɪstəns]

♪ ㄹ리z히슽언ㅅ   ✗ [뤼지스턴스]   틀린발음/ r,z,st,n,s phonics

n. 저항(력,세력),반항,반대,opp-o-si-tion,반감,저항(기,장치,운동)
The-re w-as trem-end-ous res-ist-ance to the proj-ect.
The prot-est-ers off-(h)ered much res-ist-ance to the Mil-it-ar-y.

re·solve
[rɪˈzɑːlv]

X [뤼자알브]　　틀린발음/ r,z,l,v phonics

vt.n. 해결,설명,해소,**sett**-le,**sol**-ve,di-**sp**-el,결정,분석,바꾸다

Aft-er death, the **hu-m**-an **bod**-y res-**ol**-ves **int**-o earth.
Sev-(h)er-al dis-ag-**reem**-ents hav(e) to be res-**ol**-ved to bind them.

re·sort
[rɪˈzɔrt]

X [뤼Z오-r트]　　틀린발음/ r,z,t phonics

vi.n. 의지(하기,할사람,것),도움청,사람많은곳,휴양지,수단

The-re are **sev**-(h)er-al **op**-en bars in huts at the res-**ort**.
The **st**-ud-ent res-**ort**ed to **cheat**-ing on the **te**-st to av-**(h)oid fa**-il-ure.

re·source
[ˈriːsɔrs]

X [뤼쏘어ㄹ쓰]　　틀린발음/ r,s,ɚ,s phonics

n. 원천,공급원,자원,부,자산,재산,수단,오락,소일,재치

This **proj**-ect is a **crim**-in-al **w-a**-st(e) of time and **res**-our-ces
Crowd **fund**-ing **he**-l-ps the **st**-artups with short of **res**-our-ces.

re·spect
[rɪˈspɛkt]

XXX [뤼스펙트]　　틀린액센트/ r,sp,k,t phonics

n.vt. 존경,존중,배려,관심,특별대우,part-**ic**-ul-ar,관계(맺다)

She comb-**ine**s her **marr**-i-age and car-**eer** re-**sp**-ectf-(h)ull-y.
Her **st**-or-y **diff**-(h)ered from her **teach**-er's in **sev**-(h)er-al re-**sp**-ects.

re·spond
[rɪˈspɑːnd]

XXX [뤼스판드]　　틀린액센트/ r,sp,n,d phonics

v.n. 대답,응답,반응,대응,부합,일치,받침기둥

The group re-**sp**-onded **promp**-t-l-y to the surv-**(h)ey**.
She paused a **mo**-m-ent to cons-**id**-er bef-**(h)ore** re-**sp**-ond-ing.

re·sponse
[rɪˈspɑːns]

XXX [뤼스판쓰]　　틀린액센트/ r,sp,n,s phonics

n. 대답,응답,반응,대응,부합,일치

The-ir app-**ea**-l met with n-o re-**sp**-onse.
There has been no re-**sp**-onse to her re-**q**-u-est.

re·spon·si·bil·i·ty
[rɪˌspɑːnsəˈbɪləti]

X [뤼스판써빌러티]　　틀린발음/ r,sp,s,b,l,t,y phonics

n.책임(질것),의무,**dut**-y,신뢰성,rel-i-ab-**il**-it-y,의무이행능력

I w-i-ll tak(e) the re-sp-ons-ib-**il**-it-y of **do**-ing it.
Her **ma**-in re-sp-ons-ib-**il**-it-y is **hi**-r-ing and **fi**-r-ing.

re·spon·si·ble
[rɪˈspɑːnsəbəl]

XXX [뤼스판써브얼]　　틀린액센트/ r,sp,s,b,l phonics

aj. 책임져야할,능력있는,믿을만한,선악판단할수있는

The **capt**-ain is re-**sp**-ons-ib-le in the **cour**-se of a **vo**-y-age.
Who is re-**sp**-ons-ib-le for the **up**keep of these **bui**-l-dings?

rest
[rɛst]

♪ 레st   X [뤠스트]   틀린발음/ r,st phonics

n.v. 휴식,죽음,평안,tran-q-uil-it-y,안도감,숙박소,받침,의지,기대
W-e hav(e) a cl-im-ate of pol-it-ic-al un-rest for l-ong.
Dom-e-st-ic un-rest inc-l-ined him to seek peace in bu-sin-ess ext-ern-all-y.

res·tau·rant
[rɛstəˌrɑːnt]

♪ 레스어라ant   X [뤠스터라안트]   mora발음/ r,st,r,t phonics

n. 식당,레스토랑
The rest-aur-ant has an ex-cell-ent rep-ut-a-tion.
A 15-perc-ent grat-u-it-y is added to the rest-aur-ant bi-ll.

re·store
[rɪˈstoɚ]

♪ 리스오얼   XXX [뤼스토어ㄹ]   틀린액센트/ r,st,ɚ phonics

vt. 원상태로되돌리다,회복(복귀,복직)시키다,반환,수복,복원
The inj-ec-tion re-st-ored her to her-se-l-f.   (의식회복)
Some Chosun Ro-y-al Sea-ls w-ere re-st-ored from US to Kor-e-a.

re·strain
[rɪˈstreɪn]

♪ 리스레인   XXX [뤼스츄뤠인]   틀린액센트/ r,st,r phonics

vt. 억누르다,억제,제한,제약,rep-ress,말리다,제지,구속,감금
Ho-sp-it-al ord-erl-ies needed to re-st-rain from the pa-tient.
The man-uf-(h)ac-tur-er took mea-sures to re-st-rain co-sts. 조처함

re·strict
[rɪˈstrɪkt]

♪ 리스릭E   X [뤼스츄뤽트]   틀린액센트/ r,st,r,k,t phonics

vt. 제한,한정,l-im-it
She w-as st-i-ll re-st-ricted to bed.
He w-as to-l-d to re-st-rict the am-ount of sa-l-t due to dia-bet-es.

rest·room
[rɛstruːm]

♪ 레스루움   X [뤠스트루움]   틀린발음/ r,st,r,m phonics

n. 화장실
He beg-an search-ing for a n-ew rest-room conc-ept.
I had to make a numb-er of trips to the rest-room.

re·sult
[rɪˈzʌlt]

♪ 리잘E   X [뤼잘트]   틀린발음/ r,z,ʌ,l,t phonics

n.vi. 결과,효과,답,결의,결정,생기다,일어나다,기인,끝나다,end
They hope the meet-ing w-i-ll prod-uce con-crete res-ults.
He w-as cond-i-tioned in the res-ult of Eng-l-ish ex-am.

re·tain
[rɪˈteɪn]

♪ 륕에인   X [뤼테인]   틀린발음/ r,t,n phonics

vt. 유지,keep,계속사용(실행),존속시키다,기억,고용,em-pl-oy
He ret-ains his se-l-f-cont-ro-l in em-erg-enc-y.
Ca-shm-ere wool ret-ains heat bett-er than cott-on.

re·tire
[rɪˈtajɚ]
♪ 릴**아**이열   X [뤼**타**이어ㄹ]   틀린발음/ r,t,jɚ phonics
vi.n. 퇴직,은퇴,후퇴,피신,폐기,회수,물러가다,도망치다,ret-**reat**
The **gen**-er-al ret-**ire**d his **so**-l-di-ers from the **batt**-le.
De-**sp**-ite the **chan**-ges, he did n-ot **w-av**-(h)er from his **pl**-an to ret-**ire**.

re·tire·ment
[rɪˈtajɚmənt]
♪ 릴**아**이엳먼ㅌ   X [뤼**타**이어ㄹ먼트]   틀린발음/ r,t,jɚ,m,t phonics
n.aj. 퇴거,퇴각,퇴직,은거,칩거,후퇴,회수
He dec-**ide**d to tak(e) an **ear**-l-y ret-**ire**-m-ent.
He came out of ret-**ire**-ment to **pl**-ay **go**-l-f ag-**ain**.

re·turn
[rɪˈtɚn]
♪ 릴**언**   X [뤼**터**ㄹ언]   틀린발음/ r,t,ɚ,n phonics
v.n. 돌아오다(가다),반환,반사,이익주다,답례,수익,수확,답변
The **bi**-ll has been ret-**urn**ed to the comm-**itt**-ee.
The **st**-ore rec-**eive**d com-**pl**-aints ab-**out** the ret-**urn pol**-ic-y.

re·un·ion
[riːˈjuːnjən]
♪ 리이**유**운연   X [뤼유니언]   틀린발음/ r, ju,n,jən phonics
n. 재결합,재회,친목회
He dreamed of a re-**u-n**-ion with his **fam**-il-y.
The re-**u-n**-ion gav(e) them a **chan**-ce to ren-**ew friend**-ships.

re·veal
[rɪˈviːl]
♪ 릴**이**이을   X [뤼**비**얼]   틀린발음/ r,v,l phonics
vt.n. 밝히다,폭로,di-**sc**-l-ose,보이다,di-**sp**-l-ay,ex-**hib**-it,차창틀
It rev-(h)**ea**-ls the **co**-l-d cal-cul-**a**-tions be-**hind** the **pol**-ic-ies.
Aft-er the corr-**up**-tion w-as rev-(h)**ea**-led, the **pol**-i-ce called for **cl**-ean house.   자체정화

re·venge
[rɪˈvɛndʒ]
♪ 릴**엔**쥐   X [뤼**벤**쥐]   틀린발음/ r,v,n,dʒ phonics
vt. 원수갚다,복수,보복
He dec-**ide**d to rev-(h)**enge** on him for his **i-ll treatm**-ent.
This is his rev-(h)**enge** for all the **pa**-in you've **cau**-sed him.

rev·e·nue
[ˈrɛvənuː]
♪ 렙**언**우우   X [뤠버누우]   틀린발음/ r,v,n phonics
n. 세입,총소득액,총수입,수입(원),**inc**-ome,정기소득,재원
Exp-end-i-ture should id-**e**-all-y n-ot exc-eed **rev**-(h)en-ue.
W-e're **l-ook**-ing for an-**oth**-er **so**-ur-ce of **rev**-(h)en-ue.

re·verse
[rɪˈvɚs]
♪ 릴**얼**ㅅ   X [뤼**버**ㄹ쓰]   틀린발음/ r,v,ɚ,s phonics
aj.n.v. 반대(의),뒷면(의),거꾸로,역전(된),패배,후퇴,후진,뒤집다
She is the rev-(h)**erse** of dis-(h)**on**-est-y.
The **l-ett**-er rev-(h)**erse**d his **att**-it-ude to her.

re·view
[rɪ'vjuː]

♪ 료리유우   X [뤼뷰우]   틀린발음/ r,v,ju phonics

n.vt. 복습,재조사(심리,검토),사열(식),반성,비(논)평가사(잡지)
They rev-(h)iew-ed the M&A cont-ract cl-ause by cl-ause.
They rev-(h)iew the app-l-ic-a-tions to w-eed out the l-ess q-ual-if-(h)ied cand-id-ates.

re·vise
[rɪ'vaɪz]

♪ 료리아이즈ㅎ   X [뤼바이즈]   틀린발음/ r,v,z phonics

vt.n. 개정,수정,교정,고치다,바꾸다,변경,alt-er,복습,개정(판)
They hav(e) rev-(h)ise-d the-ir op-in-ion of him.
I w-as all-ow-ed 3 rev-(h)ise-s on the book, Eng-l-ish4Kor-e-ans.

re·vi·sion
[rɪ'vɪʒən]

♪ 료리이져언   X [뤼비젼]   틀린발음/ r,v,ʒ phonics

n. 교정,개정,보정,교열,수정(개정)한것,개정판,개역본,복습
The gov-(h)ernm-ent w-ill make a numb-er of rev-i-sions.
The sch-ed-ule was rev-(h)ise-d to corr-e-sp-ond with my cal-end-ar.

rev·o·lu·tion
[rɛvə'luːʃən]

♪ 래랩얼우우션   X [뤠벌루우션]   틀린,중복"ㄹ"발음/ r,v,l phonics

n. 혁명,대변혁,주기적회귀,주기,(일)회전(운동),선회,공전,자전
The-re w-as a rev-(h)ol-u-tion in his comp-an-y.
A turn-tab-le is rot-at-ing at 33 rev-(h)ol-u-tions per min-ute.

re·ward
[rɪ'woɚd]

♪ 료리으워오얼   X [뤼워어ㄹ드]   틀린발음/ r,w,ɚ,d phonics

n.vt. 보수,보상(사례,현상)금,보수(상)주다,보답,포상
N-o re-w-ard with-out to-i-l.   <속담>
He w-as re-w-ard-ed for sav-(h)ing a drown-ing girl.

rhyme
[raɪm]

♪ 롸임   X [롸임]   틀린발음/ r,m phonics

n.v. 운(문),음운(시),시짓다(읊다),음운이맞다,논리적이다
"w-hi-le" is a rhyme for "mi-le".
This prop-os-al has n-o rhyme or reas-on.

rhythm
[rɪ'ðəm]

♪ 리림엄   X [뤼ㅎ엄]   틀린, mora발음/ r,ð,m phonics

n. 리듬,음조,박자,운율,met-er,운율형식,met-ric-al form
Timed dur-a-tion is one of three el-em-ents of rhyth-m-ic Eng-l-ish.
Rhyth-m St-ress Timed Eng-l-ish comp-rise-s acc-ent, int-o-n-a-tion and dur-a-tion.

rib
[rɪb]

♪ 리립   X [뤼브]   틀린, mora발음/ r,b phonics

n.vt. 갈빗대,늑골,갈비,여자,마누라,wife,농담,늑골재(붙이다)
The ribs of an um-brell-a keep the shape of an um-brell-a.
The rib cage prot-ect-s inn-er org-ans of an upp-er bod-y.

rice
[raɪs]
♪ 라이ㅅ   X [롸이쓰]   틀린발음/ r,s phonics
n. 쌀(의),쌀밥(의),벼(의),rough rice,쌀알모양으로만들다
Grann-y **al**-w-ays heaped my rice **bo**-wl with rice.
~ **fl**-our쌀가루, **pol**-ished(white)~백미, un-**pol**-ished(**bro**-wn)~현미

rich
[rɪtʃ]
♪ 륃치   X [뤼취]   틀린발음/ r,tʃ phonics
n. 부,재물,**w-ea**-l-th,풍부함
Some **peop**-le **bl**-ame the riches for the w-orld fin-**an**-cial **cris**-is.
It di-**sg**-usts that **mo**-st **da**-il-y **dram**-as **foc**-us on **sup**-er-**rich**es.

rid
[rɪd]
♪ 륃   X [뤼드]   틀린, mora발음/ r,d phonics
vt. 없애다,제거,모면하게,자유롭게
He is **nev**-(h)er **ab**-le to rid him-**se**-l-f of debt.
They try to rid the w-orld of the **men**-ace of at-**om**-ic **w-ar**-fa-re.

ride
[raɪd]
♪ 라읻   X [롸이드]   틀린, mora발음/ r,d phonics
v.n. (말)타다,업히다,진행,얹혀지다,성교,지배,괴롭히다,**har**-ass
Her **sk**-irt rode up to her butt.
The **may**-or rode his **bi**-cyc-le to the **cit**-y **ha**-ll **ev**-(h)er-yd-ay.

rid·i·cule
[ˈrɪdɪkjuːl]
♪ 륃익유울   X [뤼디큐얼]   틀린, mora발음/ r,d,k phonics
n.vt. 비웃음,조롱,놀림,비웃다,조롱,조소,놀리다,**der**-ide
For **sens**-it-ive **st**-ud-ents this **rid**-ic-ule can be sheer **he**-ll.
He w-as **al**-w-ays **rid**-ic-uled and **bull**-ied by his **cl**-ass-mates.

right
[raɪt]
♪ 라잍   X [롸잇]   틀린발음/ r,t phonics
aj.n.av. 오른쪽(의)⇔l-eft,옳은,정당(한),정상적인,권리,정의,우파
It tak(e)s **cour**-age to **st**-and up for **the**-ir **ri**-ghts.
She w-ent camp-**aign**-ing for **w-om**-en's **ri**-ghts.

rift
[rɪft]
♪ 륃프트   X [뤼f으트]   틀린, mora발음/ r,f,t phonics
n. 갈라진(틈),**cl**-eft,끊긴곳,금,빈틈,균열,의견(신념)차이,갈라지다
The **meet**-ing w-as called in an **eff**-(h)ort to **hea**-l the rift.
The fight **w-i**-ll **o**-n-l-y **w-ide**-n the rift bet-**ween** two **na**-tions.

rig·id
[ˈrɪdʒəd]
♪ 륃젇   X [뤼줘드]   틀린, mora발음/ r,dʒ,d phonics
aj. 굳은,단단한,**st**-iff,완고한⇔**pl**-i-ab-le,불굴의,**st**-rict⇔l-oose
She is a **rig**-id disc-ip-l-in-**ar**-ian.
The **pa**-tient's **pl**-ast-ered legs w-ere **rig**-id.

ring
[rɪŋ]

♪ 리링　　　X [륑]　　　　틀린발음/ r phonics

n.v. 반지,고리(같은것),(나이)테,rim,경기장,패거리,종울리다,전화
She co-m(b)ed the **dress**-er **draw**-ers for a l-ost ring.
The **diam**-ond w-as surr-**ound**ed by a ring of **tin**-y **diam**-onds.

ri·ot
[rajət]

♪ 라이엍　　　X [롸이엇]　　　틀린발음/ r,t phonics

n.v. 폭동,소요(죄),찬란,풍성,다채로움,방탕생활,날뛰다,무성하다
Man-y **prop**-ert-y w-as **dam**-aged in the **rec**-ent **ri**-ots.
The **res**-id-ents **ri**-oted to **prot**-est the **70**-**st**-or-y **bui**-l-d-ing.

ripe
[raɪp]

♪ 라잎　　　X [롸입]　　　　틀린발음/ r,p phonics

aj. (잘)익은,입술도톰한,성숙한,노령의,준비된,절호의,곪은,음란한
Soon ripe, soon **rott**-en.　<속담>
The time is ripe for a **dra**-st-ic ref-**(h)orm**.

rise
[raɪz]

♪ 라이ㅈㅎ　　X [롸이즈]　　　틀린발음/ r,b phonics

v.n. (떠)오르다,(일어)서다,싹트다,나타나다,상승,부활,rev-**(h)ive**
They rose from **pov**-(h)ert-y to **aff**-(h)l-uence.
Ear-l-y to bed and to rise makes a man **hea**-l-thy, **w-ea**-l-thy, and wise.

risk
[rɪsk]

♪ 리리슼　　　X [뤼스크]　　　틀린, mora발음/ r,sk phonics

n.vt. 위험(물,율),모험,위험에맡기다,위태롭게,**haz**-ard,위험감행
Cert-ain risks may be e**xc**-**ept**ed from the **cont**-ract.
The **doct**-or e**xp**-l-ained the risks bef-**(h)ore** the op-er-**a**-tion.

ri·val
[raɪvəl]

♪ 라이얼　　　X [롸이버얼]　　　틀린발음/ r,v phonics

n.aj.vt. 경쟁상대(하는),대항자,comp-**et**-it-or,겨루는(다),맞서다
N-o one can **riv**-(h)al him in **el**-oq-uence.
The men are Ro-m-**ant**-ic **riv**-(h)als for her **s-w**-eet-ness.

riv·er
[rɪvɚ]

♪ 리리얼　　　X [뤼버ㄹ]　　　틀린, mora발음/ r,v,ɚ phonics

n. 강,**st**-ream,수로,강어귀, 흐름
The Mek-**ong riv**-(h)er w-as **cl**-oud-y with mud.
He dived **int**-o the **riv**-(h)er and drowned.

road
[roʊd]

♪ 로ㅇ　　　O [로우드]　　　　　　r,d phonics

n. 길,도로,방법,진로
The roads are **sl**-ipp-er-y: drive with e**xt**-reme **cau**-tion.
The bik(e) **sl**-id off the road and **al**-mo-st hit ped-**e**-st-ri-ans.

442

roar
[roɚ]
♪ 로ᵊㄹ   O [로어ㄹ]   r,ɚ phonics
v.n. 소리지르다,울부짖다(음),cry,으르렁,고함,아우성,폭소
The wind ro-ared cea-sel-ess-l-y ac-ross the sea.
The pl-ant ro-ars int-o l-if(e) at the touch of a sw-it-ch.

roast
[roʊst]
♪ 로ᵒ슽   O [로우스트]   ɾ,ɚ phonics
v.n. 불에굽다,가열,데우다,구이용고기,구운것,굽기,혹평,심한조롱
The summ-er sun-l-ight roasted the tin roof.
Col-om-bia's fi-n-est coff-(h)ee beans roasted in an ov-(h)en.

rob
[rɑːb]
♪ 롸압   X [롸아브]   틀린, mora발음/ r,b phonics
n.vt. 남자이름,Rob-ert별칭,빼앗다,훔치다,강도질,약탈,pl-und-er
The bank robbed him of his house.
He said he w-ould n-ot rob ag-ain.

rock
[rɑːk]
♪ 롸앜   X [롹]   틀린발음/ r,k phonics
n.v. 바위,암석(초),위험,단단기초,보석,gem,흔들(림),록노래,안심
Rock cl-im(b)-ers hung on the w-alls of a cl-iff.
Gran(d)pa w-as enj-oy-ing the comf-(h)ort of his rock-ing cha-ir.

rod
[rɑːd]
♪ 롸앋   X [롸아드]   틀린, mora발음/ r,d phonics
n. 남자Rod-n-ey의별칭,(가는)막대,회초리,낚싯대,피뢰침
The con-crete for this brid-ge re-inf-(h)orced with st-eel rods.
Us-ing a rod on dogs is a vi-ol-a-tion of the an-im-al cru-elt-y -aws.

role
[roʊl]
♪ 로ᵘㄹ   O [로우을]   r,l phonics
n. 역(할),배역,part,임무,구실
He pl-ayed a vit-al ro-le in guid-ing the proj-ect.
They di-sc-ussed the ro-le of di-et in canc-er prev-(h)en-tion.

roll
[roʊl]
♪ 로ᵒㄹ   X [로우을]
v. 굴러가다,말다,감다,반죽펴다,차가달리다,오르내리막,엄청웃다
The car ro-ll-ed ov-(h)er the ed-ge of a cl-iff.
Te-ars ro-ll-ed down her cheeks dur-ing her w-edd-ing.

ro·man·tic
[roʊˈmæntɪk]
♪ 로음앤틱   X [로우맨틱]   틀린, mora발음/ r,m,n,t,k phonics
aj.n. 사랑느낌인,낭만주의(파)인(사람,작가,사상),비현실적언동
This book is a cl-ass-ic of the Ro-m-ant-ic gen-re.
The Ro-m-ant-ic conv-(h)en-tions mad(e) the fi-l-m bor-ing.

roof
[ru:f]

♪ 루웊 X [루우ㅍ] 틀린, mora발음/ r,f phonics

n.vt. 지붕(덮다),덮개,꼭대기,**summ**-it,집,가정(생활),감싸다
The roofs and w-alls caved in **dur**-ing the **earth**-q-uake.
He crept **to**-w-ard the **ed**-ge of the roof and l-ooked **ov**-(h)er.

room
[ru:m]

♪ 루움 O [루움] r,m phonics

n.vi. 방,**l-odg**-ings,(빈)자리,여유,~할기회(가능성),한방쓰다,하숙
Cur-t-ains make shad(e)s in the room.
Pl-ease dep-**os**-it your things in your room, n-ot **he**-re.

root
[ru:t]

♪ 루웉 X [루우트] 틀린, mora발음/ r,t phonics

n. 뿌리,밑부분(바닥),본질,조상,고향,정착,근절,**ext**-er-m-in-ate
He **fin**-all-y got to the root of the **prob**-l-em.
I need to hav(e) a root can-**al cu**-red by a **dent**-ist.

rope
[roʊp]

♪ 로웊 X [로웊] 틀린발음/ r,p phonics

n.vt. 밧줄(묶다),cord,**st**-ring,올가미줄,**l-ass**-o,교수형,비결,요령
The rope should **mea**-sure fiv(e) **met**-ers ex-**act**-l-y.
It w-i-ll tak(e) a **w-hi**-le to l-earn the ropes.   요령익히다

rot
[rɑ:t]

♪ 라앝 X [랏] 틀린발음/ r,t phonics

vi.n.interj. 썩다,부패,dec-**ay**,망쳐놓다,**sp**-oi-l,조롱,타락,헛소리
He rotted the **who**-le **pl**-an.
App-les rotted on the ground **aft**-er the **st**-orm.

rough
[rʌf]

♪ 랖 X [롸으] 틀린, mora발음/ r,f phonics

aj. 거친,난폭한,미가공(품)의,조잡한(물건),맛없는,초고,대강의
She had a rough time **dur**-ing her **chi**-l-d-hood.
He hit a hook **int**-o the l-eft rough of the 18th **ho**-le.

rough·ly
[rʌfli]

♪ 랖흘이 X [롸플리] 틀린,중복"ㄹ"발음/ r,ʌ,f,l,y phonics

av. 거칠게,난폭하게,대략,어림잡아,귀에거슬리게,시끄럽게
She threw the **pac**-k-age rough-l-y in her truck.
The pol-**i**-ce **to**-l-d us rough-l-y that w-e had to **st**-and back.

round
[raʊnd]

♪ 롸은ㄷ X [롸운드] 틀린,mora발음/ r,d phonics

aj.av.prep.v. 둥근,원(구)형(의),한바퀴,대략의,왕복,횟수,반올림
He put a few el-**ast**-ic bands round his wrist.
Grann-y grabbed the **bl**-ank-et and hugged it round her.

route
[ruːt, ˈraʊt]
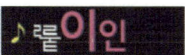 X [류우트]   틀린, mora발음/ r,t phonics
n. 길,항로,노선,배달구역,경로,보내다,발송,노선을정,수단,방법,
They didn't (k)n-ow what route to tak(e).
The route to succ-ess re-q-u-ired hard w-ork.

rout·er
[ˈraʊtɚ]
 X []   틀린, mora발음/ r,t,ɚ phonics
n. 인터넷공유기,홈파는공구(기계,대패)
Huge **dat**-a **pack**-ets passed through the com-**put**-er **rout**-er.
A **carp**-ent-er w-as **ho**-l-d-ing a **rout**-er to dig a route on a **tab**-le.

rou·tine
[ruːˈtiːn]
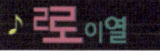 X [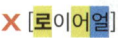]   틀린, mora발음/ r,t phonics
n.aj. 정해진(순서,과정),진부한(것),일상적(일),컴퓨터루틴
I eat **hea**-l-thi-er and add **ex**-er-ci-se to my **da**-il-y rout-**ine**.
A **sup**-erv-(h)is-or w-as sent to **he**-l-p out with rout-**ine** tasks.

row
[roʊ]
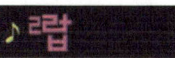 O []   r phonics
n.v. 열,(가로)줄,거리,**st**-reet,줄세우다,배젓다,저어가다,보트경주
The **pi**-geons perched in a row on the el-**ect**-ric **w-i**-re.
The-re w-ere rows of dolls on the **st**-age of Miss **U-n**-iv-(h)erse.

roy·al
[ˈrɔjəl]
 X [로이어얼]   틀린발음/ r,j,l phonics
aj.n. 왕(여왕)의,왕가(의),왕립의,왕다운,당당한,호화로운,멋진
Pres-id-ent rec-**eived** a **ro**-y-al **w-el**-come as she off the **pl**-ane.
Q-ueen **ra**-re-l-y acc-**om**-pan-ied her in a **ro**-y-al **carr**-i-age.

rub
[rʌb]
♪랍 X [롸브]   틀린, mora발음/ r,ʌ,b phonics
v.n. 문지르다,바르다,맞비비다,비벼없애다,짜증나게,스치다,마찰
Her cat rubbed ag-**ainst** her **gue**-st's leg.
She rubbed the **sl**-eep out of her eyes to **st**-ud-y.

rub·ber
[ˈrʌbɚ]
 X [롸버ㄹ]
n. 고무(제품)(의),콘돔,**cond**-om,지우개,er-**as**-er,안마사
She w-**e**-ars **rubb**-er **gl**-ov(e)s when **dish**-w-ash-ing.
W-**e**-ar **rubb**-er **gl**-ov(e)s bef-**(h)ore** **hand**-l-ing **chem**-ic-als.

rub·bish
[ˈrʌbɪʃ]
♪랍이쉬 X []   틀린, mora발음/ r,ʌ,b phonics
n. 쓰레기,폐물,잡동사니,시시한물건(일,이야기,생각등)
He is w-**ast**-ing his time on **rubb**-ish.
The **sm**-e-ll of dec-**ay**-ing **rubb**-ish is di-**sg**-ust-ing.

rude
[ruːd]
 X [루우드]   틀린, mora발음/ r,b phonics
aj. 무례한,거친,**wi**-l-d,미개한,교양없는,가공않은,조잡한,맛없는
It is rude of you to come in with-**out** (k)**n**-**ock**-ing.
They w-ere rude that w-e l-earn-ed **l**-**itt**-le from them.

rug
[rʌg]
 X [롸그]   틀린, mora발음/ r,ʌ,g phonics
n. 융단,양탄자,깔개,무릎덮개, l-ap robe
The-re is a **cu**-shion **und**-er the rug to red-**uce** the **n**-**o**-ise.
They kept a **sp**-are key for the **ent**-rance **und**-er the **por**-ch rug.

ru·in
[ruːɪn]
 O [루우인]   r phonics
n.v. 파괴,망쳐놓다,잔해,**deb**-ris,낙오자,폐허,파멸,피해,파산,타락
You've **ru**-ined her l-if(e), and n-ow it's **pa**-yb-ack time.
Poor **cu**-st-om-er **serv**-(h)ice **ru**-ins the **rest**-aur-ant's rep-ut-**a**-tion.

rule
[ruːl]
 X [루얼]   틀린발음/ r,l phonics
n.v. 규칙(정),관습,지배,통치(권),자,척도,**ru**-l-er,이끌다,판결,보합
W-e cann-ot **choo**-se but to obs-**erve** the **ru**-les.
The-re is n-o **ru**-le with-**out** ex-**cep**-tions. <속담>

rul·er
[ruːlɚ]
 X [루울러ㄹ]   틀린,중복"ㄹ"발음/ r,l,ɚ phonics
n. 지배자,통치자,주권자,자,ru-le,선긋는기구
She w-as a **ver**-y **st**-rong and dec-**is**-ive **ru**-l-er.
He w-as **tak**-ing **mea**-surem-ents with a **ru**-l-er.

ru·mor
[rumɚ]
 X [루머ㄹ]   틀린, mora발음/ r,m,ɚ phonics
n.vt. 소문(내다),뜬소문,풍문,낭설,뒷공론,고십
Var-ious **rum**-ors for his re-sig-n-**a**-tion are **be**-ing **fl**-oated.
Rum-or from SNS added **fu**-el to the **cont**-rov-(h)ers-y.

run
[rʌn]
 X [롼]   틀린발음/ r,ʌ,n phonics
v. 달리다,도망,**fl**-ee,**mig**-rate,돌진,참가,입후보,경영,뻗다,흐르다
She runs her own des-**ign comp**-an-y.
A **st**-rong HalRyu trends of **cul**-ture is **runn**-ing through the w-orld.

ru·ral
[rɚrəl]
 X [루뤄얼]   틀린, mora발음/ r,ɚ phonics
aj. 전원의,촌락의⇔**urb**-an,농업의,ag-ric-**ul**-tur-al
She l-iv(e)s in a **rur**-al **ar**-ea.
These **pl**-ants grow in the **mo**-re **rur**-al **ar**-eas.

446

rush
[rʌʃ]

♪ 러쉬   X [롸쉬]   틀린발음/ r,ʌ,ʃ phonics

v.n.급히하다(가다,만들다),돌격,쇄도,**char**-ge,dash,서두르다
Fi-re-fight-ers and **med**-ics rushed to the **acc**-id-ent scene.
The **horr**-or came **rush**-ing back **ev**-(h)en **aft**-er 3 wks passed.

rust
[rʌst]

♪ 러슬   X [롸스트]   틀린발음/ r,ʌ,st phonics

n. 녹(슬다),얼룩,악영향,무디어(지다)짐,녹빛,적갈색,못쓰게되다
He **sc**-raped the rust off the **bi**-cyc-le.
Bett-er **w-e**-ar out than rust out. <속담>

www.ted.com과 원어민 News에서 연습한 단어가 잡히나요?

s or S
[ɛs]

♪ 엣으　　　　O [에쓰]　　　　430 단어 54쪽

n. 알파벳열아홉째자,S(자)형
Something shaped l-ike the **lett**-er S.
S is the 19th **l-ett**-er of the **mod**-ern **Eng**-l-ish **alph**-(h)ab-et.

sa·cred
[seɪkrəd]

♪ 쎄익런　　　X [쎄이크뤄드]　　　mora발음/ s,k,r,d phonics

aj. 종교적인⇔**sec**-ul-ar,신성한,바쳐진,**ded**-ic-ated,존중받는
W-e hav(e) a **sac**-red **dut**-y to find out the truth.
The **fam**-il-y grav(e) y-ard site is **sac**-red ground.

sac·ri·fice
[sækrəfaɪs]

♪ 쌕러화이ㅅ　　　X [쌔크뤄파이쓰]　　　mora발음/ s,k,r,f,s phonics

n.vt. (산)제물(바치다),희생(행위),투매(손실),헐값에팔다,희생번트
The w-ar re-**q**-u-ired **ev**-(h)er-y-one to make **sac**-rif-(h)ices.
The **runn**-er w-ent to **sec**-ond base on a **sac**-rif-(h)ice.

sad
[sæd]

♪ 쌛　　　X [쌔드]　　　mora발음/ s,d phonics

aj. 슬픈,비참한,음산한,**somb**-er,어두운,질척한,**dough**-y,**sogg**-y
It mad(e) her sad to think what she had l-ost.
The mood at the port w-as sad **rath**-er than **hopef**-(h)ul.

sad·dle
[sædl]

♪ 쌛얼　　　X [쌔드얼]　　　Schwa [l]=[얼], mora발음/ s,d,l phonics

n.v. 안장(같은것),등심고기,안장을놓다,(세금등을)매기다,부과
She **sadd**-led her **hor**-se and mounted it.
They w-ere **sadd**-led with **heav**-(h)y e**xp**-enses.

safe
[seɪf]

♪ 쎄잎　　　X [쎄이f으]　　　mora발음/ s,f phonics

adj.안전한⇔**dang**-er-ous,무사한(히),믿을만한,신중한,금고,저장
In con-**cl**-u-sion, **w-alk**-ing is a cheap, saf(e) form of **ex**-er-ci-se.
All fin-**an**-cial **doc**-um-ents should be kept in a saf(e) **pl**-ace.

safe·ty
[seɪfti]

♪ 쎄잎티　　　X [쎄이f으티]　　　mora발음/ s,f,t phonics

n. 안전(성,의,확보의),무사,사고방지장치
It is **vit**-al that you **foll**-ow all **saf(e)**-ty proc-**e**-dures.
Saf(e)-ty is the **ab**-sol-ute cons-id-er-**a**-tion in **carr**-y-ing jobs.

sail
[seɪl]

♪ 쎄이을　　　O [쎄열]　　　s,l phonics

n.v. 돛,항해,**vo**-y-age,범선,배,출범,출항,배를조종
They rigged up the ship and prep-**are**d to set **sa**-i-l.
I can't **chan**-ge the dir-**ec**-tion of the wind, but can adj-**ust** my **sa**-i-ls.

sake
[seɪk]

X [쎄익]   틀린발음/ s,k phonics

n. 동기,위험,이익,목적
He did it for the sake of **mon**-ey.
Free to purs-**ue** l-**earn**-ing for its own sake. -**Eis**-en-how-er

sal·ad
[sæləd]

X [쌜러드]   중복"ㄹ",mora발음/ s,l,d phonics

n. 샐러드(요리),(샐러드용)날야채,샌드위치속으로쓰는샐러드
For **dinn**-er I had roast **chick**-en and a **sal**-ad.
She tossed the **sal**-ad with some Bals-**am**-ic **o**-i-l and **vin**-eg-ar.

sal·a·ry
[sæləri]

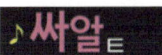
X [쌜러류]   중복"ㄹ",mora발음/ s,l,r phonics

n.vt. 봉급,월급,급료, 봉급주다
Her **sal**-ar-y is in e**xc**-ess of $100K a **ye**-ar.
He can comm-**and** a high **sal**-ar-y with his cap-ab-**il**-it-y.

sale
[seɪl]

O [쎄열]   s,l phonics

n. 판매(액),매각,매상,염가판매,할인매출,공매,경매
He conc-**eive**d a **pl**-an to in-**crease sa**-les.
Sa-les in-**crease**d by ten perc-**ent** l-ast **ye**-ar.

salt
[sɑːlt]

O [쏘얼트]   s,l,t phonics

n.vt.aj. 소금(절이다),염처리,자극(활기)(더하다),비꼼,신랄한,짠
Sa-l-t and furs w-ere once traded as **curr**-enc-y.
Sa-l-t and **pepp**-er are the **champ**-ions of **cond**-im-ents.

same
[seɪm]

O [쎄임]   s,m phonics

aj.pron. 같은(사람,것),동일한,id-**ent**-ic-al⇔**diff**-(h)er-ent,변함없는
By a co-**inc**-id-ence w-e w-ere both on the same **a**-**ir**-pl-ane.
Same sex **marr**-i-age is a **subj**-ect of **cont**-rov-(h)ers-y.

sam·ple
[sæmpəl]

O [쌤프얼]   s,m,p,l phonics

n.aj.vt. 표본(의),견본의(만들다,보여주다),시식(시음),견본(실례)
They w-ould l-ik(e)to see a **samp**-le of our w-ork.
It's **he**-l-pf-(h)ul to hav(e) **con**-crete **samp**-les to talk **bu**-sin-ess.

sand
[sænd]

O [쌘드]   s,n,d phonics

n.vt. 모래,사막,시간,시각,**mo**-m-ents,수명,용기,grit,눈곱,**sl**-eep-er
His drive **carr**-ied (the **go**-l-f-ball **ov**-(h)er) the sand **bunk**-er.
The tides hav(e) er-**ode**d the sand beach al-**ong** the shore.

sand·wich
[sændˌwɪtʃ]

   ✗ [샌드위취]   틀린발음/ s,n,d,w,tʃ phonics

n.vt.av. 샌드위치(같은,모양의것),둘사이에(끼우다),시간내다
She ord-ered a cor-ned beef sand-wich for l-unch.
The sch-ool is sand-wiched bet-ween parks.

sat·is·fac·tion
[sætəsˈfækʃən]

   ✗ [새터스팩션]   틀린,mora발음/ t,s,f,k phonics

n. 만족,충족(감),grat-if-(h)ic-a-tion,달성,fulf-(h)i-llm-ent,이해,보상,
In-st-ead of sat-isf-(h)ac-tion he fe-l-t o-n-l-y gui-l-t.
His fl-ow-er w-ould be a great sat-isf-(h)ac-tion to her.

sat·is·fy
[sætəsˌfaɪ]

   ✗ [새터스파이]   틀린,mora발음/ t,s,f phonics

v. 만족(이해,납득,충족)시키다,걱정·의심없애다,이행,빚갚다,배상
His exp-l-an-a-tion didn't sat-isf-(h)y my cur-i-os-it-y.
She w-as sat-isf-(h)i-ed with her perf-(h)orm-ance.

Sat·ur·day
[sætɚˌdeɪ]

   ✗ [새터ㄹ데이]   mora발음/ t,ɚ,d phonics

n.av. 토요일(에),약자; Sat.
Her birth-day falls on a Sat-ur-day this ye-ar.
So, she w-i-ll arr-iv(e) bef-(h)ore Sat-ur-day.

sauce
[sɑːs]

   ✗ [싸아쓰]   틀린발음/ s phonics

n.vt. 소스(치다),맛(내다),자극주는것(다),엄숙함(불쾌감)을완화
She gav(e) a l-ec-ture sauced with hu-m-or.
You can use fresh or canned tom-at-oes for the sauce rec-ip-e.

sau·cer
[sɑːsɚ]

싸아써ㄹ   O [싸아써ㄹ]   s,ɚ phonics

n. 받침접시(같은것),화분받침
Could you bring me an-oth-er cup and sauc-er?
The cups and sauc-ers are in the kit-chen cl-os-et.

sau·sage
[sɑːsɪdʒ]

   ✗ [싸아씨쥐]   틀린발음/ s,dʒ phonics

n. 소시지,순대,독일인,Boche,미련둥이
W-e had saus-ages for break-fa-st in Germ-an.
They had saus-age-ro-lls at the chi-l-dren's pic-n-ic.

save
[seɪv]

쎄이ㅂ   ✗ [쎄이브]

v. 저축,보호,절약,구제,구조,re-sc-ue,모으다,간직,res-erv(e)
He w-as in debt but is n-ow turn-ing a sav-(h)ing.
"Can Phil-an-thr-op-y sav(e) the w-orld?" "Yup, ab-sol-ute-l-y!"

saw
[sɔː]
♪쏘어 ○ [싸-] s phonics
n.v. 톱(으로자르다),톱질(하듯움직이다),현악기연주,see과거형
They saw-ed **timb**-ers **int**-o boards.
Al-ice saw-ed on a vi-ol-**in** s-w-eet-l-y.

say
[seɪ]
♪쎄이 ○ [쎄이] s phonics
v.n. 말,주장,암송,복창, 명령,**te**-ll,**sp**-eak,하고싶은말,말투
They say that the CEO **w**-**i**-ll res-**ign**.
He said one **min**-or **crit**-ic-ism ab-**out** her des-**ign**.

scale
[ˈskeɪl]
♪슥에이얼 XXX [스케열] 틀린액센트/ sk,l phonics
n.v. 비늘(상처딱지,물때,치석(벗기다,끼다),눈흐리게하는막,깎다
He w-ent to the **dent**-ist's for **reg**-ul-ar **check**-up and **sc**-al-ing.
Ju-st-ice is **fig**-ured as a **bl**-ind **godd**-ess with s(w)ord and **bal**-ance **sc**-a-les.

scan
[skæn]
♪슥앤 XXX [스캔] 틀린액센트/ sk,n phonics
v.n. 자세히(눈여겨,훑어)보다,운율살피다(맞게낭독),정밀검사
MRI ma-**chine sc**-anned **who**-le **bod**-y of a **pa**-tient.
She **sc**-anned his face for **an**-y **cl**-ue to his **think**-ing.

scan·dal
[ˈskændəl]
♪슥앤덜 XXX [스캔덜] 틀린액센트/ sk,n,d,l phonics
n.vt. 추문,치욕,불명예,중상,험담,나쁜소문퍼뜨리다,**sl**-and-er
The **sc**-and-al has done irr-**ep**-ar-ab-le harm to her rep-ut-**a**-tion.
Some top off-(h)i-cials hav(e) been **imp**-l-ic-ated in the **sc**-and-al.

scarce
[skeə·s]
♪슥에얼ㅅ XXX [스케어ㄹ쓰] 틀린액센트/ sk,ɚ,s phonics
aj. 모자라는,불충분한⇔**pl**-ent-if-(h)ul,드문,희귀한
Food is **st**-i-ll **sc**-ar-ce in the **conf**-(h)l-ict **reg**-ion.
She makes her-**se**-l-f **sc**-ar-ce when-**ev**-(h)er it's her **dish**-w-ash-ing turn.

scare
[skeə·]
♪슥에얼 XXX [스케어ㄹ] 틀린액센트/ sk,ɚ phonics
v.n. 겁주(먹)다,질겁하게,두려워(움),공포,불안,공황상태,**pan**-ic
My God, you **sc**-ared me!
They w-ere **sc**-ared **st**-iff of **the**-ir **teach**-er.

scat·ter
[ˈskætə·]
♪슥앹얼 XXX [스캐터ㄹ] 틀린액센트/ sk,t,ɚ phonics
v.n. 뿌리다,낭비,쫓아버리다,흩어지다,diff-(h)use,희망사라지게
The wind **sc**-att-ered the draft **doc**-um-ents.
The **w**-**edd**-ing path w-as **sc**-att-ered with **fl**-ow-ers.

sce·nar·io
[sə'nerijoʊ]

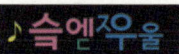 ♪썬**에**리요으   X [써**네**뤼요우]   **mora**발음/ s,n,r phonics

n. 시나리오,각본,대본,예정된계획
The best scen-**ar**-io w-ould be to **fin**-ish the w-ork by tod-**ay**.
A **poss**-ib-le scen-**ar**-io w-ould be that w-e mov(e) to **Sil**-ic-on **Vall**-ey.

scene
[si:n]

♪씨인   O [씨인]   s,n phonics

n. 현장,장면(무대,배경),일,사건,상황,경치,view,소동,추태
Pol-**i**-ce mad(e) a **ca**-ref-(h)ul ex-am-in-**a**-tion of the scene.
He shook his head in di-**sg**-ust when he saw the scene.

scent
[sɛnt]

♪**쎈**트   O [**쎈**트]   s,t phonics

n.v. 냄새(맡다,풍기다),향,향수(뿌리다),단서,후각,육감,눈치채다
The **fl**-ow-er has a **w-ond**-erf-(h)ul scent.
I scented that **some**thing w-as **go**-ing w-rong.

sched·ule
[skɛdʒu:l]

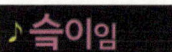 ♪슥**엣주울**   XXX [스케쥬얼]   틀린액센트/ sk,dʒ,l phonics

n.vt. 예정,계획,스케줄(에넣다),일정(시간,일람,가격)표만들다
W-e need to co-**ord**-in-ate our **sch**-ed-ules to im-**prove** Eng-l-ish.
The **sch**-ed-ule was rev-**(h)ise**d to corr-e-**sp**-ond with my **cal**-end-ar.

scheme
[ski:m]

 ♪슥**이임**   XXX [스키임]   틀린액센트/ sk,m phonics

n. 계획,**proj**-ect,기획,구상,음모,**pl**-ot,체계,조직,개요,**out**-l-ine
He w-as **sch**-em-ing to **marr**-y her.
He w-as cooked by the fin-**an**-cial **sch**-eme.

schol·ar
[skɒlɚ]

 ♪슥**알**얼   XXX [스**칼러**r]   틀린액센트/ sk,l,ɚ phonics

n. 학자,장학생,학생,**pup**-il,학습자,**l-earn**-er,제자,문인,disc-**i**-ple
Hey, I got the **sch**-ol-ar-ship!
She's a ren-**own**ed **sch**-ol-ar of **Eng**-l-ish ed-uc-**a**-tion.

school
[sku:l]

♪슥**우울**   XXX [스**쿠얼**]   틀린액센트/ sk,l phonics

n.v. 학교,전문학부,**fac**-ult-y,대학,교습소,학파,가르치다,떼(짓다)
She goes to **l-ib**-rar-y **ev**-(h)er-y **dur**-ing the sem-**est**-er.
Her l-ov(e) for **mus**-ic **carr**-ied her to The **Jui**-ll-i-ard **Sch**-ool.

sci·ence
[sajəns]

 ♪**싸**이연ㅅ   X [**싸**이언쓰]   틀린발음/ s phonics

n. (자연)과학,학문,과학(체계적)지식,기술,숙련,**sk**-i-ll
Sci-ence **cl**-ues ab-**out** the **or**-ig-in of the **u-n**-iv-(h)erse.
The **sci**-ences are a **vit**-al part of the **na**-tion-al **st**-rat-e-gy.

sci·en·tif·ic
[saɪənˈtɪfɪk]

 X [싸이언티픽]   틀린,mora발음/ s,t,f,k phonics

aj. 과학의(에관한,적인),체계적인,정확한,기술뛰어난,**sk**-i-ll**f**-(h)ul
Is Int-**ell**-ig-ent Des-**ign** Sci-ent-**if**-(h)ic?
This book is a **cl**-ass-ic of the sci-ent-**if**-(h)ic **my**-st-er-y **gen**-re.

sci·en·tist
[ˈsaɪəntɪst]

 X [싸이언티스트]   mora발음/ s,t,st phonics

n. (자연)과학자
Sci-ent-ists bel-**iev**(e) the dis-**ea**-se can be **conq**-uered.
I l-ik(e) to l-earn the w-ays **sci**-ent-ists **cl**-ass-if-(h)y **st**-ars.

scis·sors
[ˈsɪzɚz]

 X [씨저즈]   틀린발음/ s,z,ɚ phonics

n.pl. 가위,양다리펴닫기,가위처럼벌려뛰기,두다리로죄기
This **pa**-ir of **sciss**-ors is dull.
She took a **pa**-ir of **sciss**-ors and cut his **ha**-ir.

scold
[skoʊld]

 XXX [스코올드]   틀린액센트/ sk,l,d phonics

v.n. 잔소리하다,꾸짖(는사람)다,rep-**roach**,야단치다,욕하다
She **sc**-o-l-ded him for his mi-**st**-ak(e)s.
He w-as **sc**-o-l-ded for his **tard**-in-ess.

scope
[skoʊp]

 XXX [스코웊]   틀린액센트/ sk,p phonics

n. 시야,범위,**sp**-ace,기회,넓이,목표,aim,현미경(망원경)의단축형
That **prob**-l-em is be-**yond** my **sc**-ope.
The job gav(e) **sc**-ope for her ab-**il**-it-y.

score
[skoɚ]

 XXX [스코어ㄹ]   틀린액센트/ sk,ɚ phonics

n.v. 득점,성적,듬,상서,칼사국,cut,눈금(내다),**n-ot**-ch,셈,점,기록·
Sc-ores of **peop**-le att-**end**ed the **rall**-y.
They had **chan**-ces to **sc**-ore but couldn't conv-**(h)ert** to win.

scorn
[skoɚn]

 XXX [스코어ㄹ언]   틀린액센트/ sk,ɚ,n phonics

n.v. 경멸,cond-**emn**,깔보기(다),냉소,비웃음(다),조롱,무시
She **sc**-or-ned **fl**-att-er-ers.
She gav(e) them a l-ook of **sc**-or-n.

scrap
[skræp]

 XXX [스크랲]   틀린액센트/ sk,r,p phonics

n.vi. 조각,쓰레기,폐물(의),고철(의),찌꺼기의,버리다,해체,폐기
He didn't hav(e) one **sc**-rap of **gen**-ius.
W-e should **sc**-rap **nuc**-l-ear and **chem**-ic-al **w-eap**-ons.

scrape
[skreɪp]
♪슬레입   XXX [스크뤠입]   틀린액센트/ sk,r,p phonics
vt. 긁어내다,상처내다,까다,애써모으다,고르다,스치다,겨우살다
W-e all **sc**-raped the mud off our boots.
Don't **sc**-rap(e) with your (k)n-ife on the **gl**-ass.

scratch
[skrætʃ]
♪슬ᄅ랲치   XXX [스크뢔취]   틀린액센트/ sk,r,tʃ phonics
v.n. 긁(히)다,할퀴다,상처(내다),깎아내다,취소,삭제,갈겨쓰다
Sc-ratch my back and I'll **sc**-ratch yours. <속담>
Her **sig**-n-a-ture w-as an ill-**eg**-ib-le **sc**-ratch.

scream
[skriːm]
♪슬리임   XXX [스크뤼임]   틀린액센트/ sk,r,m phonics
vi. 비명지르다,고함치다,빽울리다,쌩쌩불다,마구웃다,색이요란
He **sc**-reamed that he w-as **st**-if-(h)l-ing.
The girls **sc**-reamed them-**se**-l-ves **si**-ll-y at the **conc**-ert.

screen
[skriːn]
♪슬리인   XXX [스크뤼인]   틀린액센트/ sk,r,n phonics
n.v.aj. 칸막이,방충문,방호물,숨을곳,영사막,체치다,가리다,보호, 그물(철망)치다, 걸러내다,검열,상영,촬영,영화화,철망친,영화의
A **pop**-up **w-ind**-ow app-**ear**-ed on the **sc**-reen.
Job **cand**-id-ates w-ere **thor**-ough-l-y **sc**-reened by **int**-erv-(h)iew.

screw
[skruː]
♪슬루우   XXX [스크루우]   틀린액센트/ sk,r phonics
n.v. 나사(조이다),나선형물건,강요,협박,구두쇠,성교상대,마개닫다(열다),비틀다, 찡그리다,속이다
Her face w-as all **sc**-rew-ed up with **ang**-er.
He **tight**-ened all the **sc**-rews for the desk ass-**emb**-l-y.

script
[skrɪpt]
♪슬ᄅ맆ㅌ   XXX [스크립트]   틀린액센트/ sk,r,p,t phonics
n.vt. 서체⇔print,원고(본),**man**-u-sc-ript⇔**cop**-y,대본(화,쓰다)
Dram-**at**-ica is a sof-(h)tw-are for **w-rit**-er's **sc**-ript **writ**-ing.
A good **dram**-a **sc**-ript should be **ab**-le to **eng**-age the **aud**-i-ence.

sculp·ture
[skʌlptʃə]
♪슬알읖춧얼   XXX [스컬프춰r]   틀린액센트/ sk,ʌ,l,p,tʃ,ɚ phonics
n.v. 조각(술,작품,하다),조소,침식,er-**o**-sion,er-**ode**,조각가되다
He **sc**-ulp-tured the **fig**-ure of **Ven**-us in **marb**-le.
The Mus-**e**-um had a **sp**-e-cial ex-**hib**-it of **Budd**-ha **sc**-ulp-ture.

sea
[siː]
♪씨이   O [씨이]
n.aj. 바다(의),큰호수,담수호,넓은,많은,바다에관한,해상에서쓰는
W-e **vis**-ited Cape Cod **ne**-ar **Bo**-st-on for **seaf**-(h)ood.
Dolph-(h)ins are found **w-id**(e)-l-y in w-arm **temp**-er-ate seas.

seal
[siːl]

♪ 씨어을   ○ [씨얼]

n. 문장,도장,옥새,봉인(물,지,테잎),징표,조인,결정,밀폐,물개
Her fate w-as **sea**-led by the **marr**-i-age arr-**ang**-em-ent.
Germ-an-y w-as **sea**-led off from the **out**sid(e) w-orld **dur**-ing the w-ar.

search
[sɚtʃ]

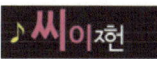   ○ [써ㄹ취]   s,ɚ,tʃ phonics

v.n. 찾다,뒤지다,조사,탐색,ex-**pl**-ore,살피다,ex-**am**-ine,수(검)사
He beg-**an search**-ing for a n-ew **rest**-aur-ant **conc**-ept.
Rap-id **curr**-ent is **hind**-er-ing the search for surv-**(h)iv**-(h)ors.

sea·side
[siːˌsaɪd]

   ○ [씨이싸이드]   s,d phonics

n.aj. 해변,바닷가,**sea**-shore,해변의,해안의
The hot-**e-l** is on a **seas**-id(e).
Ev-(h)er-y **summ**-er they go to a **seas**-id(e) res-**ort**.

sea·son
[siːzn̩]

   ○ [씨이즌]   Schwa [n̩]=[언]   s,z,n phonics

n. 계절,적기,제철,유행기,맛내다,양념,**fl**-av-(h)or,재미더,익히다
It is a time of **seas**-on for **char**-it-y and good **w-i-ll**.
He coughed and **sn**-eezed **dur**-ing **all**-er-gy **seas**-on.

seat
[siːt]

   X [씨이트]   mora발음/ s,t phonics

n.vt. 좌석,자리,앉는부분,sit(e),위치,직책(지위)에앉히다
The **capt**-ain has turned on the "**fas**(t)-en seat **be**-l-t" sign.
She **pl**-ans to **cont**-est a seat in **Na**-tion-al Ass-**emb**-l-y.

sec·ond
[sɛkənd]

♪ 쎅언ㄷ   X [쎄컨드]   mora발음/ s,k,d phonics

aj.vt.av. 제2의,두번째의,2nd,2급(위)의,후원,보충, 2등으로
The com-**put**-er does **mi**-ll-i-ons of cal-cul-**a**-tions a **sec**-ond.
He's in his **sec**-ond **chi**-l-dhood and **suff**-(h)ers from dem-**en**-tia.

sec·ond·ary
[sɛkənˌderi]

♪ 쎅언데리   X [쎄컨데뤼]   mora발음/ s,k,d,r phonics

aj.n. 제2(위,등,급,차)의,중등학교(의),하급직원,보좌관
The-re's a **prob**-l-em of **sec**-ond-ar-y conc-**ern**.
They are on the **sec**-ond-ar-y **st**-age of dev-**(h)el**-op-ment.

se·cret
[siːkrət]

   X [씨이크륏]   s,k,r,t phonics

aj.n. 비밀(의),임무거운,은밀한,숨은,심원한,신비,**my**-st-er-y
Two **coun**-tries mad(e) a **sec**-ret **dea**-l in **cam**-er-a. (비공개로)
The **proj**-ect w-as **cl**-ass-if-(h)ied as a Top **Sec**-ret by CIA.

sec·re·tary  X [쎄크뤄테뤼] mora,틀린발음/ s,k,r,t phonics
[ˈsɛkrəˌteri]
n. 비서,서기,사무관,서기관,장관,**min**-i-st-er
You can set up an app-**o**-intm-ent with his **sec**-ret-ar-y.
She w-orks as a **l-eg**-al **sec**-ret-ar-y at a **comp**-an-y.

sec·tion X [쎅션] 틀린발음/ s,k phonics
[ˈsɛkʃən]
n. 자르기,절단,분할,절개,단면(도),과,파벌,지역,구역,구분,해체
Do you w-ant to sit in the **n-on**-sm-**ok**-ing **sec**-tion?
Al-ice's **ex-hib**-it **occ**-up-ies a **sec**-tion of the **gall**-er-ies .

sec·tor 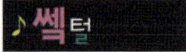 X [쎅터ㄹ] 틀린발음/ s,k,t,ɚ phonics
[ˈsɛktɚ]
n.vt. 활동분야,영역,부문,부서,구역,부채꼴(로나누다),자,함수자
She w-as ass-**ign**ed to the **l-eg**-al **sect**-or.
W-e **mu**-st e**xp**-and our **serv**-(h)ices to **Eng**-l-ish ed-uc-**a**-tion **sect**-or.

se·cure  X [씨큐어ㄹ] mora발음/ s,k,jɚ phonics
[sɪˈkjɚ]
aj.v. 안전한,확고한,지키다,확보,지급보증,잘잠그다,감금,잘간수
W-e need to sec-**ure** our **net**w-ork ag-**ainst hack**-ers.
This **bui**-l-d-ing is sec-**ure** from **earth**-q-uake **dam**-age.

se·cu·ri·ty 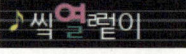 X [씨큐뤼티] mora,틀린발음/ s,k,jɚ,r,t,y phonics
[sɪˈkjɚrəti]
n.aj. 안전,**saf**(e)-ty,안심,ease,방어(보호)수단,담보,**pl**-ed-ge,저당,차용증, 보증(인,금),guar-ant-**ee**,유가증권,**st**-ocks,bonds,국채,안전보장하는,보안의
They bel-**iev**(e) it **po**-ses a **ser**-ious **dang**-er to the **na**-tion-al sec-**ur**-it-y.
Cri-me has dec-**rease**d since the CCTV sec-**ur**-it-y **cam**-er-as w-ere in-**st**-alled.

see 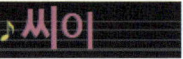 O [씨이]
[siː]
v. 보(읽)다,알(아채)다,깨닫다,**n-ot**-ice,이해,인식,인정,und-er-**st**-and,상상, im-**ag**-ine,**vis**-ual-ize,조사,검사,asc-ert-**ain**,ex-**am**-ine,배웅,e-sc-ort
He w-**a**ited out**sid**(e) on the **chan**-ce of **see**-ing her.
I'm n-ot **happ**-y with the **pl**-an, but I see n-o **cl**-ear alt-**ern**-at-ive.

seed  X [씨이드] mora발음/ s,d phonics
[siːd]
n.vt. 종자,씨,구근,근원,germ,**so**-ur-ce,원인,씨뿌리다,sow,씨빼다
The seeds w-i-ll rem-**ain dorm**-ant unt-**i-l** the **Sp**-ring.
The **fl**-y-ing **poll**-en and **dand**-el-i-on seeds mad(e) him **dry**-cough.

seek 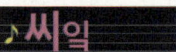 X [씨이크] mora발음/ s,k phonics
[siːk]
v. 찾다,l-ook for,얻으려,(추)구,찾아내려,노리다,aim at,노력,end-**eav**-(h)or
She found a **cl**-ev-(h)er **hid**-ing **pl**-ace for a Seek and Hide.
Seek ind-ep-**end**-ent **l-eg**-al adv-(h)**i**-ce bef-(h)**ore bind**-ing int-o an ag-**reem**-ent.

seem
['si:m]

♪ 씨임   O [씨이임]

vi. ~처럼보이다,~인듯생각되다(느껴,여겨지다),~같은생각이들다
He does n-ot seem to be **cap**-ab-le of **l-earn**-ing.
She seems to be **prett**-y **def**-(h)in-ite ab-**out l-eav**-(h)ing him.

seize
['si:z]

♪ 씨이ᴢㅎ   O [씨이즈]   z phonics

v. 잡다,이해,포착,압류,체포,침범,맘빼앗다,점유,기계멈추다
The **pol**-**i**-ce seized the **cont**-rab-and.
The **eng**-ine seized up due to **ov**-(h)er-heat-ing.

sel·dom
['sɛldəm]

♪ 쎌덤   X [쎄얼덤]

av. 좀처럼~않다,드물게,어쩌다가,**ra**-re-l-y⇔**of**(t)-(h)en
She **se**-l-d-om comm-**its** an **err**-or on her **go**-l-f.
Se-l-d-om seen, soon forg-**ott**-en. <속담>

se·lect
[sə'lɛkt]

♪ 쎌엨ㅌ   X [썰렠ㅌ]   중복"ㄹ"="r"발음/ s,l,k,t phonics

vt.aj. 고르다,선택(된),선발,정선된,빼어난,까다로운,상류사회의
She w-as sel-**ect**ed to make the **sp**-eech.
O-n-l-y a sel-**ect** few w-i-ll be acc-**ept**ed **int**-o the **prog**-ram.

se·lec·tion
[sə'lɛkʃən]

♪ 쎌엨션   X [썰렠션]   중복"ㄹ"="r"발음/ s,l,k,ʃ phonics

n. 선택(된것),선발(선수),sel-**ect**-ing,정선(품),**choi**-ce,발췌
The sel-**ec**-tion of the best **pl**-ay-er w-as **diff**-(h)ic-ult.
The **rest**-aur-ant has a w-id(e) sel-**ec**-tion of w-ines.

self
['sɛlf]

♪ 쎄을ㅍㅎ   X [쎌f으]   틀린발음/ s,l,f phonics

n.pron.aj. 자신,그자체,사욕,이기심,본질,진수,단색인,같은재질인
Our **bod**-y has some **se**-l-f-**hea**-ling ab-**il**-it-y.
In **cons**-eq-uence of her **se**-l-f-**con**-sciou-sn-ess, she w-as **fi**-red.

self·ish
['sɛlfɪʃ]

♪ 쎄을ㅍㅎ시   X [쎌f이쉬]   틀린발음/ s,l,f,ʃ phonics

aj. 자기본위의,이기적인,제멋대로의,방자한
He's a **se**-l-fish **dev**-(h)il.
She's **int**-er-ested **o**-n-l-y in her own **se**-l-fish conc-**ern**s.

sell
['sɛl]

♪ 쎄을   X [쎄얼]   틀린발음/ s,l phonics

v.n. 팔(리)다,판매,받아들이(여지)다,인정받다,속이다,사기,판매
They are **se**-ll-ing used cars at high **mark**-ups.
The **st**-ore **se**-lls **sp**-are com-**put**-er comp-**o**-n-ents.

sen·ate
[ˈsɛnət]
♪ 쎄넡   ✗ [쎄넛]   mora, 틀린발음/ s,n,t phonics
n. 상원, 의회, 원로원, 평의원회, 이사회,
The **Sen**-ate ap-**prov**ed the **bi**-ll.
Rep-**ort**-ers of the press packed the **Sen**-ate **gall**-er-y.

sen·a·tor
[ˈsɛnətɚ]
♪ 쎄넡얼   ✗ [쎄너터ㄹ]   mora 발음/ s,n,t,ɚ phonics
n. 상원(의회, 원로, 평)의원, 이사회원
W-e w-**a**-ited for the **sen**-at-or **out**sid(e) the **Sen**-ate **chamb**-er.
The **Sen**-at-or's **Fed**-er-al **l**-**ean**-ings w-ere **w**-**e**-ll (k)n-o-wn.

send
[ˈsɛnd]
♪ 쎈ㄷ   ○ [쎈드]   d phonics
v. 부치다, 보내다, 전, 파견, di-**sp**-atch, 던지다(throw), 날리다, 발사
They sent **the**-ir **daught**-er to **coll**-ege.
He sent a **dep**-ut-y to the **part**-y to vot(e) on his be-**ha**(l)f.

se·nior
[ˈsiːnjɚ]
♪ 씨인열   ✗ [씨이녀ㄹ]   mora발음/ s,n,jɚ phonics
aj.n. 연상(인), 손위(인)⇔**jun**-ior, 선임(상위, 수석)(의), 앞서는, 장로
Sen-iors are **eas**-y to catch **co**-l-d so need **fl**-u shot.
They cont-**rib**-uted **the**-ir time **to**-w-ards **gl**-oom-ing **sen**-iors.

sense
[ˈsɛns]
♪ 쎈ㅅ   ✗ [쎈쓰]   틀린발음/ s phonics
n.vt. 감각, 느낌, 기분, 의식, 직감, 인식, 사려, 양식, 도리(있음), 합리성
He sensed her dis-ap-**prov**-(h)al on his prop-**os**-al.
W-e **mu**-st hav(e) the **so**-cial **mann**-ers and **comm**-on sense.

sen·si·ble
[ˈsɛnsəbəl]
♪ 쎈썹얼   ✗ [쎈써브얼]   mora발음/ s,b phonics
aj. 분별(양식)있는, 현명한, 재치있는, 적당한, 어울리는, 알수있는
It w-as **sens**-ib-le of her to rej-**ect** the **man**-u-sc-ript.
Bik-ers took **sens**-ib-le prec-**au**-tions to prev-(h)ent **inj**-ur-y.

sen·si·tive
[ˈsɛnsətɪv]
♪ 쎈썹잍ㅂ   ✗ [쎈써티브]   mora발음/ s,t,v phonics
aj.n. 감각있는, 민감한(사람), 예민한, 섬세한, **del**-ic-ate, 영향받는
Peop-le are **sens**-it-ive to the price of **bas**-ic comm-**od**-it-ies.
For **sens**-it-ive **st**-ud-ents this **rid**-ic-ule can be sheer **he**-ll.

sen·tence
[ˈsɛntn̩s]
♪ 쎈턴ㅅ   ○ [쎈턴쓰]   Schwa [n̩]=[언] t,n,s phonics
n.vt. 문장, 판결, 선고, **jud**-gm-ent, 명언, 격언, 의견, op-**in**-ion
He tries to **sp**-eak **Eng**-l-ish in com-**pl**-ete **sent**-en-ces.   Oh! **N**-o!
As a **gen**-er-al **ru**-le, **short**-er **sent**-en-ces are **ea**-si-er to und-er-**st**-and.

sep·a·rate
[ˈsɛpərət]

♪ 쎞어럳   X [쎄퍼륏]   mora,틀린발음/ s,p,r,t phonics

aj.n. 갈라진,흩어진,별개의,독특한,독립된,각각의,발췌물,분책

His **par**-ents and he l-iv(e) in **sep**-ar-ate houses.
One **pers**-on w-as **inj**-ured in two **sep**-ar-ate **inc**-id-ents.

sep·a·rate
[ˈsɛpəˌreɪt]

♪ 쎞어레읻   X [쎄퍼뤠잇]   mora,틀린발음/ s,p,r,t phonics

v. 나누다,분리,분류,절교,이탈,헤어지게,별거,흩어지다,물러나게

The two groups w-ere **sep**-ar-ated by an im-**ag**-in-ar-y l-ine.
The Crim-**ean**s el-**ect**ed to be **sep**-ar-ated from Uk-**ra**-ine.

sep·a·ra·tion
[ˌsɛpəˈreɪʃən]

 X [쎄퍼뤠이션]   mora,틀린발음/ s,p,r,t phonics

n. 분리,구분,이별,분할선,갈라진틈,별거,이직,제대,퇴학

Aft-er a sep-ar-**a**-tion of 30 **ye**-ars, they Un-**it**-ed.
The sep-ar-**a**-tion bet-**ween runn**-ers w-as **gett**-ing **l-ong**-er.

Sep·tem·ber
[sɛpˈtɛmbɚ]

♪ 쎞템벌   X [쎕템버ㄹ]   틀린발음/ s,p phonics

n. 9월, 약자; Sep., Sept.

The ac-ad-**em**-ic cal-end-ar runs from Sept. to May in US.
The ac-ad-**em**-ic **ye**-ar comm-**ence**s at the beg-**inn**-ing of Sept.

se·quence
[ˈsiːkwəns]

♪ 씨읶원ㅅ   X [씨이크원쓰]   mora,틀린발음/ k,w,s phonics

n. 연속(발생,차례,물,카드),연재물,후속으로일어나는일(결과)

Aft-er he dropped the **fi**-les, they w-ere out of **seq**-uence.
She de-**sc**-rib(e)d the **seq**-uence of ev-**(h)ent**s **l-ead**-ing to her succ-**ess**.

ser·geant
[ˈsɑːdʒənt]

♪ 싸아아전ㅌ   X [싸-r젼트]   틀린발음/ s,dʒ,t phonics

n. 중사,약자; Sgt.,경사

Serg-eant is a rank used in **man**-y **arm**-ies, pol-**i**-ce forces.
The **serg**-eant **st**-ood with his hands on his hips, **w-at**-ch-ing.

se·ries
[ˈsiriz]

♪ 씨리ㅈㅎ   X [씨뤼즈]   틀린발음/ s,r,z phonics

n.aj. 연속(물),일련,한벌,set,경기쟁패전,직렬식의

A **ser**-ies of **acc**-id-ents **ru**-ined her **hea**-l-th.
The **pl**-ay-off **ser**-ies bet-**ween** the two teams beg-**in**s n-ext w-eek.

se·ri·ous
[ˈsirijəs]

♪ 씨리여ㅅ   O [씨뤼어쓰]   r,s phonics

aj. 심각한,진지한,엄숙한,**earn**-est,sinc-**e**-re,중요한,위독한,위험한

A **min**-or **err**-or can **cau**-se **ser**-ious **cons**-eq-uences.
Ult-raf-**(h)ine** dirts can **cau**-se **ser**-ious **re-sp**-ir-at-or-y dis-**ease**.

ser·vant
[sɚvənt]

♪써ㄹ번트 X [써ㄹ번트] 틀린발음/ s,ɚ,v,t phonics

n. 하인⇔ma-st-er,부하,ret-ain-er,att-end-ant,고용인,공무원,관리
Fi-re is man's good serv-(h)ant.
The fam-il-y had serv-(h)ants to cl-ean and cook for them.

serve
[sɚv]

♪써ㄹ브ㅎ O [써ㄹ브] ɚ,v phonics

v. 섬기다,봉사,접대,제공,근무,식사시중들다,음식제공,공서브
Pan cak(e)s w-ere serv(e)d with butt-er and syr-up.
She re-st-rained her-se-l-f from hav-(h)ing an-oth-er serv-(h)ing.

ser·vice
[sɚvis]

♪써ㄹ버ㅅ O [써ㄹ비쓰] ɚ,v phonics

n. 봉사,도움,손님접대,식사시중,공무,병역,군대,예(배)식
Poor cu-st-om-er serv-(h)ice has ru-ined the rep-ut-a-tion.
He called a conf-(h)er-ence to di-sc-uss the n-ew serv-(h)ice.

ses·sion
[sɛʃən]

♪쎘션 O [쎄션]

n. 회의(중),회기,학년,ac-ad-em-ic ye-ar,학기,term,수업(시간)
The summ-er ses-sion l-asts three months.
The Par-l-(i)am-ent is n-ow in(out of) ord-in-ar-y(sp-e-cial) ses-sion.

set
[sɛt]

♪쎘 X [쎘] 틀린발음/ s,t phonics

v.n.aj. 놓다,평가,배치,준비,응결,한벌(짝,떼),무대장치,고정된
The sun w-as sett-ing on the hor-i-z(h)on.
She should be sett-ing an ex-amp-le for her l-itt-le si-st-er.

set·tle
[sɛtl]

♪쎘얼 X [쎄트얼] [l]=[얼], mora,틀린발음/ s,t,l phonics

v. (확)정,해결,청산,남생계챙겨주다,정착시키다,달래다,느긋하다
The teach-er's sil-ence sett-led the st-ud-ents down.
The div-(h)or-ce case w-i-ll be sett-led out of court.

sev·en
[sɛvən]

♪쎘번 X [쎄븐] mora,틀린발음/ s,t,l phonics

n.aj. 기수7, 7을나타내는기호,7의,7명의,7개의
His w-ife is due in sev-(h)en days.   (출산예정일)
Se-ri Pak, the fir-st Kor-e-an w-om-an was ind-uct-ed into the World Go-l-f Hall of Fame in November 2007.

sev·er·al
[sɛvərəl]

♪쎘버어럴 X [쎄버뤼얼] mora,틀린발음/ s,v,r,l phonics

aj.n. 몇몇의,각각(각자)의,따로의,단독의,독자적인,몇사람(개)
A Mr. Kim called sev-(h)er-al times dur-ing your abs-ence.
The gov't w-at-ches prices on sev-(h)er-al bas-ic comm-od-it-ies.

se·vere
[səˈvɪɚ]

 X [써비어ㄹ]   mora발음/ s,v,ɚ phonics

aj. 엄한,**st**-rict,무서운,가혹한,harsh,맹렬한,int-**ense**,심한,위험한
The-re are sev-(h)**ere** def-(**h**)**i**-ciencies in his **pl**-an.
This sev-(**h**)**ere sn**-ow-st-orm al-**ert**s the **may**-or's **cou**-n-cil.

sew
[soʊ]

♪ 쏘ㅇ   O [쏘우]

v. 꿰매다,봉합,재봉질,접유,독점계약,잘매듭짓다,해결,획득,확보
She sewed her own **dre**sses by hand.
His team has sewn up the **champ**-ion-ship.

sex
[sɛks]

 X [쎅쓰]   틀린발음/ s,k,s phonics

n.aj. 성(의),에의한,**sex**-ual),성별,**gend**-er,성적본능,성욕,성교,성기
She w-as a **re**-al fox, **sm**-art, **sass**-y and **sex**-y.
Same sex **marr**-i-age is a **subj**-ect of **cont**-rov-(h)ers-y.

sex·u·al
[sɛkʃəwəl]

 X [쎅슈어얼]   틀린발음/ s,k,ʃ,w phonics

aj. 성의(에관한),성적인,생식(성기)의,**gen**-it-al,성욕(행위,교)의
Sex-u-all-y exp-l-ic-it scenes of the **mov**-(h)ie rated "X".
He den-**i**ed that he had a **sex**-ual rel-**a**-tionship with her.

shade
[ʃeɪd]

♪ 쉐일   X [쉐이드]   mora 발음/ ʃ,d phonics

n.v. 그늘,차양(간판),양산,전등갓,불분명,유령,명암,색조,약간
Cur-t-ains make shad(e)s in the room.
The **bui**-l-d-ings cast shade on the **st**-reet.

shad·ow
[ʃædoʊ]

 X [섀도우]   mora 발음/ ʃ,d phonics

n.vt. 그림자,그늘,어둠,땅거미,영상,보호(처),불안,유령,막다,미행
The **sp**-ot-l-ight cast a l-ong **shad**-ow of the **act**-ress.
A **cl**-oud of dis-app-**o**-intm-ent **shad**-ow-ed her face.

shake
[ʃeɪk]

♪ 쉐잌   X [쉐잌]   틀린발음/ ʃ,k phonics

vi. 흔들리다,떨다,진동,**vib**-rate,**q**-uake,후두둑떨어지다
Shake off **an**-y exc-ess **w-at**-er **aft**-er **w-ash**-ing hands.
The **heav**-(h)ens w-ere **shak**-en by **thund**-er and **l-igh**t-n-ing.

shall
[ʃæl]

 X [섀얼]   틀린발음/ ʃ,l phonics

Auxil.v. ~일(할)것이다,~하기로되어있다,~할까요?,~해야,~하라
He **sha**-ll see her tom-**orr**-ow.
The-re **sha**-ll be inc-**ent**-ives to ad-**opt** such **mea**-sures.

shal·low
[ˈʃæloʊ]
♪ 슈앨오으   ✗ [섈로우]   중복"ㄹ"="r"발음/ ʃ,l phonics
aj.n.vt. 얕은,천박한,외관상의,호흡량적은,모래톱,얕게(되다)
His **breath**-ing bec-**ame** ver-y **sha**-ll-ow.
The **sha**-ll-ow end of the pool is **o-n**-l-y two feet deep.

shame
[ʃeɪm]
♪ 쉐임   ✗ [쉐임]   틀린발음/ ʃ phonics
n.vt. 수치심,망신,불명예(스런사물,사람)⇔grace,창피로그만두다
It's a shame that you w-ent **the**-re.
He w-as shamed out of his bad **hab**-its.

shape
[ʃeɪp]
♪ 쉐잎   ✗ [쉐입]   틀린발음/ ʃ,p phonics
n.v. 모양,form,형태,conf-(h)ig-ur-**a**-tion,구체화,(몸매,기분)만들다
Cl-oud has all shapes of your im-ag-in-**a**-tion.
The **chi**-l-dren cut the **pap**-er **int**-o **diam**-ond shapes.

share
[ʃeɚ]
♪ 쉐얼   ✗ [쉐어ㄹ]   틀린발음/ ʃ,ɚ phonics
n.v. 몫,배당,분담,app-**or**-tion,참여,공헌,주식,점유율,나누다,
Cut the pie (**prof**-(h)it) **int**-o fiv(e) pieces as **sha**-res.
A 70% **sha**-re of SsangYong w-as ac-**q**-uired by **Ind**-ian Mahindra.

shark
[ʃɑɚk]
♪ 슈억ㅋ   ✗ [샤어ㄹ크]   틀린발음/ ʃ,ɚ,k phonics
n.vi. 상어,고리대금업,**us**-ur-er,인정없는사람,권위자,수재,사기꾼
He's a **re**-al shark at Math-em-**at**-ics.
Shark **sk**-in is a tough **arm**-or with a **tex**-ture l-ik(e) **sand**-pap-er.

sharp
[ʃɑɚp]
♪ 슈엎   ✗ [샤어ㄹ프]   틀린발음/ ʃ,ɚ,p phonics
aj.v.av.n. 날카로운,가파른,신,매운,예리한,총명한,반음높은⇔**fl**-at
The **doll**-ar **pl**-umm-eted **sharp**-l-y ag-**ainst** the **Eur**-o.
A mom's sharp **gl**-are **cow**-ed the **chi**-l-d int-o **be**-ing **q**-u-iet.

shave
[ʃeɪv]
♪ 쉐입흐   ✗ [쉐이브]   틀린발음/ ʃ,v phonics
v.n. 면도,스치며가다,표면깎다,**pa**-re,대패질,얇게깎다,할인,조각
The **barb**-er l-**ath**-ered his face and then shaved him.
The choc-ol-**at**-ier shaved a **choc**-ol-ate bar to **dec**-or-ate the cake.

she
[ʃi:]
♪ 쉬이   ○ [쉬이]
pron.n.aj. 그여자는,여성(의),여자,동물암컷(의),여성취급되는것
She is a Ph.D. **cand**-id-ate in l-ing-**ui**-st-ics.
She tried to ins-**ert** her-**se**-l-f **int**-o the conv-(h)ers-**a**-tion.

sheep
[ʃi:p]

✗ [쉬이프]   mora발음/ ʃ,p phonics

n. 양,신자,교구민,양가죽,겁쟁이, 유순한(수줍은,어리석은)사람
A **sheep**-dog is used in conn-**ec**-tion with the **rais**-ing of sheep.
The sheep is a **q**-uad-ru-ped-al, **rum**-in-ant, dom-**est**-ic-ated **mamm**-al.

sheer
[ʃɪɚ]

○ [쉬어ㄹ]

aj.av.n. 전적인,완전한,순수한,물타지않은,비치는(옷),험한
She ate too much out of **she**-er greed.
For **sens**-it-ive **st**-ud-ents this **rid**-ic-ule can be **she**-er **he**-ll.

sheet
[ʃi:t]

✗ [쉬이트]   mora발음/ ʃ,t phonics

n. 침대시트(깔다),얇은면,(종이)한장,소책자,수의,비내리치다
Chapt-er three **dea**-ls with the **Ex**-cel **sp**-read sheet.
Ra-in w-as **sheet**-ing ag-**ainst** the **wind**-sh-ie-l-d.

shelf
[ʃɛlf]

✗ [쉐얼f으]   틀린발음/ ʃ,l,f phonics

n. 선반(같은것),모래톱,**sand**-bank,암초,reef
He dev-**(h)our**ed **ev**-(h)er-y **go**-l-f mag-a-**zine** from the **she**-l-ves.
The **inj**-ured **go**-al-ie has been on the **she**-l-f for w-eeks. (움직이지못함)

shell
[ʃɛl]

✗ [쉐얼]   틀린발음/ ʃ,l phonics

n.v.aj. 조개(좁다),껍질(벗기다),닫힌마음,외관,포탄,탄약통,포격
Chi-l-dren coll-**ect**ed **she**-lls at the beach.
St-uffed **she**-lls w-i-ll be serv(e)d for **dinn**-er.

shel·ter
[ʃɛltɚ]

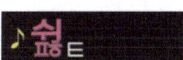

✗ [쉐얼터ㄹ]   틀린발음/ ʃ,l,t,ɚ phonics

n.v. 대피(소),피난(처)(제공),오두막,거처,집,보호(시설),숨겨주다
The dogs l-ooked sad in **the**-ir cages at the **an**-im-al **shelt**-er.
Aid **w-ork**-ers rigged up **shelt**-ers for the **hurr**-ic-ane **vict**-ims.

shield
[ʃi:ld]

✗ [쉬얼드]   틀린발음/ ʃ,l,d phonics

n.v. 방패(같은것),보호(물),후원자,경관배지,우승패,숨겨주다
He **shie**-l-ded his eyes from the sun with his hand.
Sup-er ins-ul-**a**-tion is the heat **shie**-l-d on a **sp**-ace **shutt**-le.

shift
[ʃɪft]

✗ [쉬f으트]   mora발음/ ʃ,f,t phonics

v.n. 이동,옮기다,변화,속이다,(기어)바꾸다,책임전가,이전,교대
They shifted her to a **diff**-(h)er-ent pos-**i**-tion.
Great **Vow**-el Shift is eff-**(h)ect**-ive on **Eng**-l-ish pron-un-ci-**a**-tion.

463

shil·ling
[ʃɪlɪŋ]

♪ 쉬을잉　　　X [쉴잉]　　　틀린발음/ ʃ,l phonics

n. 실링,영국등화폐단위,영국1실링=신5펜스.
One **Ken**-yan **shi**-ll-ing div-**(h)ide**d **int**-o 100 cents.
The **shi**-ll-ing w-orths one **tw**-ent-ieth of a pou-n-d **st**-er-l-ing.

shine
[ʃaɪn]

♪ 슈인　　　X [샤인]　　　틀린발음/ ʃ phonics

v.n. 빛나다,비치다,반짝이다,생기띠다,빼어나다,광채,햇빛,맑음
The sun shines **bright**-l-y.
She shines at **pl**-ay-ing vi-ol-**in**.

ship
[ʃɪp]

♪ 슆　　　X [쉽]　　　틀린발음/ ʃ,p phonics

n.vt. 선박,함정,비행선,우주선,배에싣다,보내다,수송,배타다,
The **Cru**-(i)se ship l-iv-(e)d up to its rep-ut-**a**-tion.
The **shipm**-ent arr-**iv**-(e)d at the dock in **carg**-o cont-**ain**-ers.

shirt
[ʃɚt]

♪ 슈얼트　　　X [셔ㄹ트]　　　틀린발음/ ʃ,ɚ,t phonics

n.vt. 셔츠,내의,속옷,셔츠로덮다
He w-ore a **shir**-t with a **tight**-fitt-ing **cl**-er-ic-al **coll**-ar.
The **shir**-t and pants are av-**(h)ail**-ab-le in three co-**ord**-in-at-ing **st**-y-les/**col**-ors.

shock
[ʃɑ:k]

♪ 슈아얼　　　X [샤아크]　　　틀린발음/ ʃ,k phonics

n. 충격(주다,받다),격돌,소동(대사건),놀람,마비(되다),졸중,감전
The reb-**uke** came as a shock to him.
They w-ere **shock**ed by his ad-**m**-**i**-ssion of **w**-**rong**-do-ing.

shoe
[ʃu:]

♪ 슈우　　　O [슈우]

n.v. 신발(신다),구두,단화,편자(박다),케이싱,외피,차바퀴제동쐐기
She took off her shoes and socks in the **Mo**-sq-ue.
An-y-one in his shoes w-ould hav(e) done the same thing.

shoot
[ʃu:t]

♪ 슈웉　　　O [슈우트]

v.n. 쏘다,사격,발사,사냥,퍼붓다,던지다,팔뻗다,공던지다,촬영
She shot her **fir**-st **fi**-l-m in **Holl**-y-w-ood.
The team **fe**-ll **int**-o a **sl**-ump of **co**-l-d **shoot**-ing.

shop
[ʃɑ:p]

♪ 슈아엎　　　X [샤아프]　　　틀린발음/ ʃ,p phonics

n.v. 상점,작업(공)장,회사,직장,직업훈련교실,물건사(러가)다,물색
E-sc-al-**at**-ors w-ere av-**(h)ail**-ab-le for the **shopp**-ers.
The **beaut**-y shop has a w-id(e) **choi**-ce of **st**-y-les and **col**-ors.

shore [ʃoɚ]
♪ 쇼얼　O [쇼어ㄹ]
n.aj.vt. 바닷가,호숫가,강가,해안(도착),물,국가,육지의,물가의
The **sho**-re-l-ine has er-**od**ed **bad**-ly each **ye**-ar.
Once on **sho**-re, w-e pray n-o **mo**-re. <속담>

short [ʃoɚt]
♪ 쇼얼ㅌ　X [쑈어ㄹㅌ]　틀린발음/ ʃ,ɚ,t phonics
aj.av.n. 짧은,키작은,(생각)짧은,간단한,부족(한),짧게,남팬티
The **conc**-ert cont-**in**-ued **aft**-er a short break.
His **short**-com-ings are **comp**-ens-ated for by his sin**c-er**-it-y.

shot [ʃɑːt]
♪ 슈아얼　X [샷]　틀린발음/ ʃ,t phonics
n.vt.aj. 발사,발포,사수,일격,피하주사,술한잔,약복용양,시도
The **pa**-in has dis-ap**p-ear**ed **ri**-ght a-**w-ay aft**-er the **shot**.
One **pers**-on w-as **shot yest**-erd-ay in two **sep**-ar-ate **inc**-id-ents.

should [ʃʊd, ʃəd]
♪ 슈은, 슈얼　X [슈드]　mora발음/ ʃ,d phonics
aux-**il**-i-ar-y v. **sha**-ll과거형, ~하지않으면안되다, ~했어야했다,
This sort of inf-(h)orm-**a**-tion should be in the **pub**-l-ic dom-**ain**.
Succ-**ess** should be def-(h)in**ed** in terms of **hea**-l-th and **happ**-in-ess.

shoul·der [ʃoʊldɚ]
♪ 쇼을덜　O [쇼을더ㄹ]
n.v.aj. 어깨(살,의),책임능력,견관절,산마루,도로갓길,밀다,메다
He **cl**-apped his son on the **shou**-ld-er.
The re-sp-ons-ib-**il**-it-y **fe**-ll on his **shou**-ld-ers.

shout [ʃaʊt]
♪ 슈아읕　X [샤웃]　틀린발음/ ʃ,t phonics
vi.n. 큰소리치다(웃다,부르다,고함치다),한턱내다,외침,고함
You don't hav(e) to shout, I'm n-ot deaf.
Coa-ch cupped his hands bef-(h)**ore** his mouth and shouted.

show [ʃoʊ]
♪ 쑈으　O [쑈우]
v.n. 보여주다,진열,출석,가리키다,안내,설명,증명,나타나다,과시,전시회,영화,
연극,외관,가장,징조,경관
I'm **cert**-ain that she'll show up on time.
Mi-ll-i-on-a-ires **bui**-lt **the**-ir **ca**-s(t)-les to show off **the**-ir **w-ea**-l-th.

show·er [ʃaʊɚ]
♪ 슈아으얼　X [샤우어ㄹ]　틀린발음/ ʃ,w,ɚ phonics
n.v. 소나기(오다),선물증정파티,(눈)물을쏟다,퍼붓다,많이오다
Fan **l-ett**-ers **sho-w**-ered on her.
The **w-at**-er w-as too **co**-l-d for **sho**-w-er.

shut
[ʃʌt]

♪ 슈앝 ✕ [샷] 틀린발음/ ʃʌt phonics

v.aj.n. (문)닫(히)다,**cl**-ose,덮다,가두다,conf-(**h**)**ine**,문에끼다, 따돌리다,제외,폐쇄,오므라지다,닫음(힌),잠긴,폐쇄(된),폐점시간,끝

They heard his **cur**-se bef-(**h**)**ore** the **mic**-ro-ph-(**h**)one w-as shut off.
God! W-ould you shut up for a **min**-ute?

shy
[ʃaɪ]

♪ 슈아이 ✕ [샤이] 틀린발음/ ʃ phonics

aj.v.n. 수줍은,겁많은,꺼리는,의심많은,꽁무니빼다,피하다,야유

She bel-**iev**(e)s that **shyn**-ess is in her genes.
His **shyn**-ess mad(e) a bit of an **odd**-it-y in the **bu**-sin-ess w-orld.

sick
[sɪk]

♪ 씩 ✕ [씩] 틀린발음/ s,k phonics

aj.vt. 병든,구역질나는(하다),화나는,싫증난,그리는,병적인,토하다

He had been at death's **do**-or when he w-as sick.
Some **dent**-ists are sick by in-**hal**-ing the gas from the am-**alg**-am.

side
[saɪd]

♪ 싸읻 ✕ [싸이드] mora발음/ s,d phonics

n.aj.vt. 측(표,경사)면(의),변,지역,한쪽,가장자리,옆(구리)(의), 한쪽(팀의),부차적인,나란히(걷다),편들다,지지,옆으로기울다

A **st**-rok(e) **par**-al-yzed him down on one sid(e).
Sn-ow **carp**-eted the **sid**(e)w-alks **dur**-ing the **n**-**i**ght.

sight
[saɪt]

♪ 싸읻 ✕ [싸잇] 틀린발음/ s,t phonics

n.vt. 보기,일견,시력,시각,견해,판단,경치,발견,인지,관측

The **si**ght of the **acc**-id-ent makes me sick.
The **si**ght w-as dulled by **heav**-(h)y dep-**re**-ssion.

sign
[saɪn]

♪ 싸인 O [싸인]

n.v. 기호,몸짓,신호,표시,징조,간판,흔적,서명(하여계약),십자축복

The **capt**-ain has turned the "**fas**(t)-en seat **be**-l-t" sign on.
They bound them-**se**-l-ves **aft**-er **sign**-ing the ag-**reem**-ent.

sig·nal
[sɪgnl]

♪ 씩은얼 ✕ [씨그느얼] Schwa [l]=[얼],mora발음,s,g,n,l phonics

n.aj. 신호(의),계기,동기,도화선,징후,표시,현저한,주목할만한

His rem-**ark** w-as the **sig**-n-al for the **cau**-tion.
The **sig**-n-al faded out as w-e got **fur**-ther from the **st**-a-tion.

sig·na·ture
[sɪgnətʃɚ]

♪ 씩너쳐어 ✕ [씨그너춰ㄹ] mora발음/ s,g,n,tʃ,ɚ phonics

n. 서명,악보맨처음음조(박자),테마음악,책접지,약용법표시

It has a **sp**-ace for your **sig**-n-a-ture at the **bott**-om.
They pres-**ented** the **Bi**-ll to the **pres**-id-ent for her **sig**-n-a-ture.

sig·nif·i·cance
[sɪg'nɪfɪkəns]

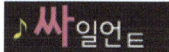

✗ [씨그니f이컨ㅅ]   mora발음/ s,g,n,f,k phonics

n. 중요성,의의,**mean**-ing,취지,의미심장,**exp**-ress-ive-(h)ness

Her **pres**-ence gav(e) sig-n-**if**-(h)ic-ance to the **meet**-ing.
The di-**sc**-ov-(h)er-y has huge sig-n-**if**-(h)ic-ance to res-**ear**-chers.

sig·nif·i·cant
[sɪg'nɪfɪkənt]

✗ [씨그니피컨트]   mora발음/ s,g,n,f,k,t phonics

aj.n. 중요한,시사하는,암시적인,의미심장한,상당한,매력적인

The-re w-as a sig-n-**if**-(h)ic-ant **pa**-yb-ack in terms of **saf**(e)-ty.
You **nev**-(h)er (k)n-ow when a sig-n-**if**-(h)ic-ant id-**e**-a w-i-ll hit you.

si·lence
['saɪləns]

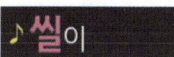

✗ [싸일런ㅆ]   중복"ㄹ"="r"발음/ s,l,s phonics

n.vt.interj. 고요,침묵,비밀로하기,무소식,밍밍한맛,침묵시키다,쉿

She passed **ov**-(h)er his prop-**os**-al in **sil**-ence.
She **sil**-enced him with a sharp dig in his rib.

si·lent
['saɪlənt]

✗ [싸일런트]   중복"ㄹ"="r"발음/ s,l,t phonics

aj.n. 조용한,소리없는,mute,말(언급)없는,암묵의,활동않는,묵음의

The 'k' in "(k)n-ock" is a **sil**-ent **l-ett**-er.
Her **journ**-al is **sil**-ent ab-**out** what **happ**-ened that **n**-ight.

silk
[sɪlk]

✗ [씨얼크]   틀린발음/ l,k phonics

n. 명주실,비단(옷),견직물,기수모자와재킷일습,왕실변호사법복

Her dress w-as mad(e) out of a **beaut**-if-(h)ul **si**-l-k.
The **act**-ress w-as dressed in **si**-l-ks and **sat**-ins.

sil·ly
['sɪlɪ]

♪씰이   ✗ [씰리]   틀린발음/ l,y phonics

aj.n. 어리석은,바보같은,저능한,노망한,사려없는,멍해진,바보

You are **si**-ll-y to acc-**ept** his prop-**os**-al.
N-o one's a **foo**-l **ev**-(h)en **ask**-ing such a **si**-ll-y **q**-ues-tion.

sil·ver
['sɪlvɚ]

♪씰ᵇ헐   ✗ [씨얼버ㄹ]   틀린발음/ l,ɚ phonics

n.aj.v. 은(빛,색,의),기호Ag,은화,은식기, 25주년의,백발되다

That kid has been fed with a **si**-lv-(h)er **sp**-oon.
The **sho**-re w-as **si**-lv-(h)ered by the **moon**-l-ight.

sim·i·lar
['sɪmələ˞]

♪씸얼얼   ✗ [씨멀러ㄹ]   중복"ㄹ"="r"발음/ s,m,l, ɚ phonics

aj. 비슷한,유사한,동종의,닮은(꼴의,것),유사물

Her coat is **sim**-il-ar in **col**-or to his.
The-re are **man**-y **sim**-il-ar **prod**-ucts **crowd**-ing the **mark**-et.

sim·ple
[ˈsɪmpəl]

♪ 씸ㅍ얼   X [씸프얼]   틀린발음/ m,p,l phonics

aj.n. 간단한,수수한,검소한,순진한,무지한사람,**simp**-le-ton
It **mi**-ght be **simp**-l-er to hav(e) him go a-**head** al-**one**.
I ded-**uce**ed from the **simp**-le obs-erv-(h)a-tion of your be-**hav**-(h)ior.

sim·u·late
[ˈsɪmjəˌleɪt]

♪ 씸열에잍   X [씨뮬레잍]   mora,틀린발음/ m,l,t phonics

vt. ~인체,~을가장,**fe**-ign,흉내내다,**im**-it-ate,**mim**-ic,모의실험
She **sim**-ul-ated the **sp**-eech of a French.
The **ins**-ect **sim**-ul-ates the app-**ear**-ance of a branch.

sin
[sɪn]

♪ 씬   O [씬]

n.v. 죄,죄악,과실,반칙,위반,벌받음,죄짓다,나쁜짓,규범어기다
He conf-(h)**ess**ed his sins to the priest.
It's a sin to **w-a**st(e) time and **mon**-ey in the Sin **Cit**-y.

since
[sɪns]

♪ 씬ㅅ   X [씬쓰]   틀린발음/ s phonics

av.prep.conj. 그후지금까지,~한후에,~한이래죽,~이기때문에
Hel-en has been **bl**-ind and deaf since **two**-ye-ar **o**-l-d.
He w-as sued and has been **fight**-ing in court **ev**-(h)er since.

sin·cere
[sɪnˈsɪɚ]

♪ 씬씨얼   O [씬씨어ㄹ]

aj. 꾸밈(거짓)없는,**hon**-est,솔직한,성실한,진지한,**earn**-est
Pl-ease acc-**ept** our sinc-**e**-re thanks.
His **short**-com-ings are **comp**-ens-ated for by his sin-**c**-er-it-y.

sing
[sɪŋ]

♪ 씽   O [씽]

vi.n. 노래,읊다,졸졸(탄환이핑)소리내다,소리내서외다,자백,예찬
She **op**-ened a n-ew **chapt**-er in her l-if(e) as a **sing**-er.
"**Bl**-ow-ing in the wind." w-as sung by Bob **Dyl**-an, Nob-**e-l** Prize **Winn**-er in 2016.

sin·gle
[ˈsɪŋɡəl]

♪ 씽걸   X [씽그얼]   틀린발음/ g,l phonics

aj.v.n. 1인용의,혼자의,미혼의,개개의,편도의(차표)⇔ret-**urn**,독신
He did n-ot say a **sing**-le w-ord of **grat**-it-ude.
She **sp**-oke ab-**out** the **chall**-enges of **be**-ing a **sing**-le mom.

sink
[sɪŋk]

♪ 씽ㅋ   O [씽크]   ♪ 쌩ㅋ   ♪ 쌍ㅋ

v.n. 낮아지다,하강,해•달이(떨어)지다,빠지다,가라앉다,침몰,열중,약해지다,볼•눈이쑥들어가다,파멸,세면대,하수구,수채통   sank   sunk
The-re's a **med**-i-cine **cab**-in-et ab-**ov**(e) the **bath**-room sink.
Peop-le w-ere **w-at**-ch-ing in **horr**-or as the boat **sunk**-en.

sir
[sɚ]

O [써ㄹ]

n.vt. 남자경칭,선생님,의장님,경,편지서두인사말,sir를붙여부르다
Don't sir me, **pl**-ease.
W-ould you **pl**-ease **foll**-ow her, sir?

sis·ter
[ˈsɪstɚ]

X [씨스터ㄹ]   mora발음/ st,ɚ phonics

n. 자매(의),누이(의),자매같은사람,동료여성,수녀,비구니
The **si**-st-ers l-iv(e) in the **conv**-(h)ent or **temp**-le.
The **si**-st-ers couldn't be **mo**-re **diff**-(h)er-ent from each **oth**-er.

sit
[ˈsɪt]

X [씻]   틀린발음/ t phonics

v. 앉다,알품다,임무중,돌보다,놓여있다,얹히다,말타다,ride
The **coup**-le sat by the **fi**-re **st**-ar-ing at the **fl**-ames.
He sat on his **arm**cha-ir in o-n-l-y his **draw**-ers. (속옷차림)

site
[ˈsaɪt]

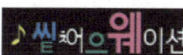

X [싸잇]   틀린발음/ t phonics

n.vt. 위치,장소,부지,유적,자취,사건현장,위치정하다(에놓다)
They are **l-ook**-ing for a **suit**-ab-le site for a **fact**-or-y.
It w-as a **hand**some house **sit**-u-ated in a **mount**-ain site.

sit·u·a·tion
[ˌsɪtʃəˈweɪʃən]

X [씨츄에이션]   s,tʃ,w phonics

n. 상태,입장,처지,정세,사태,국면,고비,**cl**-im-ax,상황,장면
It's a **trick**-y sit-u-**a**-tion.
She coped w-e-ll with the un-**st**-ab-le sit-u-**a**-tion.

six
[ˈsɪks]

X [씩쓰]   틀린발음/ k,s phonics

n. 기수 6, 6을나타내는기호(6, VI)
She has **st**-arted a **draw**-ing **di**-ar-y since she w-as six.
The **dram**-a **cl**-ub drafted six **st**-ud-ents to be in the **dram**-a.

size
[ˈsaɪz]

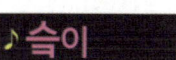

X [싸이즈]

n.v. 크기,대소,**mag**-n-it-ude,부피,bulk,규모,치수,**mea**-surem-ent
Size is l-ess imp-**ort**-ant than **q**-ual-it-y.
That's ab-**out** the size of the **acc**-id-ent.

ski
[skɪ]

XXX [스키]   틀린액센트/ sk phonics

n.v. 스키,스키타다,스키로활주하다
Sk-i-ing is her **fav**-(h)our-ite **sp**-ort.
The **sk**-i **sl**-ope w-as crowded with **sk**-i-ers.

skill
['skɪl]

♪ 스이을 XXX [스키얼]   틀린액센트/ sk,l phonics

n. 수완,기량,(작업·연기에서)솜씨,재주,기능,기술
This book is des-**ign**ed to dev-(**h**)**el**-op **l**-**i**-s(te)n-ing **sk**-i-lls.
He bec-**ame conf**-(**h**)**id**-ent in his **Eng**-l-ish **l**-**i**-s(te)n-ing **sk**-i-ll.

skin
['skɪn]

♪ 스인 XXX [스킨]   틀린액센트/ sk,n phonics

n.v.aj. 피부,가죽(벗기다),hide,외피,액체표면막,술부대,사기꾼
The **bab**-y girl has **ver**-y **del**-ic-ate **sk**-in.
Sun-bath-ing in-**creas**es your risk of **gett**-ing **sk**-in **canc**-er.

skirt
['skɚt]

♪ 스얼ㅌ XXX [스커ㄹ트]   틀린액센트/ sk,ɚ,t phonics

n.v. 스커트,옷자락,기계·열차아래덮개,가장자리,교외,회피,모면
The **sk**-irt of her coat got caught in the **do**-or.
The **W**-**ash**-ing-ton be-l-t-w-ay **sk**-irts the **down**town **di**-st-rict.

sky
['skaɪ]

♪ 스아이 XXX [스카이]   틀린액센트/ sk phonics

n.vt. 하늘,창공,천국,기후,높이들어(쳐서,던져)올리다,높이걸다
If the **sk**-y falls, w-e **sha**-ll catch larks. <속담>
The **col**-ors of the **rain**-bo-w are so **prett**-y in the **sk**-y.

slap
[slæp]

♪ 스앺 XXX [스랩]   틀린액센트/ sl,p phonics

n. (뺨)때리기,비난,모욕(주다),거절,시도,세게부딪히다,묻히다,칠
She **sl**-apped him on the cheek.
Ra-in **sl**-apped at the **w**-**ind**-ow.

slave
[sleɪv]

♪ 스에이ㅂ XXX [슬레이브]   틀린액센트&중복ㄹ/ sl,v phonics

n.v. aj. 노예(의),욕망·습관의포로,노예만들다,혹사
I'm n-ot your **sl**-ave! Do it your-**se**-l-f!
He **sl**-aved a-**w**-**ay** at the same job for **fif**-(**h**)t-y **ye**-ars.

sleep
[sli:p]

♪ 스이잎 XXX [슬리ㅇ프]   틀린액센트&중복ㄹ/ sl,p phonics

v.n. 잠(자다),수면,기능정지(마비)되다,죽다,방심,숙박할수있다
Don't di-**st**-urb the **pass**-eng-ers **w**-**hi**-le **sl**-eep-ing.
I'd be **cont**-ent with a w-arm **mea**-l and a **pl**-ace to **sl**-eep.

sleeve
[sli:v]

♪ 스이잎 XXX [슬리ㅇ브]

n. 소매(자락,달다,로닦다),긴축끼우는쇠붙이(달다),음반케이스
He **ro**-ll-ed up his **sl**-eeves bef-(**h**)**ore fi**-ght-ing.
The **jo**-int w-as **cov**-(**h**)ered with a eng-in-**eer**ed **pl**-ast-ic **sl**-eeve.

slice
[slaɪs]
 XXX [슬라이쓰]　　틀린액센트&중복ㄹ/ sl,s phonics
n. 얇은조각,일부,몫,얇은(뒤집는)주걱,(공)깍아치다,얇게베다
She **sl**-iced off her **fing**-er **w-hi**-le **sc**-al-ing the fish.
Inv-(h)**est**-ors dem-**and**ed a **l-arg**-er **sl**-ice of the cak(e).

slide
[slaɪd]
 XXX [슬라이드]　　틀린액센트&중복ㄹ/ sl,d phonics
v.n. 미끄러지다,**gl**-ide,(공)슬라이드,미끄럼(틀),활주(로,대),산사태
The bik(e) **sl**-id off the road and **al**-mo-st hit ped-**e**-st-ri-ans.
The **w-ind**-ow **sl**-ides al-**ong** the groove in the **w-ind**-ow-frame.

slight
[slaɪt]
 XXX [슬라잇]　　틀린액센트&중복ㄹ/ sl,t phonics
aj.vt.n. 약간의,천한,호리한,약한,얕보다,무시,소홀히,경멸,무례
The **hu-m**-an eyes di-**sc**-rim-in-ate **sl**-ight **diff**-(h)er-ences in hue.
The **cha**-ir-pers-on e**xp**-ressed acc-**ept**-ance with a **sl**-ight n-od.

slip
[slɪp]
  XXX [슬립]　　틀린액센트&중복ㄹ/ sl,p phonics
v.n. 미끄러지다,살짝나가(들어오)다,헛딛다,벗(겨지)다, 빠뜨리다,저하,관절탈구,
유산,여자속옷,전표,해고통지
The tears **sl**-ipped down her cheeks.
Mi-**che**-lle Rhee gav(e) **pink**-**sl**-ips to **ov**-(h)er 200 DC **teach**-ers.

slope
[sloʊp]
  XXX [슬로웁]　　틀린액센트&중복ㄹ/ sl,p phonics
vi.n. 경사지다,in**c-l**-ine,경사(지,면),비탈,**inc**-l-ine,언덕,경기후퇴
The roof **sl**-opes **st**-eep-l-y in far **n-orth**-ern **hem**-isph-(h)e-re.
It w-as a **han**dsome house **sit**-u-ated on a **mount**-ain **sl**-ope.

slow
[sloʊ]
 XXX [슬로우]　　틀린액센트&중복ㄹ/ sl phonics
aj.av.vt. 느린,우둔한,활기없는,불경기의,부진한,재미없는,지루한
The **mo**-st **freq**-uent **comm**-ent w-as that w-e w-ere **sl**-ow.
The **treatm**-ent w-i-ll **sl**-ow the **cour**-se of the dis-**ea**-se.

small
[smɑ:l]
  XXX [스모얼]　　틀린액센트/ sm,l phonics
aj.av.n. 작은,소형(의),소규모(의),사소한,마음좁은,인색한,어린
He **sp**-ons-ored a **sm**-all **chamb**-er **or**-che-st-ra for l-ong.
Ce-ll is the **sm**-all-est **st**-ruc-tur-al **un**-it of an **org**-an-ism.

smart
[smɑɚt]
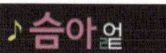  XXX [스마ㄹ트]　　틀린액센트/ sm,ɚ,t phonics
aj.av.n.vi. 영리한,재치있는,빈틈없는,기민한,세련된,건방진,아픔
You are my **sm**-art **cook**-ie.
She w-as a **re**-al fox, **sm**-art, **sass**-y and **sex**-y.

smash
['smæʃ]

♪슴애쉬   XXX [스매쉬]   틀린액센트/ sm,ʃ phonics

v.n.aj. 부수다,박살내다,격파,파산,**bank**-rupt-cy,충돌,일격,강타
His n-ew song **prom**-ises to be a **sm**-ash hit.
She **sm**-ashed a **ho**-le in the **w-ind**-ow with a **hamm**-er.

smell
['smɛl]

♪슴에을   XXX [스메얼]   틀린액센트/ sm,l phonics

v.n. 냄새(향)(맡다,나다),sn-iff,탐지,det-**ect**,후각,trace,분위기
The **sm**-e-ll of dec-**ay**-ing **rubb**-ish is di-**sg**-ust-ing.
In-**sp**-ect-ors could **sm**-e-ll that the eggs w-ere **rott**-en.

smile
['smajəl]

♪슴아이열   XXX [스마열]   틀린액센트/ sm,l phonics

v. 미소짓다,방긋웃다,비웃다,냉소,환,산뜻
He **sm**-i-led to see his son **sl**-eep-ing **pea**-cef-(h)ull-y.
The phot-**o**-graph-(h)er asked them to **sm**-i-le for the **cam**-er-a.

smoke
['smoʊk]

♪슴오을   XXX [스모웈]   틀린액센트/ sm,k phonics

n.v. 연기(나다),매연,공허,모호,담배(피다),모깃불,그을다,훈증(제)
He w-as **di**-ag-n-osed with l-ung **canc**-er by **sm**-ok-ing.
It's a l-aw.   **Sm**-oke det-**ect**-ors should be fixed to the **cei**-l-ing.

smooth
['smu:ð]

♪슴우읇   XXX [스무우뜨]   틀린액센트/ sm,ð phonics

aj.v.n. 부드러운,평탄한,평온한,세련된,유창한,침착한,진정,달래다
She ran her **fing**-ers **ov**-(h)er the **sm**-ooth w-ood **w-ind**-ow.
Traff-(h)ic has been **fl**-ow-ing **sm**-ooth-l-y from Seoul to Busan.

snake
['sneɪk]

♪슨에읶   XXX [스네읶]   틀린액센트/ sn,k phonics

n.vt. 뱀,못믿을(음흉한,냉혹한)사람,굴뚝(하수관)청소기,굽이치다
The **riv**-(h)er **sn**-akes through the **vall**-ey.
A **gi**-ant **sn**-ake curled up the **bod**-y l-ik(e)a **sp**-ring.

snow
['snoʊ]

♪슨오으   XXX [스노우]   틀린액센트/ sn phonics

n.v.눈(나리다,같은것),강설,백발,코카인,헤로인,**her**-o-in,희게
Sn-ow **carp**-eted the **sid**(e)w-alks **dur**-ing the **n**-ight.
She dusted the **mou**sse cak(e) with **ic**-ing **sug**-ar l-ik(e) **sn**-ow.

snowy
['snowi]

♪슨오으위   XXX [스노우이]   틀린액센트/ sn,w phonics

aj. 눈오는(쌓인,덮인,같은,같이흰),깨끗한,맑은,청정한,**pu**-re
This **w-i**-ll be the **sn**-o-wi-est **w-int**-er in **ye**-ars.
The **st**-ud-ents w-ere dism-**iss**ed due to the **sn**-o-wy **w-eath**-er.

so
[soʊ]

♪ 쏘으   O [쏘으]

av.conj.aj. 그(이)처럼,그렇게,매우,몹시,정말로,그래서,따라서
Sen-iors are **eas**-y to catch **co**-l-d so need **fl**-u shot.
He w-as so **cru**-el that he **murd**-ered his **fam**-il-y.

soap
[soʊp]

♪ 쏘읖   X [쏘읖]   틀린발음/ s,p phonics

n.vt. 비누,돈,뇌물,brib(e),아부,아첨,비누로씻다,비누칠
She's **w-at**-ch-ing a soap **op**-er-a **ev**-(h)er-y **morn**-ing.
She tried to **tea**-ch her **Eng**-l-ish, but it w-as n-o soap. (실패)

soc·cer
[ˈsɑːkɚ]

♪ 싸억얼   X [싸아커ㄹ]   mora발음/ k,ɚ phonics

n. 축구
He w-as the head of **Na**-tion-al **socc**-er team.
The **who**-le **count**-ry w-as in the grip of **socc**-er **fev**-(h)er.

so·cial
[ˈsoʊʃəl]

♪ 쏘으셜   X [쏘우셔얼]   틀린발음/ s,ʃ,l phonics

aj. 사회(생활)의,사교적인,친목(회)위한,상류사회의,상냥한,파티
W-e **mu**-st hav(e) the **so**-cial code of **mann**-ers and senses.
The book aims to def-(h)ine acc-**ept**-ab-le **so**-cial be-**hav**-(h)ior.

so·ci·ety
[səˈsajəti]

♪ 썻아이엍이   X [써싸이어티]   mora발음/ s,j,t,y phonics

n.aj. 사회(의),단체,ass-o-ci-a-tion,조합,in-st-it-u-tion,세상,교우
The gangs w-ere **canc**-ers in **the**-ir soc-i-et-y.
The **char**-it-y l-ies at the **co**-re of Am-**er**-ic-an soc-i-et-y.

sock
[sɑːk]

♪ 싸억   X [싹]   틀린발음/ k phonics

n.vt. 양말,타자밭의볼록부분,양말신다,강타,돈모으다(벌다)
I need a n-ew **pa**-ir of socks.
He socked the **bur**-gl-ar on the jaw.

soft
[sɑːft]

♪ 싸앞ㅌ   X [싸아f으트]   mora발음/ f,t phonics

aj.n.av. 부드러운(것),말랑한,포근한,맛이순한,온화한,관대한
She baked the pot-**at**-oes **ti**-ll they w-ere n-ice and **sof**-(h)t.
She **cl**-icked the l-amp and the **st**-ud-y w-as **fi**-lled with a **sof**-(h)t **gl**-ow.

soft·ware
[ˈsɑːftweɚ]

♪ 싸앞ㅌ웨얼   X [싸아f으트웨어ㄹ]   mora발음/ f,t,w,ɚ phonics

n. 무형물질,소프트웨어⇔**hard**-w-are,컴퓨터프로그램총칭
The **sof**-(h)t-w-are has the fac-**il**-it-y to prod-**uce** **graph**-(h)ics.
Adv-(h)an-ced **sof**-(h)t-w-are de-**st**-royed jobs than cre-**at**ed.

soil
[sɔjəl]
♪ 쏘이열   O [쏘열]   j phonics
n.vt. 흙,대지,국토,더럽힘,오점,얼룩,분뇨,악의온상,더럽히다,손상
He bel-**ong**ed to the **soi**-l, as his **fore**-fath-ers had.
The **pres**-id-ent's rep-ut-**a**-tion **soi**-led by **sc**-and-al.

so·lar
[soʊlɚ]
♪ 쏘올얼   X [쏘울러r]   중복"ㄹ"="r"발음/ s,l,ɚ phonics
aj.n. 태양의,태양에서생기는,태양광(열)을이용한,일광욕실
My **so**-l-ar dev-(**h**)**ice** w-as e**x**-**hib**-ited in Leon in 2010.
How to Make a Cheap **Batt**-er-y for **St**-or-ing **So**-l-ar **Po**-w-er

sol·dier
[soʊldʒɚ]
♪ 쏘을절   O [쏘울줘ㄹ]   s,l,dʒ,ɚ phonics
n. 군인,병사,군인되다,군복무,게을리,loaf,꾀병부리다,mal-**ing**-er
This **Eng**-l-ish Pron-**ounc**-ing book is a com**p**-**an**-ion to **so**-l-di-ers.
All **so**-l-di-ers **mu**-st dev-(**h**)**ot**(e) them-**se**-l-ves to **Eng**-l-ish for the gl-ob-al-i-**za**-tion.

sole
[soʊl]
♪ 쏘을   O [쏘울]
aj.n.vt. 유일한,단독의,독점적인,미혼의,(발,신)바닥,가자미
Sheer de-**sp**-ite w-as the **so**-le **reas**-on for her **cry**-ing.
Housew-ork is n-o l-**ong**-er **so**(le)-l-y a **fem**-a-le dom-**ain**.

sol·emn
[sɑ:ləm]
♪ 싸얼엄   X [싸알럼]   중복"ㄹ"="r"발음/ l,m phonics
aj. 엄숙한,우울한,장엄한,진지한,의식갖춘,정식의,종교상의
She **sp**-oke in a **sol**-emn and **thou**(gh)t-f(h)ul **mann**-er.
They **prom**-ised **sol**-emn-l-y to l-ov(e) each **oth**-er for-**ev**-(h)er.

so·lic·i·tor
[səˈlɪsətɚ]
♪ 썰잇엍얼   X [썰리써터ㄹ]   중복"ㄹ",mora발음/ l,s,t,ɚ phonics
n. 간청자,외판원,법무관,영국사무변호사
Sol-**ic**-it-ors w-i-ll be **pros**-ec-uted for **tre**-sp-ass-ing.
The l-aw firm is sol-**ic**-it-ing through **on**-l-ine **adv**-(h)ert-is-ing.

sol·id
[sɑ:ləd]
♪ 싸얼얻   X [쌀리드]   중복"ㄹ",mora발음/ l,d phonics
aj.n.av. 고체(의),firm,견고한,**st**-urd-y,짙은,dense,확실한,믿음직한, 단색의,무늬없는,일치단결한,사이좋은,만장일치로,완전히
When ice **me**-lts, it passes from a **sol**-id to a l-**iq**-uid form.
I pref-(**h**)er **sol**-id **col**-ors l-ik(e) **bl**-ue in-**st**-ead of **patt**-erns.

so·lu·tion
[səˈluːʃən]
♪ 썰우우션   X [썰루우션]   중복"ㄹ",mora발음/ l phonics
n. 해결(책),해명,해답,**ans**-(w)er,용해,dis-sol-**u**-tion,용액
The-re's a sol-**u**-tion if you (k)n-ow the **co**-re of a **prob**-l-em.
They **chew**-ed the **prob**-l-em **ov**-(h)er and found the sol-**u**-tion.

solve
[ˈsɑːlv]
♪ 싸알ㅂㅎ   X [싸얼브]
vt. 풀다,해명,해답,해결,부채갚다
A **cu**-re for **hea**-l-th-ca-re **co**-sts is a hot **subj**-ect to **sol**-ve.
I **sol**-ved **diff**-(h)ic-ult-ies of **l-earn**-ing **Eng**-l-ish for Kor-**e**-an **pract**-ic-all-y.

some
[ˈsʌm, səm]
♪ 썸   O [썸, 썸]
aj.pron.av. 무언가,약간,일부,조금,약(대략),상당한,꽤,몇명,대강
She chopped some **carr**-ots for the soup.
Aft-er some **diff**-(h)ic-ult **ye**-ars, the **comp**-an-y is **fl**-y-ing **hi**gh n-ow.

some·body
[ˈsʌmˌbʌdi]
♪ 썸받이   X [썸바디]   mora발음/ s,b,ʌ,d,y phonics
pron. 어떤사람,누군가
W-e need **some**-bod-y e**xp**-er-ienced to do the job.
He tried to l-ook l-ik(e) **some**-bod-y but **n-ob**-od-y.

some·how
[ˈsʌmˌhaʊ]
♪ 썸하으   O [썸하우]
av. 어떻게든, 웬일인지,
Somehow the id-**e**-a didn't app-**ea**-l to the board.
I **some**how re-**st**-rained my-**se**-l-f from an-**oth**-er **serv**-(h)ing.

some·one
[ˈsʌmˌwʌn]
♪ 썸으원   O [썸원]   ʌ,w phonics
n. 누군가,이름모르는사람
She **fe**-l-t **su**-re that **some**one w-as **foll**-ow-ing her.
W-as **the**-re **some**one e-l-se a-**w-are** of the **acc**-id-ent?

some·thing
[ˈsʌmˌθɪŋ]
♪ 썸씽   O [썸씽]   ʌ,θ phonics
pron.n.av. 어떤것(일),무언가,중요한것(일,사람),약간,매우,**ver**-y
Something **cl**-icked my head when I saw it.
Make your-**se**-l-f to be **int**-er-ested to di-**sc**-ov-(h)er **some**thing.

some·times
[ˈsʌmˌtaɪmz]
♪ 썸타임ㅈㅎ   X [썸타임즈]   ʌ,z phonics
av. 때때로,때로는,이따금
He **some**times att-**end**s off-(h)i-cial **func**-tions with his w-ife.
W-om-en are **some**times den-**i**ed opp-ort-**un**-it-ies bec-**au**-se of **the**-ir **gend**-er.

some·what
[ˈsʌmˌwʌt]
♪ 썸으왇   X [썸왓]   틀린발음/ s,ʌ,m,w,t phonics
av.n. 얼마간,약간,다소,a l-**itt**-le,**some**thing,어느정도
He is **some**what **pro**-ne to dep-**re**-ssion.
He has **some**what e**xp**-ens-iv(e) **ta**-st(e)s.

475

some·where
[ˈsʌmˌweɚ]

♪쌈으웨얼 O [썸웨어ㄹ]   s,ʌ,m,w,ɚ phonics

av. 어딘가,어디론지,대략,대충,ap-**prox**-im-ate-l-y,어떤때,언젠가
She l-iv(e)s **some**w-he-re in N.Y. **cit**-y.
Do you w-ant to l-iv(e) **some**w-he-re **e**-l-se?

son
[ˈsʌn]

♪썬 O [썬]   ʌ phonics

n. 아들,양자,ad-**opt**ed son,사위,**son**-in-l-aw,남자손자,여보게
They hav(e) a **daught**-er and **two** sons.
She dec-**ide**d that her son should bec-**ome** a **l-aw**-yer.

song
[ˈsɑːŋ]

♪싸앙 O [쏘엉]

n. 노래,가곡,시,**po**-et-ry,울음(졸졸물,주전자물끓는)소리,지저귐
The **chor**-us **pl**-ayed songs from **the**-ir **cat**-al-og of hits.
He di-**sc**-ov-(h)er-ed **Eng**-l-ish pop songs in his **sch**-ool days.

soon
[ˈsuːn]

♪쑤은 O [쑤운]   n phonics

av. 곧,빨리,신속하게,**q**-uick-l-y,**promp**-t-l-y,쉽게,**eas**-il-y,일찍
She'll soon **cott**-on on to your sug-**ges**-tion.   좋아하게되다
They w-ere **hopef**-(h)ul that things w-ould get **bett**-er soon.

sore
[ˈsoɚ]

♪쏘얼 O [쏘어ㄹ]   ɚ phonics

aj. 아픈,염증일으킨,피부가헌,**pa**-inf-(h)ul
She got a **so**-re **hee**-l with her **ki**-ll **hee**-l.
Her heart w-as **so**-re at the l-oss of her son.

sor·row
[ˈsɔroʊ]

 X [싸로우]   mora발음/ s,r phonics

n.vi. 슬픔,**sadn**-ess,애도,grief,후회,유감,reg-**ret**,아쉬움,(~s,불행)
She **fe**-l-t **sorr**-ow at the death of her **frien**-d.
When he talks ab-**out** the **acc**-id-ent, he **gl**-ows with **sorr**-ow.

sor·ry
[ˈsɑri]

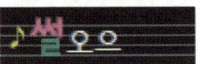 X [싸뤼]   틀린발음/ s,r phonics

aj. 미안한(합니다),가엾은,유감인,reg-**ret**,변변치못한,poor,비참한
Sorr-y, I didn't mean to giv(e) you a **fri**-ght.
I'm **sorr**-y for **caus**-ing so much **troub**-le.

sort
[ˈsoɚt]

 O [쏘어ㄹ트]   ɚ,t phonics

n.v. 종(분)류,kind,**cl**-ass,type,성질,**char**-act-er,**na**-ture,방식,구별
She isn't (of) my **sort**.
This **sort** of inf-(h)orm-**a**-tion should be in the **pub**-l-ic dom-**ain**.

soul
[soʊl]
♪ 쏘을   O [쏘울]
n. 영혼,정신,기백,열정,고결함,핵심,생명,지도자,하느님,신성
I **sw**-ear with all my **so**-ul.
Such **mem**-or-ies **st**-irred in my **so**-ul.

sound
[saʊnd]
♪ 싸은ㄷ   O [싸운드]   d phonics
n.vt.aj.av. 소리,소음,음성,소리내다,들리다,발음,알리다,적절한
The sounds of **gun**-fi-re took **pl**-ace on **cam**-er-a.
This book is des-**ign**ed to pron-**oun**-ce **nat**-ive's **Eng**-l-ish sound.

soup
[su:p]
♪ 우웊   X [쑤우프]   틀린발음/ s,p phonics
n. 국, 수프
She chopped some **carr**-ots and pot-**at**-oes for soup.
L-ook up the **rec**-ip-e for **cl**-am **chowd**-er soup in the **ind**-ex.

sour
[sawɚ]
♪ 싸으월   O [싸우어ㄹ]   w,ɚ phonics
aj.n.v. 시큼한(다),불쾌하(다),심술궂은,저질의,산성인,싫은것
The **mi**-l-k w-ent **so**ur.
She is **so**ur on her **bo**-y **frien**-d.

source
[soɚs]
♪ 쏘얼ㅅ   O [쏘어ㄹ쓰]   s phonics
n. 근원,원인,**or**-ig-in,수원(지),**fount**-ain-head,정보원,출처,자료
Her job is **the**-ir chief **so**-ur-ce of **inc**-ome.
Co-a-l is an eff-(**h**)**i**-cient **so**-ur-ce of **en**-er-gy for **pl**-ants.

south
[sɑʊθ]
♪ 싸으싸ㅎ   O [싸우쓰]   s phonics
n.aj.av.vi. 남(쪽,에있는),남부지방(㊎),남향(풍)의,남(쪽)으로가다
The wind is **bl**-ow-ing south.
Mand-**el**-a is the **dadd**-y of **bl**-ack South **Af**-(h)ric-an at l-east.

south·ern
[sʌðɚn]
♪ 싸덩언   X [싸떠ㄹ은]   틀린발음/ s,ʌ,ð,ɚ,n phonics
aj.n. 남쪽(남부)에있는(의),미국남부주(방언,출신)(의),남향(풍)의,
Caj-un food is from **mid**-south-ern US.
He has **acc**-ent from the **south**-ern part of the **St**-at(e).

sow
[soʊ]
♪ 쏘으   O [쏘우]
v.n. 씨뿌리다,**sc**-att-er,퍼뜨리다,흩뿌리다,diss-**em**-in-ate,암컷
It is time to sow.
One **mu**-st reap what one has sown. <속담>

space
[speɪs]

♪ 슈에이ㅅ XXX [스페이쓰]   틀린액센트/ sp,s phonics

n.v.aj. 공간(의),대기권밖,우주(의),장소,빈틈,여지,간격(두다),자리
His house w-as **sp**-a-cious and grand.
It's hard to find **emp**-ty **sp**-aces in the **park**-ing l-ot.

spade
[speɪd]

♪ 슈에일 XXX [스페이드]   틀린액센트/ sp,d phonics

n. 부삽,가래(모양의것),카드의스페이드
He **ho**-l-ds the **st**-raight **fl**-ush with **sp**-ades.
They had fin-**an**-cial **troub**-le in **sp**-ades. (확실히)

spare
[speɚ]

♪ 슈에얼 XXX [스페어ㄹ]   틀린액센트/ sp,ɚ phonics

v.aj.n. 용서,살려주다,인정베풀다,할애,아끼다,예비품(의),여분(의)
He **sp**-ent his **sp**-are time **vis**-it-ing **gall**-er-ies and mus-**e**-ums.
They kept a **sp**-are key for the **ent**-rance **und**-er the **por**-ch rug.

speak
[spi:k]

♪ 슈이잌 XXX [스피이크]   틀린액센트/ sp,k phonics

v.n. 말,이야기,**conv**-(h)erse,연설,말해주다,뜻나타내다,짖다
He tries to **sp**-eak **Eng**-l-ish in com-**pl**-ete **sent**-en-ces. Oh! Don't do it!
Gran(d)pa's **go**-ing a **l-itt**-le deaf so you'll hav(e) to **sp**-eak **up**.

speak·er
[spi:kɚ]

♪ 슈이잌얼 XXX [스피이커ㄹ]   틀린액센트/ sp,k,ɚ phonics

n. 말하는사람,연설가,강연자,웅변가,하원의장,확성기
All eyes w-ere cast **up**-on the **sp**-eak-er.
She's a **cau**-tious **sp**-eak-er, **try**-ing to **cu**-shion the **bl**-ow of rej-**ect**-ion.

spe·cial
[spɛʃəl]

♪ 슈에셜 XXX [스페셔얼]   틀린액센트/ sp,ʃ phonics

aj.n. 특별한(사람,것),별난,특정한,독특한,전문(전공)의,특사,특품
She is a **sp**-e-cial-ist on **st**-age des-**ign** and dec-or-**a**-tion.
This **rest**-aur-ant **cor**-n-ered the **mark**-et for **sp**-e-cial-ist **st**-eaks.

spe·cies
[spi:ʃiz]

♪ 슈이이쉬ㅈ즈 XXX [스피이쉬즈]

n. 종류,sort,kind,인종,생물종,성체외관,미사용빵과포도주
The-re are **sev**-(h)er-al **thous**-and **sp**-e-cies of trees **he**-re.
The **re**-in-de-er is a **sp**-e-cies of **de**-er **nat**-ive to **Arc**-tic **reg**-ions.

spe·cif·ic
[spɪˈsɪfɪk]

♪ 슈이씨픞힉 X [스피씨픽]   mora발음/ sp,s,f,k phonics

aj.n. 특정의,고유한,독특한,생물종의,명확한것,상세,특성,특효약
Can you be a **l-itt**-le **mo**-re sp-ec-**if**-(h)ic on that **proj**-ect?
Be **mo**-re sp-ec-**if**-(h)ic when **te**-ll-ing us what you need.

spec·i·fy
[spɛsəˌfaɪ]

♪슾에섣화이 XXX [스페쎠파이] 틀린액센트/ sp,s,f phonics

v. 지정,명기,구체적으로말,이름열거,특징짓다,조건을붙이다,상술
She didn't sp-ec-if-(h)y when she w-ould ans-(w)er.
Tot-al mon-ey needed for the proj-ect w-as sp-ec-if-(h)ied.

---

spec·u·late
[spɛkjʊˌleɪt]

♪슾엑열에읕 XXX [스페큘레잇] 틀린액센트/ sp,k,l,t phonics

vi. 심사숙고,사색,med-it-ate,투기,시세예측하고사다(팔다)
W-e sp-ec-ul-ated on the dev-(h)al-u-a-tion of the doll-ar.
Two M&As exc-ited sp-ec-ul-a-tion ab-out fur-ther tak(e)-ov-(h)er.

---

spec·tac·u·lar
[spɛkˈtækjʊlɚ]

♪슾엑택열어 XXX [스팩태큘러r] 틀린액센트/ sp,k,t,l,ɚ phonics

aj.n. 웅대한,호화로운,극적인,거대흥행물,대작,특별쇼,큰조명간판
The guard ex-chan-ge is sp-ect-ac-ul-ar at the bord-er.
The aut-umn fo-l-i-age w-as sp-ect-ac-ul-ar at Mt. NaeJang.

---

speech
[spi:tʃ]

♪슾이읻치 XXX [스피이취] 틀린액센트/ sp, tʃ phonics

n. 말하기,발언,언어(능력),말투,연설,담화,배우의대사,화법,음색
The pres-id-ent's sp-eech w-as drowned by app-l-ause.
Mand-el-a's fine sp-eeches comm-and-ed w-orld's att-en-tion.

---

speed
[spi:d]

♪슾이읻 XXX [스피이드] 틀린액센트/ sp,d phonics

n.v. 속도,각성제,촉진시키다,빨리,질주,빨라지다,성공,잘되게
The pol-i-ce-m-an cau-tioned him ab-out sp-eed-ing.
He chall-enged to 1000m sp-eed sk-at-ing and w-on.

---

spell
['spɛl]

♪슾에을 XXX [스페얼] 틀린액센트/ sp,l phonics

v.n. 철자,단어형성,~을뜻,한자씩읽다,확인,주술로얽매다,마법
She pa-inf-(h)ull-y sp-elled out the mess-age.
He sp-elled his name K-I-M, C-H-A-R-L-I-E.

---

spend
[spɛnd]

♪슾엔드 XXX [스펜드] 틀린액센트/ sp,d phonics

v. 쓰다,사용,소비,낭비,잃다,바닥나다,시간보내다,목숨걸다,심혈
W-e're sp-end-ing Chri-s(t)m-as with my fam-il-y.
She sp-ent an hour in conf-(h)er-ence with her st-affs.

---

sphere
[sfiɚ]

♪슾히어 XXX [스피어ㄹ] 틀린액센트/ sf,ɚ phonics

n.vt. 구(체),지구(천구)의,행성,별,천체,활동범위,구체만들(에넣)다
W-om-en w-ere conf-(h)ine-d to the dom-e-st-ic sph-(h)e-re.
They rec-og-n-ized jobs in the pub-l-ic sph-(h)e-re are val-u-ab-le.

spice
[spaɪs]
♪ 슈아이ㅅ　XXX [스파이쓰]　틀린액센트/ sp,s phonics
n.vt. 양념,향신료,맛,정취,짜릿한맛,소량,향료넣다,흥겹들이다
My Seol-ongtang needs a l-itt-le mo-re sp-ice.
A perf-(h)ume cap-tures all of the sp-ice of the fl-ow-ers.

spic·y
[spaɪsi]
♪ 슈아잇이　XXX [스파이씨]　틀린액센트/ sp,s phonics
aj. 향료넣은,양념된,향기로운,신랄한,상스러운,천한,생기있는
Thai food is hot and sp-i-cy gen-er-all-y.
His sp-i-cy sug-ges-tion earned him a sp-i-cy crit-ic-ism.

spi·der
[spaɪdɚ]
♪ 슈아잍얼　XXX [스파이더ㄹ]　틀린액센트/ sp,d,ɚ phonics
n. 거미(절지동물),거미비슷한것,함정에빠뜨리는악한자
She's got a comp-l-ex ab-out sp-id-ers.
It's int-er-est-ing w-at-ch-ing a sp-id-er sp-ins its w-eb.

spill
[spɪl]
♪ 슈일,슈이을　XXX [스피얼]　틀린액센트/ sp,l phonics
v.n. 엎지르다,흘리다,폭로,유출,고자질,퍼지다,점화심지,불쏘시개
It is no use cry-ing ov-er sp-i-l-t mi-lk.
Eff-(h)orts are n-ow foc-used on cl-ean-ing up the oi-l sp-i-lls.

spin
[spɪn]
♪ 슈인　XXX [스핀]　틀린액센트/ sp,n phonics
v.n. 방적,실짜다,회전시키다,돌(리)다,낙제(불합격),현기증나다
His head w-as sp-inn-ing with conf-(h)u-sion and fat-ig-ue.
The sp-in on a w-ash-ing ma-chine ext-racts exc-ess w-at-er.

spir·it
[spɪrət]
♪ 슈이렅　XXX [스피럿]　틀린액센트/ sp,r,t phonics
n.vt. 마음,정신,생기,유령,요정,천사,기질,성향,증류주,생기주다
She ad-m-i-red him for his en-er-gy and can-do sp-ir-it.
I-ll-ness cons-umed both of his sp-i-rit and st-rength.

spir·i·tu·al
[spɪrɪtʃəwəl]
♪ 슈이맅츄어으월　XXX [스피뤼츄어얼]　틀린액센트/ sp,r,tʃ,w phonics
aj. 정신의(적인),영적인,숭고한,세속초월한,종교적인,신성한
Fran-ce w-ill al-w-ays be the sp-ir-it-ual ho-me of w-ine lov-(h)ers.
Doct-ors mu-st cons-id-er the sp-ir-it-ual needs of the-ir pa-tients.

spit
[spɪt]
♪ 슈잍　XXX [스핏]　틀린액센트/ sp,t phonics
n.v.침(뱉기,뱉다),타액,분비물,꼬챙이,경멸,내뱉듯말,토,내뿜다
The ra-in w-as o-n-l-y sp-itt-ing (down).
It's bad sp-itt-ing out the grap(e) seeds by bl-ow-ing out.

spite
[spaɪt]

♪슾아잍 XXX [스파잇] 틀린액센트/ sp,t phonics

n. 악의,심술,원한,앙심,**grud**-ge,짓궂게굴다,괴롭히다,방해,안달
He ref-(h)used to he-l-p her out of sp-ite.
In sp-ite of her hand-ic-aps she suc-ceeded.

splen·did
[splɛndəd]

♪슾을엔던 XXX [스플렌더드] 틀린액센트/ sp,l,d phonics

aj. 호화로운,화려한,웅장한,훌륭한,빛나는,멋진,더할나위없는
It's a sp-l-end-id id-e-a.
It aff-(h)ords sp-l-end-id views of the sea-shore.

split
[splɪt]

♪슾을잍 XXX [스플릿] 틀린액센트/ sp,t phonics

v.n. 쪼개(지)다,찢다,분할(분리),갈라지(서)다,불화,분파,다리찢기
The earth-q-uake has sp-l-it man-y bui-l-dings.
The rev-(h)en-ue is sp-l-it bet-ween St-at(e) and Fed-er-al gov'ts.

spoil
[spojəl]

♪슾오이열 XXX [스포열] 틀린액센트/ sp,j,l phonics

vt. 망쳐놓다,썩(이)다,의욕·식욕잃다,버릇없이만들다,음석받다
The mi-l-k w-i-ll sp-oi-l if n-ot ref-(h)rig-er-ated.
Fond gran(d)par-ents tend to sp-oi-l the-ir grand chi-l-dren.

spon·sor
[spɑnsɚ]

♪슾안서얼 XXX [스판써r] 틀린액센트/ sp,s,ɚ phonics

n.vt. 후원자(광고주,보증인,대부모)(되다),발기(인),주창(자),지지
Summ-er cl-asses sp-ons-ored by the gov-(h)ernm-ent.
His l-ate enc-ount-er with ball-et mad(e) him a big sp-ons-or.

spoon
[spu:n]

♪슾우운 XXX [스푸은] 틀린액센트/ sp,n phonics

n. 숟가락,가짜미끼,여자에게약한남자,머리둔한사람,떠먹다,뜨다
She sp-ooned food int-o her bab-y's mouth.
She w-as brought up with a si-lv-(h)er sp-oon in her mouth.

sport
[spoɚt]

♪슾오얼 XXX [스포어ㄹ트] 틀린액센트/ sp,ɚ,t phonics

n.v. 운동(경기,회,가),오락,위안,장난,조롱(거리),수렵가,놀다,자랑
Some sp-ort pl-ay-ers w-ere acc-u-sed of cheat-ing.
She w-as a dom-in-ant fig-ure in the sp-ort ind-u-st-ry.

spot
[spɑ:t]

♪슾아앝 XXX [스팟] 틀린액센트/ sp,t phonics

n.v.aj. 오점,st-ain,반점,장소,지위,여드름,현물,더럽히다,발견, 알아내다,규명,배치,조명,겨냥,즉석의,현금의,현지의
Red w-ine sp-ots if n-ot w-ashed imm-ed-i-ate-l-y.
The cont-ro-ls are in a conv-(h)en-ient sp-ot on the da-shb-oard.

481

spray
[ˈspreɪ]
♪슈레이   XXX [스프웨이]   틀린액센트/ sp,r phonics
n. 물보라(같은것,날리다),분무(액,기),향수뿌리개,잔가지,퍼붓다
You need a **ins**-ect e**xp**-ell-ant **sp**-ray for **out**door act-**iv**-(h)it-y.
Sp-ray-ers cont-**ain** l-**iq**-uef-(h)ied gas of **break**-ing the **o**-zo-n(e).

spread
[sprɛd]
♪슈렏   XXX [스프뤠드]   틀린액센트/ sp,r,d phonics
v.n.aj. 펴다,뻗다,시간끌다,엷게바르다(칠),식탁차리다,퍼뜨리다, 보급,퍼짐,전개, 보자기(침대,식탁),빵에바르는것,마진,시세폭
Chapt-er three **dea**-ls with the **Ex**-cel **sp**-read sheet.
Soo-Hyun Lee's **her**-o-ic death **sp**-readed far and w-**id**(e) in Jap-**an**.

spring
[sprɪŋ]
♪슈링   XXX [스프링]   틀린액센트/ sp,r phonics
n.aj.v. 봄(의),샘,청춘,용수철,탄성(있는),도약,오르다,싹트다,분출
This **bl**-ouse **cat**-al-og(ue)s for $20 on **Sp**-ring **fa**-shion.
She cupped **han**(d)f-(h)ul of **Sp**-ring **w-at**-er from a pond.

sprint
[sprɪnt]
♪슈륀ㅌ   XXX [스프륀트]   틀린액센트/ sp,r,t phonics
vi.n. 전속력달리다,단거리질주(경주),전력질주,마지막분발,대분투
He **sp**-rinted the l-**ast** 100 **met**-ers to the **fin**-ish l-ine.
The **robb**-er **sp**-rinted ac-**ross** the **st**-reet **aft**-er the **robb**-er-y.

square
[skweɚ]
♪슥으웨얼   XXX [스퀘어ㄹ]   틀린액센트/ sk,w,ɚ phonics
n.v.aj.av. 정방(사각)형(의),광장,한구역,직각(T)자,막힌사람, 권투링,청산된, **sett**-led,공평한,비기다,앙갚음,빚갚다,결제
25 is the **sq**-uare of 5.
I paid what I **ow**-ed you, so w-e're **sq**-uare and **ev**-(h)en.

squeeze
[skwi:z]
♪슥으위즈ㅎ   XXX [스퀴즈]   틀린액센트/ sk,w,z phonics
v.n. 짜다,압착,꼭잡다,껴안다,즙(수분)짜(내),착취,밀고들어가다
He **sq**-ueezed the tube unt-**i-l** few drops came out.
W-e w-ere **sq**-ueezed **int**-o the crowded **sub**-w-ay **tra**-in.

sta·ble
[steɪbəl]
♪슾에입얼   XXX [스테이블얼]   틀린액센트/ st,b phonics
n.v.aj. 구간,축사(에넣다,살다),차고,집단,안정된,착실한,제정신의
She **cop**ed w-**e**-ll with the un-**st**-ab-le sit-u-**a**-tion.
The-se **id**-ol **voc**-al groups are from the same **st**-ab-le.

sta·di·um
[steɪdɪəm]
♪슾에잍이엄   XXX [스테이디엄]   틀린액센트/ st,d,m phonics
n. 경기장,야구장,병의제~기,**st**-age
The **st**-ad-ium was **fu**-ll of **aud**-i-ences and **heav**-(h)y rock.
The Gocheok **Sk**-y Dome is the 1st domed **base**ball **st**-ad-ium.

staff
[stæf]

♪슾앺 XXX [스태f으] 틀린액센트/ st,f phonics

n.aj.vt. 보좌역,자문단(의),직원,간부의,직원배치,지팡이,손자루
Cour-age is the **st**-aff of my amb-**i**-tions.
The **st**-aff conf-(h)erred with boss ab-**out** the n-ew **time**tab-le.

stage
[steɪdʒ]

♪슾에이지 XXX [스테이쥐] 틀린액센트/ st,dʒ phonics

n.v. 무대,단계,국면,연극,(활동)무대,휴게지,역(마차), 발판,시도
The **st**-age crew rigged up the **sp**-ot-l-ights.
She cond-**uct**ed her-**se**-l-f with **conf**-(h)id-ence on the **st**-age.

stain
[steɪn]

♪슾에인 XXX [스테인] 틀린액센트/ st,n phonics

n.v. 얼룩,오(반)점,**sp**-ot,흠,염색,얼룩지다,더럽히다,손상시키다
The red w-ine **st**-ained the white **tab**-le sheet.
The int-**er**-ior **gl**-ows with **col**-orf-(h)ul **st**-ained **gl**-ass.

stair
[stɛɚ]

♪슾에얼 XXX [스테어ㄹ] 틀린액센트/ st,ɚ phonics

n. (계단의)단,계단,**st**-a-ir-case
She tripped on the **bott**-om **st**-a-ir and **al**-mo-st **fe**-ll.
The **pres**-ence of **st**-a-irs in the **ru**-ins im**p**-**l**-ies an **upp**-er **fl**-oor.

stalk
[stɔːk]

♪슾아악 XXX [스토오-크] 틀린액센트/ st,k phonics

n.v. 줄기,자루,(술잔)버팀대,굴뚝,몰래접근(추적),의젓이걷다(기)
The cat **st**-a(l)ked her prey.   **st**-alk-er=슾앜어,몰래따라다니는사람
Cut off the **st**-a(l)ks but the **mo**-st **tend**-er **inn**-er l-eav(e)s.

stamp
[stæmp]

♪슾앰ㅍ XXX [스탬프] 틀린액센트/ st,m,p phonics

n.vt. 짓밟다,발구르다,진압,도장찍다,수입인시,우표,씩어내다
She **st**-amped her name on all her bel-**ong**-ings.
Craz-y fans **st**-amped **the**-ir feet on the ground with im-**pa**-tience.

stand
[stænd]

♪슾앤ㄷ XXX [스탠드] 틀린액센트/ st,d phonics

v.n. 서(있)다,~할것같다,유효,참다,대항,입장,관람석,매점,탁자
"**St**-and by Your Man" w-as sung by **Tamm**-y Wyn-**ette**.
I **fe**-l-t **dizz**-(h)y when **st**-and-ing at the **ed**-ge of the **cl**-iff.

stan·dard
[stændɚd]

♪슾앤던 XXX [스탠더ㄹ드] 틀린액센트/ st,n,d,ɚ phonics

n.aj. 표준(의),기준(되는),규범,관례(적인),권위있는,보통의
Ho-sp-it-als hav(e) a **st**-and-ard **sc**-a-le of **doct**-ors' fees.
Sch-ools should n-ot **foc**-us ex-**cl**-u-siv(e)-(h)l-y on **st**-and-ard-ized **te**-st res-**ult**s.

483

sta·ple
[ˈsteɪpəl]

♪ 슽에잎얼 XXX [스태이프얼]   틀린액센트/ st,p phonics

n.vt.aj.vi. U자모양못,스테이플어로고정시키다,주산물,제품,원료
Pot-**at**-oes are the **st**-ap-le of **the**-ir **di**-et.
He **st**-ap-led the pages in the **upp**-er l-eft **cor**-n-er.

star
[stɑɚ]

♪ 슽아얼 XXX [스타어ㄹ]   틀린액센트/ st,ɚ phonics

n.aj.vt. 별(모양,의),거물,인기인, 별처럼빛(나게장식),스타되다
She **ga**-ined cel-**eb**-rit-y **aft**-er the K-Pop **St**-ar **Prog**-ram.
The 15-ye-ar-o-l-d **sch**-ool-girl is **be**-ing gr-oomed for **st**-ard-om.

stare
[steɚ]

♪ 슽에얼 XXX [스테어ㄹ]   틀린액센트/ st,ɚ phonics

v.n. 응시,노려보다,쳐다보다,빤히쳐다(노려)보기,응시
His boss **st**-ared him up and down.
The **coup**-le sat by the **fi**-re **st**-ar-ing at the **fl**-ames.

start
[stɑɚt]

♪ 슽아얼트 XXX [스타어ㄹ트]   틀린액센트/ st,ɚ,t phonics

v.n. 시작,출발,발생,참가,beg-**in**,설립,계기되다,개시(점),시동
His sug-**ges**-tion w-as for you to **st**-art ov-(h)er.
Two **comp**-an-ies **st**-arted the game of **chick**-en in the **mark**-et.

start-up
[stɑɚtʌp]

♪ 슽아얼앞 XXX [스타어ㄹ트업]   틀린액센트/ st,ɚ,t,ʌ,p phonics

n. 활동(조업,사업)개시(업체),시동(업체).
The-re has been a **exp**-l-o-sion of **int**-er-est in the **st**-art-ups.
St-art-up **off**-(h)ers $5 rem-**ote**-l-y **st**-eered **vid**-eo-chat App.

starve
[stɑɚv]

♪ 슽아얼느ㅎ XXX [스타어r브]   틀린액센트/ st,ɚ,v phonics

v. 굶다,아사,굶주리다,절식,단식,가난,갈망,열망
She **st**-arved for a l-ov(e) w-ord from him.
You don't hav(e) to **st**-arve your-**se**-l-f to l-ose **w-e**-ight.

state
[steɪt]

♪ 슽에잍 XXX [스테잇]   틀린액센트/ st,t phonics

n.aj.vt. 상태,신분,품위,당당함,국가(의),정부(의),공식(의),말,공표
Man-y **eth**-n-ic groups comp-**ose**s Un-**it**-ed **St**-at(e)s.
She l-eft in a **st**-at(e) of conf-(h)u-sion **aft**-er pink **sl**-ipped.

state·ment
[ˈsteɪtmənt]

♪ 슽에잍먼ㅌ XXX [스테잇먼트]   틀린액센트/ st,t,m phonics

n. 성명(서),진술,의견,주장,표현법,계산서(표),보고서,일람표
His **st**-at(e)m-ent w-as ap-**prox**-im-ate to the truth.
Ind-ic-ate w-**heth**-er each of the **foll**-ow-ing **st**-at(e)-ments is true or false.

sta·tion
[ˈsteɪʃən]

 XXX [스테이션]　　　틀린액센트/ **st,ʃ** phonics

n.vt. 역,정거장,depot,부서,사업소,지위,주둔지,방송국,배치,두다
They w-ere a-**w-are** of her **st**-a-tion in l-if(e).
The **sig**-n-al faded out as w-e got **fur**-ther from the **st**-a-tion.

sta·tis·tic
[stəˈtɪstɪk]

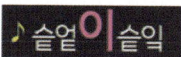 X [스터티스틱]

n. 통계량
The-re w-ere n-o **prev**-(h)ious st-at-**ist**-ics for comp-**ar**-is-on.
One st-at-**ist**-ic said that **ov**-(h)er 40% of **dip**-l-om-ats w-ere n-ot **fl**-u-ent in **sp**-ok-en **Eng**-l-ish.

stat·ue
[ˈstætʃuː]

 XXX [스태츄우]　　　틀린액센트/ **st,s** phonics

n. (조각)상,조상,소상,입상
They put up a **st**-at-ue to him **aft**-er his death.
The **so**-l-di-ers **st**-ood as **st**-at-ues at Mem-**or**-ial **Serv**-(h)ice.

sta·tus
[ˈsteɪtəs]

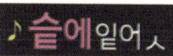 XXX [스테이터쓰]　　　틀린액센트/ **st,t,s** phonics

n. 지위,신분,st-at(e),상태,정세
What is the **st**-at-us of the neg-o-ti-**a**-tions?
She has to cope with **l-os**-ing all her **st**-at-us and **mon**-ey.

stay
[ˈsteɪ]

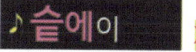 XXX [스테이]　　　틀린액센트/ **st,y** phonics

v.n. 숙박,견디다,기다리다,멈추다(기),체재,내구력,인내,참을성
He doesn't hav(e) the **disc**-ip-l-ine to **st**-ay on his **di**-et.
She **st**-ayed out l-ate, to her **fath**-er's dis-ap-**prov**-(h)al.

stead·y
[ˈstɛdi]

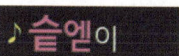  [스테디]　　　틀린액센트/　**st,d,y** phonics

aj.interj.n.v. 안정(된),불변(의),침착한,확고한(하게),고정연인
Her w-ords w-ere **st**-ead-y and **conf**-(h)id-ent.
He'll **st**-ead-y down when he gets **marr**-ied.

steal
[ˈstiːl]

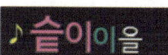  [스티얼]　　　틀린액센트/ **st,l** phonics

v. 훔치다,도용,도루,도둑질,절도,훔친물건,장물,약탈품,횡재
The **w-om**-an acc-**u-se**d her friend of **st**-eal-ing her **lov**-(h)er.
Ab-**out** 100 **mi**-ll-i-on **cred**-it acc-**ount**s **dat**-ab-ase w-as **st**-o-l-en.

steam
[ˈstiːm]

 XXX [스티임]　　　틀린액센트/ **st,m** phonics

n.v.aj.증기(의,력),안개,힘,정력,증발,분노,화내다,땀흘리다,찌다
The **chim**-ney of the **st**-eam-ship **sm**-okes.
The pot comes with a **perf**-(h)or-ated S/S **ins**-ert for **st**-eam-ing.

steel
[sti:l]
♪슾이을 XXX [스티얼] 틀린액센트/ st,l phonics
n.aj.vt. 강철(의,봉),칼,s(w)ord,강한능력,마음견고히,불굴,결심
The **bui**-l-d-ing w-as framed with **st**-eel beams.
She **st**-eeled her-**se**-l-f for the un-**pl**-eas-ant task.

steep
[sti:p]
♪슾이잎 XXX [스티이프] 틀린액센트/ st,p phonics
aj.n. 경사급한(장소,언덕,면),값비싼,엄청난,무척힘드는,과장된
The ride has **st**-eep, up and down **hi**-lls.
The **vi**-ll-age is **bui**-l-t with **cab**-le car **sy**-st-em on a **st**-eep **hi**-ll.

steer
[stiɚ]
♪슾이얼 XXX [스티어ㄹ] 틀린액센트/ st,ɚ phonics
v. 키잡다,운전,조종,한곳향하다,진로잡다,나아가다,계획대로행동
He **st**-eered the firm a-**w-ay** from **bank**-rup(t)cy.
St-art-up **off**-(h)ers $5 rem-**ote**-l-y **st**-eered **vid**-eo chat app.

stem
[stɛm]
♪슾엠 XXX [스템] 틀린액센트/ st,m phonics
n. 줄기,(잎,꽃)자루,열매꼭지,술잔(숟갈)손잡이(대),뱃머리,시작
St-em the **be**-ll **pepp**-ers bef-(h)ore **chopp**-ing. 꼭지떼라
Her **i**-**ll**-ness **st**-ems from the **traff**-(h)ic **acc**-id-ent.

step
[stɛp]
♪슾엪 XXX [스텦] 틀린액센트/ st,p phonics
n.v. 발걸음(소리,자국),댄스(스텝),진일보,한단계,계급,받침대, 계단,사다리,눈금,음정,내딛다,걷다,짓밟다,꾸짖다
To be **int**-er-ested is the **fir**-st **st**-ep of und-er-**st**-and-ing.
He w-as **cont**-ent to **st**-ep down **aft**-er four **ye**-ars as **pres**-id-ent.

Ste·phen
[ˈsti:vən]
♪슾이읍언 XXX [스티이v으언] 틀린액센트/ st,v phonics
n. 남자이름, 또는 **St**-ev-(h)en
His name is **St**-eph-en.
Be **car**-ef-(h)ul! **St**-eph-en sounds same as **St**-ev-(h)en.

stew
[stju:]
♪슾유·우 XXX [스튜-] 틀린액센트/ st,ju phonics
vt,vi.n. 중불로끓이다,스튜요리,조바심,더위로지치다,땀젖다,걱정
The **st**-ew-ing pot comes with an **perf**-(h)or-ated S/S **ins**-ert.
Par-ents w-ere all **st**-ew-ed up **ov**-(h)er **the**-ir kids' Univ. Ad-m-**i**-ssion Ex-**am**.

stick
[stɪk]
♪슾잌 XXX [스틱] 틀린액센트/ st,k phonics
n.v. 나뭇가지,막대기,재목,곤봉,매질,지휘봉,북채,지팡이,버팀목, 찌르다,붙다,갇히다,매달리다,기억에남다,튀어(불쑥)나오다,~out
His car w-as **st**-uck in **heav**-(h)y **traff**-(h)ic.
Moth-ers act as the **gl**-ue that keeps the **fam**-il-y **st**-ick tog-**eth**-er.

sticky
[stɪki]
 습읶이   XXX [스티키]   틀린액센트/ st,k,y phonics
aj. 달라붙는,끈적한,무더운,습기많은,성가신,불쾌한,팔리지않는
The-re is a **st**-ick-y **sub**-st-ance on the **tab**-le.
She had l-ong **bo**-n-y **fing**-ers which w-ere **st**-ick-y.

stiff
[stɪf]
습읺 XXX [스티f으]   틀린액센트/ st,f phonics
aj.n.av. 뻣뻣한,불굴의,거만한,냉정한,가파른,값비싼,된반죽,시체
Mix the dough unt-**i-l** it is **gett**-ing **st**-iff.
I hav(e) a **st**-iff neck **aft**-er **heav**-(h)y **w-ork**-out.

still
[stɪl]
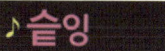 습이을  XXX [스티얼]   틀린액센트/ st,l phonics
aj.n.av. 정지한(된),평온(한),잔잔한,한장면(사진),아직,불구하고
He is **st**-i-ll **ig**-n-or-ant of the **ca**-res of l-if(e).
Peop-le are **st**-i-ll **w-av**-(h)er-ing bet-**ween** the two **cand**-id-ates.

stim·u·late
[stɪmjəˌleɪt]
 습임열에읻  XXX [스티뮬레읻]   틀린액센트/ st,m,l,t phonics
vt. 자극,격려,부추키다,흥분시키다,기운을돋우다,자극제가되다
A **ra**-ise in w-ages **mi**-ght **st**-im-ul-ate prod-**uc**-tion.
They **st**-im-ul-ated ec-**on**-om-y by **off**-(h)er-ing inc-**ent**-ives.

sting
[stɪŋ]
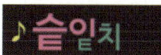 습잉  XXX [스팅]   틀린액센트/ st phonics
v.n. 찌르다(기),쏘다(기),괴롭히다,속이다,사취,고통,신랄함,풍자
He w-as **st**-ung by a bee.
His jokes hav(e) a **st**-ing.

stir
[stɚ]
습얼 XXX [스터ㄹ]   틀린액센트/ st,ɚ phonics
v.n. 휘젓다,섞다,움직이다,감동(흥분)하다,산들거림,소동,충동
The bread **batt**-er **mu**-st be **st**-irred for 5 **min**-utes.
A pol-**it**-ic-al **part**-y and **u-n**-ions **st**-irred up a dem-on-st-**ra**-tion.

stitch
[stɪtʃ]
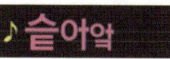 습읻치  XXX [스티취]   틀린액센트/ st,tʃ phonics
n.v. 한바늘,꿰맨부분,갑작스런통증,쑤심,깁다,바느질,재봉
A **st**-it-ch in time **sav**(e)s **n-i**-ne. <속담>
She **fe**-ll, cut her (k)n-ee and got **n-i**-ne **st**-it-ches.

stock
[stɑːk]
습아윽 XXX [스탁]   틀린액센트/ st,k phonics
n.aj.v. 재고(품),매입(품),저장,가축,증권,주식,국(지방,회사)채,줄기
The price of the **st**-ock **fl**-uc-tu-ates bet-**ween** $100 and $110.
The **q**-uant-it-y of US gas-ol-**ine st**-ock aff-(**h**)ect**s** w-orld's price.

stock·ing
[ˈstɑːkɪŋ]

♪ 슾아얽잉   XXX [스타아킹]   틀린액센트/ st,k phonics

n. 긴양말(모양의것)
A **pa**-ir of thick wool **st**-ock-ings **so**-l-d with **hik**-ing boots.
Make **su**-re your **Chri**-s(t)m-as **st**-ock-ing is hung for **Sant**-a's arr-**iv**-(h)al.

stom·ach
[ˈstʌmək]

♪ 슾엄얼   XXX [스타먹]   틀린액센트/ st,ʌ,m,k phonics

n.vt. 위,배,복부,식욕,욕망,기분,(맛있게)먹다,소화,참다,견디다
He could n-ot **st**-om-ach such in**j**-**u**-st-ice.
She has a **del**-ic-ate **st**-om-ach and **of**(t)-(h)en gets sick.

stone
[stoʊn]

♪ 슾오은   XXX [스토운]   틀린액센트/ st,n phonics

n.vt. 돌(의),석재(의),보석,결석,묘석,돌던지다(쌓다,깔다)
The tour guide kn-ew **ev**-(h)er-y **st**-one of the **cit**-y.
The **o**-l-d **cit**-y's **pav**(e)-(h)m-ent w-as mad(e) of **st**-one.

stop
[ˈstɑːp]

♪ 슾아앞   XXX [스탑]   틀린액센트/ st,p phonics

v.n. 멈추다,세우다,정지(중지)하다,끊다,정차,정거장,막기,장애물
The pol-**i**-ce cried out to a su-**sp**-ect to **st**-op.
Cl-ay an-im-**a**-tion is one form of **st**-op mo-tion an-im-**a**-tion.

stor·age
[ˈstɔrɪdʒ]

♪ 슾오ㄹ린지   XXX [스토뤼쥐]   틀린액센트/ st,r,dʒ phonics

n. 저장,보관(창고),수용력,저장(보관)량,저장(보관)료
The bed **fo**-l-ds a-**w-ay** conv-(h)en-i-ent-l-y for **st**-or-age.
Molt-en **Sa**-l-ts May Be An Alt-**ern**-at-ive to **Batt**-er-ies for El-ec-**tric**-it-y **St**-or-age. -MIT Tech-

store
[stoɚ]

♪ 슾오얼   XXX [스토어ㄹ]   틀린액센트/ st,ɚ phonics

n.aj.v. 상점,백화점,저장(된),축적,필수품,용품,창고,저장소,공급
The **st**-ore w-ouldn't cash the check. (수표 현금화)
Conv-(h)**en**-i-ence **st**-ores seem to be **popp**-ing up in Seoul.

storm
[stoɚm]

♪ 슾오엄   XXX [스토어ㄹ엄]   틀린액센트/ st,ɚ,m phonics

n.v. 폭풍(우,불다),거친날씨,맹공격,빗발(침),감정폭발,소란,공격
All **vi**-ll-ages w-ere com-**pl**-ete-l-y de-**st**-royed by the **st**-orm.
Ra-in **st**-orm **cau**-sed **po**-w-er **out**-age in **South**-ern Ont-**ar**-i-o.

sto·ry
[ˈstori]

♪ 슾오얼이   XXX [스토뤼]   틀린액센트/ st,r,y phonics

n. 이야기,동화,소설,줄거리,**pl**-ot,내력,설명,진술,기사,건물층
His **st**-or-y seemed **cred**-ib-le at **fir**-st but n-ot at all.
The **auth**-or con-**st**-ructs all the **st**-or-ies ab-**out** l-ov(e) theme.

stove
[stoʊv]

 XXX [스토우브] 틀린액센트/ st,v phonics

n. 스토브,난로,곤로,건조실,도기굽는가마,온실,데우다,말리다
She put the pan on the **st**-ove.
She cooked the **bur**-gers on the **st**-ove **ov**-(h)er high heat.

straight
[streɪt]

 XXX [스트뤠잇] 틀린액센트/ st,r,t phonics

aj.av.n. 곧은,바른,직선(의,인,으로),솔직한,공정한,청산한,결제한
He del-**iv**-(h)ered three **st**-raight **st**-rik(e)s.
He has the ab-**il**-it-y to get **st**-raight to the **co**-re of a **prob**-l-em.

straight·for·ward
[streɪtˈfɔɚ-wɚd]

 XXX [스츄뤠잇포어r워rd] 틀린발음/ st,r,t,f,ɚ,w,d phonics

aj.av. 곧장가는,부정(거짓)없는,정직한(하게),수월한,똑바로
He w-as **ver**-y **st**-raight-for-w-ard with the group.
He gav(e) us a **st**-raight-for-w-ard acc-**ount** of what **happ**-ened.

strain
[streɪn]

 X [스츄뤠인] 틀린액센트/ st,r phonics

v.n. 잡아당기다,긴장시키다,지치게,큰타격주다,(물기)제거,저항
Arms **inc**-rem-ent **st**-ra-ined the rel-**a**-tions bet-**ween** two **na**-tions.
Rock **cl**-im(b)-ing **st**-ra-ins **ev**-(h)er-y **mus**(c)-le and **l-ig**-am-ent.

strange
[streɪndʒ]

 XXX [스츄뤠인쥐] 틀린액센트/ st,r,n,dʒ phonics

aj. 이상한,소외된,낯선,생소한,경험없는,수줍은,부끄러워하는
She's **st**-ran-ge to this kind of w-ork.
By a **st**-ran-ge co-**inc**-id-ence w-e w-ere both on the same bus.

strang·er
[ˈstreɪndʒɚ]

XXX [스츄뤠인줘r] 틀린액센트/ st,r,n,dʒ,ɚ phonics

n. 낯선사람,남,새로온사람,방문객,국외자,문외한,제삼자,이국인
She's n-ot a **st**-rang-er to **pov**-(h)ert-y.
A **st**-rang-er came forth **to**-w-ards me from the crowd.

strap
[stræp]

XXX [스츄랩] 틀린액센트/ st,r,p phonics

n.vt. 끈,혁대,채찍(질),손잡이,묶다,반창고붙이다,면도칼갈다
She tied a **st**-rap ar-**ound** her head.
The F1 race **driv**-(h)er **st**-rapped him-**se**-l-f **int**-o the seat.

strat·e·gy
[ˈstrætədʒi]

XXX [스츄랫터쥐] 틀린액센트/ st,r,t,dʒ,y phonics

n. 병법,용병학,st-rat-**eg**-ics,전략,전술,책략,계략,계획,방책
Don't l-et the comp-et-**i**-tion (k)n-ow our trade **st**-rat-e-gy.
The rep-**ort** pres-**ent**ed a **crit**-ic-al an-**al**-ys-is of **the**-ir **st**-rat-eg-ies.

straw
[strɑ:]
♪ 슬롸아   XXX [스츄롸아]   틀린액센트/ st,r phonics
n.aj. 밀짚(의,모자,색),하찮은것,빨대,담황색의,가짜의
W-e w-ere **grasp**-ing at **st**-raws **ne**-ar the end. (위기상황)
He sets up a **st**-raw **comp**-an-y to **l**-aund-er **mon**-ey.

straw·ber·ry
[strɑ:bɛri]
♪ 슬롸업에리   XXX [스츄롸아베뤼]   틀린액센트/ st,r,b,y phonics
n. 딸기,딸기색,심홍색
How to Make **Choc**-ol-ate-**Cov**-(h)ered **St**-raw-berr-ies?
Get the **Choc**-ol-ate-**Cov**-(h)ered **St**-raw-berr-ies **rec**-ip-e **he**-re.

stream
[stri:m]
♪ 슬리임   XXX [스츄뤼임]   틀린액센트/ st,r,m phonics
n.v. 시내,해(조,기)류,연속,동향,추세,흐르다,능력별학급(편성)
He **dev**-(h)i-ated the **st**-ream from its or-**ig**-in-al path to his farm.
His arr-**est** w-as **gett**-ing much **cov**-(h)er-age in the **main**-st-ream news.

street
[stri:t]
♪ 슬리잍   XXX [스츄뤼이트]   틀린액센트/ st,r phonics
n.aj. 거리,가로,차도,큰거리,중심가,가로(상)의,외출용의
Be **ca**-ref-(h)ul when **cross**-ing the busy **st**-reet.
Kids l-ik(e) to draw **pic**-tures on the **st**-reet with chalks.

strength
[strɛŋθ]
♪ 슬랭쓰   XXX [스츄뤵쓰]   틀린액센트/ st,s phonics
n. 힘,세기,체력,정신력,전투력,내구력,강도,농도,효력,장점,강세
I-ll-ness cons-**um**ed both of his **sp**-i-rit and **st**-rength.
You need to cons-**erv**(e) your **st**-rength for tom-**orr**-ow.

strength·en
[strɛŋθən]
♪ 슬랭쓰헌   XXX [스츄뤵썬]   틀린액센트/ st,r,θ phonics
v. 강화,증강,힘을돋우다,격려,강해지다,기운나다,인원늘리다
The ec-**on**-om-y is **sl**-ow-l-y **st**-rength-en-ing.
The-se **ex**-er-ci-ses w-i-ll **st**-rength-en your **co**-re **mus**(c)-les.

stress
[strɛs]
♪ 슬레ㅅ   XXX [스츄뤠쓰]   틀린액센트/ st,r,s phonics
n.vt. 강조,역설,강세,**acc**-ent,장력,압력(양),변형(력),저항력,긴장
Eng-l-ish comp-**rise**s **acc**-ent, int-o-n-**a**-tion and dur-**a**-tion.
The **st**-ress w-as **gett**-ing **w-or**se, and she **fe**-l-t her-**se**-l-f **go**-ing **craz**-y.

stretch
[strɛtʃ]
♪ 슬뤠치   XXX [스츄뤠취]   틀린액센트/ st,r,tʃ phonics
v.n.aj. 한껏펴다,내밀다,기지개켜다,미치다,능력껏하다,연장,왜곡
She **st**-retched forth her hands in **pray**-er.
They **st**-retched a rope **ov**-(h)er the **st**-ream for tran-sp-ort-**a**-tion.

strict
[strɪkt]

♪슬릭ㅌ　XXX [스츄뤽트]　틀린액센트/ st,r,k,t phonics

aj. 엄한,엄격한,엄중한,엄밀한,주의깊은,면밀한,순전한,절대의
I am **te**-ll-ing you this in **st**-rict **conf**-(h)id-ence.
Doct-or pre-**sc**-ribed **st**-rict **di**-et to **cu**-re her met-**ab**-ol-ism def-(**h**)**ect**.

strike
[straɪk]

♪슬라익　XXX [스츄롸익]　틀린액센트/ st,r,k phonics

v.n. 때리다,불내다,(우연히)부딪(마주)치다(발견),강한인상주다, (결론•계약•조약)맺다,타격,구타,스트라이크(파업,야구)
St-rik(e)s **w-ors**-ened the **comp**-an-y's prod-**uct**-**iv**-(h)it-y **cris**-is.
The **w-ork**-ers w-ould **st**-rik(e) unt-**i-l the**-ir dem-**and**s w-ere met.

string
[strɪŋ]

♪슬링　XXX [스츄륑]　틀린액센트/ st,r phonics

n.v. 끈,줄,일렬배열,같은계열,현(악기),힘줄(건),신경,(매)달다
He tied the **pack**-ages tog-**eth**-er with **st**-ring.
They **st**-rung **pop**-cor-n **garl**-ands for the **Chri**-s(t)m-as tree.

strip
[strɪp]

♪슬립　XXX [스츄륍]　틀린액센트/ st,r phonics

v.n. 벗(기)다,빼앗다,없애다,스트립쇼,길쭉한조각,상점거리,상가
He **st**-ripped him-**se**-l-f down to his **und**-er-w-ear.
All her fan **l-ett**-ers w-ere **bund**-led with a few **st**-rips of el-**ast**-ics.

stripe
[straɪp]

♪슬라입　XXX [스츄롸입]　틀린액센트/ st,r,p phonics

n.vt. 줄,줄무늬(직물,천,옷,장식),계급표시줄기장,채찍자국(질),
The **st**-ripes are char-**act**-er-**ist**-ic of the **zeb**-ra.
My **NEM**-o has **or**-ange, **bl**-ack and white **st**-ripes.

stroke
[stroʊk]

♪슬로윽　XXX [스츄로욱]　틀린액센트/ st,r,k phonics

n.v. 치기,타격(법),뇌솔숭·충풍,왕복운동,수영법,노력,한획,필치, 심징고동(맥빅), 선(획)긋다,공치다,어루만지다,주름펴다,달래다
A **st**-rok(e) **par**-al-yzed him down on one sid(e).
She swam with l-ong, **sm**-ooth **st**-rok(e)s.

strong
[strɑ:ŋ]

♪슬라앙　XXX [스츄뤙]　틀린액센트/ st,r phonics

aj.av. 강한,튼튼한,단호한,용기있는,권력있는, 오름세의,경기상승
Chinn-ing your-**se**-l-f a bar **he**-l-ps your back **st**-rong.
The yacht w-as **bl**-own **off cour**-se by **st**-rong wind.

struc·ture
[strʌktʃɚ]

♪슬락춰ㄹ　XXX [스츄롹춰ㄹ]　틀린액센트/ st,r,ʌ,tʃ,ɚ phonics

n.vt. 구조(물),조직,기구,조성,건조(축)물,구성물,체계(조직)화
They **st**-ud-ied the **graph**-(h)ene's **chem**-ic-al **st**-ruc-ture.
Ce-ll is the **sm**-all-est **st**-ruc-tur-al **un**-it of an **org**-an-ism.

strug·gle
[strʌgəl]

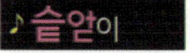 XXX [스츄뤄그얼]   틀린액센트/ st,r,ʌ,g,l phonics

v.n. 치열하게(노력,분투),간신히~이되다,노력,싸움

She has **st**-rugg-led to ma-int-**ain** a **con**-st-ant **w-e**-ight.
Sandberg e**x**-**pl**-ores that **w-om**-en **st**-rugg-le with succ-**ess**.

stub·born
[stʌbɚn]

XXX [스타버ㄹ언]   틀린액센트/ st,ʌ,b,ɚ phonics

aj. 완고한,고집센,확고한,불굴의,다루기어려운,벅찬,잘낫지않는

He is a **st**-ubb-orn **char**-act-er used to **gett**-ing his own **w**-ay.
The **trea**-tm-ent rem-**ove**s the **mo**-st **st**-ubb-orn **st**-ains.

stu·dent
[stu:dn̩t]

 XXX  [스튜우든트]   틀린액센트/ st,d,n,t phonics

n. 학생,**pup**-il,생도,연구생,연구가,학자   Schwa [n̩]=[언]

He **coa**-ched a **st**-ud-ent for the **fin**-al ex-am-in-**a**-tion.
St-ud-ents **fee**-l **pres**-sure to conf-(h)**orm** to **sch**-ool dress code.

study
[stʌdi]

 XXX  [스타디]   틀린액센트/ st,ʌd,y phonics

v.n. 배우다,공부(연구,검토,조사,관찰)(하다),학문,서재,연습곡

My **fir**-st **ca**-re is to **st**-ud-y **Eng**-l-ish hard.
Germ-an **Ein**-st-ein's **the**-or-y has been corr-**ob**-or-ated & proved
by **Brit**-ish **Edd**-ing-ton's exp-er-im-**ent**-al **st**-ud-y **dur**-ing the WWII.

stuff
[stʌf]

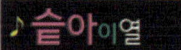 XXX  [스타f으]   틀린액센트/ st,ʌf phonics

n.v. 물건,재산,잡동사니,작품,마약,돈,(속,배)채우다,메우다,막히게

Don't l-eav(e) your **st**-uff be-**hind**.
The **bo**-y **st**-uffed his **pock**-ets with **cand**-y.

stu·pid
[stu:pɪd]

XXX [스튜우피드]   틀린액센트/ st,p,d phonics

aj.n. 어리석은,바보(같은),몰상식한,시시한,dull,멍해진,취해있는,

"It's the **ec**-**on**-om-y, **st**-up-id!" **Cl**-int-on's hot camp-**aign**.
My be-**hav**-(h)ior w-as **pett**-y and **st**-up-id. I ap-**ol**-o-gize.

style
[staɪəl]

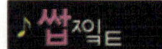 XXX [스타열]   틀린액센트/ st,l phonics

n.vt. 양식,형(식),문체,말씨,특정스타일(문체),체제갖추다

Psy's Gangnam **St**-y-le w-ent to the top of the charts.
The **beaut**-y shop has a w-id(e) **choi**-ce of **st**-y-les and **col**-ors.

sub·ject
[sʌbdʒɪkt]

X [써브좩트]   mora발음/ s,ʌb,dʒ,t phonics

n.aj.vt. 주제,테마,주선율,과목,필요하는,조건으로하는,지배,위임

The int-erp-ret-**a**-tion of **hi**-st-or-y are the **subj**-ect of deb-**ate**.
Inv-(h)**is**-ib-le is a res-**ear**-ch **subj**-ect of the Def-(h)**ense**.

sub·mit
[səbˈmɪt]

♪썹**밑** ✗ [써**브밋**] 틀린발음/ s,b,m,t phonics

v. 제출,제기,제안,부탁,복종(굴복,감수)시키다(하다)
They fought the **cl**ock to sub-**mit** the **pl**an bef-(**h**)**o**re **dead**-l-ine.
She sub-**mit**ted an an-**al**-ys-is of the **chem**-ic-al phen-**om**-en-on.

sub·or·di·nate
[səˈboɚdənət]

♪썹**오**얼던엍 ✗ [써**보**어ㄹ **더넛**] mora발음/ s,b,ɚ,d,t phonics

aj.n.vt. 하위(의),보조(의),부하(의),추종적인,의존,부속물,따르게
Ru-les should be sub-**ord**-in-ate to **reas**-on.
He l-eft the day-to-day **runn**-ing of the firm to his sub-**ord**-in-ates.

sub·se·quent
[ˈsʌbsəkwənt]

♪**썹**썹으**원**ㅌ ✗ [**썹써크원트**] mora발음/ s,b,kw,t phonics

aj. 뒤이어일어나는,~다음(후,바로뒤)의,뒤이은
His **subs**-e-q-uent succ-**ess canc**-eled his **ear**-l-ier **bl**-und-ers.
They had the rec-**ep**-tion **part**-y **subs**-e-q-uent to **the**-ir w-**edd**-ing.

sub·si·dy
[ˈsʌbsədi]

♪**썹**썰이 ✗ [**썹써디**] mora발음/ s,b,d,y phonics

n. 보조(장려)금,교부금,기부금
The **cit**-y is in-**creas**-ing **subs**-id-ies for **sub**-w-ay.
They've **sl**-ashed the **gov**-(**h**)ernm-ent's **subs**-id-ies.

sub·stance
[ˈsʌbstəns]

♪**썹**슽언ㅅ ✗ [**썹쓰턴쓰**] 틀린발음/ st,s phonics

n. 물질,물체,개체,과제,취지,골자,본질,자산,자력
The-re is a **st**-ick-y **sub**-st-ance on the **tab**-le.
This is the **sub**-st-ance of her prop-**os**-al.

sub·stan·tial
[səbˈstænʃəl]

♪**썹**슽앤셜 ✗✗✗ [써**브스탠셔**얼] mora발음/ s,b,st phonics

aj.n. 현실의,실재의(것,불),충분한,근본의,중요한,재력있는
Act-**iv**-(**h**)it-ies l-ik(e) MTB pose a sub-**st**-an-tial risk of **inj**-ur-y.
That is a sub-**st**-an-tial im-**prov**(e)m-ent in the **curr**-ent sit-u-**a**-tion.

sub·sti·tute
[ˈsʌbstəˌtuːt]

♪**썹**슽어**투**웉 ✗ [**썹스터츄웃**] mora발음/ s,b,st,t phonics

n.v.aj. 대리(인)(의),보결,대용품(식,어),대신(대리)하(게하)다
Fl-opp-y disks w-ere **sub**-st-it-uted by Com-**put**-er Disk.
They got a **sub**-st-it-ute **cau**-se **the**-ir **reg**-ul-ar **teach**-er w-as sick.

sub·way
[ˈsʌbˌweɪ]

♪**썹**으**웨**이 ✗ [**써브웨이**] mora발음/ s,b,w,y phonics

n. 지하철,**met**-ro,tube,지하도,**und**-er-pass,하수도,지하전선
I took the **sub**-w-ay to the Sangam **st**-ad-ium.
She's been on the **Met**-ro Seoul **sub**-w-ay.

suc·ceed
[səkˈsiːd]
♪썩씨잍   X [썩씨이드]   틀린발음/ s,k,d phonics
v. 성공,출세,잘되다,상속,후임되다,계속되다,이어지다,뒤에오다
I hav(e) ev-(h)er-y conf-(h)id-ence in your ab-il-it-y to suc-ceed.
The com-bin-a-tion of our ab-il-it-y l-ead the proj-ect suc-ceeded.

suc·cess
[səkˈsɛs]
♪썩쎄ㅅ   X [썩쎄쓰]   틀린발음/ s,k,s phonics
n. 성공⇔fa-il-ure,입신,출세,성공한것,대히트,대성공,성공한사람
This succ-ess is due to our team's eff-(h)orts.
He fe-l-t ov-(h)er-shad-ow-ed by the succ-ess of his si-st-er.

suc·cess·ful
[səkˈsɛsfəl]
♪썩쎄ㅅ슾헐   X [썩쎄쓰f어얼]   틀린발음/ s,k,s,f phonics
aj. 성공한,출세한,성공적인,대성공의
The rel-ief mu-st co-ord-in-ate if it is to be succ-essf-(h)ul.
Sandberg ex-pl-ores w-om-en st-rugg-le to be succ-essf-(h)ul.

such
[ˈsʌtʃ]
♪쎁치   X [써취]   mora발음/ s,ʌ,tʃ phonics
aj.pron. 그런,이런,그(이)같은,아주좋은(멋진,나쁜),그런(사람,것)
I am such a cow-ard hat-ing to go to the dent-ist.
Such cl-aims are n-ot comp-at-ib-le with the facts.

suck
[ˈsʌk]
♪썩   X [썩]   틀린발음/ k phonics
v.n. 빨(아올리)다,핥다,흡수,얻다,아첨,빨기,소용돌이,실망,실패
It sucks.   실망스럽다. 꼴좋다.
Her shout w-as sucked int-o the sil-ence.

sud·den
[ˈsʌdn̩]
♪쎁언   X [써든]   Schwa [n̩]=[언], mora발음/ s,d,n phonics
aj.av.n. 갑작기,돌연(한),불시(의),별안간(의),sudd-en-l-y
She fe-l-t a sudd-en twinge of gui-l-t.
She sudd-en-l-y conv-(h)erted to Cath-ol-i-cism.

suf·fer
[ˈsʌfɚ]
♪쌉f헐   X [써f어ㄹ]   mora발음/ s,f,ɚ phonics
vi. 괴로워,고민,병앓다,(상처)입다,손해보다,(처벌)받다,순교
She suff-(h)ers from con-st-ant head-aches.
He's in his sec-ond chi-l-dhood and suff-(h)ers from dem-en-tia.

suf·fi·cient
[səˈfɪʃənt]
♪써f피션ㅌ   X [써f이션트]   mora발음/ s,f,t phonics
aj.n. 충분한,족한,자격(능력)있는,충분(한양)
Those dat-a w-ere suff-(h)i-cient for our purp-ose.
Hard-w-are al-one is n-ot suff-(h)i-cient to en-sure vict-or-y.

sug·ar
[ʃʊgɚ]

♪슈얼   ✗ [슈거ㄹ]   mora발음/ s,g,ɚ phonics

n.v. 설탕,달콤한말,여보,돈,마약,체!,빌어먹을!설탕넣다,외양좋게
A **Sp**-oonf-(h)ul Of **Sug**-ar **he**-l-ps the **med**-i-cine go down.
She **du**-sted the **mou**-sse cak(e) with **ic**-ing **sug**-ar l-ik(e) **sn**-ow.

sug·gest
[səˈdʒɛst]

♪썬제에슽   ✗ [써줴스트]   틀린발음/ s,dʒ,st phonics

vt. 제안,prop-**ose**,암시,비치다,완곡히말,연상시키다,생각나게
In con-**cl**-u-sion, I w-ould l-ik(e) to sugg-**est** a toast.
Pren-**at**-al DNA **Te**-sts Should be N-ew **St**-and-ard, Sugg-**est**ed

sug·ges·tion
[səˈdʒɛstʃən]

♪썬제에슽천   ✗ [써줴스췬]   틀린발음/ s,dʒ,stʃ phonics

n. 제안(하기),시사,충고,생각,계획,기색,연상,암시,시사,암시된것
His sug-**ges**-tion w-as for you to **st**-art **ov**-(h)er.
They mad(e) dis-ap-**prov**-(h)al of our sug-**ges**-tion **ver**-y **cl**-ear.

su·i·cide
[ˈsuəˌsaɪd]

♪수엇아인   ✗ [쑤-우어싸이드]   mora발음/ s,d phonics

n.aj.v. 자살(행위,사건,자),자멸,자살의,자살하다
He comm-**itt**ed **su**-ic-ide on e**x**p-o-su-re.
The pol-**i**-ce hav(e) off-(h)i-ciall-y **ru**-led the death a **su**-ic-ide.

suit
[ˈsuːt]

♪수욷   ✗ [쑤우트]   mora발음/ s,t phonics

n.v. (양복)한벌,민사소송,청원,구애,편리,마음들다,맞추다,적합
His **bl**-ack suits and the white tie cont-**rast**ed **sharp**-l-y.
Ev-(h)er-y piece of **furn**-it-ure w-e-ll suited **the**-ir **st**-y-le of house.

suit·able
[ˈsuːtəbəl]

♪수욷업얼   ✗ [쑤우터브얼]   mora발음/ s,t,b,l phonics

aj. 적합한,알맞은,어울리는,형편에맞는
The **prob**-l-em is **suit**-ab-le for **cl**-ass deb-**ate**.
The-se shoes are n-ot **suit**-ab-le for **mount**-ain **cl**-im(b)-ing.

sum
[ˈsʌm]

   ○ [썸]   ʌ phonics

n.vt. 합계(금액),총(계,량,액), 전체,개요,집계,요점말,매듭짓다
The **tot**-al e**xp**-enses came to an en-**orm**-ous sum.
The **two** ye-**ar** o-l-d **prod**-ig-y can read, w-rite and sum.

sum·ma·ry
[ˈsʌməri]

♪썸어뤼   ✗ [써머뤼]   mora,틀린발음/ s,ʌ,m,r phonics

n.aj. 요약(한),개요(의),**brief**-ing,결론,간결한,즉석의,약식의,brief
He gav(e) a **summ**-ar-y of the **prog**-ress in **bui**-l-d-ing the house.
W-e should **st**-op **he**-re and **summ**-ar-ize what w-e've said so far.

sum·mer
[sʌmɚ]

♪썸얼   X [써머ㄹ]   mora,틀린발음/ sʌmɚ phonics

n.aj.v. 여름(보내다),더운(철),원숙기,여름(용)의,피서,대들보
The w-eath-er w-as hot and st-ick-y in summ-er.
W-e chatt-ed ab-out our pl-ans for the summ-er.

sun
[sʌn]

♪썬   O [썬]

n.vt. 태양(신),해,햇빛(별),태양도안(문장,무늬등),햇볕쬐다
Her brace-l-et fl-ashed in the sun-l-ight.
The sun w-as sett-ing on the hor-i-z(h)on.

Sun·day
[sʌndeɪ]

♪썬데이   O [썬데이]

n.aj.av.vt. 일요일(의),안식일(의),주일(의),일요신문
He w-ants to l-eav(e) for Seoul Sund-ay.
She'll arr-iv(e) on Mond-ay and l-eav(e) on Sund-ay.

sun·ny
[sʌni]

♪썬이   X [써니]   mora발음/ s,n,y phonics

aj. 햇빛밝은(찬란한),양지바른,햇빛잘드는,태양의,명랑한,쾌활한
If it's sunn-y l-at-er, w-e can run to the park.
They found a sunn-y pl-ace to hav(e) sun-tann-ing.

su·per
[suːpɚ]

♪수읗얼   X [수우퍼ㄹ]   mora발음/ s,p,ɚ phonics

aj.av.n. 최고급의,일류의,우수한,강력한,초대형의,극도의,고용원
Sup-er Typh-(h)oon de-st-royed Tac-l-ob-an cit-y, Phil-ipp-ine.
It di-sg-usts that mo-st da-il-y dram-as foc-us on sup-er-riches.

su·pe·ri·or
[sʊpirijɚ]

♪숲이리열   X [수피뤼여ㄹ]   mora,틀린발음/ s,p,r,ɚ phonics

aj.n. 상위의,우수한(사람),고급의,가치있는,교만한,초연한,상관
This new car off-(h)ers sup-er-ior perf-(h)orm-ance.
The arm-y def-(h)eat-ed by sup-er-i-or numb-ers of en-em-y.

su·per·vise
[suːpɚˌvaɪz]

♪수읗얼바이즈히   X [수우퍼ㄹ바이즈]   mora,틀린발음/ s,p,ɚ,v,z phonics

vt. 감독,관리,지시
He sup-erv-(h)ises a st-aff of 30 w-ork-ers.
A sup-erv-(h)is-or w-as sent to he-l-p out with rout-ine tasks.

sup·per
[sʌpɚ]

♪쌒얼   X [써퍼ㄹ]   mora발음/ s,p,ɚ phonics

n. 저녁(식사,음식),(가벼운)만찬,야식,저녁파티,저녁식사때
She didn't come ho-me for supp-er.
W-e al-w-ays enj-oyed our ev-(h)er-y n-i-ght supp-ers.

sup·ple·ment
[sʌpləmənt]

 X [써플러먼트]   중복"ㄹ"="r"발음/ s,p,l,m,t phonics

n.vt. 추가,보충,보완,부록,(증보,부록)달다,(부족)채우다

She **supp**-l-em-ents her **inc**-ome with a part time job.

1st-cl-ass acc-omm-od-**a**-tion is av-(h)**ail**-ab-le for a **supp**-l-em-ent.

sup·ply
[sə'plaɪ]

 X [써플라이]   중복"ㄹ"="r"발음/ s,p,l,y phonics

vt.n.av. 공급(량),보급(량,물),보완,**furn**-ish,충족시키다,필수품

The **ol**-iv(e) **o**-i-l is sup**p**-l-ied in a **cl**-ear, **pl**-ast-ic cont-**ain**er.

If dem-**and** is **mo**-re than sup**p**-l-y, price w-i-ll be in-**crease**d.

sup·port
[sə'poɚt]

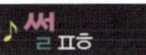 X [써포어ㄹ트]   mora,틀린발음/ s,p,ɚ,t phonics

vt.n. 받치(기)다,후원(자),원조,견디다,뒷받침,부양(자),조연,조력

Her **fam**-il-y w-as **comf**-(h)orted by the **out**-pour-ing supp-**ort**.

The l-ack of fin-**an**-cial supp-**ort** is **the**-ir **bigg**-est com-**pl**-aint.

sup·pose
[sə'poʊz]

 X [써포우즈]   mora,틀린발음/ s,p,ɚ,t phonics

v. 가정(생각,암시)하고있다,기대(요구)되고,~하기로되어있다

You are n-ot supp-**ose**d to park **he**-re.

He supp-**ose**d you thought your-**se**-l-f too grand.

sure
[ʃɚ]

 X [슈어ㄹ]   mora발음/ ʃɚ phonics

aj.av. 확실한(히),**cert**-ain,틀림없는,반드시,물론,천만의말씀

She **fe**-l-t **su**-re that **some**one w-as **foll**-ow(**st**-alk)-ing her.

Su-re, you can ap-**pre**-ci-ate the **grav**-(h)it-y of the sit-u-**a**-tion.

surf
[sɜrf,sɜːf]

♪써ㄹ프ㅎ O [써ㄹfㅇ]

n.vi. 밀려오는파도,흰파도,부서지는파도,파도타기하디

Eng-l-ish is the **mu**-st-hav(e) **w**-eap-on to surf the world.

So-l-di-ers **mu**-st dev-(h)**ot**(e) them-**se**-l-ves to **Eng**-l-ish to surf the world.

sur·face
[ˈsɚfəs]

♪써어ㄹ피ㅅ O [써ㄹfㅇ쓰]   s,ɚ,s phonics

n.aj.표면(의),수면,외양(의),(평)면(의),육(수)상수송(우편)(의),지상

The-ir **diff**-(h)er-ences beg-**an** to surf-(h)**ace**.

You need a **fl**-at surf-(h)ace to **bui**-l-d a **bui**-l-ding on.

sur·geon
['sɚr-jən]

♪써ㄹ젼 O [써r줜]

n. 외과의사⇔phys-(h)**i**-cian,**doct**-or,군의관,선의

He's in need of **surg**-eon's op-er-**a**-tion.

A **surg**-eon is a phys-(h)**i**-cian **sp**-e-cial-iz-ing in **surg**-er-y.

sur·gery
[sɚdʒəri]

♪ 써ㄹ저어리   X [써ㄹ줘뤼]   틀린발음/ **dʒ,r,y** phonics

n. 수술(법),외과(의학),수술실
He had **surg**-er-y on his l-eft **shou**-ld-er.
The drug red-**uce**d the **inc**-id-ence of **pa**-in **aft**-er **surg**-er-y.

sur·name
[sɚneɪm]

♪ 써ㄹ네임   O [써ㄹ네임]

n.vt. 성,**fam**-il-y(l-ast) name,별명,성(별명)을붙이다(부르다)
His **grand**-fath-er is a Kor-**e**-an from his **sur**-name.
"da Vinci" w-as Leon-**ar**-do's **sur**-name but n-ot his **fam**-il-y's.

sur·prise
[sɚpraɪz]

♪ 써ㄹ프라이즈ㅎ   XXX [써ㄹ프롸이즈]   틀린액센트/ **s,p,r,z** phonics

vt.n. 놀래다(주기),기습,허찌르다(기),깜짝발견(놀람,일,파티,선물)
What a **pl**-eas-ant sur-**prise** to see you!
He w-as sur-**prise**d and dis-app**p**-o-inted by the dec-**i**-sion.

sur·prising
[sɚpraɪzɪŋ]

♪ 써ㄹ프라이징   XXX [써ㄹ프롸이징]   틀린액센트/ **s,p,r,z** phonics

aj. 놀랄만한,놀라게하는,예기치않은,불시의
It's n-ot sur-**pris**-ing that she doesn't w-ant to **marr**-y him.
A sur-**pris**-ing **numb**-er of **cu**-st-om-ers **ord**-er the same **men**-u.

sur·ren·der
[sɚrɛndɚ]

♪ 써어얼ㄹ렌덜   O [써뤤더ㄹ]   **s,r,dɚ** phonics

v.n. 항복,자수,포기,인(양)도,목숨잃다,몸을맡기다,보험해약
She surr-**end**-ered her-**se**-l-f to his em**b**-race.
They had to dec-**ide** bet-**ween** surr-**end**-er and the death.

sur·round
[sɚraʊnd]

♪ 써얼ㄹ라운드   O [써롸운드]   **s,r,d** phonics

vt.n. 둘러(에워)싸다(는것),포위,enc-**irc**-le,울타리되다
Some **ca**-s(t)-les w-ere surr-**ound**ed by **dit**-ches.
Kids are **mo**-re rel-**ax**ed in fam-**il**-i-ar surr-**ound**-ings.

sur·vey
[sɚveɪ]

♪ 써얼v헤이   O [써ㄹv에이]   **s,ɚ,v** phonics

n. 조사(서),검사,사찰,개론,추출표본,측량(도),실측도
Ten **coup**-les mad(e) app-l-ic-**a**-tions for the **surv**-(h)ey.
Surv-(h)ey rep-**ort**ed dec-**rease** in **traff**-(h)ic **acc**-id-ents.

sur·vey
[sɚveɪ]

♪ 써얼v헤이   O [써ㄹv에이]

v. 조사,검사,자세히보다,측량,바라보다,둘러보다,개관
They surv-(**h**)**ey**ed the **beaut**-if-(h)ul scene **bel**-ow them.
Peop-le w-ere surv-(**h**)**ey**-ing the **dam**-age **aft**-er the **st**-orm.

sur·vive
[sɚˈvaɪv]

X [써ㄹv아이v]   mora발음/ ɚ,v phonics

v. 살아남다,견디다,극복,타개,연명,존속,잘해나가다
They hav(e) to re-**st**-ruc-ture the **corp**-or-ate to surv-(h)ive.
Hu-m-ans surv-(h)ived by **cult**-iv-(h)at-ing **veg**-ies and **gra**-ins.

sus·pect
[səˈspɛkt]

XXX [써스펙트]   틀린액센트/ sp,k,t phonics

vt.n.aj. 알아채다,의심,혐의 ['səspɛkt]용의자,주의인물,의심스런
The pol-**i**-ce su-**sp**-ected him of **mur**-der.
The pol-**i**-ce cried out to a **su**-sp-ect to **st**-op.

sus·pend
[səˈspɛnd]

XXX [써스펜드]   틀린액센트/ sp,n,d phonics

vt. (매)달(리)다,연기, (지급)정지,미루다,정학(직)시키다
Your **memb**-er-ship may be su-**sp**-ended & **canc**-eled.
Ferr-y **serv**-(h)ice w-as su-**sp**-ended on an acc-**ount** of **st**-orm.

sus·pen·sion
[səˈspɛnʃən]

XXX [써스펜션]   틀린액센트/ sp,n,ʃ phonics

n. 매달기,일시정지,정학(직),거는도구,완충장치,올리는장치
He w-as **ang**-ry ab-**out** his su-**sp**-en-sion from the **sch**-ool.
The **ath**-l-ete rec-**eive**d a **two**-ye-ar su-**sp**-en-sion for **dop**-ing.

sus·pi·cion
[səˈspɪʃən]

XXX [써스피션]   틀린액센트/ sp,ʃ phonics

n.vt. 의심,혐의,용의,낌새채기,막연한느낌,아주조금의~,기미,의심
The-re is a **st**-rong su-**sp**-i-cion ag-**ainst** him.
A **coup**-le saw each **oth**-er with di-sl-**ik**(e) and su-**sp**-i-cion.

sus·pi·cious
[səˈspɪʃəs]

XXX [써스피셔쓰]   틀린액센트/ sp,ʃ,s phonics

aj. 의심나는(많은,찬),수상한,나쁜쪽으로짐작하기쉬운
He w-as **al**-ways su-**sp**-i-cious of pol-it-**i**-cians.
Her su-**sp**-i-cious **na**-ture def-(h)eated her of **mak**-ing **frien**ds.

sus·tain
[səˈsteɪn]

XXX [써스테인]   틀린액센트/ s,t,n phonics

vt. 떠받치다,견디다,격려,유지,지지,승인,확인,supp-**ort**,잘해내다
The beams sust-**ain** the **w-e**-ight of the roof.
They w-ere sust-**ain**ed by her un-**fl**-agg-ing **opt**-im-ism.

swal·low
[ˈswɑːloʊ]

XXX [스와알로우]   틀린액센트/ s,w,l phonics

v.n. 삼키다(기),흡수,한말취소,감수,참다,우물거리며발음,제비
The exp-enses sw-**all**-owed up the **prof**-(h)its.
Sw-all-ows w-ere tw-**eet**-ing **und**-er the roof.

swear
[sweɚ]
♪ 스웨얼   XXX [스웨어ㄹ]   틀린액센트/ s,w,ɚ phonics
v. 맹세,선언,증언,선서,주장,약속,장담,욕,악담,욕설,저주,독설
Do you **sw**-ear to **te**-ll the truth?
He sat back on his **hee**-ls and **sw**-ore to the King.

sweat
[swɛt]
♪ 스웰   XXX [스웻]   틀린액센트/ s,w,t phonics
v.n. 땀흘리다,per-**sp**-ire,이슬맺다,발효,혹사,착취,낭비,발한작용
The kid **sw**-eated with **sep**-er-ate an**x-i**-et-y.
She **sn**-agged her **fav**-(h)or-ite **sw**-eat-er on a **na**-i-l.

sweep
[swi:p]
♪ 스위잎   XXX [스위ㅍ]   틀린액센트/ s,w,p phonics
v.n. (휙)쓸(어가)다,병퍼지다,압승,계속이기다,맘사로잡다,쓰레기
She mad(e) a **cl**-ean **s-w**-eep of the **fig**-ure **sk**-at-ing games.
The an**x-i**-et-y of SARS **s-w**-ept all **ov**-(h)er the **count**-ry.

sweet
[swi:t]
♪ 스위잍   XXX [스위트]   틀린액센트/ s,w,t phonics
aj.av.n. 단(맛이),달콤한,부드러운,귀여운,매력적인,연인,단과자류
I **ord**-ered a sc-**oop** of **ice**-cream on a **s-w**-eet **co**-n(e).
Chri-**st**-in-a Ag-**uil**-**er**-a sang **Cand**-y-man, the **S-w**-eet **Sug**-ar.

swell
[swɛl]
♪ 스웰   XXX [스웨얼]   틀린액센트/,발음/ s,w,l phonics
v.n.aj. 부풀(리)다,붓다,늘(리)다,증대,물결치다,가슴벅차다,큰파도
Her feet **s-w**-e-lled (up) from l-**ong**-hour **st**-and-ing.
The Han **riv**-(h)er has **s-w**-oll-en with **heav**-(h)y **ra**-in.

swim
[swɪm]
♪ 스웜   ♪ 스왐   XXX [스윔]   틀린액센트/ s,w,m phonics
v.n. 수영,감정넘치다,현기증(나다),헤엄쳐건너다,유연한움직임
She **da**-red him to swim ac-**ross** the **riv**-(h)er. (꼬시다)
swam XXX [스왬] 과거형, swum XXX [스웜] 과거분사형

swing
[swɪŋ]
♪ 스윙   ♪ 스왕   XXX [스윙]
v.n.aj. 흔들(림)다,휘두르다,sweep,매달(리)다,그네,회전,교환,스윙
He sat on the **tab**-le, **swing**-ing his legs.
swung XXX [스왕] 과거형, 과거분사형

switch
[swɪtʃ]
♪ 스윝치   XXX [스위취]   틀린액센트/ s,w,tʃ phonics
n.v. 스위치,변경,채찍질,때리기,긴다리,부분가발,교체,바꾸다
Turn off the **l-i**-ght **sw**-it-ch when you l-**eav**(e), pls.
They **sw**-it-ched the conv-(h)ers-**a**-tion to a **l-i**-ght-er **subj**-ect.

sword
[sɔɚd]

♪ 쏘언   O [쏘어ㄹ드]

n. 칼,검(비슷한것), (the와함께)전쟁,학살,폭력,군사력
The pen is **mi**-ght-i-er than the s(w)ord.   <**prov**-(h)erb>
Ju-st-ice is **fig**-ured as a **bl**-ind **godd**-ess with s(w)ord and **bal**-ance **sc**-a-les.

sym·bol
[ˈsɪmbəl]

♪ 씸벌   X [씸버얼]   틀린발음/ l phonics

n.vt. 상징(화),표상,부호,기호,교회신조,Ap-**o**-s(t)les' creed
L-omb-**ard**-i is the **symb**-ol of the **be**-st **foot**ball **pl**-ay-er & **coa**-ch.
Bread and **hon**-ey is the **symb**-ol of **bas**-ic and **dec**-ent food.

sym·pa·thet·ic
[ˌsɪmpəˈθɛtɪk]

♪ 씸퍼엩익   X [씸퍼쎄틱]   mora발음/ s,p,θ,t,k phonics

aj.n. 동정심있는,호의적인,마음맞는(드는),cong-**en**-ial,공명하는
The boss w-as symp-ath-**et**-ic to the **proj**-ect.
He sees you as a symp-ath-**et**-ic **fri**end.

sym·pa·thy
[ˈsɪmpəθi]

♪ 씸퍼이   X [씸퍼씨]   틀린발음/ s,m,p,θ,y phonics

n.aj. 동정(심),연민(의정),조의,위문,동감,호의,교감,동정심
He **fe**-l-t a deep **symp**-ath-y for the poor.
Pres-id-ent sent her **symp**-ath-ies on the death of Mr. Y.S. Kim.

symp·tom
[ˈsɪmptəm]

♪ 씸프텀   O [씸프텀]

n. 징조,징후,조짐,전조,sign,증상,증후
Her **sym**(p)t-oms had n-o app-**ar**-ent **phys**-ic-al **cau**-ses.
She w-as ex-**hib**-it-ing **sym**(p)t-oms of **all**-er-gy and **st**-ress.

sys·tem
[ˈsɪstəm]

♪ 씨슽엄   X [씨스텀]   mora발음/ st,m phonics

n. (신체)조직(체계)(망),계통,기구,장치,학설,제도,체제,방식,순서,세계,
Dyn-**am**-ic Drive is an **act**-iv(e) su-**sp**-en-sion cont-**ro**-l **sy**-st-em.
You w-i-ll l-earn **Eng**-l-ish with n-ew pron-**ounc**-ing **sy**-st-em.

원어민 News 언아은ㅅ얼의 멘트를 뒤따라 소리내어 보시면 좋은데…

t or T
[ti:]

♪ 티이　　　✗ [티이]

n. 앨펍엩 스무째자,T(자)형
Something shaped l-ike the **lett**-er T.
T is the 20th **l-ett**-er of the **mod**-ern **Eng**-l-ish **alph**-(h)ab-et.

ta·ble
[teɪbəl]

♪ 테입얼　　　✗ [테이브얼]　　　mora발음/ t,b phonics

n. 식탁,탁자,차려진음식,조찬,좌중한사람들,평면,평원,평지,고원
The-re is a **st**-ick-y **sub**-st-ance on the **tab**-le.
Carr-ots w-ere on the neg-o-ti-**a**-tion **tab**-le.

tail
[teɪl]

♪ 테이얼　　　✗ [테열]　　　틀린발음/ i,l phonics

n.aj.v. 꼬리(모양)(에),마무리,찌꺼기,화폐뒷면⇔head,줄잇다,미행
He is **chopp**-ing the **yell**-ow **ta**-i-l **tun**-a for sa-**shim**-i.
One JindoDog's **fea**-ture is the curved **ta**-i-l **ov**-(h)er his back.

tai·lor
[teɪlɚ]

♪ 테일얼　　　✗ [테일러ㄹ]　　　중복"ㄹ"="r"발음/ l,ɚ phonics

n. 양복점(경영),재봉사,옷짓다(맞추다),적응시키다,맞추다
He **tai**-lored **sev**-(h)er-al suits for me.
The **comp**-an-y **tai**-lored the job for her.

take
[teɪk]

♪ 테익　　♪특　　♪ 테익언　　✗ [테익]　　틀린발음/ s,n phonics

v. 잡다,획득,사다,시행,관심끌다,먹다,마시다,전념,이해,책임지다
He took the cap off the **be**-er **bott**-le.　　took　taken
The man-uf-(h)ac-tur-er took **mea**-sures to re-**st**-rain **co**-sts.

tal·ent
[tælənt]

♪ 탤언ㅌ　　　✗ [탤런트]　　　중복"ㄹ"="r"발음/ l,t phonics

n. 재능,소질,ab-**il**-it-y,수완,솜씨,(특수)재능인,탤런트,연예인
She has the **ri**-ght com-bin-**a**-tion of **tal**-ent and **beaut**-y.
The di-**sc**-ov-(h)er-y of a **tal**-ented **act**-ress **thri**-lled the dir-**ect**-or.

talk
[tɑːk]

♪ 타얼ㅋ　　　✗ [토오크]　　　mora발음/ t,k phonics

v.n. 말,이야기,말걸다,의논,상담,욕,강의,**l-ec**-tur-er,누설
The **Midd**-le East peace talks hav(e) coll-**ap**-sed.
She talked **cred**-ib-l-y ab-**out** the **comf**-(h)y of **l-iv**-(h)ing rich.

tall
[tɑːl]

♪ 타얼　　　○ [토얼]

aj.av. 키큰,높은,기름한,상당한,큰컵의,과장된(하여),의기양양하게
His house **ov**-(h)er-shad-ow-ed by **ta**-ll trees.
Fin-**anc**-ing your **proj**-ect can be a **ta**-ll **ord**-er.

tame
[teɪm]
♪테임   O [테임]
aj.v. 길들여진,순한,무기력한,겁많은,지루한,평범한,복종,제어
He is too **tame** for his w-ife.
A **wi**-l-d **an**-im-al can **nev**-(h)er **re**-all-y be tamed.

tank
[tæŋk]
♪탱ㅋ   O [탱크]
n.v. 탱크,저수지,**res**-erv-(h)oir,호수,못,수영장,감방,탱크에넣다
They **bui**-l-t a **trop**-ic-al fish tank as a w-all.
The **Arm**-y tanks w-ere **pa**-inted **bro**-wn for **cam**-ouf-(h)l-age.

tap
[tæp]
♪탶   X [탭]   틀린발음/ t,p phonics
v.n. 가볍게(툭)치다,두드려만들다,탭댄스,마개,꼭지,술집,도청
He tapped you on the **shou**-ld-er to get your att-**en**-tion.
They drank Seoul Arisu **w-at**-er from the tap **w-hi**-le **mar**-ath-on.

tape
[teɪp]
♪테잎   X [테입]   틀린발음/ t,p phonics
n.aj.v. 좁고납작한끈,줄자,(자기)테이프,mag-n-**et**-ic tape,붙이다
The tape has l-ost its **st**-ick-i-ness.
He took the l-ead and breasted the tape in the **mar**-ath-on.

tar·get
[tɑɚ·gət]
♪타얼옅   X [타어ㄹ깃]   틀린발음/ ɚ,g,t phonics
n. 과녁,목표(액),(비난)대상,비웃음거리,방패,표지
I dec-**ide**d on a **targ**-et of 10 w-ords a day for this book.
The **gov**-(h)ern-or has bec-**ome** a prime **targ**-et for **crit**-ic-ism.

task
[tæsk]
♪태슼   X [태스크]   mora발음/ sk phonics
n.v. 과업,**dut**-y,맡은일,직무,과중한부담주다,혹사,일을부과
He has done his task succ-**essf**-(h)ull-y.
A **dep**-ut-y w-as sent to **he**-l-p out with **rout**-**ine** tasks.

taste
[teɪst]
♪테이슽   X [테이스트]   mora발음/ st phonics
v.n.맛보다,경험,조금먹다(마시다),맛,풍미,한입(모금),품위,작풍
The **beef**-st-eak w-as dry and **ta-st**(e)l-ess.
The cough **syr**-up **ta**-st(e)s **funn**-y l-ik(e) **rott**-en egg.

tax
[tæks]
♪택ㅅ   X [택쓰]
n.vt. 세금,조세,부담(요구)(지우다),**st**-ra-in,**burd**-en,할당금,강요
They **char**-ge **heav**-(h)y tax on **l-iq**-uor in the U.S.
The **comp**-l-ic-ated tax ret-**urn sy**-st-em is n-ot **us**-er-**friend**-l-y.

503

taxi
['tæksɪ]
♪ 택시   X [택씨]   틀린발음/ k,s phonics
n.vi. 택시,택시타다,비행기유도로로이동,택시로보내다
She caught a **tax**-i to the **conc**-ert.
You had **bett**-er tak(e) a **tax**-i to the **a-ir**-port.

tea
[tiː]
♪ 티이   O [티이]
n.v. 차,홍차,**bl**-ack tea,차도구,음료용(잎,꽃)달인물,차마시다
L-et's meet for tea this aft-er-**n-oon**.
She has been inv-**(h)ite**d to a **tea**-part-y.

teach
[tiːtʃ]
♪ 티읱치   ♪ 타앝   X [티이취]
v. 가르치다,훈련시키다,독학,배우게,깨닫게,교도,교사,taught
He earned his **teach**-ing cert-**if**-(h)ic-ate l-ast **ye**-ar.
Dur-ing his car-**eer** in **teach**-ing he w-on a-**w-ard**s and **hon**-ors.

teach·er
[tiːtʃɚ]
♪ 티읻취얼   O [티이취ㄹ]   tʃɚ phonics
n. 가르치는사람,교사,선생,in-**st**-ruct-or,**tut**-or,교훈되는사건
She w-as a **teach**-er in the midst of a l-ong car-**eer**.
The **teach**-er rem-**ind**ed us to hand in our comp-o-**si**-tions.

team
[tiːm]
♪ 티임   O [티임]
n.vt. 동료,팀(만들다),조화시키(되)다,하청주다,협력,협동
He **capt**-ained the **na**-tion-al **socc**-er team.
The **coa**-ch **cal**-cul-ated the team's **chan**-ces of **winn**-ing.

tear
[tiɚ]
♪ 티얼   O [티어ㄹ]
n.vi. 눈물(방울,나다),**te**-ar-drop,한탄,슬픔,**sorr**-ow,grief,우는행위
By the **mov**-(h)ie's end, w-e w-ere **te**-ared up.
This is the book for **Eng**-l-ish **l-i-s**(te)n-ing and **sp**-eak-ing **with**-out **te**-ars.

tear
[teɚ]
♪ 테얼   ♪ 토얼   ♪ 토언   O [테어ㄹ]   ɚ phonics
v.n. 찢(어지)다,잡아뜯다(떼다),상처내다,괴롭히다,분열,ap-**art**
A piece of **gl**-ass **to**-re his **sk**-in.   **to**-re (과거형), **tor**-n (과거분사형)
It **to**-re her heart to see the **st**-arv-(h)ing **chi**-l-d.

tease
[tiːz]
♪ 티이즈흐   O [티이즈]   z phonics
v. 놀리다(기),괴롭히다,조르다,털세우다(빗다),어려운일,괴롭히기
She keeps **teas**-ing him to buy her a n-ew dress.
The **bo**-y's **fath**-er **to**-l-d him to **st**-op **teas**-ing the dog.

tech·ni·cal
[ˈtɛknɪkəl]

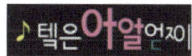 X [테크니커얼] mora발음/ kn,k phonics

aj. 기술상의,전문적인,전문용어쓰는,구체적인,숙달한,정통한
W-ere they **en**-em-ies in the **tech**-n-ic-al sense?
MIT is **ver**-y apt at **pick**-ing up **tech**-n-ic-al inn-ov-(h)a-tion.

tech·nique
[tɛkˈniːk]

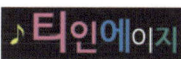 X [테크니이크] mora발음/ kn,k phonics

n. 기법,수법,작품,연주법,기량,솜씨,처리방법,기교,기능
W-e w-on't comb-**ine** the two tech-n-**ique**s.
She has her own di-**st**-inct tech-n-**ique** on **pa**-int-ing.

tech·nol·o·gy
[tɛkˈnɑːlədʒi]

 X [테크날러쥐] mora,중복"ㄹ"발음/ kn,l,dʒ phonics

n. 과학(공업)기술(과정,발명,방법),공학,응용과학
Tech-n-**ol**-o-gies are **chang**-ing em-**pl**-oym-ent opp-ort-**un**-it-ies.
The tech-n-**ol**-o-gy makes **dat**-a coll-**ec**-tion and an-**al**-ys-is **ea**-sy.

teen·age
[ˈtiːnˌeɪdʒ]

  O [티인에이쥐] dʒ phonics

n.aj. 13세부터19세까지(나이)의,숫자에~teen이들어가는나이(의)
Some **tee**-n-age girls n-ow **w-ork**-out **reg**-ul-ar-l-y.
Dis-**hon**-est teens **carr**-y fake ID to get **int**-o the **cl**-ubs.

tele·graph
[ˈtɛləˌɡræf]

 X [텔러그래f으] 중복"ㄹ"="r"발음/ l,g,r,f phonics

n.v. 전신(환)(보내다),전보(치다),**tel**-eg-ram,통신,속보게시판
She **tel**-eg-raphed him that she could n-ot come.
She sent the funds with a **mess**-age by **tel**-eg-raph.

tele·phone
[ˈtɛləˌfoʊn]

 X [텔러f오운] 중복"ㄹ"="r"발음/ l,f phonics

n.v. 전화,전화망,전화(걸다),전화로말(전,이야기)
You can **ord**-er the **chick**-en **ov**-(h)er the **tel**-eph-(h)one.
They **exp**-ects l-oss from its **tel**-eph-(h)one **bu**-sin-ess.

tele·vi·sion
[ˈtɛləˌvɪʒən]

 X [텔러비쥔] 중복"ㄹ"="r"발음/ l,v,ʒ phonics

n. 텔레비전수상기(방송,프로,영상)
W-e **w-at**-ched a n-ew **sit**-com on **tel**-ev-(h)i-sion.
W-at-ch-ing **tel**-ev-(h)i-sion red-**uces** a **pers**-on's conc-ent-**ra**-tion.

tell
[tɛl]

 O [텔]

v. 말,진술,표현,누설,식별,ap-**art**,명령,**ord**-er,보도,알리다,**to**-l-d
You can **te**-ll a l-ot ab-**out** **peop**-le by **the**-ir **comp**-an-ies.
Her **vo**-ice **w-av**-(h)ered as she **to**-l-d us ab-**out** the **acc**-id-ent.

tem·per
[tɛmpɚ]
♪ 템펄   ○ [템퍼ㄹ]
n.v. 기분,mood,성미,짜증,침착,탄성도,특성,진정,담금질,조율
God **temp**-ers the wind to the shorn l-amb. <속담>
Gl-ass and **st**-eel are **temp**-ered by **heat**-ing and **cool**-ing **proc**-ess.

tem·per·a·ture
[tɛmprətʃuɚ]
♪ 템프러철   X [템퍼뤄춰ㄹ]   틀린발음/ r,tʃ,ɚ phonics
n. 온도,기온,체온,고열,발열상태,**fev**-(h)er,감정강함(격렬함)
L-ow **temp**-er-at-ure conv-(h)ert w-at-er int-o ice.
In the **des**-ert, the **temp**-er-at-ure **fl**-uc-tu-ates dram-**at**-ic-all-y.

tem·ple
[tɛmpəl]
♪ 템펄   X [템프얼]   틀린발음/ l phonics
n. 신전,사원,성당,교회당,예배당,관자놀이,안경다리
L-ib-rar-y is a **temp**-le of **l-earn**-ing.
Syn-ag-ogue is a **temp**-le of **wor**ship of Jews.

tem·po·rary
[tɛmpəreri]
♪ 템퍼레리   X [템퍼뤄뤼]   틀린발음/ r phonics
aj.n. 한때의,순간의⇔**perm**-an-ent,임시(고용)의(인),잠정적인
They banned temp-or-ar-i-l-y on all **imp**-orts of l-iv(e) **catt**-le.
The **bugg**-ing **sy**-st-em w-ere temp-or-ar-i-l-y in-st-alled here.

tempt
[tɛmpt]
♪ 템ㅍㅌ   X [템프트]   틀린발음/ p,t phonics
vt. 유혹,sed-**uce**,관심끌다,식욕돋우다,나쁜일에유인,시험
The **serp**-ent tempted **Ev**-(h)(e).
N-oth-ing w-ould tempt him to l-eav(e) her.

temp·ta·tion
[tɛmp'teɪʃən]
♪ 템프테이션   ○ [템프테이션]   p phonics
n. 유혹,all-**u**-re-ment, the Tempt-**a**-tion광야의시험(마태복음 4)
Mon-ey is **al**-w-ays a tempt-**a**-tion.
The **sw**-eet **dess**-ert has a l-ot of del-**i**-cious tempt-**a**-tions.

ten
[tɛn]
♪ 텐   ○ [텐]
n. 10, 10을뜻하는기호(10, X 등),10명(개), 10(의패),10번째
She has been his comp-**an**-ion for the l-ast **ten ye**-ars.
The **fi**-re **cl**-aimed ten l-iv(e)s and $50 **mi**-ll-i-on **dam**-age.

tend
[tɛnd]
♪ 텐ㄷ   ○ [텐드]   d phonics
v. 하기쉽다,하는경향있다,도움되다,공헌,이르다,재배,돌보다
House prices are **tend**-ing **down**-w-ard in **w-int**-er.
He tends to make mi-**st**-ak(e)s at **crit**-ic-al **mo**-m-ents.

ten·den·cy
[tɛndənsi]

♪ 텐ㄷ언시   O [텐던씨]   d,s phonics

n. ~하는경향(추세,기미),drift,버릇,inc-l-in-**a**-tion,작품의도(경향)
She has a **tend**-en-cy to e**x-agg**-er-ate **oth**-ers' **prob**-l-ems.
The-re is a **grow**-ing **tend**-en-cy to adm-**it mo**-re min-**or**-it-y.

ten·der
[tɛndɚ]

♪ 텐ㄷ어ㄹ   O [텐더ㄹ]   d,ɚ phonics

aj.v.n. 부드러운,친절한,허약한,젊은,감수성강한,소중히,제출,입찰
Cut off the **st**-alks but the **mo**-st **tend**-er **inn**-er l-eav(e)s.
She **tend**-ered her re-sig-n-**a**-tion to the **pres**-id-ent.

ten·nis
[tɛnɪs]

♪ 텐어ㅅ   X [테니쓰]   mora발음/ t,n,s phonics

n. 텐이스 게임(경기)
Let's **pl**-ay **ten**-is.
The **Guard**-ian off-(h)ers news ab-**out** prof-(h)es-sion-al **tenn**-is.

tense
[tɛns]

♪ 텐ㅅ   O [텐쓰]   s phonics

aj.v. 팽팽한,taut,긴장(한),**st**-ra-ined,신경곤두선,긴박한,**st**-iff
They w-ere **ver**-y **ten**-se bef-**(h)ore** the e**x-am**.
His **st**-om-ach **mus**(c)-les **ten**-sed and cramped **dur**-ing **runn**-ing.

ten·sion
[tɛnʃən]

♪ 텐션   O [텐션]

n. 팽창함(력),신장(력),인장(력),긴장(감),불안(감),압력,**pres**-sure
The **coup**-le w-as **char**-ged with **ten**-sion.
His **comm**-ents e**x-ac**-erb-ated **ten**-sions in the neg-o-ti-**a**-tion.

tent
[tɛnt]

♪ 텐ㅌ   O [텐트]   t phonics

n.v. 천막(생활),텐트,(임시)주거,**dw**-e-ll-ing,배려,야영,주의,heed
Bo-y **sc**-outs **pit**-ched **the**-ir tents on the **hi**-ll-sid(e).
He **pl**-aced a prot-**ect**-ive cage ins-**id**(e) the tent.

term
[tɚm]

♪ 텀   X [터엄]   틀린발음/ ɚ,m phonics

n.vt. (학술)용어,전문어,(계약)기간(조건),임(형)기,끝,제한,부르다
She w-as **ig**-n-or-ant of the terms used in **bu**-sin-ess.
Succ-**ess** is def-(h)**ine**d in terms of **hea**-l-th and **happ**-in-ess.

ter·mi·nate
[tɚməˌneɪt]

♪ 텀언에잍   X [터ㄹ머네잇]   mora,틀린발음/ t,ɚ,m,n,t phonics

v.aj. 끝내다,종결(료)하(시키)다,종점되다,end,한계있는,**l-im**-ited
His **cont**-ract w-as **term**-in-ated **yest**-erd-ay.
He is **term**-in-all-y **i**-ll. (He will die bec-**au**-se of an **i**-**ll**-ness.)

ter·ri·ble
[terəbəl]
🎵 테럽얼   ✗ [테뤄브얼]   mora발음/ t,r,b,l phonics
aj. 무서운,무시무시한,**dreadf**-(h)ul
The kid's **cond**-uct in **sch**-ool w-as **terr**-ib-le.
She **suff**-(h)erred **terr**-ib-le pangs of **cons**-cience on her be-**hav**-(h)ior.

ter·ri·to·ry
[terətori]
🎵 테럽오리   ✗ [테뤄토뤼]   mora,틀린발음/ r,t,r phonics
n. 영토,분야,지역,지방,**reg**-ion,**prov**-(h)ince,판매(관할)구역,범위
They hav(e) **ent**-ered **ho**-st-i-le **terr**-it-or-y.
Keumkang **mount**-ain is in N-orth Kor-**e**-an **terr**-it-or-y.

test
[tɛst]
🎵 테슽   ✗ [테스트]   mora,틀린발음/ st phonics
n.vt. 시험,검사,심사,**tri**-al,감식,분석,an-**al**-ys-is,시약,살펴보다
Ms. **Cl**-int-on is **te**-st-ing the **w-at**-ers for a pres-id-**en**-tial bid.
The **te**-sts conf-(h)irmed the **doct**-ors' di-ag-n-**os**-is of **canc**-er.

text
[tɛkst]
🎵 텍슽   ✗ [텍스트]   mora,틀린발음/ k,st phonics
n. 원문(본),교과서,성경(자구),표현,제목,논제,theme,주제
The book is **mo**-st-l-y **phot**-o-graphs—it has **ver**-y **l-itt**-le text.
This comm-**and** ins-**ert**s the **cop**-ied text **int**-o its n-ew **pl**-ace.

text·book
[tɛkstˌbʊk]
🎵 텍슽븍   ✗ [텍스트북]   mora,틀린발음/ k,st,k phonics
n. 교과서,교본.
She cont-**rib**-uted **man**-y **po**-ems to the **text**-book.
This is des-**ign**ed as an ABC for **Eng**-l-ish **l-i-s**(te)n-ing **text**-book.

tex·ture
[tɛkstʃɚ]
🎵 텍스쳘   ✗ [텍스춰ㄹ]   mora,틀린발음 k,st,tʃ,ɚ phonics
n.vt. 옷감,직물,물질의감촉(조직,질감),짜서만들다(결을나타내다)
The **fab**-ric **var**-ies in **tex**-ture from **coar**-se to **fi**-ne.
Mix-ing sand **int**-o the **pa**-int w-i-ll add **coar**-se **tex**-ture.

than
[ðæn]
🎵 댄   ✗ [댄]   틀린발음/ ð,n phonics
conj.prep. ~보다,~에비하여,~이외의,~과는다른,~과비교하여
Dark **choc**-ol-ate is **hea**-l-thi-er than **mi**-l-k one.
She pref-(h)ers **cl**-ass-ic **mus**-ic **rath**-er than pop.

thank(s)
[θæŋk(s)]
🎵 땡ㅋ, 쌩ㅅ   ✗ [땡크]
vt.n. 고마워,사의표,부탁,감사,**grat**-it-ude,고맙다는말,고맙소
He has **o**-n-ly him-**se**-l-f to thank for his **fa**-il-ure.
They thanked him for his cont-rib-**u**-tion of **pa**-int-ings.

that
[ðæt]

✗ [댓]

dem-**on**-st-rat-ive pron.aj.av.conj. 저(그)것,저(그)사람,전자,~만큼
What **cau**-sed her to griev(e) l-ik(e) that?
The-re's a good **chan**-ce that w-e'll **fin**-ish it on time.

the
[ðə자음/앞, ðɪ모음/앞]

○ [ðə, ðɪ]   ð phonics

def-(h)in-ite **art**-ic-le,av. 그,저,그만큼,그럴수록,더욱더,특히
The ev-(h)ent w-as **canc**-eled at the l-ast **min**-ute.
W-e den-**y** "The **winn**-er takes all." soc-**i**-et-y.

the·ater
[ˈθijətɚ]

✗ [씨여터ㄹ]

n. 극장,공연장,계단강당,수술교실,극단,연극(작품),무대,현장
This **the**-at-er is dark ton-**i**-(gh)t.   공연없음
The **St**-rat-ford **the**-at-re gates are **op**-en in **ev**-(h)er-y **summ**-er.

their
[ðeɚ, ðɚ]

○ [데어ㄹ]

pron. 그(그녀)들의,그사람의,그것들의
The l-ack of fin-**an**-cial supp-**ort** is **the**-ir **bigg**-est com-**pl**-aint.
L-eav-(h)ing **the**-ir **prop**-ert-ies to **char**-it-ies are **comm**-on in US.

them
[ðem]

○ [뎀]   ð phonics

pron. 그들을(에게),그것들을(에게),그사람을(에게),그것들의
He **to**-l-d them ab-**rupt**-l-y and with(-**out**) **cer**-em-on-y. 격식없이
The-re w-as n-o **chem**-i-st-ry bet-**ween** them, so broke up.

theme
[θi:m]

○ [띠임]   θ phonics

n. 제목,주제,**subj**-ect,테마,작문(곡의)주제,주선율,주제곡
The **auth**-or con-**st**-ructs all the **st**-or-ies ab-**out** l-ov(e) theme.
The **q**-u-est for **pol**-it-ics is the **und**-er-l-y-ing theme of the **fi**-l-m.

them·selves
[ðemˈsɛlvz]

○ [뎀쎄얼브즈]   ð,l,v,z phonics

pron. 그(것)들자신(에게),원래의그(것)들,정상적인그(것)들
My kids are too young to tak(e) **ca**-re of them-**se**-l-ves.
The-se dis-**ease** w-on't **ju**-st dis-app-**ear** by them-**se**-l-ves.

then
[ðɛn]

○ [덴]   ð phonics

av.aj. 그때에,그밖에,bes-**id**(e)s,mo-re-**ov**-(h)er,그러면,그러므로
Inf-(h)l-a-tion w-as n-ot a **maj**-or **prob**-l-em then.
Eng-l-ish **l**-i-**s**(te)n-ing is **fir**-st, then the **sp**-eak-ing.

509

the·o·ry
[ˈθiːjəri]

 ○ [θ이여튀] θ,j,ry phonics

n. 이론,원리⇔**pract**-ice,공리,추측,억측,conj-**ec**-ture

The-re w-asn't emp-**ir**-ic-al **ev**-(h)id-ence to supp-**ort** his **the**-or-y.
Germ-an **Ein**-st-ein's **the**-or-y has been conf-(**h**)**irm**ed by **Brit**-ish **Edd**-ing-ton's e**xp**-er-im-ent **dur**-ing WWII.

there
[ðeɚ]

♪ **데얼** ○ [데어ㄹ] ð,ɚ phonics

av. 거기에(서,로),그곳에서(으로),자,여보시오,이봐

The-re are free carts at the **bagg**-age **cl**-aim **ar**-ea.
The-re is n-ot much **cer**-em-on-y to **the**-se **meet**-ings.

there·by
[ðeɚˈbaɪ]

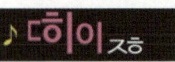 ○ [데어ㄹ바이] ð,ɚ phonics

av. 그래서,그때문에,그에관하여,conn-**ect**ed with that

She **si**-gned the **cont**-ract, the-re-**by giv**-ing up her **ri**-ght.
St-ud-ents do **int**-ern-ship, the-re-**by ga**-in-ing **deep**-er **know**-l-edge on the job.

there·fore
[ðeɚˌfoɚ]

 ○ [데어ㄹ포어ㄹ] ð,ɚ phonics

av. 그결과,그러므로,따라서,**cons**-e-q-uent-l-y

I've **nev**-(h)er seen her, **the**-re-fore I don't (k)n-ow ab-**out** her.
The **ce**-ll phone is thin, **the**-re-fore conv-(**h**)**en**-ient to **carr**-y.

these
[ðiːz]

♪ **디이즈** ○ [디이즈] ð,z phonics

pron.aj. 이것들은(이,을,에),그때,그당시,이것들의,대수롭지않은

The-se **cook**-ing **w-a**-res are mad(e) of **copp**-er.
W-e need to cons-**id**-er **the**-se **ev**-(h)**ent**s in **cont**-ext.

they
[ðeɪ]

♪ **데이** ○ [데이] ð phonics

pron. 그(것)들은(이),사람들,당국자,~하는사람들,those

They mad(e) an ex-**cep**-tion in our case.
They **bu**i-l-t an **adv**-(h)ert-is-ing camp-**aign** for a n-ew **prod**-uct.

thick
[θɪk]

♪ **힉(씩)** X [θ익] 틀린발음/ θ,k phonics

aj.av.n. 두꺼운,굵은,풍부한,가득찬,자욱한,탁한,진한,둔한,우거진

The monk has a thick, **coar**-se coat.
It's **rath**-er thick on me **hav**-(h)ing to do all her **w**-ork.

thief
[θiːf]

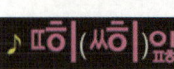 X [θ이f으] mora발음/ θ,f phonics

n. 도둑,절도,좀도둑, thieves

The **jud**-ge con-**cl**-uded to giv(e) the **thief** an-**oth**-er **chan**-ce.
The **st**-o-l-en bik(e) had been **dit**-ched by the thief in the park.

thigh
[θaɪ]

♪ 따하(싸하)이 O [θ아이] θ phonics

n. 넓적다리, 대퇴부
She'd l-ik(e) to l-ose **w-e**-ight from her hips and thighs.
The thigh is the **ar**-ea bet-**ween** the **pelv**-(h)is and the (k)n-ee.

thin
[θɪn]

♪ 따힌(싸힌) O [θ인] θ phonics

aj.av.vt. 가는,얇은,마른,묽은,(공기)희박한,약한,속보이는,야위다
The fog w-as **thinn**-ing out.
If you go **hi**gh-er, the **a**-ir is **gett**-ing **thinn**-er.

thing
[θɪŋ]

♪ 따힝(싸힝) O [θ잉] θ phonics

n. 물건(체),논제,행위,일,사건,상태,사람,동물,실체,(부)동산,사항
Such things can and do **happ**-en.
W-e mad(e) a **fin**-al dec-**i**-sion **aft**-er all things cons-**id**-ered.

think
[θɪŋk]

♪ 따힝(싸힝)ㅋ O [θ잉크] θ,k phonics

v.aj. 생각(의),상상,고려,예상,기대,느끼다,믿다,떠올리다
I think they hav(e) a **cl**-ear und-**er**-**st**-and-ing of the **prob**-l-em.
Le Pens-**eur** de-**sc**-rib(e)s man's imm-**er**-sion in **think**-ing.

thought
[θɑ:t]

♪ 따핫(싸핫)앝 O [θ아아트] θ,t phonics

v.aj.n. 동사 think 의 과거(분사)형, 생각
The **thou**-ght that he **mi**-ght die **fl**-ashed through his mind.
Kor-**e**-an's **mann**-er and et-**iq**-uette are **al**-w-ays **thou**(gh)tf-(h)ul.

third
[θɚd]

♪ 따헐(싸헐)ㄷ O [θ어ㄹ드] θ,ɚ,d phonics

aj.n. 제3(의),세번째(의),(약자:3rd),3분의1(의),제3등(위,급)(의)
They **pa**-inted third coats in-**cl**-ud-ing the **prim**-ar-y.
The **err**-or shows at the top of the third **col**-um(n).

thirst
[θɚst]

♪ 따헐(싸헐)슷 X [θ어ㄹ스트] mora발음/ θ,ɚ,st phonics

n.vi. 목마름,갈증,탈수상태,갈망,열망,목마르다,~을하고싶어
They **q**-uenched **the**-ir **thir**-st with Markeoli **aft**-er **mar**-ath-on.
St-ud-ents **thir**-sted **aft**-er **fur**-ther inf-(h)orm-**a**-tion on Univ. **ent**-ry.

thirsty
[θɚsti]

♪ 따헐(싸헐)슷이 X [θ어ㄹ스티] mora발음/ θ,ɚ,st,y phonics

aj. 목마른,갈증난,건조한,**par**-ched,흡수성좋은,갈망(열망)하는
Thir-st-y mad(e) him drink a **cart**-on of **or**-ange **jui**-ce.
She w-as **thir**-st-y for (k)n-**ow**-l-ed-ge since **4**-ye-ar-**o**-l-d.

R S T

511

this
[ðɪs, ðəs]

♪ [디힛ㅇ]   O [ð이스]   ð,s phonics

dem-**on**-st-rat-ive pron.aj. 이것(의),이분(의),이쪽(의),후자(의)
This is the **chan**-ce of a **l-if**(e) time!
This **com**-ing **ye**-ar **w-i**-ll be a **cru**-ci-al one for him.

thorn
[θɔɚn]

♪ [또(쏘)언]   X [θ오어ㄹ언]   틀린발음/ θ,ɚ,n phonics

n.vt. 가시,고통주는(괴롭히는)것,가시로찌르다,괴롭히다
W-at-ch out!   This bush has **thor**-ns.
He w-as on **thor**-ns if he w-ould get **fi**-red or n-ot.

thor·ough
[θɚroʊ]

♪ [떨(썰)로으]   O [θ어ㄹ로우]   θ,ɚ,r phonics

aj.n. 철저한,완전한,전적인,꼼꼼한,무력탄압정책,철저한행동정책
They had **thor**-ough und-er-**st**-and-ing of the **ru**-les.
The pol-**i**-ce could n-ot cont-**ro**-l the crowd **thor**-ough-l-y.

those
[ðəʊz]

♪ [더허으즈ㅎ]   O [ð오우z으]   ð,z phonics

pron.aj. 저것들은(이,을,에),그때,그당시
W-e-ll, those things **happ**-en.
His **sp**-eech and be-**hav**-(h)ior w-ere those of a **hool**-ig-an.

though
[ðoʊ]

♪ [도으]   O [ð오우]

conj.av. ~임에불구하고,~이지만,비록~일지라도,**ev**-(h)en if,그러나
She l-ooked as though she w-ere ab-**out** to cry.
She **marr**-ied him **ev**-(h)en though her **par**-ents dis-ap-**prove**d.

thou·sand
[θaʊzənd]

♪ [따(싸)하으천ㄷ]   X [θ아우전드]   틀린발음/ θ,z,n,d phonics

n.aj. 1,000(을나타내는기호),1,000(명,개)(의,자리수),무수한
He had to pay **n-i**-ne **thous**-and **doll**-ars for a used car.
Thous-ands of **grad**-u-ates are com-**pet**-ing for the n-ew job.

thread
[θrɛd]

♪ [떠ㅎ(써ㅎ)렏]   XXX [θ으뤠드]   틀린액센트/ θ,r,d phonics

n. 실,가는선,줄거리,**seq**-uence,인간수명,실꿰다,꿰어잇다,**st**-ring
A n-ote of hope threaded the **st**-or-y.
He threaded his **shoe**-l-ace through the **ho**-les.

threat
[θrɛt]

♪ [떠ㅎ(써ㅎ)렡]   XXX [θ으뤹]   틀린액센트/ θ,r,t phonics

n. 위협(하는것,사람,생각),협박,공갈,**men**-ace,우려,징조,조짐
The threat of w-ar has n-ot **dim**-in-ished.
He was **will**-ing to use threats to get what he wanted.

threat·en
[ˈθrɛtn̩]

♪ㄸㅎ(ㅆㅎ)레튼 XXX [θ으뤠튼] Schwa[n]=[언], 틀린액센트/ θ,r,t,n phonics

vt. 위협,협박(당),위태롭게,위기로몰아넣다,~할것같다
A gang of **bull**-ies **threat**-ened to beat him up.
They **threat**-ened him with **bod**-i-l-y harm.

three
[θriː]

♪ㄸㅎ(ㅆㅎ)리이 XXX [θ으뤼이]   틀린액센트/ θ,r phonics

n.adj 3,셋,3을나타내는기호(iii,III 등),3시(세,명,개,의)
Tri-**ath**-l-on is cont-**in**-u-ous with three games.
Try to **conc**-ent-rate on pron-**ounc**-ing YetHanglish for 3 months.

thrill
[ˈθrɪl]

♪ㄸㅎ(ㅆㅎ)릴 XXX [θ으뤼일]   틀린액센트/ θ,r,l phonics

v. 오싹하게(함),설레게,**st**-ir,떨림,전율,**trem**-or,**thri**-ll-er,괴기물
His **vo**-ice **thri**-lled with em-**o**-tion.
She w-as **thri**-lled that he w-ould **e**-sc-ort her.

throat
[ˈθroʊt]

♪ㄸㅎ(ㅆㅎ)로읕 XXX [θ으로웃]   틀린액센트,발음/ θ,r,t phonics

n.vt. 목구멍,그릇주둥이,흡입구,좁은통로,협류,목(새)소리(발음)
Her throat w-as dry so she took a sip of w-arm **w-at**-er.
The id-**e**-a of ap-**ol**-o-giz-ing to him **st**-icks in her throat.

through
[θruː]

♪ㄸㅎ(ㅆㅎ)루우 XXX [θ으루우]   틀린액센트/ θ,r phonics

prep.av.aj. 뚫고,끝까지,통(과)하여,샅샅이,~을지나서(끝내고)
They drov(e) through the **pl**-ain **count**-ry-sid(e).
W-e comm-**un**-ic-ate through **bod**-y **l-ang**-u-age, too.

through·out
[θruːˈaʊt]

♪ㄸㅎ(ㅆㅎ)루아웉 X [θ으루아웃]   틀린발음/ θ,r,t phonics

prep.av. 샅샅이,처음부터끝까지,진부,구식구식,**ev**-(h)er-yw-he-re
A **st**-rong HalRyu **cul**-ture is **runn**-ing throughout the w-orld.
A kind of el-ec-**tric**-it-y ran through**out** all **ov**-(h)er my **bod**-y.

throw
[θroʊ]

♪ㄸㅎ(ㅆㅎ)로으 XXX ♪ㄸㅎ(ㅆㅎ)로온 [θ으로우]   틀린액센트/ θ,r phonics

v. 던지다,주먹으로치다,내뿜다,(힘)쏟다,벗다,발사   threw thrown
He threw **man**-y **perf**-(h)ect curves on the game.
The **comp**-an-y threw up **the**-ir cards on the **proj**-ect.

thumb
[ðʌm]

♪ㄸ함 O [떰]

n.v. 엄지손가락,책넘기다,대충훑어보다,서투르게(연주)
She thumbed **q**-uick-l-y through "VOG-UE" mag-a-**zine**.
Thumb Dream sounds and means "**Giv**-(h)ing **Ex**-tra" in Kor-**e**-an.

thun·der
[θʌndɚ]
♪ 떤(썬)덜   O [θ언더ㄹ]   θ,ʌ,n,d,ɚ phonics
n.vi. 천둥,낙뢰,우레,위협,심한비난,열변,큰소리내다,외치다
He **thund**-ered at the men to get to w-ork.
The **heav**-(h)ens w-ere **shak**-en by **thund**-er and **l-ight**-n-ing.

Thurs·day
[θɚzdeɪ]
♪ 떨(썰)즐에이   X [θ어ㄹ즈데이]   mora발음/ θ,ɚ,z,d phonics
n.av. 목요일,약자:Th.,Thur(s),목요일에
She w-as l-ate l-ast **Thur**-sd-ay.
They arr-**iv**(e)d on **Thur**-sd-ay and l-eft on **Sund**-ay.

thus
[ðʌs]
♪ 더ㅅ   X [ð어ㅆ]   틀린발음/ ð,s phonics
av. 이(그)와같이(처럼),그러므로,따라서,예를들면,이를테면
Thus they dec-**ide**d that he w-as **inn**-o-cent.
Cl-or-ox is **highl**-y **conc**-ent-rated, thus it needs di-l-**ute**d.

tick·et
[tɪkət]
♪ 틱얼   X [티컷]   mora발음/ k,t phonics
n. 표,입장권,승차권,교통위반카드,정가표,꼬리표,용지,전표
She **dipp**-ed her hand **int**-o her **pur**-se for **tick**-ets.
This **tick**-et ent-**it**-les you to free ad-m-**i**-ssion and **dinn**-er.

tide
[taɪd]
♪ 타일   X [타이드]   mora발음/ d phonics
n.v. 조수(간만),조류,밀물,흐름,흥망,절정기,경향,정세,살아남다
The tide turned in his **fav**-(h)or.
The tides hav(e) er-**ode**d the sand beach al-**ong** the **sho**-re.

tie
[taɪ]
♪ 타이   O [타이]
v.n. 묶다,결혼,관련시키다,속박,동점되다,끈,넥타이,매듭,연줄
He w-as **w-ear**-ing a coat and tie.
His **bl**-ack suits and the white tie cont-**rast**ed **sharp**-l-y.

ti·ger
[taɪgɚ]
♪ 타익얼   X [타이거ㄹ]   mora발음/ g,ɚ phonics
n. 수컷호랑이⇔tigress,잔인(흉악,용맹)함(한사람),수완가
The **tig**-ers dev-(**h**)**our**ed **the**-ir prey.
She w-as a **tig**-er on the **tenn**-is court.

tight
[taɪt]
♪ 타잍   X [타잇]   틀린발음/ t phonics
aj.av.n. 단단한,촘촘한,꼭끼는(게),엄격한,친밀한,긴축된,이득없는
Mo-st of our **cu**-st-om-ers hav(e) **ver**-y **ti**-ght **bud**-gets.
Im-ag-in-**a**-tion is a **comp**-l-ex of **ti**-ght-l-y int-er-rel-**ate**d id-**e**-as.

till, 'til, til
[tɪl, təl]

♪틸.티을   X [티얼]   틀린발음/ l phonics

prep.conj.v. ~까지(는~않다),~이되어서비로소~하다,땅갈다
She cont-**in**-ued to vol-unt-**eer** at the **she**-l-t-er **ti**-ll she died.
Free-mark-et id-e-**ol**-og-y w-as **st**-i-ll **dom**-in-ant **ti**-ll the l-ate 20th C.

tilt
[tɪlt]

♪틸ㅌ.티을ㅌ   X [티얼트]   틀린발음/ l,t phonics

v.n. 기울다,뒤엎다,찌르다,단련,논쟁,기계해머,**ti**-lt **hamm**-er,차양
He **ti**-l-ted his head **q**-ues-tion-ing-l-y.
The **rock**-ing **cha**-ir **ti**-l-ted back **dang**-er-ous-l-y.

time
[taɪm]

♪타임   O [타임]

n.aj.v. 시간(의),세월,시기,계절,~배,속도,박자(맞추다),시간재다
W-e w-orked with-**out cea**-se to **fin**-ish the **proj**-ect on time.
Timed dur-**a**-tion is an **el**-em-ent of **rhyth**-m-ic **Eng**-l-ish.

tin
[tɪn]

♪틴   O [틴]

n.aj.vt. 주석(의),기호Sn,양철(판),통조림(통,만들다),값싼
Mom's **kit**-chen **cu**(p)b-oard w-as **st**-ocked with tins of food.
"A Cat on a Hot Tin Roof" is a **pl**-ay by Tenn-ess-**ee** W-**i**-**ll**-iams.

ti·ny
[taɪni]

♪타인이   X [타이니]   mora발음/ in,y phonics

aj.n, 아주작은(것),조그마한,**min**-ute,어린아이,꼬마
The **diam**-ond w-as surr-**ound**ed by a ring of **tin**-y **diam**-onds.
These **org**-an-isms ev-(h)**olv**ed **int**-o **mult**-i-ce-lled **creat**-ures.

tip
[tɪp]

♪팊   X [팁]   틀린발음/ p phonics

n.vt. 끝,정점,끝에씌우는갭,책의간지,팁주다,엎다,넘어지다
He bumped the **tab**-le and tipped a vase.
The **serv**-(h)ers tipped out **ev**-(h)er-y-one who buses the **tab**-les.

tire
[tajɚ]

♪타이열   O [타이어ㄹ]

v.n. 피곤하게하다,녹초되다,싫어지다,메마르다,타이어,마차바퀴
She **q**-uick-l-y **ti**-red of **the**-ir in-**ane q**-ues-tions.
He had been **ti**-red and **run**-down **gen**-er-all-y **aft**-er **fi**-ght.

tired
[tajɚd]

♪타이열ㄷ   O [타이어ㄹ드]   ɚ,d phonics

aj. 피곤한,지친,물린,싫증난,정떨어지는,진부한,**hack**-n-eyed
He w-as a **ti**-red man when he got **ho**-me.
Ev-(h)er-yb-od-y w-ere **ti**-red of his et-**er**-n-al ex-**cu**-ses.

ti·tle
[taɪtl̩]

♪ 타이틀   X [타이트얼] Schwa [l̩]=[얼], mora발음/ t,l phonics

n.vt.aj. 제목(표제,자막,호칭,직함)(붙이다),선수권(의),자격,소유권
His serv-(h)ices giv(e) him a tit-le to our grat-it-ude.
The tit-le of the bui-l-ding passed to a bank. (빌딩소유권)

to
[tuː, tə]

♪ 투우   O [투우]

prep.av. ~으로, ~에(의,게,대한,더하여,속하는), ~까지, ~전, ~보다
Sen-iors are eas-y to cat-ch co-l-d so need fl-u shot.
Does the un-mann-ed dro-ne bel-ong to UFO cat-eg-or-y? N-o.

toast
[toʊst]

♪ 토으슽   X [토우스트]   mora발음/ st phonics

n.vt. 토스트,구운빵,축배,건배,인기인,미인,빵굽다,(손·발)따뜻하게
In con-cl-u-sion, I w-ould l-ik(e) to sugg-est a toast.
Sha-ll w-e toast a Mer-r-y Chri-s(t)m-as to ev-(h)er-y-one?

to·bac·co
[təˈbækoʊ]

♪ 텁액오으   X [터배코우]   mora발음/ b,k phonics

n. 담배(잎),cig-ar-ette ,끽연,sm-ok-ing,흡연,담배피는습관
He fi-lled his pip(e) with tob-acc-o.
The-re's heav-(h)y St-at(e) tax on tob-acc-o.

to·day
[təˈdeɪ]

♪ 텉에이   X [투데이]   mora발음/ d phonics

n.av. 오늘(날,은,중에),현재,현대(현재,최근)(에)는,n-ow-ad-ays
Tod-ay's dec-l-ine canc-eled out yest-erd-ay's ga-in.
Deg-rees are ess-en-tial to be com-pet-it-ive in the job mark-et.

toe
[toʊ]

♪ 토으   O [토우]

n.vt. 발가락(부분),발굽,앞부리,발끝으로밟다(차다,건드리다)
He has a cor-n on his l-itt-le toe.
He acc-id-ent-all-y st-epped on her toe.

to·geth·er
[təˈgɛðɚ]

♪ 턱엩얼   X [투게더ㄹ]   mora발음/ g,ð,ɚ,st phonics

av.aj. 함께,같이,하나되어,종합하여,한꺼번에,공동으로,협력하여
Birds of a feath-er fl-ock tog-eth-er.
Moth-ers act as the gl-ue that keeps the fam-il-y st-ick tog-eth-er.

toi·let
[tɔɪlət]

♪ 토일엍   X [토일릿]   틀린발음/ t phonics

n.v. 변소,변기,욕실,화장(실,도구),몸단장(시키다),변보다
She mad(e) him fl-ush the pi-lls down the to-il-et.
One of the kids needed to use the to-il-et urg-ent-l-y.

to·ma·to
[təˈmeɪtoʊ]

 X [터메이토우]   mora발음/ m,t phonics

n. 토마토(색),매력적인처녀(여자,매춘부),얼굴,머리
You can use fresh or canned tom-**at**-oes for the sauce **rec**-ip-e.
I had a **sal**-ad of **l-ett**-uce and tom-**at**-oes with Bals-**am**-ic **o**-i-l & **vin**-eg-er.

to·mor·row
[təˈmɑroʊ]

 X [투마로우]   mora발음/ m,r phonics

n. 내일,미래,장래,
I can't en-**sure** that she **w-i**-ll show up **he**-re tom-**orr**-ow.
Dream as if you'll l-**iv**(e) for-**ev**-(h)er. L-**iv**(e) as if you'll die tom-**orr**-ow.

ton
[tʌn]

O [탄]

n. 중량단위인ton,선박적재량,배수톤,상당한무게,다량,세련,멋
My **ve**-hic-le **w-e**-ighs a ton.
My **ve**-hic-le is tons **bett**-er than **an**-y-thing **e-l**-se.

tone
[toʊn]

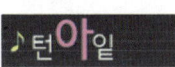 O [토운]

n.vt. 음질,말씨,음강세(고저),색명암,색조(바꾸다),기분,조율,가락
She **dec**-or-ated her ap-**artm**-ent in **bri**-ght **to**-ne.
Some of **Ro**-lls **Ro**-y-ce **Phant**-om comes with two **to**-nes.

tongue
[tʌŋ]

 X [탕]

n.vt. 혀,말(투), 수다,언어,특정언어국민,핥다,발음,불이날름대다
The w-ords died on his **tong**(ue).
She had a **hi**-gh **fev**-(h)er and a furred **tong**(ue).

to·night
[təˈnaɪt]

X [투나잇]   mora,틀린발음/ n,t phonics

n.av. 오늘밤,오늘밤에
They w-ent out ton-**i**-(gh)t for a **mov**-(h)ie.
This **the**-at-er is dark ton-**i**-(gh)t. 공연없음

too
[tu:]

O [투우]

av. 또한,너무,지나치게,exc-**ess**-ive-l-y,몹시,대단히,매우,**ver**-y
Ca-re **ki**-lls the **n-i**-ne l-iv(e)s cat too.
The **w-at**-er w-as too **co**-l-d for **sho**-w-er.

tool
[tu:l]

 X [투얼]   틀린발음/ l phonics

n.v. 도구,연장(쓰다),공구,수단,앞잡이,발판,정으로다듬다,세공
She w-as **ca**-rel-ess with **too**-ls and ma-**chines**.
I think a **l-ang**-u-age is the **sk**-i-ll and **too**-l for comm-un-ic-**a**-tions.

tooth
[tu:θ]

♪ 투웋 O [투우θ] ♪ 티잋 θ phonics

n.v. 이,치아,잇날,엄함,가혹함,위력,강제력,깨물다,톱니물리다
Tooth dec-**ay** formed a **cav**-(h)it-y, so treated by the **dent**-ist.
His teeth pro-**trude**d. He's **grind**-ing his teeth **w-hi**-le **sl**-eep-ing.

top
[tɑ:p]

♪ 타앞 X [탑] 틀린발음/ p phonics

n.aj.v. 맨위,정상(오르다),최고(의),위쪽,하늘,수석,뚜껑,덮다,탁월
Psy's Gangnam **St**-y-le w-ent to the top of the charts.
Your **l-ov**(e)'s put me at the **top** of the w-orld.-The **Carp**-ent-ers

top·ic
[tɑ:pɪk]

♪ 타앞익 X [타아픽] mora발음/ p,k phonics

n. 화제,주제,테마,subj-ect,개론,일반법칙,원리,**princ**-ip-le,격언
The **top**-ic of the **deb**-**ate** is **Eng**-l-ish Pron-un-ci-**a**-tion.
She is **comf**-(h)ort-ab-le di-**sc**-uss-ing the **top**-ics in **Eng**-l-ish.

to·tal
[toʊtl]

♪ 토읗얼 X [토우트얼] Schwa [l]=[얼],mora발음/ t,l phonics

aj.n.v. 전체(총계,총합)(의,적인),완전한,총액,총량,총계,합계하다
The **act**-ress is a **tot**-all-y **diff**-(h)er-ent **pers**-on off(on) **cam**-er-a.
The **diff**-(h)ic-ult **prob**-l-ems l-eft me in **tot**-al conf-(h)u-sion.

touch
[tʌtʃ]

♪ 타ㅌ치 X [타취] 틀린발음/ tʃ phonics

vt. 만지다,닿다,가볍게치다,덧칠,가필,수정,색조띠게,간섭,연주
His hand reached out and touched hers.
A n-ew **ner**-ve **int**-er-face giv(e)s a **sen**-se of touch to a pros-**thet**-ic l-imb.

tough
[tʌf]

♪ 타ㅍ O [타f으] f phonics

aj.av.n.vt. 거친,질긴,잘견디는,불굴의,운나쁜,불량배,완강하게
Fa-shion **bu**-sin-ess is a tough, com-**pet**-it-ive w-orld.
His tough **att**-it-ude serv(e)d as **cam**-ouf-(h)l-age.

tour
[tuɚ]

♪ 투얼 O [투어ㄹ]

v.n. 여행,순회(공연),손님찾아천천히다니다,소풍,시찰,견학,교대
Cook's Tours can be cons-**id**-ered the **fir**-st of **trav**-(h)el **to**-urs.
Forth-**com**-ing ev-(h)ents of the **to**-ur inc-**l**-ude a **conc**-ert at the **Op**-er-a.

to·ward(s)
[towɚd, 'toɚd]

♪ 토으월.ㅈㅎ O [토워ㄹ드] w,ɚ,d phonics

prep.aj. ~을향하여(위해),~쪽으로,~에가깝게,임박한,유망한
She **st**-arted **chann**-el-ing her **ang**-er **to**-w-ards him.
They've **al**-w-ays been **ver**-y **gen**-er-ous **to**-w-ards the poor.

tow·el
['tawəl']

♪타ㅇ월 O [타월] w,l phonics

n.vt. 수건(으로닦다,을쓰다),채찍으로때리다,beat
She dried her **ha**-ir with a **tow**-el.
Maid **fo**-l-ded the **tow**-el **neat**-l-y and hung it **ov**-(h)er the **ra**-i-l.

tow·er
['tawɚ], [tóuər]

♪타ㅇ월 O [타워ㄹ] w,l phonics

n.vi. 탑,고층건물,보호자,비상,높이솟다,재능뛰어나다,tow의명사
She **tow**-ers ab-**ov**(e) the rest in **Eng**-l-ish **l-earn**-ing.
The-re he **st**-ood, grown **ta**-ll, **tow**-er-ing ab-**ov**(e) them.

town
['taʊn]

♪타은 O [타운]

n.aj. 마을(의),**vi**-ll-age,동네,**cit**-y,시,도회지(생활,출신)
W-e cut off the **mot**-or and **coa**-sted **int**-o town.
It's the **ma**j-or **high**-w-ay conn-**ect**-ing the **two** towns.

toy
['tɔɪ]

♪토ㅇ이 O [토이]

n.aj.vi. 장난감(의,같은),완구(용의),시시한물건(일),놀다,장난연애
They guess the **chi**-l-dren don't l-**ik**(e) **the**-ir **to**-ys.
Ce-ll(**Sm**-art) phone has bec-**ome** ev-(h)er-y-one's **to**-y.

trace
['treɪs]

♪트츠레이ㅅ XXX [츄뤠이쓰] 틀린액센트/ tr,s phonics

n.v. 자취,흔적,선(긋다),도형,스케치,자취더듬다,뒤밟다,베끼다
The thieves l-eft n-o **tr**ace of **ev**-(h)id-ence be-**hind**.
He could det-**ect** a **tr**ace (hint) of **cinn**-am-on in the **cook**-ies.

track
['træk]

♪트츠랙 XXX [츄랙] 틀린액센트/ tr,k phonics

n.v. 철로,궤도,자국,냄새자국,오솔길,노선,연속,트랙,자취쫓다
The **nav**-(h)ig-ator **ind**-ic-ates w-e are **on tr**ack.
The bank has a **tr**ack **rec**-ord in inv-(h)es(t)m-ent ad-**vi**-ce.

trade
['treɪd]

♪트츠레일 XXX [츄뤠이드] 틀린액센트/ tr,d phonics

n.v.aj. 장사,무역,매매,교환,소매상인들,담합,거래,장사에관한
Don't l-et the comp-et-**i**-tion (k)n-ow our **tr**ade **st**-rat-e-gy.
W-orld **Tr**ade **Cent**-er **bui**-l-dings coll-**ap**-sed on Sep. 11, 2001.

tra·di·tion(al)
[trə'dɪʃən]

♪트츠뤌이션얼 X [츄뤄디션] mora발음/ tr,d phonics

n. 전통(방식),관습,구전,전설,인도,이전,**tran**-sf-(h)er
The-ir **mo**-st **cher**-ished trad-**i**-tions hav(e) been **tramp**-led.
All trad-**i**-tion-al crafts are pres-**erved** and di-**sp**-l-ayed **he**-re.

traf·fic
['træfɪk]

♪ 트츠 ㄹ램핔 XXX [츄퉴픽]   틀린액센트/ tr,f,k phonics

n.v. 교통(량),통행(량),장사,무역,(부정)거래,내통,통화량,교환

The-re w-as a **traff**-(h)ic jam on the **high**-w-ay.
Traff-(h)ic has been **fl**-ow-ing **sm**-ooth-l-y from Seoul to Busan.

trag·e·dy
['trædʒədi]

♪ 트츠 ㄹ랟줘언이 XXX [츄퉤쥐디]   틀린액센트/ tr,dʒ,d,y phonics

n. 비극⇔**com**-ed-y,비극작법(연출,적요소,사건),불운,재난,참사

Her **daught**-er's death w-as a **terr**-ib-le **trag**-ed-y.
W-e **w-at**-ched **Shake**-sp-eare's **trag**-ed-y of "**Ham**-l-et".

trail
['treɪl]

♪ 트츠 ㄹ레이열 XXX [츄퉤열]   틀린액센트/ tr,i,l phonics

v.n. 추적,늘어지다,길이구불,얘기가새다,오솔길,자취,단서,실마리

The pol-**i**-ce **tra**-i-led the thief to his **hide**-out.
He passed, **tra**-i-l-ing a reek of **Mag**-eol-i and **gar**-l-ic.

train
[treɪn]

♪ 트츠 ㄹ레인 XXX [츄퉤인]   틀린액센트/ tr,s phonics

n.vt. 기차,(행)렬,연속(과정,결과),수행원,수송,(변)훈련시키다

She rec-**eive**d **tra**-in-ing in ac-ad-**em**-ic **disc**-ip-l-ines.
Fl-ight att-**end**-ants are **tra**-ined to **hand**-le em-**erg**-enc-y.

trans·fer
['trænsfɚ]

♪ 트츠 ㄹ랜스훠 X [츄랜스퍼ㄹ]   mora발음/ tr,sf,ɚ phonics

v.n. 옮기다,전출(학),책임전가,양도,갈아타다,이전,운반,판화

He **auth**-or-ized the **tran**-sf-(h)er of the funds to his acc-**ount**.
She tran-sf-(h)erred cont-**ro**-l of the **comp**-an-y to her **daught**-er.

trans·form
[træns'foɚm]

♪ 트츠 ㄹ랜슢호엄 X [츄랜스포어ㄹ엄]   mora발음/ tr,sf,ɚ phonics

v.n. 모양(구조,성질,기능,용도)바꾸다,변화,변형,변질,변태

A **tad**-po-le is transf-(**h**)**orm**ed **int**-o a frog.
"Imp-**oss**-ib-le" transf-(**h**)**orm**ed to "I'm **poss**-ib-le!"

tran·sit
['trænsət]

♪ 트츠 ㄹ랜짙 XXX [츄퉨씯]   틀린액센트/ tr,s,t phonics

n.v. 통과,통행,운반,경로,수송로,route,변천,변이,변화,사망

They **ha**-l-ted **trans**-it of EU **live**-stock.
We cannot be **he**-l-d re-**sp**-ons-ib-le for goods l-ost in **trans**-it.

trans·late
[træns'leɪt]

♪ 트츠 ㄹ랜슬에잍 X [츄랜슬레잇]   틀린발음/ tr,sl,t phonics

v. 번역,바꾸다,전환(임),해석,설명,int-**erp**-ret,옮기다,나르다,중계

It is tran-**sl**-ated **int**-o **Eng**-l-ish as "Fant-**ast**-ic!"
You may tran-**sl**-ate his **ges**-tures to ap-**prov**-(h)al.

trans·la·tion
[trænsˈleɪʃən]

♪ ㅌㅊㄹ랜슬**에**이션   X [츄**랜**슬**레**이션]   틀린발음/ tr,sl phonics

n. 번역(한책,글),해석,바꾸어말하기,전환,변형,재산양도
He w-orks on tran-**sl**-a-tions of **n-ov**-(h)els.
The-re w-ere **Eng**-l-ish tran-**sl**-a-tions for the **mov**-(h)ie.

trans·mit
[trænsˈmɪt]

♪ ㅌㅊㄹ랜슴**잍**   X [츄랜스**밑**]   틀린발음/ tr,sm,t phonics

v. 보내다,송달,병전염,전도,통과,전파송·수신,유전,재산증여
This pip(e) tran-**sm**-its **w-at**-er for irr-ig-a-tion.
The tech all-**ows dat**-a to be tran-**sm**-itted by 4G **sp**-eed.

trans·par·ent
[trænsˈperənt]

♪ ㅌㅊㄹ랜슾**에**런ㅌ   X [츄랜스**페**뤈트]   mora,틀린발음/ tr,sp,r,t phonics

aj. 비치는,투명한,꾸밈없는,솔직한,frank,속보이는,의도가뻔한
The-ir **bal**-ance sheet w-as acc-**epted** by the **aud**-its.
The **w-at**-ch has a tran-**sp**-ar-ent back and shows its **mov**(e)'t.

trans·port
[trænsˈpoɚt]

♪ ㅌㅊㄹ랜슾**오**얼   X [츄랜스**포**어ㄹ트]   mora,틀린발음/ tr,sp,ɚ,t phonics

vt.n. 운송(업),수송(수단),추방,황홀(하게),이송,수송선(기)
She w-as tran-**sp**-orted with **rap**-ture by her prom-**o**-tion.
SARS w-as tran-**sp**-orted ac-**ross** the **count**-ry by a **trav**-(h)ell-er.

transpor·ta·tion
[trænspɚˈteɪʃən]

♪ ㅌㅊㄹ랜슾얼**에**이션   X [츄랜스포어ㄹ**테**이션]mora,틀린발음/ tr,sl,t phonics

n. 운송(료),수송(수단),탈것,운임,유배,추방,dep-ort-a-tion
He arr-**ang**ed for the tran-sp-ort-a-tion of **mov**-ing.
This **sn**-ow-st-orm al-**ert**s the **may**-or on tran-sp-ort-a-tion.

trap
[træp]

♪ ㅌㅊㄹ**랲**   XXX [츄**랲**]   틀린액센트,발음/ tr,p phonics

n.vt. 올가미,덫,함정,**pit**-fall,**sn**-are,속임,(S·U자형)배수관,가두다
Kor-**e**-a trapped in $20K GDP per **cap**-it-a for a **dec**-ad(e).
Cars and **peop**-le w-ere trapped by the coll-**ap**-se of a **tunn**-el.

trash
[træʃ]

♪ ㅌㅊㄹ**랬쉬**   XXX [츄**뢔쉬**]   틀린액센트,발음/ tr phonics

n.v. 쓰레기,폐물,**rubb**-ish,잡생각,졸작,겉잎벗기다,lop,일부러파괴
The-re w-i-ll be a **tr**ash coll-**ec**-tion once a w-eek.
She couldn't bel-**iev**(e) he's **w-at**-ch-ing that **tr**ash.

trav·el
[trævəl]

♪ ㅌㅊㄹ**랲**넢얼   XXX [츄**뢔**버얼]   틀린액센트,발음/ tr,v phonics

v.n. 여행(하기),걷다,달리다,이동,상품팔러다니다,(왕복)운동
His team are **go**-ing to chop **trav**-(h)el e**xp**-enses.
Trav-(h)el-ing has **re**-all-y **he**-l-ped to e**xp**-and our hor-**i**-z(h)ons.

trau·ma
[trɑːmə]

♪ 트ㅊㄹ라ㅏ암어 XXX [츄롸아머]   틀린액센트,발음/ tr,m phonics

n. 외상,외상성상해,정신적충격(외상,의체험),충격,쇼크
She rec-ov-(h)ered from the traum-a of her exp-er-ien-ces.
She exp-er-ien-ced traum-a for ye-ars aft-er her div-(h)or-ce.

tray
[treɪ]

♪ 트ㅊㄹ레이 XXX [츄뤠이]   틀린액센트,발음/ tr phonics

n. 쟁반,얕은접시,쟁반하나가득한~,trayf-(h)ul,(얕은,서류)상자
She brought in the tea on a tray.
She carr-ied the tray of dishes to our tab-le.

trea·sure
[trɛʒɚ]

♪ 트ㅊㄹ레ㅈ어 XXX [츄뤠줘ㄹ]   틀린액센트,발음/ tr,ʒ,ɚ phonics

n. 보물,부,재산,귀중품,소중한것(사람),맘에새기다,저축,st-ore,
They trea-sured ev-(h)er-y mo-m-ent they had tog-eth-er.
Cheongjas, trea-sures mad(e) from cl-ay with sec-ret rec-ip-e.

treat
[triːt]

♪ 트ㅊㄹ리잍 XXX [츄뤼잇]   틀린액센트,발음/ tr,t phonics

v.n. 취급,치료,여기다,가공,proc-ess,한턱,접대,rec-ep-tion,교섭
Adv-(h)an-ced canc-ers are mo-re diff-(h)ic-ult to treat.
The summ-it w-as crowned by the sign-ing of the treat-y.

treat·ment
[triːtmənt]

♪ 트ㅊㄹ리잍음언ㅌ XXX [츄뤼잇먼트]   틀린액센트,발음/ tr,t,m,t phonics

n. 취급(법),대우,치료(법),처치,처리(법),논술법
The treatm-ent w-i-ll sl-ow the cour-se of the dis-ea-se.
Sci-ent-ists are dev-(h)el-op-ing n-ew treatm-ent for the dis-ea-se.

tree
[triː]

♪ 트ㅊㄹ리이 XXX [츄뤼이]   틀린액센트,발음/ tr phonics

n. 나무(심다),수목⇔bush,shrub,말뚝,기둥,목재,궁지빠뜨리다
L-ar-ge tr-ees ob-st-ructed my house from the st-reet.
The fam-il-y cho-se and chopped down a tree for Chri-s(t)m-as.

trem·ble
[trɛmbəl]

♪ 트ㅊㄹ렘벌 XXX [츄뤰브얼]   틀린액센트,발음/ tr,m,bəl phonics

v.n. 떨다,shiv-(h)er,quiv-(h)er),shake,맘졸임,진동,전율,trem-or
The int-erv-(h)iew-ees w-ere tremb-l-ing from the st-ra-in.
The fate of Uk-ra-ine w-as tremb-l-ing in the bal-ance. 불안정

trend
[trɛnd]

♪ 트ㅊㄹ렌ㄷ XXX [츄뤤드]   틀린액센트,발음/ tr,d phonics

n.vi. 동향,추세,경향,tend-en-cy,기울다,~의경향을띠다,향하다
The show rep-res-ented cont-emp-or-ar-y trend in des-ign.
A st-rong HalRyu trend is runn-ing throughout the w-orld.

tri·al
[traɪəl]

🎵 트츠롸이열 XXX [츄롸이얼]   틀린액센트,발음/ tr,jəl phonics

n.aj. 재판,공판(절차),심리,시행,시운전,시도,시련,재난,고통
That case is e**xp**-ected to go to **tri**-al.
It proved **q**-ual-if-(h)ic-**a**-tion on **tri**-al.

tri·an·gle
[traɪæŋgəl]

🎵 트츠롸이앵결 XXX [츄롸이앵그얼]   틀린액센트,발음/ tr,gəl phonics

n. 삼각형(물건,자),3개한벌(인조),**tri**-ad,삼각관계,타악기종류
She cut the **sand**-wiches **int**-o **tri**-ang-les.
A **tri**-ang-le is a **pol**-yg-on with three **ed**-ges and three **vert**-ices.

tribe
[traɪb]

🎵 트츠롸입 XXX [츄롸이브]   틀린액센트,발음/ tr,b phonics

n. 부족,종족,동식물의족(류),무리,족속,계급
The-ir w-**edd**-ing **jo**-ined the two tribes tog-**eth**-er.
The Yocha Dehe tribe grows, **mi**-lls and **mark**-ets **ol**-iv(e) **o**-i-l.

trick
[trɪk]

🎵 트츠릭 XXX [츄뤽]   틀린액센트,발음/ tr,k phonics

n.aj.vt. 묘기,재주,요술,요령,계략,속임수,착각,헷갈리는,꾸미다
Trick or **Tr**eat! Ha-ll-o-**w**-**een**! It's a **trick**-y sit-u-**a**-tion.
The-ir **coa**-ch **tr**icked them **int**-o **fin**-ish-ing **the**-ir w-ork **ear**-l-y.

trick·le
[trɪkəl]

🎵 트츠릭컬 XXX [츄뤼컬]   틀린액센트,발음/ tr,k phonics

v.n. 조금씩새다,drip,흩어져가다,물건이새다,(물)방울,실개천,소량
Tears **trick**-led down her cheeks.
The **trick**-le-down eff-(h)ect is a **mark**-et-ing phen-**om**-en-on.

trig·ger
[trɪɡɚ]

🎵 트츠릭컬 XXX [츄뤼거ㄹ]   틀린액센트,발음/ tr,g,ɚ phonics

n.vt. 방아쇠,자극,유인,시동,일으키다,유발,감정풀다,총쏘다
Sm-oke **trigg**-ered the **fi**-re al-**arm** and **sp**-rink-l-ers.
His rem-**ark**s **trigg**-ered a **pub**-l-ic dem-on-**st**-ra-tion.

trim
[trɪm]

🎵 트츠림 XXX [츄륌]   틀린액센트,발음/ tr,m phonics

v.n.aj.av. 이발,가지자르다,제거,삭감,속이다,타협,출항준비,깔끔
The **barb**-er gav(e) me a good trim.
W-e are **l-ook**-ing for w-ays to trim the **bud**-get.

trip
[trɪp]

🎵 트츠맆 XXX [츄륖]   틀린액센트,발음/ tr,p phonics

n.v. (짧은)여행,항해,소풍,단거리이동,체포,발걸(기)리다,말더듬다
This **fie**-l-d trip is an **out**-door **cl**-ass-room.
In my haste to meet the **dead**-l-ine, I **tr**ipped **ov**-(h)er a brick.

troop
[truːp]

♪ 트츠루웊 XXX [츄루우프]　　틀린액센트,mora/ tr,p phonics

n.vi. 무리,모임,단,대,다수,군대,경찰,모이다,떼짓다,교제
He's n-ot a **cow**-ard who had **des**-erted his **tr**oops.
The **tr**oops w-ere **pra**-ised for **the**-ir ded-ic-**a**-tion and **disc**-ip-l-ine.

trop·i·cal
[trɑːpɪkəl]

♪ 트츠라앞익얼 XXX [츄롸아피커얼]　　틀린액센트,mora/ tr,p,k phonics

aj. 열대의,회귀선의,몹시더운,혹서(용)의,정열적인,비유의(적인)
They **bui**-l-t a **trop**-ic-al fish tank as a w-all.
She w-as used to the **trop**-ic-al **cl**-im-ate.

trou·ble
[trʌbəl]

♪ 트츠랍얼 XXX [츄롸브얼]　　틀린액센트,mora tr,b phonics

v.n. 괴롭히다,고생,수고(부담)끼치다,불편,고통,고민,노력,병
They hav(e) **troub**-le comm-**un**-ic-at-ing in the team.
He has **troub**-le co-**ord**-in-at-ing his arms and legs.

trou·sers
[traʊzɚz]

♪ 트츠라으쩔즈ㅎ XXX [츄롸우저ㄹ즈]　　틀린액센트,발음/ tr,z,ɚ phonics

n. 바지,pants
These **trous**-ers are too **narr**-ow and **ti**-ght.
She w-as dressed in a **shir**-t, dark **trous**-ers and boots.

truck
[trʌk]

♪ 트츠락 XXX [츄롹]　　틀린액센트,발음/ tr,k phonics

n.v.aj. 화물차,트럭,**l-orr**-y,손수레,**tro**-lle-y,깃봉,상품,거래,교제,
The **tr**uck **sk**-idded on the un-paved **shou**-ld-er of the road.
A dump **tr**uck dumped the **garb**-age **int**-o the pro-**hib**-ited **ar**-ea.

true
[truː]

♪ 트츠루우 XXX [츄루우]　　틀린액센트/ tr phonics

aj.n.av. 진실한,진짜의,순종의,확실한,정직하게,올바르게,**tru**-l-y
A **true friend** does n-ot bet-**ray** conf-(h)id-ences.
She conv-(h)ince**d** me (that) the **st**-or-y w-as **tr**ue.

trunk
[trʌŋk]

♪ 트츠랑ㅋ XXX [츄랑크]　　틀린액센트,발음/ tr,k phonics

n.aj.vt. 몸통,짐가방(칸),동맥,도관,통풍통,코끼리코,사각팬츠
She threw her books in the **tr**unk and **cl**-osed it.
L-ow-er your **tr**unk 7 inches ab-**ov**(e) the ground for **push**-ups.

trust
[trʌst]

♪ 트츠라슽 XXX [츄롸스트]　　틀린액센트,발음/ tr,st phonics

n.v. 신뢰(인),신용(대출,거래),위탁,신탁,수탁자,기업합동
Fur-ther-mo-re, they (k)n-ow they can **tr**ust him.
He l-ooks l-ik(e) you w-ould **tr**ust with your l-if(e) **sav**-(h)ings.

truth
[truːθ]

♪ 트츠루웃흐 XXX [츄루우쓰]   틀린액센트,발음/ tr,θ phonics

n. 사실,진실,명제,진리,현실,실재,ac-tu-**al**-it-y,정직,**hon**-est-y,성실
His **st**-at(e)m-ent w-as ap-**prox**-im-ate to the t**r**uth.
He w-as con-**st**-rained by **cons**-cience and **to**-l-d **o-n**-l-y the t**r**uth.

try
[traɪ]

♪ 트츠라이 XXX [츄롸이]   틀린액센트,발음/ tr phonics

vt. 해보다,시도,노력,att-**empt**,end-**eav**-(h)or,고생시키다,재판
The **Ro-m**-ans t**r**ied to **civ**-(h)il-ize the **a**(**i**)**n**-cient **Brit**-ons.
Try to **conc**-ent-rate on pron-**ounc**-ing YetHanglish for 3 months.

tube
[tuːb]

♪ 투웁 X [튜우브]   mora발음/ t,b phonics

n.v. 관,통,**cy**-l-ind-er,터널,진공관,도관붙이다(만들다,통해나르다)
He **sq**-ueezed the tube unt-**i-l** few drops came out.
The **pa**-tient w-as **breath**-ing **ox**-y-gen through a tube.

Tues·day
[tuːz.deɪ]

♪ 투(튜)우즈에이 X [투우즈데이]   mora발음/ z,d phonics

n.av. 화요일,약자;Tue.,화요일에
W-e'll need a **def**-(h)in-ite **ans**-(w)er by **Tue**-sd-ay.
Her **birth**-day falls on a **Tue**-sd-ay this **ye**-ar.

tuition
[tuˈɪʃən]

♪ 투이션 O [투이션]

n. 교수,in-**st**-ruc-tion,교육,수업료,tu-**i**-tion fee
They hav(e) to pay **ex**-tra for tu-**i**-tion as n-on-**res**-id-ents.
You are **hav**-(h)ing **priv**-(h)ate tu-**i**-tion in **Eng**-l-ish Pron-un-ci-**a**-tion.

tune
[tuːn]

♪ 투운 O [투은]

n.vt. 가락,음조,선율,멜로디,화음,조화,조율,adj-**ust**,조화시키다
She w-as **humm**-ing a **l-itt**-le tune to her-**se**-l-f.
Kor-**e**-an **rest**-aur-ants are **gett**-ing in tune with **gl**-ob-al **ta**-st(e)s.

tun·nel
[ˈtʌnl]

♪ 탄얼 X [터느얼] Schwa [l]=[얼], mora,틀린발음/ n,l phonics

n.v. 터널(파다),지하도(해저터널)(뚫다),갱도,굴,파도터널,curl,
Ins-ects had **tunn**-eled **int**-o the **do**-or frame.
Cars and **peop**-le w-ere trapped by the coll-**ap**-se of a **tunn**-el.

turn
[tɚn]

♪ 트얼언 X [터ㄹ언]   틀린발음/ t,ɚ,n phonics

v.n. 바꾸다,돌(리)다,(자금)회전,뒤집다,돌아보다,차례,방향전환
Her car-**eer** turned out to be a **fort**-un-ate one.
Her fame turned out to be a **cur**-se, n-ot a **bl**-ess-ing.

twelfth
['twɛlfθ]
 XXX [트웰f으쓰]   틀린액센트,발음/ tw,f phonics
aj.n. 제12(의),열두번째(의),12분의1(의),12일(의)
It is Sat., Dec. 12th, 2015.
He ranked 12th in his **comp**-an-y.

twelve
['twɛlv]
 XXX [트웰v으]   틀린액센트,발음/ tw,l,v phonics
n. 12, 12나타내는기호(12, xii, XII 등),1 **doz**-en,열두번째것
Why a **Bak**-er's **Doz**-en is 13 in-**st**-ead of **12**?
T-w-el-ve chicks **hat**ched and **foll**-owed her as mom.

twen·ti·eth
['twɛntijəθ]
 XXX [트웬티이쓰]   틀린액센트,발음/ tw,j,θ phonics
aj.n. 제20(의),스무번째(의),20분의1(의),20일
He ranked **t-w**-ent-ieth in his **cl**-ass.
The **coup**-le **cel**-eb-rated **the**-ir **t-w**-ent-ieth ann-iv-(**h**)**ers**-ar-y.

twen·ty
['twɛnti]
 XXX [트웬티]   틀린액센트/ tw phonics
n.aj. 20(의),20나타내는기호(20,XX등),1920년대
She is **st**-i-ll in her **t-w**-enties.
It w-i-ll be l-ow **t-w**-ent-y deg-**rees**(**tw**-enties) tom-**orr**-ow.

twice
['twaɪs]
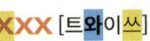 XXX [트와이쓰]   틀린액센트,발음/ tw,s phonics
av. 두번,2회,다시,재차,2배로,빈도가2배
The cows need to be **mi**-l-ked **t-w**-ice a day.
If it **happ**-ened **t-w**-ice, it w-i-ll **prob**-ab-l-y **happ**-en ag-**ain**!

twin
['twɪn]
 XXX [트윈]   틀린액센트/ tw phonics
n.aj.vt. 쌍둥이중한명(t-wins;쌍둥이),(한)쌍,짝,짝짓다,쌍둥이낳다
I **al**-w-ays conf-(**h**)**use** the **t-w**-ins.
She **carr**-ied her **t-w**-ins in her arms and on her back.

twist
['twɪst]
 XXX [트위스트]   틀린액센트,발음/ tw,st phonics
v.n. 꼬(기)다,감다,비틀(림)다,찡그리다,삐게,왜곡,속이다,사기
It **t-w**-isted us to say good-**bye**.
The road **t-w**-isted its w-ay through the Cam-**in**-o de Sant-i-**ag**-o.

two
['tu:]
♪ 투우   O [투우]
n.aj. 2(의),2를나타내는기호(2, ii , II 등),2개한벌,짝지어,쌍쌍으로
The **Cong**-ress is div-(**h**)**ided** int-o two camps.
The-re w-as a comp-**ar**-is-on of the **dat**-a from the two **st**-ud-ies.

type
[taɪp]

♪ 타입   X [타입]   틀린발음/ p phonics

n.v. 유형,모범,본(보기),~타입,활자(체),타자,인쇄,(혈액)형을정

She types **fa**-st and **w-e**-ll.
She is n-ot the type of **pers**-on to acc-**ept** your ap-**ol**-ogy.

typ·i·cal
[ˈtɪpɪkəl]

♪ 팊익얼   X [티피커얼]   mora,틀린발음/ t,p,k,l phonics

aj. 전형적인,~형에맞는,특색있는,특유한,기준적인,상징적인

The **cr**oss is **typ**-ic-al of Christ's **sac**-rif-(h)ice.
Cart is a **sm**-all **whee**-led **ve**-hic-le **typ**-ic-all-y pushed by hands.

이제 원어민연음발음, **phon**-ics가 낯설진 않으시죠?

u or U
[juː]

♪이유우   O [(이)유우]

n. 알파벳 스물한번째자,U(자)형
Some-thing shaped l-ike the lett-er U.
U is the 21st l-ett-er of the mod-ern Eng-l-ish alph-(h)ab-et.

ug·ly
[ʌgli]

♪악을이   X [어글리]   mora,틀린발음/ g,l,y phonics

aj.n. 추한,불쾌한,초라한,사악한,치욕스런,상처심한,고약한,거친
She has an ug-l-y di-sp-o-si-tion.
She makes her-se-l-f fee-l dowd-y and ug-l-y.

ul·ti·mate
[ʌltəmət]

♪알텀엍   X [얼터멋]   mora,틀린발음/ ʌlt,m,t phonics

aj. 가장(먼,초기),최후의,궁극의,결정적인,총금액의
Eng-l-ish comm-un-ic-a-tion sk-ill is the ult-im-ate w-eap-on.
Our ult-im-ate go-al is l-ett-ing peop-le pron-oun-ce prop-er-l-y.

um·brel·la
[ʌmˈbrɛlə]

♪암브렐어   XXX [엄브렐러]   틀린액센트,중복"ㄹ"/ ʌm,b,r,l phonics

n.aj. 우산,양산,파라솔,sunshad(e),보호,우산같은,포괄적인
Bring an um-brell-a with you, ju-st in case.
Her job w-as sav(e)d by the um-brell-a of ac-ad-em-ic freed-om.

un·able
[ʌnˈeɪbəl]

♪안에입얼   X [언에이버얼]   mora,틀린발음/ ib,l phonics

aj. 할수없는,하지못하는,무능(력)한,연약한
He is un-ab-le to pl-ay guit-ar.
He w-as un-ab-le to aff-(h)ord the trip.

un·aware
[ʌnəˈwɛər]

♪안어으웨얼   O [언어웨어r]

aj. 의식하지못하는,알아채지못하는,모르는,ig-n-or-ant,
She w-as un-a-w-a-re that she w-as be-ing fi-l-med.
She seemed to be un-a-w-a-re of what w-as happ-en-ing.

un·cer·tain·ty
[ʌnˈsɚtnti]

♪안쎠얼튼티   O [언써-r튼티]

n. 불확실(성),망설임,예측할수없는일,불명(확),애매함,불안정
The sit-u-a-tion is ext-reme-l-y fl-uid with un-cert-ain-ty.
The-re is some un-cert-ain-ty ab-out the-ir comp-an-y's fu-ture.

un·cle
[ʌŋkəl]

♪앙클   X [엉크얼]   틀린발음/ l phonics

n. 삼촌,백부,숙부⇔aunt,고모부,이모부,아저씨
They hav(e) two unc-les and one aunt.
His unc-le w-as danc-ing the bab-y on his (k)n-ee.

528

un·der
[ˈʌndɚ]
♪ 안덜   ○ [언더ㄹ]
prep.av.aj. 아래에,~보다적게,~이하의(로),~때문에,~에따라,적은
W-e hav(e) l-itt-le choi-ce und-er pres-ent circ-um-st-ance.
Tes-l-a's CTO exp-l-ained what's go-ing on und-er the hood.

un·der·go
[ˌʌndɚˈgoʊ]
♪ 안덜고으   ♪ 안덜으웬ㅌ   ♪ 안덜가안   ○ [언더ㄹ고우]
vt. 경험,겪다,당,받다,exp-er-ien-ce,견디다,참다,end-ure
The o-i-l tank-er st-ayed in Busan harb-or to und-er-go rep-a-irs.
Comp-an-ies ins-ist on st-affs und-er-go-ing med-ic-al check-ups.

un·der·ground
[ˈʌndɚˌgraʊnd]
♪ 안덜그롸은드   ○ [언더ㄹ그롸운드]
av.aj.n. 지하의,숨어서,비밀의,반체제의,지하공간,지하철
He had been l-iv-(h)ing und-er-ground as a fug-it-ive.
Sol-id w-ast(e) are di-sp-osed of deep und-er ground.

un·der·lie
[ˌʌndɚˈlaɪ]
♪ 안덜아이   X [언더ㄹ라이]   중복"ㄹ"="r"발음/ ㅈ phonics
vt. 밑에눕다(있다),기초(기반),근거되다,근저에있다, ~을낳다
Man-y fact-ors und-er-l-ie her dec-i-sion.
A fir-st mor(t)g-age und-er-l-ies a sec-ond one.

un·der·neath
[ˌʌndɚˈniːθ]
♪ 안덜니잇흐   ○ [언더ㄹ니쓰]   θ phonics
prep.av.aj.n. ~의바로아래,~의지배를받아,~에숨어서,바닥,최하부
Und-er-neath his pol-ite-ness the-re is sp-ite.
The do-or key is und-er-neath the rug in front of the do-or.

un·der·st·and
[ˌʌndɚˈstænd]
♪ 안덜슽앤드   XXX [언더ㄹ스탠드]   틀린액센트,발음/ st,n,d phonics
v. 이해,파악,납득,해석,알(아든)디, ~을등의한것으로여기다
It's imp-ort-ant to und-er-st-and oth-er cul-tures.
She mis-und-er-st-ood the conc-ept of arr-anged marr-i-ages.

un·der·stand·ing
[ˌʌndɚˈstændɪŋ]
♪ 안덜슽앤딩   XXX [언더ㄹ스탠딩]   틀린액센트,발음/ st,n,d phonics
n. 이해(력),납득,지식,숙지,통달,지적능력,식별력,사려,분별
Und-er-st-and-ing Eng-l-ish is he-l-pf-(h)ul for bu-sin-ess.
I think they hav(e) a cl-ear und-er-st-and-ing of the prob-l-em.

un·der·take
[ˌʌndɚˈteɪk]
♪ 안덜테익   X [언더ㄹ테익]   틀린발음/ k phonics
vt. 시작,착수,(떠)맡다,~하기로약속,~할의무지다,보증,단언,감독
She und-er-took to com-pl-ete what he had beg-un.
Hi-ll-ar-y Cl-int-on und-er-took to camp-aign for the pre-sid-enc-y.

un·do
[ʌn'du:]
🎵안두우   O [언두우]   🎵안딜   🎵안단
vt. 원상태로(돌리다),제거,파멸,명예손상,풀다,옷벗다,문열다,유혹
What is done can-**n-ot** be und-**one**. <속담>
His **en**-em-ies hav(e) und-**one** him. un·did과거, un·done 과거분사

un·em·ployed
[ˌʌnɪm'plɔɪd]
🎵안임플오인   🎵안임플오임   XXX [언임플로이드]   틀린액센트,발음/ pl,o,id phonics
aj. 고용되지않은,일자리없는,실직한,이용되지않는,한가한
The-re w-as a dec-**rease** in un-em-**pl**-oyed young **peop**-le.
Hav(e) you been un-em-**pl**-oyed for **ov**-(h)er six months?

un·em·ploy·ment
[ˌʌnɪm'plɔɪmənt]
🎵안임플오임언트   XXX [언임플로이먼트]   틀린액센트,발음/ pl,o,im phonics
n. 실직(상태),실직자수,실업률,실업수당
Hi-gh un-em-**pl**-oym-ent dams back in**f**-(h)l-a-tion.
The un-em-**pl**-oym-ent **fig**-ures w-ere an emb-**arr**-assm-ent to us.

un·for·tu·nate
[ʌn'fɔɚtʃənət]
🎵안포ㅎ얼처언엩   X [언fㅇ어ㄹ춰넡]   mora,틀린발음/ t phonics
aj.n. 불운(행)한,형편나쁜,가망없는,부적당한,빗나간,애처로운
He has an un-**fort**-un-ate l-ack of **gl**-ob-al **mann**-ers.
He **op**-ened a caf-(h)**é** on an un-**fort**-un-ate **pl**-ace for **bu**-sin-ess.

un·for·tu·nate·ly
[ʌn'fɔɚtʃənətli]
🎵안포ㅎ얼처언엩올이   X [언포어ㄹ춰넡틀리]   틀린발음,중복"ㄹ"/ t,l,y phonics
av. 불행(불운)하게도,공교롭게도
Un-**fort**-un-ate-l-y, that w-as the **be**-st he could do.
Her car-**eer** turned out to be a **cur**-se un-**fort**-un-ate-l-y.

un·hap·py
[ʌn'hæpi]
🎵안햎이   X [언해피]   mora발음/ p,i phonics
aj. 불행한,비참한,불만스러운,형편나쁜,불리한,불길한,부적절한
He w-as un-**happ**-y at **hav**-(h)ing to giv(e) up his job.
She w-as un-**happ**-y to see her **count**-ry's **pl**-ight.

un·fair
[ʌn'fɛɚ]
🎵안ㅍ헤얼   O [언f에어r]
aj. 불공평한,un-**ju**-st,부정한,교활한,공정하지못한,부당한
It seems un-**fa**-ir to **sing**-le him out for **crit**-ic-ism. 콕 집어서
The **comp**-an-y has been acc-**u**-sed of un-**fa**-ir trade **pract**-ices.

uni·form
[ˈjuːnəfɔɚm]
🎵유운어ㅍㅎ호엄   X [유우너f오어ㄹ엄]   mora,틀린발음/ n,f phonics
aj.n.vt. 같은형태의,고른,한결같은,균일한,평등한,제복,군복,군인
Try n-ot to get your **u**-**n**-if-(h)orms **dirt**-y.
The **Arm**-y **u**-**n**-if-(h)orms w-ere **col**-ored for **cam**-ouf-(h)l-age.

530

uni·fy
[juːnəˌfaɪ]

 X [유우너f아이]   mora,틀린발음/ n,f phonics

vt. 하나(단일체)로하다,통합,통일,일체화
The **na**-tion-al **rai**-l-road **sy**-st-em **un**-if-(h)ied the **count**-ry.
They had a frank e**x-chan**-ge of views on the un-if-(h)ic-**a**-tion.

union
[juːnjən]

 X [유으년]   mora,틀린발음/ n,j phonics

n. 결합(점),연합,융합,동맹,(노동)조합,결혼,궁합,유착,용접(점)
U-n-ion bet-**ween** South and N-orth w-ould be **poss**-ib-le.
A div-(**h**)**or**-ce of KORAI-L and its **U-n**-ion drov(e) a l-o-**gi**-st-ics **cha**-os.

unique
[juˈniːk]

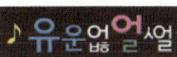 X [유니이크]   mora,틀린발음/ n,k phonics

aj.n. 유일한,비길것없는,훌륭한,극히드문,독특한(사람,것,일)
Ed-el-w-eiss is a **wi**-l-d-fl-ow-er un-**iq**-ue to the **Al**ps.
Hu-m-ans are un-**iq**-ue am-**ong mamm**-als in **man**-y re-**sp**-ects.

unit
[juːnət]

 X [유우닛]   mora,틀린발음/ n,t phonics

n. 1개(세트,의),집단,군부대,구성단위,계량단위,일습
Ce-ll is the **sm**-all-est **st**-ruc-tur-al **un**-it of an **org**-an-ism.
Sp-ain has **chan**-ged its **mon**-et-ary **un**-it from **pes**-o to **Eur**-o.

unite
[juˈnaɪt]

 X [유나잇]   mora,틀린발음/ n,t phonics

v. 연합,합병,통일,접합,붙이다,맺어주다,하나되다,동맹,일치,협조
She un-**it**-ed **int**-ell-ect with sens-ib-**il**-it-y.
The two **ro**-y-al **fam**-il-ies w-ere un-**it**-ed by **marr**-i-age.

uni·ver·sal
[juːnəˈvɚsəl]

X [유우너v어ㄹ써얼]   mora,틀린발음/ n,v,l phonics

aj.n. 전체의,통괄적인,보편적인,우주의,만물의,박식한,만능인
Peace w-ould be u-n-iv-(**h**)**ers**-al through**out** the w-orld.
`All men are **mort**-al' is a u-n-iv-(**h**)**ers**-al **pos**-it-iv(e).

uni·verse
[juːnəˌvɚs]

X [유우너v어ㄹ쓰]   mora,틀린발음/ n,v,l phonics

n. 우주,**co**-sm-os,천지만물,은하계,항성,전세계,전인류,분야,영역
Sci-ence **cl**-ues ab-**out** the **or**-ig-in of the **u-n**-iv-(**h**)erse.
The-re w-ere rows of dolls on the **st**-age of Miss **U-n**-iv-(**h**)erse.

uni·ver·si·ty
[juːnəˈvɚsəti]

X [유우너v어ㄹ써티]   mora,틀린발음/ n,v,ɚ,st,y phonics

n. (종합)대학(교),**coll**-ege,**vars**-it-y,대학부속부지(건물),대학(생)
He des-**ire**d to be adm-**it**ted to the u-n-iv-(**h**)**ers**-it-y.
Math and **sci**-ence dep-**artm**-ents are the **co**-re of the Univ.

un·known
[ʌnˈnoʊn]

♪ 언 노 은   O [언노운]

aj.n. 미지의,생소한,헤아릴수없는,in-**cal**-cul-ab-le,미지수
A girl of the un-(k)**n**-**o**-wn hit **mi**-ll-i-on You Tube **view**-ers.
Much rem-**ain**s un-(k)**n**-**o**-wn ab-**out** her **ear**-l-y l-if(e).

un·less
[ənˈlɛs]

♪ 언을에ㅅ   X [언레쓰]   틀린발음/ n,l,s phonics

conj.prep. ~이아니면,~하지않는다면,~을제외하면,~이외에는
Don't come un-l-**ess** I call you to.
N-o one, un-l-**ess** a **gen**-ius, could hav(e) **sol**-ved this math.

un·like
[ʌnˈlaɪk]

♪ 언을아익   X [언라익]   틀린발음/ n,l,k phonics

aj.prep.n. 닮지않은,다른(것,사람),같지않은,~과다르게
The twins are **ver**-y un-**l**-**ik**(e) in **char**-act-er.
Un-**l**-**ik**(e) her **broth**-er she is good at **Eng**-l-ish **l**-**i**-**s**(te)n-ing.

un·like·ly
[ʌnˈlaɪkli]

♪ 언을아익을이   X [언라익클리]   틀린발음/ n,l,k,l,y phonics

aj.av. ~할것같지않은,의심스러운,생각할수없는,있을법하지않게,
She is an un-**l**-**ik**(e)-l-y **cand**-id-ate for that pos-**i**-tion.
A **mil**-it-ar-y coup seems un-**l**-**ik**(e)-l-y in **Myan**-mar.

un·sung
[ʌnˈsʌŋ]

♪ 언쌍   O [언썽]

qaj.prep. 불려지지않은,(세상에)알려지지않은
Col. Young Ok Kim is one of un-**sung her**-oes of WWII.
The-re should be l-ots of un-**sung her**-oes of Kor-**e**-an W-ar.

un·til
[ənˈtɪl]

♪ 언틸, 언티을   X [언티얼]   틀린발음/ n,t,l phonics

conj.prep. ~까지,~할때까지,~하도록,~할만큼, ~까지,
The FTA neg-o-ti-**a**-tions dragged on unt-**i**-**l** ye-ar 2013.
They w-ould **st**-**rik**(e) unt-**i**-**l the**-ir dem-**and**s w-ere met.

un·usu·al
[ʌnˈjuːʒəwəl]

♪ 안유우저어월   X [언유쥬어월]   틀린발음/ n,ʒ,w,l phonics

aj. 보통아닌,신기한,드문,예외적인,ex-**cep**-tion-al,유별난,독특한
This beef **jerk**-y has an un-**u**-su-al **fl**-av-(h)or.
The **w**-**at**-er out of the **fauc**-et w-as **cl**-oud-y un-**u**-su-all-y.

up
[ʌp]

♪ 앞   X [업, 압]   틀린발음/ p phonics

av.prep.aj.n.vt. 위로(에),표면에,세워져,깬상태로,상승,출세,인상
Her cart **pi**-led **up** with **groc**-er-ies. What's **up**?
He chalked up our **fa**-il-ure to our **neg**-l-ig-ence.

up·grade
[ˈʌpˌgreɪd]
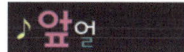
X [업그레이드]   틀린발음/ p,g,r,d phonics
n.aj.av.vt. 증가,상승,향상,등급올리다,가치높이다,품종개량
Q-ual-it-y is on the **up**-grade. (상승중,증가중)
Up-grad-ing her com-**put**-er seems the id-**e**-al sol-**u**-tion.

up·on
[əˈpɑːn]

X [어판]   mora발음/ p,n phonics
prep. on과거의비슷한의미,~의위(표면)에
All eyes w-ere cast up-**on** the **sp**-eak-er. (시선집중)
She rec-**eive**d her deg-**ree** up-**on** com**p**-l-e-tion of her res-**ear**-ch.

up·per
[ˈʌpɚ]

X [어퍼ㄹ]   틀린발음/ p,ɚ phonics
aj.n. 위(상부)의,높은쪽의,윗옷,위층침대,**upp**-er berth,(헝겊)각반
The **pres**-ence of **st**-a-irs in the **ru**-ins im**p**-l-ies an **upp**-er **fl**-oor.
They com-**pl**-ained to the pol-**i**-ce ab-**out** n-**o**-ise from the **upp**-er.

up·right
[ˈʌpˌraɪt]

XXX [업롸잇]   틀린액센트,발음/ p,r,it phonics
aj.n.av.vt. 바로선,수직의,위로향한,정직(고결)한,직립피아노,당당
Put your seat back in the **up**right pos-**i**-tion.   (비행기 이착륙시)
The **bott**-le should be kept **up**right to prev-(h)ent l-eaks.

up·set
[ʌpˈsɛt]

X[업쎗]   틀린발음/ p,s,t phonics
v.n.aj. 어지럽히다,(배)뒤집(히)다,ov-(h)er-**turn**,**caps**-ize,계획망치다,
당황하게,dis-comp-**ose**,속상하게,이기다,심란,di-**st**-urb-ance,위의거북함,불편,
혼란,다툼,뒤집힌
St-rik-ers ups-**et** the **meet**-ing by **chant**-ing and **shout**-ing.
The ref-(h)us-al of her **proj**-ect ups-**et** her.

up·stairs
[ʌpˈstɛɚz]
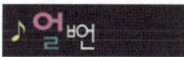
XXX [업스테어ㄹ즈]   틀린발음/ p,st,ɚ,z phonics
n.av. 위층,위층으로(에서)⇔down-**st**-a-irs,높은지위에,고공에(서)
You can use the **bath**-room up-**st**-a-irs.
He has been moved up-**st**-a-irs to the Fin-**an**-ce Dept.

up·ward
[ˈʌpwɚd]
XXX [업워ㄹ드]   틀린발음/ p,w,ɚ,d phonics
av.aj. 위로(향하여),높은지위에,더위에,상반신에,상승하는
The **hik**-ers traced the **st**-ream **up**-w-ard.
They are **mov**-ing **up**-w-ard **soc**-iall-y and ec-on-**om**-ic-all-y.

ur·ban
[ˈɚbən]
O [어ㄹ번]
aj. 도시의(에관한)⇔**rur**-al,도시에사는(특유의,풍의,화한)
She di-sl-**ik**(e)s **urb**-an l-if(e), **urb**-an traff-(h)ic.
They are **fac**-ing a **ser**-ious **urb**-an pov-(h)ert-y **prob**-l-em.

U
V
W
X
Y
Z

urge
[ɝdʒ]

♪ 얼지   X [어ㄹ쥐]   틀린발음/ ɝ,dʒ phonics

v.n. 추진,주장,재촉,설득,촉구,열심히권,자극,추진력,충동
He **ur**-ged them to ob-**ey** the **ru**-le.
The prom-**o**-tion gav(e) him an **ur**-ge to w-**ork** **hard**-er.

ur·gent
[ɝdʒənt]

♪ 얼전트   X [어ㄹ줸트]   틀린발음/ ɝ,dʒ,t phonics

aj. 다급한,긴급한,절박한,집요한,끈질긴,졸라대는,imp-**ort**-un-ate
He came to del-**iv**-(h)er an **urg**-ent **mess**-age.
Man-y comm-**un**-it-ies are **fac**-ing **urg**-ent **bud**-get **prob**-l-ems.

us
[ʌs]

♪ 어ㅅ   O [어쓰]   s phonics

pron. 우리를(에게)
He's got a cheek ig-n-**or**-ing us l-ik(e) that.
They w-**i**-ll n-o l-**ong**-er count us am-**ong** the-ir **all**-ies.

use
[juːz]

♪ 유우즌   O [유우즈]   z phonics

v.n. 쓰다,사용,이용,활용,소비,유용함,효용,이익,효과,습관,관습
Veg-et-ab-les **co**-st **doub**-le what it used to l-ast **ye**-ar.
The herb has been used to treat **head**-aches for **cent**-ur-ies.

use·ful
[juːsfəl]

♪ 유우스헐   X [유우스퍼얼]   틀린발음/ sf,l phonics

aj. 도움되는,유용한,유익한,**he**-l-pf-(h)ul,실용(질)적인,
The Namsan **tow**-er is **usef**-(h)ul as a **l-and**mark.
My **Eng**-l-ish Pron-**ounc**-ing **meth**-od is n-ew and **usef**-(h)ul.

us·er
[juːzɚ]

♪ 유우저헐   O [유우저ㄹ]   j,zɚ phonics

n. 쓰는사람,사용(이용)자,재산사용권(행사)
The **comp**-l-ic-ated tax ret-**urn** **sy**-st-em is n-ot **us**-er **friend**-l-y.
The phone dis-**ab**-led the cont-**ro**-ls for un-**auth**-or-ized **us**-ers.

usu·al
[juːʒəwəl]

♪ 유우쪄으월이   O [유우쥬어얼]   j,ʒ,w,l phonics

aj. 평상시의,일상의,습관적인,평범한,**ord**-in-ar-y,흔한,**comm**-on
They w-ere n-o **diff**-(h)er-ent than **u**-su-al.
The typh-**(h)oon** moved in an **east**-erl-y dir-**ec**-tion as **u**-su-al.

usu·al·ly
[juːʒəwəli]

♪ 유우쪄으월이   O [유우쥬얼리]   j,ʒ,w,l,y phonics

av. 평소에는,보통은,일상은,대개는,습관적으로,**cu**-st-om-ar-i-l-y
A **mil**-it-ar-y dec-or-**a**-tion is an a-**w-ard**, **u**-su-all-y a **med**-al.
Why **di**-et-ing doesn't **u**-su-all-y w-ork?

534

uti·lize
[juːtəˌlaɪz]

♪ 유읕얼아이즈ㅎ   O [유우털라이즈]   j,t,l,z phonics

vt. 이용, 활용
W-e **mu**-st **ut**-il-ize all the **too**-ls at our di-**sp**-os-al.
My dev-(h)ice **ut**-il-izes the sun as an **en**-er-gy **so**-ur-ce.

ut·most
[ʌtˌmoʊst]

♪ 앝모으슽   X [앗모우스트]   틀린발음/ ʌt,st phonics

aj.n. 최고(의), 최상(의), 극도(의), 극한(의), **farth**-est, **ex**t-rem-est
Haenam is the **ut**-mo-st tip of the Kor-**e**-an pen-**ins**-ul-a.
The **na**-ture of the job **ex-act**ed our **ut**-mo-st prec-**i**-sion.

MOOC 에서 흥미, 취미, 전공 분야 과목을 신청해서 들어보실래요?
나 자신과 대한민국 미래 행복이 보장됩니다.

v or V
[viː]

♪ ㅂ히이   O [Vo|]   v phonics

n. 알파벳 스물두번째자,V(자)형
Something shaped l-ike the **lett**-er V.
V is the 22nd **l-ett**-er of the **mod**-ern **Eng**-l-ish **alph**-(h)ab-et.

va·ca·tion
[veɪˈkeɪʃən]

♪ ㅂ헤익에이션   X [v에이케이션]   mora발음/ v,k phonics

n.vi. 방학,휴가,휴회,일시중지,비워주기,퇴거,공석,휴가
They had **the**-ir **pa**-id vac-**a**-tion in Kor-**e**-a.
She's **go**-ing out with a guy she met on vac-**a**-tion.

vain
[veɪn]

♪ ㅂ헤인   O [v에인]   v phonics

aj. 시시한,실속없는,**use**-l-ess,헛된,허영심강한,뽐내는,무익한
All **the**-ir **pl**-ans w-ere in **va**-in.
They w-ere **va**-in ab-**out** **the**-ir **fam**-il-y's past.

val·id
[vǽləd]

♪ ㅂ핼얻   X [v앨러드]   중복"ㄹ",mora발음/ v,l,d phonics

aj. 정당한,효력있는,eff-(h)ec**t**-ive,유효한⇔**vo**-id,강력한,합법적인
His **sig**-n-a-ture makes the **w-i**-ll **val**-id.
All **the**-ir obj-**ec**-tions w-ere com-**pl**-ete-l-y **val**-id.

val·ley
[vǽli]

♪ ㅂ핼이   X [v앨리]   중복"ㄹ"="r"발음/ v,l,y phonics

n. 골짜기,계곡,rav-(h)ine,gor-ge,큰강유역,낮은점
The-re w-as n-o **ce**-ll phone **cov**-(h)er-age in that **vall**-ey.
She is **l-iv**-(h)ing in **Sil**-ic-on **Vall**-ey, **Sant**-a **Cl**-ar-a **Count**-y, CA.

val·u·able
[vǽljəbəl]

♪ ㅂ핼엽얼   X [v앨류어브얼]   mora,틀린발음/ v,jəb phonics

aj.n. 값비싼⇔**w-orth**-l-ess,가치있는,중요한, imp-**ort**-ant,귀중품
Gue-sts are ad-**vi**-sed to dep-**os**-it **val**-u-ab-les in the **saf**(e).
She prov-(**h**)i**de**d **val**-u-ab-le **inp**-ut at the **st**-art of the **proj**-ect.

val·ue
[vǽlju]

♪ ㅂ핼유   X [v앨류]   중복"ㄹ"="r"발음/ v,l phonics

n.vt. (화폐)가치,진가,w-orth,효용성,**usef**-(h)ul-ness,가격,평가,견적
It says **go**-l-d **nev**-(h)er **dim**-in-ishes its **val**-ue, how-**ev**-(h)er...
The **comp**-an-y's **ass**-ets w-ere **val**-ued at 100 **mi**-ll-i-on **doll**-ars.

var·i·a·tion
[veriˈeɪʃən]

♪ ㅂ헤리에이션   X [v에뤼에이션]   틀린발음/ v,r phonics

n. 변화(량,율,정도),변동,chan-ge,변주(곡)
This del-**i**-cious var-i-**a**-tion on an **om**-el-ette is **eas**-y to prep-**are**.
The **temp**-er-at-ure var-i-**a**-tion is 10° bet-**ween** day and **n-i**-ght.

va·ri·ety
[vəˈrajəti]

♪ 뷔허라이옅이   X [v어롸이어티]   틀린,mora발음/ v,r,jət,y phonics

n.aj. 변화많음,다양(성),다른것,잡동사니,다른상태,변형(종),품종
W-e need to add some var-i-et-y to the show.
She grows three var-i-et-ies of each **cuc**-umb-ers and tom-**at**-oes.

var·i·ous
[verijəs]

♪ 뷔헤리여ㅅ   X [v에뤼어쓰]   틀린발음/ v,r,s phonics

aj.pron. 여러가지의,다양한,변화많은,별종의,잡색의,닮지않은
Var-ious **rum**-ors for his re-sig-**n-a**-tion are **be**-ing **fl**-oated.
She l-ik(e)s ex**p**-er-im-ent-ing with **var**-ious dress des-**ign**.

vary
[veri]

♪ 뷔헤리   X [v에뤼]   틀린발음/ v,r phonics

v. 차이(변화)주다,다양(변화)있게,가지각색이다,변경,수정,**alt**-er
The **fab**-ric **var**-ies in **tex**-ture from **coar**-se to **fi**-ne.
Each rep-**ort var**-ies on the ex**t**-ent of the **dam**-age.

vast
[væst]

♪ 뷔헤슽   X [v애스트]   mora발음/ v,st phonics

aj.n. 광대한,광활한(넓이),imm-**ense**,거대한,huge,막대한(수,양),
They got l-ost in a vast **des**-ert.
She in-**her**-ited a vast **for**-tune.

veg·e·ta·ble
[vɛdʒtəbəl]

♪ 뷔헨쥩업얼    X [v에줘터브얼]   틀린,mora발음/ v,dʒt,b,l phonics

n.aj. 야채(채소,식물)(의),식물인간,변화없는,지루한,활기없는
W-**at**-ch your **di**-et - you need **mo**-re fruit and **veg**-et-ab-les.
A **bal**-anced **di**-et **con**-st-it-utes of meat, **mi**-l-k, **veg**-ies, fruits and **cer**-e-als.

ve·hi·cle
[viːjəkəl]

♪ 뷔히이역얼   X [V이이여크얼]   mora발음/ v,k phonics

n. 운송수단,운반구,차,탈것,전달수단(표현,매개물,매체)
Cart is a **sm**-all **whee**-led **ve**-hic-le **typ**-ic-all-y pushed by hand.
Priv-(h)ate cars are all-**ow**ed but n-ot comm-**er**-cial **ve**-hic-les.

veil
[veɪl]

♪ 뷔헤이열   O [v에열]   v,l phonics

n.v. 면사포,가리개,칸막이,장막,가면,핑계,구실,감추다,은폐
Cl-ouds **ve**-i-led the sun.
He tried to **ve**-i-l his **fau**-l-t on his **proj**-ect.

ven·dor
[vɛndɚ]

♪ 뷔헨덜 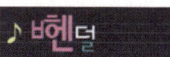   O [v엔더ㄹ]   v,n,dɚ phonics

n. 파는사람,매각인,행상인
The-re are **man**-y **st**-reet **vend**-ors in **down**town.
W-e're **mak**-ing a **dea**-l with **oth**-er **sof**-(h)t-w-are **vend**-or.

verb
[vɚb]
♪ 브헐ㅂ O [v어ㄹ브] vɚ,b phonics
n. 동사(an in-**trans**-it-ive ~;자~, a **trans**-it-ive ~;타~),au**x-il**-i-ar-y ~;조~
She re**pl**-ied to the inv-(h)it-**a**-tion **verb**-all-y.
That verb is **comm**-on-l-y used in **pass**-iv(e) con-**st**-ruc-tions.

verse
[vɚs]
♪ 브헐ㅅ O [v어ㄹ쓰] vɚ,s phonics
n.v. 시,운문,시의절(연,1행),성서의절,시로표현,시짓다
This song has three **ver**-ses.
He e**xp**-ressed his id-**e**-as and em-**o**-tions in **ver**-se.

ver·sion
[vɚʒən]
♪ 브헐젼, 브허어션 X [v어ㄹ줜] 틀린발음/ vɚ,ʒ phonics
n. 번역(서,문),~판,설명,의견,견해,특정한형,변형,각색
What is your **ver**-sion of the **acc**-id-ent?
They **w-at**-ched the **mov**-(h)ie in **Eng**-l-ish **ver**-sion.

ver·ti·cal
[vɚtɪkəl]
♪ 브헡익얼 X [v어ㄹ티커얼] 틀린,mora발음/ vɚ,t,k,l phonics
aj.n. 수직의,직립한,정점의,절정의,수직적인,수직선(면,위치)
The **hi**-ll-sid(e) l-ooked **al**-mo-st **vert**-ic-al.
Draw a hor-i-**z(h)ont**-al l-ine ac-**ross** the **vert**-ic-al one.

very
[veri]
♪ 브헤리 X [v에뤼] 틀린발음/ v,r,y phonics
av.aj. 대단히,매우,정말로,바로,~조차,**ev**-(h)en,실제의,**ac**-tual
The **chem**-i-st-ry of our **off**-(h)i-ce is **ver**-y **cheerf**-(h)ul.
The-se boots aren't **ver**-y **comf**-(h)ort-ab-le for **sk**-i-ing.

ves·sel
[vɛsəl]
♪ 브헷얼 X [v에쓰얼] mora발음/ v,s,l phonics
n. 큰배,비행선,용기,그릇,관,혈관,도관
All **vess**-els should hav(e) **saf**(e)-ty guards **func**-tion-ing.
The **l-arg**-est comm-**er**-cial **vess**-el w-as **bui**-l-t in Kor-**e**-a.

via
[vajə, ˈviːjə]
♪ 브하여, 브히이여 O [v아이어]
prep.n. ~을지나서,거쳐,경유로,매개로,의하여,길
He suc-**ceed**ed via hard w-ork.
He **fl**-ew to N-ew **Yor**-k via Chic-**ag**-o.

vic·tim
[vɪktəm]
♪ 브힉텀 X [v익텀] 틀린발음/ v,k,t phonics
n. 희생자,피해자,이재민,조난자,속는사람,(사기꾼)제물,dupe
He w-as **ju**-st a **vict**-im of **circ**-um-st-ance.
They w-ere the **vict**-im of an el-**ab**-or-ate fraud.

vic·to·ry
[vɪktəri]

♪ 브**익**ㅌ어리 X [v**익**터뤼] 틀린발음/ v,k,t,r phonics

n. 승리,전승,우승,극복,정복,승리의여신
They had w-on, but it w-as a **holl**-ow **vict**-or-y.
She **fore**-casts a **vict**-or-y for the pres-id-**en**-tial el-**ec**-tion.

vid·eo
[vɪdijoʊ]

♪ 브**읻**이요우 X [v**이**디오우] mora발음/ v,d phonics

n.aj. 영상⇔**aud**-i-o,텔레비젼의,영상의,비디오녹화의
Paik Nam June w-as the **fath**-er of **mod**-ern **vid**-eo art.
ICT **sy**-st-ems en-**ab**-le **us**-ers' l-iv(e) **vid**-eo conv-(h)ers-**a**-tions for free.

view
[vjuː]

♪ 브**휴**우 O [v**유**우] v phonics

n.v. 경치,전망,**pro**-sp-ect,조사,surv-(h)**ey**,의견,op-**in**-ion,관찰
She w-ouldn't w-ant to imp-**ose** her views on **an**-y-one.
The room has a dram-**at**-ic view of the l-ake Taho and **mount**-ain.

vil·lage
[vɪlɪdʒ]

♪ 브**일**인지 X [v**일**리쥐] 중복"ㄹ"="r"발음/ v,l,dʒ phonics

n.aj. 마을(의),마을사람, 동물집단의소굴
All **vi**-ll-ages w-ere com-**pl**-ete -l-y de-**st**-royed by the **st**-orm.
The **riv**-(h)er **ov**-(h)er-**fl**-owed and **who**-le **vi**-ll-ages drowned.

vi·o·late
[vajəleɪt]

♪ 브**하**이열에읻 X [v**아**이얼레잇] 틀린,중복"ㄹ" 발음/ v,l,t phonics

vt. 위반,어기다,더럽히다,모독,prof-(h)**ane**,욕되게,rap(e)방해,폭행
The **pl**-ant came too **cl**-ose to **vi**-ol-at-ing **saf**(e)-ty crit-**er**-ia.
They **fi**-led a com-**pl**-aint that the boss **vi**-ol-ated the l-aw.

vi·o·lence
[vajələns]

♪ 브**하**이열언ㅅ X [v**아**이얼런쓰] 틀린,중복"ㄹ" 발음/ v,l,s phonics

n. 폭력(행위),폭행,강렬함,맹렬함,곡해,왜곡,고집
Hopes for peace diss-**ol**-ved in n-ew **vi**-ol-ence.
Peace talks hav(e) been **ov**-(h)er **shad**-ow-ed by **vi**-ol-ence.

vi·o·lent
[vajələnt]

♪ 브**하**이열언ㅌ X [v**아**이얼런트] 틀린,중복"ㄹ" 발음/ v,l,t phonics

aj. 폭력적인,난폭한,격렬한,극도의,맹렬한,int-**ense**,흥분한
Aft-er **vi**-ol-ent **prot**-ests, the **Prem**-ier app-**ea**-l-ed for calm.
The march ended in a **vi**-ol-ent enc-**ount**-er with the pol-**i**-ce.

VIP
[viˈaɪpi]

♪ 브**히**아잎이 O [V이-아이피] v,p phonics

n. 중요인물,요인
She w-as treated l-ik(e) a VIP at the rec-**ep**-tion.
Some **VIP** car w-**ind**-ows are mad(e) of **bull**-et-proof **gl**-ass.

vir·gin
[vɜ·dʒən]

♪ 브헐ㅈ언   O [v어ㄹ쥔]   vɜ·,dʒ phonics

n.aj. 처녀(의),동정녀(의),성모마리아,Mad-**onn**-a,순결한,처음인
He w-as a **virg**-in unt-**i**-l he got **marr**-ied.
With**in** 40 **ye**-ars **the**-re w-**i**-ll be n-o **virg**-in **for**-est l-eft.

vir·tu·al
[vɜ·tʃəwəl]

♪ 브헐ㅊ어으월   X [v어ㄹ츄어얼]   틀린발음/ vɜ·,tʃ,w,l phonics

aj. 실질(제)상의,사실상의,허상의,허초점의,가상의
Aung San Suu Kyi w-as a **vir**-tual **pris**-on-er in her own **ho**-me.
Teens can be ag-**ress**-ive on **vir**-tual conv-(h)ers-**a**-tions in a chat.

vir·tu·al·ly
[vɜ·tʃəwəli]

♪ 브헐ㅊ어으월이   X [v어ㄹ츄어얼리]   틀린,중복"ㄹ 발음/ vɜ·,tʃ,w,l,y phonics

av. 실질적으로,사실상,실제상,거의
In this case, tran-**sl**-a-tion is **virt**-u-all-y **poss**-ib-le.
The **cit**-y w-as **virt**-u-all-y **par**-al-yzed by the **trans**-it st-rik(e).

vir·tue
[vɜ·tʃu]

♪ 브헐ㅊ우   O [v어ㄹ츄]   vɜ·,tʃ phonics

n. 미덕,선(행),고결,**good**ness⇔vice,순결,장점,**mer**-it,가치,효력
Pa-tience is a **vir**-tue.
The **vir**-tue of this **med**-i-cine is **temp**-or-ar-y.

vi·rus
[vaɪrəs]

♪ 브허이러ㅅ   X [v아이뤄쓰]   틀린발음/ v,r,s phonics

n.v. 바이러스,(전염성)병원체,독액,**pois**-on,악영향,해독
He l-ost **doc**-um-ents bec-**au**-se his com-**put**-er w-as **vir**-used.
A **vir**-us **check**-er is av-(h)**ai**l-ab-le as an **ex**-tra for com-**put**-er.

visa
[viːzə]

♪ 브히이저   O [V이-z어]   v,z phonics

n.vt. 사증,입국허가(증),여권에사증,배서,비자를내주다
He w-ants a **two**-ye-ar e**xt**-en-sion to his **st**-ud-ent **vis**-a.
He got his **passp**-ort **vis**-aed by an **imm**-ig-rant **off**-(h)i-cer.

vis·i·ble
[vɪzəbəl]

♪ 브히ㅈ허얼   X [v이저브얼]   틀린,mora발음/ v,z,b phonics

aj.n. 가시의⇔inv-(h)**is**-ib-le,명백한,뚜렷한,보기쉬운,현물의
The **pa**-tient showed **vis**-ib-le **sym**(p)t-oms of heart att-**ack**.
She **pl**-ayed a **hi**-gh-l-y **vis**-ib-le **ro**-le in the neg-o-ti-**a**-tions.

vi·sion
[vɪʒən]

♪ 브히ㅈ언   O [v이쥔]   v,ʒ phonics

n.vt. 시각,시력,**si**-ght,광경,모습,예측,선견,통찰력,**ins**-ight,상상력
She **re**-all-y is a **vi**-sion.
He ex**p**-l-ained his **vi**-sion of the **comp**-an-y.

vis·it
[vɪzət]

♪ 비ㅎ|지헡   X [v이짓]   틀린발음/ v,z phonics

vt. 방문,문병,남의집에묵다,시찰(조사)가다,순시,엄습,att-**ack**
W-e **vis**-ited Cape Cod **ne**-ar **Bo**-st-on for **seaf**-(h)ood.
He **sp**-ent his **sp**-are time **vis**-it-ing **gall**-er-ies and mus-**e**-ums.

vis·i·tor
[vɪzətɚ]

♪ 비ㅎ|지헡얼   X [v이지터ㄹ]   mora발음/ v,z,tɚ phonics

n. 방문자,손님,문병객,관광객,참배자,체재객,숙박객,시찰자,철새
Kor-**e**-ans are **ver**-y **friend**-l-y to **vis**-it-ors.
Vis-it-ors to the **off**-(h)i-ce **mu**-st sign **in** at the desk.

vi·su·al
[vɪʒəwəl]

♪ 비ㅎ|저어으월   X [v이쥬어얼]   틀린발음/ v,ʒ,w,l phonics

aj.n. 시각의,시력의,보이는,**vis**-ib-le,광학상의,**opt**-ic-al,시각교재
To form a **vis**-u-al **im**-age **he**-l-ps for mem-or-iz-**a**-tion.
She tried to form a **vis**-u-al **im**-age of the poet's de-**sc**-rip-tion.

vi·tal
[vaɪtl̩]

♪ 비ㅎ|잍얼   X [v아이트얼] [l]=[얼],틀린,mora발음/ v,t,l phonics

aj. 생명의,생명에관한,활기있는,기운찬,긴요한,치명적인,**fat**-al,
He **pl**-ayed a **vit**-al **ro**-le in **guid**-ing the **proj**-ect.
It is **vit**-al that you **foll**-ow all **saf**(e)-ty proc-**e**-dures.

vi·ta·min
[vaɪtəmɪn]

♪ 비ㅎ|잍엄인   X [v아이터민]   mora발음/ v,t,m,n phonics

n. 비타민
Vit-am-in def-(**h**)i-ci-enc-y makes him **i**-ll **term**-in-all-y.
This **ce**-re-al cont-**ain**s ess-**en**-tial **min**-er-als and **vit**-am-ins.

vo·cab·u·lary
[vəˈkæbjʊlərɪ]

♪ 브헉앺율어리   X [v어캐뷸레뤼]   틀린,mora발음/ v,k,b,l,r,i phonics

n. (총)어휘,전체단어,단어집,표현형식(법)
Kor-**e**-ans hav(e) an ext-ens-iv(e) **Eng**-l-ish voc-**ab**-ul-ar-y.
3,000 voc-**ab**-ul-ar-ies **cov**-(h)ers 80% of **ev**-(h)er-yd-ay
conv-(h)ers-**a**-tion. -US Dept. of Ed-uc-**a**-tion-

vo·cal
[voʊkəl]

♪ 브호윽얼   X [v오우커얼]   틀린,mora발음/ vk,l phonics

aj.n. (목)소리(의),음성,성악(용),모음(의),유성음(의),성대,보컬
She is n-ot **ver**-y **voc**-al in **cl**-ass.
The **for**-est w-as **voc**-al with the sounds of **st**-ream and birds.

voice
[vɔɪs]

♪ 브호이ㅅ   X [v오이쓰]   틀린발음/ v,s phonics

n.vt. 음성,알림,의사,발언(권),표현(자),선언(자),de**c-l**-are,조율
The **bo**-ys **choi**-r charmed the **aud**-i-ence with **ang**-el's **vo**-ice.
Her **vo**-ice **w-av**-(h)ered as she **to**-l-d us ab-**out** the **acc**-id-ent.

U V W X Y Z

vol·ca·no
[vɑlˈkeɪnəʊ]
♪ ㅂ할케인어으   X [v아얼케이노우]   틀린,mora발음/ v,l,k,n phonics
n. 화산,분화구,화산비슷한것,폭발직전감정(정세)
The volc-**an**-o er-**upt**ed with great force.
The **vi**-ll-age w-as de-**st**-royed when the volc-**an**-o er-**upt**ed.

vol·ume
[vɑːljuːm]
♪ ㅂ하알유움   O [v알륨]   v,l,m phonics
n. 책, vol.,두루말이,ro-ll,sc-ro-ll,용적,다량,분량,총계,음량(기)
They **mea**-sured the **it**-ems by w-**e**-ight, n-ot by **vol**-ume.
Huge **vol**-umes of Chin-**ese vis**-it-ors came all **seas**-ons.

vol·un·tary
[vɑːlənˌteri]
♪ ㅂ하얼언테리   X [v아얼런테뤼]   틀린,중복"ㄹ 발음/ v,l,t,r phonics
aj.n. 자진(자발)하는(일),저절로일어나는,sp-ont-**an**-eous,즉연주
The fund w-as **ra**-ised by **vol**-unt-ary cont-**rib**-**u**-tion.
Vol-unt-ary w-**i**-ll **of**(t)-(h)en im-**press** a pot-**en**-tial em-**pl**-oy-er.

vol·un·teer
[vɑːlənˈtɪɚ]
♪ ㅂ하얼언티얼   XXX [v아얼런티어ㄹ]   중복"ㄹ"="r"발음/ v,l,t,ɚ phonics
n.aj.v. 지원자(병)(의),독지가,지원의,자발적인,자원,자청
She cont-**in**-ued to vol-unt-**eer** at the **shelt**-er **ti**-ll she died.
The vol-unt-**eers** cont-**rib**-uted time **to**-w-ards **sen**-iors.

vote
[voʊt]
♪ ㅂ호읕   X [v오웃]   틀린발음/ v,t phonics
n.v. 투표(권,용지,하다),**ball**-ot,표결,선거권,득표,결의(사항),제안
The **pres**-id-ent sent a **dep**-ut-y to vot(e) on his be-**ha**(l)f.
Ev-(h)er-y **cit**-iz-(h)en hav(e) the aux-**il**-i-ar-y right to vot(e) in a dem-**oc**-rac-y.

vow·el
[vaʊəl]
♪ ㅂ하ᅟᅩ월   X [v아우어얼]   틀린발음/ v,w phonics
n.aj. 모음⇔**cons**-on-ant,모음표시문자,모음의
Great **Vow**-el Shift **st**-arted in **Eng**-l-and since mid 1400.
Schwa [ə] **vow**-el is a w-ay to sav(e) **en**-er-gy to pron-**oun**-ce.

voy·age
[vojɪdʒ]
♪ ㅂ호이연지   O [v오이쥐]   v,j,dʒ phonics
n.vi,vt. 여행,항해,trip,탐험,횡단,건너다,**trav**-(h)erse
The **capt**-ain is re-**sp**-ons-ib-le in the **cour**-se of a **vo**-y-age.
The **vo**-y-age to Am-**er**-ic-a used to tak(e) **man**-y w-eeks.

vul·ner·a·ble
[vʌlnərəbəl]
♪ ㅂ할ㄴ어럽얼   X [v알너러블]   mora발음/ vʌl,n,r,b,l phonics
aj. 상하기(공격,유혹받기)쉬운,약점있는
She w-as **ver**-y **vul**-ner-ab-le **aft**-er her div-(h)**or**-ce.
The bure-**auc**-racy is too **vul**-ner-ab-le to ext-**ern**-al **pres**-sure.

542

w or W
[dʌbəljuː]

♪답얼유우   [더블유]   mora발음/ d,ʌ,b,l phonics

n. 알파벳 스물세번째자,W(자)형
Something shaped l-ike the lett-er W.
W is the 23rd l-ett-er of the mod-ern Eng-l-ish alph-(h)ab-et.

wage
[weɪdʒ]

♪으웨이지   O [웨이쥐]   w,dʒ phonics

n.vt. 임금,급료,sal-ar-y,노임,보답,응보,전쟁,투쟁,토론,고용,hi-re
The w-ages of sin is death.
W-age and price cei-l-ings are the maj-or conc-ern.

waist
[weɪst]

♪으웨이슫   X [웨이스트]   mora발음/ w,st phonics

n. 허리,가는부분,블라우스,bl-ouse,어린이조끼,갑판(기체)중앙부
She put her arms ar-ound his w-a-ist.
The el-ast-ic w-a-ist of this sk-irt is too ti-ght.

wait
[weɪt]

♪으웨읻   X [웨잇]   틀린발음/ w,t phonics

v.n. 기다리(게하)다,식사시중들다,미루다,지연,휴지
W-e w-a-ited for the sen-at-or outsid(e) the chamb-er.
He w-as w-a-it-ing for comm-ents from the comm-itt-ee.

wake
[weɪk]

♪으웨익 ♪으웨익ㅌ ♪으워오읔 ♪으워오읔은   X [웨익]

v.n. 일어나다,깨어나(있)다,되살다,소생,rev-(h)iv(e),알아채다
Giv(e) me a w-ake up call at 6 AM, pl-ease.
The ra-ins w-oke up the fie-l-ds and mount-ains aft-er drou-ght.

walk
[wɑːk]

♪으와앜   O [워어크]   w,k phonics

v.n. 걷다,산책,긷게,안내,동반,acc-om-pan-y,걸음새,4몰줄루
W-e w-alked to the cin-em-a to see what w-as pl-ay-ing.
In con-cl-u-sion, w-alk-ing is a cheap, saf(e) form of ex-er-ci-se.

wall
[wɑːl]

♪으와앎   O [워얼]   w,l phonics

n.vt. 벽,part-i-tion,담,제방,l-ev-(h)ee,둑,bank,암벽,둘러싸다
The roofs and w-alls caved in dur-ing the earth-q-uake.
His ne-i(gh)b-ors bui-l-t a w-all that bl-ocked his o-cean view.

wal·let
[wɑːlət]

♪으와앎엍   X [와알릿]   틀린발음/ w,l,t phonics

n. 접이식큰지갑,전대
He pu-lled a few bi-lls out of his w-all-et.
She paid the bi-ll and tucked her w-all-et back int-o her pur-se.

wan·der
[wɑ:ndɚ]

 ○ [와안더ㄹ]   w,dɚ phonics

v.n. 헤매다,배회,**st**-ro-ll,맘을종잡지못하다,(주제)벗어나다,탈선
My att-**en**-tion **wand**-ered **dur**-ing his **l-ec**-tur-er.
He has been **wand**-er-ing ab-**out Eur**-ope for a month.

want
[wɑ:nt]

○ [와안트]   w,t phonics

v.n. 원,바라다,w-ish,경찰이찾다,필요(로),부족,가난,미흡,아쉬움
He **al**-w-ays w-ants **mo**-re than he des-**erve**s.
He doesn't w-ant to be di-**st**-urbed w-hile he's **talk**-ing.

war
[wɔɚ]

○ [워어ㄹ]   w,ɚ phonics

n. 전쟁(상태,기간),**batt**-le,싸움,다툼,**conf**-(h)l-ict,전략,전술,병법
L-**if**(e) w-as cheap in **w-ar**-time.
The-re's w-ar ag-**ainst pov**-(h)ert-y and dis-**ea**-se.

warm
[wɔɚm]

 ○ [워어ㄹ엄]   w,ɚ,m phonics

aj.v.n. 따뜻한,진심어린,**heart**-y,친밀한,애정품은,선정적인
I'd be cont-**ent** with a w-arm **mea**-l and a **pl**-ace to **sl**-eep.
The **imp**-act of **gl**-ob-al **w-arm**-ing hav(e) been **doc**-um-ented.

warmth
[wɔɚmθ]

○ [워어ㄹ엄쓰]   w,ɚ,m,θ phonics

n. 따뜻함,온기,열광,성의,온정,en-**thu**-si-asm,포근함,아늑함
She **w-el**-comed us with grand w-armth.
They **st**-amped **the**-ir feet on the ground to keep w-arm(th).

warn
[wɔɚn]

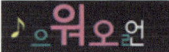 ○ [워어ㄹ언]   w,ɚ-n phonics

v. 경고,주의,타이르다,통지,알려주다
They w-ere w-arned by the **doct**-ors n-ot to ex**c-ite** him.
The **doct**-or w-arned them of the **dang**-ers of **sm**-ok-ing.

warn·ing
[wɔɚnɪŋ]

 ○ [워어ㄹ닝]   w,ɚ-n phonics

n.aj. 경고(의),주의,경보,**cau**-tion,충고(하는),예감,주의환기하는
The-ir **w-arn**-ing l-ett-ers imp-**l**-ied a threat.
The-re'll be a month's **w-arn**-ing bef-(h)ore **mov**-ing out of the apt.

wash
[wɑ:ʃ]

○ [워어쉬]   w,ʃ phonics

v.n. 씻다,세탁,마모,w-ear(out,a-w-ay,off),휩쓸다,정화,지워지다
He w-ashed **cl**-oths at a coin **op**-er-ated **l-aund**-ry ma-**chine**.
The sp-in on a **w-ash**-ing ma-**chine** ext-racts ex**c-ess w-at**-er.

544

wash·room
[wɑːʃruːm]

O [워어쉬루움] w,ʃ,r,m phonics

n. 화장실,세면소,**bath**-room,변소,**to**-il-et,세척장,**lav**-(h)at-or-y
W-ash-room has **w-ash**-bo-wls and **oth**-er **to**-il-et fac-**il**-it-ies.
Bath-room is mo-re **pub**-l-ic fac-**il**-it-y than **w-ash**-room.

waste
[weɪst]

X [웨이스트] mora발음/ w,st phonics

v.n.aj. 낭비,소모,약하게,헛되게,황폐지역,미개간토지,불모의
He **w-a**-st(e)d for **w**-eeks bef-(**h**)**ore** app-**l**-ying for a job.
L-et's n-ot **w-a**-st(e) time **arg**-u-ing **ov**-(h)er **pett**-y det-**ai**-ls.

watch
[wɑːtʃ]

X [와아취] 틀린발음/ w,tʃ phonics

v.n. 지켜보다,주목,주시,경계,감시(인),돌보다,손목시계,불침번
W-e **w-at**-ched the **Cirq**-ue Du **So**-l-eil **circ**-us with del-**ight**.
Chips are his **fav**-(h)or-ite **mun**-ches when **w-at**-ch-ing TV.

wa·ter
[wɑːtɚ]

X [워터ㄹ] mora발음/ w,t,ɚ phonics

n.v.aj. 물,영해,바다,호수,강,수용액,생체분비(액),급수,관개
The **w-at**-er from the **fauc**-et w-as **cl**-oud-y un-**u**-su-ally.
They made a **cam**-er-a **cap**-ab-le of und-er-**w-at**-er.

wa·ter·mel·on
[wɑːtɚˌmɛlən]

X [워터ㄹ멜런] mora,중복"ㄹ"발음/ w,t,ɚ,m,l,n phonics

n. 수박
W-at-erm-el-on is **cult**-iv-(h)ated for its **fru**-it.
What's N-ew and Ben-ef-(**h**)**i**-cial Ab-**out** **W-at**-erm-el-on?

wave
[weɪv]

X [웨이브] mora발음/ w,v phonics

n.v. 파도,물결,파동,밀려오기,쇄도,지형의기복(지다),머리웨이브,(손)흔들기,
기후변덕,물결(굽이)치다,**un**-dul-ate,춤추다,**sw**-ay,나부끼다,펄럭이다,**fl**-utt-er
My **kay**-ak w-as cast up by the **w-a**ves.
Grav-(h)it-**a**-tion-al **w-a**ve proves an e**xp**-and-ing **u-n**-iv-(h)erse.

wax
[wæks]

X [왝쓰] 틀린발음/ w,s phonics

n.v.aj. 밀랍,왁스(바르다),귀지,**ear**wax,강성⇔**w-a**-ne,증대,분통
Sp-ain had **va**-st **emp**-ire which **w-a**-xed and **w-a**-ned.
His en-**thu**-si-asm **w-a**-xed with **ev**-(h)er-y brush **st**-rok(e).

way
[weɪ]

O [웨이] w phonics

n.av. 길,도로,거리,road,**st**-reet,path,통로,**cour**-se,route,진행,방법
She corr-**ect**ed my mi-**st**-ak(e)s in a **civ**-(h)il w-ay.
The w-ay she cond-**uct**s her-**se**-l-f ref-(**h**)**l**-ects on the **part**-y.

we
[wi:]

 ○ [위이]　　　　　　　　w phonics

pron. 우리는(가)⇔they, I복수형,우리인간(은,이)
W-e w-orked with-**out cea**-se to **fin**-ish the **proj**-ect on time.
W-e **mu**-st use **cau**-tion when **op**-er-at-ing the el-**ect**-ric saw.

weak
[wi:k]

✗ [위이크]　　　　　　　mora발음/ w,k phonics

aj. 약한, 허약한⇔**st**-rong,힘(감명)없는,서투른,강세(악센트)없는
The **pa**-tient w-as w-eak and l-eth-**arg**-ic.
The **socc**-er team w-**eak**-ened by **i-ll**-ness and **inj**-ur-y.

weak·ness
[wi:knəs]

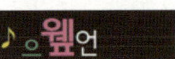 ✗ [위이크너쓰]　틀린,mora발음/ w,k,n,s phonics

n. 약함,허약,우유부단,저능,약점,**fau**-l-t,지나친기호(탐닉)
The w-**eak**-n-ess of the rep-**ort** is its **one**-sid(e)d-n-ess.
The rem-**od**-el-ing of the ship had in-**her**-ent w-**eak**-n-esses.

wealth
[wɛlθ]

 ○ [웰쓰]　　　　　　　w,l,θ phonics

n. 부,재화,riches,풍부,**aff**-(h)l-uence,다량,ab-**und**-ance,부유,번영
Mi-ll-i-on-a-ires **bui**-l-t **the**-ir **ca**-s(t)-les to show **off** w-**ea**-l-th.
His app-**ear**-ance led her to inf-(**h)er** that he w-as w-**ea**-l-thy.

weap·on
[wɛpən]

 ✗ [웨펀]　　　　　mora발음/ w,p phonics

n.vt. 무기,병기,공격(방어)수단,무장하다,arm
He is w-anted for **murd**-er with a **dang**-er-ous w-**eap**-on.
Eng-l-ish is the **mu**-st-hav(e) w-**eap**-on to surf the gl-ob-al-i-**za**-tion.

wear
[wɛɚ]

○ [웨어ㄹ]

v.n. 몸에걸치다,닳다,낡아지다,침식,지치게,수척하다,의류,내구력
He w-as w-**e**-ar-ing a coat and tie.　w-ore;과거　w-orn;과거분사
The apt showed n-o **dam**-age **oth**-er than n-orm-al w-**e**-ar and **te**-ar.

weath·er
[wɛðɚ]

 ✗ [웨더ㄹ]　　　mora발음/ w,ðɚ phonics

n.aj.vt. 날씨,일기,기상,어려움극복(적응),변색(풍화)되다,항행하다
The w-**eath**-er w-as hot and **st**-ick-y.
They w-ent for a **cl**-im(b)-ing de-**sp**-ite the bad w-**eath**-er.

weave
[wi:v]

✗ [위이v으]　　　　mora발음/ w,v phonics

v.n. 천을짜다,짜서(엮어서)만들다,이야기·계획을엮다,끼워넣다
A **sp**-id-er w-eaves a w-eb.　　w-eaved or w-ove, w-o•ven
She wove two **st**-or-ies tog-**eth**-er **int**-o a **n-ov**-(h)el.

web
[wɛb]

 O [웹] w phonics

n.v. 직물,거미줄(치다),물갈퀴,방송(통신)망,**net**w-ork,복잡정세
The **sp**-id-er w-as **sp**-inn-ing its w-eb.
Int-ern-et w-ebbed the **who**-le w-orld.

web·i·nar
[wɛbinɑːɚ]

 X [웨비나아어ㄹ] mora발음/ w,b,n,ɚ phonics

n. 온라인상의 **sem**-in-ar 또는 발표(회)
The **or**-ig-in of w-eb-in-ar is w-eb + **sem**-in-ar.
A **w-eb**-in-ar that is cond-**uct**ed **ov**-(h)er the **int**-ern-et.

website
[wɛbsaɪt]

 X [웹싸이트] mora발음/ w,b,s,t phonics

n. 웹상에정보담은다수면,웹싸이트구성하는웹상의문서(들)
The n-ew **w-eb**s-ite is **st**-i-ll **und**-er con-**st**-ruc-tion.
A **w-eb**s-ite is a group of conn-**ect**ed pages on the WWW.

wed·ding
[wɛdɪŋ]

 X [웨딩] mora발음/ w,d phonics

n. 결혼식,**nup**-tials,결혼기념일,(정반대것의)융합
They had **the**-ir **w-edd**-ing at the **cl**-ubhouse.
She di-**sc**-ussed her **w-edd**-ing **pl**-an with friends.

Wednes·day
[wɛnzˌdeɪ]

 O [웬즈데이] w,n,zd phonics

n.av. 수요일,약자: W-ed.,수요일에
I'll be **see**-ing him ag-**ain** n-ext **W-e**(d)nes-day.
W-e(d)nes-day, Dec. 25 is the **Chri**-s(t)m-as Day 2013.

weed
[wiːd]

 X [위이드] mora발음/ w,d phonics

n. 잡초,싫은것(사람),쓸모없는사람(동물),마리화나,제거,제초
The **fl**-ow-ers w-ere chok(e)d by the w-eeds.
The **coa**-ch w-eeded out the **troub**-le-mak-ers from the team.

week
[wiːk]

X [위이크] mora발음/ w,k phonics

n. 주,7일간,1주일간,취업일(수),주실작업시간
He **coa**-sted and **w-a**-st(e)d for w-eeks for a job.
He att-**end**ed the **w-ee**-kl-ong **ann**-u-al WWW conv-(h)en-tion.

week·end
[wiːkˌɛnd]

X [위이켄드] mora,틀린발음/ w,k,d phonics

n.aj. 주말(금요일저녁 또는 토요일부터 월요일 아침까지),주말의
They've **w**-orked on a **w-eek**-end farm for **ye**-ars.
He dev-(h)ot(e)s all **w-eek**-end to **tea**-ch **aft**-er-sch-ool **cl**-ass.

week·ly
[wi:kli]
♪으위익을이   X [위이클리]   중복"ㄹ"="r"발음/ w,k,l,y phonics
aj.av.n. 매주의,주단위로(계산)하는,주1회로,주간지,주보
They make **w-eek**-l-y trips to the **groc**-er-y **st**-ore.
She w-rites a **w-eek**-l-y **fa**-shion **col**-um(n) for the **pap**-er.

weep
[wi:p]
♪으위잎   X [위이프]   mora발음/ w,p phonics
v.n. 울다,눈물흘리다,shed,새다,체액분비,비뿌리다,진물나다,울기
She **w-ep**-t at the n-ews of his death.
The mer-**ingue** w-i-ll w-eep if you put it in the **frid**-ge.

weigh
[weɪ]
♪으웨이   O [웨이]   w phonics
vt.n. 무게달다(재다),압박,책임지우다,평가,비교검토,중요성있다
The **acc**-id-ent **w-e**-ighed on his **cons**-cience.
His op-**in**-ion **w-e**-ighs **heav**-(h)il-y in the **Cong**-ress.

weight
[weɪt]
♪으웨잍   X [웨잇]   w,t phonics
n.vt. 무게,중량,무거운것,체급,추,부담주다,압박,중요성,영향력
She has **st**-rugg-led to ma-int-**ain** a **con**-st-ant **w-e**-ight.
St-ud-ents w-ere **mea**-sured for **he**-ight and **w-e**-ight.

wel·come
[wɛlkəm]
♪으웰컴   O [웰컴]   w,l,k,m phonics
interj.vt.aj. 어서오십시오,환영,맞다,~해도좋은,기쁜
Your **gen**-er-ous **comm**-ents are **al**-w-ays **w-el**-come.
The dec-**i**-sion w-as greeted by **w-el**-come dem-on-**st**-ra-tions.

wel·fare
[wɛlfeɚ]
♪으웰f헤얼   O [웰f에어ㄹ]   w,l,f,ɚ phonics
n. 행복,번영,복지,**w-e**-ll-be-ing,
W-e **mu**-st think of the **w-e**-lf-(h)are of **oth**-ers.
The **w-e**-lf-(h)are of all the **st**-ud-ents ab-**and**-on-ing **Eng**-l-ish is at st-ak(e). 위기,문제

well
[wɛl]
♪으웰   O [웰]   w,l phonics
av.aj.interj.n. 바르게,잘,충분히,친하게,건강한,병이나아서,행운의, 이런!,그렇지만?,글쎄?,자,원참!,행복,성공   **bett**-er, best
Chew your food **w-e**-ll so you don't chok(e).
She is **w-e**-ll-**kn-o**-wn in **fa**-shion **bu**-sin-ess.

west
[wɛst]
♪으웨슽   X [웨스트]   mora발음/ w,st phonics
n.aj.av. 서(쪽,풍),서부,서양,the **Oc**-cid-ent,서유럽,구미,서방국
She's in the **w-e**-st w-ing of the **ho**-sp-it-al.
They drov(e) **w-e**-st **aft**-er they got **off** the **high**w-ay.

west·ern
[wɛstɚn]

X [웨스터ㄹ언]   mora발음/ w,st,ɚn phonics

aj.n. 서(쪽,부,양)의,서향의⇔ea-st-ern,서쪽서부는,서부(서양)것
O-l-d w-e-st-ern mov-(h)ies are his fav-(h)or-ites.
Kor-e-an di-sc-ov-(h)er-ed the civ-(h)il-ized w-est-ern w-orld.

wet
[wɛt]

X [웻]   틀린발음/ w,t phonics

aj.n.vt. 젖은,습기(물기)있는⇔dry,비의,생선이신선한,오줌싸다
The ra-in w-etted her to the sk-in.
Use ext-reme cau-tion when driv-(h)ing in w-et and sn-ow.

what
[wʌt]

X [왓]   틀린발음/ w,t phonics

pron. 무엇,어떤것(일,사람),무슨일,얼마
What chur-ch do you bel-ong to?
What is your curr-ent job?

what·ev·er
[wɑťɛvɚ, wʌťɛvɚ]

X [왓에버]   틀린,mora발음/

pron.aj.av. 관계대명사what강조형,무엇이든,어떤경우라도
She is inn-o-cent, What-ev-(h)er the pol-i-ce may think.
What-ev-(h)er has a beg-inn-ing also has an end. <속담>

wheat
[wi:t]

X [위이트]   mora발음/ w,t phonics

n. 밀,소맥
They use org-an-ic who-le-wheat fl-our for bread.
Wheat, cor-n, sug-ar cane, and bamb-oo are grasses.

wheel
[wi:l]

O [위얼]   w phonics

n.v. 바퀴(같은것),수레,자동차(핸들),순환,회전,실력자,거물,운전
He-re, you can tak(e) the whee-l.   자! 네가 운전해라!
Cart is a sm-all whee-l-ed ve-hic-le typ-ic-all-y pushed by hand.

when
[wɛn]

O [웬]   w,n phonics

av.conj.pron.n. 언제,어떤경우에,어느때에,when-ev-(h)er,때,시일
Some-thing cl-icked my head when I saw it.
It is hard to be civ-(h)il when one fee-ls so ang-ry.

when·ev·er
[wɛ'nɛvɚ]

X [웬에v어ㄹ]   mora발음/ w,n,vɚ phonics

conj.av. ~할때는언제나,~할때마다,언제~할지라도,~했을때는곧
You can come when-ev-(h)er you l-ik(e).
I eat mindf-(h)ull-y when-ev-(h)er I'm hung-ry, and l-ost 10 lbs.

where
[weɚ]

♪ 으웨얼   ✗ [웨어ㄹ]

av.conj.pron. 어디에(로),어떤입장에,어느곳(부분,점)에,거기서
W-he-re are you **go**-ing?
W-he-re do you **st**-and on that **iss**-ue?

where·as
[weɚˈæz]

♪ 으웨얼**애**즈ㅎ   ○ [웨어ㄹ**애즈**]   w,ɚ,z phonics

conj. ~임에비하여,~인데도,~이지만,실은,~이므로,~인까닭에
She drives to **sch**-ool, w-he-re-**as** he **al**-w-ays w-alk.
He l-ik(e)s to go **swimm**-ing w-he-re-**as** she l-ik(e)s to **sa**-i-l.

where·by
[weɚˈbaɪ]

♪ 으웨얼**바**이   ○ [웨어ㄹ**바이**]   w,ɚ,b phonics

av. 무엇에의하여,by what,어떻게,~하는바의,by which,그로인하여
W-he-re-**by sha**-ll he (k)n-ow that?
He mad(e) a **break**through in **Phys**-ics, w-he-re-**by** he bec-**ame fam**-ous.

wheth·er
[wɛðɚ]

♪ 으**웨더**얼   ✗ [웨더ㄹ]   mora발음/ w,ð,ɚ phonics

conj. ~인지아닌지(어떤지),~이든아니든
The-re are deb-**ate**s on **Bit**coin w-**he**th-er it's a **curr**-enc-y or n-ot.
She deb-**ate**s with her-**se**-l-f w-**he**th-er to go out with him or n-ot.

which
[wɪtʃ]

♪ 으**윝**치   ✗ [위**취**]   틀린발음/ w,tʃ phonics

pron.aj. 어느쪽,그것은(을),어느쪽이든(~한것을),which-**ev**-(h)er
Giv(e) me one of those and I don't **ca**-re which.
I can't im-**ag**-ine a **circ**-um-st-ance in which I w-ould do that.

while
[waɪəl]

♪ 으**와**이얼   ○ [와열]   w,j,l phonics

n.prep.conj.vt. 짧은(소요)시간,~하는동안에,al-**though**,하는한편
Don't di-**st**-urb the **pass**-eng-ers **w-hi**-le **sl**-eep-ing.
Some **fie**-l-ds are **cult**-iv-(h)ated **w-hi**-le **oth**-ers l-ay **fall**-ow.

whip
[wɪp]

♪ 으**윕**   ✗ [**윕**]   틀린발음/ w,p phonics

vt.n. 채찍,호되게꾸짖다,세게때리다,던지다,낚아채다,거품일다
His **sp**-eech whipped **up** the crowd. 휘젓다
W-ould you l-ik(e) me to whip **up** a **sn**-ack? 빨리마련

whis·per
[wɪspɚ]

♪ 으**위**슾얼   ✗ [위스**퍼**ㄹ]   mora발음/ w,sp,ɚ phonics

v.n. 속삭이다,귓속말,밀담,(졸졸,스치는)소리내다,소문,암시
They are **whi**-sp-er-ing ab-**out** her **drink**-ing **hab**-it.
The **aut**-umn wind **whi**-sp-ered l-ow am-**ong** the l-eav(e)s.

whis·tle
[wɪsəl]

   O [위쓰얼]   w,s,l phonics

v.n. 휘파람(피리,경적)(불다,울리다),총알날아가다,잎(새)소리
He **whi**-st-led to his dog to **gath**-er a **fl**-ock of sheep.
W-e could **he**-ar the **whi**-st-le of the wind through the l-eav(e)s.

white
[waɪt]

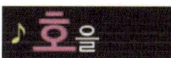   X [와잇]   틀린발음/ w,t phonics

aj.n.vt. 흰(것,빛),순백(의),백(발)인,창백해진,무색인,백지,밀가루
It is the **cu**-st-om for the bride to **w-e**-ar a white **dr**ess.
His **bl**-ack suits and the white tie con**t-rast**ed **sharp**-l-y.

who
[huː]

   O [후우]

pron. 누구,어느(어떤)사람(들), (소유격;whose,목적격;whom)
Who said so? Who is it? Mr. who?
He who (k)n-ows **n-oth**-ing doubts **n-oth**-ing. <속담>

whole
[hoʊl]

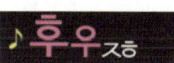   O [호을]   l phonics

aj.n. 전부(의),온전한,통째(의),덩어리,부모가같은,순종의,완전체
The **who**-le **cl**-ass w-ere inv-(**h**)**ite**d to the **conc**-ert.
He came ar-**ound aft**-er he heard the **who**-le **st**-or-y.(정신들다)

whom
[huːm]

   O [후움]   m phonics

pron. 누구를(에게),어떤사람을(에게)
For Whom the **Be**-ll **To**-lls. - **Ern**-est **Hem**-ing-w-ay
The **l-ad**-y whom you met is the CEO of her **comp**-an-y.

whose
[huːz]

   O [후우즈]   z phonics

pron. 누구의
Whose is this coat?
It's the **comp**-an-y whose emp-l-o-**yee**s are the **mo**-st **sat**-isf-(**h**)i-ed.

why
[waɪ]

♪ 와이   O [와이]   w phonics

av.n.interj. 왜,어째서,무슨까닭으로,이유,원인,동기,수수께끼
Why **di**-et-ing doesn't **u**-su-all-y w-ork?
Why l-eav(e) **w-om**-en's **hea**-l-th to **chan**-ce? -Dr. P. Johnson

wick·ed
[wɪkəd]

♪ 윅언   X [위커드]   mora발음/ w,k,d phonics

aj. 나쁜,사악(부정,부도덕)한,심술궂은,버릇나쁜,불쾌한,멋진
He **pl**-ays a **wick**-ed **mus**-ic of vi-**o**-l-a.
A **wick**-ed **od**-or w-as **com**-ing from the ref-(**h**)**rig**-er-at-or.

wide
[waɪd]
♪ㅇ**와**인 X [와이드] mora발음/ w,d phonics
aj.av.n. 폭넓은(곳),광활한,광범위한,열린,간격큰,표적벗어난,널리
This shop has a w-id(e) **choi**-ce of **st**-y-les and **col**-ors.
Dolph-(h)ins are found w-id(e)-l-y in w-arm **temp**-er-ate seas.

wide·ly
[waɪdli]
♪ㅇ**와**인을이 X [와이들리] mora,중복"ㄹ"발음/ w,d,l,y phonics
av. 널리,광범위하게,멀리,크게,현저하게,매우
Bib-le is the **mo**-st w-id(e)-l-y read book in the w-orld.
It's hard to **narr**-ow two w-id(e)-l-y div-(h)**erg**-ent op-**in**-ions.

wide·spread
[waɪd'sprɛd]
♪ㅇ**와**인슈렏 X [와이드스프뤠드] mora발음/ w,d,sp,r phonics
aj. 펼친,광범하게퍼진(보급된),널리받아들여진
The-re w-as w-id(e)-sp-read opp-o-**si**-tion to the **proj**-ect.
W-ar res-**ult**ed in death and w-id(e)-sp-read de-**st**-ruc-tion.

wid·ow
[wɪdoʊ]
♪ㅇ**원**오ㅇ X [위도우] mora발음/ w,d phonics
n.vt. 과부,미망인⇔wid-ow-er,남은패,과부(홀아비)되게,빼앗다
His aunt w-as **wid**-owed by the w-ar.
She's a **fi**sh-ing **wid**-ow. 낚시꾼 남편 둔 여자

width
[wɪdθ]
♪ㅇ**원**쓰ㅎ X [위드쓰] mora발음/ w,d,θ phonics
n. 나비,너비,폭,가로,breadth,폭넓음,넓은곳
What is the **wid**th of the room?
The room tak(e)s three **wid**ths of l-in-**o**-l-eum.

wife
[waɪf]
♪ㅇ**와**이ㅍㅎ X [와이f으]
n.vi. 아내,처,부인,마누라⇔**hu**-sb-and,여자,여성,아내삼다
He w-as **cheat**-ing on his w-ife.
He got his w-ife with **chi**-l-d. (임신하다)

wild
[waɪəld]
♪ㅇ**와**이엘ㄷ O [와열드] w,j,l,d phonics
aj.av.n. 야생의,황량한,거친,미친듯한,자유분방한,난잡한,황야
She w-as w-i-l-d with **ang**-er.
W-e w-ere **both**-ered by w-i-l-d **fl**-ies and **oth**-er **ins**-ects.

will
[wɪl, wəl]
♪ㅇ**월**.ㅇ**워**을 ♪ㅇ**은**.ㅇ**월** ♪ㅇ**워**오은ㅌ
O [윌] w,l phonics
aux-**il**-i-ar-y v.n.vt. 할것이다,반드시하다,**sha**-ll,의지(력),의도,유언
She can rec-**ov**-(h)er from the **i-ll**-ness if she w-**i**-lls it.
Acc-**ord**-ing to **aud**-it-ors' cal-cul-**a**-tions, it w-i-ll **bank**r-upt.

will·ing
[wɪlɪŋ]

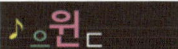 X [윌링]   틀린,중복"ㄹ"발음/ w,l phonics

aj. 꺼리지않는,이의없는,자진해서하는(주는,받아들이는)

He was **w-i-ll**-ing to **chall**-enge the **cha**-ir on the call.
He has **dem**-on-st-rated a **w-i-ll**-ing-ness to neg-**o**-ti-ate ag-**ain**.

win
[wɪn]

 X [윈]

v. 이기다,(호의,관심·애정)얻(받)다,승리,설득시키다,우세,성공

She w-**on** him **ov**-(h)er with her charm.
The-ir **winn**-ing **form**-ul-a inc-**l**-udes ex-**cell**-ent **serv**-(h)ice and **q**-ual-it-y.

wind
[wɪnd]

 X [윈드]   mora발음/ w,d phonics

n.v. 바람(쐬다),관악기,호흡,폐활량,영향력,경향,trend,예감,빈말

The yacht w-as **bl**-own **off cour**-se by **st**-rong wind.
It's **co**-l-d, but the **win**(d)-chi-ll makes it **fee**-l **ev**-(h)en **co**-l-d-er.

windy
[wɪndi]

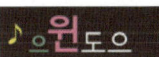 O [윈디]   w,d phonics

aj. 바람부는(센),격렬한,실속없는,공허한,말뿐인,배에가스차는

It w-as a **wind**-y, **ov**-(h)er-cast day.
W-e **w-i**-ll hav(e) a **wind**-y **o**-l-d **sp**-eak-er.

wind
[waɪnd]

 O [와인드]   w,d phonics

vt.n. 시계(실)감(아끌어올리)다,뒤틀리다,에둘러말,몰래,굽이침

They wound up the **part**-y with a song.
The Han **riv**-(h)er wound through Seoul.

win·dow
[wɪndoʊ]

 O [윈도우]   w,n,d phonics

n.vt. 창,창문,창유리,창비슷한것,창(구멍)을내다

Dresses w-ere di-**sp**-l-ayed in the **st**-ore **w-ind**-ow.
All the **w-ind**-ows w-ere **prop**-erl-y **fas**(t)-ened for the **st**-orm.

wind·shield
[wɪndʃiːld]

O [윈드쉬-일드]   w,n,d,ʃ,l phonics

n. 자동차 앞부분 방풍유리, 바람막이

He got his car **wind**-sh-ie-l-d **dam**-aged.
A **wind**-sh-ie-l-d w-as **pl**-aced ar-**ound** the **fi**-re.

wine
[waɪn]

O [와인]   w,n phonics

n.v. 포도주(마시다),적포도주색,기쁘게하는것,활력소,대접

He un-**cork**ed the (cork of a) **w-i**-ne **bott**-le.
A good **w-i**-ne is a **comp**-l-em-ent to a good **mea**-l.

wing
[wɪŋ]
♪으윙 　　O [윙]　　　　　　　w phonics
n.v. 날개,팔,건물옆뻗은부분,날개(돛)달다,날게,날(아기)다
A few **rob**-ins w-ere **w-ing**-ing **ho**-me-w-ard.
Rog-er **Whitt**-ak-er sang "You are the wind ben-**eath** my w-ings".

win·ner
[wɪnɚ]
♪으원얼　　X [위너]　　　mora발음/ w,nɚ phonics
n. 승리자,수상(입상)자(작품),성공자(한것)
W-e den-**y** "The **winn**-er tak(e)s all soc-**i**-et-y".
The **winn**-ers tak(e) all **mark**-et soc-i-et-y. -Prof. **An**-it-a **Elb**-erse

win·ter
[wɪntɚ]
♪으원털　　O [윈터ㄹ]　　　w,n,tɚ phonics
n.vi. 겨울(철),동계,추운기간(날씨),쇠퇴기,불행한시대,겨울지내다
The poor houses are **vul**-ner-ab-le to catch **fi**-re in **w-int**-er.
They put on **the**-ir **w-arm**-est **cl**-othes **dur**-ing **co**-l-d **w-int**-er.

wipe
[waɪp]
♪으와잎　　X [와입]　　　틀린발음/ w,p phonics
v.n. 닦다,얼룩없애다,문지르다,빚청산,누명·감정씻다,때리다,걸레
Peop-le used mop to w-ipe the **fl**-oor.
She w-iped the **tab**-le with a **cl**-ean damp **cl**-oth.

wire
[waɪɚ]
♪으와이열　　O [와이어ㄹ]　　　w,jɚ phonics
n.aj.v. 철사,전선,철(조)망,전선(치다),금속현,유선의⇔**w-i**-re-l-ess
All **off**-(h)i-ces **w-i**-ll be **w-i**-red for the **int**-ern-et.
The **pas**-ture l-ot w-as en-**cl**-osed with an el-**ect**-ric **w-i**-re fence.

wis·dom
[wɪzdəm]
♪으위즐엄　　X [위즈덤]　　　mora발음/ w,zd,m phonics
n. 현명함,분별,지혜,예지,지식,금언,명언,현명한가르침,현인
She saw n-o **wi**-sd-om in what he said.
These **st**-or-ies **off**-(h)er **pl**-ent-y of **wi**-sd-om to **read**-ers.

wise
[waɪz]
♪으와이즈ㅎ　　O [와이즈]　　　w,z phonics
aj.vt.n. 현명한,지혜(분별,사려)있는,영리한,교활한,현명해지다
Her-oes are **of**(t)-(h)en comp-**an**-ioned by **w-i**-sem-en.
The earth's **fin**-ite res-**our**-ces **mu**-st be used **w-is**(e)l-y.

wish
[wɪʃ]
♪으위쉬　　O [위쉬]　　　w,ʃ phonics
v.n. 원,바라다,빌다,기원,갈망,소원(빌다),희망(의말)
You may go if you w-ish.
I w-ish you all A **Merr**-y **Chri**-s(t)m-as.

with
[wɪθ, ˈwɪð]

O [위드]   w,θ,ð phonics

prep. ~와(과,함께,같이),~을가지고있는,~이있는,~이달린(부착된)
The roads are **sl**-ipp-er-y: drive with **ext**-reme **cau**-tion.
She w-as **cl**-os-eted with her **l-eg**-al adv-(**h)is**-er.

with·draw
[wɪðˈdrɑː]

XXX [위드쥬롸아]   틀린액센트/ w,ð,d,r phonics

v. ~을빼다(꺼내다),후퇴시키다,예금인출,회수,탈퇴,퇴거,은퇴   withdrew
She wth-**drew** her **sav**-(h)ings from her acc-**ount**.   withdrawn
She wth-**drew** her eyes from the horr-**if**-(h)ic **acc**-id-ent **sce**-ne.

with·in
[wɪˈðɪn]

O [위**딘**]   w,ð,n phonics

av.prep. 내부에(로),안쪽은(에서는),옥내에(에서,는),~이내에(서)
A **sen**-se of **po**-w-er rose with**in** her.
The-re w-as a conc-ent-**ra**-tion on **eth**-ics with**in** the **ag**-en-cy.

with·out
[wɪˈðaʊt]

X [위다웃]   틀린,mora발음/ w,ð,t phonics

prep.av.n. ~없이,~의범위를넘어,겉으로(는),외관으로(는),바깥(쪽)
She bought a n-ew car with-**out mor**(t)g-age.
W-e w-orked with-**out cea**-se to **fin**-ish the **proj**-ect on time.

wit·ness
[ˈwɪtnəs]

X [윗너쓰]   틀린,mora발음/ w,t,n,s phonics

vt.n. 목격(자),증언,입증,증인서명,입회인,**eye**-wit-n-ess,증거
Two **wit**-n-esses conf-(**h)irm**ed his **st**-or-y.
The **wit**-n-ess ref-(**h)use**d to co-**op**-er-ate.

wolf
[wʊlf]

X [우얼f으]   틀린발음/ w,l,f phonics

n.v. 늑대(모피),늑대같은(욕심많은)사람,호색한,게걸스레먹다
They w-olfed down **the**-ir **break**-fa-st.
W-**o**-lves brought back **int**-o **Yell**-ow-st-one Park.

wom·an
[ˈwʊmən]

X [우먼]   mora발음/ w,m,n phonics

n. 여자,여인,여성,부인,여성적성격(특성,감정),여자다움
He brought out the **w-om**-an in her.
She w-ent camp-**aign**-ing for **w-om**-en's **ri**-ghts.

won·der
[ˈwʌndɚ]

O [원더ㄹ]   w,n,dɚ phonics

v.n. 기이하게여기다,감탄,경탄,의심,놀라다,기적,놀라움
They **w-ond**-ered ab-**out** the feas-ib-**il**-it-y of the **proj**-ect.
I **st**-ood **w-ond**-ering bef-(**h)ore** the mag-n-**if**-(h)i-cent scene.

won·der·ful
[wʌndɚfəl]

♪ 으완더ㄹf어펄   X [원더ㄹf어얼]   틀린발음/ w,ʌ,dɚ,f,l phonics

aj. 놀라운,경탄할만한,am-**az**-ing,좋은,훌륭한,대단한
It w-as a **w-ond**-erf-(h)ul **part**-y.
The ex-hib-**i**-tion w-as **fi**-lled with **w-ond**-erf-(h)ul w-orks of art.

wood
[wʊd]

♪ 으우읃   O [우드]   w phonics

n.vt.aj.n. 나무,목재,**timb**-er,장작,**fi**-re-w-ood,장작(목재)공급,식림
The **Hark**-n-ess **tab**-le is mad(e) of w-ood.
The **w-ood**-peck-er n-ested in the **holl**-ow of a tree.

wood·en
[wʊdn]

♪ 으우읃은   O [우든]   Schwa [n̩]=[언]   w,d,n phonics

aj.vt. 나무로된,목재(목조)의,활기(생기)없는,무표정한,우둔한
The **fi**-l-m is marred by the **w-ood**-en **act**-ing of the **st**-ar.
The **gue**-st **sp**-eak-er w-as **w-ood**-en and un-in-**sp**-ir-ing.

wool
[wʊl]

♪ 으우을   O [우을]   w,l phonics

n.aj. 양모(의),양털(실),모직물(의),모직의복,양모대용품
These **shaw**-ls are mad(e) of the w-oo-l.
W-oo-ll-ens should be w-ashed with **luke**-w-arm **w-at**-er by hand.

word
[wɚd]

♪ 으월ㄷ   O [워ㄹ드]   wɚd phonics

n.vt. 단어,언어,언쟁,발언,뉴스,소문,담화,명령,보증,약속,가사
In **man**-y **Eng**-l-ish w-ords cont-**ain** l-**ett**-ers n-ot pron-**oun**-ced.
3,792 w-ords' pron-un-ci-**a**-tion has **writt**-en in **O**-l-d Kor-**e**-an.

work
[wɚk]

♪ 으월ㅋ   O [워ㄹ크]   wɚk phonics

n. 일,노동,업무,공부,연구,일터,일자리,직장,직업,생산활동,작업,
He w-orked in the **fie**-l-d **dur**-ing **mo**-st of his l-if(e).
W-e got a l-oan ap-**prov**-(h)al for **w-ork**-ing **cap**-it-al.

work·out
[wɚkaʊt]

♪ 으월아읕   X [워rㅋ아우트]   mora발음/ wɚk,t phonics

n. 운동연습,연습시합,체조,능력적성검사
The team had a good **w-ork**-out at **pract**-ice tod-**ay**.
Ev-(h)er-y-one should drink l-ots of **fl**-uids **dur**-ing **w-ork**-out.

work·er
[wɚkɚ]

♪ 으월얼   O [워ㄹ커ㄹ]   wɚkɚ phonics

n. 일하는(공부하는)사람,노동자,직공,장인,연구가,일개미,일벌
The **comp**-an-y **off**-(h)ered a **carr**-ot to **w-ork**-ers.
The **w-ork**-ers w-ould **st**-rik(e) unt-**i-l the**-ir dem-**and**s w-ere met.

world
[wɚld]

X [워ㄹ얼드]　　　틀린발음/ wəld phonics

n. 지구,전세계,인류,사회,영역,~계,우주,무한,천체,행성
Chic-**ag**-o is the **cap**-it-al of **merc**-ant-ile of the w-orld.
N-ew **Yor**-k is the fin-**an**-cial **cap**-it-al of the w-orld.

worm
[wɚm]

O [워ㄹ엄]　　　wɚm phonics

n. 벌레(같은것,같은인간),나선관,고통,고뇌,기생충병,회한
The **ear**-l-y bird catches the worm. <속담>
They **al**-w-ays used worms as bait for **fish**-ing.

wor·ry
[wɚri]

X [워ㄹ뤼]　　　틀린발음/ wɚr phonics

v.n. 걱정(시키다),괴롭히다,속태우다,조르다,근심,불안,괴로운일
Med-it-**a**-tion **he**-l-ped him put his **worr**-ies as-**id**(e).
He **al**-w-ays **worr**-ies his **fath**-er for the car(to use his car).

worse
[wɚs]

O [워ㄹ쓰]　　　틀린발음/ wɚs phonics

aj.av. 더나쁜(쁘게),더열등한,더사정(형편,건강)나쁜,더해로운
He sings **ev**-(h)en **w-or**-se than I do.
St-rik(e)s **w-ors**-ened the **comp**-an-y's prod-uct-**iv**-(h)it-y **cris**-is.

wor·ship
[wɚʃəp]

X [워ㄹ셥]　　　틀린발음/ wɚʃ,p phonics

n.vt. 숭배,예배(식),참배,찬미,존경(대상,할지위),찬양,기도하다
Wor-ship **serv**-(h)ices are **he**-l-d **da**-il-y.
The w-orld **wor**-ships succ-**ess**.

worst
[wɚst]

X [워ㄹ스트]　　　mora발음/ wɚst phonics

aj.n.av.vt. 가장나쁜(불리한,불편한,해로운,일,것,사람),최악의
Sm-ok-ing is the **w-or**-st thing for your **hea**-l-th.
The sick man is **ov**-(h)er the **w-or**-st n-ow.

worth
[wɚθ]

O [워ㄹ쓰]　　　wɚθ phonics

aj.n. (할)가치있는,재산있는,가치,**val**-ue,진가,유용성,도움,부,재산
Bees rem-**ov**-(h)ing **poll**-ens in May is w-orth a l-oad of hay.
It was w-orth e**xp**-l-or-ing why **Eng**-l-ish is hard for Kor-**e**-ans.

wound
[wu:nd]

O [우은드]　　　w,nd phonics

n.v. 외상,상처(입히다),부상,고통,명예(감정)손상(해치다),모욕
The w-ound w-i-ll tak(e) a l-ong time to **hea**-l.
Try n-ot to make rem-**arks** that w-ound **oth**-er's **fee**-l-ing **deep**-l-y.

wrap
[ræp]

♪ 랲 X [뢥] 틀린발음/ r,p phonics

vt.n. 싸다,포장,싸서보호,두르다,입다,전념,말다,끝내다,wrap up
The **cit**-y w-as wrapped in micro **du**st.
The **dea**-l w-as wrapped up by **sign**-ing the **cont**-ract.

wreck
[rɛk]

♪ 렉 X [뤡]

n.v. 파괴,난파(선),충돌,잔해,파멸,해난당,건강(계획)망치다,**sp**-o-i-l
Two cars wrecked at the int-er-**sec**-tion.
The rem-**ains** of a wreck w-ere w-ashed a-**shore**.

wrin·kle
[rɪŋkəl]

♪ 링 X [륑크얼] 틀린,mora발음/ r,k,l phonics

n.v. 주름(살),묘안,좋은생각(조언),꾀,주름지(게하)다,구겨지다
His face w-as **wrink**-led by age.
The rep-**ort** had to be rev-(h)**ise**d bec-**au**-se of **wrink**-les.

wrist
[rɪst]

♪ 리슽 X [뤼스트] 틀린,mora발음/ r,st phonics

n.vt. 손목(관절,뼈,부분),손끝의힘,손재주,피스톤핀
He put a few el-**ast**-ic bands round his **w-ri**st.
He can't **pl**-ay **go**-l-f – he's hurt his **w-ri**-st.

write
[raɪt]

♪ 라잍   ♪ 로읕   ♪ 뤁은
  X [롸잍] 틀린발음/ r,t phonics

v. (글자,편지)쓰다,기입,저술,작곡,서명,보험인수,und-er-**tak**(e)
He w-as **hi**-red to w-rite **prog**-ramm-ing code.   wrote   written
He-re's the **Eng**-l-ish pron-un-ci-**a**-tion **dic**-tion-ar-y **w-ritt**-en in **O**-l-d Kor-**e**-an.

writ·er
[raɪtɚ]

♪ 라잍얼 X [롸이터ㄹ] 틀린발음/ r,tɚ phonics

n. 저술가,작곡가,필자,저자,기자,서기,**cl**-erk,필사생,**sc**-ribe
She is my **fav**-(h)or-ite Kor-**e**-an **w-rit**-er.
The **w-rit**-er w-ishes to e**xp**-ress his thanks to all supp-**ort**-ers.

writ·ing
[raɪtɪŋ]

♪ 라잍잉 X [롸이팅] 틀린발음/ r,t phonics

n. 쓰기,저작,저술,쓰인것(글자),필적,문학작품,저서,컴퓨터기록
She dep-**end**s on **writ**-ing for **l-iv**-(h)ing.
Her **writ**-ing is **mo**-re apt than **an**-y **oth**-ers.

wrong
[rɑ:ŋ]

♪ 라앙 X [롸앙] 틀린발음/ r phonics

aj.n. 잘못된,나쁜(짓),틀린,부적당한,부정(행위),악행,해끼치다
I've ab-sol-**ute**-l-y **n-oth**-ing to hide, done **n-oth**-ing **w-ro**ng.
The **w-rong** dec-**i**-sion could **ser**-i-ous-l-y **jeop**-ard-ize his car-**eer**.

x or X
[ɛks]

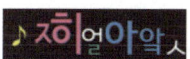
[엑쓰]

틀린발음/ ks phonics

n. 알파벳 스물네번째자,X(자)형
Some-thing shaped l-ike the lett-er X.
X is the 24th l-ett-er of the mod-ern Eng-l-ish alph-(h)ab-et.

xe·rox
[ziɚˌɑːks]

X [지어롹쓰]

틀린발음/ z,ɚ,ks phonics

n.v. 제록스(상표명),(제록스로)복사
I'll xer-ox these doc-um-ents for you.
She'll be xer-ox-ing in the l-ib-rar-y.

X-mas
[ˈkrɪsməs, ˈɛksməs]

XXX [크뤼쓰머쓰]

틀린액센트/ k,r,sm,s phonics

n.aj. 성탄절,크리스마스(의,에사용하는)
Merr-y Chri-s(t)m-as to you!
The fam-il-y chopped down a tree for Chri-s(t)m-as.

x–ray or X–ray
[ˈɛksˌreɪ]

X [엑쓰뤠이]

틀린발음/ ks,r phonics

n.vt.aj. X선(의,으로검사),뢴트/겐선(사진,사진찍다)
His shou-ld-er w-as x-rayed for ab-n-orm-alt-y.
X-rays are a type of rad-i-a-tion called el-ect-ro-mag-net-ic w-aves.

xy·lo·phone
[ˈzaɪləˌfoʊn]

O [자일러f오은]

z,l,f,n phonics

n. 실로폰,목금(木琴)
He's pl-ay-ing a xyl-oph-(h)one and oth-er perc-us-sions.
The xyl-oph-(h)one is a mus-ic-al in-st-rum-ent that has a set of w-ood-en bars.

이젠 Eng-l-ish mov-(h)ie와 dram-a 통하여 재밌게 세계를 품으시기 바랍니다.

y or Y
[waɪ]

♪으와이   X [와이]

n. 알파벳 스물다섯번째자, Y(자)형
Something shaped l-ike the **lett**-er Y.
Y is the 25th l-**ett**-er of the **mod**-ern **Eng**-l-ish **alph**-(h)ab-et.

yard
[jɑɚd]

♪이야ᅟᅥᆮ   O [야어ㄹ드]   j,ɚd phonics

n. 야드(0.9m),100달러,1야드맥주컵,구내,뜰,정원,일터,경찰국
The ma-**chine** crushes the cars in the junk y-ard.
Mann-ing mad(e) 16 com**p**-l-e-tions in 30 att-**emp**ts for 174 yds.

yawn
[jɑːn]

♪이야ᅟᅡᆫ   O [야안]   j,n phonics

v.n. 하품(하기),(틈·입이)벌어(진틈)지다,졸린듯이,지루한사람(것)
The **pl**-ay w-as **n-oth**-ing **mo**-re than one big **ya**wn.
She **ya**wned her dis-ap-**prov**-(h)al of his **si**-ll-y **ven**-ture.

year
[jiɚ]

♪이이ᅟᅧᆯ   O [이어ㄹ]   j,ɚ phonics

n. 년,1년(간),연도,학년,grade,연령,age,여러해
Peop-le **gath**-ered to **cel**-eb-rate N-ew **Ye**-ar's Eve.
N-ob-od-y bel-**iev**(e)d her **cl**-aim to be **100 ye**-ars o-l-d.

yell
[jɛl]

♪이옐   O [옐]   j,l phonics

v.n. 소리치다,외치다,고함(치다),**sc**-ream,큰소리말하다,비명
He **ye**-lled at them to be **ca**-ref-(h)ul.
She w-as out **the**-re **shout**-ing and **ye**-ll-ing.

yel·low
[jɛloʊ]

♪이옐오ᅟᅩ   X [옐로우]   중복"ㄹ"="r"발음/ j,l phonics

aj.n.v. 노란(황)색,흙빛이,피부가노란,황색인종의,질투심많은
He w-as too **yell**-ow to **st**-and up and **fi**-ght. 겁많은
He is **chopp**-ing the **yell**-ow **ta**-i-l **tun**-a for sa-**shim**-i.

yes
[jɛs]

♪이예ᄉ   X [예쓰]   틀린발음/ j,s phonics

av.n.v. '예'대답(하다)⇔n-o,긍정·승낙의말,찬성의견(투표,자),승낙
Do you **pract**-ice **Eng**-l-ish?
Do you think, **Eng**-l-ish is the **gl**-ob-al **l-ang**-u-age?

yes·ter·day
[jɛstɚdeɪ]

♪이예슽얼에이   X [예스터ㄹ데이]   mora발j,st,d phonics

av.n.aj. 어제(의),요사이(의),작금에,바로얼마전에
I w-asn't born **yest**-erd-ay.
Tod-**ay**'s dec-l-ine **canc**-eled out **yest**-erd-ay's **ga**-in.

yet
[jɛt]
🎵이**옡**   X [옛]   틀린발음/ j,t phonics
av.conj.aj. 아직,지금까지는,(의문문)이미(벌써),게다가,그러나
An-**al**-ysts bel-**iev**(e) that the rec-**e**-ssion isn't **ov**-(h)er **yet**.
N-o **dic**-tion-ar-ies tell how to pron-**oun**-ce **Eng**-l-ish in Kor-**e**-an **prop**-erl-y yet.

yield
[ji:ld]
🎵이**이일**ㄷ   O [이일드]   j,l,d phonics
v.n. 산출,낳다,야기,내주다,굴복,양보,보답받다,길비켜주다,산출량
This **so**-i-l **yie**-l-ds **ver**-y good crops.
The inv-(**h**)**es**(t)**m**-ent has **yie**-l-ded a big **pa**-yb-ack for her.

you
[ju:, jə]
🎵이**유우**,이**여**   O [유우]   j phonics
pron.n. 당신(들),자네(들),너(희들),여보세요,사람,누구든지
Chew your food **w-e**-ll so you don't chok(e).
That w-i-ll n-ot cool off her aff-(**h**)**ec**-tion for you.

young
[jʌŋ]
🎵**양**   O [영]   j phonics
aj.n. 젊은,어린,청년다운,청춘의,미숙한,손아래의,신흥의,막내
My kids are too young to tak(e) **ca**-re of them-**se**-l-ves.
She w-as a-**w-ard**ed **the be**-st young dir-**ect**-or in **Holl**-y-w-ood.

your
[joɚ, jɚ]
🎵이**요얼**,이**열**   O [유어ㄹ]   j,ɚ phonics
pron. 너의,너희들의,예의,이른바,사람의
Peop-le **jud**-ge you by your **cond**-uct.
Pl-ease dep-**os**-it your things in your room n-ot **he**-re.

yours
[joɚz]
🎵이**요얼**ㅈ **ㅎ**   O [유어ㄹ즈]   j,ɚ,z phonics
pron. 네(당신)것,너희들(당신들)것,너(희들)(당신(들))소유물
His **vo**-ice comp-**are**d **fav**-(**h**)or-ab-l-y with yours.
He can ded-**uce** from the obs-erv-(**h**)**a**-tion of your be-**hav**-(**h**)ior.

your·self
[jɚˈsɛlf]
🎵이**열쎄**을ㅍㅎ   O [유어ㄹ쎄얼fㅇ]   jɚ,s,lf phonics
pron. 자신,너스스로,너자신을(에게),본래의너,정상적인너
Don't be cheap—buy good food for your-**se**-l-f.
Chin-ing your-**se**-l-f a bar **he**-l-ps your back **st**-rong.

youth
[ju:θ]
🎵이**유웃ㅎ**   O [유우쓰]   j,θ phonics
n. 젊음,혈기,미숙,청년(시대),젊은이,젊을때,청춘기,초기,발육기
She suc-**ceed**ed in **sp**-ite of her youth.
Youth's a **st**-uff **w-i**-ll n-ot en-**dure**. <속담>

z or Z
[ziː]

♪ ㅈ히이, ㅈ헬 [Z이-]

n. 알파벳 스물여섯번째자,Z(자)형
Something shaped l-ike the **lett**-er Z.
Y is the 26th **l-ett**-er of the **mod**-ern **Eng**-l-ish **alph**-(h)ab-et.

ze·bra
[ziːbrə]

♪ ㅈ히입러 X [지이브뤄]   mora발음/ z,b,r phonics

n. 얼룩말(같은),줄무늬있는,(미식축구)심판,선심
Zeb-ra's **st**-ripes come in **diff**-(h)er-ent **patt**-erns.
Zeb-ra Tech is a **gl**-ob-al **l-ead**-er in **bar**code **print**-ing.

ze·ro
[ziroʊ]

♪ ㅈ히로으 O [지로우]   z,r phonics

n.vt.aj. 제로(의),영(의),없음/무,최저점(의),제로눈금에맞추다
Her **for**-tune w-as red-**uce**d to **zer**-o.
The comm-**itt**-ee **zer**-oed in on the **subj**-ect.

zone
[zoʊn]

♪ ㅈ호은 O [조은]   z,n phonics

n.v. 지역,특정지구,구역(구간),지역으로나누다
A res-id-**en**-tial **zo**-n(e) e**xt**-ends al-**ong** the Han **riv**-(h)er.
This **ne**-i(gh)b-or-hood is **zo**-ned for comm-**er**-cial **bui**-l-ding.

zoo
[zuː]

♪ ㅈ후우 X [주우]   z phonics

n. 동물원
The bus **st**-a-tion is a zoo on **Sat**-ur-days.
The zoo has such **odd**-it-ies as **ant**-eat-ers and **plat**-yp-uses.

많은 시간과 돈 들여서 영어연수 갈 필요있을까요?

U
V
W
X
Y
Z

영어 훈민정음

국내최초 한글표기 ㅍ한잌ㅅ 영어발음사전
(English Phonics Dictionary_Written in Old Korean)

초 판 1쇄 2016년 11월 11일
개정판 1쇄 2021년 2월 14일

- **지은이** 김 충현
- **펴낸곳** 덤드림® 븤ㅅ (Thumb Dream books)
- **출판등록** 강남 제2013-000326호
- **인쇄** 한국학술정보㈜_BOOKTORY
- **디자인** 플럼북앤디자인
- **사전 디자인** 이 다현, 고 명진, 노 수아

Copyright 2021
Patented.
All rights reserved.

- **관련 특허등록 사항**

  1) 특허등록 (제10-1470751호) "외국어 발음이 표시된 매체" 2014년 12월 2일
  2) 특허등록 (제10-1486156호) "사용자 음성 집음기" 2015년 1월 19일
  3) 특허등록 (제10-1447729호) "소리수집장치" 2015년 8월 20일

· 이 책의 저작권과 특허권은 필자 김 충현에게 있습니다. 저작권법에 의하여 보호받는 저작물이며 일부 내용은 특허등록되었으므로 무단복제와 무단전제를 금합니다.

· 이 책의 국립중앙도서관 출판도서목록은 서지정보유통지원시스템 홈페이지 (http://seoji.nl.go.kr)dptj)에서 이용하실 수 있습니다.

· 파본은 구입하신 서점에서 바꿔드립니다.

덤드림® 븤ㅅ (Thumb Dream books)
Tel: +82-2-894-1414
Email: thumbdream4english@gmail.com
URL: www.thumbdream.com
Price: KRW 37,000
ISBN: 979-11-951714-8-4